Prinzipienbasierung der Rechnungslegung nach IAS/IFRS?

Europäische Hochschulschriften
Publications Universitaires Européennes
European University Studies

Reihe V
Volks- und Betriebswirtschaft

Série V Series V
Sciences économiques, gestion d'entreprise
Economics and Management

Bd./Vol. 3131

PETER LANG
Frankfurt am Main · Berlin · Bern · Bruxelles · New York · Oxford · Wien

Gerald Preißler

Prinzipienbasierung der Rechnungslegung nach IAS/IFRS?

PETER LANG
Europäischer Verlag der Wissenschaften

Bibliografische Information Der Deutschen Bibliothek
Die Deutsche Bibliothek verzeichnet diese Publikation in der Deutschen Nationalbibliografie; detaillierte bibliografische Daten sind im Internet über <http://dnb.ddb.de> abrufbar.

Zugl.: Passau, Univ., Diss., 2004

Gedruckt auf alterungsbeständigem,
säurefreiem Papier.

D 739
ISSN 0531-7339
ISBN 3-631-53658-5

Printed in Germany 1 2 3 4 5 7

www.peterlang.de

Geleitwort

Die Skandale um WorldCom, Enron und viele andere mehr drohen den weltweiten Umbruch in der externen Rechnungslegung hin zu den neuen angelsächsischen Leitbildern zu gefährden. Die nicht zu leugnenden Freiräume für Missbrauch und Täuschung, die die viel gepriesenen amerikanischen Standards der Rechnungslegung gewährten, sollen allerdings auf einer Besonderheit beruhen. US-GAAP setzen auf detaillierte, möglichst alle Einzelfälle abdeckende und spezifischen Abbildungen zuführende Regeln mit punktgenauen Kriterien und Grenzen. Solche „bright-lines" erleichtern den Verstoß gegen den Geist der Vorschriften, weil sich mit ihrer Hilfe die Sachverhalte genau so gestalten lassen, dass unerwünschte Abbilder vermieden werden. Englischen Vorbild folgend setzen IAS/IFRS angeblich auf einen anderen Ansatz. Mit ihrer prinzipienorientierten Regulierung glauben sie die Jahresabschlüsse an den „spirit of the rules" zu binden und das Ermessen der Rechnungsleger und Prüfer in den Dienst dieses Geistes zu stellen.

Die Arbeit von Gerald Preißler geht dieser viel beschworenen Prinzipienorientierung der IAS/IFRS sehr gründlich und auf breiter Basis nach. Er sucht die vielfältigen Quellen des angelsächsischen Kulturkreises ab, aus denen die Prinzipien stammen können, und vergleicht die internationalen Standards mit den US-GAAP, um die in der Sache begründeten Unterschiede herauszufinden. Vor allem analysiert er die in den Standards in den unterschiedlichen Formen und Graden der Verbindlichkeit vorgegebenen oder zum Ausdruck gebrachten Ideale, Konzeptionen oder – allgemein – Prinzipien. Die unter fast allen denkbaren Perspektiven mit viel Übersicht in die vielfältigsten Details aus dem gesamten Spektrum der aktuellen IAS/IFRS hinein leuchtende Analyse setzt freilich deutlich Fragezeichen hinter das, was über diese Standards gerne werbend behauptet wird. Die Arbeit fördert nämlich eine übergroße Vielfalt konzeptionell inkonsistenter und häufig vager Prinzipien ans Tageslicht, die kasuistisch nebeneinander verfolgt werden, weil sie sich nicht mehr in eine auch nur halbwegs geschlossene Ordnung bringen lassen. In einer solchen Vielfalt fällt es schwer, die Freiräume für das „professional judgement" im Interesse der Information zu nutzen, sofern dieses Ziel überhaupt verfolgt wird. Da auch in den USA regelkonforme Abschlüsse nicht vor Strafe schützen, wenn sie „misleading" sind, und das vergleichbar rasante Wachstum der Umfänge beider Regelwerke deren Grad an Regelorientierung angleicht, halten sich prinzipielle Unterschiede in engen Grenzen. Die jüngsten Eingriffe der Obrigkeiten machen schließlich den politischen Charakter der IAS/IFRS ebenso deutlich wie die Versuche der Interessengruppen, Einfluss auf den Inhalt der Standards zu nehmen.

Die Arbeit führt auf den Boden der Tatsachen zurück, zumal sie viele der provokant erscheinenden Thesen aus der Literatur belegen kann. Der Diskussion um Prinzipienorientierung ist zu wünschen, dass sie die hier vorgelegten Beiträge zur Versachlichung aufgreift.

Thomas Schildbach

Vorwort

Die vorliegende Arbeit entstand während meiner Tätigkeit als wissenschaftlicher Mitarbeiter am Lehrstuhl für Betriebswirtschaftslehre mit Schwerpunkt Revision und Unternehmensrechnung an der Universität Passau. Sie wurde im Dezember 2004 von der Wirtschaftswissenschaftlichen Fakultät der Universität Passau als Dissertation angenommen.

Ein besonderer Dank gilt meinem Doktorvater Prof. Dr. Thomas Schildbach für die wissenschaftliche Betreuung der Arbeit. Die vielen interessanten Diskussionen mit ihm, seine wertvollen Hinweise und Ratschläge sowie die angenehme Atmosphäre am Lehrstuhl haben nachhaltig zum Gelingen der Arbeit beigetragen. Danken möchte ich auch Prof. Dr. Johann Graf Lambsdorff für die Erstellung des Zweitgutachtens.

Meinen Kollegen Dipl.-Kfm. CPA Markus Braun, Dipl.-Kfm. German Figlin, Dipl.-Kfm. Hans Hartmann, Dipl.-Kfm. Bernd Lutter, Dipl.-Kfm. Alexander Rüschenbaum, Dipl.-Kfm. Anton Staudt sowie StB CPA Dr. Robert Wienken danke ich herzlich für die freundschaftliche Zusammenarbeit am Lehrstuhl.

Einen nicht unerheblichen Anteil an der Fertigstellung dieser Arbeit hatten die fleißigen Korrekturleser(innen) Dipl.-Kffr. Maren Biehl, Frau stud. rer. pol. Tanja Held, Dipl.-Kfm. Markus Liebl und meine Mutter – dafür ein großes Dankeschön!

Schließlich möchte ich mich bei meinen Eltern bedanken, die mich bei meiner Promotion sowie bei allen Vorhaben in meinem bisherigen Lebensweg immer liebevoll unterstützt haben. Ihnen widme ich diese Arbeit.

München, im Januar 2005 Gerald Preißler

Inhaltsverzeichnis

Abkürzungsverzeichnis

AAA	American Accounting Association
Abs.	Absatz
Abschn.	Abschnitt(e)
AcSEC	Accounting Standard Executive Committee
AEI	Associated Electric Industries
AfA	Abschreibung für Abnutzung
AICPA	American Institute of Certified Public Accountants
AK/HK	Anschaffungs- bzw. Herstellungskosten
AN	Anleger
Anm.	Anmerkung
Anm. d. Verf.	Anmerkung des Verfassers
APB	Accounting Principles Board, APB Opinion(s)
API	Abnormal Performance Index
ARB	Accounting Research Bulletin
Art.	Artikel
ASB	Accounting Standards Board
Aufl.	Auflage
BB	Betriebs-Berater (Zeitschrift)
BBK	Buchführung, Bilanz und Kostenrechnung (Zeitschrift)
bearb.	bearbeitet
BfC(s)	Basis for Conclusion(s)
BFH	Bundesfinanzhof
BFuP	Betriebswirtschaftliche Forschung und Praxis (Zeitschrift)
BGH	Bundesgerichtshof
bspw.	beispielsweise
BStBl.	Bundessteuerblatt
bzgl.	bezüglich
bzw.	beziehungsweise
CA	Companies Act

CAP	Committee on Accounting Procedures
CF	Conceptual Framework
CGU	Cash Generating Unit
Co.	Companion
Corp.	Corporation
CPA	Certified Public Accountant
D	Draft Interpretation
d.h.	das heisst
DB	Der Betrieb (Zeitschrift)
Diss.	Dissertation
DRSC	Deutsches Rechnungslegungs Standards Committee
DStR	Deutsches Steuerrecht (Zeitschrift)
ED	Exposure Draft
EG	Europäische Gemeinschaft
EITF(s)	Emerging Issues Task Force (Issues)
erw.	erweitert(e)
etc.	et cetera
EU	Europäische Union
EuGH	Europäischer Gerichtshof
EVA	Economic Value Added
evtl.	eventuell
f.	folgende
F.	IASB Framework (Randnummer)
FASB	Financial Accounting Standards Board
FAZ	Frankfurter Allgemeine Zeitung
ff.	fort folgende
FIN	Financial Accounting Standards Board Interpretation
Fn.	Fußnote
FRRP	Financial Reporting Review Panel
FRS	Financial Reporting Standards

GAAP	Generally Accepted Accounting Principles
GBP	Great Britain Pounds
GE	Geldeinheiten
GEC	General Electric Corporation
gem.	gemäß
ggf.	gegebenenfalls
GoB	Grundsätze ordnungsmäßiger Buchführung
GuV	Gewinn- und Verlustrechnung
h.M.	herrschende Meinung
Habi	Handelsbilanz
Habil	Habilitation
HGB	Handelsgesetzbuch
Hrsg.	Herausgeber
HSBC	Hongkong & Shanghai Banking Corporation
i.d.R.	in der Regel
i.S.d.	im Sinne des/der
i.V.m.	in Verbindung mit
IAS/IFRS	International Accounting Standards/International Financial Reporting Standards
IASB	International Accounting Standards Board
IASC	International Accounting Standards Committee
IASCF	International Accounting Standards Committee Foundation
ICAEW	Institute of Chartered Accountants in England and Wales
IDW	Institut der Wirtschaftsprüfer
IFRIC	International Financial Reporting Interpretation Committee
insb.	insbesondere
Jg.	Jahrgang
Jh.	Jahrhundert
JoA	Journal of Accountancy (Zeitschrift)
KoR	Kapitalmarktorientierte Rechnungslegung (Zeitschrift)

KPMG	Klynfeld Peat Marwick Goerdeler
LIFO	Last-in-First-out
Ltd.	Limited
Mio.	Millionen
NBRL	Neubewertungsrücklage
neubearb.	neuberarbeit(ete)
NJW	Neue Juristische Woche (Zeitschrift)
No.	Number
Nr.	Nummer
NZZ	Neue Zürcher Zeitung
o.	oder
o.V.	ohne Verfasser
PwC	PricewaterhouseCoopers
Rdnr.	Randnummer
Reg.	Regulation
rev.	revised
RI	Residual Income (Übergewinn)
RIM	Residual Income Model (Übergewinnmodell)
RIW	Recht der internationalen Wirtschaft (Zeitschrift)
S.	Seite/Satz
SA	Securities Act
SAB	Staff Accounting Bulletins
SEA	Securities and Exchange Act
SEC	Securities and Exchange Commission
Sec.	Section
SFAC	Statement of Financial Accounting Concept
SFAS	Statement of Financial Accounting Standards
SHV	Shareholder Value
SIC	Standing Interpretation Committee
sog.	so genannte(r)(n)

SoP	Statement of Position
SPE	Special Purpose Entity
SSAP	Statement of Standard Accounting Practice
Steubi	Steuerbilanz
StuB	Steuer und Betrieb (Zeitschrift)
StuW	Steuer und Wirtschaft (Zeitschrift)
SWI	Steuer & Wirtschaft International (Zeitschrift)
TFV	True and Fair View
Tz.	Textziffer
u.	und
u.a.	unter anderem
u.U.	unter Umständen
UK-GAAP	United Kingdom Generally Accepted Accounting Principles
US/U.S.	United States
USA	United States of America
US-GAAP	United States Generally Accepted Accounting Principles
usw.	und so weiter
v.	vom/von
Vgl.	Vergleich
vgl.	vergleiche
Vol.	Volume
vs.	versus
WiSt	Wirtschaftswissenschaftliches Studium (Zeitschrift)
WISU	Das Wirtschaftsstudium (Zeitschrift)
WPg	Die Wirtschaftsprüfung (Zeitschrift)
WpHG	Wertpapierhandelsgesetz
z.B.	zum Beispiel
z.T.	zum Teil
ZfB	Zeitschrift für Betriebswirtschaft
ZfbF	Zeitschrift für betriebswirtschaftliche Forschung

ZGR	Zeitschrift für Unternehmens- und Gesellschaftsrecht (Zeitschrift)
zzt.	zurzeit

Symbol- und Variablenverzeichnis

Σ	Summenzeichen
τ	Zeitindex
&	und
§	Paragraf
€	Euro
A_t	Nettoausschüttungen am Ende der Periode t
E	Erwartungswert
$E(NEK_t)$:	Erwartungswert der Nettoeinkommensströme der Periode t
E^*	optimaler Erwartungswert
EK_t	Bilanzielles Reinvermögen am Ende der Periode t
E_t [...]	Erwartungswertoperator der Periode t
EU	Erwartungsnutzen
EU^*	optimaler Erwartungsnutzen
f(s)	Wahrscheinlichkeit von Umweltzustand s
f(y/s)	Bedingte Wahrscheinlichkeit (geben an mit welcher Wahrscheinlichkeit man das Signal y erhält, wenn s der tatsächliche Umweltzustand ist)
G_t	Erfolg der Periode t
I_n	Informationssystem n
r	Risikoangepasste Renditeforderung des Anlegers bzw. Kalkulationszins
s	Umweltzustand
SHV_t	Shareholder Value am Ende der Periode t
t	Periodenindex
T	Planungshorizont bzw. Liquidationsperiode eines Unternehmens
t_n	Periodenindex
W	Wahrscheinlichkeit
X	tatsächliches Ergebnis
x_i	geschätzte Ergebnisse

y_n	Signal n
Δ	Saldo
./.	Minus

Abbildungsverzeichnis

A Einleitung

1 Problemstellung

Ein Jahresabschluss (im engl.: *'financial statements'*) kann prinzipiell drei wesentliche Funktionen erfüllen:

- *Ausschüttungsbemessungsfunktion:* Im Rahmen seiner Ausschüttungsbemessungsfunktion dient der Jahresabschluss der Ermittlung eines Bilanzgewinns, der an die Unternehmenseigner ausgeschüttet werden kann. Dabei erfolgt eine Aufteilung der „unter der Verwendungskompetenz der Manager verbleibenden Mittel von den Mitteln (...), deren Ausschüttung die Eigner verlangen können“[1]. Weil durch Ausschüttungen an Gewinnberechtigte der Unternehmung notwendige Dispositionsmittel entzogen werden, was auch den Interessen Dritter (insbesondere der Gläubiger) zuwiderlaufen kann, soll die Bemessung des Bilanzgewinns weitestgehend *nachprüfbar* erfolgen.[2]
- *Steuerbemessungsfunktion:* Die Handelsbilanz und die Steuerbilanz können miteinander verknüpft werden. So gilt bspw. in Deutschland ein Teil der handelsrechtlichen Vorschriften auch für die Steuerbilanz (sog. „Maßgeblichkeit der Handelsbilanz für die Steuerbilanz“[3]). Der Bilanzierende wird daher im Rahmen der Jahresabschlusserstellung auch mögliche steuerliche Folgen berücksichtigen.[4]
- *Informationsfunktion:* Im Rahmen seiner Informationsfunktion dient der Jahresabschluss als *Kommunikations- bzw. Informationsinstrument* eines Unternehmens.[5] Die Adressaten der Rechnungslegung benötigen ausreichende *vertrauenswürdige* und *entscheidungsrelevante* Informationen über die tatsächliche wirtschaftliche Lage eines Unternehmens, um fundierte wirtschaftliche Entscheidungen (z.B. über den Kauf oder Verkauf von Unternehmensanteilen) treffen zu können. Wesentlicher Zweck der Rechnungslegung ist damit die Bereitstellung von Informationen im Jahresabschluss, die für die Entscheidungsfindung der Rechnungslegungsadressaten nützlich sind *(decision usefulness)*.[6]

---

[1] Schildbach (2000a), S. 34.

[2] Vgl. Moxter (2003a), S. 3 f.; Schildbach (2000a), S. 34 f.

[3] Schildbach (2000a), S. 131.

[4] Vgl. Schildbach (2000a), S. 131.

[5] Kahle (2002a), S. 97 spricht von einer „Visitenkarte“ für Investoren und Öffentlichkeit.

[6] Vgl. Wagenhofer/Ewert (2003), S. 5; Moxter (2003a), S. 4 f.

Der deutsche handelsrechtliche Jahresabschluss hat alle drei Funktionen gleichzeitig zu erfüllen. Die Legislative (Gesetzgebung und Rechtsprechung) muss einen möglichst gerechten Ausgleich zwischen den divergierenden Einzelinteressen der gesellschaftsrechtlich schutzbedürftigen Jahresabschlussadressaten herbeiführen: So stehen etwa den Ausschüttungsinteressen der Unternehmenseigner die Interessen der Gläubiger an einer gleich bleibenden Schuldendeckungsfähigkeit der kreditnehmenden Unternehmen entgegen, während der Fiskus an möglichst hohen Steuerzahlungen interessiert ist. Um möglichst allen Rechnungslegungsadressaten gleichermaßen gerecht zu werden, bedarf es vieler *Kompromisse*. Vor diesem Hintergrund hat im deutschen Bilanzrecht keine der Jahresabschlussfunktionen oberste Priorität.[7] Man spricht von einem „Vielzweck- Jahresabschluss"[8].

Im Blickfeld dieser Arbeit steht die – dem Kreis der *angelsächsischen* Rechnungslegungssysteme zugehörende - Rechnungslegung nach IAS/IFRS.[9] Im Rahmen der angelsächsischen Rechnungslegung hat prinzipiell die Informationsfunktion des Jahresabschlusses Vorrang:[10] Die Rechnungslegungsvorschriften sollen einen möglichst großen Kreis[11] von Jahresabschlussadressaten mit entscheidungsrelevanten und vertrauenswürdigen Informationen über die Vermögens-, Finanz- und Ertragslage eines Unternehmens versorgen.[12] Insbesondere sollen aktuelle oder potentielle Kapitalgeber (Investoren)[13] informiert werden.[14] Befreit von Ausschüttungs- oder Steuerbemessungszwecken,[15] wird eine

---

[7] Vgl. Moxter (2003a), S. 9. Schildbach (2003c), S. 1073.

[8] Schildbach (2003c), S. 1073.

[9] Als weitere, dem Kreis der ‚angelsächsischen' bzw. ‚angloamerikanischen' Rechnungslegungssysteme zugehörende Regelwerke werden im Rahmen dieser Arbeit US-GAAP und UK-GAAP ergänzend betrachtet.

[10] Vgl. Schildbach (2004), S. 160. Zur Klassifikation von Rechnungslegungssystemen sowie zu den fundamentalen Charakteristika kontinental-europäischer (bzw. deutscher) und angelsächsischer Rechnungslegungssysteme vgl. Wagenhofer (2003), S. 16 ff. sowie Spanheimer (2002), S. 26 f.

[11] Der Kreis der Jahresabschlussadressaten wird nach IAS/IFRS weit gefasst: Er beinhaltet neben aktuellen und potentiellen Investoren auch Arbeitnehmer, Kreditgeber, Lieferanten, Kunden, Behörden sowie die allgemein interessierte Öffentlichkeit (vgl. F.9).

[12] Vgl. F.12: „The objective of general purpose financial statements is to provide information about the financial position, performance and cash flows of an enterprise that is useful to a wide range of users in making economic decisions".

[13] Der Begriff des Investors umfasst in dieser Arbeit sowohl Eigenkapital- als auch Fremdkapitalgeber. Die Begriffe ‚Investoren' und ‚Anleger' werden synonym verwendet.

[14] Vgl. F.10.

[15] Vgl. Wagenhofer (2003), S. 120.

möglichst *kompromisslos*[16] auf Kapitalmarktinformationen ausgerichtete Rechnungslegung im Idealfall dazu führen, dass die Kapitalmarktteilnehmer eine Trennung in erfolgreiche und weniger erfolgreiche Unternehmen vornehmen können. Die so ermöglichte optimale Kapitalallokation steht auch im gesamtwirtschaftlichen Interesse.[17]

Wie im Abschn. B.4 gezeigt wird, konkretisiert sich das Informationsinteresse der Investoren an der tatsächlichen wirtschaftlichen Lage des Unternehmens, d.h. an dessen *effektiver Vermögens-, Finanz- und Ertragslage.*[18] Diese gibt Auskunft über die zeitliche Struktur, die Höhe und die Sicherheit von zukünftigen Nettoeinkommensströmen aus einem Unternehmen.[19] Vor diesem Hintergrund haben nach IAS 1.13 Jahresabschlüsse grundsätzlich „die Vermögens-, Finanz- und Ertragslage (...) eines Unternehmens den tatsächlichen Verhältnissen entsprechend darzustellen“[20]. Bei einer andernfalls irreführenden Darstellung muss der Bilanzierende in Ausnahmefällen von den IAS/IFRS-Einzelfallregelungen abweichen, um dieses Ziel zu erreichen.[21] Man bezeichnet dieses Ziel als die Generalnorm des *„true and fair view“* bzw. der *„fair presentation“*.[22]

Auch die Rechnungslegung nach US-GAAP hat vorrangig die Aufgabe, den Kapitalmarkt mit entscheidungsrelevanten und vertrauenswürdigen Jahresabschlussinformationen zu versorgen.[23] Doch die in jüngerer Zeit bekannt gewor-

---

[16] Die Standardsetzung darf prinzipiell auf keine Partikularinteressen Rücksicht nehmen: „The primary concern must be the relevance and reliability of the reported information, not the possible effects of the information on particular interests“ (vgl. Herz (2003), S. 248).

[17] Vgl. Kley (2001), S. 2258; Streim (2000), S. 112. Dieser Aspekt wird auch in F.10 deutlich zum Ausdruck gebracht: „As investors are providers of risk capital to the enterprise, the provision of financial statements that meet their needs will also meet most of the needs of other users that financial statements can satisfy” (ähnlich: Vgl. ASB (2000), Statement of Principles, Rdnr. 1.11).

[18] Vgl. Wüstemann (2002a), S. 58 f.

[19] Vgl. IAS 1.5.

[20] So die deutsche Übersetzung des IAS 1 (rev. 1997), Rdnr. 10 im Amtsblatt der EU. Dieser Grundsatz wurde im überarbeiteten IAS 1 (rev. 2003) unverändert in Rdnr. 13 übernommen.

[21] Vgl. dazu Abschn. D.1.4 dieser Arbeit.

[22] Vgl. Schildbach (2003a), S. 248 sowie F.46. Anm.: Im IASB Framework ist dieser Grundsatz unter der Bezeichnung „True and Fair View/Fair Presentation“ verankert (F.46), in IAS 1.13 wird jedoch nur von einer fair presentation gesprochen. Die unterschiedlichen Bezeichnungen sind wohl darauf zurückzuführen, dass man in den USA vom Grundsatz der fair presentation, in Großbritannien jedoch vom Grundsatz des true and fair view spricht (vgl. Kirk (2001), S. 1 f.). Wie im Rahmen dieser Arbeit gezeigt wird, besteht aber faktisch kein Unterschied zwischen den beiden Grundsätzen, so dass man die Bezeichnungen synonym verwenden kann.

[23] Vgl. Kieso/Weygandt/Warfield (2001), S. 38; Schildbach (2002a), S. 40 ff.; SFAC 2.46 und SFAC 2.58.

denen spektakulären US-amerikanischen Bilanzskandale haben die US-amerikanische Rechnungslegung in erheblichem Maße in Misskredit gebracht. Unternehmen wie ENRON oder WORLDCOM haben deutlich gemacht, dass u.U. trotz einer US-GAAP konformen Bilanzierung eigentliche Regelungszwecke *(„spirit of the rules“*[24]*)* massiv umgangen werden können.[25]

Der Ausdruck des *„creative accounting“*[26] wurde hierbei zum Inbegriff für irreführende bilanzielle Vorgehensweisen, die nicht unbedingt gegen Bilanzierungsregeln verstoßen:[27] Durch eine gezielte Beachtung von kasuistisch präzisen Regelungen *(*sog. *„precise safe harbours“*[28]*)*, durch das Ausnutzen von Regelungslücken und Spielräumen sowie durch entsprechende Sachverhaltsgestaltungen wird ein gewünschtes (gegebenenfalls auch irreführendes) Bild der wirtschaftlichen Lage eines Unternehmens im Jahresabschluss erzeugt. Die eigentlichen Regelungszwecke werden ‚kreativ' umgangen.[29]

Im Fall ENRON blieben bspw. enorme Risiken und Verluste lange Zeit bilanziell unberücksichtigt und auch von Analysten unerkannt, da undurchsichtige – aber regelkonforme – Bilanzierungsmethoden den Jahresabschlussinteressenten keinen wirklichen Einblick in die Vermögens-, Finanz- und Ertragslage des ENRON-Konzerns gewährten.[30] Die Frage, wie diese irreführende Darstellung im Fall ENRON möglich war, soll anhand eines Beispiels erläutert werden:

Beispiel 3%-Regel:

ENRON gründete hunderte von Zweckgesellschaften (sog. special purpose entities, SPEs)[31] *und verlagerte auf diese Risiken und Schulden in einer Größenordnung von etwa 40 Mrd. US-$.*[32] *SPEs sind zumeist beschränkt haftende Gesell-*

---

[24] Alexander/Archer (2003), S. 3.

[25] Vgl. Hronsky/Houghton (2001), S. 123; Benston/Hartgraves (2002), S. 124.

[26] O.V. (2002a), S. M6. Man könnte diesen Begriff zutreffend als ‚kreative Bilanzierungstricks' oder ‚kreative Bilanzierungstechniken' übersetzen.

[27] Vgl. Mulford/Comiskey (2002), S. 9.

[28] Nelson (2003), S. 6.

[29] Vgl. O.V. (2002a), S. M1 und M6; Schildbach (2003a), S. 248; Benston/Bromwhich/Litan/Wagenhofer (2003), S. 53. Vgl. ausführlich zu den „creative accounting practices" Mulford/Comiskey (2002), S. 8 ff.

[30] Vgl. Mclaughlin/Smith (2002), S. 2, Koster (2002), S. A8. Zum ENRON-Fall vgl. Lüdenbach/Hoffmann (2002); Thomas (2002); Brakensiek/Küting (2002); Singleton-Greene (2002), S. 20 f.; Zimmermann (2002a). Schutze (2001), S. 3 f. führt an, dass aufgrund der Komplexität der US-GAAP die US-amerikanischen Abschlussprüfer und Analysten lediglich in wenigen Spezialthemen Überblick behalten können: „Each monk knows one book in the bible“ (Schuetze (2001), S. 4).

[31] Vgl. Benston/Hartgraves (2002), S. 108.

[32] Vgl. Singleton-Green (2002), S. 21.

schaften, die eigens vom Initiator zu eng abgesteckten Zwecken (z.B. der Abwicklung von Leasinggeschäften, der Forschung und Entwicklung oder der Verbriefung von Forderungen) gegründet werden.[33] *Charakteristisches Merkmal von SPEs ist eine Beschränkung der wirtschaftlichen Entscheidungsmacht der Geschäftsleitung der SPE durch ein umfangreiches Vertragswerk. Die Geschäftsleitung einer SPE handelt insofern als ‚Autopilot' im Sinne des Initiators.*[34] *Die SPE's werden im Regelfall so gestaltet, dass ihre Finanzierung (gegen Provision) durch fremde Kapitalgeber (z.B. Finanzdienstleistungsinstitute) erfolgt.*[35] *Auf diese Weise liegt keine gesellschaftsrechtliche Mehrheitsbeteiligung vor, die nach den allgemeinen US-GAAP Konzernrechnungsregeln eine Konsolidierungspflicht hervorrufen würde.*[36] *Da aber in vielen Fällen der Initiator in die operative Tätigkeit einer SPE wirtschaftlich stark involviert ist, verabschiedete die US-amerikanische Standardsetzung verschiedene Spezialvorschriften, die dennoch eine Konsolidierungspflicht begründen.*[37] *Dazu gehörte u.a. die sog, „3%-Rule"*[38]. *Nach dieser Spezialregel mussten SPE'S dann nicht in den Konzernabschluss einbezogen werden, wenn das bilanzierende Unternehmen keine Mehrheit der Stimmrechte an einer SPE hielt und unabhängige Dritte mindestens 3% haftendes Eigenkapital (gemessen am Gesamtkapital einer SPE) hielten.*[39] *Durch eine gezielte Befolgung dieser formalen Grenze (sog. „bright line"*[40]*), die das „Akzeptable(..) vom Nichtakzeptalen"*[41] *getrennt hat, konnte ENRON die Existenz der auf zahlreiche SPE's verteilten Risiken und Schulden verschleiern.*[42] *Dazu bedurfte es „einer sorgfältigen Dauerbeobachtung, damit bei einem Wachstum der Bilanzsumme der Finanzierungsbeitrag des Dritten entsprechend stieg, um die 3%-Regel auch weiterhin einzuhalten"*[43]. *Obgleich im Zusammenhang mit dem Ausweis und der Konsolidierung von Zweckgesellschaften ENRON auch eindeutig bestehende US-GAAP-Regeln erheblich ver-*

---

33 Vgl. Brakensiek/Küting (2002), S. 209; Wagenhofer (2003), S. 381.

34 Vgl. SIC 12.1; Benston/Bromwhich/Litan/Wagenhofer (2003), S. 25.

35 Vgl. SIC 12.2; Brakensiek/Küting (2002), S. 210.

36 Vgl. Melcher/Penter (2003), S. 513; ARB 51.2.

37 Für einen Überblick vgl. Benston/Hartgraves (2002), S. 248 ff.

38 Hartgraves/Benston (2002), S. 252. Anm.: Diese Regel wurde inzwischen abgeschafft. Zu den jetzigen Konsolidierungsvorschriften für SPE's nach US-GAAP vgl. Melcher/Penter (2003), S. 513 ff.

39 Vgl. Hofheinz (2002), S. A3; Lüdenbach/Hoffmann (2002), S. 1172; Benston/Hartgraves (2002), S. 108; Melcher/Penter (2003), S. 514.

40 FASB (1996), S. 237.

41 ECOFIN (2002), S. 1.

42 Vgl. Lüdenbach/Hoffmann (2002), S. 1172.

43 Lüdenbach/Hoffmann (2002), S. 1172.

letzt hat,[44] wurde dennoch deutlich, dass formale Bilanzierungskriterien, wie etwa die 3%-Regel, kreative Bilanzierungstricks geradezu herausfordern.[45]

Vor dem Hintergrund der US-amerikanischen Bilanzskandale werden in der aktuellen Diskussion häufig zwei grundsätzliche ‚Rechnungslegungskonzeptionen' unterschieden:[46]

- Für den entstandenen erheblichen Vertrauensverlust in die US-amerikanische Rechnungslegung wird zunehmend deren Konzeption als ‚regelbasierte' *(rule based)* Rechnungslegung verantwortlich gemacht.[47]
- Als wirksamer Schutz gegen bilanzpolitische Missbräuche gilt hingegen eine ‚prinzipienbasierte' *(principle based)* Rechnungslegung. In der aktuellen Diskussion wird die Rechnungslegung nach IAS/IFRS als ‚prinzipienbasierte' Rechnungslegung hochgelobt.[48] Auch das IASB beschreibt die von ihm geschaffenen Rechnungslegungsvorschriften als prinzipienbasiert.[49]

Der Rechnungslegung nach IAS/IFRS wird nachgesagt, dass diese sich im Vergleich zu den US-GAAP eher auf allgemeinen Prinzipien als auf detaillierte Vorschriften konzentrieren soll.[50] IAS/IFRS werden als konzeptionell geschlossener, einfacher, transparenter sowie moderner beschrieben.[51] Als ‚Beweis' werden häufig die im Regelwerk der IAS/IFRS vorgesehenen Konsolidierungsre-

---

[44] Vgl. Benston/Bromwich/Litan/Wagenhofer (2003), S. 26; FEI (2002), S. 4; Benston/Hartgraves (2002), S. 124.

[45] Vgl. Lüdenbach/Hoffmann (2002), S. 1172; Benston/Hartgraves (2002), S. 124.

[46] Vgl. Preißler (2002), S. 2389; Schildbach (2003a), S. 247.

[47] Vgl. stellvertretend für viele andere Beiträge Herz (2003), S. 250 f.; Wagenhofer (2003), S. 39.

[48] Teilweise spricht man in diesem Zusammenhang auch von einer ‚prinzipienorientierten' oder ‚konzeptbasierten' (concept-based) Rechnungslegung. Stellvertretend für die zahlreichen Beiträge zur Prinzipienbasierung der IAS/IRFS und Regelbasierung der US-GAAP vgl. Zimmermann (2002a), S. 580; Pacter (2002), S. 97; FASB (2002), S. 1-22; O.V. (2002b), S. 24; Paterson (2002), S. 100; NZZ (2002a), S. 11; Herdman (2002), S. 5 f.; ECOFIN (2002), S. 1; Preißler (2002), S. 2389-2395; Pohle (2003), S. 20; IASB (2002), S. 1; Schildbach (2003a), S. 247-266; SEC (2003); Schipper (2003), S. 1-8; Damant (2003), 1-9; Maines/Bartov/Fairfield/Hirst (2003), S. 1-9; Nelson (2003), S. 91; Benston/Bromwhich/Litan/Wagenhofer (2003), S. 59; Epstein/Mirza (2003), S. 35; Hoffmann (2003), S. I; Wagenhofer (2003), S. 113; Herz (2003), S. 250 f.; Lüdenbach/Hoffmann, in Haufe IAS-Kommentar (2003) § 1, Rdnr. 75-84; Lüdenbach/Hoffmann (2003a), S.388 ff.; Ruhnke/Nerlich (2004), S. 389 f.; Freisleben/Leibfried (2004), S. 101 f.; Kuhner (2004).

[49] Vgl. IASB (2002), S. 1 sowie Preface zu den SIC-Interpretationen, Rdnr. 3: „IASC concentrates on essentials and it endeavours not to make accounting requirements so complex that they cannot be applied effectively on a worldwide basis".

[50] Vgl. z.B. NZZ (2002a), S. 11; ECOFIN (2002), S. 2.

[51] Vgl. Wagenhofer (2002), S. 234 f.; Hengstberger (2003), S. 1.

geln für SPEs angeführt.[52] Hier werden keine formalen Grenzen aufgestellt, anhand derer die Konsolidierungspflicht beurteilt werden soll. Stattdessen muss nach SIC 12 eine SPE konsolidiert werden, wenn die wirtschaftliche Involvierung eines Unternehmens in die Zweckgesellschaft indiziert, dass eine Beherrschung vorliegt.[53] Zur Präzisierung wird eine Reihe von beispielhaften Indizien aufgeführt, die eine wirtschaftliche Beherrschung der Zweckgesellschaft durch den Initiator anzeigen können.[54]

Der damalige *chief accountant* der US-amerikanischen Börsenaufsichtsbehörde SEC, Herdman, kündigte bereits kurz nach dem bekannt werden des ENRON-Skandals eine teilweise prinzipienorientierte Neuausrichtung der US-GAAP an.[55] Bereits im Oktober 2002 veröffentlichte das FASB eine Studie zu einer verstärkt prinzipienbasierten Standardsetzung.[56] In dem als Reaktion auf die US-amerikanischen Bilanzskandale im Januar 2003 vom US-amerikanischen Kongress verabschiedeten *Sarbanes-Oxley-Act* wurde auch die SEC aufgefordert, eine Studie für die Einführung einer prinzipienbasierten US-amerikanischen Standardsetzung durchzuführen.[57] Die Vorschläge dieser Studie werden im Abschn. B.2.5 dieser Arbeit beschrieben.

2 Zielsetzung und Aufbau der Arbeit

Ziel dieser Arbeit ist eine Klärung der folgenden Fragen:

- Handelt es sich bei der Rechnungslegung nach IAS/IFRS tatsächlich um eine ‚prinzipienbasierte' Rechnungslegung?
- Sind die Prinzipien der IAS/IFRS systematisch und konkretisierbar?
- Können die Prinzipien der IAS/IFRS dazu beitragen, vor bilanzpolitischen Missbräuchen (creative accounting) zu schützen?

Ein vollständiger IAS/IFRS - Jahresabschluss umfasst als maßgebliche Informationsträger Bilanz, GuV, Eigenkapitalveränderungsrechnung, eine gesonderte Kapitalflussrechnung, Erläuterungen in den *notes* sowie (bei börsennotierten Unternehmen) eine Segmentberichterstattung.[58] Prospektive Informationsinstrumente (z.B. Prognoserechnungen, *Management Discussion and Analysis*)

---

[52] Vgl. z.B. ECOFIN (2002), S. 2; Hofheinz (2002), S. A3; NZZ (2002b), S. 2; Benston/Bromwhich/Litan/Wagenhofer (2003), S. 98.

[53] Vgl. SIC 12.8.

[54] Vgl. SIC 12, Appendix; Wagenhofer (2003), S. 381.

[55] Herdman (2002), S. 9.

[56] Vgl. FASB (2002c), S. 1 ff.

[57] Vgl. SOA (2002), Section 108 (d).

[58] Vgl. Streim/Esser (2003), S. 836.

liegen grundsätzlich außerhalb des Regelungsbereichs der IAS/IFRS.[59] Mit dem Verweis auf das Postulat der periodengerechten Gewinnermittlung (IAS 1.25) wird klargestellt, dass primär *vergangenheitsorientierte Jahresabschlusszahlen* als Informationsträger zur Verfügung gestellt werden.[60] Im Mittelpunkt der Betrachtungen dieser Arbeit steht vor diesem Hintergrund ein auf vergangenheitsorientierten Daten beruhender Jahresabschluss. Prospektive Informationsinstrumente, wie z.B. Prognoserechnungen, sind nicht Gegenstand dieser Arbeit.

Neben dieser Einleitung **(Teil A)** ist die vorliegende Arbeit in vier weitere Teile mit mehreren Unterabschnitten gegliedert.

In **Teil B** erfolgt, zum leichteren Verständnis der vorliegenden Arbeit, eine Klärung grundlegender Begriffe. So wird zunächst allgemein erläutert, was man unter *Rechnungslegungsprinzipien, Rechnungslegungspostulate* sowie *Rechnungslegungsregeln* versteht (Abschnitt B.1). Im Abschnitt B.2 folgt eine, der aktuellen Diskussion entnommene, Abgrenzung von *regelbasierten-*, *principle-only, prinzipienbasierten* sowie *zielorientierten* Rechnungslegungsstandards. Diese Abgrenzung ist erforderlich, um die in der aktuellen Diskussion angeführte pauschale Behauptung, bei der Rechnungslegung nach IAS/IFRS handele es sich um eine prinzipienbasierte Rechnungslegung, beurteilen zu können. Um das Konzept der angelsächsischen Regulierung der Rechnungslegung durch *Fachnormen* zu verstehen, werden im Anschluss Fachnormen und Rechtsnormen der Rechnungslegung charakterisiert. Beide Normausprägungen haben unterschiedliche Konsequenzen für die Entwicklung und Auslegung von Rechnungslegungsgrundsätzen (Abschnitt B.3). Teil B schließt mit einer Klärung des Begriffs der *effektiven Vermögens-, Finanz- und Ertragslage* (Abschnitt B.4).

Im **Teil C** werden wichtige theoretische Grundlagen der IAS/IFRS-Prinzipien dargelegt. Zunächst werden die beiden wichtigen IAS/IFRS-Grundsätze der *Entscheidungsrelevanz (relevance)* und der *Vertrauenswürdigkeit (reliabilty)* sowie Erklärungsansätze für den Informationsgehalt vergangenheitsorientierter Jahresabschlusszahlen erläutert und problematisiert (Abschnitt C.1). Im Anschluss werden wesentliche angelsächsische Bilanztheorien durchleuchtet, die die Standardsetzung des IASB nachhaltig beeinflusst haben. Ein Einblick in diese Bilanztheorien ist notwendig, um die konzeptionelle Konsistenz der Ansatz- und Bewertungsvorschriften der Rechnungslegung nach IAS/IFRS bewerten zu können (Abschnitt C.2). Da die Generalnorm des *true and fair view* bzw. der *fair presentation* im Rahmen der Rechnungslegung nach IAS/IFRS eine überaus zentrale Rolle spielt, wird dessen Bedeutung am Beispiel Großbritannien - dem Herkunftsland dieses Prinzips - diskutiert (Abschnitt C.3).

---

[59] Vgl. F.6 f.; IAS 1.9.

[60] Vgl. Schildbach (2003a), S. 249.

In **Teil D** wird untersucht, welche Merkmale die pauschale Behauptung aus der aktuellen Diskussion, US-GAAP seien regelbasiert und IAS/IFRS seien prinzipienbasiert, rechtfertigen. Es wird gezeigt, dass IAS/IFRS – im Gegensatz zu US-GAAP - zwar ‚auf den ersten Blick' einen prinzipienbasierten Eindruck machen. Dennoch bestehen bei einigen wesentlichen Merkmalen in beiden Regelwerken deutliche Gemeinsamkeiten.

Um zu klären, ob es sich bei der Rechnungslegung nach IAS/IFRS tatsächlich um eine prinzipienbasierte Rechnungslegung handelt, erfolgt in **Teil E** - auf Basis der in Teil C herausgearbeiteten theoretischen Grundlagen - eine detaillierte Untersuchung der *Systematik* und der *Konkretisierbarkeit* der IAS/IFRS-Prinzipien. Hierbei werden die allgemeinen Grundprinzipien (Abschnitt E.2), die speziellen Ansatz- und Bewertungsvorschriften (Abschnitt E.3) sowie ergänzende Prinzipien (Abschnitt E.4) der Rechungslegung nach IAS/IFRS einzeln betrachtet.

Im **Teil F** wird abschließend beurteilt, ob eine auf Fachnormen aufbauende Rechnungslegung überhaupt mit dem Ziel einer prinzipienbasierten Rechnungslegung harmoniert und ob die hohe Priorität des Prinzips des *professional judgement* im Rahmen der Rechnungslegung nach IAS/IFRS dazu beitragen kann, vor bilanzpolitischen Missbräuchen zu schützen.

3 Allgemeine terminologische Hinweise

Zu Beginn des Jahres 2001 wurde das *International Accounting Standards Committee* (IASC), das bis dato die *International Accounting Standards* (IAS) veröffentlichte, umstrukturiert. Neue Standards werden seitdem vom *International Accounting Standards Board* (IASB) entwickelt und als *International Financial Reporting Standards* (IFRS) bezeichnet. Dachorganisation des IASB ist die *IASC Foundation* (IASCF).[61] Da die bisher veröffentlichten IAS unverändert gültig bleiben, wird in dieser Arbeit – wie auch in der Fachliteratur inzwischen üblich - einheitlich von der Rechnungslegung nach *IAS/IFRS* gesprochen. Auch das bisherige *Standing Interpretation Committee (SIC)*, welches die Interpretation bestehender Standards übernimmt, wurde im Zuge der Neuorganisation in *International Financial Reporting Interpretation Committee (IFRIC)* umbenannt. In dieser Arbeit wird daher von SIC/IFRIC-Interpretationen gesprochen. Standardentwürfe *(Exposure Drafts)* werden mit dem Kürzel ‚ED' kenntlich gemacht. Entwürfe für neue Interpretationen *(Draft Interpretations)* werden mit dem Kürzel ‚D' versehen. Standards, Interpretationen, Entwürfe und auch das IASB Framework werden einheitlich mit den entsprechenden Randziffern zitiert (z.B. IAS 1.11, ED 2.7, F.4). Zitate beziehen sich auf alle, *bis Anfang 2004* ver-

---

[61] Vgl. Heuser/Theile (2003), S. XXXIV. Zu den Hintergründen der Neuorganisation des I-ASC vgl. Wagenhofer (2003), S. 57-59; Spanheimer (2002), S. 178 ff.

abschiedeten und überarbeiteten IAS/IFRS, inklusive derjenigen, die ab 1.1.2005 verbindlich anzuwenden sind.[62] Sofern sich ein Zitat auf eine ältere Standardversion bezieht, so wird die jeweilige Version in der Fußnote gesondert angegeben. Die nachfolgende Tabelle (nächste Seite) gibt einen Überblick, welche Standards im Rahmen dieser Arbeit betrachtet werden, wann diese Standards verabschiedet bzw. überarbeitet wurden und ab wann die entsprechenden Regelungen verbindlich anzuwenden sind:

[62] Nach den Regelungen des IFRS 1, First-time Adoption of International Financial Reporting Standards müssen Unternehmen, die z.B. am 31.12.2005 (= erstmaliger Berichtszeitpunkt) erstmalig einen Jahresabschluss nach IAS/IFRS erstellen, bereits ab dem maßgeblichen Umstellungszeitpunkt 1.1.2004 zur Erstellung von Vergleichsinformationen, zwingend alle IAS/IFRS anwenden, die zum erstmaligen Berichtszeitpunkt in Kraft sind. Aus diesem Grund werden im Rahmen dieser Arbeit bereits alle neuen bzw. überarbeiteten Standards betrachtet (vgl. dazu Wagenhofer (2003), S. 525 f.; IFRS 1, Rdnr. IN3).

IAS bzw. IFRS verabschiedet oder überarbeitet *(revised)*:	
IAS 1 rev. 2003 (verbindlich ab 1.1.2005)	**IAS 28** rev. 2003 (verbindlich ab 1.1.2005)
IAS 2 rev. 2003 (verbindlich ab 1.1.2005)	**IAS 29** 1994
IAS 7 rev. 1992	**IAS 30** 1994
IAS 8 rev. 2003 (verbindlich ab 1.1.2005)	**IAS 31** rev. 2003 (verbindlich ab 1.1.2005)
IAS 10 rev. 2003 (verbindlich ab 1.1.2005)	**IAS 32** rev. 2003 (verbindlich ab 1.1.2005)
IAS 11 rev. 1993	**IAS 33** rev. 2003 (verbindlich ab 1.1.2005)
IAS 12 rev. 2000	**IAS 34** 1998
IAS 14 rev. 1997	**IAS 35** 1998
IAS 16 rev. 2003 (verbindlich ab 1.1.2005)	**IAS 36** rev. 2004 (verbindlich ab 31.3.2004)
IAS 17 rev. 2003 (verbindlich ab 1.1.2005)	**IAS 37** 1998
IAS 18 rev. 1993	**IAS 38** rev. 2004 (verbindlich ab 31.3.2004)
IAS 19 rev. 2002	**IAS 39** rev. 2003 (verbindlich ab 1.1.2005)
IAS 20 1994	**IAS 40** rev. 2004 (verbindlich ab 1.1.2005)
IAS 21 rev. 2003 (verbindlich ab 1.1.2005)	**IAS 41** 2001
IAS 23 rev. 1993	**IFRS 1** 2003 (verbindlich ab 1.1.2004)
IAS 24 rev. 2003 (verbindlich ab 1.1.2005)	**IFRS 2** 2004 (verbindlich ab 1.1.2005)
IAS 26 1994	**IFRS 3** 2004 (verbindlich ab 31.3.2004)
IAS 27 rev. 2003 (verbindlich ab 1.1.2005)	**IFRS 4** 2004 (verbindlich ab 1.1.2005)
	IFRS 5 2004 (verbindlich ab 1.1.2005)

Abbildung 1: Überblick über die im Rahmen dieser Arbeit betrachteten IAS/IFRS

B Grundlegende Begriffe

Zum leichteren Verständnis dieser Arbeit werden im Folgenden einige grundlegende Begriffe vorab geklärt.

1 Rechnungslegungsprinzipien

Unter einem *Prinzip* (oder einem *Grundsatz*) versteht man im Allgemeinen eine Gesetzmäßigkeit oder eine Idee, die einer Sache zugrunde liegt und als Richtschnur des Handelns fungiert. Ein Prinzip unterscheidet sich von einer Regel durch eine gewisse Allgemeingültigkeit und Beständigkeit.[63] Methodisch gesehen stehen Prinzipien am „Anfang eines theoretischen Aufbaus oder Systems von Handlungsorientierungen“[64]. Ein Prinzip stellt somit ein allgemeines Beurteilungskriterium oder eine hochrangige Entscheidungsregel (im Englischen: *„meta-rule“* oder *„guiding principle“*[65]) dar, aus der weitere Einzelnormen oder Folgeprinzipien *(„lower-order rules“*[66]*)* abgeleitet werden oder die bei deren Interpretation maßgeblich sind.[67]

Vor diesem Hintergrund werden in dieser Arbeit Rechnungslegungsprinzipien als allgemeine *Beurteilungskriterien der Rechnungslegung* aufgefasst, die jedoch unterschiedliche Prioritäten haben können:

- Rechnungslegungsprinzipien können Einzelvorschriften übergeordnet sein (sog. ***„overriding“***[68]). In diesem Fall greifen diese Prinzipien bei Regelungslücken und u.U. muss der Rechnungslegende sogar von Detailregeln abweichen, um dem eigentlichen Regelungszweck zu folgen. Übergeordnete Prinzipien dienen somit grundsätzlich als Leitgedanke bei der Auslegung von bestehenden und bei der Entwicklung von neuen Rechnungslegungsnormen – der Normanwender muss sich stets an den übergeordneten Prinzipien *orientieren.*[69]
- Rechnungslegungsprinzipien können auch durch eine ordnungsgemäße Umsetzung von Einzelvorschriften befolgt werden. In diesem Fall müssen die Einzelnormen der Rechnungslegung konsequent aus Prinzipien abgeleitet

---

[63] Vgl. Duden (1997), S. 657; Mittelstraß (1995), S. 342, Paton/Littleton (1970), S. 4.

[64] Mittelstraß (1995), S. 341.

[65] Alexander/Archer (2003), S. 3 (beide Zitate).

[66] Alexander/Archer (2003), S. 3.

[67] Vgl. Alexander/Archer (2003), S.3 u. 8.

[68] Wagenhofer (2003), S. 135.

[69] Vgl. Archer/Alexander (2003), S.3 und 9; Lüdenbach/Hoffmann (2003a), S. 390.

(deduziert) werden. Die Detailregeln gehorchen den Prinzipien - sie ***basieren*** auf Prinzipien.[70]

Es gilt jedoch zu beachten, dass der englische Ausdruck *principle* nicht unbedingt dem dargelegten Prinzipienbegriff entspricht: Im Englischen werden nämlich sowohl hochrangige Gesetzmäßigkeiten *(„high-grade laws"),* die auch als eine Art ‚Naturgesetze' beschrieben werden, als auch Regeln *(„rules")* unter dem Prinzipienbegriff subsumiert.[71] Auch der Begriff der US-amerikanischen *Generally Accepted Accounting Principles* (US-GAAP) stiftet Verwirrung: Hierzu zählen nämlich nicht nur Prinzipien, sondern auch Konventionen, Regeln oder Rechnungslegungspraktiken – insgesamt also alle US-amerikanischen Rechnungslegungsnormen und anerkannte Rechnungslegungsmethoden.[72] Da die US-amerikanische Rechnungslegung ein dynamisches System darstellt, das einem ständigen Wandel unterworfen ist, wäre auch die Übersetzung ‚allgemein akzeptierte Rechnungslegungsprinzipien' unpassend.[73]

2 Rechnungslegungspostulate

Unter einem *Postulat* (ein weitgehend deckungsgleicher Ausdruck ist ein *Axiom*[74]) versteht man im Allgemeinen eine „sachlich bzw. denkerisch notwendige Annahme, die eines strengen Beweises entbehrt, aber auf Grund von Tatsachen oder aus systematischen oder praktischen Erwägungen gesetzt oder glaubhaft gemacht werden muß"[75]. Rechnungslegungspostulate *(„accounting postulates"*[76]*)* werden insofern als selbstverständliche *(„self-evident"*[77]*)* fundamentale Grundannahmen oder Rahmenprinzipien der Rechnungslegung beschrieben,[78] die insbesondere aus den unterstellten wirtschaftlichen, sozioökonomischen, politischen sowie rechtlichen Rahmenbedingungen *(„environmental assumptions"*[79]*)* der realen Umwelt abgeleitet werden.[80] In angelsächsischen Accounting-Lehrbüchern werden Rechnungslegungspostulate als Fundamente für bilanztheoretische Ansätze charakterisiert, aus denen Rechnungslegungsprinzipien und Einzelnormen abgeleitet werden.[81] Ob selbstverständliche, fundamentale Grundannahmen der Rechnungslegung tatsächlich bestehen, ist fraglich. So wurde 1962 in den USA die *Accounting Research Study No. 1* unter der maßgeblichen

70 Ähnlich: Archer/Alexander (2003), S. 3 und 10 f. Eine ähnliche Klassifizierung nehmen Lüdenbach/Hoffmann (2003a), S. 390 ff. vor.

71 Vgl. Lacey (1986), S. 122 f.

72 Vgl. Wüstemann (1999), S. 167; Kühne (2002), S. 87; Zeff (1995), S. 54. In den AICPA Professional Standards werden US-GAAP folgendermaßen definiert: „A technical accounting term that encompasses the conventions, rules, and procedures necessary to define accepted accounting practice at a particular time. It includes not only broad guidelines of general application, but also detailed practices and procedures" (AICPA (1999a), AU Section 411, Rdnr. 02).

73 Vgl. Pereira (1994), S. 16; Paton/Littleton (1970), S. 4.

Federführung des Bilanztheoretikers Moonitz verfasst, in der die Basispostulate („*basic postulates*") der US-amerikanischen Rechnungslegung niedergeschrieben wurden.[82] Das Ergebnis wurde heftig kritisiert, u.a. weil einige *basic postulates* – insbesondere das der Marktpreisrelevanz – von vielen gar nicht als selbstverständlich erachtet wurden.[83] Im Zuge der Internationalisierung der Rechnungslegung zeigt auch die Entwicklung der deutschen Rechnungslegung, dass bisher als „gesichert angesehene Axiome der Rechnungslegung, wie Realisation, Imparität, Vorsicht oder Maßgeblichkeit"[84] plötzlich angezweifelt oder sogar abgelehnt werden.[85]

Die Postulateigenschaft hängt also stark von den gegenwärtigen Moden, Gebräuchen und Denkweisen ab – wenn überhaupt, kann es daher nur sehr wenige fundamentale Grundannahmen der Rechnungslegung geben.[86] Eine strikte begriffliche Unterscheidung in Postulate und Prinzipien der Rechnungslegung, wobei erstere viel allgemeingültiger und fundamentaler sein sollen, erscheint wenig sinnvoll.[87]

---

[74] Vgl. Schmidt (1982), S. 53, 551.

[75] Schmidt (1982), S. 551.

[76] Belkaoui (1993), S. 229.

[77] Belkaoui (1993), S. 229.

[78] Vgl. Belkaoui (1993), S. 229; Moonitz (1963), S. 44; Wolk/Francis/Tearney (1989), S. 124.

[79] Belkaoui (1993), S. 228.

[80] Vgl. Moonitz (1963), S. 44.

[81] Vgl. Storey (1999), S. 26.

[82] Vgl. dazu auch Abschn. C.3.2.2 dieser Arbeit.

[83] Vgl. Storey (1999), S. 25-27; Wolk/Francis/Tearney (1989), S. 119-123.

[84] Schildbach (2000b), S. 192.

[85] Ähnliche Erfahrungen macht zzt. auch das deutsche Verfassungsrecht: So hatte Artikel 1 Abs. 1 GG („die Würde des Menschen ist unantastbar") über vier Jahrzehnte lang in der BRD den Rang einer „objektivrechtlichen Fundamentalnorm". In der Neukommentierung des Verfassungsrechts wird nun Artikel 1 Abs. 1 GG vor dem Hintergrund moderner ethischer Ansichten konsensbezogen interpretiert, so dass dessen Auslegung „offen für Abwägungen und Angemessenheitsgesichtspunkte" ist, die „Raum lasse für die Berücksichtigung anderer hochrangiger Verfassungsbelange" (Böckenförde (2003), S. 35). Zur Neukommentierung vgl. Herdegen, in: Maunz-Dürig (2003) GG Art. 1 Abs. 1 Rdnr. 21 f.

[86] Vgl. SEC (2003), S. 19.

[87] Das IASB beschränkt sich wohl deshalb nur auf zwei Rechnungslegungspostulate: Der Unternehmensfortführungs- sowie der Periodisierungsgrundsatz (vgl. Abschn. E2.1).

3 Rechnungslegungsregeln

Unter einer *Regel* versteht man eine „begrifflich formulierte (...) Gleichförmigkeit eines Seins, Geschehens oder Handelns“[88]. Regeln werden weiter differenziert in:

- *Handlungsvorschriften*, die für bestimmte Sachverhalte konkrete Handlungsanweisungen vorgeben - ein Beispiel sind Verkehrsregeln.
- *Teleologische* Regeln, welche „situationsrelativ die Herstellung oder Bewahrung einer Situation als Zweck des Handelns vorschreiben, ohne dadurch bereits im Einzelnen festzulegen, welche konkreten Handlungen bei der Verfolgung dieses Zweckes zu tun oder zu unterlassen sind“[89].

Vor diesem Hintergrund können Rechnungslegungsregeln folgendermaßen definiert werden:

Rechnungslegungsregeln sind konkrete Handlungsanweisungen für einzelne Bilanzierungssachfragen oder teleologische Einzelnormen, die bestimmte zweckabhängige Entscheidungssituationen definieren. Rechnungslegungsregeln unterscheiden sich von Prinzipien durch eine eher geringere Beständigkeit und Allgemeingültigkeit. Sie können entweder für sich stehen oder aus Prinzipien abgeleitet werden.

Die Grenzen zwischen Postulaten, Prinzipien und Regeln sind zweifelsohne fließend. Die vorliegenden Definitionen sollten deshalb nur den grundsätzlichen Charakter von Rechnungslegungsprinzipien, -regeln und -postulaten aufzeigen.

4 Rechnungslegungsstandards

Unter Rechnungslegungsstandards *(accounting standards)* versteht man Rechnungslegungsvorschriften, die über ein standardisiertes Verfahren von einem autorisierten, zumeist privatrechtlich organisierten Rechnungslegungsgremium (Standardsetzer, *standard setting bodies*) entwickelt und verabschiedet werden. Ein Rechnungslegungsstandard regelt zumeist nur einen spezifischen Teilbereich der Rechnungslegung und wird dynamisch vor dem Hintergrund sich verändernder Umweltbedingungen und neuartiger Bilanzierungsprobleme fortentwickelt.[90]

---

[88] Vgl. Schmidt (1982), S. 577.

[89] Mittelstraß (1995), S. 530.

[90] Vgl. Böcking (2001), S. 1776.

4.1 Ausprägungen von Rechnungslegungsstandards

In aktuellen Fachbeiträgen werden als mögliche Ausprägungen von Rechnungslegungsstandards *regelbasierte*, *principle-only*, *prinzipienbasierte* sowie *zielorientierte* Standards angeführt. Da im Rahmen dieser Arbeit der Frage nachgegangen wird, ob es sich bei der Rechnungslegung nach IAS/IFRS um eine *prinzipienbasierte* Rechnungslegung handelt, müssen zunächst diese Ausprägungen voneinander abgegrenzt werden. Anschließend werden wesentliche Argumente aus der aktuellen Diskussion für prinzipienbasierte Rechnungslegungsstandards vorgestellt.

4.1.1 Regelbasierte Standards

Als ‚regelbasierte' Standards (*rule-based standards)* werden in der aktuellen Diskussion Rechnungslegungsstandards bezeichnet, die sehr umfangreiche, stark detaillierte (kasuistische) und einzelfallbezogene Rechnungslegungsvorschriften enthalten.[91] In regelbasierte Standards werden zahlreiche quantitative Grenzen *(„bright-lines"*[92]*)* oder Kriterienkataloge *(„check-list(s)"*[93]*)* eingebaut, die verschiedene bilanzielle Abbildungsmöglichkeiten von Geschäftsvorfällen oder Ereignissen formal abgrenzen. Als prominentes Beispiel eines ‚typisch' regelbasierten Standards wird häufig der US-amerikanische SFAS 13 angeführt, der die Leasingbilanzierung regelt. In diesem Standard werden zahlreiche quantitative Schwellenwerte und Kriterienkataloge aufgestellt, die darüber entscheiden, ob ein Leasinggegenstand beim Leasingnehmer oder beim Leasinggeber zu bilanzieren ist.[94] Regelbasierte Standards räumen zudem häufige Ausnahmen vom Anwendungsbereich ein, die dann durch weitere Folgeregelungen geschlossen werden.[95]

Außerdem ist für eine regelbasierte Rechnungslegung charakteristisch, dass den Einzelfallregelungen keine Prinzipien übergeordnet werden, die im Zweifel oder bei Regelungslücken greifen: Vielmehr soll der Regelanwender durch kasuistische Einzelfallregelungen – zumindest nach angemessener Suche - für möglichst

---

[91] Vgl. SEC (2003), S. 14.

[92] FASB (1996), S. 237.

[93] Hofheinz (2002), S. A3.

[94] Vgl. FASB (1996), S. 237: „Statement 13 is the classic example of an accounting standard that, by setting ‚bright lines' results in transactions that achieve a desired accounting result by ‚gaming' the standard." Ähnlich: Kieso/Weygandt/Warfield (2001), S. 1221 f.; Pareira/Paterson/Wilson (1994), S. 271; Schildbach (2002a), S. 141 ff.

[95] Zur Beschreibung regelbasierter Standards vgl. ausführlich SEC (2003), S. 10; FASB (2002), S. 2-4; Nelson (2003), S. 1 ff.; Maines/Bartov/Fairfield/Hirst (2003), S. 1 ff.; Schipper (2003), S. 3 ff.; Wagenhofer (2003), S. 39 f.; Benston/Bromwhich/Litan/Wagenhofer (2003), S. 96.

alle Bilanzierungssachfragen passende Bilanzierungsvorschriften finden.[96] Notwendige Abwägungs- und Ermessensentscheidungen der Rechnungsleger und Prüfer sollen so minimiert werden.[97]

4.1.2 Principle-only Standards

Als *„principle-only standards"* bezeichnet die SEC Rechnungslegungsstandards, die nur sehr grundsätzliche, allgemeingültige Prinzipien enthalten (es gilt: *„Prinzipien statt Regeln"*[98]).[99] Beispiel für ein sehr allgemeines Rechnungslegungsprinzip ist das Anschaffungskostenprinzip für erworbene Vermögensgegenstände. Zu den Anschaffungskosten gehören nach gängiger Definition alle Aufwendungen, die notwendig sind, um einen erworbenen Gegenstand in seinen beabsichtigten betriebsbereiten Zustand zu versetzen.[100] Das Anschaffungskostenprinzip wirft allerdings viele Ungereimtheiten bei der Umsetzung auf: So ist z.B. unklar, welche Aufwendungen konkret notwendig sind oder wann der betriebsbereite Zustand erreicht ist.[101] Ein weiteres Beispiel ist – wie in Abschn. B.3 gezeigt wird - das traditionelle britische TFV-Prinzip, das zu einer Zeit, in der es noch kaum konkretisierende Rechnungslegungsnormen gab, höchst unterschiedlich umgesetzt wurde.[102] Ohne weitere Konkretisierungen sind *principle-only standards* zu unpräzise, um eine periodenübergreifende und unternehmensübergreifende Vergleichbarkeit zu ermöglichen.[103]

4.1.3 Prinzipienbasierte und zielorientierte Standards

a) Prinzipienbasierte Standards

‚Prinzipienbasierte' Standards *(principles-based standards)* zeichnen sich durch mehr grundsätzliche Regelungen an Stelle von kasuistischen Einzelfallregelungen aus (es gilt: *„mehr Prinzipien, weniger Regeln"*[104]). Prinzipienbasierten Standards wird in der Literatur zugesprochen, sie seien systematischer als regelbasierte Standards, da die Einzelvorschriften konsequent aus den Prinzipien und

[96] Vgl. Wagenhofer (2003), S. 39 sowie Abschn. D.1.1 dieser Arbeit.

[97] Vgl. Hronsky/Houghton (2001), S. 123; Sunder (2002), S. 148: „Thick with details to replace managerial and auditor judgement about fairness of financial statements".

[98] Lüdenbach/Hoffmann (2003a), S. 391.

[99] Vgl. SEC (2003), S. 22 f.

[100] Vgl. z.B. § 255 (1), S. 1 HGB; SFAS 34.6; IAS 16.15; SEC (2003), S. 23; Dalaney/Epstein (2002), S. 348.

[101] Vgl. SEC (2003), S. 23.

[102] Vgl. Abschn. B.2.2.2.

[103] Vgl. SEC (2003), S. 23.

[104] Lüdenbach/Hoffmann (2003a), S. 391.

Zielen eines theoretischen Rahmenkonzeptes der Rechnungslegung *(conceptual framework)*[105] abgeleitet werden.[106] Prinzipienbasierte Standards sollen weniger eindeutige Regeln enthalten, sondern eher flexibel und ermessensabhängig gestaltet sein. Im Zentrum der Jahresabschlusserstellung steht das fachliche Urteilsvermögen *(professional judgement)* der Bilanzierenden und/oder Jahresabschlussprüfer.[107] Den Einzelregeln werden hierfür bestimmte Prinzipien und/oder Ziele übergeordnet, die bei Ungereimtheiten und bei Regelungslücken greifen.[108] Ziel ist eine fortlaufende kritische Hinterfragung der Rechnungslegenden und Jahresabschlussprüfer, ob die bilanzielle Abbildung der Geschäftsvorfälle und Ereignisse mit den eigentlichen Regelungszielen bzw. dem ,Geist' der Regelungen *(spirit of the rules)* vereinbar ist.[109] Um den ,Geist' der Regelungen zu verstehen, sollen prinzipienbasierte Standards die jeweiligen Regelungsziele klar formulieren und in den sog. *„basis for conclusions"* (BfCs) begründen.[110] Den Rechnungslegenden sollen zur Unterstützung ihrer Ermessensentscheidungen ausreichende Anwendungsleitlinien und Orientierungsbeispiele vorgegeben werden, an denen die beabsichtigten Regelungsziele und Prinzipien veranschaulicht werden.[111] Damit soll ein „Mindestmaß an überbetrieblicher und überperiodischer Einheitlichkeit der Bilanzierung"[112] sichergestellt werden. Eine prinzipienbasierte Standardsetzung verzichtet schließlich weitgehend auf eine

---

105 In den CFs der angelsächsischen Standardsetzer werden allgemein relevante Prinzipien, Ziele und Anforderungen einer informationsorientierten Rechnungslegung beschrieben. Ein CF soll sowohl bei der Entwicklung neuer Standards als theoretische Deduktionsbasis, als auch bei der Jahresabschlusserstellung als Anwendungshilfe bei Regelungslücken oder Zweifelsfragen dienen – es gehört aber nicht zum eigentlichen Regelungsbereich (vgl. Vorwort zum IASB Framework sowie F.2; van Hulle (2001), S. 77 ff.; Ballwieser (2003), S. 337-339 sowie Abschn. D.1.6 dieser Arbeit).

106 Vgl. Nelson (2003), S. 1; ECOFIN (2002), S. 2; Schipper (2003), S. 61; Maines/Bartov/Fairfield/Hirst (2003), S. 74; FASB (2002), S. 4; Lüdenbach/Hoffmann (2003a), S. 390 f.

107 Vgl. FASB (2002), S. 5; Maines/Bartov/Beatty/Botosan (2003), S. 162.

108 Vgl. FASB (2002), S. 7; Lüdenbach/Hoffmann (2003a), S. 392 f.

109 Vgl. FASB (2002), S. 4 f.: „We favour an approach that requires the company and its auditor to take a step back and consider whether the accounting suggested is consistent with the underlying principle."

110 Vgl. Hronsky/Houghton (2001), S. 124. Nach Pohle (2003), S. 20 verlangen die IAS/IFRS vom Bilanzierenden die Überlegung, „wie das IASB diese Bilanzierungsfrage gelöst hätte, wenn sie ihm vorgelegt worden wäre. Dies bedeutet umgekehrt für den IASB, bei der Verabschiedung neuer IFRS seine Überlegungen und Entscheidungsprozesse offen zu legen, die sogenannte Basis of Conclusion". Diese Aussage ist aber problematisch: Da erst in den neueren Standards Standardbegründungen angeführt werden, ergäbe sich im Umkehrschluss, dass viele der älteren Standards nicht prinzipienbasiert sein können.

111 Vgl. Maines/Bartov/Beatty/Botosan (2003), S. 162 f.; FASB (2002), S. 8 f.; Hers (2003), S. 251.

112 Lüdenbach/Hoffmann (2003a), S. 398.

Festlegung formaler Grenzen oder Kriterienkataloge und räumt möglichst wenige Ausnahmen von den Anwendungsbereichen der Standards ein.[113]

b) Zielorientierte Standards

Als eine weitere Alternative wurde von der SEC im Jahre 2003 im Zuge ihrer Studie zur Einführung einer prinzipienbasierten Standardsetzung in den USA die Variante der ,zielorientierten' *(objective orientated)* Standards vorgeschlagen.[114] Nach Auffassung der SEC werden wirtschaftliche Zusammenhänge ordnungsgemäß im Jahresabschluss abgebildet, wenn sich der Regelanwender an den wohl definierten Zielen der relevanten Standards orientiert. Klar formulierte Standardziele sollen die Regelanwender im Rahmen der Jahresabschlusserstellung wesentlich stärker ,lenken' als regelbasierte oder prinzipienbasierte Standards.[115] Diese Ziele gelten innerhalb der einzelnen Anwendungsbereiche der Standards als eine Art übergeordnete, aus dem Framework abgeleitete (Teil-) Prinzipien. Management und Abschlussprüfer tragen die Verantwortung für die ordnungsmäßige Umsetzung dieser Ziele.[116]

Insgesamt werden zielorientierte Standards von der SEC folgendermaßen charakterisiert:[117]

- Zielorientierte Standards werden aus den Zielen und Prinzipien eines konsistenten und bewährten konzeptionellen Rahmenwerkes der Rechnungslegung *(conceptual framework)* abgeleitet,
- es werden klare Ziele in den einzelnen Standards abgesteckt, die der Normanwender befolgen muss,
- es werden ausreichende, aber nicht zu rigide Anwendungsleitlinien vorgegeben, so dass der Standard operational bleibt und in konsistenter Weise angewendet werden kann,
- die Ausnahmen von den Anwendungsbereichen der Standards werden minimiert,

---

[113] Vgl. FASB (2002), S. 5; Lüdenbach/Hoffmann (2003a), S. 391; ECOFIN (2002), S. 2.

[114] Vgl. SEC (2003), S. 5 ff. Zum Kontext einer zielorientierten Standardsetzung im Rahmen der aktuellen Diskussion vgl. insbesondere Lüdenbach/Hoffmann (2003a) sowie Hoffmann (2003), S. I.

[115] Vgl. SEC (2003), S. 6.

[116] Vgl. SEC (2003), S. 6: „Objective-based standards explicitly charge management with the responsibility for capturing within the company's financial reports the economic substance or transactions and events – not abstractly, but as defined specifically and framed by the substantive objectives built into each pertinent standard".

[117] Vgl. SEC (2003), S. 4 f., 11 f. sowie Fn. 1.

- auf formale Bilanzierungskriterien (z.B. *bright-lines*) wird weitgehend verzichtet, so dass nicht durch eine genaue Beachtung solcher Vorgaben und entsprechenden Sachverhaltsgestaltungen die Ziele der Standards umgangen werden können.

Der entscheidende Unterschied zu prinzipienbasierten Standards besteht darin, dass den jeweiligen Einzelvorschriften keine allgemeinen Grundprinzipien übergeordnet werden.[118] Die SEC lehnt insbesondere die Generalnorm des *true and fair view/fair presentation* ab, da es die eigentliche Aufgabe des Standardsetzers sei, zweckmäßige Rechnungslegungsvorschriften festzulegen, mit denen die wirtschaftlichen Zusammenhänge der Geschäftsvorfälle und Ereignisse eines Unternehmens sachlich richtig abgebildet werden.[119] Da sich der Regelanwender nur an den Zielen der einzelnen Standards, nicht jedoch an übergeordneten Prinzipien orientieren muss, betreffen notwendige Ermessensentscheidungen der Normanwender nur kleinere, klar abgegrenzte Bilanzierungssachverhalte.[120] Die SEC vertritt die Auffassung, dass eine Einführung zielorientierter Standards die Anzahl der Aktionärsklagen gegen Rechnungsleger und Prüfer verringern würde. Begründet wird dies damit, dass notwendige Ermessensentscheidungen durch die Zielvorgaben in den einzelnen Standards straffer gebunden würden, so dass die Gefahr einer nicht ordnungsgemäßen Rechnungslegung verringert wird. Außerdem sollen zielorientierte Standards, in Kombination mit einem effektiven Durchsetzungsmechanismus, den Informationsgehalt der Rechnungslegung erhöhen.[121] Als Beispiele von Regelungen, die dem Ideal von zielorientierten Standards nahe kommen, führt die SEC die erst in jüngerer Zeit verabschiedeten Standards SFAS 141, 142, 143 sowie 144 an.[122] Mittlerweile hat sich allerdings herausgestellt, dass auch diese Standards – entgegen den erklärten Vorteilen einer zielorientierten Standardsetzung – zahlreiche weitergehende Anwendungsleitlinien und Interpretationen erforderlich machen.[123]

---

[118] Vgl. SEC (2003), S. 30.

[119] Vgl. SEC (2003), S. 30: „It is, (...), precisely the role of the standard setter to define the class of transactions included within the economic arrangement and to establish the appropriate accounting for that class of transactions." Anm.: Wie die Ausführungen im Abschn. D.1.4 zeigen werden, existiert in den USA dennoch ein übergeordnetes fair presentation-Prinzip, das aufgrund der US-amerikanischen Grundsätze ordnungsgemäßer Abschlussprüfung, vor allem aber aufgrund der Einzelfallentscheidungen zum Wertpapierrecht der US-amerikanischen Gerichte sehr wohl den Einzelfallregelungen übergeordnet ist. Insofern spielt der übergeordnete Grundsatz der fair presentation im Rahmen der US-amerikanischen Rechnungslegung immer eine Rolle.

[120] Vgl. SEC (2003), S. 44.

[121] Vgl. SEC (2003), S. 48.

[122] Vgl. SEC (2003), S. 23.

[123] Vgl. Lüdenbach/Hoffmann (2003a), S. 392.

Interessanterweise wurden formale Grenzen und detaillierte Anwendungsleitlinien in der Vergangenheit von der SEC - ganz im Gegensatz zu ihrer heutigen Auffassung - gutgeheißen. So sprach sich der ehemalige chief accountant der SEC, Schuetze, im Jahre 1994 für Regeln mit klaren bzw. einfachen formalen Grenzen ("simple bright-line rules") aus:

„But, the Board cannot just set forth a simple standard, state the objective of the standard, and leave it to the judgement of the preparers and their CPAs to implement the standard as it now is in vogue to suggest. That approach will not work. The world needs simple bright-line rules".

Und weiter:

„Let's look at some simple, non-judgemental standards that have been successful: FASB Statement 14 on segments says that if 10 percent or more of total revenues are from a segment, then data for the segments shall be reported separately. No ifs, ands, or buts; 10 percent is 10 percent and FASB 14 has been successful" [124].

Noch im Jahr 2000 veröffentlichte die SEC eine Studie, in der die Unterschiede zwischen US-GAAP und IAS herausgearbeitet wurden. Hier heißt es mit Blick auf die vermeintliche Prinzipienbasierung der IAS:

„Earlier standard-setting organizations in the United States, such as the Accounting Principles Board, followed this approach and developed less detailed standards. Our experience with that approach was not favourable, however, and led to the current organization and approach to standard-setting under the FASB" [125].

Auch der ehemalige Vorsitzende der SEC, Levitt, meinte im Jahre 1998 über US-GAAP:

„Even those who view this approach – the approach followed in the U.S. – as too rigid or too demanding, or as imposing too many reporting obligations on management, will recognize that these are the characteristics of a system that has been shaped to meet the needs of investors and capital markets" [126].

Offenkundig hat die SEC ihre Haltung bezüglich regelbasierter Rechnungslegungsvorschriften angesichts der jüngeren Bilanzskandale vollkommen geändert.

4.2 Argumente für eine prinzipienbasierte Standardsetzung

In der aktuellen Diskussion werden verschiedene Argumente für eine prinzipienbasierte Standardsetzung angeführt. Im Folgenden werden diese Argumente zusammengefasst.

---

[124] Schuetze (1994), S. 23.

[125] SEC (2000), S. 12.

[126] Levitt (1998b), S. 81.

Als wesentlicher Vorteil einer prinzipienbasierten Rechnungslegung gilt, dass diese verstärkt auf das fachliche Urteilsvermögen *(professional judgement)* der Bilanzierenden und Jahresabschlussprüfer abstellt. Damit soll eine zutreffende Selbstdarstellung erreicht und unternehmensinternes (Fach-) Wissen der Manager bzw. der Jahresabschlussprüfer einbezogen werden.[127] Präzise und eindeutige Bilanzierungsanweisungen (wie z.B. eine konkrete Vorschrift, den Buchwert des Sachanlagevermögens jedes Jahr um 10% zu verringern) würden die tatsächlichen wirtschaftlichen Verhältnisse häufig falsch wiedergeben.[128]

Da die Einzelvorschriften einer prinzipienbasierten Rechnungslegung konsequent auf klaren Prinzipien des Frameworks basieren sollen, wird das allgemeine Verständnis der Rechnungslegungsadressaten für die im Jahresabschluss bereitgestellten Informationen erhöht.[129] Prinzipienbasierte Rechnungslegungsstandards seien daher in der Öffentlichkeit leichter zu vermitteln als komplexe und detaillierte Einzelfallregelungen. Dadurch könnten sich auch mehr Jahresabschlussadressaten am Standardsetzungsprozess beteiligen und anderenfalls unberücksichtigt bleibende, sachgerechte Argumente einbringen. Die verabschiedeten Rechnungslegungsnormen sollen damit insgesamt qualitativ hochwertiger und informativer werden.[130]

Durch einen weitgehenden Verzicht auf formale Bilanzierungskriterien (wie z.B. *bright lines*), einer Reduzierung des Regelungsumfanges und der –tiefe durch mehr grundsätzliche Regelungen sowie einer Reduzierung von Ausnahmeregelungen würden die Möglichkeiten von Unternehmen eingeschränkt, durch Sachverhaltgestaltungen oder durch das Ausnutzen von Schlupflöchern die eigentlichen Regelungszwecke zu umgehen.[131] Bei Regelungslücken oder bei Zweifelsfragen greifen übergeordnete Prinzipien die anstatt einer „sklavische[n] Befolgung der Regeln“[132] eine möglichst informative Gestaltung des Jahresabschlus-

---

[127] Vgl. dazu auch SEC (2003), S. 14; Schipper (2003), S. 61; Herz (2003), S. 251 sowie Abschn. D.1.3 dieser Arbeit.

[128] Eine prinzipienbasierte Regel würde daher lauten: ‚Die jährlichen Abschreibungen des Sachanlagevermögens müssen der Verringerung des wirtschaftlichen Werts während der Nutzungsdauer entsprechen'. (vgl. Maines/Bartov/Fairfield/Hirst (2003), S. 2).

[129] Vgl. Maines/Bartov/Fairfield/Hirst (2003), S. 2.

[130] Vgl. SEC (2003), S. 44: „A greater number of users should be able to grasp the principles at issue and, thus, they are likely to do so and participate in the standard setting process. As a consequence, the resulting standards should be more likely to meet the information needs of users (...). The lowering the hurdle for meaningful participation in the standard setting process (...) should permit the participation of users who might otherwise have been excluded from the process and who may raise issue that otherwise might have been missed".

[131] Vgl. Maines/Bartov/Fairfield/Hirst (2003), S. 1; FASB (2002), S. 2; Nelson (2003), S. 3; SEC (2003), S. 45; Lüdenbach/Hoffmann (2002), S. 1174; Herz (2003), S. 252.

[132] Schildbach (2003a), S. 248.

ses gewährleisten und so vor bilanzpolitischen Missbräuchen schützen sollen.[133] Die ordnungsgemäße Interpretation der übergeordneten Prinzipien liegt in der Verantwortung des Bilanzierenden und kann endgültig von Gerichten oder von einer anderen Durchsetzungsinstanz *(Enforcement*-Institution) auf ordnungsgemäße Umsetzung überprüft werden.[134]

Als weiteres Argument gilt die Tatsache, dass vor dem Hintergrund der raschen technischen und wirtschaftlichen Entwicklung und Veränderung in immer kürzeren Abständen zweckmäßige Rechnungslegungsvorschriften für neu aufgeworfene Bilanzierungsprobleme verfügbar sein müssen.[135] Prinzipienbasierte Standards sollen im Vergleich zu regelbasierten Standards länger ‚aktuell' sein, da die Regelanwender die Möglichkeit haben, bei neuartigen Bilanzierungssachfragen zunächst eigene prinzipiengetreue Bilanzierungsmethoden zu entwickeln. Außerdem seien im Standardsetzungsprozess über grundsätzliche Regelungen schneller Übereinkünfte möglich als über detaillierte einzelfallbezogene Regelungen.[136]

Eine regelbasierte Standardsetzung biete außerdem mehr Angriffsfläche für direkte Einflussnahme (Lobbyismus) der von der Regulierung der Rechnungslegung betroffenen Parteien auf den Normsetzungsprozess. Die Standardsetzer fügen im Regelwerk häufig zu Gunsten einzelner Interessensgruppen unsachgemäße Ausnahmeregelungen oder inkonsistente Regelungen in den Standards ein.[137] Im Gegensatz dazu soll eine prinzipienbasierte Standardsetzung dem Druck durch Lobbyisten besser standhalten und damit dem Idealziel einer kompromisslosen Ausrichtung auf Kapitalmarktinformationen näher kommen.[138]

---

133 Vgl Hofheinz (2002), S. A3.

134 So auch Wagenhofer (2002), S. 235; EU-Kommission (2002), S. 1, Lüdenbach/Hoffmann (2002), S. 1172.

135 Vgl. SEC (2003), S. 44. Ähnlich: Schildbach (2000a), S. 107 zu den Zwecken der deutschen GoB.

136 Vgl. SEC (2003), S. 44; Becker (2002), S. 490; Schildbach (2000a), S. 107; Herz (2003), S. 228. Anm.: Andererseits wird angemerkt, dass die Orientierung an kompromisslosen Prinzipien einen raschen Standardsetzungsprozess auch behindern könne. Im Vorfeld der Standardverabschiedung werden häufig Ausnahmeregelungen als Zugeständnisse an die verschiedenen Interessensgruppen geschaffen, so dass u.U. sogar schneller Übereinkünfte gefunden werden können (vgl. SEC (2003), Fn. 167, S. 64).

137 Vgl. dazu z.B. Sunder (2002), S. 147 f.; Wüstemann (1999), S. 40; Zeff (2002), S. 43-54; Hadden/Boyd (1992), S. 72 f. ; Wolk/Francis/Tearney (1989), S. 251; Wallman (1995), S. 82 f.; Heintges (1996), S. 128.

138 SEC (2003), S. 46: „Unprincipled treatment of special interests is more readily disguised when drafting complicated rules, or providing for scope expectations, than when formulating more principle-based accounting objectives". Ähnlich: Solomons (1994), S. 123.

Prinzipienbasierte Rechnungslegungsvorschriften sollen schließlich mit weit weniger Regelungen auskommen, einfacher umzusetzen sowie transparenter sein.[139]

Als Fazit bleibt festzuhalten, dass das Ziel eines *true and fair view/fair presentation* durch die vermeintlichen Vorteile prinzipienbasierter Rechnungslegungsstandards unterstützt werden soll.[140] Von der Rechnungslegung nach IAS/IFRS wird in der aktuellen Diskussion behauptet, sie sei eine prinzipienbasierte Rechnungslegung. Diese ‚Qualität' sollen IAS/IFRS gegenüber den regelbasierten und missbrauchsanfälligen US-GAAP auszeichnen.

5 Rechtsnormen vs. Fachnormen der Rechnungslegung

Die angelsächsischen Rechnungslegungsstandards werden zumeist von privaten Rechnungslegungsgremien geschaffen, sie stellen somit *Fachnormen der Rechnungslegung* dar.[141] Um das Konzept der angelsächsischen Regulierung der Rechnungslegung durch *Fachnormen* und den Unterschied zu Bilanzrechtsnormen (wie etwa HGB/GoB) zu verstehen, werden im Folgenden Fachnormen und Rechtsnormen der Rechnungslegung charakterisiert.

5.1 Rechtsnormen der Rechnungslegung

In Deutschland besteht, ebenso wie in vielen anderen kontinentaleuropäischen Staaten, ein legalistisches Rechtssystem mit umfassend kodifizierten Rechtsnormen *(code law)*.[142] Der Begriff der Rechtsnorm stellt allgemein einen „Oberbegriff für juristische Regeln jeglicher Art und unter Absehung jeglicher weiteren Qualifikation"[143] dar. Neben den gesetzlichen Bestimmungen umfassen Rechtsnormen auch Gewohnheitsrecht, Rechtsprechung oder Rechtstheorien.[144] Die umfangreiche Regelungsdichte, bedingt durch die konkurrierenden Jahresabschlussfunktionen, führt dazu, dass das deutsche Bilanzrecht einen bedeutsamen Teil des *Gesellschaftsrechts* darstellt.[145] Deshalb muss im Vorfeld der Verabschiedung von Gesetzen und bei auftretenden gerichtlichen Auseinanderset-

[139] Vgl. Wagenhofer (2003), S.113; Hengstberger (2003), S. 1.

[140] Vgl. z.B. Hofheinz (2002), S. A.3.

[141] Vgl. Böcking (2001), S. 1776; Schildbach (2003c), S. 1072.

[142] Vgl. Ballwieser/Kuhner (1994), S. 40; Kühne (2002), S. 32; Wagenhofer (2003), S. 20.

[143] Sandkühler (1990), S. 581.

[144] Vgl. Duden (1997), S. 556.

[145] Vgl. Heuser/Theile (2003), Rdnr. 2; Ballwieser/Kuhner (1994), S. 40 f. Zur Beziehung zwischen Gesellschaftsrecht und Bilanzrecht vgl. ausführlich Schulze-Osterloh (2004a), S. 81 ff.

zungen ein relativer Interessensausgleich zwischen den gesellschaftsrechtlich schutzbedürftigen Betroffenen herbeigeführt werden.[146]

Auslegung von Rechtsnormen der Rechnungslegung:

Die deutschen Bilanzrechtsnormen leiten sich größtenteils aus mehr oder weniger abstrakt formulierten, interpretationsbedürftigen Rechtsbegriffen und – prinzipien ab.[147] So enthält das deutsche Handelsgesetzbuch neben den gesetzlichen Einzelvorschriften auch Verweise auf die *Grundsätze ordnungsgemäßer Buchführung* (GoB).[148] GoB sind nur teilweise gesetzlich kodifizierte allgemeine Prinzipien und Einzelnormen, die besagen, wie bei der Jahresabschlusserstellung den verschiedenen Jahresabschlussfunktionen Rechnung getragen werden kann.[149] Verweise auf GoB haben die Aufgabe, „Lücken des sonst rudimentär normierten Bilanzrechts zu schließen und dessen Konkretisierung im Hinblick auf zu entscheidende Sachverhalte zu regeln"[150]. Daneben enthält das deutsche Handelsrecht weitere unbestimmte Rechtsbegriffe, wie bspw. *„Treu und Glauben"*, *„erforderliche Sorgfalt"*, *„angemessene Zeit"*, *„Vorsicht"*, *„nach vernünftiger kaufmännischer Beurteilung"*.[151] Diese Rechtsbegriffe sind bewusst abstrakt gehalten und „ermöglichen dem Rechtsanwender dadurch die situationsgerechte Anpassung bei der Erfassung komplexer Materien, ferner der Berücksichtigung des Wandels der Verhältnisse"[152]. Viele Rechtsbegriffe verweisen auch auf außerrechtliche Kriterien oder Normen, so etwa auf die *„Verkehrsauffassung"*, auf den *„Handelsbrauch"*, auf eine *„ordnungsgemäße Buchführung"* oder auf eine *„vernünftige kaufmännische Beurteilung"*.[153] Damit werden die Entscheidungen des Bilanzierenden an Werte und Vorstellungen gebunden, die außerhalb des Rechtsbereichs liegen (z.B. an kaufmännischen Rationalitätsüberlegungen).[154] Im Streitfall wird über den Inhalt von unbestimmten Rechtsnormen vor einem Revisionsgericht entschieden,[155] wobei die üblichen

---

[146] Vgl. Moxter (2003a), S. 1 und 9; Ballwieser/Kuhner (1994), S. 40; Schulze-Osterloh (2001), S. 1437. Zu den auftretenden Interessenskonflikten vgl. Moxter (2003a), S. 9 f.; Schildbach (2000a), S. 32-67.

[147] Vgl. Tipke (1986), S. 2.

[148] Vgl. neben den Verweisen in §§ 264 Abs. 2; 297 Abs. 2, 322 Abs. 1 HGB insbesondere der Generalverweis des § 243 Abs. 1 HGB: „Der Jahresabschluss ist nach den Grundsätzen ordnungsgemäßer Buchführung aufzustellen" (vgl. dazu auch Beisse (1990), S. 499).

[149] Vgl. Moxter (2003a), S. 9; Schildbach (2000a), S. 107; Beisse (1990), S. 499.

[150] Euler (1996), S. 1.

[151] Vgl. Tipke (1986), S. 2 f.; Leffson (1987), S. 23.

[152] Tipke (1986), S. 3.

[153] Vgl. Tipke (1986), S. 3; Westermann (1986), S. 351 f.

[154] Vgl. Wüstemann (2002a), S. 24.

[155] Vgl. Biener (1996), S. 60.

Regeln der Rechtsfindung herangezogen und die divergierenden Interessen der schutzbedürftigen Adressaten austariert werden.[156] Unbestimmte Rechtsnormen decken damit einen „Spielraum von Argumenten und Wertansätzen ab (...), innerhalb dessen als berechtigt anerkannte Belange der beteiligten Interessensträger zur Geltung gebracht werden dürfen"[157] Vor diesem Hintergrund ist eine wertfreie, rein sachliche Konkretisierung von unbestimmten Rechtsnormen nicht möglich.[158] Die Richter werden angesichts der gesetzlichen Wertungserfordernisse

> *„jedem Handelsbrauch und jeder Verkehrsanschauung zum Trotz, den Erkenntnissen der Betriebswirtschaftslehre folgen (...), sich aber auch für einen Handelsbrauch oder eine Verkehrsanschauung entscheiden, obwohl die Wissenschaft schon zweckgerechte Lösungen erarbeitet hat"*[159].

Die *endgültige Auslegung* von Rechtsnormen erfolgt somit durch Rechtsprechung und Bilanzkommentierung.[160] Der Zwang zu obrigkeitlichen Abwägungsentscheidungen, der eine gegenseitige Schädigung der schutzbedürftigen Jahresabschlussadressaten in Grenzen halten soll,[161] unterscheidet Rechtsnormen erheblich von Fachnormen der Rechnungslegung.[162]

5.2 Fachnormen der Rechnungslegung

Fachnormen der Rechnungslegung („*professional standards*"[163] bzw. „*technical guidelines for accounting*"[164]) stellen prinzipiell rein „fachbezogene Problemlösungen"[165] für spezifische Teilbereiche der Rechnungslegung dar.[166] Dazu zählen z.B. Rechnungslegungsstandards, sonstige normative, nicht gesetzliche Verlautbarungen (z.B. die berufsständischen Empfehlungen des deutschen IDW) sowie allgemein anerkannte Rechnungslegungsgepflogenheiten. Fachnormen der Rechnungslegung haben aus sich heraus keine gesetzlich sanktionierte Rechts-

---

[156] Vgl. Baetge/Kirsch (1995), Grundlagen I, Rdnr. 254; Beisse (1990), S. 500, 510; Moxter (2003a), S. 9.

[157] Westermann (1986), S. 356.

[158] So Berberich (2002), S. 107; Moxter (2003a), S. 9; Wüstemann (2002a), S. 114.

[159] Kruse (1976), S. 140.

[160] Vgl. Schildbach (2003c), S. 1072.

[161] Vgl. Schildbach (2004), S. 160.

[162] Vgl. Schulze-Osterloh (2004a), S. 82.

[163] Hoffman/Arden (1983), S. 154.

[164] Walton (1998), S. 134.

[165] Schildbach (2004), S. 160.

[166] Vgl. Biener (1996), S. 63; Böcking (2001), S. 1776; Moxter (2003a), S. 10; Hommelhoff/Schwab (1998), S. 38.

kraft, sondern besitzen „ausschließlich Empfehlungscharakter“[167]. Verbindlichkeitscharakter entfalten Fachnormen erst durch allgemeine Akzeptanz (z.B. auf dem Kapitalmarkt) oder durch gesetzliche Anerkennung.[168] Fachnormen können insofern „ohne jede Einbindung in gesetzliche Grundwertungen einen Geltungsanspruch erheben, der allein aus ihrer tatsächlichen Anerkennung bei den rechnungslegenden Unternehmen und ihren Prüfern gespeist wird“[169].

Angelsächsische Rechnungslegungssysteme wie z.B. US-GAAP oder UK-GAAP beruhen in hohem Maße auf einer Selbstregulierung der Rechnungslegung durch Fachnormen, im Wesentlichen in der Form von Rechnungslegungsstandards oder berufsständischen Verlautbarungen. Nach der angelsächsischen Rechnungslegungsphilosophie werden durch eine Selbstregulierung der Rechnungslegung rein pragmatische, sachbezogene *„best practises“*[170] geschaffen, welche „den Jahresabschluss am besten zur Erfüllung seiner Aufgaben befähigen“[171]. Im Idealfall soll dies dazu führen, den „Prozess der Normsetzung von politischen Einflussnahmen [zu entlasten] und damit laue Kompromisse [zu vermeiden]“[172].

Auslegung von Fachnormen der Rechnungslegung:

Nach der angelsächsischen Rechnungslegungsphilosophie werden die Bilanzierenden bei Regelungslücken oder Zweifelsfragen durch *professional judgement* eigene sachgerechte Lösungen entwickeln, die die propagierte Informationsfunktion des Jahresabschlusses bestmöglich erfüllen.[173] Tauchen bei der Anwendung von fachlichen Rechnungslegungsnormen jedoch offene Fragen von allgemeiner Bedeutung auf, so sollen diese möglichst rasch durch sachgerechte Interpretationen oder Anwendungsleitlinien der privaten Regulierungsinstanzen ausgefüllt werden.[174] Die Standardsetzer versuchen daher im Allgemeinen, zu auftauchenden Problemen von allgemeiner Bedeutung eigene einheitliche Standardinterpretationen sowie Anwendungsleitlinien zu verabschieden.[175] Durch solch offizielle Interpretationen und Anwendungsleitlinien entsteht im Vergleich zu juristisch geprägten Rechnungslegungssystemen ein tendenziell hoher Detaillierungsgrad von Einzelfallregelungen. Die in Deutschland üblichen juristisch

---

[167] Böcking (2001), 1776.

[168] Vgl. Hommelhoff/Schwab (1998), S. 39. So werden die Standards und Interpretationen des IASB über ein offizielles Endorsement-Verfahren in EU-Recht überführt; die US-amerikanischen Rechnungslegungsstandards werden „erst durch den 'substantial authorative support' der SEC 'generally accepted'“ (Schildbach (2004), S. 159; vgl. dazu auch Abschn. B5.2).

[169] Hommelhoff/Schwab (1998), S. 39.

[170] Sunder (2003), S. 149.

[171] Schildbach (2003c), S. 1072.

[172] Tweedie (2003), S. 59.

geprägten Bilanzkommentare sollen damit überflüssig werden.[176] Die Schaffung maßgebender Interpretationen der Rechnungslegungsnormen durch eine Institution, die (der deutschen Bilanzkommentierung vergleichbar) von der eigentlichen Normsetzung organisatorisch getrennt sind, ist mit dem grundlegenden Gedanken einer Regulierung der Rechnungslegung durch Fachnormen prinzipiell unvereinbar.[177] Die Einrichtung des *International Financial Reporting Interpretation Committee* (IFRIC) macht deutlich, dass sich auch beim IASB Normsetzung und Interpretation grundsätzlich auf einer Ebene abspielen sollen.[178]

Eine strikte Trennung von Rechtsnormen und Fachnormen der Rechnungslegung ist jedoch in der Realität kaum anzutreffen: IAS/IFRS werden zwar von einer privaten Institution als ‚Fachnormen' entwickelt, jedoch wurden inzwischen die meisten der am 1. Januar 2005 anzuwendenden IAS/IFRS und SIC/IFRIC-Interpretationen über ein aufwendiges *Endorsement*-Verfahren in EU-Recht überführt.[179] IAS/IFRS stellen damit (zumindest in der EU) auch Rechtsnormen dar, die den Wertungen der europäischen Rechtsprechung unterliegen.[180]

Als Ergebnis bleibt festzuhalten: Die angelsächsische Kultur der Regulierung der Rechnungslegung durch Fachnormen hat – im Gegensatz zur Regulierung durch Rechtsnormen - prinzipiell zum Ziel, rein fachbezogene und aktuelle Problemlösungen vorzugeben.

---

173 Vgl. Schildbach (2003c), S. 1072 f.; Besonders deutlich wird dieser Wunsch in IAS 1 (rev. 1997), Rdnr. 22: „In the absence of a specific International Accounting Standard and an Interpretation of the Standing Interpretation Committee, management uses its judgement in developing an accounting policy that provides the most useful information to users of the enterprise's financial statements". Ähnlich: SFAC 2.14-16.

174 Vgl. Wagenhofer (2003), S. 68 f.; Preface Rdnr. 3 zu den SIC Interpretationen des IAS; Kieso/Weygandt/Warfield (2001), S. 10.

175 Vgl. Wagenhofer (2003), S. 68.

176 Vgl. Wagenhofer (2003), S. 114; Euler (2002), S. 876.

177 Vgl. Schulze-Osterloh (2003a), S. 98.

178 Vgl. Schön (2004), S. 764.

179 Vgl. EU (2003), S. 1; DRSC (2005), S. 2. Ausführlich zu dem europäischen Endorsement-Verfahren vgl. ausführlich Van Hulle (2003), S. 977 ff.; Schildbach (2003c), S. 1075; Buchheim/Gröner/Kühne (2004), S. 1783 ff.

180 Vgl. EU (2003), S. 1; Schildbach (2003c), S. 1075; van Hulle (2003), S. 980. Ausführlich zu den Kompetenzen der europäischen Gerichtsbarkeit zur Auslegung von IAS/IFRS vgl. Schön (2004).

6 Effektive Vermögens-, Finanz- und Ertragslage

Wie bereits erwähnt, konkretisiert sich das Informationsinteresse der Investoren an der tatsächlichen wirtschaftlichen Lage des Unternehmens, d.h. an dessen *effektiver Vermögens-, Finanz- und Ertragslage.*[181] Es muss daher geklärt werden, was man unter diesem Begriff versteht.

a) Effektive Vermögenslage

Die effektive Vermögenslage konkretisiert sich am Effektivvermögen eines Unternehmens. Betriebswirtschaftlich lässt sich das Effektivvermögen „als der potentielle, bei einer Veräußerung des ganzen Unternehmens erzielbare Preis"[182] auffassen. Dieser Preis wird „einerseits bestimmt von den Ausschüttungserwartungen im Sinne des zwischen dem Unternehmen und den Eignern fließenden (künftigen) Zahlungsstroms, andererseits durch den für Zahlungsströme dieser Art (Breite, zeitliche Struktur und Sicherheit) am Markt geltenden Preis"[183]. Das Effektivvermögen entspricht insofern dem Ertragswert eines Unternehmens.[184] In einer Modellwelt *vollkommener* und *vollständiger* Kapitalmärkte[185] im Gleichgewicht entspricht das Effektivvermögen der aktuellen Börsenkapitalisierung (bzw. dem tatsächlichen Marktpreis) eines Unternehmens,[186] da der Börsenwert die gleichwertigen Erwartungen aller Marktteilnehmer über die wirtschaftliche Entwicklung dieses Unternehmens reflektiert.[187] Unter realen Umweltbedingungen führen jedoch Störeinflüsse (z.B. Konjunkturkurschwankungen, Spekulationen, Arbitragen, Gewinnmitnahmen, Marktintransparenzen oder irrationales Verhalten der Kapitalmarktteilnehmer) zu erheblichen Verzerrungen bei der Marktpreisbildung.[188] Tatsächlich werden „unterschiedliche Personen zu unterschiedlichen Auffassungen über die Höhe dieses Effektivvermögens (...) kommen"[189].

---

[181] Vgl. Wüstemann (2002a), S. 58 f.; Moxter (1997), S. 111.

[182] Moxter (1998b), S. 218.

[183] Moxter (1998b), S. 218; vgl. dazu auch Euler (1996), S. 50; Wüstemann (2002a), S. 59.

[184] Vgl. Moxter (1984), S. 25.

[185] „Ein Kapitalmarkt ist vollkommen, wenn der Preis, zu dem ein Zahlungsstrom zu einem bestimmten Zeitpunkt gehandelt wird, für jeden Marktteilnehmer identisch ist. Der Preis gilt unabhängig davon, ob ein Marktteilnehmer als Käufer oder Verkäufer auftritt; und es gibt niemanden, der den Preis zu seinen Gunsten beeinflussen kann. Ein Kapitalmarkt ist vollständig, wenn jeder beliebige Zahlungsstrom – und damit auch jeder beliebige Anteil eines Zahlungsstroms – gehandelt werden kann" (Schmidt/Terberger (1997), S. 91).

[186] Vgl. Moxter (1998b) S. 218.

[187] Vgl. Pellens/Fülbier (2000b), S. 584.

[188] Vgl. Perridon/Steiner (1999), S. 211 f.; Schneider (1998), S. 1475; Moxter (1983), S. 133 f.

[189] Moxter (1998b), S. 218.

Die Anleger möchten grundsätzlich aus den im Jahresabschluss abgebildeten Informationen erfahren, was ein Unternehmen ‚wert' ist, d.h., „welchen potentiellen Preis das Unternehmen bzw. der Unternehmensanteil verkörpert (...), um rationale Kauf- bzw. Verkaufsentscheidungen treffen zu können"[190]. Doch darüber kann im traditionellen, vergangenheitsorientierten Jahresabschluss kein „halbwegs verlässliches Bild"[191] vermittelt werden. So beruht die bilanzielle Reinvermögensermittlung im traditionellen Jahresabschluss aus Objektivierungsgründen weitgehend auf dem Einzelbewertungsprinzip; zahllose nicht einzelbewertbare Wertpotentiale (z.B. Forschungs- und Entwicklungskosten, Marketingmaßnahmen, Qualifikationen der Mitarbeiter, Lieferantenbeziehungen oder sonstige wirtschaftliche Umwelt- und Einflussfaktoren) werden daher nur teilweise abgebildet.[192] Da sich das Effektivvermögen zudem nur mit Kenntnis zukünftiger Zahlungsströme ermitteln lässt, muss im Prinzip „jeder vergangenheitsorientierte Versuch zu unzulänglichen Maßen für Vermögen und Vermögensveränderungen führen"[193]. Über Effektivvermögensveränderungen kann daher im Jahresabschluss höchstens ansatzweise berichtet werden.[194]

Zusätzliche Probleme entstehen, wenn der Preisfaktor unberücksichtigt bleibt, da eine Effektivvermögensveränderung auch auf reinen (nicht zahlungswirksamen) Zinseffekten beruhen kann. [195]

Beispiel:[196]

Für eine erwartete unendliche Nettorente von jährlich 1 Mio. €, beträgt der Marktpreis am Anfang des vergangenen Geschäftsjahres bei einem Kapitalmarktzins von 10 Prozent 10 Mio. € (=1/0,1). Am Ende des Geschäftsjahres fällt der Kapitalmarktzins auf 5 Prozent, die erwartete jährliche Nettorente reduziert sich auf 0,8 Mio. €. Der Marktpreis steigt auf 16 Mio. € (=0,8/0,05), obgleich die erwarteten jährlichen Nettoeinkommensströme um 0,2 Mio. € gesunken sind.

---

[190] Moxter (1984), S. 348.

[191] Moxter (1986), S. 348.

[192] Vgl. Moxter (2000), S. 2143.

[193] Schildbach (2000a), S. 68.

[194] Das IASB versucht, wie im weiteren Verlauf dieser Arbeit gezeigt wird, durch entsprechende Aktivierungs- und Bewertungsvorschriften die ‚Wertpotentiale' des Unternehmens weitgehend bilanziell abzubilden (vgl. dazu Ordelheide (1999), S. 513-522; Kley (2003), S. 840 ff.).

[195] Vgl. Moxter (1998a), S. 312.

[196] Vgl. Moxter (1998a), S. 312. Anm.: Die Barwertformel für eine unendliche jährliche Rente lautet: UW = E/r, mit UW = Unternehmenswert, E = jährliche Rente, r = Diskontierungsfaktor (vgl. dazu Mandl/Rabel (1997), S. 31 f.).

Dieses Beispiel zeigt, dass ein Effektivvermögensgewinn oder -verlust auch auf reine Marktpreisveränderungen am Kapitalmarkt zurückgeführt werden kann, obgleich die zukünftigen Zahlungsströme gleich bleiben oder sogar sinken.

b) Effektive Ertragslage

Die effektive Ertragslage konkretisiert sich am Effektivgewinn. Darunter versteht man eine „zweckgerecht"[197] ermittelte Ergebnisgröße, die ohne den Umweg der Effektivvermögensermittlung[198] „die Nettoausschüttungserwartungen bestmöglich anzeigt"[199]. Informationen über die effektive Ertragslage zielen insofern auf eine möglichst aussagefähige Darstellung der nachhaltigen Ertragskraft eines Unternehmens ab.[200] Wenn unterstellt wird, dass „ein hoher Erfolg bzw. ein großes Erfolgspotential sich in der Regel günstig auf die Liquidität auswirken"[201], ist es möglich aus der effektiven Ertragslage auf zukünftige relevante Zielströme zu schließen. Die zukünftigen betrieblichen Erfolge und damit auch die relevanten Zielströme sind jedoch von zahllosen betriebsinternen und -externen Einflussfaktoren und Entscheidungen abhängig, die das Management u.U. auch aus Geheimhaltungsgründen nicht preisgeben kann oder muss.[202] Die in der GuV ausgewiesenen Periodenerfolge dienen daher nur als *Indikator* für die zukünftigen relevanten Zielströme.[203] So kann z.B. erst unter Berücksichtigung der Dividendenpolitik eines Unternehmens auf die relevanten Zielströme geschlossen werden.[204] Auch aufschlussreiche Ergebnisaufgliederungen in der GuV, wie etwa

- die Nennung nachhaltiger und einmaliger (untypischer) Erfolgsbestandteile,
- die Abgrenzung von Umsätzen des Kerngeschäfts und peripheren Umsätzen sowie
- das Differenzieren von realisierten und unrealisierten Erträgen und Aufwendungen, werden für die Extrapolation der nachhaltigen Ertragskraft im Rahmen der Jahresabschlussanalyse als zweckmäßig erachtet.[205]

---

[197] Moxter (1998a), S. 313.

[198] Vgl. Moxter (1998b), S. 219.

[199] Moxter (1998a), S. 313.

[200] Vgl. Coenenberg (1986), S. 157.

[201] Coenenberg (1986), S. 157.

[202] Vgl. Schildbach (2000a), S. 69.

[203] Vgl. Streim (1994), S. 402.

[204] Vgl. Schildbach (2000a), S. 68 f.; Moxter (1998a), S. 313.

[205] Moxter (1998b), S. 220 f. spricht von einem „periodengerechten Umsatzgewinn". Vgl. dazu auch Moxter (2003a), S. 235 ff.; Schildbach (2000a), S. 70 f.

Da in traditionellen, vergangenheitsorientierten Jahresabschlüssen Effektivvermögensveränderungen bilanziell höchstens ansatzweise abgebildet werden, ist auch die Darstellung der effektiven Ertragslage in der GuV nur näherungsweise möglich.[206] So wird die effektive Ertragslage in traditionellen Jahresabschlüssen u.a. durch die folgenden Sachverhalte stark verzerrt:

- Selbsterstellte immaterielle Vermögenswerte werden (objektivierungsbedingt) weitgehend nicht aktiviert;[207]
- der ermittelte Periodenerfolg kann durch (legale) bilanzpolitische Maßnahmen vom Effektivgewinn abweichen;[208]
- die Aufwendungen und Erträge hängen von einer Vielzahl von Schätzungen durch den Bilanzierenden ab, so dass sich Bewertungsfehler unmittelbar auswirken;[209] und
- auf Basis der Nominalkapitalerhaltung ermittelte Erfolge enthalten in Zeiten erheblicher Geldwertveränderungen Scheingewinn- oder Scheinverlustbestandteile, so dass aus ausgewiesenen Periodenerfolgen nicht auf die aus den erwarteten Nettoeinkommensströmen erzielbaren Konsummöglichkeiten geschlossen werden kann.[210]

c) Effektive Finanzlage

Mit dem Begriff der ‚Finanzlage' ist das „Ausmaß der Fähigkeit zum künftigen Ausgleich der betrieblichen Ein- und Auszahlungen"[211] verbunden. Informationen über die effektive Finanzlage unterstützen die Urteilsbildung der Investoren über die zukünftige Liquidität eines Unternehmens.[212] Da in traditionellen Jahresabschlüssen Finanzpläne oder prospektive Cashflow-Rechnungen nicht vorgesehen sind, kann hier prinzipiell nicht *direkt* über die effektive Finanzlage informiert werden.[213] Da auch nach IAS/IFRS solche prospektiven Informationsinstrumente nur auf freiwilliger Basis vorgesehen sind,[214] werden Informationen über die effektive Finanzlage im weiteren Verlauf dieser Arbeit ausgeklammert.

---

206 Sehr kritisch vgl. Moxter (2000), S. 2144.

207 Vgl. Moxter (1998a), S. 314; § 248 Abs. 2 HGB; IAS 38.48; IAS 38.54; IAS 38.63.

208 Vgl. Moxter (1998a), S. 313.

209 Vgl. Leffson (1987), S. 71.

210 Vgl. Wöhe (1992), S. 517; Sprouse/Moonitz (1962), S. 16 f.

211 Rückle (1986a), S. 174.

212 Vgl. Wüstemann (2002a), S. 59.

213 Vgl. Streim (1994), S. 402.

214 Vgl. IAS 1.9.

d) Schlussfolgerungen

Als Ergebnis bleibt festzuhalten, dass traditionelle vergangenheitsorientierte Jahresabschlüsse über die wirtschaftlichen Effektivlagen eines Unternehmens nur unzureichend informieren.[215] Dass den Möglichkeiten des Einblicks in die effektive wirtschaftliche Lage eines Unternehmens Grenzen gesetzt sind, wird jedoch von den angelsächsischen Standardsetzern entweder verschwiegen oder nicht problematisiert, wie folgende Beispiele verdeutlichen:[216]

- Im IASB Framework wird eingeräumt, dass nicht alle Unternehmensressourcen und Schulden bilanziell erfasst werden, doch als einziges Beispiel werden beiläufig Bodenschätze *(mineral resources)* und erstaunlicherweise nicht die zahlreichen, nicht bilanzierungsfähigen immateriellen Vermögensbestandteile genannt.[217] Im theoretischen Rahmenwerk der britischen Rechnungslegungsstandards wird die Bilanz viel verheißend mit den folgenden Worten umschrieben: „*An entity's financial position encompasses the economic resources it controls*"[218].
- Bezüglich der im Jahresabschluss ausgewiesenen Ergebnisgrößen werden vor allem Idealzustände aufgezeigt: So heißt es im US-amerikanischen CF: „*Reported earnings measure an enterprise's performance during a period*"[219]. Im britischen Rahmenwerk wird der Eindruck erweckt, in der GuV sei über die effektive Ertragslage unmittelbar zu berichten: „*The financial performance of an entity comprises the return it obtains on the resources it controls, the components of that return and the characteristics of those components*"[220]. Nach den Vorstellungen eines Diskussionspapiers zu dem von mehreren angelsächsischen Standardsetzern initiierten aktuellen *Reporting Performance*-Projekt soll in einem künftigen neuartigen „*performance statement*" über die gesamten Wohlstandsveränderungen der Unternehmenseigner informiert werden: „*No items affecting the wealth of the owners of the enterprise are left out*"[221].

---

[215] Vgl. Streim (1994), S. 401.

[216] Vgl. dazu auch Moxter (2000), S. 2143 f., der in diesem Zusammenhang von „Rechnungslegungsmythen" spricht, die die aktuelle Diskussion über informative Rechnungslegungsvorschriften kennzeichnen.

[217] Vgl. F.21.

[218] ASB (2000), Statement of Principles, Rdnr. 1.15.

[219] SFAC 1.45.

[220] ASB (2000), Statement of Principles, Rdnr. 1.13.

[221] Johnson/Lennard (1998), Rdnr. 1.11.

- Über die Darstellung der Finanzlage wird im IASB Framework vorbehaltlos angeführt: „*This information is useful in providing the user with a basic to assess the ability of the enterprise to generate cash and cash equivalents and the needs of the enterprise to utilise those cash flows*“[222].

Vor dem Hintergrund der optimistischen Auffassung der Standardsetzer muss geprüft werden, ob traditionelle Jahresabschlüsse nicht doch „die gewünschten Geheimnisse preisgeben“[223]. Wie im Rahmen dieser Arbeit gezeigt wird, setzt die Rechnungslegung nach IAS/IFRS hierfür insbesondere auf den Grundsatz des *true and fair view/fair presentation* und des *professional judgement.*

---

[222] F.18. Ähnliche Formulierungen findet man im britischen Statement of Principles, Rdnr. 1.17-1.18 sowie im US-amerikanischen SFAC 1.49.

[223] Streim (1994), S. 402.

C Theoretische Grundlagen der IAS/IFRS-Prinzipien

Um beurteilen zu können, ob es sich bei der Rechnungslegung nach IAS/IFRS tatsächlich um eine prinzipienbasierte Rechnungslegung handelt und ob die I-AS/IFRS-Prinzipien systematisch und konkretisierbar sind, müssen zunächst einmal wichtige theoretische Grundlagen für ein Verständnis der IAS/IFRS-Prinzipien dargelegt werden. In den nachfolgenden Unterabschnitten werden daher die beiden zentralen IAS/IFRS-Grundsätze der Entscheidungsrelevanz *(relevance)* und der Vertrauenswürdigkeit *(reliability)* sowie Erklärungsansätze für den Informationsgehalt vergangenheitsorientierter Jahresabschlüsse erläutert und problematisiert. Es folgt eine Beschreibung wichtiger angelsächsischer Bilanztheorien, die die Ansatz- und Bewertungskonzepte der IASB Standardsetzung nachhaltig beeinflusst haben. Schließlich wird die Bedeutung der Generalnorm der IAS/IFRS-Rechnungslegung - der Grundsatz des *true and fair view/fair presentation* - im Herkunftsland Großbritannien erörtert.

1 Grundsätze der Entscheidungsrelevanz und der Vertrauenswürdigkeit

Die vom IASB propagierte kapitalmarktorientierte Rechnungslegung wird in der Fachdiskussion mit dem Gedanken des „*Shareholder Value-Reporting*“[224] begründet: Demnach soll sich die externe Rechnungslegung an aktuelle oder potentielle Investoren richten, die ihre wirtschaftlichen Handlungsentscheidungen vom Unternehmenswert aus Investorensicht (*Shareholder Value*, SHV) abhängig machen.[225] Dabei wird unterstellt, dass rationale Investoren ihr finanzielles Engagement auf dem Kapitalmarkt nach einem beabsichtigten Nettoeinkommensstrom ausrichten.[226] Der gewünschte Nettoeinkommensstrom wird auch als *relevanter Zielstrom* bezeichnet, weil er sowohl finanzielle als auch nichtfinanzielle Ziele (z.B. Macht, Statusdenken, Prestige) der Entscheidungsträger ausdrückt.[227] In dieser Arbeit werden jedoch alle nichtfinanziellen Ziele vernachlässigt - es wird angenommen, dass wirtschaftliche Entscheidungen allein von dem finanziellen Ziel bestimmt werden, beabsichtigte Konsumausgaben bestmöglich zu alimentieren.[228]

Die aus einem Investitionsobjekt erreichbaren Einkommensströme werden durch die zwischen Anleger und Investitionsobjekt fließenden Zahlungen sowie den

---

224 Baetge/Noelle (2001), S. 174.

225 Vgl. Baetge/Noelle (2001), S. 174; Kahle (2002a), S. 96.

226 Vgl. Porterfield (1965), S. 6; Schildbach (1986), S. 7.

227 Vgl. Wagenhofer/Ewert (2003), S. 57; Schmidt/Terberger (1997), S. 46.

228 Vgl. Moxter (2003a), S. 224; Schmidt/Terberger (1997), S. 47.

bei einer späteren eventuellen Anteilsveräußerung erzielbaren Verkaufspreis bestimmt.[229] Der für Kauf- oder Verkaufsentscheidungen relevante SHV aus Sicht eines einzelnen Anlegers ist der Kapitalwert der erwarteten zukünftigen relevanten Nettoeinkommensströme aus einem Unternehmen. [230] Formal lässt sich der SHV folgendermaßen darstellen:[231]

$$SHV = \sum_{t=1}^{T} \frac{E(NEK_t)}{(1+r)^t}$$

SHV:	*Entscheidungswert (Shareholder Value) aus Sicht eines Anlegers*
E(NEK$_t$):	*Erwartungswert der Nettoeinkommensströme der Periode t*
r:	*Risikoangepasste Renditeforderung des Anlegers*
T:	*Planungshorizont*
t:	*Periodenindex.*

Der Entscheidungswert stellt den für den Anteilserwerb maximal zahlbaren oder für die Anteilsveräußerung mindestens zu fordernden Preis dar. Bei Kenntnis dieses Wertes kann ein Anleger durch einen Vergleich mit alternativen Investitionsmöglichkeiten fundierte wirtschaftliche Entscheidungen vornehmen.[232] Eine kapitalmarktorientierte Rechnungslegung muss damit eine Vielzahl von Informationen über die Höhe, zeitliche Verteilung und Sicherheit der zukünftigen Einkommensströme aus einem Unternehmen bereitstellen.[233]

Vor diesem Hintergrund muss in einem ersten Schritt geklärt werden, welche Rolle und welche ‚Qualität' die im Jahresabschluss bereitgestellten Daten im individuellen Entscheidungskalkül spielen müssen, um im Rahmen der SHV-Analyse als *entscheidungsrelevante* Informationen berücksichtigt zu werden.

1.1 Grundsatz der Entscheidungsrelevanz (relevance)

Der Grundsatz der Entscheidungsrelevanz *(relevance)* stellt ein wichtiges allgemeines Grundprinzip der IAS/IFRS dar.[234] Um den Inhalt dieses Grundsatzes zu klären, wird im Folgenden die Rolle von Informationen im entscheidungstheoretischen Kontext geklärt. Wir werden sehen, dass für eine Untersuchung der *deci-*

---

229 Vgl. Moxter (1998a), S. 310.

230 Vgl. Wagenhofer/Ewert (2003), S. 126 sowie Abschn. C.1.1 dieser Arbeit.

231 Vgl. Moxter (1998a), S. 310 f. Zur formalen Ableitung des subjektiven Entscheidungswertes eines Anlegers vgl. Beys (2002), S. 38.

232 Vgl. Schildbach (1986), S. 7.

233 Vgl. Coenenberg (2003), S. 1144.

234 Vgl. dazu Abschn. E2.3.2.

sion usefulness von Informationen zwischen einem Individual-, Mehrpersonen- sowie Marktkontext zu unterscheiden ist.

Betrachtet werden Entscheidungsträger, die zwischen verschiedenen wirtschaftlichen Handlungsalternativen (Investitionen) auswählen müssen, deren Ergebnisse von unsicheren zukünftigen Entwicklungen (Umweltzuständen) abhängen. Im Vorfeld ihrer Entscheidungen müssen die Entscheidungsträger auf Basis individueller Ausgangsinformationen die möglichen Umweltzustände mit *a priori* Wahrscheinlichkeiten (subjektive Ausgangserwartungen) gewichten. Die Parameter des entscheidungstheoretischen Grundmodells der Entscheidungsträger werden annahmegemäß vollständig beschrieben und exakt abgegrenzt.[235]

Eine *Information* bezeichnet in diesem Entscheidungsmodell ein Signal y, das in der Lage ist, frühere „Erwartungen über künftige Zustände bzw. Überschüsse zu ändern, so dass daraus wiederum andere Entscheidungen der Nutzer folgen"[236]. Ein solches Signal kann bspw. ein Jahresüberschuss sein, dessen Höhe bis zur Veröffentlichung nicht bekannt ist.[237] Ein Signal ist aus Sicht eines Entscheidungsträgers entscheidungsrelevant, wenn es *vor* der Festlegung der wirtschaftlichen Handlungen einen Interpretationsprozess auslöst, durch den ein Anleger einen verbesserten Kenntnisstand über die zukünftigen relevanten Zielströme erlangt.[238] Im Jahresabschluss müssen infolgedessen Informationen bereitgestellt werden, „die von den Adressaten zur Verbesserung ihrer Entscheidungen benötigt werden"[239].

Die nach dem Eingang von entscheidungsrelevanten Signalen ausgelösten Erwartungsrevisionen lassen sich auch formal veranschaulichen: Im entscheidungstheoretischen Grundmodell sind die zukünftigen relevanten Umweltzustände und die Signale stochastisch miteinander verknüpft. Bedingte Wahrscheinlichkeiten f(y/s) - sog. *„likelihoods"*[240] - drücken aus, mit welcher Eintrittswahrscheinlichkeit ein Informationssystem I_n ein Signal y liefert, wenn ein Umweltzustand s eintritt. *A posteriori* Wahrscheinlichkeiten f(s/y) drücken die subjektiven Einschätzungen eines Entscheidungsträgers über die Zusammen-

---

[235] Vgl. Feldhoff (1992), S. 84. Ausführlich werden die Parameter des entscheidungstheoretischen Grundmodells von Laux (1997), S. 284 f. beschrieben.

[236] Wagenhofer/Ewert (2003), S. 120. Vgl. dazu auch Ballwieser (1982), S. 780.

[237] Vgl. Ewert (1989), S. 248.

[238] Vgl. dazu F.26; Ballwieser (2002), S. 117; Ballwieser (1982), S. 789; Schildbach (1986), S. 6 f.; Feldhoff (1992), 84. Wagenhofer/Ewert (2003), S. 59; Hartmann-Wendels (1991), S. 46. Anm.: Im Entscheidungsmodell müssen die möglichen Umweltzustände a priori bekannt sein, weil ansonsten der Wert von Information nicht an der Veränderung der Eintrittswahrscheinlichkeiten von Umweltzuständen aufgezeigt werden könnte.

[239] Moxter (1976), S. 97.

[240] Wagenhofer/Ewert (2003), S. 60.

hänge zwischen Umweltzuständen und Signalen aus.[241] Mit Hilfe des *Bayes*-Theorems erhält man den folgenden stochastischen Zusammenhang:[242]

$$f(s/y) = \frac{f(y/s) \cdot f(s)}{\sum_s f(y/s) \cdot f(s)}$$

Die stochastische Relation zeigt, dass der Erhalt eines Signals zu einer Revision der ursprünglichen Wahrscheinlichkeitsurteile führt und die Entscheidungen beeinflusst.[243] Die *likelihoods* f(y/s) und die Ausgangswahrscheinlichkeiten f(s) determinieren vollständig die Revision der Erwartungen über die Ergebnisse von möglichen Handlungsalternativen durch das *Bayes*-Theorem.[244]

1.1.1 Informationen im Individualkontext

Für die Präzisierung der Entscheidungsrelevanz von privaten Informationen ist zwischen vollkommenen und unvollkommenen Informationssystemen zu unterscheiden. Ein Informationssystem ist *vollkommen*, wenn ein Anleger nach den eingegangenen Signalen mit absoluter Sicherheit weiß, welche Umweltzustände eintreten werden.[245] Jedes Signal steht in einer eindeutigen und umkehrbaren Beziehung zu jeweils einem Umweltzustand.[246] Realitätsgetreuer ist ein *unvollkommenes* Informationssystem, bei dem nach dem Zugang von Signalen nicht eindeutig auf die Umweltzustände geschlossen werden kann.[247] Zwischen Signalen und Umweltzuständen bestehen keine umkehrbar eindeutigen Beziehungen.[248]

Der Wert von privaten Informationen in einem unvollkommenen Informationssystem

Es wird ein *risikoaverser* Anleger betrachtet, der im Zeitpunkt t_0 vor einer Kaufentscheidung zwischen zwei alternativen Finanzmarkttiteln A und B steht. Die relevanten Zielströme des Anlegers sollen in diesem Beispiel einmalige Nettoüberschüsse x aus den beiden Investitionsobjekten im Zeitpunkt t_1 sein. Die Nettoüberschüsse hängen von den Umweltzuständen s1, s2 und s3 ab, denen der Anleger a priori Wahrscheinlichkeiten zuordnen kann. Um die subjektiven Prä-

---

[241] Vgl. Wagenhofer/Ewert (2003), S. 60.

[242] Zur analytischen Herleitung vgl. ausführlich Hartmann-Wendels (1991), S. 41; Wagenhofer/Ewert (2003), S. 62.

[243] Vgl. Hartmann-Wendels (1991), S. 42; Kuhner (1998), S. 12.

[244] Vgl. Wagenhofer/Ewert (2003), S. 63.

[245] Vgl. Schildbach (2000a), S. 56.

[246] Vgl. Wagenhofer/Ewert (2003), S. 60.

[247] Vgl. Feldhoff (1992), S. 86.

[248] Vgl. Wagenhofer/Ewert (2003), S. 64.

ferenzen des Anlegers zu berücksichtigen, werden die Nettoüberschüsse der Handlungsalternativen mit Hilfe der Nutzenfunktion $U(x) = \sqrt{x}$ in Nutzengrößen umgerechnet.[249] Der rationale Anleger entscheidet sich für diejenige Alternative, die ihm einen maximalen Erwartungsnutzen stiftet.[250] Es liegt folgende Ergebnismatrix vor:[251]

Investition	**s1 (f(s1)= 1/3)**	**s2 (f(s2)=1/3)**	**s3 (f(s3)= 1/3)**	**EU**
A	60	90	120	9,3958
B	120	60	90	9,3958

Der Anleger ist ohne Zusatzinformationen zwischen den beiden Investitionen indifferent.

Nun besteht ein Informationssystem I_a das zwei Signale senden kann: Sendet es das Signal y_1, so wird aus Sicht des Anlegers der Umweltzustand s1 eintreten, sendet es das Signal y_2, so kann entweder der Umweltzustand s2 oder s3 eintreten. Das Informationssystem I_a ist *unvollkommen*, da keine umkehrbar eindeutigen Beziehungen zwischen den Signalen und den Umweltzuständen bestehen. Das Informationssystem ermöglicht eine Zerlegung *(Partitionierung)* der Menge der relevanten Umweltzustände in Teilmengen.[252] Die Partitionierung lässt sich formal folgendermaßen darstellen:

$I_a=\{\{s1\},\{s2, s3\}\}$.

Nun kann der Entscheidungsnutzen von I_a bestimmt werden:

- Sofern das Signal y_1 gesendet wird, wird der Anleger die Investition B wählen. Die Wahrscheinlichkeit, dass y_1 gesendet wird, beträgt 1/3, weil der Anleger die a priori Wahrscheinlichkeit des Umweltzustandes s1 mit 1/3 einschätzt. Es wird der signalbedingte optimale Erwartungsnutzen berechnet: $EU^*(B / y_1) = \sqrt{120} = 10{,}9545$.
- Sofern das Signal y_2 gesendet wird, ist offen, ob s2 oder s3 eintreten werden. Die bedingten Wahrscheinlichkeiten von s2 und s3 müssen jeweils 1/2 betragen, da sie der Anleger für gleichwahrscheinlich hält. Die Wahrscheinlichkeit, dass das y_2 gesendet wird, beträgt 2/3. Der Anleger realisiert beim Zugang von y_2 Investition A, da deren signalbedingter Erwartungsnutzen höher ist als der signalbedingte Erwartungsnutzen von B:

[249] Die verwendete Nutzenfunktion dient lediglich der Veranschaulichung – ein Anspruch auf Realitätsnähe wird nicht erhoben.

[250] Vgl. Wüstemann (2002a), S. 55; Schmidt/Terberger (1997), S. 47-51; Sieben / Schildbach (1994), S. 23.

[251] Das Beispiel folgt in Anlehnung an Feldhoff (1992), S. 86; Wagenhofer/Ewert (2003), S. 69.

[252] Vgl. Wagenhofer/Ewert (2003) S. 63.

$$EU^*(A/y_2) = 1/2 \cdot \sqrt{90} + 1/2 \cdot \sqrt{120} = 10{,}2206$$

$$EU^*(B/y_2) = 1/2 \cdot \sqrt{60} + 1/2 \cdot \sqrt{90} = 8{,}6139\,.$$

Mit Hilfe des unvollkommenen Informationssystems kann der Anleger signalbezogene Entscheidungen treffen: Sofern y_1 vermittelt wird, wählt er die Alternative B, sofern y_2 gesendet wird, die Alternative A. Der optimale Erwartungsnutzen bei Verwendung des Informationssystems beträgt $1/3 \cdot 10{,}9545 + 2/3 \cdot 10{,}2206 = 10{,}4652$. Das Informationssystem hat einen Entscheidungsnutzen von $10{,}4652 - 9{,}3958 = 1{,}0694$

Die Rolle von Informationskosten

Sofern ein Informationssystem kostenlos ist, wird es im Individualkontext nicht nachteilig sein. Der Anleger kann das Informationssystem ignorieren oder (trotz veränderter Erwartungen) ohne Nachteile diejenige Handlungsalternative wählen, die bereits im Ausgangsmodell die optimale Alternative gewesen ist.[253] Im Normalfall ist ein Informationssystem aber mit Kosten[254] verbunden, die die erwartete Nettorendite aus der optimalen Handlungsalternative mindern.[255] Ein rationaler Entscheidungsträger wird daher „nur solange Informationen beschaffen, wie der Wert der Information die mit ihrer Beschaffung verbundenen Kosten übersteigt“[256].

Das Feinheitstheorem

Nach dem sog. „*Feinheitstheorem*“[257] wird ein einzelner Entscheidungsträger immer das Informationssystem bevorzugen, welches im Vergleich zu einem anderen Informationssystem ein ‚Mehr an Informationen' vermittelt, d.h. eine ‚feinere' Partitionierung der Menge der relevanten Umweltzustände in Teilmengen ermöglicht.[258] Sofern ein kostenloses Informationssystem im Vergleich zu einem ‚gröber' partitionierten Informationssystem ‚eindeutigere' Signale versendet,

---

253 Vgl. Wagenhofer/Ewert (2003), S. 67 f.; Schildbach (2000a), S. 56; Ballwieser (1982), S. 781 f.

254 Z.B. Kosten der Informationsbereitstellung, die auf die ‚Allgemeinheit' umgelegt werden, Kosten der Informationsbeschaffung, der Informationsauswertung sowie ‚Arbeitsleid'.

255 Vgl. Schildbach (2000a), S. 60; Wagenhofer/Ewert (2003), S. 74 f.

256 Hartmann-Wendels (1991), S. 48.

257 Das Feinheitstheorem wird im angelsächsischen Schrifttum als „Blackwell-Theorem“ bezeichnet; vgl. dazu Wagenhofer/Ewert (2003), S.70-73; Demski (1980), S. 35-37.

258 Vgl. dazu Ballwieser (1982), S. 782; Wagenhofer/Ewert (2003), S. 65, 73; Demski (1980), S. 37; Kahle (2002a), S. 99; Kuhner (1998), S. 10 ff.

kann es im Individualkontext niemals nachteilig sein.[259] Zur Veranschaulichung wird die folgende Ergebnismatrix eines *risikoneutralen* Anlegers betrachtet:[260]

Investition	s1 (s1)=1/5)	s2 (f(s2)= 1/5)	s3 f(3)=1/5)	s4 f(s4)=1/5)	s5 (f(s5)= 1/5	E
A	20	40	0	0	20	16
B	0	20	40	20	0	16

Es stehen zwei Informationssysteme mit folgenden Partitionierungen zur Verfügung:

$I_a = \{\{s1, s2, s3\}, \{s4, s5\}\}$ und $I_b = \{\{s1\}, \{s2, s3\}, \{s4\}, \{s5\}\}$.

Jedes Signal von I_b stellt eine Teilmenge einer der beiden Signale von I_a dar. Die beiden Informationssysteme sind damit direkt vergleichbar. Es wird deutlich, dass der Anleger mit dem feiner partitionierten Informationssystem I_b genauere Handlungsstrategien festlegen und daher auch einen vergleichsweise höheren signalbedingten optimalen Erwartungswert erreichen kann.[261] Der optimale Erwartungswert bei Verwendung von I_b ist größer als der von I_a:[262]

$$E^*(I_a) = 3/5 \cdot (1/3 \cdot 20 + 1/3 \cdot 40 + 1/3 \cdot 0) + 2/5 \cdot (1/2 \cdot 20 + 1/2 \cdot 0) = 16$$

$$E^*(I_b) = 1/5 \cdot 20 + 2/5 \cdot (1/2 \cdot 20 + 1/2 \cdot 40) + 1/5 \cdot 20 + 1/5 \cdot 20 = 24$$

Allerdings kann ein Entscheidungsträger Informationssysteme nur dann nach dem ‚Feinheitskriterium' ordnen, wenn die Partitionierungen der zu betrachtenden Informationssysteme auch untereinander vergleichbar sind. Eine Vergleichbarkeit ist dann nicht gegeben, wenn die Partitionierungen eines Informationssystems keine oder nicht vollständige Teilmengen eines ‚gröber' partitionierten Informationssystems darstellen.[263]

Beispiel:[264]

Informationssystem I_a:	[s1 s2]	[s3 s4 s5]	
Informationssystem I_b:	[s1]	[s2 s3]	[s4 s5]

Die Signale des Informationssystem I_b stellen nur partiell ‚feinere' Teilmengen der Signale des Informationssystem I_a dar - es liegen insofern zwei nicht vergleichbare Informationssysteme vor. Da folglich das Feinheitskriterium nur „ein

---

[259] Vgl. Demski (1980), S. 37.

[260] Beispiel in Anlehnung an Wagenhofer/Ewert (2003), S. 70.

[261] Vgl. Demski (1973), S. 722:

[262] In diesem Fall ist das Informationssystem I_a sogar wertlos, weil die Signale insoweit keine Rückschlüsse auf erlauben, „indem die Menge der möglicherweise realisierten Zustände eine Einschränkung erfährt" (Kuhner (1998), S. 11).

[263] Vgl. dazu Wagenhofer/Ewert (2003), S. 73; Demski (1973), S. 722; Kuhner (1998), S. 12.

[264] In Anlehnung an Kuhner (1998), S. 12.

partielles Ordnungskriterium für Informationssysteme sein kann“[265], kann auch ein einzelner Entscheidungsträger alternative Informationssysteme nur „höchst unvollständig“[266] nach ihrer ‚Entscheidungsrelevanz’ ordnen.

So beschreibt das folgende Beispiel zwei nicht vergleichbare Jahresabschlussinformationen, die nicht nach dem Feinheitskriterium geordnet werden können: Eine Rechnungslegungsvorschrift, die die Angabe der Zeitwerte *und* der (fortgeführten) Anschaffungskosten von Wertpapieren verlangt, stellt ein feineres Informationssystem dar als eine Rechnungslegungsvorschrift, die lediglich die Angabe von Zeitwerten *oder* (fortgeführten) Anschaffungskosten erforderlich macht. Die ausschließliche Angabe von Zeitwerten *oder* (fortgeführten) Anschaffungskosten ist nicht vergleichbar.[267]

1.1.2 Informationen im Mehrpersonenkontext

Ein Jahresabschluss ist grundsätzlich ein unvollkommenes[268] Informationssystem, das sehr vielen Adressaten gleichzeitig zugeht. Die Erläuterung der Entscheidungsrelevanz von Jahresabschlussinformationen muss deshalb im Mehrpersonenkontext erfolgen. Wie im Folgenden gezeigt wird, kann ein Informationssystem im Mehrpersonenfall nicht allen Informationsempfängern entscheidungsrelevante Informationen liefern. Die externe Rechnungslegung führt vielmehr zu Distributionseffekten: Jahresabschlussinformationen begünstigen einige, während sie für andere wertlos oder sogar nachteilig sein können.[269]

Es werden zwei Anleger AN1 und AN2 (Es gilt: $U(x) = \sqrt{x}$) betrachtet, die vor den folgenden Entscheidungssituationen stehen:[270]

Ergebnismatrix von AN1

Investition	**s1(f(s1)=1/3)**	**s2 (f(s2)=1/3)**	**s3 (f(s3)=1/3)**	**EU**
A	40	30	30	**5,760**
B	20	32	26	5,076

[265] Wagenhofer/Ewert (2003), S. 73.

[266] Schildbach (2004), S. 162.

[267] Für ein ähnliches Beispiel vgl. Ballwieser (1982), S. 782.

[268] Zu den Gründen, warum ein Jahresabschluss nur ein unvollkommenes Informationssystem darstellen kann vgl. Schildbach (1986), S. 8 f.

[269] Vgl. Wagenhofer/Ewert (2003), S. 96 f.

[270] Das Beispiel folgt in Anlehnung an Wagenhofer/Ewert (2003), S. 78.

Ergebnismatrix von AN2

Investition	s1(f(s1)=1/3)	s2 (f(s2)=1/3)	s3 (f(s3)=1/3)	EU
B	20	32	26	5,076
C	18	38	24	**5,102**

Im Ausgangsmodell ist die optimale Handlungsalternative des AN1 die Investition A, während für AN2 Alternative C optimal ist. Es besteht nun ein unvollkommenes Informationssystem mit der Partitionierung I = {s1, s3}. Aus Sicht des AN2 ist dieses Informationssystem entscheidungsnützlich. AN2 wird nach dem Signalzugang die Alternative B wählen, da diese dann gegenüber C paretosuperior ist.[271] Aus Sicht des AN1 ist dieses Informationssystem wertlos, denn er wird nach dem Signal aufgrund deren Paretosuperiorität in diesen Umweltzuständen weiterhin die auch bislang optimale Handlungsalternative A wählen. Es kann für AN1 sogar nachteilig sein, denn sofern „ein Minimum an individueller Belastung mit Informationskosten zukommt, würde die Zielerreichung des nicht berücksichtigten Investors strikt verschlechtert"[272].

Bislang wurde unterstellt, dass die Entscheidungsparameter der Informationsempfänger exakt gegeben sind. Diese Bedingungen sind in der Realität nur äußerst selten gegeben.[273] In der realen Welt stehen die Adressaten des Jahresabschlusses vor einer unendlichen Vielfalt von wirtschaftlichen Entscheidungsproblemen, so z.B. im Rahmen von Kauf- oder Verkaufentscheidungen von Unternehmensanteilen, bei der Entscheidung, das Unternehmensmanagement zu bestätigen oder zu ersetzen oder bei der Bewertung der Kreditwürdigkeit eines Unternehmens.[274] Vor diesem Hintergrund haben die Abschlussadressaten unterschiedlichste Informationswünsche.[275] Während z.B. Investoren über zukünftige Gewinne, Dividenden oder Investitionsrisiken informiert werden möchten, interessieren sich Lieferanten und Kreditgeber vor allem für mögliche Ausfallrisiken oder für die Zahlungsmoral eines Unternehmens.[276] Auch innerhalb einer Adressatengruppe können die individuellen Präferenzen der Höhe, der zeitlichen Struktur und der Sicherheit von Zielströmen stark divergieren.[277] Anleger nehmen z.B. in unterschiedlichem Ausmaße Portfeuillestrategien zur Risikostreuung vor. Es gibt Anleger, die an langfristigen Renditeentwicklungen interessiert

---

[271] Die erwarteten Rückflüsse aus der Alternative B sind sowohl in s1 als auch in s3 höher als die aus der Alternative A.

[272] Wagenhofer/Ewert (2003), S. 79.

[273] Vgl. Schildbach (2000a), S. 57.

[274] Vgl. IASB Framework, Preface, F-4; F.14.

[275] Vgl. Schildbach (2000a), S. 58; FASB (1976), Rdnr. 376.

[276] Vgl. F.9; Schildbach (2000a), S. 58.

[277] Vgl. Schmidt/Terberger (1999), S. 54; Wagenhofer/Ewert (2003), S. 95; Wüstemann (2002a), S. 8 f.; Breuer (1997), S. 222.

sind, während andere kurzfristig spekulieren. Die Investoren greifen in der Regel auf einen unterschiedlich ausgeprägten Erfahrungsschatz mit Kapitalmarkttransaktionen zurück. Manche Anleger ziehen vor ihren Investitionsentscheidungen professionelle Anlageberater zu Rate, andere befolgen nur die Ratschläge aus Börsenzeitschriften.[278] Die Informationsempfänger treffen folglich vor dem Hintergrund unterschiedlicher Ziele und Vorkenntnisse wirtschaftliche Entscheidungen. Informationssysteme haben daher verschiedene Wirkungen auf die Adressaten. Sie müssen nicht immer neue Erkenntnisse herbeiführen und die gesendeten Signale können auf unterschiedliche Weise interpretiert werden.[279]

Der Wert von Informationen kann im Individualkontext demzufolge nur dann genau bestimmt werden, wenn die individuelle Datenkonstellation exakt beschrieben und abgegrenzt ist.[280] Da die subjektiven Entscheidungskalküle der Abschlussadressaten weitgehend unbekannt sind,[281] kann die Auswahl von Informationen durch einen Standardsetzer oder durch ein bilanzierendes Unternehmen die Zielerreichung der potentiellen Informationsempfänger sehr unterschiedlich tangieren.[282]

1.1.3 Informationen im Marktkontext und Economic Consequences

Der Wert von Informationen wurde bisher aus der Perspektive unabhängiger Entscheidungsfelder einzelner Adressaten betrachtet.[283] Da aber auf einem Kapitalmarkt die Handlungen der einzelnen Marktteilnehmer auf unterschiedliche Weise miteinander verknüpft sind, muss die Wirkung von Rechnungslegungsinformationen im Marktkontext beurteilt werden.[284] So bestimmen die Marktpreise der gehandelten Finanzmarkttitel die Vermögenspositionen der Marktteilnehmer, die diese Titel in ihrem Portefeuille halten. Öffentliche Informationen, die die Erwartungen der Anleger über die künftigen Umweltentwicklungen beeinflussen, führen zu marktpreisbeeinflussenden Transaktionsentscheidungen. Die damit einhergehenden Veränderungen der Vermögenspositionen bestimmen wiederum die finanziellen Möglichkeiten der Marktteilnehmer, durch Portefeuil-

278 Vgl. Ballwieser (1982), S. 778; Schildbach (2000a), S. 58.

279 Vgl. Ballwieser (1982), S. 784; Schildbach (1987), S. 4 f.; Kahle (2002a), S. 102.

280 Vgl. Ballwieser (1982), S. 789.

281 Vgl. Kahle (2002a), S. 102.

282 Vgl. Wagenhofer/Ewert (2003), S. 79 f.

283 Vgl. Wagenhofer/Ewert (2003), S. 80. Zum gesellschaftlichen Wert öffentlich verfügbarer Informationen vgl. auch Ewert (1989), S. 245 ff.

284 Vgl. Kley (2001), S. 2258. Für das IASB vgl. z.B. Preface to International Financial Reporting Standards F.6 (a): „to develop, in the public interest, a single set of high quality, understandable and enforceable accounting standards".

le-Umschichtungen verbesserte Rendite-Risikopositionen zu erreichen.[285] Öffentliche Informationen bewirken somit gesellschaftliche Verteilungseffekte, sie führen zu einer „Vermögensumverteilung (...), die zumindest einige Marktteilnehmer schlechter stellen kann“[286]. Im Schrifttum wird unter der Bezeichnung „*Informationsablehnungstheorem*“[287] sogar das Phänomen aufgezeigt, dass kostenlose öffentliche Informationen im Marktkontext – allerdings unter sehr spezifischen Voraussetzungen - gesellschaftlich negative Allokationseffekte herbeiführen können. Unter Umständen würden dann die Martteilnehmer eine kostenlose öffentliche Informationsbereitstellung einhellig ablehnen.[288]

Da öffentliche Informationssysteme zu Distributionseffekten führen und (obgleich unter sehr unrealistischen Voraussetzungen) sogar negative Allokationseffekte bewirken können, ist es prinzipiell nicht möglich, ein Rechnungslegungssystem zu entwickeln, das gleichzeitig für einen großen Kreis von Jahresabschlussadressaten entscheidungsrelevant ist.[289] Zur Existenz von Gruppenpräferenzen bestehen keine gesicherten Beweise, zudem ist unklar, ob ein Standardsetzer mögliche Gruppenpräferenzen auf fundierter Grundlage feststellen kann.[290] Da schon im Individualkontext alternative Informationssysteme nur partiell nach dem Feinheitskriterium geordnet werden können,[291] lassen sich auch keine gesamtgesellschaftlichen Präferenzordnungen gewinnen, so dass eine normative Ableitung eines „von allen Individuen vorgezogenen (gesellschaftlich gewünschten) Rechnungslegungssystems nicht möglich“[292] ist. Ein für einen großen Kreis von Adressaten ‚optimales’ Informationssystem kann es daher

---

[285] Vgl. Wagenhofer/Ewert (2003), S. 80.

[286] Hartmann-Wendels (1991), S. 53.

[287] Wagenhofer/Ewert (2003), S. 86.

[288] Zum Informationsablehnungstheorem vgl. ausführlich: Feldhoff (1992), S. 96-101; Wagenhofer/Ewert (2003), S. 80-88; Ballwieser (1982), S. 790; Ewert (1989), S. 256-261. Da die hinter der Informationsablehungshypothese stehenden Modellannahmen sehr speziell sind und auf Jahresabschlüsse und sonstiger Unternehmenspublizität nicht übertragbar ist (vgl. Feldhoff (1992), S. 101; Wagenhofer/Ewert (2003), S. 87 f.), wird hier auf eine Darstellung verzichtet. Die Informationsablehungshypothese zeigt jedoch, dass aufgrund des „marktmäßigen Handlungsverbunds“ (Wagenhofer/Ewert (2003), S. 95) öffentliche Informationen eine völlig andere Wirkung haben können als private Informationen.

[289] Vgl. dazu Ballwieser (1982), S. 785 f.

[290] Vgl. Ballwieser (1982), S. 788.

[291] Vgl. Ballwieser (1993), S. 121 sowie Demski (1980), S. 37: „Comparison of even costless information systems must reflect the choice problem at hand. General rankings remain in the realm of fiction”.

[292] Kahle (2002a), S. 99. Anm.: Demski leitet daraus die These von der Unmöglichkeit normativer Rechnungslegungsvorschriften ab. Vgl. dazu Demski (1973), S. 718: „No normative theory of accounting can be constructed using any such set of standards; the standards are bound incompletely and/or incorrectly to rank the accounting alternatives – thus leading to an incorrect or undefined accounting specification”.

nicht geben.[293] Ein öffentliches Informationssystem wird aus Adressatensicht immer „nur zufällig uneingeschränkte Zustimmung erfahren“[294]. Öffentliche Informationen führen stets zu Interessenkonflikten, „die aus der Verknüpfung der Entscheidungsprobleme aller Anleger über Marktpreise resultieren“[295]. Die normative Festsetzung eines Informationssystems stellt damit ein „Abwägungsproblem [dar], in dem Wohlfahrtseinbußen mancher Investoren gegenüber Wohlfahrtsgewinnen anderer Anleger aufzurechnen sind“[296].

Economic Consequences

Vor dem Hintergrund der beschriebenen Interessenskonflikte durch öffentliche Informationen hat sich in den 70er Jahren des letzten Jh. in den USA die Erkenntnis durchgesetzt, dass eine kapitalmarktorientierte Rechnungslegung zu ungleich verteilten und teilweise erheblichen ökonomischen und sozialen Konsequenzen für die von der Regulierung der Rechnungslegung betroffenen Parteien führen kann.[297] Der Standardsetzer trägt insofern eine hohe gesellschaftliche Verantwortung, die ihn nach h.M. veranlassen sollte, die ökonomischen und sozialen Folgen *(„economic consequences“)* bei der Normsetzung mit zu berücksichtigen.[298] Da die Abschlussadressaten ein berechtigtes Interesse daran haben, beim Normsetzungsprozess mitzuwirken, wird von der Notwendigkeit einer *‚Politisierung der Standardsetzung'* gesprochen.[299] Um eine *allgemeine Akzeptanz* zu erreichen, muss ein breiter Konsens über die verabschiedeten Standards gefunden werden. Deshalb sollen alle von der Normsetzung betroffenen Parteien die Möglichkeit haben, ihre Argumente in den Standardsetzungsprozess mit einzubringen.[300] Der Konsens muss eine so große allgemeine Akzeptanz schaffen, dass selbst diejenigen den Standard befolgen, die mit dem Standard eigentlich gar nicht einverstanden sind.[301] Wolk/Francis/Tearney (1989) führen an, dass nämlich genau der *„closed-door approach“*[302] der früheren US-amerikanischen

---

[293] Vgl. Wagenhofer/Ewert (2003), S. 77 und 97.

[294] Ballwieser (1993), S. 122.

[295] Ewert (1989), S. 262.

[296] Ewert (1989), S. 261.

[297] Für Beispiele solcher ökonomischer und sozialer Folgen vgl. Zeff (1985), S. 19-31; Schildbach (2002a), S. 37; Schildbach (2004), S. 162; Wüstemann (1999), S. 36 f.

[298] Vgl. Zeff (1978), S. 56 ff. sowie SFAC 2.106: „The Board recognizes that a standard setting authority must be alert to the economic consequences of the standards it promulgates".

[299] Vgl. Wüstemann (1999), S. 36; Solomons (1985), S. 34 ff.

[300] Vgl. Solomons (1985), S. 34; Wolk/Francis/Tearney (1989), S. 92; Wüstemann (1999), S. 38f.

[301] Vgl. Scott (1997), S. 370 f.

[302] Wolk/Francis/Tearney (1989), S. 93.

berufsständischen Standardsetzer zu einer mangelnden öffentlichen Akzeptanz der verabschiedeten Standards und letztlich zum Scheitern dieser früheren Standardsetzer führte.[303] Eine ähnliche Erfahrung machte, wie im Abschnitt C.3.3 gezeigt wird, auch die frühere britische berufsständisch organisierte Standardsetzung.

Eine Konsensuche führt in ein Dilemma, weil dann die Informationsziele mit den divergierenden Einzelinteressen der von der Rechnungslegung betroffenen Parteien in Konflikt geraten:[304] Ein großer Konsens kann nicht ohne Kompromisse gefunden werden. Durch Abwägungsüberlegungen müssen erhebliche Abstriche bei der Suche nach möglichst sachgerechten Lösungen gemacht werden.[305]

1.2 Grundsatz der Vertrauenswürdigkeit (reliability)

1.2.1 Bedeutung

Auch der Grundsatz der Vertrauenswürdigkeit *(reliability)* ist ein zentrales IAS/IFRS-Prinzip.[306] Im Folgenden wird die Bedeutung dieses Grundsatzes erörtert.

Informationen können nur dann entscheidungsrelevant sein, wenn auch „ein gewisses Vertrauen der Nutzer gewährleistet ist und die grundsätzlich möglichen Erwartungsänderungen auch tatsächlich eintreten“[307]. Ansonsten werden die Empfänger aus den Signalen keine Rückschlüsse über die zukünftige Entwicklung ziehen - sie werden sie sogar „ignorieren (...) um nicht getäuscht zu werden“[308]. Aus Sicht der Empfänger sind Informationen nur dann glaubwürdig, wenn der Eindruck besteht, dass die zugrunde liegenden Sachverhalte und Ereignisse zutreffend wiedergegeben werden.[309] Informationen sind umso vertrau-

---

[303] Vgl. Wolk/Francis/Tearney (1989), S. 92 f.; Wagenhofer/Ewert (2003), .29.

[304] Vgl. Wüstemann (1999), S. 38-41; Scott (1997), S. 188 f.; Schildbach (2004), S. 162: „In allen Fällen konfligiert das Informationsziel mit anderen legitimen Zielen. Wer Rechnungslegungsstandards setzt, muss sich diesen Konflikten stellen und damit letztendlich politische Entscheidungen treffen“.

[305] Vgl. Wüstemann (1999), S. 38-41 sowie SFAC 2.45: „No consensus can be expected about their relative importance because different users have or perceive themselves to have different needs and, therefore, have different preferences“.

[306] Vgl. Abschn. E2.3.3

[307] Wagenhofer/Ewert (2003), S. 120.

[308] Wagenhofer/Ewert (2003), S. 6.

[309] Vgl. F.31: „can be depended upon by users to represent faithfully that which it either purports to represent”- Ähnlich: SFAC 2.59; Moxter (2003a), S. 229.

enswürdiger, je weniger sie „durch Zufallseinwirkungen sowie durch bewusste Manipulationen seitens der Bewerter beeinflussbar sind“[310].

Misstrauen der Marktteilnehmer über die Vertrauenswürdigkeit von Informationen kann Marktkonsequenzen nach sich ziehen, die in der Literatur als *„Market for ‚Lemons'“*[311] bezeichnet werden: Bei bestehenden Unsicherheiten über die ‚Qualität' von Informationen gehen die Marktteilnehmer zunächst von einer Durchschnittsqualität der auf dem Markt angebotenen Finanzmarkttitel aus.[312] Die Marktteilnehmer tendieren dann dazu, die Gefahr von Fehleinschätzungen durch Risikoabschläge auf die maximal bezahlbaren Grenzpreise für Finanzmarkttitel zu entgelten.[313] Dies hat zur Konsequenz, dass die Finanzmarkttitel tendenziell nur noch mit Durchschnittspreisen handelbar sind. Die Anbieter ‚Erfolg versprechender' Finanzmarkttitel werden sich deshalb tendenziell aus dem Kapitalmarkt zurückziehen. Dies wird von den Marktteilnehmern über noch höhere Risikoabschläge und weiteren Preissenkungen antizipiert.[314] Schließlich bleiben nur noch ‚schlechte' Finanzmarkttitel (sog. *„lemons“*[315]) am Markt übrig - der Markt bricht zusammen.[316]

Aus dem *market for lemons* wird teilweise abgeleitet, dass das Misstrauen der Kapitalmarktteilnehmer zu einer gewissen *‚Selbstdisziplinierung'* der Unternehmen bezüglich des Wahrheitsgehaltes der Informationen führen kann: Wer nicht den Anschein hat, glaubwürdige Informationen bereitzustellen, der wird durch höhere Risikoabschläge bestraft. Die Unternehmen müssen Vertrauenswürdigkeit signalisieren, um so das Misstrauen des Marktes zu überwinden.[317] Allerdings werden einige Unternehmen immer den Anreiz haben, sich durch eine entsprechende verzerrte Informationspolitik möglichst vorteilhaft darzustellen.[318] Wird dies bekannt, so werden die Marktteilnehmer auch die Vertrauenswürdigkeit von ‚ehrlichen' Unternehmen in Frage stellen.

---

310 Kahle (2002b), S. 902.

311 Akerlof (1970), S. 488. Zum Lemon-Effekt vgl. dazu ausführlich Akerlof (1970), S. 488 ff.; Feldhoff (1992), S. 128 ff.; Watrin (2001), S. 150 f.; Wagenhofer/Ewert (2003), S. 288 f.

312 Vgl. Perridon/Steiner (1999), S. 514 f.

313 Vgl. Perridon/Steiner (1999), S. 354; Schildbach (2004), S. 161.

314 Vgl. Perridon/Steiner (1999), S. 515; SEC (2003), S. 63, Fn. 162; Ballwieser/Dobler (2003), S. 451.

315 Akerlof (1970), S. 489.

316 Ähnlich: Vgl. Watrin (2001), S. 150 f.

317 Vgl. SEC (2003), S. 64, Fn. 162; Schildbach (2004), S. 161. Ähnlich: Vgl. Watrin (2001), S. 151 f. sowie Dye/Sunder (2001), S. 261: „Some firms and managers attach considerable value to being known for reporting „high quality“ earnings and are rewarded by the capital markets with lower cost of capital“.

318 Vgl. Schildbach (2004), S. 161.

Die aus Sicht der Marktteilnehmer hinreichende Vertrauensbasis hängt von zahlreichen individuellen, kollektiven Faktoren und subjektiven Eindrücken ab.[319] Informationen erscheinen häufig nur dann glaubwürdig, wenn sie nach allgemeiner Verkehrsauffassung die zugrunde liegenden Sachverhalte wahrheitsgemäß wiedergeben.[320] Dafür muss unter den gegebenen Umständen beurteilt werden, ob eine Information vernünftigerweise plausibel wirkt.[321] Auch die persönlichen Charaktereigenschaften, die Reputation und die fachlichen Qualitäten der Informationsträger prägen ganz erheblich die Glaubwürdigkeit von Informationen.[322] Entscheidend kann auch sein, welches Misstrauen die Marktteilnehmer generell gegenüber Kapitalmarktinformationen haben: So machen die, durch die jüngeren Bilanzskandale mit verursachten massiven Börsenkursverluste deutlich, wie sehr das Vertrauen in die gesamte Finanzberichterstattung von wenigen ‚schwarzen Schafen' zerstört werden kann. Vertrauenswürdigkeit hängt somit allein von dem Eindruck der Informationsempfänger ab – „unabhängig davon, ob der Eindruck berechtigt ist"[323]. So können auch Unternehmen unglaubwürdig erscheinen, die tatsächlich wahrheitsgemäß informieren. Stiglitz (1984) stellt in diesem Zusammenhang treffend fest:

„Not all true statements convey information; they must be known as true"[324].

Damit wird deutlich, dass Vertrauenswürdigkeit und Entscheidungsrelevanz keine eigenständigen Bilanzierungsprinzipien sind, aus denen bestimmte Bilanzansatz- oder Bewertungskonzepte theoretisch abgeleitet werden können.[325] Allein die intensive Fachdiskussion, die in den Börsenboomjahren bis zum Jahr 2001 um eine möglichst vollständige bilanzielle Erfassung von immateriellen Vermögen[326] und von *„intellectual capital"*[327] geführt wurde zeigt, dass der Ge-

---

319 So auch Mujkanovic (2002), S. 96.

320 Vgl. SFAC 2.63-65, insbesondere SFAC 2.63: „Representational faithfulness is correspondence or agreement between a measure or description and the phenomenon it purports to represent".

321 Dieses Problem wird in SFAC 2.56-71 ausführlich diskutiert.

322 Vgl. Moxter (2003a), S. 229. Zum Vertrauensverlust in den Ölkonzerns Shell nach Bekanntgabe einer 20-prozentigen Überbewertung seiner Ölreserven im Januar 2004 vgl. O.V. (2004), S. M8: „Shell has been rightly punished not just for the loss in fundamental value but also for knowing investor's faith in its reliability".

323 Schildbach (2004), S. 161. Ähnlich: Ballwieser/Dobler (2003), S. 453 f.

324 Stiglitz (1984), S. 231, Fn. 16.

325 Deutlich auch Hoffmann/Lüdenbach (2002), S. 544: „Dem Grunde nach handelt es sich eher um eine Maxime, einen Leitgedanken jeder ergebnisorientierten Kommunikation als um eine konkrete Anforderung an die Rechnungslegung, wie sich auch daran zeigt, dass die Ansichten über das, was konkret bilanzierungs-, wert- oder ausweisrelevant gilt, im Zeitablauf starken Änderungen unterliegen".

326 Stellvertretend für die zahlreichen Beiträge vgl. Küting/Dawo (2003); Hayn (1996); Hommel (1997), Moxter (2003a), S. 73-79; Hendriksen (1982), S. 399 ff.; Kie-

halt der beiden Kriterien starken ‚Modeströmungen' unterliegt: Seit dem Zusammenbruch vieler Unternehmen der ‚New Economy' fand diese Fachdiskussion interessanterweise ein jähes Ende.

1.2.2 Vertrauenswürdigkeit versus Verifizierbarkeit

Vertrauenswürdigkeit hat nicht unbedingt etwas mit objektiver Nachprüfbarkeit (Verifizierbarkeit) zu tun.[328] Verifizierbarkeit bedeutet, dass unter gleichen Annahmen ein „sachverständiger Dritter innerhalb angemessener Zeit"[329] die Informationen (ohne unverhältnismäßig hohe Kosten) nachprüfen und zum gleichen Ergebnis kommen kann,[330] oder dass die Ergebnisse „innerhalb einer tolerablen Bandbreite liegen"[331]. Um nachprüfbar zu sein, muss demnach über die Abbildung der zugrunde liegenden Sachverhalte ein allgemeiner Konsens bestehen, der als Beurteilungsmaßstab herangezogen werden kann.[332] Ein Beispiel für verifizierbare Jahresabschlussinformationen sind fortgeführte Anschaffungswerte: Die Anschaffungskosten von Sachgegenständen können anhand von Belegen im Regelfall zweifelsfrei nachgeprüft werden. Bilanzpositionen, die zu (fortgeführten) historischen Anschaffungswerten bilanziert werden, sind daher im Regelfall ‚zuverlässige' Positionen.[333] Wenn jedoch ein Unternehmen das gesamte Sachanlagevermögen einheitlich über eine Nutzungsdauer von 20 Jahren linear abschreibt, so ist dieses Vorgehen zwar objektiv nachprüfbar, dennoch sicher keine zutreffende und glaubwürdige Methode: Bei zahlreichen Vermögenswerten wird der tatsächliche wirtschaftliche Nutzenverlauf auf diese Weise verfälscht abgebildet.[334] Verifizierbarkeit garantiert keine entscheidungsrelevanten Informationen.[335]

---

so/Weygandt/Warfield (2001), S. 601 f.; Kasperzak/Krag/Wiedenhofer (2001), Küting/Ulrich (2001), Schmalenbach-Gesellschaft (2001), Ranker/Wohlegemuth/Zwirner (2001), Pellens/Fülbier (2000a).

[327] Kasperzak/Krag/Wiedenhofer (2001), S. 1494.

[328] Moxter (2003a), S. 228 f. Ähnliches klingt auch in SFAC 2.89 an.

[329] § 238 Abs. 1 HGB. Vgl. auch Leffson (1987), S. 171.

[330] Vgl. Moxter (2003a), S. 228 f.; Mujkanovic (2002), S. 95; Wagenhofer/Ewert (2003), S. 332; SFAC 2.82. Zum Begriff der ‚Objektivität' vgl. Baetge (1970), S. 16 f. Zur Verifizierbarkeit von Jahresabschlussinformationen vgl. ausführlich SFAC 2.81-2.89.

[331] Mujkanovic (2002), S. 96; vgl. FASB (1976), Rdnr. 351.

[332] Vgl. SFAC 2.84; vgl. dazu auch Kuhner (1998), S. 24.

[333] Vgl. SFAC 2.87.

[334] Vgl. Wolk/Francis/Tearney (1989), S. 180.

[335] Vgl. SFAC 2.81: „Verification contributes little or nothing toward insuring that measures used are relevant to the decisions for which the information is intended to be useful".

In der Literatur wird teilweise von einem Konflikt zwischen den Kriterien der Vertrauenswürdigkeit und der Entscheidungsrelevanz gesprochen.[336] So wird angeführt, dass z.B. Informationen über Zeitwerte oftmals entscheidungsrelevanter seien als historische Anschaffungswerte. Häufig können Zeitwerte aber nicht hinreichend verifiziert werden.[337] Auch Angaben über die Erwartungen des Bilanzierenden bezüglich zukünftiger unsicherer Entwicklungen (z.B. bei Prozessrisiken), können entscheidungsrelevant sein. Doch es gibt im Allgemeinen keine Möglichkeiten, Erwartungen über zukünftige unsichere Entwicklungen objektiv nachzuweisen.[338] Der unterstellte „Trade-Off“[339] zwischen Entscheidungsrelevanz und Vertrauenswürdigkeit besteht daher nur dann, wenn man Vertrauenswürdigkeit mit ‚Verifizierbarkeit' gleichsetzt.[340] Als Informationsgrundsatz würde das Kriterium der Vertrauenswürdigkeit jedenfalls zu eng erscheinen, „wenn man hierunter den Ausschluss aller nicht nachprüfbaren Informationen verstehen sollte“[341].

1.2.3 Spannbreite von Glaubwürdigkeiten

Vor dem Hintergrund der vorangegangenen Ausführungen kann eine ‚Spannbreite von Glaubwürdigkeiten' aufgestellt werden: Auf der einen Seite dieser Bandbreite stehen ‚zuverlässige', problemlos verifizierbare Angaben.[342] Im Jahresabschluss wären dies z.B. historische Anschaffungswerte. Trotz ihrer einfachen Verifizierbarkeit müssen solche Angaben nicht unbedingt wahrheitsgetreu (bzw. glaubwürdig) die *zugrunde liegenden wirtschaftlichen Sachverhalte* abbilden und insofern entscheidungsrelevant sein.[343] Auf der anderen Seite befinden sich solche Signale, die nicht oder nicht ohne unverhältnismäßig hohe Kosten

---

[336] Vgl. Mujkanovic (2002), S. 63; Kuhlewind (1997), S. 101 f.; Wolk/Francis/Tearney (1989), S. 180 f.; Schildbach (2002a), S. 60 f.; Wienken (2003), S. 18; FASB (1976), Rdnr. Rdnr. 373 f.; SFAC 2.90; F.32; ASB (2000), Statement of Principles, Rdnr. 3.34 f.; Ballwieser (2002), S. 118.

[337] Vgl. SFAC 2.90.

[338] Ähnlich: Moxter (2003a), S. 229; F.32; Ruhnke (2003), S. I.

[339] Wolk/Francis/Tearney (1989), S. 180.

[340] Ähnlich: Mujkanovic (2002), S. 76; Anm.: Übersetzt man den angelsächsischen Grundsatz der ‚reliability' mit ‚Zuverlässigkeit' kann rasch der Eindruck entstehen, dass damit objektive Nachprüfbarkeit gemeint ist.

[341] Moxter (2003a), S. 229. Ähnlich: Streim/Bieker/Leippe (2001), S. 184.

[342] Kuhner (1998), S. 24 bezeichnet solche Informationen als „harte Informationen“, da diese „Kenntnis über Ereignisse der Vergangenheit, die von unabhängiger Seite dokumentiert worden sind, oder Wissen über gegenwärtige Zustände der Welt, welche grundsätzlich auch von anderen Personen als dem Offenbarenden beobachtet werden können“ liefern.

[343] Vgl. SFAC 2.89: „Verification of accounting information does not guarantee that the information has a high degree of representational faithfulness, and a measure with a high degree of verifiability is not necessarily relevant to the decision for which it is intended to be useful."

verifizierbar sind (sog. *„soft information“*[344]). Dies betrifft etwa Abschlusspositionen, für deren Ansatz oder Bewertung aufwendige Schätzungen, Annahmen oder zukunftsbezogene Prognosen erforderlich sind. Solche Abschlussinformationen können zuweilen sehr unsicher sein. Viele, kaum bestimmbare persönliche und kollektive ‚Glaubwürdigkeitsfaktoren‘ (z.B. Reputation, fachliche Qualität, Plausibilität, allgemeine Verkehrsauffassungen sowie das allgemeine Vertrauen in einem Markt) spielen eine Rolle, damit *soft information* dennoch von den Adressaten als vertrauenswürdige Signale erkannt werden[345]:

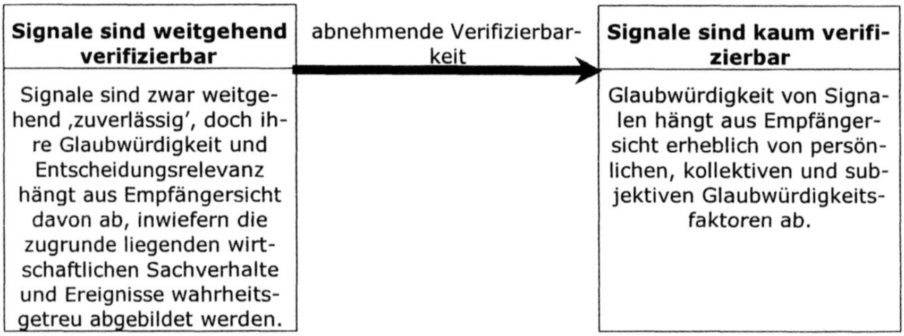

Abbildung 2: *Spannbreite von Glaubwürdigkeiten*

Bei abnehmender Verifizierbarkeit spielen zunehmend andere, kaum greifbare *Glaubwürdigkeitsfaktoren* eine Rolle, damit die gesendeten Signale von den Empfängern auch als vertrauenswürdige Informationen erkannt werden.[346] So kann z.B. die Reputation eines Informationssenders die Vertrauenswürdigkeit nicht-verifizierbarer Signale entscheidend prägen. Ein Reputationskapital kann ein Unternehmen nur aufbauen, wenn sich im Zeitablauf herauskristallisiert, dass das Unternehmen Informationen tatsächlich weitgehend ‚wahrheitsgetreu‘ vermittelt.[347] Allerdings stellt sich die Frage, ob das Reputationskapital als An-

---

[344] Dazu Kuhner (1998), S. 24: „Unter weicher Information (soft information) werden (...) Verlautbarungen verstanden, welche die weitergegebene Information mit subjektiven, d.h. nicht durch allgemeine Meßverfahren verifizierbaren Wertungen anreichern: Meinungen, Erwartungen, Planungen, Analysen etc.“.

[345] So wird in empirischen Kapitalmarktuntersuchungen aufgedeckt, dass auch nicht verifizierbare Unternehmensinformationen vertrauenswürdig erscheinen können. Vgl. dazu Wagenhofer/Ewert (2003), S. 232 ff.

[346] Ähnlich: Zimmermann (2002b), S. 309; Kuhner (1998), S. 27.

[347] Ähnlich: Moxter (1962), S. 610 sowie Kuhner (1998), S. 27: „Bei weichen Informationen (...) greifen andere Mechanismen, um eine glaubwürdige Kommunikation zu ermöglichen: Zukunftserwartungen der Adressaten, welche aufgrund von weichen Informationen gebildet wurden, werden durch den Zeitablauf bestätigt oder widerlegt. Dabei kann der Aufbau von Reputationskapital des Senders als Antrieb dienen, weiche Informationen unverfälscht wiederzugeben“.

trieb ausreicht, „weiche Informationen unverfälscht wiederzugeben“[348]. So führt Kuhner (1998) an, dass eine unverfälschte Widergabe von nicht-verifizierbaren Informationen nur dann erreicht werden kann, wenn einem Sender durch eine „wahrheitswidrige Verlautbarung Kosten entstehen würden, die sein Interesse an der Lüge zunichte machen“[349]. Doch realistischerweise kann bei unsicheren Erwartungen „eine Übereinstimmung der geschätzten Werte mit den später tatsächlich eintretenden (...) a priori nicht gefordert werden“[350]. Es wird deutlich, dass die Vertrauenswürdigkeit von Information von zahlreichen und undurchsichtigen individuellen, kollektiven Faktoren sowie subjektiven Eindrücken abhängt. Das Vertrauenswürdigkeitskriterium bleibt letztendlich ein nicht greifbares Prinzip.

1.3 Erklärungsansätze für den Informationsgehalt vergangenheitsorientierter Jahresabschlüsse

Die wirtschaftlichen Entscheidungen der Investoren sind grundsätzlich zukunftsgerichtet: Entscheidungsrelevant können daher nur Signale über die zukünftige Entwicklung eines Unternehmen sein.[351] Wie bereits dargelegt, stellt ein nach IAS/IFRS aufgestellter Jahresabschluss ein Informationsinstrument dar, in dem primär vergangenheitsorientierte Daten bereitgestellt werden. Vergangenheitsdaten können jedoch „höchstens Indikatoren für die Entwicklung zukünftiger Größen sein“[352]. Dennoch wird der Informationsgehalt vergangenheitsorientierter Jahresabschlüsse im Schrifttum auf *logisch-deduktiven* und auf *empirisch-induktiven* Weg zu begründen versucht.[353]

1.3.1 Logisch-deduktive Erklärung

Für eine theoretische Begründung der Entscheidungsrelevanz von vergangenheitsorientierter Periodenerfolgsrechnungen rückte in den vergangenen Jahren die auf dem Kongruenzprinzip *(clean surplus)* beruhende Relation des Übergewinnmodells (*Residual Income Modell*, RIM) in das Blickfeld der Fachdiskussion.[354] Ausgangspunkt ist das in der gängigen SHV-Analyse bekannte Dividen-

---

[348] Kuhner (1998), S. 27.

[349] Kuhner (1998), S. 28.

[350] Krönert (2001), S. 54.

[351] Vgl. Wagenhofer/Ewert (2003), S. 5.

[352] Küpper (1998), S. 528; Streim (2000), S. 115.

[353] Vgl. Streim (2000), S. 121-124.

[354] Vgl. dazu Zimmermann/Prokop (2003), S. 134-137; Wagenhofer/Ewert (2003), S. 125-127; Burger/Buchhart (2002), S. 82-84; Streim (2000), 122-124; Küpper (1998), Ordelheide (1998a), S. 515-521; Feltham/Ohlson (1995), S. 689 ff.; Wagenhofer (2003), S. 591 f.; Bernard (1995), S. 238 ff. Schildbach (1999d), S. 1814.

dendiskontierungsmodell, das hier formal mit der folgenden Gleichung (1) dargestellt wird:[355]

(1) $$SHV_t = \sum_{\tau=1}^{\infty} \frac{E_t[A_{t+\tau}]}{(1+r)^{\tau}}$$

SHV_t	*Shareholder Value am Ende der Periode t*
$E_t[...]$	*Erwartungswertoperator der Periode t*
A_t	*Nettoausschüttungen am Ende der Periode t = Nettoeinkommensströme der Unternehmenseigner.*
r	*Kalkulationszins*
τ	*Zeitindex*

Die in (2) formal dargestellte Kongruenzbedingung[356] *(clean surplus)* ist eine wichtige Voraussetzung dafür, dass ein Zusammenhang zwischen dem pagatorischen Periodenerfolgen und dem Kapitalwert der zukünftigen Nettoausschüttungen hergeleitet werden kann:[357]

(2a) $EK_t = EK_{t-1} + G_t - A_t$ bzw.

(2b) $A_t = EK_{t-1} + G_t - EK_t$

EK_t	*Bilanzielles Reinvermögen (Eigenkapital) zum Ende der Periode t*
G_t	*Erfolg der Periode t*
A_t	*Nettoausschüttungen der Periode t*

Bei Kongruenz gleichen die Periodenerfolge den bilanziellen Reinvermögensveränderungen der einzelnen Abrechnungsperioden, korrigiert um die Zahlungen (Entnahmen und Einlagen) zwischen Unternehmen und Eignern.[358] Im traditionellen Jahresabschluss resultieren bilanzielle Reinvermögensveränderungen aus der Periodisierung von Einnahmen und Ausgaben in Form von Erträgen und Aufwendungen.[359] Werden innerhalb der Totalperiode[360] eines Unternehmens al-

---

[355] In Anlehnung an Streim (2000), S. 122. Ähnlich: Vgl. Zimmermann/Prokop (2003), S. 135; Ordelheide (1998a), S. 517.

[356] Zum Kongruenzprinzip ausführlich mit weiteren Literaturhinweisen vgl. Rolf (2001), S. 94-102.

[357] Vgl. Wagenhofer/Ewert (2003), S. 125; Streim (2000), S. 123; Zimmermann/Prokop (2003), S. 135.

[358] Vgl. Ordelheide (1998a), S. 517.

[359] Vgl. Deller (2002), S. 15.

[360] Unter der Totalperiode versteht man die Gesamtlebensdauer eines Unternehmens: Den Zeitraum zwischen der erstmaligen Einlage in das neu gegründete Unternehmen durch die Eigner bis zur Unternehmensliquidation, zu der - nach einer Rückzahlung eventuell noch

le, nicht auf Entnahmen oder Einlagen beruhenden Reinvermögensveränderungen vollständig und genau nur einmal im Periodenerfolg erfasst, besteht „Kongruenz zwischen Einnahme- und Ausgaberechnung mit der Erfolgsrechnung"[361]. Bei Kongruenz entspricht darum die Summe der Periodenerfolge auch der Summe der Nettoausschüttungen, die die Eigner durch ihr Engagement in ein Unternehmen im Laufe der Gesamtlebensdauer eines Unternehmens erzielen:[362]

(3) $$\sum_{t=1}^{T} G_t = \sum_{t=1}^{T} A_t$$

T *Liquidationsperiode eines Unternehmens*

Um nun den erforderlichen „Brückenschlag"[363] zwischen dem Kapitalwert der zukünftigen Periodenerfolge und dem *Shareholder Value* zu finden, bedient man sich in der Literatur des sog. *„Lücke-Theorems"*.[364] So lässt sich beweisen, dass der Kapitalwert der Nettoausschüttungen zu einem beliebigen Zeitpunkt t aus dem Kapitalwert der zukünftigen Periodenerfolge reproduziert werden kann, wenn dieser um das mit einem Kalkulationszinssatz verzinste Reinvermögen (Kapitalkosten) zum Beginn der Periode gemindert wird.[365] Sofern die Kongruenzbedingung (2a) erfüllt ist, kann die Gleichung (1) in pagatorische Größen umgeformt werden:[366]

(4) $$SHV_t = \sum_{\tau=1}^{\infty} \frac{E_t\left[EK_{t+\tau-1} + G_{t+\tau} - EK_{t+\tau}\right]}{(1+r)^{\tau}}$$

Durch entsprechende Umformungen der Gleichung (4) erhält man folgende Relation:

(5) $$SHV_t = EK_t + \sum_{\tau=1}^{\infty} \frac{E_t\left[G_{t+\tau} - rEK_{t+\tau-1}\right]}{(1+r)^{\tau}} - \frac{E_t\left[EK_{t+\infty}\right]}{(1+r)^{\infty}}$$

Der letzte Summand dieser Relation strebt gegen Null und kann vernachlässigt werden. Der zweite Summand stellt hingegen das, auf einen Bewertungszeit-

verbleibender Verbindlichkeiten - die restlichen Zahlungsmittelbestände an die Eigner ausgeschüttet werden. Vgl. Rolf (2001), S. 94 f.

361 Schmalenbach (1926), S. 99.

362 Vgl. Schildbach (1999d), S. 1813; Rolf (2001), S. 94 f.; Ordelheide (1998a), S. 517; Deller (2002), S. 14. Zu den Vor- und Nachteilen des Kongruenzprinzips für die Aussagefähigkeit von Periodenerfolgen vgl. Rolf (2001), S. 99-102; Schildbach (1999d), S. 1813 f.

363 Schildbach (1999d), S. 1814.

364 Vgl. Lücke (1955), S. 311 ff.; Knoll (1996), S. 115 ff.; Ordelheide (1998a), S. 516; Schildbach (1999d), S. 1814; Deller (2002), S. 14 f.

365 Vgl. Ordelheide (1998a), S. 517; Küpper (1998), S. 528; Schildbach (1999d), S. 1814; Burger/Buchhart (2002), S. 83.

366 Vgl. Streim (2000), S. 123.

punkt t diskontierte erwartete Residualeinkommen *(Residual Income)* dar, wobei der Residualgewinn dem Periodenerfolg abzüglich der kalkulatorischen Zinsen auf das bilanzielle Reinvermögen zum Periodenbeginn entspricht.[367] Damit ergibt sich schließlich folgende Grundformel des RIM:[368]

(6) $$SHV_t = EK_t + \sum_{\tau=1}^{\infty} \frac{E_t[RI_{t+\tau}]}{(1+r)^{\tau}}$$

RI *Residual Income (Übergewinn)*

Daraus wird gefolgert: Sofern die Kongruenzbedingung erfüllt wird, „lassen sich Buchhaltungszahlen zur Ermittlung des Unternehmenswerts heranziehen“[369]. Dies soll den Vorteil haben, dass die Prognose von Übergewinnen allgemein als leichter erachtet wird, als die von zukünftigen Wertpapierrenditen.[370] Da mit dem RIM eine direkte Verbindung zwischen dem SHV und den laufenden Gewinnen logisch-deduktiv begründet werden kann,[371] soll der Beweis erbracht sein, dass vergangenheitsorientierte Jahresabschlüsse entscheidungsrelevante Informationen enthalten.[372]

Dem logisch-deduktiven Beweis über das RIM wird in der Literatur jedoch erhebliche Skepsis entgegengebracht.[373] So führt Streim (2000) an, dass sich damit lediglich „das Problem der Schätzung zukünftiger Dividenden hin zum Problem der Schätzung zukünftiger Übergewinne“[374] verlagere. Ein weiterer Einwand ist,

---

[367] Vgl. Zimmermann/Prokop (2003), S. 135; Ordelheide (1998a), S. 517; Vgl. Burger/Buchhart (2002), S. 82.

[368] Vgl. Zimmermann/Prokop (2003), S. 135; Maines/Bartov/Beatty/Botosan (2004), S. 4.

[369] Streim (2000), S. 123; Bernhard (1995), S. 284; ähnlich: Zimmermann/Prokop (2003), S. 135; Ohlson (1995), S. 681. Anm.: Das Residualgewinnkonzept wird in der Literatur und im Beratungsgeschäft vor dem Hintergrund verschiedener Modifikationen mit unterschiedlichen Begriffen versehen. Am bekanntesten ist wohl der geschützte Begriff des Economic Value Added (EVA) der Beratungsfirma Stern Stewart & Co. Vgl. Burger/Buchhart (2002), S. 83. Interessanterweise wurde bereits im Jahre 1920 in Grundzügen das RIM verwendet, um die Wirkung der Alkoholprohibition in den USA auf den Unternehmenswert von Brauereien einzuschätzen (vgl. Bernhard (1995), S. 283).

[370] Vgl. Wagenhofer (2003), S. 591.

[371] Vgl. Wagenhofer/Ewert (2003), S. 127.

[372] Vgl. Streim (2000), S. 124; Burger/Buchhart (2002), S. 83. Weitere Vorteile des RIM nennt Bernhard (1995), S. 284 ff.

[373] Vgl. Mujkanovic (2002), S. 72 f. So ist z.B. Streim (2000), S. 124 der Auffassung, dass anstatt des Umweges über eine regressive Entwicklung der Übergewinne auch gleich angenommen werden könnte, dass sich die zukünftigen Nettoeinkommensströme in Abhängigkeit von den zuletzt erzielten Einkommensströmen entwickeln. Küpper (1998), S. 529 f. moniert, dass die Prämissen des Lücke-Theorems in der Realität nicht erfüllbar seien.

[374] Streim (2000), S. 123. Anderer Auffassung ist Ordelheide (1998a), S. 519: So sei es häufig leichter, „die zukünftigen Residualgewinne zu schätzen, insbesondere dann, wenn der Anteil der Dividenden an den Periodengewinnen starken Schwankungen unterworfen ist oder wenn Unternehmen wenig ausschütten“. Zur Präzisierung der Schätzungen werden in der

dass alle Rechnungslegungssysteme – so auch IAS/IFRS - zahlreiche Kongruenzverstöße zulassen.[375] Die logisch-deduktive Herleitung der Entscheidungsrelevanz vergangenorientierter Abschlusszahlen erscheint auch insofern fragwürdig, als im RIM die ‚Genauigkeit' oder die ‚Vollständigkeit' eines Rechnungslegungssystems vernachlässigt wird: Solange Kongruenz gilt, hat es für den SHV z.B. keine Auswirkungen, ob Aufwendungen und Auszahlungen einer Periode auseinanderklaffen, wichtige werttreibende Faktoren die zu keinen Auszahlungen führen – z.B. Synergieeffekte oder „Intellectual Capital"[376] - werden jedoch im traditionellen Jahresabschluss nicht abgebildet. Sie können daher auch nicht in die Übergewinnschätzungen (und damit bei der SHV-Berechnung) einfließen. Über die ‚Qualität' eines Rechnungslegungssystems kann daher das RIM nichts aussagen.

Nach Wagenhofer/Ewert (2003) stellt das RIM eher eine „konzeptionelle Begründung für die Annahme einer positiven Beziehung zwischen laufenden Gewinnen und Barwerten"[377] und damit eine theoretische Basis für die – im folgenden Unterabschnitt dargelegten - empirisch-induktiven Erklärungsansätze dar.

1.3.2 Empirisch-induktive Erklärung

Neben der logisch-deduktiven Begründung des Informationsgehaltes von vergangenheitsorientierten Jahresabschlüssen findet man – vor allem in der US-amerikanischen Fachliteratur - eine Vielzahl von kapitalmarktorientierten, empirisch-induktiven Tests zur *„value relevance"*[378] von Jahresabschlussgrößen.[379] Mit Hilfe empirischer Untersuchungen sollen die Kriterien der Entscheidungsrelevanz und der Vertrauenswürdigkeit auf wissenschaftlicher Basis geprüft und

Literatur regressive Residualgewinnentwicklungen vorgeschlagen. Vom Ergebnis stellt damit der SHV eine lineare Funktion des bilanziellen Reinvermögens der Vorperiode und des Periodenerfolges der laufenden Periode dar. Vgl. dazu Streim (2000), S. 124; Wagenhofer/Ewert (2003), S. 126 f.; Ohlson (1995), S. 667 ff.

[375] Zur Kongruenzproblematik vgl. Ordelheide (1998a), S. 522 ff. sowie Ordelheide (1998b), S. 512-515; Schildbach (1999d), S. 1814 ff.; Wagenhofer (2003), S. 591 ff. Zu den Kongruenzverstößen nach IAS/IFRS vgl. Abschn. E3.1.2.3.

[376] Kasperzak/Krag/Wiedenhofer (2001), S. 1494.

[377] Wagenhofer/Ewert (2003), S. 127.

[378] Holthausen/Watts (2001), S. 3.

[379] Als Referenzgröße für den Informationsgehalt von Jahresabschlüssen dienen in solchen empirischen Tests vor allem die publizierten Gewinne/Verluste und das bilanzierte Eigenkapital. (vgl. Auer (1999), S. 998, Fn. 44). Die ersten soliden Tests wurden von Ball und Brown im Jahre 1968 durchgeführt (vgl. Scott (1997), S. 100). Für eine ausführliche Übersicht über die bekanntesten US-amerikanischen value-relevance Untersuchungen der letzten Jahre vgl. Holthausen/Watts (2001), S. 8-10; Auer (1997), S. 219 ff. Zu deutschen Kapitalmarktstudien vgl. Möller/Keller (1999), S. 135 ff.

präzisiert werden.[380] Den empirischen Forschungsansätzen liegt im Wesentlichen die Überlegung zugrunde, dass informative Jahresabschlussgrößen Erwartungsrevisionen der Kapitalmarktteilnehmer über zukünftige relevante Zielströme herbeiführen und aufgrund veränderter Kauf- und Verkaufsentscheidung atypische *(abnormal)* Kapitalmarktreaktionen bewirken müssten, die über einen sog. *Abnormal Performance Index* (API) gemessen werden.[381] Viele *value-relevance*-Studien konzentrieren sich in langjähriger Forschungsarbeit darauf, signifikante Korrelationen zwischen bestimmten Rechnungslegungsinformationen und Marktpreisen herzuleiten:[382] Lassen sich Abhängigkeiten zwischen der „Aktienrendite und den Variablen Gewinn und/oder Eigenkapital nachweisen, so deutet dies nach Untersuchungsansatz auf die potentielle Relevanz der untersuchten Rechnungslegungsinformationen für Aktionäre hin“[383].

Im Schrifttum besteht weitgehend Einigkeit darüber, dass Jahresabschlüsse Auskünfte über die wirtschaftliche Lage und Perspektiven eines Unternehmens geben und damit für zielgerichtete Investitionsentscheidungen am Kapitalmarkt relevant sind.[384] Unklar ist jedoch - wie im Folgenden gezeigt wird - ob mit den Ergebnissen der empirischen Kapitalmarktforschung klare Aussagen über die „Qualität“[385] von bestimmten Rechnungslegungsmethoden (bzw. über die genauen Anforderungen der Kriterien der Entscheidungsrelevanz und der Vertrauenswürdigkeit an die Jahresabschlusserstellung) getroffen werden können.

Die Basis der Erklärungsansätze der empirischen Kapitalmarktforschung bildet die Modellannahme des informationseffizienten Kapitalmarktes aus der klassischen Kapitalmarkttheorie.[386] Ein Kapitalmarkt ist nach gängiger Definition *informationseffizient*, wenn die „Informationen allen Anlegern gleichzeitig zur Verfügung stehen und sich eine einheitliche Erwartungsbildung vollziehen

---

[380] So Barth/Beaver/Landsman (2001), S. 80: „Tests of value relevance represent one approach to operationalizing the FASB's stated criteria of relevance and reliability“.

[381] Vgl. dazu Wagenhofer/Ewert (2003), S. 120; Auer (1997), S. 203; Möller/Keller (1999), S. 139; Coenenberg (2003), S. 1202 f.; Holthausen/Watts (2001), S. 5 f.; Streim (2000), S. 120; Busse von Colbe (1993), S. 16.

[382] Vgl. Mujkanovic (2002), S. 36 mit weiteren Literaturnachweisen. Für einen Überblick der ‚klassischen' Prüfgebiete und für wesentliche Ergebnisse im Rahmen der US-amerikanischen Rechnungslegung vgl. Barth/Beaver/Landsman (2001), S. 82 ff. Für einen Überblick über die grundsätzlichen Vorgehensweisen der empirischen Tests vgl. Scott (1997), S. 102-105 sowie Harris/Lang/Möller (1995), S. 1006 ff. Zur konzeptionellen und formalen Präzisierung der Untersuchungsansätze vgl. Wagenhofer/Ewert (2003), S. 121-125; Auer (1997), S. 203-205.

[383] Auer (1997), S. 203.

[384] Vgl. Mujkanovic (2002), S. 37 f.; Schildbach (1986), S. 48; Auer (1997), S. 186; Sieben/Haase (1971), S. 53.

[385] Wagenhofer/Ewert (2003), S. 133.

[386] Vgl. Auer (1997), S. 183; Perridon/Steiner (1999), S. 261.

kann"[387]. Demzufolge spiegeln auf einem informationseffizienten Kapitalmarkt die Marktpreise bzw. Wertpapierkurse zu jedem Zeitpunkt sämtliche bewertungsrelevanten Informationen vollständig wider.[388] Die Marktteilnehmer können auf informationseffizienten Märkten über eine Auswertung der *vorhandenen* Informationsmenge keine höheren als die durchschnittlichen Kapitalmarktrenditen (Gleichgewichtsrendite) aus Transaktionen erzielen (Effizienzthese).[389] Je nach Umfang der in die Betrachtung einzubeziehenden Informationen unterscheidet man zwischen drei Typen von Informationseffizienz:

(1) Auf *schwach* informationseffizienten Kapitalmärkten reflektieren die Wertpapierkurse nur diejenigen Informationen, die sich auf Kursentwicklungen aus der Vergangenheit beziehen. Bei schwacher Informationseffizienz lassen sich keine Überrenditen aus technischen Wertpapieranalysen erzielen.[390] Aufgrund des fehlenden Bezugs zu Rechnungslegungsinformationen hat schwache Informationseffizienz für *value relevance*-Untersuchungen keine Bedeutung.[391]

(2) Auf *streng* informationseffizienten Märkten werden *sämtliche* bewertungsrelevanten Informationen sofort eingepreist. Dazu zählen nicht nur alle vergangenen und öffentlich zugänglichen Informationen, sondern auch Insiderwissen. Da alle bewertungsrelevanten Informationen sofort verarbeitet werden, kann kein Marktteilnehmer durch individuelle Informationsvorsprünge Überrenditen aus Transaktionen erzielen.[392] Bei Gültigkeit der Hypothese streng informationseffizienter Märkte bestünde für die Investoren kein Anreiz, überhaupt Informationen einzuholen.[393] Da auf streng informationseffizienten Märkten der Nutzen von Jahresabschlussinformationen in Zweifel gestellt wird,[394] hat auch diese Form der Informationseffizienz für *value relevance*-Untersuchungen keine Bedeutung.[395]

(3) Die gängigen Kapitalmarktuntersuchungen unterstellen die Gültigkeit von Informationseffizienz im *mittelstrengen* Sinn.[396] Bei mittelstrenger Informati-

---

[387] Perridon/Steiner (1999), S. 261. Zu den Voraussetzungen eines informationseffizienten Marktes vgl. Wagenhofer/Ewert (2003), S. 107.

[388] Vgl. Perridon/Steiner (1999), S. 261.

[389] Vgl. Schildbach (1986), S. 10; zur analytischen Herleitung vgl. Auer (1997), S. 182.

[390] Vgl. Auer (1997), S. 182 f.; Perridon/Steiner (1999), S. 261; Schildbach (1986), S. 10.

[391] Vgl. Mujkanovic (2002), S. 32; Holthausen/Watts (2001), S. 18.

[392] Vgl. Schildbach (1986), S. 11; Mujkanovic (2002), 32; Auer (1997), S. 183.

[393] Vgl. Mujkanovic (2002), S. 32.

[394] Vgl. Schildbach (1986), S. 11, 47.

[395] Vgl. Mujkanovic (2002), S. 32.

[396] Vgl. Wagenhofer/Ewert (2003), S. 110; Auer (1997), S. 183. Anm.: Die Prämisse mittelstrenger Informationseffizienz scheint insofern realistisch zu sein, als auch die US-

onseffizienz reflektieren die Wertpapierkurse nur alle *öffentlich zugänglichen* Informationen,[397] somit lassen sich nur durch eine Auswertung von öffentlich zugänglichen Informationen keine Überrenditen erzielen.[398] Zu diesen Informationen zählen u.a. neben vergangenen Kursen, Medieninformationen oder Mitteilungen von Börseninformationsdiensten auch Jahresabschlussinformationen.[399] Dabei ist freilich unerheblich, ob die Informationen in Bilanz, GuV, Anhang oder lediglich in Fußnoten erscheinen.[400]

Da aus individueller Investorensicht mit der Auswertung von Jahresabschlüssen keine spekulativen Erfolge erreichbar sind, könnte bei mittelstrenger Informationseffizienz „zunächst auf die Nutzlosigkeit der externen Rechnungslegung als Informationsgrundlage für einzelne Marktteilnehmer geschlossen werden“[401]. Die Prämisse der mittelstrengen Informationseffizienz stellt aber die Informationsfunktion des Jahresabschlusses insofern nicht in Frage, als zwischen der *value relevance* von Jahresabschlussinformationen im Sinne ihrer Fähigkeit, Erwartungsrevisionen der Marktteilnehmer und damit Marktpreisreaktionen herbeizuführen, und dem (individuellen) Wert von Informationen (Informationsnutzen) genau unterschieden werden muss.[402] Entscheidend für die Feststellung des Informationsgehalts von Jahresabschlussinformationen ist, ob bestimmte Jahresabschlussgrößen fähig sind, Erwartungen zu ändern, nicht jedoch ob die Investoren aus diesen Informationen über die Gleichgewichtsrendite hinausgehende Gewinne erwarten.[403] Da jedoch bei mittelstrenger Informationseffizienz aus öffentlichen Informationen keine Überrenditen erzielbar sind, wird theoretisch kein Marktteilnehmer Kosten und/oder das ‚Arbeitsleid' der Verarbeitung von öffentlichen Informationen auf sich nehmen. Jahresabschlussinformationen könnten somit paradoxerweise keine Marktpreisreaktionen hervorrufen (Informationsparadoxon).[404] Diese Inkonsistenz wird jedoch im Schrifttum relati-

---

amerikanische Börsenaufsichtsbehörde SEC davon ausgeht, dass auf dem US-amerikanischen Kapitalmarkt mittelstrenge Informationseffizienz vorherrscht (vgl. Beaver (1989), S. 152).

397 Vgl. Schildbach (1986), S. 11; Mujkanovic (2002), S. 32 f. Zur Problematik der Abgrenzung des Begriffes der ‚öffentlichen Zugänglichkeit' vgl. Schildbach (1986), S. 13 f.

398 Vgl. Auer (1997), S. 183; Mujkanovic (2002), S. 33.

399 Vgl. Auer (1997), S. 183.

400 Vgl. Schroeder/Clark (1998), S. 59; Auer (1999), S. 987; Schildbach (1986), S. 50 f.

401 Mujkanovic (2002), S. 33.

402 Vgl. Schildbach (1986), S. 46 f.; Auer (1997), S. 183 sowie Barth/Beaver/Landsman (2001), S. 80 „Accounting information can be value relevant but not decision relevant".

403 Vgl. Auer (1997), S. 184.

404 Vgl. Schildbach (1986), S. 26 f.. Mujkanovic (2002), S. 35; Scott (1997), S. 76.

viert:[405] So wird u.a. argumentiert, dass die Marktteilnehmer neben den Jahresabschlüssen auch eine „Fülle anderer Informationen"[406] nutzen, die ebenso die Kursentwicklung beeinflussen.[407] Dadurch können einzelne Marktteilnehmer vorübergehend „monopolisierte"[408] Informationen erlangen. Um mit den Informationsvorsprüngen Überrenditen zu erzielen, haben diese Marktteilnehmer ein Interesse daran, trotz der Mühen der Informationsauswertung die Informationen in den Markt hineinzutragen.[409] Zudem wird die Effizienzthese mit dem Hinweis auf gängige Kapitalmarktanomalien in Zweifel gezogen. So werden nach Scott (1997) die Kauf- und Verkaufsentscheidungen der Marktteilnehmer durch eine Vielzahl unvorhersehbarer Gründe und irrationaler Verhaltensweisen geleitet.[410] In den Wertpapierkursen spiegeln sich daher nicht sämtliche bewertungsrelevanten Faktoren wider, sie sind insofern nicht *„fully informative"*[411] sondern nur *„partially informative"*[412]. Rationale Investoren haben daher trotzdem die Möglichkeiten, durch eine Verarbeitung von Jahresabschlussinformationen entscheidungsrelevante Auskünfte über zukünftige relevante Zielströme zu erhalten.[413] Allerdings wird dann die Hypothese mittelstrenger Informationseffizienz eigentlich aufgegeben – die Marktpreise spiegeln dann u.U. eben nicht mehr vollständig alle Rechnungslegungsinformationen wider. Der im Abschnitt E.1.3.1 be-

---

[405] Zu verschiedenen Begründungen zur Auflösung des Informationsparadoxon vgl. Schildbach (1986), S. 27-33; Mujkanovic (2002), S. 35 f.; Auer (1997), S. 183, Fn. 572.

[406] Wagenhofer/Ewert (2003), S. 132.

[407] Vernachlässigt man Informationen mit echtem Insidercharakter, deren Verbreitung und Nutzung nach deutschen WpHG weitgehend verboten ist, so kann es sich nur um Informationen handeln, die über andere Kanäle als über Unternehmenspublikationen in den Markt gelangen, so z.B. Informationen, die sich erst durch bestimmte Informationsverarbeitungstechniken erschließen, freie Informationen des Statistischen Bundesamtes, Prognosen der Konjunkturentwicklungen durch Marktforschungsinstitute, Verlautbarungen der Unternehmensvorstände, Pressemitteilungen, sonstige Gerüchte, die aus manch verborgenen Quellen stammen sowie dezentral gelagerte oder kostenpflichtige Informationen.

[408] Schildbach (1986), S. 27.

[409] Vgl. Schildbach (1986), S. 27 f. Ähnlich: Mujkanovic (2002), S. 36; Scott (1997), S. 77.

[410] Vgl. Scott (1997), S. 77: „People may buy or sell securities for a variety of unpredictable reasons – they may decide to retire early, they may need money to pay gambling debts, they may have received a 'hot tip', and so on. Such persons are called liquidity traders or noise traders". Für Beispiele weiterer Anomalien vgl. - mit Literaturverweisen - Mujkanovic (2002), S. 33 f.

[411] Scott (1997), S. 76.

[412] Scott (1997), S. 77.

[413] Vgl. Scott (1997), S. 77: „When price is partially informative, rational investors can derive some information about future returns from prices. The important point, however, is that they have the opportunity, at a cost, to further sharpen their beliefs by their own private information-gathering activities. Presumably, some of this additional information will come from their analysis of financial statements."

schriebene logisch-deduktive Zusammenhang zwischen Jahresabschlussgrößen und SHV wird dann fragwürdig.[414]

Die Erklärungsansätze zur Lösung des Informationsparadoxon deuten bereits die Probleme an, die mit *value relevance*-Untersuchungen zur Präzisierung der Kriterien der Entscheidungsrelevanz und Vertrauenswürdigkeit von Jahresabschlussinformationen verbunden sind.[415] Es ist unklar, ob eindeutige Korrelationen zwischen Jahresabschlussgrößen und Marktpreisen gemessen werden können, wenn u.a.

- bei mittelstrenger Informationseffizienz die Jahresabschlüsse im Prinzip keine (individuellen) entscheidungsrelevanten Informationen liefern können,[416]
- die Marktpreisveränderungen zu einem nicht unerheblichen Teil auf andere Informationen und auf Gerüchte *(„rumors“[417])* – also auf sonstige, kaum identifizierbare Informationsquellen außerhalb des Jahresabschlusses - zurückzuführen sind,[418]
- bei mittelstrenger Informationseffizienz unbedeutend ist, an welcher Stelle des Jahresabschlusses und in welcher Form die Informationen enthalten sind.[419]

---

414 Ähnlich: Wagenhofer/Ewert (2003), S. 134.

415 Zur Diskussion um die Aussagefähigkeit der value relevance-Literatur vgl. Barth/Beaver/Landsman (2001), Kahle (2002a), S. 102 f.; Mujkanovic (2002), S. 36 f.; Wagenhofer/Ewert (2003), S. 131-135; Auer (1997), S. 215 ff.; Streim (2000), S. 121 f.; Ronen (2001), S. 241 ff.; Schildbach (1986), S. 48-50.

416 So Möller/Keller (1999), S. 139: „The market reaction to the disclosure is regarded as a measure of information content since it reflects the hypothetical advantage (disadvantage) that a shareholder might have realized (avoided) had he known the financial statement information in advance of its disclosure. This information content is supposed to measure the hypothetical value of the (new) information provided by financial statements. It is hypothetical because such a value cannot be realised if a semi-strong market obtains."

417 Auer (1999), S. 988.

418 Vgl. Wagenhofer/Ewert (2003), S. 132 f; Auer (1997), S. 184 f.; Schildbach (1986), S. 48. Anm.: Teilweise wird in diesem Zusammenhang behauptet, dass ein Jahresabschluss selbst keine neuen, entscheidungsrelevanten Informationen bereitstellen muss, sondern vielmehr Informationen zu aggregieren hat, die ansonsten durch andere, undurchsichtige Quellen auf den Markt gelangen würden. (So z.B. Barth/Beaver/Landsman (2001), S. 80: „Information does not have to be new to a financial statement user to be relevant. That is, an important role of accountants is to summarize or aggregate information that might be available from other sources".) Nach dieser Auffassung soll die externe Finanzberichterstattung Gerüchte am Markt vermeiden - die Markteffizienz könnte damit gesteigert werden (vgl. Auer (1999), S. 988). Diese Auffassung ist allerdings problematisch: Die sonstigen Informationsquellen sind nun einmal undurchsichtig: Diese zu identifizieren und in die Jahresabschlussinformationen zu integrieren, erscheint eher unrealistisch.

419 Vgl. Jenkins (2002), S. A7 bezüglich der Diskussion um eine aufwandswirksame Erfassung von Aktienoptionen: „In the real world, any information, as long as deemed relevant, will be processed into the mill for pricing securities. It doesn't matter whether the data is computed into the income statement or appears in a footnote (...)".

Ergebnisse der Kapitalmarktuntersuchungen können somit höchstens Hinweise auf eine „'potentielle' Bewertungsrelevanz"[420] bestimmter Rechnungslegungsinformationen liefern. Da der Jahresabschluss nur eine von mehreren Informationsquellen für Investoren ist,[421] und Informationen die Erwartungen über zukünftige relevante Zielströme - wie gezeigt - höchst unterschiedlich tangieren,[422] können keine *unmittelbaren* Beziehungen zwischen Jahresabschlussgrößen und Aktienkursentwicklungen hergeleitet werden.[423] Die Höhe der gemessenen abnormalen Renditen geben nach Auer (1997) noch keine Auskünfte, inwiefern die Anleger die untersuchten Jahresabschlussinformationen tatsächlich als entscheidungsrelevant erachten.[424]

Handfeste Ergebnisse zur Operationalisierung der Kriterien der Entscheidungsrelevanz und der Vertrauenswürdigkeit scheinen die empirischen Kapitalmarktuntersuchungen auch nicht zu liefern:[425] So führte die umfangreiche US-amerikanische Kapitalmarktforschung bislang zu keinen eindeutigen Ergebnissen über den ‚Informationsgehalt' von konkreten Rechnungslegungsvorschriften.[426] Verschiedene Autoren können bspw. keinen signifikant höheren Informationsgehalt der kapitalmarktorientierten US-GAAP und IAS/IFRS gegenüber dem deutschen Bilanzrecht feststellen.[427] Insgesamt besteht in der Literatur Uneinigkeit, ob tatsächlich signifikante Korrelationen zwischen publizierten Jahresabschlusszahlen und Marktpreisentwicklungen bestehen können.[428]

Neuere Studien versuchen die ‚Qualität' von Rechnungslegungsnormen über eine Messung der Reduktion von Kapitalkosten zu belegen. Da nach gängiger Hypothese hochwertige Rechnungslegungsstandards zu einer Reduzierung der

---

420 Auer (1997), S. 215.

421 Vgl. Auer (1997), S. 184.

422 Vgl. Scott (1997), S. 101.

423 Vgl. Auer (1997), S. 186, 215; Scott (1997), S. 101; Mujkanovic (2002), S. 36 f.

424 Vgl. Auer (1997), S. 215; Ronen (2001), S. 253.

425 Vgl. Ronen (2001), S. 253: „Studies employing tests of association between accounting numbers and price-based measures, under the best of circumstances, can illuminate only one corner of the black box. Namely, does the market behave as if it both (1) believes and (2) attaches some weight, to information provided to it? They shed no light on the desirability of alternative accounting policies". Diese Aussage stellt freilich eine subjektive Meinung dar – 'glühende' Vertreter der value relevance-Literatur kommen natürlich teilweise zu ganz anderen Ergebnissen.

426 Vgl. Auer (1997), S. 292 ff.

427 Vgl. Auer (1999), S. 990; Harris/Lang/Möller (1995), S. 1025 f.; Kahle (2002a), S. 103.

428 Solche signifikanten Korrelationen bezweifeln z.B. Lev (1989), S. 185; Streim (2000), S. 121 f. Anderer Auffassung sind hingegen Barth/Beaver/Landsmann (2001), S. 77-104. Auch die Autoren Wagenhofer/Ewert (2003), S. 136 sehen keinen Grund, die Ergebnisse der value-relevance-Literatur grundsätzlich abzulehnen.

Kapitalkosten und zu geringeren Geld/Brief-Spannen führen[429] müsste sich der Informationsgehalt von Rechnungslegungsmethoden über empirische Auswertungen der Kapitalkosten messen lassen.[430] Allerdings kommen auch derartige empirische Untersuchungen zu abweichenden Ergebnissen.[431] Eine, am deutschen Kapitalmarkt durchgeführte, empirische Untersuchung von Leuz/Verrecchia (2000) scheint jedoch zu belegen, dass die Bilanzierung nach IAS/IFRS bzw. US-GAAP im Vergleich zur Bilanzierung nach HGB/GoB zu signifikant geringeren Geld-Brief-Spannen und höheren Aktienumsätzen führt.[432]

Insgesamt wird deutlich, dass die beiden zentralen allgemeinen Grundprinzipien der Rechnungslegung nach IAS/IFRS - Entscheidungsrelevanz (relevance) und Vertrauenswürdigkeit (reliability) – auf wissenschaftlichen Weg bislang nicht eindeutig präzisiert werden können. Da nach F.12 ein IAS/IFRS-Abschluss einen großen Kreis von Adressaten entscheidungsnützliche Informationen bereitzustellen hat, müssten im vermeintlich prinzipienbasierten Regelwerk des IASB klare Hinweise angeführt werden, welche bilanziellen Vorgehensweisen, zumindest nach Auffassung des Standardsetzers, entscheidungsrelevant und vertrauenswürdig sind. Im Teil E dieser Arbeit wird daher untersucht, ob das IAS/IFRS-Regelwerk tatsächlich greifbare Hinweise zur Operationalisierung von Entscheidungsrelevanz und Vertrauenswürdigkeit vermittelt.

2 Wichtige angelsächsische Bilanztheorien

Da sich - wie im Abschn. B.4 gezeigt wurde - die Informationsbedürfnisse der Investoren an den wirtschaftlichen Effektivlagen konkretisieren, erscheint es konsequent, dass sich auch Bilanzauffassungen im Kern auf Versuche zurückführen lassen können, „entscheidungsrelevantes ‚Vermögen' oder ‚Einkommen' durch den Jahresabschluss zu messen oder zu approximieren"[433]. Im Folgenden werden zunächst grundlegende konzeptionelle Sichtweisen und anschließend zwei konkurrierende angelsächsische Bilanzauffassungen erörtert, die die IASB Standardsetzung nachhaltig beeinflusst haben.

---

429 Vgl. Leuz/Verrecchia (2000), S. 91.

430 Vgl. dazu Sunder (2003), S. 149; Sunder (2002), S. 148; Wagenhofer/Ewert (2003), S. 113; Kahle (2002a), S. 97; Levitt (1998b), S. 82.

431 Für einen Literaturüberblick vgl. Leuz/Verrecchia (2000), S. 93-995; Kahle (2002a), S. 103; Auer (1998), S. 153; Wagenhofer (2003), S. 9; Ballwieser (2004), S. 22. Botosan (1997), S. 346 f. kommt bspw. in einer empirischen Untersuchung in den USA zum Ergebnis, dass bei kleinen Unternehmen signifikante Zusammenhänge zwischen dem Umfang von Unternehmenspublizität und Eigenkapitalkosten messbar ist, bei großen kapitalmarktorientierten Unternehmen jedoch nicht.

432 Vgl. Leuz/Verrecchia (2000), S. 108 ff.

433 Ballwieser (1982), S. 774.

2.1 Point of views

In der angelsächsischen Bilanztheorie herrschen traditionell verschiedene grundlegende Sichtweisen *„point of views"*[434] über Inhalt, Form und Methoden der Rechnungslegung sowie über die Beziehungen von rechnungslegenden, wirtschaftlichen Einheiten zu freien Wirtschaftsordnungen vor.[435] Diese „übergeordnete[n] Betrachtungsweisen"[436] determinieren wesentliche Zielinhalte der Rechnungslegung, an denen dann weiterführende bilanztheoretische oder praktische Überlegungen anknüpfen.[437] Zu den bedeutendsten angelsächsischen *point of views* zählen die Eignertheorie *(„proprietary theory")*, Einheitstheorie *(„entity theory")* sowie die Management- bzw. Befehlshabertheorie *(„commander theory")*.[438]

2.1.1 Eignertheorie (Proprietary Theory)

Die Eignertheorie ist die älteste allgemein erklärende angelsächsische Bilanzkonzeption.[439] Befürworter der Eignertheorie unterstellen eine Einheit von Unternehmens- und Eignersphäre. Sie gehen davon aus, dass die Unternehmenseigner auch die unmittelbaren Eigentümer aller Vermögenswerte und Schulden eines Unternehmens sind und dass das Unternehmen die ausschließliche Einkommensquelle für die Eigner darstellt.[440] Maßgebend ist damit die Sichtweise der Eigentümer eines Unternehmens. Ein Jahresabschluss „hat dementsprechend die Aufgabe, dem Eigner periodisch Informationen über den Stand seines in der Unternehmung gebundenen Vermögens und der Schulden sowie über die Höhe des mittels der Unternehmung erzielten Einkommens zu liefern; es ist mithin eine Vermögens- und Einkommensrechnung des Unternehmenseigners"[441]. Die *proprietory theory* wird deshalb auch als eine ‚bilanzorientierte' bzw. ‚vermögensorientierte' Konzeption bezeichnet.[442]

---

434 Goldberg (1965), S. 109.

435 Vgl. Coenenberg (2003), S. 1138 f.; Ricchiute (1979), S. 67 f.; Belkaoui (1993), S. 229; Gingele (1989), S. 87 f.; Haller (1989), S. 106 f.

436 Gingele (1989), S. 86. Lorig (1964), S. 563 spricht von „basic over-all considerations".

437 Vgl. Haller (1989), S. 106.

438 Vgl. ausführlich zu den angelsächsischen *point of views* Gingele (1989), S. 86-98; Coenenberg (2003), S. 1138-1143.

439 Vgl. Haller (1989), S. 108.

440 Vgl. Goldberg (1965), S. 116-118; Gingele (1989), S. 88-91; Nach Ricchiute ((1979), S. 68 stellt damit das Unternehmen *„an association of entrepreneurs"* dar.

441 Coenenberg (2003), S. 1138.

442 Vgl. Belkaoui (1993), S. 233; Gingele (1989), S. 88. Zur Kritik an der proprietory theory vgl. Coenenberg (2003), S. 1139; Lorig (1964), S. 565 f.

Einfluss der Eignertheorie auf die IAS/IFRS-Rechnungslegung

Da nach der Eignertheorie von einer Einheit zwischen Unternehmens- und Eignersphäre ausgegangen wird, muss unter konsequenter Beibehaltung dieser Sichtweise auch bei der Erstellung des Konzernabschlusses der Blickwinkel der Eigentümer des Mutterunternehmens maßgeblich sein. Im konsolidierten Abschluss sind daher nur die anteilig auf das Mutterunternehmen entfallenen Vermögenswerte und Schulden des Tochterunternehmens zu übernehmen, die Anteile der Minderheitsgesellschafter am Tochterunternehmen werden hingegen als außerhalb des Unternehmens stehend betrachtet.[443] Prinzipiell ist somit zwischen den Interessen der Mehrheitsbeteiligten und der Interessen der Minderheitsbeteiligten an den zu konsolidierenden Unternehmen zu unterscheiden. Während Erstere als die zu informierenden Eigner betrachtet werden, werden die Anteile der Letzteren als Verbindlichkeiten und die ihnen zustehenden Gewinnanteile wie Fremdkapitalzinsen im Konzernabschluss ausgewiesen.[444]

Nach den bisherigen IAS/IFRS-Vorschriften sind – in Übereinstimmung mit der proprietary theory - Minderheitsanteile im Konzernabschluss außerhalb des Konzerneigenkapitals und -ergebnisses auszuweisen.[445] Die aktuell überarbeiteten IAS/IFRS-Konzernrechnungslegungsvorschriften sowie die derzeit geplanten weitergehenden Veränderungen der IAS/IFRS-Konzernrechnungslegungsvorschriften lassen jedoch – wie im folgenden Unterabschnitt gezeigt wird - eine verstärkte Zuwendung zur Einheitstheorie erkennen.

Die im IAS/IFRS-Regelwerk beobachtbare Tendenz, immer mehr Bilanzpositionen zum Zeitwert zu bewerten, spricht jedoch eher für einen konzeptionellen Einfluss der proprietary theory, da nach dieser Sichtweise der Jahresabschluss eine Vermögens- und Einkommensrechnung für die Eigner darstellt.[446]

2.1.2 Einheitstheorie (Entity Theory)

Auch die Einheitstheorie hat im Rahmen der angelsächsischen Rechnungslegung eine große Tradition. Der Grundgedanke der Einheitstheorie hat insbesondere die Befürworter der im Abschn. C.2.2.1 beschriebenen GuV-orientierten Sichtweise beeinflusst.[447] Vertreter der Einheitstheorie unterstellen, dass ein Unter-

---

[443] Vgl. Gingele (1989), S. 96; Wagenhofer (2003), S. 389; Lorig (1964), S. 571.

[444] Vgl. Busse von Colbe (2004), S. 43; Wagenhofer (2003), S. 389. Anm.: Im Rahmen der deutschen Fachliteratur zur Konzernrechnungslegung spricht man daher auch von der „Interessentheorie".

[445] Vgl. Wagenhofer (2003), S. 338; IAS 27 (rev. 2000), Rdnr. 26.

[446] Vgl. Lorig (1964), S. 572: „Under the proprietary theory where accounting is for the owners, there is real doubt whether adhering to cost is as satisfactory as reporting the more realistic current values, especially for inventories and investments".

[447] Vgl. Haller (1989), S. 113-116.

nehmen grundsätzlich von der Eignersphäre losgelöst ist und als eigenständige wirtschaftliche und juristische Personen agiert. Das Unternehmen ist insofern der Eigentümer des Betriebsvermögens und Schuldner gegenüber den Kapitalgebern; maßgeblich ist die Sichtweise der Unternehmenssphäre.[448] Aufgrund der formalen Eigenständigkeit ist im Jahresabschluss über Vorgänge zu berichten, die die formalen Eigentumsverhältnisse der Unternehmen betreffen.[449] Das Unternehmen ist hierbei auch für die Bemessung der Gewinnansprüche der Kapitalgeber verantwortlich. Aus diesem Grund wird diese Konzeption auch als ‚GuV-orientiert' bezeichnet.[450]

Einfluss der Einheitstheorie auf die IAS/IFRS-Rechnungslegung

Nach der Sichtweise der entity theory sind alle Kapitalgeber gleichzustellen, wobei kein Unterschied gemacht wird zwischen Mehrheits- und Minderheitsgesellschafteranteilen. Sämtliche Bilanzpositionen des Tochterunternehmens sind daher mit ihren vollen Werten in den Konzernabschluss zu übernehmen, auch müssen prinzipiell die gesamten Zwischenerfolge aus Transaktionen zwischen den Teilunternehmen eliminiert werden, selbst wenn diese auf Geschäfte mit Minderheitsgesellschaftern beruhen.[451]

Die aktuellen Neuregelungen des IASB zur Kapitalkonsolidierung sowie die geplanten noch weitergehenden Veränderungen lassen einen deutlichen Einfluss der Einheitstheorie erkennen.[452] So sind nach IAS 27 (rev. 2003), Rdnr. 33 Minderheitenanteile im Eigenkapital der Konzernbilanz gesondert darzustellen;[453] auch die auf Minderheitengesellschafter entfallenden Gewinne oder Verluste des Tochterunternehmens sind in der GuV der Konzernbilanz auszuweisen.[454] Konzerninterne Zwischenergebnisse sind vollständig zu eliminieren (IAS 27.24). Nach IFRS 3.40 ist im Rahmen der Kapitalkonsolidierung nur noch die volle Neubewertungsmethode zulässig, die übernommenen Vermögenswerter und Schulden müssen zu ihrem vollen Zeitwert in die Konzernbilanz übernommen werden, stille Rücklagen sind daher auch anteilig für die Minderheitsgesell-

---

448 Vgl. Lorig (1964), S. 566; Goldberg (1965), S. 110-116.; Gingele (1989), S. 91-93; Haller (1989), S. 113; Coenenberg (2003), S. 1139 f.

449 Vgl. Goldberg (1965), S. 116, 162; Belkaoui (1993), S. 234 sowie Paton/Littleton (1970), S. 9: „Economic and administrative determinants, with due recognition of legal points of view, are the base of accounting concepts of capital and income".

450 Vgl. Belkaoui (1993), S. 234. Zur Kritik an der entity theory vgl. Coenenberg (2003), S. 1140; Belkaoui (1993), S. 234; Lorig (1964), S. 567 f.

451 Vgl. Gingele (1989), S. 97; Wagenhofer (2003), S. 389; Lorig (1964), S. 571.

452 Vgl. dazu ausführlich Busse von Colbe (2004), S. 42 ff.

453 Vgl. Busse von Colbe (2004), S. 46.

454 Vgl. IAS 1.82 (a).

schafter aufzudecken.[455] Außerdem plant das IASB, künftig nach der „full goodwill method“ in der Konzernbilanz sogar den gesamten derivativen Geschäftswert des erworbenen Unternehmens einschließlich des auf die Minderheiten entfallenen Anteils zu aktivieren.[456]

Allerdings spiegeln sich – wie bereits erwähnt – in den zunehmenden Zeitwertbilanzierungsvorschriften auch die Gedanken der Eignertheorie erkennbar wider, da bei strikter Auslegung der GuV-orientierten Einheitstheorie das Anschaffungswertprinzip bestimmend sein müsste.[457]

2.1.3 Befehlshabertheorie (Commander Theory)

Die von Goldberg (1965) maßgeblich entwickelte Befehlshabertheorie verwirft die traditionell eher formalrechtliche Betrachtungsweise der angelsächsischen Bilanztheorien und stellt eine wirtschaftliche Betrachtungsweise in den Mittelpunkt.[458] Vertreter der Befehlshabertheorie gehen von der Sichtweise derjenigen (natürlichen) Person(en) aus, die das Unternehmen als Befehlshaber (*„commander“*[459]) geschäftsführend leiten. Aufgabe der *commander* sei es, die wirtschaftlichen Unternehmensressourcen zum Vorteil der Unternehmensbeteiligten treuhänderisch einzusetzen und darüber einen Rechenschaftsbericht abzugeben.[460] Aus Sicht der Geschäftsführung ist der ökonomische Wert der Unternehmensressourcen von den formalen Eigentumsverhältnissen unabhängig. Entscheidend ist vielmehr, inwiefern der *commander* über die Ressourcen wirtschaftliche Verfügungsmacht *(control)* hat.[461] Die Bilanz übernimmt die Funktion eines Rechenschaftsberichts „über die treuhänderische Verwaltung der ins Unternehmen eingebrachten Eigenkapitalanteile, der auf der einen Seite die Ressourcenquellen aufzeigt und auf der anderen Seite deren Verwendung durch das Management“[462]. In der GuV werden die Ergebnisse der Handlungsaktivitäten der *com-*

---

455 Vgl. Busse von Colbe (2004), S. 45.

456 Vgl. Busse von Colbe (2004), S. 47.

457 Vgl. Lorig (1964), S. 572: „Since under the entity concept the stockholders are regarded as creditors, it would be inaccurate to show as liabilities more or less then the amounts invested. And to reflect any gain or loss in asset values, resulting from price changes, in the entity's equity itself would be rather meaningless“.

458 Vgl. Haller (1989), S. 119-121; Gingele (1989), S. 94 f.

459 Vgl. Goldberg (1965), S. 165: „The term 'commander' is here used to signify the person who has such command over resources.“

460 Vgl. Gingele (1989), S. 95; Goldberg (1965), S. 167, 171; Coenenberg (2003), S. 1141 f.

461 Vgl. Gingele (1989), S. 94; Goldberg (1965), S. 162 ff. Anm.: Rechtliche und wirtschaftliche Verfügungsmacht können natürlich auch gleichzeitig vorliegen.

462 Gingele (1989), S. 95; vgl. auch Goldberg (1965), S. 171.

mander, die zu den Veränderungen der Unternehmensressourcen während einer Berichtsperiode geführt haben, aufgezeigt.[463]

Einfluss der Befehlshabertheorie auf die IAS/IFRS-Rechnungslegung:

Die Gedanken der Befehlshabertheorie spiegeln sich – wie im weiteren Verlauf dieser Arbeit gezeigt wird - deutlich in den auf die wirtschaftliche Betrachtungsweise abstellenden allgemeinen Ansatzgrundsätze für Vermögenswerte und Schulden wider (E3.1.1.1).

2.2 Konkurrierende Bilanzauffassungen

Die angelsächsische Standardsetzung und Fachdiskussion wurde insbesondere von zwei konkurrierenden angelsächsischen Bilanzauffassungen nachhaltig geprägt:[464]

- Der *„revenue/expense view"* oder *„income statement view"* **(GuV-orientierte Sichtweise)** sowie
- der *„asset/liability view"* oder *"balance sheet view"* **(bilanzorientierte Sichtweise)**.

Beide Bilanzauffassungen stellen die *Informationsfunktion* des Jahresabschlusses in den Vordergrund.[465] Vertreter beider Sichtweisen bezwecken eine möglichst informative Erfolgsgröße.[466] Befürworter der GuV-orientierten Sichtweise suchen nach Gewinnermittlungsregeln für eine Erfolgsgröße, die die effektive Ertragslage eines Unternehmens möglichst zutreffend anzeigt. Anhänger der bilanzorientierten Sichtweise plädieren hingegen für Bilanzierungsvorschriften, mit der die effektive Vermögenslage und deren Veränderungen während einer Abrechnungsperiode näherungsweise ermittelt werden kann.[467]

2.2.1 GuV-orientierte Sichtweise (Revenue/Expense View)

Der Periodenerfolg wird in angelsächsischen Ländern traditionell als wichtigster Informationsträger im Jahresabschluss betrachtet.[468] Die besondere Bedeutung von Periodenerfolgen ist bereits daran zu erkennen, dass die GuV in US-

---

[463] Vgl. Goldberg (1965), S. 172; Gingele (1989), S. 95. Zur Kritik an der commander theory vgl. Coenenberg (2003), S. 1142.

[464] Vgl. Gerbaulet (1999), S. 4 und 6; FASB (1976), S. 19 f.; Haller (1989), S. 225; Miller (1990), S. 26; SEC (2003), S. 24; Tweedie (1996), S. 24.

[465] Vgl. Haller (1989), S. 128 u. 139.

[466] Vgl. Haller (1989), S. 125.

[467] Vgl. Haller (1989), S. 125; Ackermann (2001), S. 12 f.

[468] Vgl. Hollmann (2003), S. 6; Kieso/Weygandt/Warfield (2001), S. 131; Epstein/Mirza (2003), S. 98; Haller (1989), S. 271; KPMG (2003), S. 133.

amerikanischen Geschäftsberichten meistens vor der Bilanz angeordnet wird. Lange Zeit dominierten daher in der angelsächsischen Rechnungslegung eher GuV-orientierte Theorieauffassungen.[469] Befürworter der GuV-orientierten Sichtweise betrachten einen *periodengerecht* ermittelten Gewinn als zentralen Maßstab für die Beurteilung der Leistungsfähigkeit eines Unternehmens.[470] Um zu vermeiden, dass zufällige Ein- oder Auszahlungshäufungen zu einer verzerrten Abbildung der Ertragslage führen,[471] sollen Aufwendungen und Erträge unabhängig von den Zahlungszeitpunkten in der GuV erfasst werden (Grundsatz der Periodenabgrenzung bzw. *„accrual accounting"*[472]). Nach der GuV-orientierten Sichtweise ist im Rahmen der Jahresabschlusserstellung stark auf das Urteilsvermögen des Bilanzierenden abzustellen. Der Bilanzierende soll die Möglichkeit haben, die Periodenerfolge von außerordentlichen oder seltenen Bestandteilen zu befreien, um sie so zu möglichst nachhaltigen Erfolgen zu ‚glätten'.[473]

Die bekanntesten angelsächsischen Vertreter der GuV-orientierten Sichtweise sind die beiden US-amerikanischen Autoren Paton und Littleton. Ihre (im Jahre 1940) im Auftrag des *American Institute of Certified Public Accountants* (AICPA) veröffentlichte Monographie stellte einen ersten Versuch zur Entwicklung eines theoretischen Rahmenkonzeptes *(conceptual framework)* für die US-amerikanische Rechnungslegung dar.[474]

Paton/Littleton gehen davon aus, dass der (die Investoren) interessierende Unternehmenswert von der nachhaltigen Ertragskraft *(earnings power)* eines Unternehmens bestimmt wird, die in Form langfristiger Gewinnentwicklungstendenzen *(long-run income stream)* beobachtbar sei.[475] Gewinne *(earnings)* werden hierbei als Differenz aus den periodengerecht ermittelten betrieblichen Erträgen *(revenues)* und Aufwendungen *(expenses)* definiert.[476]

---

469 Vgl. Gerbaulet (1999), S. 7; Tweedie (1996), S. 24; Ijiri (1980), S. 620.

470 Vgl. Gerbaulet (1999), S. 7; FASB (1976), Rdnr. 38.

471 Vgl. Kahle (2002a), S. 101; Leffson (1987), S. 188 f.; Kuhlewind (1997), S. 107.

472 Schildbach (2002a), S. 51 f.; FASB (1976), Fn. zu Rdnr. 18: „Accrual is the process of recognizing noncash events and conditions as they occur, specifically, the process of recognizing revenues and receivables or expenses and payables for amounts expected to be received and paid, usually in cash, in the future".

473 Vgl. FASB (1976), S. 22 f.: „Many proponents of the revenue and expense view believe that periodic earnings should be an indicator of the long run or normal trend of earnings, and that indicator is distorted by including in it events that have no bearing on an enterprise's usual or normal performance because they are unusual or unique or are caused by change or tend to average out of time".

474 Vgl. Ijiri (1980), S. 622; Paton/Littleton (1970), Forword.

475 Vgl. Gerbaulet (1999), S. 7; FASB (1976), S. 19.

476 Vgl. FASB (1976), Rdnr. 56.

Die GuV stellt nach Auffassung Paton/Littletons' das wichtigste Berichtsinstrument dar.[477] Die Bilanz wird zu einem untergeordneten Bindeglied zwischen aufeinander folgenden Geschäftsjahren, in der alle noch nicht erfolgswirksamen Ausgaben und Einnahmen zeitlich abgegrenzt werden.[478]

2.2.1.1 Postulate der Rechnungslegung

Paton/Littleton stellen in ihrer Monographie sechs Postulate der Rechnungslegung („*basic assumptions*") auf:[479]

- *Einheitsprinzip:* Paton/Littleton folgen dem Gedanken der Einheitstheorie, wonach das Unternehmen eine von der Eignersphäre losgelöste Berichtseinheit darstellt und eine Rechenschaftsfunktion gegenüber den Unternehmenseignern erfüllt („*'accountability' point of view*"[480]).[481] Die Erfolgs- und Kapitalerhaltungskonzeption der GuV-orientierten Sichtweise beruht daher auf den wirtschaftlichen und administrativen Faktoren des Unternehmens unter formalrechtlichen Gesichtspunkten.[482]
- *Unternehmensfortführungsprinzip:* Für eine zutreffende Darstellung der nachhaltigen Ertragskraft muss ein Fortgang der betrieblichen Leistungserstellung unterstellt werden.[483] Der Grundsatz der Unternehmensfortführung spricht gegen eine Zeitbewertung, da der Unternehmenswert weniger von den Stichtagswerten des Bilanzvermögens als von der nachhaltigen betrieblichen Ertragskraft abhängt.[484]
- *Anschaffungswertprinzip:* Dieser Grundsatz basiert auf der Annahme, dass im Rahmen der externen Rechnungslegung grundsätzlich Austauschvorgänge

---

[477] Vgl. Paton/Littleton (1970), S. 10 f.; Miller (1990), S. 26.

[478] Vgl. Gerbaulet (1999), S. 11; Paton/Littleton (1970), S. 67: „The balance sheet thus serves as a means of carrying forward unamortized acquisition prices, the not-yet-deducted costs; it stands as a connecting link joining successive income statements into a composite picture of the income stream." Anm.: Da die Vertreter der GuV-orientierten Sichtweise weniger eine zutreffende Darstellung der Vermögenslage beabsichtigen, bezeichnen sie die Bilanz auch als „balance sheet" und nicht – wie in US-amerikanischen Geschäftsberichten üblich - als Vermögensübersicht („statement of financial position"). Vgl. FASB (1976), Rdnr. 41.

[479] Vgl. Paton/Littleton (1970), S. 7-23.

[480] Grinyer/Russell/Walker (1990), S. 230.

[481] Vgl. Haller (1989), S. 130; Gingele (1989), S. 92.

[482] Vgl. Paton/Littleton (1970), S. 9: "Economic and administrative determinants, with due recognition of legal points of view, are the base of the accounting concepts of capital and income".

[483] Vgl. Paton/Littleton (1970), S. 9 f.

[484] Vgl. Paton/Littleton (1970), S. 10: „Earnings power – not cost price, not replacement price, not sale or liquidation price – is the significant basis of enterprise value".

des Unternehmens mit Außenstehenden bewertet werden.[485] Bei der betrieblichen Leistungserstellung fallen Ausgaben für bezogene Leistungen (z.B. Personalleistungen, Investitionsgüter, Roh-, Hilfs- und Betriebsstoffe, Finanzierungsmittel) und Einnahmen für abgesetzte Leistungen an. Ausgaben und Einnahmen stellen in Zahlungsmittel ausgedrückte aggregierte Anschaffungspreise *(„price-aggregates")* für einzelne Produktionsfaktoren oder Faktorkombinationen dar.[486] Bilanzpositionen werden von Paton/Littleton nicht als Werte *(„values")*, sondern als price-aggregates bezeichnet, da diese die ursprünglichen Einschätzungen der Vertragsparteien über die zugrunde liegenden Leistungspotentiale *(„service-potentialities")* der ausgetauschten Produktionsfaktoren reflektieren.[487]

- *Prinzip der erfolgsneutralen Zugangsbewertung (Erfolgsneutralitätsprinzip):* Grundsätzlich sollen positive Erfolgsbeiträge nur nach erbrachten (Absatz-) Leistungen des Unternehmens entstehen.[488] Wertveränderungen am ruhenden Vermögen dürfen bis zum Realisationszeitpunkt nicht erfolgswirksam erfasst werden.[489] Bilanzierte Vermögensgegenstände werden als *„cost accumulations in suspense (...) waiting for their destiny"*[490] bezeichnet, da sie Ausgaben darstellen, die erst in späteren Perioden aufwandswirksam verteilt werden. Die Zugangsbewertung muss daher grundsätzlich erfolgsneutral erfolgen.[491] Das bedeutet, dass alle neu zugegangenen Bilanzpositionen möglichst zu ihren *effektiven* Anschaffungs- oder Herstellungskosten bilanziell erfasst werden müssen.[492]

- *Matching-Prinzip*: Im Zentrum der Jahresabschlusserstellung steht die Umsetzung des Prinzips der sachlichen und zeitlichen Abgrenzung[493] *(„matching*

---

[485] Paton/Littleton (1970), S. 11: „Accounting undertakes to express these exchanges quantitatively".

[486] Vgl. Paton/Littleton (1970), S. 12. So auch Leffson (1987), S. 253.

[487] Vgl. Paton/Littleton (1970), S. 13; Haller (1989), S. 130. Ähnlich: Leffson (1987), S. 253 f. sowie S. 350.

[488] Vgl. Paton/Littleton (1970), S. 13.

[489] Paton/Littleton (1970), S. 14: „One owns judgement of added utility is not conclusive; the test comes when a sale is made".

[490] Paton/Littleton (1970), S. 14.

[491] Vgl. Paton/Littleton (1970), S. 13 sowie S. 32: „Until revenue has been generated by efforts expended, costs merely accumulate".

[492] Vgl. Haller (1989), S. 131; Paton/Littleton (1970), S. 14.

[493] Nach der sachlichen Abgrenzung sind alle den Unternehmensleistungen zurechenbaren Aufwendungen unabhängig vom Zahlungszeitpunkt derjenigen Periode zuzurechnen, der die sachlich zugehörigen Erträge zugerechnet werden. Nach der zeitlichen Abgrenzung werden streng zeitraumbezogene Erträge oder Aufwendungen aus Unternehmensleistungen (z.B. Zinserträge oder Mietaufwendungen) der Periode zugerechnet, in der sie ursächlich entstanden sind. Erträge oder Aufwendungen ohne Unternehmensleistungen (z.B.

principle"[494]). Das *matching*-Prinzip führt zu einer umsatzgebundenen Aufwandsrealisierung:[495] Der Periodenerfolg wird nur dann korrekt ermittelt, „wenn die zeitliche Erfassung der Erträge und Aufwendungen dazu führt, dass den in der Berichtsperiode erzielten Erträgen (....) die Aufwendungen, die zum Erzielen der betreffenden Erträge erforderlich waren, gegenübergestellt werden"[496]. Wesentliche Voraussetzung ist hierbei ein wirtschaftlicher Zusammenhang zwischen den erzielten Erträgen und den dazugehörigen Aufwendungen.[497] Sofern ein direkter Zusammenhang zu den Erträgen der laufenden Periode vorliegt, werden Ausgaben unmittelbar als Periodenaufwand erfasst. Ausgaben, die Erträgen mehrerer Perioden sachlich zugehören (z.B. vorausbezahlte Versicherungsbeiträge) werden hingegen zeitlich abgegrenzt und in späteren Perioden nach einem systematischen und angemessenen Verfahren *(systematic and rational allocation)* erfolgswirksam verteilt.[498] Aufwendungen, die in keinerlei sachlichen Zusammenhang mit zukünftigen Erträgen stehen (z.B. Verwaltungsgemeinkosten oder Vertriebskosten), werden als Sofortaufwand erfasst.[499] Das notwendige Verfahren der Aufwandsverteilung liegt zwangsläufig im Ermessen des Bilanzierenden: Während Einzelkosten relativ problemlos einzelnen Umsätzen zugeordnet werden können,[500] müssen für viele Gemeinkosten sinnvolle Verteilungsgrundlagen gefunden werden.

- *Objektivierungs- und Nachprüfbarkeitsprinzip:* Um die Rechenschaftsfunktion des Jahresabschlusses verlässlich zu erfüllen, müssen die Jahresabschlusszahlen möglichst unverfärbt, d.h. objektiv und nachprüfbar sein.[501] Objektivierungs- und Nachprüfbarkeitserfordernisse *(„Verifiable, Objective Evidence"[502])* stellen eine tragende Säule der GuV-orientierten Sichtweise dar.[503]

Aus diesen Rechnungslegungspostulaten leiten Paton/Littleton folgende konkrete Ansatz-, Bewertungs- und Erfolgserfassungsgrundsätze ab:

Schenkungen oder Sanierungsgewinne) werden in der Periode erfasst, in der sie angefallen sind (vgl. Schildbach (2000a), S. 118 f.).

494 Kieso/Weygandt/Warfield (2001), S. 46; FASB (1976), Fn. zu Rdnr. 18.

495 Vgl. FASB (1976), Fn. zu Rdnr. 18.

496 Gerbaulet (1999), S. 7.

497 Vgl. Paton/Littleton (1970), S. 15; Gerbaulet (1999), S. 9 f.

498 Vgl. FASB (1976), Rdnr. 40.

499 Vgl. FASB (1976), Rdnr. 40.

500 Vgl. Paton/Littleton (1970), S. 70.

501 Vgl. Ijiri (1980), S. 622 f.; Paton/Littleton (1970), S. 1 und S. 18 ff.

502 Paton/Littleton (1970), S. 18.

503 Vgl. Paton/Littleton (1970), S. 2; Ijiri (1980), S. 622.

2.2.1.2 Aktivierungs- und Passivierungsgrundsätze

Realisationsprinzip: Umsatzerlöse *(revenues)* aus betrieblichen Leistungserstellung werden zum Zeitpunkt der Umwandlung von Erzeugnissen in Geld oder festen Geldansprüchen realisiert,[504] d.h. im Regelfall im Lieferungs- und Leistungszeitpunkt *(„point of sale“[505]).*[506] Das von Paton/Littleton beschriebene Realisationsprinzip entspricht damit im Kern dem *herkömmlichen Realisationsprinzip*[507] nach handelsrechtlichen GoB. Das herkömmliche Realisationsprinzip wird damit begründet, dass der Prozess der betrieblichen Leistungserstellung nur dann ‚erfolgreich' ist, wenn durch Absatzhandlungen liquide Mittel eingehen.[508] Eine erfolgswirksame Bewertung zu Zeitwerten *(current values)* ist generell ausgeschlossen.[509] Die Ertragsrealisation ist außerdem nur dann zulässig, wenn die jeweiligen Erträge seitens des bilanzierenden Unternehmens verdient *(earned)* wurden. Das bedeutet, dass das Unternehmen alles in seiner Macht getan haben muss, um den notwendigen betrieblichen Leistungserstellungsprozess zu erfüllen.[510] Das *earned*-Kriterium rechtfertigt u.U. auch eine frühzeitige Gewinnrealisierung nach Maßgabe des betrieblichen Leistungsfortschritts (*„production basis of measurement“*[511]), bspw. nach der *percentage-of-completion*-Methode im Rahmen langfristiger Auftragsfertigung. Dennoch sollen frühzeitige Gewinnrealisierungen aus Objektivierungsgründen auf wenige, spezielle Ausnahmen beschränkt bleiben.[512] Das *earned*-Kriterium stellt insofern eine notwendige, a-

---

[504] Vgl. Paton/Littleton (1970), S. 46: „Revenue is realized by conversion of product into cash or other valid assets".

[505] Kieso/Weygandt/Warfield (2001), S. 1010. Paton/Littleton (1970), S. 53 sprechen auch von einer „sale basis of measuring revenue".

[506] Vgl. Paton/Littleton (1970), S. 49: „Revenues may be said to be implicitly earned in terms of operating activity, but usually the amount remains uncertain until the process is completed and the product transferred to the customer. At this point a price for the new product is objectively determined, and new assets suitable as a gauge of revenue realization appear".

[507] Gemäß dem herkömmlichen Realisationszeitpunkt nach handelsrechtlichen GoB knüpfen Gewinn und Gewinnansprüche „grundsätzlich an den Umsatzakt im Sinne des so gut wie sicheren Zugangs einer Forderung aus Lieferung oder sonstiger Leistung [an]. Reinvermögensmehrungen, die sich durch bloßes Innehaben (‚Halten') von Vermögensgegenständen infolge von Wertsteigerungen dieser Vermögensgegenstände ergeben, bleiben daher (...) unberücksichtigt" (Moxter (2003a), S. 41).

[508] Vgl. Paton/Littleton (1970), S. 49 und S. 62.

[509] Vgl. Paton/Littleton (1970), S. 62 f. und S. 123.

[510] Paton/Littleton (1970), S. 46: „Revenue is earned by the entire process of operation, by the totality of business effort". Vgl. dazu auch Schildbach (2002a), S. 57.

[511] Paton/Littleton (1970), S. 50.

[512] Vgl. Paton/Littleton (1970), S. 50 ff. sowie S. 52: „If revenue is recognized on a production basis in these special cases, it constitutes a variation from the sale-standard that requires separate justification according to the circumstances."

ber keine hinreichende Voraussetzung der Umsatzrealisation dar. In der Regel begründet dieses Kriterium zeitraumbezogene Abgrenzungen von Erträgen (z.B. aus Zins- oder Mieteinkünften).[513]

Aktive Abgrenzungsposten: Es werden alle Ausgaben in der Bilanz zeitlich abgegrenzt, die zukünftigen Erträgen sachlich zugehören und daher noch nicht aufwandswirksam erfasst wurden *(„deferred charges")*.[514] Allerdings dürfen aus Objektivierungsgründen nur solche Aufwendungen aktiviert werden, die hinreichend sicheren zukünftigen Erträgen zugeordnet werden können. Um dies zu klären, soll die Aufwandsverrechnung nach folgendem ‚Objektivierungs-Test' entschieden werden:

1. Für eine Aktivierung müssen die Aufwendungen unter den gegeben Umständen gerechtfertigt sein (sog. *„bona fide costs"*[515]). Aufwendungen durch unüblichen Verbrauch (*„abnormal waste"*[516]) dürfen nicht aktiviert werden.
2. Die Aufwendungen müssen einen Beitrag für einen vernünftigerweise zu erwartenden zukünftigen wirtschaftlichen Nutzen liefern.[517] So sind bspw. Ausgaben für Werbekampagnen im Normalfall als Sofortaufwand zu verrechnen, da eine damit im Zusammenhang stehende zukünftige Umsatzerzielung im Regelfall zu unsicher ist.[518]
3. Bei regulären bzw. sich häufig wiederholenden Aufwendungen gilt die Vermutung der Zugehörigkeit zu den laufenden Erträgen.[519]

Neben den noch nicht als Aufwand verrechneten Ausgaben werden auch alle zeitraumbezogenen Erträge oder Forderungen aktiviert, die bereits der jeweiligen Abrechnungsperiode zugehören, doch erst in zukünftigen Perioden zu Einnahmen führen (sog. *„accruals"*).[520]

Passive Abgrenzungsposten: Alle Aufwendungen, die erst zu einem Zeitpunkt nach dem Bilanzstichtag zu Ausgaben führen, doch zu den sachlich laufenden Erträgen gehören (und daher in einer vorhergehenden Berichtsperiode wirt-

---

513 Vgl. Paton/Littleton (1970), S.16 u. S. 49.

514 Vgl. Paton/Littleton (1970), S. 72 ff. Alle Ausgaben, die noch nicht Aufwand darstellen, werden von Paton/Littleton (1970), S. 25 als schwebende zukünftige Ertragsminderungen („revenue charges in suspense") bezeichnet.

515 Paton/Littleton (1970), S. 73.

516 Ijiri (1980), S. 625.

517 Vgl. Paton/Littleton (1970), S. 73.

518 Vgl. Paton/Littleton (1970, S. 92.

519 Vgl. Paton/Littleton (1970), S. 74.

520 Vgl. Paton/Littleton (1970), S. 49; FASB (1976), Fn. zu Rdnr. 18.

schaftlich verursacht sind), werden auf der Passivseite der Bilanz zeitlich abgegrenzt *(„deferred credits")*. Viele passive Aufwandsabgrenzungen werden so über einen längeren Zeitraum angesammelt (sog. *„Ansammlungsrückstellung"*[521]).[522]

Der maßgebliche Passivierungszeitpunkt einer Schuld ist nach dem *matching*-Prinzip der Zeitpunkt ihrer wirtschaftlichen Verursachung.[523] Aus diesem Grund können bspw. keine Drohverlustrückstellungen gebildet werden, sofern die drohenden Verluste lediglich mit einer allgemein schlechten Geschäftsentwicklung begründet werden und sachlich nicht zu vergangenen oder laufenden Erträgen gehören.[524] Liegen den passiven Aufwandsabgrenzungen ausschließlich innerbetriebliche Notwendigkeiten oder Verpflichtungen zugrunde, erfüllen sie im Wesentlichen den Charakter einer Aufwandsrückstellung.[525] Reine Innenverpflichtungen stellen bspw. Rückstellungen für nicht versicherte Risiken aus aperiodischen Schadensfällen *(„self-insurance provisions"*[526]*)* dar. Vertreter der GuV-orientierten Sichtweise begründen den Ansatz einer solchen Rückstellung damit, dass erfahrungsgemäß stoßweise anfallende Ausgaben die tatsächliche Ertraglage verzerren,[527] „da in Perioden ohne Schadensfall der Erfolg zu hoch, in Perioden mit Schadensfall der Erfolg dagegen deutlich zu niedrig ausgewiesen werden würde"[528]. Entsprechend soll ein angemessener Teil der zukünftigen Verluste als Periodenaufwand die laufenden Gewinne mindern und in eine Ansammlungsrückstellung verbucht werden.[529]

Neben der sachlichen Abgrenzung von Aufwendungen, die noch keine Ausgaben darstellen, müssen freilich auch Einnahmen, die erst in späteren Perioden zu Erträgen führen auf der Passivseite der Bilanz abgegrenzt werden.[530]

---

[521] Lüdenbach (2003b), S. 836.

[522] Vgl. Daub (2000), S. 64 f.; Haller (1989), S. 294; Sprouse (1966), S. 46; Tweedie (1996), S. 28; Gerbaulet (1999), S. 17. Anm.: Paton/Littleton sprechen von „charges which are absorbed as cost of revenue" (Paton/Littleton (1970), S. 93).

[523] Vgl. Kuhlewind (1997), S. 72.

[524] Vgl. Tweedie (1996), S. 30.

[525] Vgl. Haller (1989), S. 294. Zur Charakterisierung einer Aufwandsrückstellung vgl. Scheffler (1987), B 233, Rdnr. 245.

[526] Tweedie (1996), S. 30.

[527] Vgl. Tweedie (1996), S. 31.

[528] Gerbaulet (1999), S. 21.

[529] Vgl. FASB (1976), S. 22.

[530] Vgl. Paton/Littleton (1970), S. 16; Storey (1999), S. 1-38.

2.2.1.3 Zugangs- und Folgebewertungsgrundsätze

Nach der GuV-orientierten Sichtweise wird grundsätzlich zwischen Zugangsbewertung und Folgebewertung unterschieden.[531] Vermögensgegenstände werden nach dem Anschaffungswertprinzip zu Anschaffungs- bzw. Herstellungskosten (AK/HK) im Zugangszeitpunkt aktiviert. Die Anschaffungskosten von erworbenem Vermögen werden (unter der Voraussetzung eines regulären Vertragsabschlusses zwischen unabhängigen und vertragswilligen Geschäftspartnern) durch den Kaufpreis determiniert. Sofern keine Kaufpreise feststellbar sind, werden realisierbare Marktwerte *(fair market values)* herangezogen.[532] Zu den Anschaffungskosten zählen auch alle, bis zur betrieblichen Bestimmung eines Gutes anfallenden Anschaffungsnebenkosten.[533] Da nach dem Prinzip der erfolgsneutralen Zugangsbewertung bei selbsterstellten Vermögenspositionen alle effektiven Herstellungsaufwendungen aktiviert werden müssen, ist der Herstellungskostenumfang entsprechend weit.[534] Neben den Einzelkosten sollen auch sämtliche zurechenbare Gemeinkosten möglichst weit reichend aktiviert werden.[535] Hier stellt sich allerdings das Problem, nach welchen Verfahren die Gemeinkosten auf Bezugsgrößeneinheiten zugerechnet werden sollen. Dies gilt insbesondere für fixe Gemeinkosten (etwa Verwaltungsgemeinkosten), die nicht einzelnen Umsatzträger zugeordnet werden können.[536] Da eine ‚richtige' Kostenumlage auf einzelne Umsatzträgern grundsätzlich nicht möglich ist,[537] dürfte es allerdings vor dem Hintergrund des Grundsatzes der erfolgsneutralen Zugangsbewertung letztlich nicht entscheidend sein, „welche Gemeinkosten dem einzelnen Erzeugnis zugerechnet werden, sondern welche insgesamt den abgesetzten und noch vorrätigen Gütern angelastet werden."[538] Es sind insofern nur solche „Aufwendungen, die sich nicht ertragsproportional periodisieren lassen, (...) dem Zeitanfall entsprechend in die einzelnen Rechnungsperioden einzustel-

---

531 Vgl. Paton/Littleton (1970), S. 25.

532 Vgl. Paton/Littleton (1970), S. 27 f.

533 Vgl. Paton/Littleton (1970), S. 31.

534 Vgl. Paton/Littleton (1970), S. 32: „In a broad sense, all costs of factors which contribute to the grand total of objects and conditions making up the economic structure of the enterprise are represented in the physical structure of the enterprise (...). Until revenue has been generated by the effort expended, costs merely accumulate."

535 Vgl. Paton/Littleton (1970), S: 31 f.; Ijiri (1980), S. 625; Haller (1989), S. 131.

536 Vgl. Leffson (1987), S. 317 f.

537 Vgl. dazu Leffson (1987), S. 326; Paton/Littleton (1970), S. 118.

538 Leffson (1987), S. 327 und Paton/Littleton (1970), S. 32: „The possibility of such assignment, however, is not necessary to justify recognition of costs as assets".

len"[539]. Das zentrale Bilanzierungsproblem stellt damit nicht die Zugangsbewertung, sondern die korrekte periodengerechte Verteilung der zeitlichen Abgrenzungsposten im Rahmen der Folgebewertung dar.[540] Diese Aufgabe haben bspw. die planmäßigen Abschreibungen von abnutzbaren Sachanlagen zu erfüllen. Planmäßige Abschreibungen bezwecken keine ‚Wertkorrekturen', sondern ein korrektes *matching* der historischen AK/HK mit sachlich zugehörigen Erträgen.[541] Die Verfahren zur Aufwandsverteilung sollen nach dem Ermessen des Bilanzierenden frei gewählt werden können, weil nur vor dem Hintergrund der jeweiligen wirtschaftlichen Begebenheiten eine zutreffende Gegenüberstellung von Erträgen und Aufwendungen herbeigeführt werden kann.[542] Etwas genauere Ausführungen zu den möglichen Verteilungsverfahren finden wir bei Bevis (1965):

- Sofern sich Aufwendungen auf mehrere Perioden beziehen, sollen sie nach einem systematischen und rationalen Verfahren verteilt werden *("Systematic and Rational Guideline"[543]).*
- Aus den möglichen Verteilungsverfahren soll diejenige Methode gewählt werden, die eine möglichst geringe Verzerrung der Ertraglage durch kurzfristige Gewinnschwankungen nach sich zieht *(„Nondistortion Guideline"[544]).*

Diesen *guidelines* liegt der Gedanke zugrunde, dass erhebliche Ergebnisschwankungen die Prognosefunktion der Periodenerfolge stören würden.[545]

Die hier erkennbare Unbestimmtheit des *matching*-Prinzips ist einer der Hauptkritikpunkte an der GuV-orientierten Sichtweise: Die periodengerechte Aufwandsverteilung nach dem *matching*-Prinzip bietet ohne präzise Zuordnungsregeln zahlreiche Angriffsflächen für bilanzpolitische Missbräuche.[546]

---

539 Leffson (1987), S. 330. Vgl. Paton/Littleton (1970), S. 14: „Other costs, like administrative overhead, in which it is difficult to detect an affinity with a product, are commonly allocated only to time periods, that is to say, against total revenue for the period".

540 Vgl. Paton/Littleton (1970), S. 67: „The fundamental problem of accounting, therefore, is the division of stream of costs incurred between the present and the future in the process of measuring periodic income".

541 Vgl. Paton/Littleton (1970), S. 17; FASB (1976), Rdnr. 45.

542 Vgl. Leffson (1987), S. 312; Bevis (1965), S. 107: „Because (...) guidelines can be in conflict in particular situations, judgement is often involved as to the emphasis to be given to each."

543 Bevis (1965), S. 101.

544 FASB (1976), Rdnr. 64 sowie Bevis (1965), S. 104: „From among systematic and rational methods, use that which tends to minimize distortions of periodic net income."

545 Vgl. Storey (1999), S. 38 f.

546 Vgl. FASB (1976), Rdnr. 224; Tweedie (1996), S. 28; Rosenfield (2000), S. 110; Schreiber (2002), S. 49; Finger (1994), S. 314.

2.2.1.4 Bedeutung des Imparitätsprinzips

Mit den, nach der GuV-orientierten Sichtweise vorgesehenen, zentralen Eckpfeilern Anschaffungswertprinzip, Realisationsprinzip und *matching*-Prinzip wird grundsätzlich geklärt, welche Aufwendungen und Erträge in die einzelnen Abrechnungsperioden einzustellen sind.[547] Ein weiterer Abgrenzungsgrundsatz für zukünftige negative Erfolgsbeiträge ist daher nicht erforderlich.[548] Insofern stellt das Imparitätsprinzip einen konzeptionellen Bruch mit den wesentlichen Grundprinzipien der GuV-orientierten Sichtweise dar.[549] Unkompensierte, negative Erfolgsbeiträge müssen deshalb grundsätzlich zum Zeitpunkt ihres Anfallens in der GuV erfasst werden.[550] Außerplanmäßige Abschreibungen von Anlagevermögen auf Werte unterhalb der fortgeführten Anschaffungswerte sind nur möglich, sofern aus einem Vermögensgegenstand dauerhaft keine positiven zukünftigen Erfolgsbeiträge mehr erwartet werden können, weil in diesem Fall die Anschaffungs- bzw. Herstellungsausgaben keinen zukünftigen Erträgen mehr sachlich zugeordnet werden können.[551] Ein lediglich unter dem Buchwert liegender Zeitwert eines Vermögensgegenstandes am Bilanzstichtag rechtfertigt insofern keine außerplanmäßigen Abschreibungen.[552] Das strenge Niederstwertprinzip bei der Bewertung von Umlaufvermögen (sog. *„cost-or-market method"*[553]) lehnen Paton/Littleton ab.[554]

2.2.1.5 Erfolgserfassungskonzeption der Current Operating Performance

Traditionell werden in der angelsächsischen Bilanzdiskussion zwei konkurrierende theoretische Erfolgserfassungskonzeptionen unterschieden:[555]

---

547 Vgl. Johnson/Swieringa (1996), S. 112.

548 So auch Leffson (1987), S. 339.

549 In diesem Sinne definieren Paton/Littleton Verluste (losses) als nicht durch Erträge kompensierte Ausgaben. Vgl. Paton/Littleton (1970), S. 93: „A loss may be defined as an expiration of cost incurred without compensation or return, in contrast to charges which are absorbed as cost of revenue".

550 Vgl. Paton/Littleton (1970), S. 96.

551 Vgl. Ijiri (1980), S. 625; Paton/Littleton (1970), S. 129 f.; Leffson (1987), S. 348.

552 Vgl. Ijiri (1980), S. 625: „Insofar as the benefits from intended use of the assets are at least as great as the book value, its exchange value being lower than its book value is not case for a write-down".

553 Ijiri (1980), S. 625.

554 Vgl. Paton/Littleton (1970), S. 127; Ijiri (1980), S. 625.

555 Vgl. Holzer/Ernst (1999), S. 356; Kieso/Weygandt/Warfield (2001), S. 139; Johnson/Reither/Swieringa (1995), S. 130; Johnson/Lennard (1998), Rdnr. 5.8; Deller (2002), S. 24 f.

- Die Konzeption der *„Current Operating Performance"*[556], die eher von Vertretern der GuV-orientierten Sichtweise befürwortet wird; und
- die Konzeption des *„All-Inclusive Income"*[557], die eher von Vertretern der bilanzorientierten Sichtweise befürwortet wird. Diese Erfolgserfassungskonzeption wird im Abschn. C.2.2.2.4 erläutert.

Wie die vorhergehenden Ausführungen gezeigt haben, dient die Gewinnermittlung nach GuV-orientierter Sichtweise primär der Beurteilung der Leistungsfähigkeit eines Unternehmens. Der Periodenerfolg übernimmt eine Indikatorfunktion für den ‚normalen' bzw. nachhaltigen Gewinnverlauf eines Unternehmens. Die Prognosefähigkeit der ausgewiesenen Periodenerfolge wird allerdings durch „außerordentliche(n) oder hinsichtlich des Betrages oder der Häufigkeit ungewöhnliche"[558] Ergebnisbestandteile, die entgegen dem normalen Ergebnistrend anfallen, erheblich verzerrt.[559] Um dies zu vermeiden, plädieren Anhänger der GuV-orientierten Sichtweise für die Erfolgserfassungskonzeption der *current operating performance*, wonach nur regelmäßig wiederkehrende, sachzielbezogene und operative Erfolge, die in der laufenden Verantwortung des Managements stehen, im laufenden Periodenergebnis berücksichtigt werden sollen.[560] Zufällige oder ungewöhnliche Ergebnisbestandteile (z.B. Ingangsetzungsaufwendungen oder Aufwendungen für Rückbauverpflichtungen) sollen durch entsprechende zeitliche Abgrenzungen ‚verstetigt' werden.[561] In der Literatur wird u.a. vorgeschlagen, bestimmte außerordentliche oder ungewöhnliche Ereignisse, Gewinne oder Verluste aus der Aufgabe von Geschäftsteilen, Berichtigungen von Aufwendungen und Erträgen aus früheren Perioden sowie Korrekturen von Bilanzierungsfehlern in der GuV entweder separat auszuweisen oder unter Umgehung der GuV erfolgsneutral mit dem Eigenkapital zu verrechnen.[562] Diesen Vorschlägen liegt der Gedanke zugrunde, dass der Bilanzierende besser als der Jahresabschlussadressat die effektive Ertragslage eines Unternehmens einschät-

---

556 FASB (1976), S. 262. Teilweise spricht man auch von der Erfolgserfassungskonzeption des „Activity Profit" (vgl. Solomons (1986a), S. 140; Grinyer/Russell/Walker (1990), S. 225 f.).

557 Kieso/Weygandt/Warfield (2001), S. 138.

558 Holzer/Ernst (1999), S. 356.

559 Vgl. FASB (1976), S. 20 f. und Rdnr. 48; Gerbaulet (1999), S. 20.

560 Vgl. Kieso/Weygandt/Warfield (2001), S. 139; Holzer/Ernst (1999), S. 356; Hendriksen (1982), S. 158; FASB (1976), S. 261; Deller (2002), S. 25.

561 Vgl. Gerbaulet (1999), S. 21; FASB (1976), Rdnr. 56-59; Kieso/Weygandt/Warfield (2001), S. 139; Tweedie (1996), S. 29; SFAS 143. Appendix B, Rdnr. B21.

562 Vgl. Hendriksen (1982), S. 158 ff.; Kuhlewind (2000), S. 291; FASB (1976), S. 260; Kieso/Weygandt/Warfield (2001), S. 139; Holzer/Ernst (1999), S. 356. Für die Kategorisierung von Erfolgskomponenten wird in der Literatur eine Vielzahl von weiteren Bestandteilen angeführt (vgl. Johnson/Lennard (1998), Rdnr. 4.25; Wagenhofer (2003), S. 463).

zen kann und in der Lage ist, diese durch geeignete Ergebnisaufspaltungen zu vermitteln.[563]

Da allerdings mit einer erfolgsneutralen Verrechnung bestimmter Ereignisse nichteigentümerbezogene Eigenkapitalveränderungen entstehen, die nicht in der GuV berücksichtigt wurden, können mit dem *current operating performance*-Konzept erhebliche Kongruenzverstöße verbunden sein.[564]

2.2.2 Bilanzorientierte Sichtweise (Asset/Liability-View)

Die beiden US-amerikanischen Autoren Sprouse und Moonitz veröffentlichten im Jahre 1962 eine vom AICPA beauftragte Monographie,[565] die bei der Entwicklung des US-amerikanischem CF eine maßgebliche Rolle spielte und vor allem in jüngerer Zeit die angelsächsische Rechnungslegung stark beeinflusste.[566] So ist in den vergangenen Jahren im Rahmen der angelsächsischen Standardsetzung und Fachdiskussion eindeutig ein verstärkt bilanzorientierter ‚Trend' zu beobachten.[567]

Sprouse/Moonitz sind Anhänger der sog. „*true income theories*"[568], die in den 60er Jahren des 20. Jh. in den USA die Bilanzdiskussion bestimmt haben. Anhänger der *true income theory* betrachten eine (zumindest partielle) Zeitwertbilanzierung als Möglichkeit, den kapitaltheoretischen (ökonomischen) Gewinn[569]

563 Vgl. Hendriksen (1982), S. 159; Gerbaulet (1999), S. 22; FASB (1976), S. 262: „Many users of financial statements are not adequately trained to analyze financial statements to be able to eliminate the unusual and extraordinary items that tend to distort the financial presentation for users' purpose. (…) The management of the enterprise and its independent accountants are in a better position to assess whether inclusion of an item may give rise to misleading inferences about current operating performance".

564 Man spricht daher auch von einer „dirty surplus method" (vgl. Holzer/Ernst (1999), S. 356; Deller (2002), S. 102 f.).

565 Vgl. Sprouse/Moonitz (1962).

566 Vgl. Ackermann (2001), S. 16; Haller (1989), S. 65 und S. 144; Gerbaulet (1999), S. 6; Gore (1995), S. 153.

567 Vgl. Nöcker (2002), S. 11; Kieso/Weygandt/Warfield (2001), S. 188: „Until recently, readers of financial statements merely skimmed the balance sheet and all but ignored the cash flow statement". Petree (1993), S. 28 spricht von einem „Shifting to the Balance Sheet"; vgl. auch Gerbaulet (1999), S. 24 ff. Ausdruck einer verstärkt bilanzorientierten Sichtweise sind insbesondere die zunehmend zeitwertorientierten Rechnungslegungsvorschriften (vgl. Wyatt (1991), S. 83).

568 Haller (1989), S. 139.

569 Unter dem kapitaltheoretischen ökonomischen Gewinn versteht man die Änderung des Zukunftserfolgswertes eines Unternehmens in einer Periode zuzüglich der Entnahmen und abzüglich der Einlagen bzw. die Verzinsung des Zukunftserfolgswertes zu Beginn der Periode mit einem Kalkulationszinssatz. Der Zukunftserfolgswert wird durch eine Diskontierung aller erwarteten künftigen Nettoeinnahmen eines Unternehmens ermittelt. Der ökonomische Gewinn ist deshalb informativ, weil dieser von den Unternehmenseignern entnommen werden kann, ohne dass sich die nachhaltige Ertragskraft (und damit der potentielle Marktwert) eines Unternehmens verändert (vgl. dazu Coenenberg (2003), S. 1183;

(„economic income“[570]*)* zu approximieren.[571] Zeitwerte sollen die Markteinschätzung bzgl. der Höhe, der Struktur und des Risikos der zukünftigen Zahlungsströme aus einer Bilanzposition reflektieren und insofern eine „über den Markt objektivierte Ermittlung von Ertragswertkomponenten ermöglichen“[572]. Sprouse/Moonitz stellen in ihrer Monographie eine möglichst zutreffende bilanzielle Darstellung von Vermögenswerten und Schulden in den Mittelpunkt der Jahresabschlusserstellung.[573] Der in der GuV ermittelte Periodenerfolg wird zu einer abhängigen Variablen des Bilanzvermögens:

- Werterhöhungen von Vermögenswerten *(assets)* oder Wertminderungen von Schulden *(liabilities)*, die nicht auf Kapitaleinlagen oder – entnahmen beruhen, führen zu Erträgen *(revenues).*
- Wertabnahmen von Vermögenswerten oder Werterhöhungen von Schulden, die nicht auf Kapitalentnahmen oder –einlagen beruhen, führen zu Aufwendungen *(expenses).*[574]

Neben realisierten Erträgen und Aufwendungen sollen auch unrealisierte Erfolge aus Wertveränderungen in das Periodenergebnis einfließen.[575]

2.2.2.1 Postulate der Rechnungslegung

Sprouse/Moonitz stellen verschiedene Postulate *(„basic postulates“)* der Rechnungslegung auf, die im Wesentlichen mit der 1961 in den USA veröffentlichten und von Moonitz maßgeblich entwickelten *Accounting Research Study No. 1* übereinstimmen.[576] Auf dieser Grundlage empfehlen die beiden Autoren „ein System aus übergeordneten Rechnungslegungsprinzipien im Sinne eines Frameworks“[577], aus denen konkrete Ansatz- und Bewertungsgrundsätze abgeleitet werden sollen. Zu den wesentlichen Postulaten der Rechnungslegung zählen u.a. Marktpreisrelevanz *(Postulate B-2 Market Price)*, Unternehmensfortführung

Haller (1989), S. 136 f.; Schneider (1963), S. 457 ff.; Münstermann (1966), S. 579 ff.; Hommel (1997), S. 348).

570 Belkaoui (1993), S. 276.

571 Vgl. Ackermann (2001), S. 12; Haller (1989), S. 136 f.; Grinyer/Russell/Walker (1990), S. 226 f.

572 Ackermann (2001), S. 13; Sprouse/Moonitz (1962), S. 27 zum market price: „It therefore represents a neutral, objective evaluation of economic benefits“. Vgl. dazu auch Edwards/Bell (1964), S. 25.

573 Vgl. Schreiber (2002), S. 51; Sprouse/Moonitz (1962), S. 53; FASB (1976), Rdnr. 34.

574 Sprouse/Moonitz (1962), S. 9, 46 u. 49; FASB (1976), S. 11.

575 Vgl. Gerbaulet (1999), S. 24; Sprouse/Moonitz (1962), S. 50 u. 59

576 Vgl. Schreiber (2002), S. 52.

577 Ackermann (2001), S. 16.

(Postulate C-1 Continuity), Objektivierung *(Postulate C-2 Objectivity)* sowie Stetigkeit *(Postulate C-3 Consistency)*.[578]

2.2.2.2 Aktivierungs- und Passivierungsgrundsätze

Vermögenswerte *(assets)* werden als erwartete künftige wirtschaftliche Vorteile *(„expected future economic benefits")* definiert, deren Eintritt zu einem gewissen Grad unsicher ist und die aufgrund eines aktuellen oder vergangenen Geschäftsvorfalls zum rechtlichen Eigentum eines Unternehmens gehören *("rights to which have been acquired by the enterprise as a result of some current or past transaction"[579])*. Schulden *(liabilities)* werden respektive als bestehende Leistungsverpflichtungen *(„obligations to convey assets or perform services"[580])* aus einem gegenwärtigen oder vergangenen Geschäftsvorfall definiert. Der Schuldenbegriff umfasst nur Außenverpflichtungen.[581] Die Formulierung ‚result of some current or past transaction' soll verhindern, dass Vermögenswerte oder Schulden bilanziert werden, die erst nach dem Bilanzstichtag dem Unternehmen zugehen werden.[582] Damit wird der maßgebliche Bilanzierungszeitpunkt determiniert – für die Vermögenswert- oder Schuldeneigenschaft ist es jedoch unerheblich, welche Sachverhalte die zukünftigen wirtschaftlichen Vorteile oder Leistungsverpflichtungen verursacht haben.[583]

Die konkrete Ansatzpflicht von Vermögenswerten und Schulden wird durch bestimmte Objektivierungskriterien präzisiert: *Assets* müssen das Kriterium der *Separierbarkeit* erfüllen, d.h. sie müssen einzeln oder als Teil einer verbundenen Gruppe auf Dritte *übertragbar* sein.[584] Dies ist dann erfüllt, wenn ein Vermögenswert eine identifizierbare (greifbare) wirtschaftliche Ressource darstellt, der ein in Geldeinheiten ausgedrückter Tauschwert *(„exchange value")* zugeordnet werden kann.[585]

---

578 Vgl. Sprouse/Moonitz (1962), S. 6 f.

579 Sprouse/Moonitz (1962), S. 20.

580 Vgl. Sprouse/Moonitz (1962), S. 37.

581 Vgl. Sprouse/Moonitz (1962), S. 37; FASB (1976), Rdnr. 149: „Items that do not represent legally binding obligations to transfer economic resources in the future are not liabilities".

582 Vgl. Sprouse/Moonitz (1962), S. 20.

583 Vgl. FASB (1976), Rdnr. 131: „The specification of the kinds of events that should be required is not part of the definition of asset but part of the determination of when to recognize an asset".

584 Vgl. Sprouse/Moonitz (1962), S. 19; FASB (1976), Rdnr. 91: „Items that do not represent exchangeable or severable economic resources of an enterprise are not assets".

585 Vgl. Sprouse/Moonitz (1962), S. 7, 19 und insbesondere S.20: „The adjective 'economic' is used to indicate that the benefits in view are scarce and therefore possess some exchange value".

(Selbsterstelltes) Immaterielles Vermögen sowie Forschungs- und Entwicklungskosten sind vor dem Hintergrund dieser Ansatzkriterien prinzipiell aktivierungsfähig.[586] Ein konkreter Ansatz ist jedoch insofern ausgeschlossen, als ein zukünftiger wirtschaftlicher Nutzen maßgeblich von zukünftigen Ereignissen oder Geschäftsvorfällen abhängt.[587] Rein wirtschaftliche Vorteile (etwa die Fähigkeiten des Managements oder der Belegschaft, besondere Kunden- oder Lieferantenbeziehungen oder Standortvorteile) dürften in der Regel die Objektivierungskriterien einer Aktivierung nicht erfüllen.[588]

2.2.2.3 Bewertungsgrundsätze

Da Vertreter der bilanzorientierten Sichtweise durch entsprechende Rechnungslegungsvorschriften ein möglichst zutreffendes Bild der effektiven Vermögenslage eines Unternehmens zeichnen möchten, liegen *zeitwertorientierte* Bewertungsmaßstäbe nahe.[589] Nach Sprouse/Moonitz sollen Vermögenswerte grundsätzlich zum Tauschwert ihrer zukünftigen Leistungen *(future services)* für das Unternehmen bemessen werden.[590] Für Schulden ist hingegen eine Bilanzierung zum niedrigsten Ablösewert vorgesehen,[591] der in der Regel dem mit einem Effektivzins oder Marktzins ermittelten Barwert der zukünftigen Belastung entsprechen soll.[592] Interessanterweise plädieren die beiden Autoren dennoch nicht für eine durchgängige Zeitwertbilanzierung, sondern für ein differenziertes Modell aus zeitwert- und anschaffungswertorientierten Wertmaßstäben.[593] Der Grund für die differenzierten Wertmaßstäbe liegt offenkundig darin, dass „die Autoren vor dem Hintergrund der Projektfinanzierung durch das AICPA versuchten, einen Kompromiss zwischen der theoretisch als sinnvoll erachteten *current value*-Bewertung und der anschaffungswertorientierten Bilanzierungspraxis zu finden“[594].

Zwischen Zugangs- und Folgebewertung wird im Rahmen der bilanzorientierten Sichtweise prinzipiell nicht unterschieden: Es wird unterstellt, dass im Zugangs-

---

586 Vgl. Sprouse/Moonitz (1962), S. 22.

587 Vgl. Schreiber (2002), S. 54.

588 Vgl. Schreiber (2002), S. 57. Anm.: Sprouse/Moonitz gehen auf rein wirtschaftliche Vorteile nicht gesondert ein.

589 Vgl. Gerbaulet (1999), S. 24; Miller (1990), S. 26.

590 Sprouse/Moonitz (1962), S. 23: „The problem of measuring (pricing, valuing) an asset is the problem of measuring the future services”.

591 Vgl. Sprouse/Moonitz (1962), S. 39.

592 Vgl. Sprouse/Moonitz (1962), S. 58; Ackermann (2001), S. 17.

593 Vgl. dazu Sprouse/Moonitz (1962), S. 24-36; Ackermann (2001), S. 16 f.

594 Ackermann (2001), S. 17 f.; vgl. auch Storey (1999), S. 25-27; Wolk/Francis/Tearney (1989), S. 119-123.

zeitpunkt die Anschaffungs- oder Herstellungskosten eines Vermögenswertes einen objektiven Wertmaßstab für dessen gegenwartsbezogenen ökonomischen Wert darstellen.[595]

2.2.2.4 Bedeutung des Imparitätsprinzips

Eine ungleiche Behandlung von Chancen und Risiken ist mit der Definition von Vermögenswerten und Schulden konzeptionell unvereinbar.[596] Dies zeigen die Ausführungen von Sprouse/Moonitz zur Vorratsbewertung: Die beiden Autoren lehnen das strenge Niederstwertprinzip nach der *cost-or-market method* ab. Da Vorräte grundsätzlich zum aktuellen Marktwert bilanziert werden sollen, werden unrealisierte Marktwertveränderungen sofort erfolgswirksam erfasst; eine weitere Bewertungsregel sei daher überflüssig.[597] ‚Vorsichtig' erscheint hingegen der notwendige Passivierungszeitpunkt von ungewissen Verpflichtungen (Rückstellungen): Da Chancen und Risiken nach der bilanzorientierten Sichtweise grundsätzlich *paritätisch* behandelt werden, müssen Rückstellungen zum Zeitpunkt der Verpflichtungsentstehung in voller Höhe zu ihrem Gegenwartswert passiviert werden.[598]

2.2.2.5 Erfolgserfassungskonzeption des All-Inclusive Income

Nach Auffassung der Vertreter der bilanzorientierten Sichtweise steht im Blickfeld der Jahresabschlusserstellung die Feststellung des „wahren Wertes"[599] der Vermögenswerte und Schulden *(„examination of assets and liabilities"[600])*. Der Periodenerfolg wird als Maßstab für die Wohlstands- bzw. Vermögensveränderungen eines Unternehmens während einer Berichtsperiode angesehen.[601] Der Leitgedanke dieser Kapitalerhaltungskonzeption lautet nach Alexander (1962):

---

[595] Vgl. Sprouse/Moonitz (1962), S. 26: „Each acquisition cost represents the evaluation of the market at the time and therefore represents prima facie evidence of an objective (i.e., unbiased, impersonal) appraisal of the economic value of the asset". Anm.: In der deutschen bilanztheoretischen Diskussion vergleicht in diesem Sinne auch Ordelheide Anschaffungskosten mit risikoadjustierten Einzelzukunftserfolgswerten. Vgl. Ordelheide (1988), S. 280; Streim/Esser (2003), S. 839.

[596] Ähnlich: Streim/Esser (2003), S. 837; Lüdenbach/Hoffmann, in: Haufe IAS-Kommentar (2003) § 1, Rdnr. 32 (bezogen auf die Vermögenswert bzw. Schulden-Definition nach I-ASB Framework).

[597] Vgl. Sprouse/Moonitz (1962), S. 31. Ähnlich: Tweedie (1996), S. 26 f.

[598] Vgl. Sprouse/Moonitz (1962), S. 58. Eine liability ist nach bilanzorientierter Sichtweise dann vollständig zu passivieren, wenn sie durch einen Sachverhalt vor dem Bilanzstichtag verursacht wurde.

[599] Gerbaulet (1999), S. 25.

[600] Sprouse/Moonitz (1962), S. 53.

[601] Vgl. Solomons (1986a), S. 140; Gerbaulet (1999), S. 19.

„How much better off has the corporation become over the period?“[602]

Befürworter der bilanzorientierten Sichtweise plädieren für das sog. *„All-Inclusive Income“*[603] bzw. *„Comprehensive Income“*[604] – Erfolgserfassungskonzept. Danach werden sämtliche „aus bilanziell zu berücksichtigenden Wertveränderungen (…) unabhängig vom Entstehungshintergrund, von der Häufigkeit des Eintretens und unabhängig von deren Üblichkeit (…) in der Periode der Wertänderung in der Gewinn- und Verlustrechnung realisiert“[605]. Im Gegensatz zum *current operating performance*-Konzept dürfen operative und außerordentliche bzw. unübliche Erfolgsbestandteile nicht unterschiedlich erfasst oder ausgewiesen werden. Auch eine erfolgsneutrale Verrechnung bestimmter Wertveränderungen mit dem Eigenkapital widerspricht dieser Konzeption.[606]

Die undifferenzierte Erfassung sämtlicher bilanziell zu berücksichtigender Wertveränderungen wird auch damit begründet, dass ermessensbehaftete Aufspaltungen von nachhaltigen und weniger nachhaltigen Erfolgskomponenten sowie ‚Gewinnverstetigungen' durch zeitliche Abgrenzungen stark anfällig für bilanzpolitische Missbräuche seien.[607] Außerdem besteht nach Auffassung der Vertreter des *all-inclusive income*-Konzepts bei einer Nichtberücksichtigung von bestimmten außerordentlichen Erträgen und Aufwendungen die Gefahr, dass diese von den Jahresabschlussadressaten im Rahmen der Beurteilung der Ertragslage eines Unternehmens nicht hinreichend gewürdigt oder übersehen werden.[608] Der unterstellte Informationsgehalt einer solchen Erfolgsgröße wird von Johnson/Lennard (1998) mit folgenden Worten beschrieben:

„That aggregate notion of profit provides a useful benchmark for comparison as a general indicator of performance because no items affecting the wealth of the owners of the enterprise are left out. That notion also imposes a discipline on preparers and users of financial statements because it forces them to consider all factors that affect the wealth of the enterprise's owners“[609].

---

602 Alexander (1962), S. 174.

603 Holzer/Ernst (1999), S. 355. Vgl. dazu auch Kieso/Weygandt/Warfield (2001), S. 138; Hendriksen (1982), S. 159 f.

604 Vgl. dazu SFAC 5.39 ff.

605 Holzer/Ernst (1999), S. 355; Johnson/Lennard (1998), Rdnr. 5.16.

606 Vgl. Holzer/Ernst (1999), S. 355 f.

607 Vgl. FASB (1976), S. 20: „Normalization requires a determination of what is normal – in other words, a precise definition of the concepts of matching and nondistortion, as mentioned earlier. Proponents of the asset and liability view generally believe that those concepts cannot be defined objectively and therefore, that normalization introduces into reported earnings the subjective judgements and biases of the preparer about what is normal".

608 Vgl. FASB (1976), S. 262; Gerbaulet (1999), S. 22.

609 Johnson/Lennard (1998), Rdnr. 1.11.

Da (mit Ausnahme der eigentümerbezogenen Eigenkapitalveränderungen) alle bilanziellen Vermögensveränderungen in der GuV erfasst werden, basiert das *all-inclusive income*-Konzept auf dem Kongruenzprinzip.[610]

2.2.3 Assets/Liabilities versus Deferred Charges/Deferred Credits

GuV-orientierte und bilanzorientierte Sichtweise unterscheiden sich wesentlich bezüglich der Frage, welche Sachverhalte in der Bilanz abgebildet werden.[611] Aus Sicht der Befürworter der bilanzorientierten Sichtweise stellen *deferred charges* oder *deferred credits* keine Vermögenswerte oder Schulden dar, sofern solche Abgrenzungspositionen nicht wirtschaftliche Ressourcen oder Leistungsverpflichtungen verkörpern.[612] Vertreter der bilanzorientierten Sichtweise bezeichnen nicht werthaltige Abgrenzungsposten als *„what-you-may-call-its"*[613] oder *„whatits"*[614]. Im Folgenden wird an einigen Beispielen aufgezeigt, welche Übereinstimmungen und welche Abweichungen zwischen den nach GuV-orientierter und nach bilanzorientierter Sichtweise zu bilanzierenden Sachverhalten bestehen können:

(A) Beispiele für Aktivposten, die sowohl Deferred Charges als auch Assets darstellen

- Zu den *deferred charges* nach GuV-orientierter Sichtweise zählen prinzipiell alle Gegenstände des ***Anlagevermögens***, wie etwa Grundstücke, Gebäude oder sonstige Anlagegegenstände.[615] Da Anlagevermögen im Rahmen der betrieblichen Leistungserstellung eingesetzt wird und damit einen wahrscheinlichen Nutzenbeitrag stiftet, erfüllt es grundsätzlich auch den *asset*-Begriff der bilanzorientierten Sichtweise.[616]
- *Deferred charges*, die der Erzielung (teilweise ungewisser) zukünftiger Einnahmen dienen (z.B. ***Forschungs- und Entwicklungsaufwendungen***) decken sich im Normalfall mit dem *asset*-Begriff. Nach GuV-orientierter Sichtweise stellen solche aktiven Abgrenzungsposten *„revenue charges in suspense awaiting some future matching with revenue as costs or expen-*

[610] Vgl. FASB (1976), S. 261.

[611] Vgl. Gerbaulet (1999), S. 16; FASB (1976), Rdnr. 48-54.

[612] Vgl. Gerbaulet (1999), S. 18; Tweedie (1996), S. 28; Storey (1999), S. 35 f.; FASB (1976), Rdnr. 48-54.

[613] So z.B. Sprouse (1966), S. 45 ff.

[614] Tweedie (1996), S. 27.

[615] Vgl. Paton/Littleton (1970), S. 81.

[616] Vgl. Sprouse/Moonitz (1962), S. 21 f.

ses"[617] dar. Der im Abschn. C.2.2.1.2 beschriebene ‚Objektivierungs-Test' wird im Regelfall dazu führen, dass nur werthaltige Vermögenspositionen aktiviert werden, die wohl auch dem *asset*-Begriff der bilanzorientierten Sichtweise genügen.[618]

- Viele ***zeitraumbezogene Abgrenzungen*** (etwa für vorausbezahlte Mieten oder für vorausbezahlte Versicherungsbeiträge) erfüllen die Vermögenswerteigenschaften, da sie das Anrecht auf eine zukünftige Leistung oder einen sonstigen wirtschaftlichen Nutzen darstellen. Das gleiche gilt für erbrachte Leistungen des Unternehmens, die erst nach dem Bilanzstichtag zu Einnahmen führen (z.B. noch nicht vereinnahmte Zins- oder Mieteinkünfte).[619]

(B) Beispiele für Aktivposten, die Deferred Charges jedoch keine Assets darstellen

Abweichungen bei Aktivposten ergeben sich daraus, dass nach der bilanzorientierten Sichtweise, im Gegensatz zur GuV-orientierten Sichtweise, für eine Aktivierung ein wirtschaftliches Nutzenpotential identifiziert werden muss. Die konkrete Aktivierungspflicht erfolgt unabhängig von getätigten Ausgaben.[620] An folgenden Sachverhalten kann dieser Unterschied verdeutlicht werden:

- Eine Aktivierung von ***Ingangsetzungsaufwendungen*** *(start-up-costs)* ist nach bilanzorientierter Sicht nicht zulässig, da ein hinreichender Zusammenhang zwischen den im Rahmen der Ingangsetzung anfallenden Ausgaben und einem zukünftigen wirtschaftlichen Nutzen objektiv kaum geknüpft werden kann.[621]

- Nach GuV-orientierter Sichtweise werden ***aktive Steuerabgrenzungen*** angesetzt, um Ertragssteueraufwendungen periodengerecht in der GuV auszuweisen.[622] Sie sind zu bilanzieren, sofern das handelsbilanzielle Vorsteuerergebnis aufgrund vorübergehender Ergebnisdifferenzen niedriger ausfällt, als das steuerliche Ergebnis. Zu aktivieren ist das Produkt aus der vorübergehenden Ergebnisdifferenz und dem (zu diesem Zeitpunkt geltenden) Ertragssteuersatz. Um eine periodengerechte Verrechnung der an das Finanzamt überwiesenen Steuerzahlungen zu erreichen, müssen latente Steuern auf Basis des

[617] Paton/Littleton (1970), S. 25.

[618] Vgl. Tweedie (1996), S. 28; Gerbaulet (1999), S. 17.

[619] Vgl. Gerbaulet (1999), S. 18; FASB (1976), Rdnr. 52.

[620] Die GuV-orientierte Sichtweise wird daher auch als „assets are costs view" bezeichnet. Vgl. Tweedie (1996), S. 28.

[621] Vgl. Tweedie (1996), S. 29.

[622] Vgl. Wienken (2003), S. 44; FASB (1976), Rdnr. 53 f.

aktuell gültigen Steuersatzes ermittelt werden.[623] Durch die Abgrenzung eines fiktiven Steueraufwandes wird der dem handelsbilanziellen Periodenergebnis „sachlich zuzurechnende Steueraufwand unabhängig davon erfasst (...), wann er sich aus der Steuerbilanz ergibt.[624] Sobald sich der vorübergehende Ergebnisunterschied wieder umkehrt, werden die aktiven latenten Steuern aufwandswirksam aufgelöst, um den nun „zu niedrig“ ausgewiesenen Steueraufwand zu korrigieren.[625] Nach dieser sog. *„deferred-method“*[626] ermittelte aktive Steuerabgrenzungen zeigen insofern, welchen steuerlichen Betrag das Unternehmen in der Periode des Entstehens der Ergebnisdifferenz ‚zu viel' entrichtet hat. Sie erfüllen prinzipiell nicht den *asset*-Begriff der bilanzorientierten Sichtweise, da solche Steuerabgrenzungen keine wirtschaftlichen Nutzenpotentiale in Form zukünftiger Ertragsteuerminderbelastungen widerspiegeln.[627]

- Etwas unklar ist die *asset*-Eigenschaft des ***derivativen*** (entgeltlich erworbenen) ***Geschäftswerts*** *(goodwill)*. Ein derivativer *goodwill* ist nach internationalen Konzernrechnungslegungsvorschriften im Rahmen der Erstkonsolidierung zu berücksichtigen, sofern zwischen dem Kaufpreis und dem identifizierbaren, auf Zeitwertbasis ermittelten Nettovermögens des Tochterunternehmens ein positiver Unterschiedsbetrag verbleibt.[628] Er stellt eine Kaufpreisprämie dar, die jenen subjektiv ermittelten Mehrwert reflektiert, den der Erwerber bereit war, über den Substanzwert des erworbenen Tochterunternehmens hinaus zu entrichten.[629] Nach Johnson/Petrone (1998) setzt sich ein derivativer *goodwill* aus folgenden ökonomischen Komponenten zusammen:[630]

  (1) Bewertungsfehler, die sich daraus ergeben, dass die Zeitwerte des identifizierten Nettovermögens des erworbenen Unternehmens zu niedrig bemessen wurden.

---

623 Vgl. Gore (1995), S. 159.

624 Schildbach (2000a), S. 290 f.

625 Vgl. Wienken (2003), S. 43; APB 11.19.

626 FASB (1976), Rdnr. 53.

627 Vgl. Kuhlewind (1997), S. 184; FASB (1976), Rdnr. 54. Zur Abgrenzungsmethodik von latenten Steuern nach IAS 12, dem grundsätzlich die bilanzorientierte Betrachtungsweise zugrunde liegt vgl. Abschn. E3.2.

628 Vgl. IAS 22.41 bzw. IFRS 3.53; SFAS 142.43. Für einen Überblick über die intensive Diskussion um die Vermögenswerteigenschaft des goodwill vgl. Mujkanovic (2001), S. 808 ff; Sellhorn (2000), S. 888 ff.; Wüstemann/Duhr (2003), S. 248 f.; Tichy (1996).

629 Vgl. Johnson/Petrone (1998), S. 294.

630 Vgl. Johnson/Petrone (1998), S. 295; Sellhorn (2000), S. 889.

(2) Mit dem Kaufpreis wurden immaterielle Vermögenswerte des Tochterunternehmens entgolten, die nach den geltenden Ansatzvorschriften nicht bilanzierbar sind und daher nicht in der Konzernbilanz abgebildet werden dürfen.

(3) Mit dem Kaufpreis wurde der originäre *goodwill* des Tochterunternehmens entgolten, wobei der originäre *goodwill* die Differenz zwischen dem Ertragswert aus laufender Geschäftstätigkeit und dem Substanzwertes des Tochterunternehmens darstellt.

(4) Mit dem Kaufpreis wurden erwartete Synergieeffekte aus dem Zusammenschluss der beiden Unternehmen entgolten.

(5) Der Kaufpreis (oder ein sonstiges Entgelt) wurde zu hoch angesetzt oder falsch bewertet.

(6) Über- oder Unterzahlung des Erwerbers.

Die eigentliche Kaufpreisprämie setzt sich nur aus den Komponenten (3) und (4) zusammen. Diese Komponenten werden in der Literatur auch als Kern-*Goodwill* (*„core goodwill“)* bezeichnet. Eine ausschließliche Aktivierung des Kern-*Goodwills* ist jedoch kaum erreichbar.[631] Da der Kern-*Goodwill* weder direkt noch indirekt greifbare wirtschaftliche Nutzenbeiträge erzeugen kann und nicht separierbar ist, erfüllt er nicht eindeutig die *asset*-Eigenschaften im

---

631 Vgl. Johnson/Petrone (1998), S. 296; IFRS 3, BfC, Rdnr. BC134.

632 Vgl. Mujkanovic (2001), S. 814 f.; Johnson/Petrone (1998), S. 297; Wüstemann/Duhr (2003), S. 249. Anderer Auffassung ist das IASB: „The Board agreed that core goodwill represents resources from which future economic benefits are expected to flow to entity" (vgl. ED 3, BfC, Rdnr. BC99). Auch nach Sprouse/Moonitz (1962), S. 22 kann goodwill ein asset darstellen, die Voraussetzungen bleiben allerdings sehr vage: „The future services to be derived from them may be the result of some contractual arrangements, other legal rights, or perhaps some unique economic characteristics".

633 Vgl. Johnson/Petrone (1998), S. 296: „The amount of that goodwill is unique to the combination" und S. 297: „As a result, the future benefit associated with 'core goodwill' generally is more nebulous and may be less certain than the benefit that is associated with most other assets".

634 Ähnlich: Mujkanovic (2001), S. 815; Tichy (1996), S. 771 f.

635 Vgl. Johnson/Petrone (1998), S. 295.

636 Vgl. Paton/Littleton (1970), S. 92 f.; Grinyer/Russell/Walker (1990), S. 230 rechtfertigen die Abgrenzung der Ausgabe und deren planmäßige Abschreibung mit der Rechenschafts- und Motivationsfunktion der Geschäftsführung: „It is, therefore, completely consistent with the earning-oriented matching approach also to charge purchased goodwill to the account, especially when considered from the 'accountability' point of view (which suggests that all costs created by management should at some time be debited to a profit and loss account" und weiter: „From a motivational point of view that must be a flawed argument: as long as goodwill is written off to profit and loss account within a reasonable period, management knows that it has to cover the cost of acquiring goodwill by achieving additional profits".

Sinne der bilanzorientierten Sichtweise.[632] Die Komponenten (3) und (4) enthalten vielmehr ein nebulöses Konglomerat an Ertragswertpotentialen, die sich aus der Kombination aller identifizierbaren und nichtidentifizierbaren Vermögenswerte und Schulden des Gesamtunternehmens ergeben.[633] Unweigerlich sind darin derivative und (nicht bilanzierungsfähige) originäre Vermögenskomponenten miteinander verwoben.[634] Die *asset*-Eigenschaften könnte ein derivativer *goodwill* nur dann erfüllen, wenn sich dieser ausschließlich aus der Komponente (2) zusammensetzt. Die nicht bilanzierungsfähigen immateriellen Vermögenswerte zählen jedoch zum Substanzwert des erworbenen Unternehmens und können für die eigentliche Kaufpreisprämie nicht entscheidend sein.[635]

Der Kern-*Goodwill* stellt hingegen einen aktiven Abgrenzungsposten im Sinne der GuV-orientierten Sichtweise dar: Die Kaufpreisprämie, die für den Kern-*Goodwill* entrichtet wurde, stellt eine Ausgabe dar, die sachlich zukünftigen Erträgen aus den Kombinationseffekten durch den Zusammenschluss zuzuordnen ist. Eine aufwandswirksame Verteilung der Anschaffungsausgaben über die Folgeperioden erscheint nach GuV-orientierter Sichtweise zweckmäßig, sofern eine sachgerechte planmäßige Abschreibungsmethode gefunden werden kann.[636]

- Ein ***originärer goodwill*** ist weder nach der GuV-orientierten noch nach der bilanzorientierten Sichtweise aktivierungsfähig: Nach bilanzorientierter Sichtweise stellt der originäre *goodwill* keinen greifbaren Vermögenswert dar.[637] Auch nach GuV-orientierter Sichtweise kann ein originärer *goodwill* nicht aktiviert werden, da keine Ursache-Wirkungsbeziehungen zwischen Ausgaben und zukünftigen Erträgen gezogen werden können.

(C) Beispiele für Passivposten, die zugleich Deferred Credits und Liabilities darstellen

Nach bilanzorientierter Sichtweise liegt nur dann eine *liability* vor, wenn eine Außenverpflichtung – also eine feste Inanspruchnahme Dritter auf Leistungserfüllungen von Seiten des bilanzierenden Unternehmens – besteht.[638] Außenverpflichtungen stellen nach formalrechtlicher Betrachtungsweise Schulden gegenüber Dritten dar, die bei Nichterfüllung unabwendbare rechtliche Konsequenzen haben.[639] Etwas unklar ist, ob auch *faktische*[640] Verpflichtungen (im

[637] Ähnlich: Vgl. Schreiber (2002), S. 54, 57.

[638] Vgl. FASB (1976), Rdnr. 49.

[639] Vgl. FASB (1976), Rdnr. 172.

[640] Faktische Verpflichtungen liegen vor, wenn sich das Unternehmen diesen aus sittlichen, tatsächlichen oder wirtschaftlichen Gründen nicht entziehen kann (vgl. Hain (2000), S. 46).

engl.: *„constructive obligations"*[641]) Außenverpflichtungen darstellen können, die nach bilanzorientierter Sichtweise passiviert werden müssen.[642] Dafür spricht, dass eine Nichterfüllung von faktischen Verpflichtungen u.U. *unabwendbare* wirtschaftliche Konsequenzen nach sich ziehen kann und insofern in ihren Folgen wie eine Außenverpflichtung wirkt.[643] Verpflichtungen, „die sich in (auch rein faktischen) Ansprüchen Dritter konkretisiert haben"[644], dürften daher dem aufgezeigten *liability*-Charakter entsprechen. Reine Innenverpflichtungen („Verpflichtungen gegenüber sich selbst"[645]) beruhen hingegen nur auf unverbindlichen Absichten des Managements (*„management's current thoughts"*[646]) und stellen keine echten Leistungsverpflichtungen dar.

Beispiele für *deferred credits*, die zweifellos auch *liabilities* darstellen, sind ***transitorische Ertragsabgrenzungen*** (z.B. für vorausbezahlte Mieten an das bilanzierende Unternehmen): Solche passiven Abgrenzungspositionen verkörpern Leistungsverpflichtungen des bilanzierenden Unternehmens an Dritte und müssen auch nach der bilanzorientierten Sichtweise passiviert werden.[647]

(D) Beispiele für Passivposten, die Deferred Credits jedoch keine Liabilities darstellen

Zahlreiche passive Abgrenzungsposten widersprechen der *liability*-Definition nach der bilanzorientierten Sichtweise.[648] So befürworten Vertreter der GuV-orientierten Sichtweise auch passive Abgrenzungen für Sachverhalte,

- die im unscharfen Grenzbereich zwischen Innen- und Außenverpflichtung liegen,
- oder die gar keinen oder nur unter Umständen Verpflichtungscharakter aufweisen.

---

[641] IAS 37.10.

[642] Vgl. Hain (2000), S. 22; Moxter (2003a), S. 97 f. u. S. 113; FASB (1976): „Proponents of the broader view of liabilities hold that although most liabilities recognised in financial statements are in fact legally enforceable, enforceablity by the courts is not an essential characteristic of liabilities in financial accounting. Financial statements commonly display some liabilities that are moral obligations".

[643] So auch Hain (2000), S. 22 f.; Moxter (2003a), S. 97; FASB (1976), Rdnr. 173-179;.

[644] Moxter (2003a), S. 115.

[645] Moxter (2003a), S. 124.

[646] Tweedie (1996), S. 31.

[647] Vgl. Gerbaulet (1999), S. 19; Sprouse (1966), S. 46; FASB (1976), Rdnr. 152. Anm.: Aus diesem Grund werden auch nach deutschem Bilanzrecht transitorische Ertragsabgrenzungen ggf. als ‚sonstige Verbindlichkeit' bilanziert, wenn die Ertragswirksamkeit einen unbestimmten Zeitraum nach dem Bilanzstichtag betrifft. Vgl. Trützschler § 250 HGB, Rdnr. 16.

[648] Vgl. Tweedie (1996), S. 27 ff.; FASB (1976), Rdnr. 151.

Im Folgenden werden Beispiele für solche Sachverhalte beschrieben:

- Ein Beispiel für Passivposten, die sich im Grenzbereich zwischen Innen- und Außenverpflichtungen bewegen, sind ***Restrukturierungsrückstellungen***. Prinzipiell sind Restrukturierungsrückstellungen reine Innenverpflichtungen, die nach bilanzorientierter Sichtweise nicht passiviert werden dürfen.[649] Es sind jedoch Fälle vorstellbar, bei denen zukünftige Restukturierungsmaßnahmen nicht nur auf unverbindlichen *management's current thoughts* beruhen, sondern bereits hinreichend konkretisiert und bekannt gemacht worden sind. Die geplanten Maßnahmen sind dann faktisch unabwendbar und haben damit Außenverpflichtungscharakter.[650] Doch das Beurteilungskriterium der Unabwendbarkeit ist zweifellos erheblich ermessensbehaftet, so dass der Übergang zu Aufwandsrückstellungen fließend ist.[651] Ähnliches gilt bei ***Rückstellungen für Entsorgungs-*** bzw. ***Rekultivierungsverpflichtungen***:[652] Beabsichtigt ein Unternehmen solche Maßnahmen durchzuführen, obwohl es dazu gesetzlich oder vertraglich nicht verpflichtet ist, liegt eine reine Innenverpflichtung vor. Während nach bilanzorientierter Sichtweise prinzipiell keine *liability* existiert, ist nach GuV-orientierter Sichtweise eine Ansammlungsrückstellung zu bilden, da die Ursache der zukünftigen Abraum- oder Rekultivierungsausgaben im sachlichen Zusammenhang mit Erträgen früherer Perioden steht.[653] Doch die zukünftige Belastung kann auch den Charakter einer Außenverpflichtung aufweisen. So kann auf einen Betrieb (etwa durch seine internationale Reputation als umweltbewusstes und ethisch verantwortliches Unternehmen) durch Außenstehende ein so hinreichender Erwartungsdruck („*valid expectation*“[654]) zur Durchführung der Maßnahmen lasten, der faktisch zu einer Außenverpflichtung führt.[655] Hier wird die Grauzone zwischen Innen- und Außenverpflichtung besonders deutlich, denn ob die berechtigten Erwartungen Dritter so ‚unabwendbar' wirken wie eine formalrechtliche Verpflichtung, dürfte im Einzelfall fraglich

---

[649] Vgl. Tweedie (1996), S. 30 ; Baetge/Siefke/Siefke (2002), IAS 22, Rdnr. 80.

[650] Vgl. Hain (2000), S. 48.

[651] Vgl. Hoffmann, in: Haufe IAS-Kommentar (2003) § 21, Rdnr. 105 f.; Schildbach (2002c), S. 792; Baetge/Siefke/Siefke (2002), IAS 22, Rdnr. 80.

[652] Vgl. Schildbach (2002c), S. 794 f.

[653] Vgl. Lüdenbach (2003b), S. 835; Hain (2000), S. 24 f.; Moxter (2003a), S. 102 f.

[654] IAS 37.10.

[655] So wird es im Beispiel 2B des Appendix C zu IAS 37 beschrieben. Ähnlich: Moxter (2003a), S. 97 f. Anm.: Sofern dann auch nach bilanzorientierter Sicht eine liability vorliegt, erfolgt konsequenterweise eine sofortige Passivierung der zukünftigen wirtschaftlichen Last in voller Höhe.

sein.[656] Man mag nur an ein ethisch verantwortungsvolles, jedoch unbekanntes mittelständisches Unternehmen denken, das in einem Entwicklungsland ohne strenge Umweltauflagen agiert.

- Ein Beispiel für passive Abgrenzungsposten, denen jeglicher Schuldcharakter fehlt sind transitorische Ertragsabgrenzungen für ***Zuwendungen der öffentlichen Hand*** *(„governmental grants"*[657]*).* Solche Zuwendungen werden in der Regel zur Erfüllung bestimmter Bedingungen im Zusammenhang mit der operativen Tätigkeit eines Unternehmens gewährt (bspw. zur Schaffung von Ausbildungsplätzen).[658] Die Zuwendungen müssen nicht unbedingt mit einer Leistungsverpflichtung des Unternehmens verbunden sein, die gewährleisten soll, dass das Unternehmen die vorgesehenen Auflagen auch tatsächlich erfüllt.[659] Nach GuV-orientierter Sichtweise sind für Zuwendungen der öffentlichen Hand im Zeitpunkt ihrer Vereinnahmung passive Ertragsabgrenzungen vorzunehmen. Dadurch kann die Zuwendung im Sinne des *matching*-Prinzips in den Perioden systematisch ertragswirksam aufgelöst werden, in denen die entsprechenden Aufwendungen zur Erfüllung der Bedingungen anfallen.[660] Sofern die Zuwendungen allerdings an keine spezifischen Leistungsverpflichtungen des bilanzierenden Unternehmens geknüpft werden, stellen sie reine ‚Subventionen' dar.[661] Nach bilanzorientierter Sichtweise liegt keine *liability* vor.[662]
- Ein weiteres Beispiel betrifft ***passive Steuerabgrenzungen***, die nach der *deferred-method* gebildet werden um eine periodengerechten Zuordnung zukünftiger Steuerzahlungen zu erreichen. Solche passiven Abgrenzungsposten repräsentieren die auf Basis der handelsrechtlichen Bemessungsgrundlage ‚zu wenig bezahlten Ertragsteuern' zum Passivierungszeitpunkt und haben prinzipiell keinen Schuldcharakter.[663]
- Ein Beispiel für einen passiven Abgrenzungsposten, der nur unter Umständen Schuldcharakter aufweist, ist ein ***negativer Geschäftswert*** *(badwill).* Im Rahmen der Kapitalkonsolidierung entsteht ein negativer Ge-

---

[656] Vgl. dazu Schildbach (2002c), S. 794 f.

[657] IAS 20.3.

[658] Vgl. IAS 20.3; Wagenhofer (2003), S. 151 f.

[659] Vgl. Wagenhofer (2003), S. 152; Epstein/Mirza (2003), S. 847; SIC 10.3;

[660] Vgl. IAS 20.12, 20.15 (b) und 20.24. Ähnlich: Moxter (2003a), S. 152 f.

[661] Vgl. Wagenhofer (2003), S. 151; IAS 20.14 (b): „government grant (...) are not earned but represent an incentive provided by government without related costs."

[662] Ähnlich: Wagenhofer (2003), S. 155; Schildbach (2003a), S. 254.

[663] Vgl. Kuhlewind (1997), S. 184 f.; FASB (1976), Rdnr. 54.

schäftswert, wenn der Kaufpreis des Unternehmensanteils im Erwerbszeitpunkt niedriger als das identifizierte Nettovermögen des Tochterunternehmens auf Zeitwertbasis ist.[664] Ein negativer Unterschiedsbetrag lässt sich im Wesentlichen auf folgende Ursachen zurückführen:[665]

(1) Die Zeitwerte der einzeln erworbenen Vermögensbestandteile und Schulden wurden falsch ermittelt.

(2) Der Erwerber des Tochterunternehmens hatte bei den Kaufpreisverhandlungen Verhandlungsmacht, Verhandlungsgeschick oder einfach nur Glück *(lucky buy)*.

(3) Im Kaufpreis wurden Erwartungen künftiger Verluste oder sonstiger Belastungen berücksichtigt, die nicht die Ansatzvoraussetzungen von Schulden erfüllen.

Nach der GuV-orientierten Sichtweise müssen Anschaffungsvorgänge erfolgsneutral bleiben. Als Folge wird in Höhe des negativen Unterschiedsbetrags zwischen dem Kaufpreis und dem identifizierbaren erworbenen Nettovermögen ein Ausgleichsposten bilanziert werden.[666] Es stellt sich die Frage, inwiefern eine ertragswirksame Auflösung des *badwill* in den Folgeperioden sachgerecht ist.[667]

- Beruht ein *badwill* auf den in (1) beschriebenen Sachverhalt, so werden bei einer ertragswirksamen Auflösung des Unterschiedsbetrags über ein systematisches Abschreibungsverfahren die fälschlicherweise zu hohen Abschreibungsaufwendungen für die zu hoch bewerteten Vermögenswerte neutralisiert. Ein erhebliches Problem entsteht allerdings dadurch, dass nicht alle erworbenen falsch bewerteten Vermögenswerte planmä-

664 Vgl. Schildbach (2001a), S. 251; Wagenhofer (2003), S. 400.

665 Vgl. IAS 22 (rev. 1998), Appendix A, Rdnr. 69 (a); Wagenhofer (2003), S. 400 f.; Mujkanovic (2001), S. 816.

666 Vgl. Sprouse (1966), S. 46 f.

667 Vgl. ED 3 (2002), BfC, Rdnr. BC117; Sprouse (1966), S. 47.

668 Ähnlich: Sprouse (1966), S. 47 f.; IAS 22 (rev. 1998), Appendix A, Rdnr. 83.

669 Ähnlich: Sprouse (1966), S. 47.

670 § 309 (2) Nr. 1 HGB. Ähnlich: IAS 22 (rev. 1998), Rdnr. 63.

671 Vgl. Schildbach (2001a), S. 188.

672 Vgl. IAS 22 (rev. 1998), Appendix A, Rdnr. 87 (b).

673 Vgl. Förschle/Hoffmann (1999) § 309 Rdnr. 46 f.

674 Ähnlich Mujkanovic (2001), S. 819 sowie Epstein/Mirza (1999), S. 376: „Entities do not generate earnings or net worth by purchasing assets, but rather by using those assets in a productive manner" (zitiert nach Mujkanovic (2001), S. 824, Fn. 45).

ßig fortgeführt werden, die einzelnen Vermögenswerte unterschiedliche Nutzungsdauern aufweisen sowie falsch bewertete Schulden unberücksichtigt bleiben.[668]

- Beruht ein *badwill* auf einen in (2) beschriebenen *lucky buy*, würde eine Auflösung des negativen Unterschiedsbetrags über ein systematisches Abschreibungsverfahren in den Folgeperioden zu einer Verzerrung der Ertragslage führen. Es würden Erträge realisiert, denen keine sachlich zugehörigen Aufwendungen gegenüberstehen.[669] Vor diesem Hintergrund darf in diesem Fall nach deutschem Bilanzrecht ein negativer Geschäftswert erst dann aufgelöst werden, wenn „feststeht, dass er einem realisierten Gewinn entspricht."[670] Streng genommen kann ein Gewinn aus einem *„lucky buy"* erst nach einer Weiterveräußerung der Beteiligung realisiert werden.[671]
- Wurden im Kaufpreis negative Entwicklungen antizipiert (3), werden die zukünftigen Aufwendungen durch eine Auflösung des negativen Geschäftswerts genau in den Perioden, in denen die negativen Entwicklungen auftreten, ‚kompensiert'.[672] Möglich erscheint dies allerdings nur unter der Voraussetzung, dass dem Erwerber die zukünftigen Aufwendungen oder sonstigen ungünstigen Entwicklungen im Kaufzeitpunkt nach Art und Umfang bekannt waren. Beruht ein *badwill* hingegen nur auf allgemein negativen Ertragserwartungen, ist eine periodengerechte Auflösung kaum möglich. Es wird nicht feststellbar sein, inwiefern die im Kaufzeitpunkt erwarteten negativen Entwicklungen tatsächlich eintreten.[673] Zweifelhaft ist auch, ob ein *badwill* eine passive Aufwandsabgrenzung im Sinne des *matching*-Prinzips darstellen kann: So werden im Zeitpunkt des Unternehmenskaufs zukünftige Aufwendungen antizipiert, die in keinem ursächlichen Zusammenhang mit bereits realisierten Erträgen stehen - der Sachverhalt des Unternehmenserwerbs führt schließlich alleine noch zu keinen realisierten Erträgen.[674]

Hinter dem *badwill* steckt eine Residualgröße, die sich aus dem Grundsatz der erfolgsneutralen Zugangsbewertung ergibt.[675] Ein *badwill* kann wohl auch eine Art Aufwandsrückstellung anzeigen, wenn nicht bilanzierungsfähige wirtschaftliche Lasten erst ‚durch' den Unternehmenskauf entstehen (etwa durch geplante Restrukturierungsmaßnahmen, die aufgrund fehlender Bilanzierungsfähigkeit nicht passiviert werden):[676] Ein *badwill* würde in die-

---

[675] Vgl. Mujkanovic (2001), S. 821.

[676] Etwa weil sie nicht den Ansatzkriterien für Restrukturierungsrückstellungen im Zuge des Unternehmenskaufs nach IAS 22 (rev. 1998), Rdnr.30 f. erfüllen. Vgl. auch Baetge/Sifke/Sifke (2002), IAS 22, Rdnr. 118.

sem Fall nicht bilanzierungsfähige wirtschaftliche Lasten verkörpern,[677] also wirtschaftlich in etwa dem Charakter einer Aufwandsrückstellung entsprechen.

Abbildung 3: *Assets/liabilities versus deferred charges/deferred credits*

3 Bedeutung des True and Fair View-Prinzips

3.1 Großbritannien als Herkunftsland des True and Fair View

Wie bereits angeführt, nimmt der in IAS 1.13 fixierte Grundsatz des *true and fair view* (bzw. der *fair presentation*) im Rahmen der Rechnungslegung nach IAS/IFRS eine zentrale Rolle ein. Um diesen Grundsatz zu verstehen, muss man einen Blick auf Großbritannien - dem „Mutterland"[678] des *true and fair view* (TFV) – werfen, denn dort stellt das TFV-Prinzip traditionell das ‚Herz' der britischen Rechnungslegung dar.[679] Von Großbritannien aus wurde es in viele andere angelsächsische Länder[680] und im Zuge der Harmonisierung der europäischen Rechnungslegung – auf Drängen Großbritanniens - auch in die 4. EG-Richtlinie ‚exportiert' (Art. 2 Abs. 3 der 4. EG-Richtlinie).[681]

Um die Bedeutung dieses bedeutenden IAS/IFRS-Grundsatzes zu durchleuchten, muss man die rechtlichen Rahmenbedingungen der britischen Rechnungslegung sowie die Entwicklungsgeschichte des britischen TFV-Konzepts kennen.

3.2 Rechtliche Rahmenbedingungen der angelsächsischen Rechnungslegung

Im Gegensatz zu dem in Kontinentaleuropa vorherrschenden legalistischen Rechtssystem *(„code law")* stehen in angelsächsischen Ländern traditionell einzelfallbezogene, richterliche Entscheidungen im Mittelpunkt der Rechtsmethodik (*„case law"*).[682] Gesetze *(„statutes")* sind für die klassische englische Me-

---

[677] Vgl. Mujkanovic (2001), S. 818 f.

[678] Streim (1994), S. 395.

[679] Vgl. Chastney (1975), S. 4; Parker/Nobes (1994), S. 1.

[680] Vgl. Parker/Nobes (1994), S. 5. Beispiele sind Großbritannien, Neuseeland, Südafrika sowie Australien. Auch im Rahmen der US-amerikanischen Rechnungslegung hat ein solcher Grundsatz Bedeutung, wenn er auch nicht explizit im Regelwerk der US-GAAP vorgegeben wird. Vgl. dazu Abschn. D.1.4 dieser Arbeit.

[681] Vgl. Shah (1998), S. 84. Anm.: In der Folge wurde dieser Grundsatz auch im deutschen Bilanzrecht verankert. Allerdings stellt dieser Grundsatz im Gegensatz zum britischen Vorbild kein ‚overiding principle' dar, das u.U. auch Abweichungen von bestehenden Gesetzesnormen erzwingt (vgl. dazu Streim (1994), S. 393; van Hulle (2001), S. 12).

[682] Vgl. dazu Blumenwitz (2003), S. 4 f.; Beine (1995), S. 469; Wagenhofer (20039, S. 20; Heyd (2003), S. 80 f.

thodenlehre Fremdkörper und „lediglich zweitrangige Rechtsquellen nach der Rechtsprechung"[683]. Das angelsächsische Recht setzt sehr stark auf das Naturrecht[684] und damit auf das Gerechtigkeitsempfinden des Menschen *(„natural justice")*.[685] Gesetze sollen nur besondere Einzelfälle regeln und „sind ihrem Ausnahmecharakter gemäß eng auszulegen (...) und nur auf Sachverhalte anzuwenden, die der Wortlaut unzweifelhaft deckt"[686]. Sie werden deshalb im Regelfall buchstabengetreu ausgelegt, nur „im Fall absurder oder unpraktischer Ergebnisse darf nach der ‚golden rule' vom Wortlaut abgewichen werden"[687]. Daher werden von der Rechtsprechung weniger die eigentlichen Regelungszwecke betrachtet, sondern vielmehr die Wortlaute von Rechtsgrundsätzen genau ausgelegt.[688] Nach dem richterlichen Gewohnheitsrecht *(„common law")* sind die Gerichte hierbei an einschlägige Präzedenzfälle aus ähnlichen oder an gleich gelagerte Fälle bzw. an die Entscheidungen ranghöherer Gerichte gebunden *(„doctrine of precedents")*.[689] Aus maßgeblichen Vorentscheidungen werden tragende Entscheidungsgründe herausgefiltert, die als Beweisgründe auf die Anspruchsgrundlagen des einzelnen Rechtsfalles passen oder verworfen werden können.[690] Nach dem sog. *„rule of the case"* können sich im Laufe der Zeit „durch Akzentverlagerungen, durch restriktive bzw. extensive Auslegung, aber auch durch Missachtung und Aufhebung von Vorentscheidungen"[691] etablierte Rechtsauffassungen entwickeln, die eine gewisse Rechtssicherheit gewähren.[692] Insgesamt stehen somit Gerichtsentscheidungen im Vordergrund, „die über den Einzelfall hinausgehende bindende Wirkung entfalten"[693].

---

683 Beine (1995), S. 469.

684 Naturrecht: „Auffassung vom Recht als einem in der Vernunft des Menschen begründeten Prinzips, unabhängig von der gesetzlich fixierten Rechtsauffassung eines Staates" (Duden (1997), S. 544).

685 Shears/Stephenson (1996), S. 133: „'Natural justice' are rules which every ordinary reasonable man would consider to be fair"; vgl. auch Schildbach (2002a), S. 5;

686 Beine (1995), S. 469.

687 Beine (1995), S. 469.

688 Vgl. Hoffmann (1988), S. 35; Schulze-Osterloh (2001), S. 1438.

689 Vgl. Blumenwitz (2003), S. 39; Schildbach (2002a), S. 5; Kühne (2002), S. 38.

690 Vgl. Blumenwitz (2003), S. 51 f

691 Blumenwitz (2003), S. 60.

692 Vgl. Haller (1989), S. 15. Beispiele britischer Rechtsgrundsätzen zur Rechnungslegung die sich im Laufe der Zeit im Rahmen des case law entwickelt haben nennt Hadden/Boyd (1992), S. 61-65.

693 Vgl. Schulze-Osterloh (2001), S. 1438.

Folge des angelsächsischen *case law*-System sind tendenziell weniger detaillierte und eher abstrakt gehaltene gesetzliche Rechnungslegungsvorschriften.[694] In Großbritannien beschränkten sich die gesetzlichen Vorschriften bis in die 80er Jahre des 20. Jh. im Wesentlichen auf wenige Offenlegungsvorschriften.[695] Gesetzliche Ansatz,- Bewertungs- und Gliederungsvorschriften waren nur stellenweise vorgesehen und enthielten zahlreiche Bilanzierungsfreiheiten.[696] Der Gesetzgeber behielt lange Zeit gegenüber Rechnungslegungsfragen eine gewisse *laissez-faire*-Haltung[697] und überließ die Rechnungslegung weitgehend der Selbstregulierung durch den Berufsstand der Rechnungsleger und Prüfer *(„professional self-regulation").*[698]

Die Ursprünge der berufsständischen Selbstregulierung in Großbritannien liegen im 19. Jh. als mit den ersten gesetzlichen Unternehmensvorschriften neue Aufgaben im Zusammenhang mit der Gründung, Führung, Liquidation und Prüfung von Unternehmen entstanden.[699] *In der Folge übernahmen accountants mehr und mehr Aufgaben, die vormals noch Tätigkeitsbereiche von Juristen (lawyers) waren.*[700] *Es wurden mächtige berufsständige Vereinigungen gegründet (so z.B. im Jahre 1880 das Institute of Chartered Accountants in England and Wales - ICAEW),*[701] *die auf die britische Gesetzgebung erheblichen Einfluss hatten und diese von gesetzlichen Regulierungsbestrebungen abhalten konnte.*[702] *Sehr lange Zeit war man in England von der Erfahrung, Integrität und Verantwortung der accountants überzeugt, wie Parker (2000) bemerkt:*

---

694 Vgl. Schildbach (1995), S. 2638; Wagenhofer (2003), S. 18-20.

695 Vgl. Parker (2000), S. 107.

696 Vgl. Pereira/Paterson/Wilson (1994), S. 7; Schildbach (1979b), S. 279.

697 Vgl. Cooke/Choudhury/Wallace (2001), S. 2579; Baxt (1970), S. 544.

698 Vgl. Böckem (2000), S. 64; Pereira/Paterson/Wilson (1994), S. 7.

699 Vgl. Böckem (2000), S. 63; Walton (1998), S. 132.

700 Mit der Verdrängung von Juristen durch die accountants entstand in Großbritannien eine Art historisch gewachsene Konkurrenz zwischen lawyers und accountants (vgl. Böckem (2000), S. 63). Die Verdrängung von Juristen durch accountants scheint sich in jüngerer Zeit sogar zu verschärfen. So meinen Noper/Nokes (1992), S. 48: „In recent years, accounting has become more aggressive, and has sought to colonize areas that had previously been left to other professions and businesses."

701 Vgl. Böckem (2000), S. 63 f.; Benston (1975), S. 244.

702 Vgl. Parker (2000), S. 111, 113; Walton (1998), S. 133: „The fact that there were effective national bodies (e.g. the Institute of Chartered Accountants of England and Wales – ICAEW – since 1880) was a contributory factor in determining the lack of formal accounting regulation".

„The accountants themselves should determine what constitutes acceptable accounting principles and standards"[703]

Die rechtlichen Rahmenbedingungen änderten sich erheblich nach der Transformation der europäischen Bilanzrichtlinien in den Jahren 1980-1989 und mit weiteren zahlreichen institutionellen wie auch gesetzlichen Maßnahmen der letzten Jahre.[704] Seitdem ist die britische Rechnungslegung sehr viel umfassender und detaillierter reguliert.[705]

Doch angesichts der in der Vergangenheit eher geringen gesetzlichen Regelungsdichte und -tiefe wird in England die Umsetzung des TFV-Grundsatzes traditionell weitgehend dem fachlichen Urteilsvermögen der *accountants* überlassen.[706]

3.3 Entwicklungsgeschichte des britischen True and Fair View

Die Existenz des TFV-Grundsatzes lässt sich in Großbritannien bis zur Verabschiedung des Joint Stock Companies Act im Jahre 1844 zurückverfolgen.[707] In diesem Gesetzesakt wurde erstmals auf gesetzlicher Grundlage die Inkorporation von Kapitalgesellschaften geregelt. Dabei wurden die Gesellschaften verpflichtet, ordnungsgemäße Bücher zu führen und ihren Aktionären vom Jahresabschlussprüfer testierte Bilanzen vorzulegen. Bestimmte Gewinnermittlungsvorschriften waren aber nicht vorgesehen. Im Testat musste lediglich bestätigt werden, dass die vorgelegte Bilanz insgesamt *„full and fair"*[708] waren. Der Wortlaut dieser Klausel wurde im Laufe der Zeit sehr häufig verändert: So wurden u.a. bereits ein Jahr später *"full and true accounts"*[709] gefordert, im Railways Companies Act of 1867 wurde ein *„full and true statement of the financial condition of the company"*[710] verlangt und zwischen 1900 bis 1948 sprach man von einem *„true and correct view of the state of the company's affairs as shown*

---

[703] Parker (2000), S. 113; Schildbach/Straßer (2003), S. 1723. Anm.: Rechnungslegung wurde deshalb auch lange nicht als akademische Disziplin erkannt: „The prevalent view was that accounting was the business of practical men of affairs" (Parker (2000), S. 114).

[704] Vgl. Walton (1998), S. 131 f., Parker (2000), S. 109.

[705] Vgl. Schildbach (1987), S. 3 f.

[706] Vgl. Böckem (2000), S. 72.

[707] Vgl. Streim (1994), S. 393. Der Ursprung und die Entwicklung des britischen TFV-Grundsatzes werden ausführlich von Chastney (1975), S. 4-13; Hoffmann (1988), S. 13 ff. sowie Cook/Choudhury/Wallace (2001), S. 2620 ff. beschrieben.

[708] Cooke/Choudhury/Wallace (2001), S. 2581; vgl. Chambers/Wolnitzer (1991), S. 198; Parker/Nobes (1994), S. 1; Hoffmann (1988), S. 14 f.

[709] Vgl. Cooke/Choudhury/Wallace (2001), S. 2581; Chambers/Wolnitzer (1991), S. 198; Parker/Nobes (1994), S. 1; Hoffmann (1988), S. 14 f.

[710] Vgl. Cooke/Choudhury/Wallace (2001), S. 2581; Chambers/Wolnitzer (1991), S. 198; Parker/Nobes (1994), S. 1; Hoffmann (1988), S. 14 f.

by the books"[711]. Der heutige Wortlaut wurde durch den Companies Act of 1948 gesetzlich kodifiziert.[712] Er lautet:

"Every balance sheet of a company shall give a true and fair view of the state of affairs of the company as at the end of its financial year, and every profit and loss account of a company shall give a true and fair view of the profit and loss of the company for the financial year"[713].

Im Zuge der Transformation der 4. EG-Richtlinie in das britische Handelsrecht wurde das TFV-Prinzip endgültig als Generalnorm (*overriding principle)* kodifiziert, die den Einzelvorschriften übergeordnet ist: So müssen britische Unternehmen, sofern ein regelkonformer Jahresabschluss keinen TFV der wirtschaftlichen Unternehmenslage vermittelt, im Jahresabschluss ergänzende Zusatzinformationen bereitstellen.[714] Erzeugt allerdings ein Jahresabschluss selbst dann noch keinen TFV, muss das bilanzierende Unternehmen von den Einzelnormen unter Angabe der Gründe abweichen.[715] Gemäß den europäischen Bilanzrichtlinien sollen solche Abweichungen jedoch *auf wenige Ausnahmefälle* beschränkt bleiben.[716] Da die Generalnorm einen gesetzlichen Begriff darstellt, muss dessen ordnungsgemäße Umsetzung im Zweifel in letzter Instanz vor Gericht geklärt werden.[717]

Trotz der 160-jährigen Tradition des britischen TFV-Grundsatzes, wurde dieses Begriffspaar weder durch die britische Legislative noch durch die Fachkommentierung einheitlich definiert.[718] Man findet in der Fachliteratur jedoch verschiedene Versuche, den Gehalt dieses Prinzips über eine wörtliche Interpretation der einzelnen Begriffe *true* und *fair* zu bestimmen.[719] Folgende Beispiele aus der Literatur verdeutlichen jedoch die Schwierigkeiten, die mit einer wörtlichen Interpretation des Begriffpaares verbunden sind:

---

[711] Zitiert nach Chastney (1975), S. 9.

[712] Hoffmann (1988), S. 29; Chastney (1975), S. 12. Anm.: Der CA 1948 stellt – nach verschiedenen Abänderungen und Ergänzungen – im Wesentlichen noch heute den Grundstock des britischen Gesellschaftsrechts dar. Vgl. Hoffmann (1988), S. 20.

[713] Section 228 (2) des CA of 1985.

[714] Vgl. Section 226 (4) und 227 (5) CA 1985.

[715] Vgl. Section 226 (5) und Section 226 (6) CA 1985.

[716] Vgl. Nieland/Scott (1997), S. 349; PwC (2001), S. 2009, Rdnr. 2.39. Anm.: Nach Radcliffe (1990), S. 329 stellt das britische TFV deshalb kein volles „overriding principle" dar.

[717] Vgl. Hoffmann/Arden (1983), S. 154; Radcliffe (1990), S. 329; van Hulle (2001), S. 12: Arden (1994), S. 147.

[718] Vgl. Streim (1994), S. 394; Walton (1993), S. 49; Schildbach (1979b), S. 280; Cook/Choudhury/Wallace (2001), S. 2599; Chastney (1975), S. 24 und 33.

[719] Vgl. dazu z.B. Kirk (2001), S. 4 f.; Cotting/Boemle (2000), S. 789 f.; Cook/Choudhury/Wallace (2001), S. 2620; Hoffmann (1988), S. 30 ff.; Chastney (1975), S. 15 ff.

Beispiele:

Im Londoner Hyde Park findet ein Wettlauf zwischen einem sowjetrussischen und einem englischen Diplomaten statt, bei dem der Engländer als erster durch das Ziel läuft. In der russischen Tageszeitung Prawda wird der Wettlauf am nächsten Tag folgendermaßen kommentiert: ‚Beim Diplomatenlauf in London wurde der Russe zweiter, der Engländer vorletzter'. Diese Aussage ist offenkundig wahr, doch sicherlich nicht fair.[720]

Ein von Cotting/Boemle (2000) gewähltes Beispiel, mit dem die beiden Autoren den Gehalt der Begriffe true und fair verdeutlichen möchten, macht vielmehr deutlich, wie schwierig deren wörtliche Auslegung bei Rechnungslegungsfragen ist:

> *„Die Rechnungslegungsvorschriften eines Landes enthalten keine Vorschriften, wonach Auslagen von eigenentwickelten Softwareprogrammen aktivierbar sind. Die Usanz des Landes sieht vor, diese als Aufwendungen zu berücksichtigen. Weil sämtliche Adressaten gleichermaßen informiert werden und vergleichbare Unternehmen ebenfalls keine Aktivierung vornehmen, kann von einer fairen Berichterstattung gesprochen werden. Sie ist jedoch nicht ‚true' falls die Entwicklung der Software die Voraussetzung für eine zukünftige Umsatz- und Gewinnsteigerung schafft"*[721].

Ob die Entwicklungsausgaben tatsächlich zu zukünftigen Gewinnen führen, hängt von vielen Faktoren ab: Wenn die zukünftige Umsatzgenerierung sehr ungewiss ist, würde eine Aktivierung der Entwicklungskosten einen irreführenden Eindruck von der tatsächlichen Vermögens-, Finanz- und Ertragslage eines Unternehmens erwecken.

Diese Beispiele zeigen, dass der wörtliche Gehalt von ‚Wahrheit' und ‚Fairness' wenig greifbar ist.[722] Um dennoch die Bedeutung des britischen TFV kennen zu lernen, muss man statt einer wörtlichen Interpretation vielmehr seine Ausstrahlung auf Rechtsprechung und Rechnungslegungspraxis durchleuchten.

3.3.1 Ausstrahlung auf Rechtsprechung und Praxis bis etwa 1970

Vor der Übernahme der zweiten EG-Richtlinie waren - mangels bestehender gesetzlicher Vorschriften - Fragen der Kapitalerhaltung und der Ausschüttungsbemessung das klassische Tätigkeitsfeld der britischen *accountancy profession.*[723] In vielen früheren *case law*-Urteilen zu Rechnungslegungsfragen ging es vor-

---

[720] Vgl. Hoffmann (1988), S. 35. Ein ähnliches Beispiel beschreibt Chastney (1975), S. 22.

[721] Cotting/Boemle (2000), S. 790.

[722] So auch Walton (1993), S. 52 und 57. Ordelheide (1996), S. 501 bezeichnet diesen Grundsatz daher als „black box".

[723] Vgl. Napier/Noke (1992), S. 44.

rangig um Fragen ordnungsgemäßer Gewinnausschüttungen.[724] Hierbei wurden die (wenigen) gesetzlichen Unternehmensrechtsvorschriften formalrechtlich und einzelfallbezogen ausgelegt. Eine Beurteilung fachtechnischer Details überließ die Rechtsprechung jedoch der fachlichen Expertise der Rechnungsleger und Prüfer.[725] So heißt es im Richterspruch zum Fall *Lee vs. Neuchatel Asphalte Company* aus dem Jahre 1889:

„It is not a subject for an Act of Parliament to say how accounts are to be kept; what is to be put into a capital account, what into an income account, is left to men of business"[726].

Die Ausbildung der britischen *Chartered Accountants* war bis etwa zur Mitte des 20. Jh. sehr stark juristisch geprägt. Dies hatte zur Folge, dass auch in der Praxis die wenigen gesetzlichen Anforderungen eher formalrechtlich umgesetzt wurden.[727] Konservative Bilanzierungsgepflogenheiten waren vorherrschend, die sich über richterliches Gewohnheitsrechts allmählich auch zu etablierten Rechtsprinzipien etablierten.[728] Aus dem TFV-Prinzip wurde lange Zeit keine Notwendigkeit zu einer möglichst informativen Jahresabschlussgestaltung abgeleitet. Dies verdeutlicht der Fall *Newton vs. Birmingham Small Arms Co. Ltd.* aus dem Jahre 1906: Hier wurde von der Rechtsprechung bestätigt, dass selbst umfangreiche stille Reserven mit dem (damaligen) *true and correct view* vereinbar waren.[729] In der Urteilsbegründung heißt es:

„The purpose of the balance-sheet is primarily to show that the financial position of the company is at least as good as stated, not to show that it may not be better"[730].

Eine zutreffende bilanzielle Darstellung der Vermögenslage *(„the idea of a true balance sheet"*[731]*)* wurde von der Rechtsprechung offenkundig nicht verlangt.

Bis zum Jahre 1942 gab es in Großbritannien auch noch keine einheitlichen *professional standards*. Die Auswahl der Bilanzierungsmethoden blieb allein den bilanzierenden Unternehmen und deren Prüfer überlassen.[732] Bilanzkosmetik

---

[724] Für einen Überblick über die älteren Gerichtsurteile vgl. Baxt (1970), S. 543-547; Chastney (1975), S. 24 ff.; Napier/Noke (1992), S. 37 ff.

[725] Vgl. Napier/Noke (1992), S. 38. Einen Überblick wesentlicher juristischer Auslegungen verschiedener Bilanzierungssachfragen vgl. Hadden/Boyd (1992), S. 61-65.

[726] Zitiert nach Napier/Noke, S. 38. Ein ähnliches Beispiel nennt Baxt (1970), S. 544 f.

[727] Vgl. Napier/Noke (1992), S. 41.

[728] Vgl. dazu Hadden/Boyd (1992), S. 61-65; Paton/Littleton (1970), S. 18.

[729] Vgl. Chastney (1975), S. 26; Baxt (1970), S. 545.

[730] Zitiert nach Napier/Noke (1992), S. 39.

[731] Chastney (1975), S. 26.

[732] Vgl. Parker (2000), S. 116.

schien entsprechend an der Tagesordnung gewesen zu sein.[733] Doch erst im Jahre 1931 sorgte der Fall *Royal Mail Shipping Line* für größeres öffentliches Aufsehen. So stellte sich heraus, dass die Gesellschaft mit Hilfe bilanzpolitischer Maßnahmen (insbesondere durch eine Stille-Reserven-Politik) jahrelang überhöhte Gewinne auswies und ausschüttete.[734] Ein im Jahre 1942 ins Leben gerufene Parlamentsausschuss (das sog. *Cohen Committee)* beschäftigte sich daraufhin mit den aufgedeckten Bilanzierungsmissständen jener Zeit, speziell mit dem Fall *Royal Mail Shipping Line.*[735] Die Ergebnisse der Kommission führten zur Verabschiedung des *CA of 1948*, in dem erstmals einige Mindestinhalte der Bilanz und der GuV und in den *notes* zu erbringende Angaben gesetzlich vorgeschrieben wurden.[736] Die im *Cohen Committe* vertretenen berufsständischen Vereinigungen setzten sich hierbei vehement für eine gesetzliche Kodifizierung des heutigen TFV-Gebots ein.[737] Mit einem weiterhin unbestimmten und durch die Rechnungslegungspraxis zu konkretisierenden Rechtsbegriff erhoffte sich der Berufsstand offenbar seine Reputation und seinen Einfluss zu sichern.[738]

In der Zeitspanne zwischen 1942 und 1969 wurden dann erstmals mehrere berufsständische Empfehlungen (*„recommendations in accounting principles"*[739]*)* zu Bilanzierungs- und Prüfungsfragen veröffentlicht, die vor allem induktiv aus bewährten Bilanzierungsgepflogenheiten abgeleitet wurden *(„best accounting practice"*[740]*).*[741] Diese fachlichen Empfehlungen sollten vor dem Hintergrund der aufgetretenen Bilanzierungsmissstände den unbestimmten TFV-Grundsatz konkretisieren. Allerdings wurde die Umsetzung der Bilanzierungsempfehlungen

---

733 So Walton (1998), S. 131: „At this time the annual profit was a one line disclosure and the evidence given in the case made it clear that both auditors and company management regarded it as normal practice that the figures should be manipulated to provide a consistent profit and dividend".

734 Vgl. Hoffmann (1988), S. 20; Baxt (1970), S. 545. Richter Lord Kylsant stellte hierbei mit Blick auf die damaligen Rechnungslegungsgepflogenheiten mit ungewöhnlich kritischem Ton fest: „Technical rules of accountancy are admirable things but they are the letter and not the spirit" (zitiert nach Baxt (1970), S. 545).

735 Vgl. Baxt (1970), S. 545: „Shareholders may be misled into thinking that the company is making profits when such is not the case"; Walton (1998), S. 131.

736 Vgl. Hoffmann (1988), S. 20 f.; Cook/Choudhury/Wallace (2001), S. 2580.

737 Vgl. Parker (2000), S. 111. Der im CA 1948 kodifizierte TFV-Grundsatz wurde für den Fall der Missachtung auch sanktionsbewehrt (vgl. Hadden/Boyd (1992), S. 57).

738 Vgl. Streim (1994), S. 394; Walton (1993), S. 55 und besonders deutlich S. 56: „It has a potentially wider significance in the political arena such as where accountants are defending or trying to enhance their professional status".

739 Cooke/Choudhury/Wallace (2001), S. 2583.

740 Parker/Nobes (1994), S. 4.

741 Vgl. Napier/Noke (1992), S. 41.

den einzelnen Berufsstandsmitgliedern freigestellt.[742] Die Empfehlungen waren zudem unpräzise formuliert und ließen zahlreiche alternative Abbildungsmöglichkeiten zu. Dennoch wurden diese fachlichen Empfehlungen in der Fachöffentlichkeit als mit dem TFV-Gebot vereinbar angesehen.[743] Eine möglichst informative Jahresabschlussgestaltung wurde auch von der Rechtsprechung in dieser Zeitspanne aus dem TFV-Prinzip nicht abgeleitet. So überstieg in einem Rechtsfall aus dem Jahre 1967 der Börsenwert eines Unternehmens das bilanzielle Reinvermögen erheblich. Das Gericht kam jedoch zu dem Entschluss, dass es nicht Aufgabe der Bilanz sei, den Geschäftswert oder aktuelle Zeitwerte von Sachanlagevermögen abzubilden:

„The balance sheet does not purport to offer a current valuation of either the goodwill or the fixed assets"[744].

Im Jahre 1967 wurde nach den Vorschlägen eines weiteren Parlamentsausschusses (sog. *Jenkins Committee on Company Law)* der CA 1948 überarbeitet und etwas detaillierter gesetzliche Vorschriften eingefügt.[745] Bezüglich des TFV-Gebots wurde im Jenkins Report festgehalten, dass im Regelfall eine Befolgung der gesetzlichen Normen und der Erläuterungspflichten zur Erfüllung des TVF-Prinzips ausreichend sei:

„The formula 'true and fair' seems to us satisfactory as an indication of the required standard [of disclosure], while it makes for certainty to prescribe specific information which the law regards as the minimum necessary for the purpose of attaining the standard"[746].

Es wird deutlich, dass in England bis etwa 1970 der TFV-Grundsatz insgesamt nur wenig problematisiert wurde.[747] Das TFV-Gebot war in der Regel erfüllt,

---

[742] Vgl. Napier/Noke (1992), S. 41 f.; Hoffmann (1988), S. 44; Cooke/Choudhury/Wallace (2001), S. 2583 f.; Böckem (2000), S. 64; Baxter (1994), S. 10 zitiert eine Stellungnahme der Chartered Accountants in England and Wales: „It is of course, a matter for each individual member to consider his responsibility in regard to accounts presented by directors, but it is hoped that the recommendations to be made will be helpful to members in advising directors as to what is regarded as best practice." Allerdings war eine Nichtbefolgung dieser Empfehlungen kaum möglich, da die Berufsstände ein hohes Prestige genossen und auf die Loyalität ihrer Mitglieder zählen konnten. Vgl. Baxter (1994), S. 13.

[743] Leach (1981), S. 4: „In fact, there were often alternative approaches, none of which was sufficiently out of line to distort a true and fair view", in: Leach/Stamps (Hrsg.), British Accounting Standards: The First 10 Years, Cambridge 1981, S. 1-11, zitiert nach: Napier/Noke (1992), S. 42. Anm.: Vor diesem Hintergrund agierte der britische Berufsstand in den 50er und 60er Jahren des vergangenen Jahrhunderts weitgehend unbehelligt von der Legislative - in einer „Epoche der allgemeinen Selbstgefälligkeit". Vgl. Patient (1992), S. 41: „The 1950s and 1960s appear to have been a period of general complacency on the part of both accountants and the law".

[744] Fall Re Grierson Oldham and Adams Ltd., zitiert nach Baxt (1970), S. 547.

[745] Vgl. dazu Hoffmann (1988), S. 21.

[746] Zitiert nach Parker/Nobes (1994), S. 2.

[747] Vgl. Parker/Nobes (1994), S. 2.

wenn die wenigen gesetzlichen Anforderungen sowie *„best accounting practice"*[748] befolgt wurden. Den Stellenwert einer den Einzelnormen übergeordneten ‚Generalnorm', die zu einer möglichst informativen Jahresabschlusserstellung zwingen soll, hatte der britische TFV-Grundsatz zu jener Zeit jedenfalls noch nicht.[749]

Die raschen wirtschaftlichen Veränderungen, die hohen Inflationszahlen, eine Fülle von Bilanzskandalen, der sog. *Argyll Food Case*, die Übernahme der EG-Richtlinien und eine zunehmende Regulierung der Rechnungslegung führten – wie im Folgenden beschrieben wird - dazu, dass die Bedeutung des TFV-Grundsatzes seit Beginn der 70er Jahre des letzten Jahrhunderts mehr und mehr zu Informationszwecken und als Disziplinarinstrument in den Vordergrund rückte.[750] Auch die jüngsten Bilanzskandale in den USA haben den TFV-Grundsatz wieder verstärkt in die aktuelle Diskussion lanciert.[751]

3.3.2 Ausstrahlung auf Rechtsprechung und Praxis in jüngerer Zeit

Die Diskussionen um das TFV-Prinzip haben seit Beginn der 70er Jahre deutlich zugenommen. Angesichts hoher Inflationsraten in den 60er und 70er Jahren in Großbritannien und unklarer gesetzlicher Regelungen, war in der Fachdiskussion umstritten, ob das herkömmliche historische Anschaffungswertprinzip und das Konzept der Nominalkapitalerhaltung in Zeiten steigender Preise zu einer wahren und fairen Darstellung der Vermögens- und Ertragslage führt. Stattdessen wurden alternative Bewertungskonzeptionen, wie z.B. eine verstärkte Bilanzierung zu Zeitwerten *(current cost accounting)*, vorgeschlagen.[752] Außerdem machte in England ein Boom von Unternehmensübernahmen und Fusionen seit Ende der 60er Jahre deutlich, dass in der Praxis trotz des TFV-Prinzips sehr uneinheitliche Rechnungslegungsmethoden vorherrschten.[753] Einige Unternehmensübernahmen zeigten sogar, dass selbst identische Sachverhalte ungleich bi-

---

[748] Parker/Nobes (1994), S. 4.

[749] Parker/Nobes (1994), S. 4: „Perhaps this could be summed up as best accounting practice plus the requirements of the Act. There is little indication here of true and fair as an overriding requirement of, superior to, specific rules".

[750] Vgl. Parker/Nobes (1994), S. 4.

[751] Vgl. Alexander/Archer (2003).

[752] Vgl. Schildbach (1979b), S. 281; Chastney (1975), S. 29 ff.; Hadden/Boyd (1992), S. 63; Walton (1993), S. 52. Für einen Überblick der damaligen Diskussion vgl. Parker/Nobes (1994), S.

[753] Häufig zitierte Beispiele sind die Übernahme von Associated Electric Industries (AEI) durch die General Electric Corporation (GEC) sowie von Pergamon durch Leasco im Jahr 1969. Vgl. Cooke/Choudhury/Wallace (2001), S. 2584, 2586.

lanziell abgebildet werden.[754] Um einer befürchteten verstärkten staatlichen Regulierung der Rechnungslegung zuvorzukommen, gründeten die berufsständischen Vereinigungen im Jahre 1969 einen gemeinsamen, berufsständisch organisierten Standardsetzer. Diese Organisation verabschiedete in der Folge auf einer breiten normativen Grundlage einheitliche Rechnungslegungsstandards zu auftretenden Bilanzierungssachfragen.[755] Hinter einer berufsständisch organisierten Standardsetzung stand im Kern die Philosophie, dass die Umsetzung des TFV-Gebots primär eine pragmatische Sachfrage sei, die am besten von einer berufsständischen Fachorganisation gelöst werden könnte und daher breite Anerkennung finden würde.[756] Allerdings stellte sich in späteren Jahren heraus, dass der große Einfluss der Berufsstände auf die Standardsetzung eher hinderlich war, da es oft zu Rivalitätskonflikten zwischen den berufsständischen Mitgliedsorganisationen kam.[757] Der berufsständische Standardsetzer arbeitete insgesamt schwerfällig und konnte den raschen wirtschaftlichen Veränderungen der 70er und 80er Jahre nicht rechtzeitig mit aktuellen Rechnungslegungsstandards begegnen. Viele Bilanzierungsprobleme dieser Zeit – insbesondere die Frage des *inflation accounting* oder der Bilanzierung von Unternehmensübernahmen - blieben ungelöst.[758] In den 80er Jahren kamen zahlreiche spektakuläre Bilanzskandale hinzu, die zunehmend das Vertrauen der Öffentlichkeit in eine Selbstregulierung durch diejenigen zerstörte, die zugleich Anwender und Prüfer der Rechnungslegung sind.[759] Nach den Vorschlägen des *Dearing Report* wurde vor diesem Hintergrund im Jahre 1990 das System der berufsständischen Standardsetzung in das heutige privatrechtliche *Accounting Standards Board* (ASB) umgewandelt.[760] Das ASB soll von berufsständischen Vereinigungen unabhängiger

---

[754] So wies AEI (vgl. vorherige Fn.) vor deren Übernahme einen Bilanzgewinn von 10 Mio. GBP aus, mit den Rechnungslegungsmethoden der GEC wurde nach der Übernahme ein bilanzieller Verlust in Höhe von 4,25 Mio. GBP ermittelt (vgl. Cooke/Choudhury/Wallace (2001), S. 2548). Vgl. dazu Benston (1975), S. 245: „That led financial journalists to 'wonder' how different accountants could report different amounts for what appeared to be the same transaction".

[755] Vgl. Napier/Noke (1992), S. 42; Cooke/Choudhury/Wallace (2001), S. 2584.

[756] Vgl. Napier/Noke (1992), S. 43; Cooke/Choudhury/Wallace (2001), S. 2584; Walton (1993), S. 50: „Accounting principles (...) represent (...) a set of pragmatic responses to measurement problems".

[757] Vgl. Böckem (2000), S. 65.

[758] Vgl. Walton (1998), S. 135; Hadden/Boyd (1992), S. 64. Ungelöst blieben außerdem die Themengebiete der Regelung von off-balance-sheet-Transaktionen und die bilanzielle Behandlung des goodwill (vgl. van Hulle (2001), S. 4 f.).

[759] Vgl. Böckem (2000), S. 65 zitiert Bromwich/Hopwood (1983), S. xii: „One major weakness of self-regulation is said to be that standard setting bodies have to achieve consensus for each standard among those who have the power to ignore their objectives".

[760] Vgl. Böckem (2000), S. 68.

sein und nach dem Ideal moderner Standardsetzer im Standardsetzungsprozess stets aktuelle und sachbezogene Standards entwerfen.[761]

Als in den 80er Jahren in der britischen Wirtschaftspresse immer häufiger von Fällen berichtet wurde, bei denen über eine punktgenaue Beachtung der Rechnungslegungsstandards an den eigentlichen Regelungszwecken vorbeimanövriert wurde, wurde in der Finanzwelt der Begriff des *creative accounting* zum „Inbegriff für diskretionäre und betrügerische Informationsmanipulation“[762]. Häufig wurden Regelungslücken oder Schlupflöcher benutzt, um wichtige Vermögens- oder Schuldpositionen aus den Bilanzen verschwinden zu lassen. Vor diesem Hintergrund wird zunehmend dem TFV-Konzept die Rolle eines wirksamen Schutzmechanismus gegen kreative Bilanzierungstricks zugesprochen:[763] Eine den Einzelnormen übergeordnete Generalnorm soll die Bilanzierenden dazu zwingen, stärker die wahren wirtschaftlichen Zusammenhänge bilanziell abzubilden *(substance over form)*.[764]

Eine stärkere Betonung der wirtschaftlichen Betrachtungsweise führt allerdings zu einem Konflikt mit der formalrechtlichen Betrachtungsweise der britischen Rechtsprechung.[765] Nachdem Anfang der 80er Jahre das englische Bilanzrecht umfassend gesetzlich geregelt wurde, begann man generell das Verhältnis der Generalnorm zu Rechtsnormen und Fachnormen zu hinterfragen:[766] Im *Agryll Food* Fall aus dem Jahre 1981 testierte ein Jahresabschlussprüfer einen Konzernabschluss mit Hinweis auf die Generalnorm, obgleich zwei gesetzliche Vorschriften gebrochen wurden. Es handelte sich um eine Konsolidierung eines wirtschaftlich zum Konzern gehörenden Unternehmens, das jedoch rechtlich kein Tochterunternehmen darstellte. Das Gericht verurteilte das Vorgehen als

---

[761] Vgl. van Hulle (2001), S. 6 f.; Böckem (2000), S. 68 f.

[762] Böckem (2000), S. 66; Parker/Nobes (1994), S. 8; Hadden/Boyd (1992), S. 64. Für Beispiele üblicher kreativer Rechnungslegungspraktiken vgl. Tweedie (1988), S. 4-17. Das so genannte ‚off-balance financing' stellte eines der größten Probleme dieser Zeit dar. vgl. Napier/Noke (1992), S. 45 f.

[763] Vgl. Parker/Nobes (1994), S. 8; Shah (1998), S. 84: „As a defense against creative accounting practices, which by definition aims to exploit gaps or ambiguities in specific accounting rules or standards“. Einer der populärsten Verfechter für das TFV-Prinzip zur Eindämmung bilanzpolitischer Missbräuche ist der derzeitige chairman des IASB, Tweedie (vgl. z.B. Tweedie (1988), S. 1-21).

[764] Vgl. PwC (2001), Rdnr. 4.4: „Accounting for transactions in accordance with their commercial substance is now central to the concept of the true and fair view“.

[765] So bezeichnete die britische Law Society den Vorschlag des ICAEW als „dangerous and undesirable“ und „contrary to law“. Vgl. Paker/Nobes (1994), S. 9; Napier/Noke (1992), S. 46; PwC (2001), Chapter 4, Reporting the substance of transactions, Rdnr. 4.9.

[766] Vgl. Bromwich/Hopwood (1992), S. vii.

gesetzeswidrig,[767] und stiftete daraufhin große Unsicherheiten über die Vorrangigkeit von Rechtsnormen und Fachnormen.

Erst durch eine Stellungnahme der beiden hochrangigen Richter Hoffmann und Arden aus dem Jahre 1983 wurde eine einheitliche juristische Auffassung über den Gehalt des TFV-Grundsatzes und dessen Verhältnis zu fachlichen Rechnungslegungsnormen bekannt gegeben: Demnach ist vor Gericht im Einzelfall zu entscheiden, ob ein Jahresabschluss *quantitativ und qualitativ* ausreichende Informationen vermittelt, die die vernünftigen Erwartungen eines Jahresabschlussadressaten (*„to satisfy the reasonable expectations of the readers to whom they are adressed“*[768]) erfüllen. Das bedeutet: „True and fair zu bilanzieren heißt (...), den Erwartungen der Adressaten gerecht zu werden“[769]. Eine Befolgung von allgemein anerkannten Rechnungslegungsmethoden gilt hierbei als wesentliches Indiz dafür, dass ein Jahresabschluss einen TFV vermittelt.[770] Die Indizienwirkung steigt, je allgemein anerkannter die umgesetzten Fachnormen sind.[771] Besonders hohe juristische Beweiskraft haben jedoch Rechnungslegungsstandards, denn diese spiegeln nach Auffassung der beiden Richter einen Konsens der Expertenmeinungen über den TFV-Gehalt einzelner Abbildungsmethoden wider.[772] Die juristische Stellungnahme der beiden Richter stellt somit klar, dass das TFV-Prinzip grundsätzlich durch Fachnormen der Rechnungslegung ausgedrückt wird.[773]

Im Jahre 1989 wurden in das britische Bilanzrecht als Konsequenz auch explizite Verweise auf Rechnungslegungsstandards und allgemein anerkannte Rechnungslegungspraktiken eingefügt. Große Unternehmen müssen nun im Jahresabschluss angeben, ob neben den gesetzlichen Vorschriften auch alle relevanten fachlichen Normen eingehalten wurden.[774] Da mit diesen gesetzlichen Verwei-

---

[767] Vgl. Parker/Nobes (1994), S. 6 f. Ausführlich zum Agryll Food Fall vgl. Ashton (1986).

[768] Hoffmann/Arden (1983), S. 155.

[769] Beine (1995), S. 471.

[770] Vgl. Hoffman/Arden (1983), S. 155: „The courts will threat compliance with accepted accounting principles as prima facie evidence that the accounts are true and fair. Equally, deviations from accepted principles will be prima facie that they are not".

[771] Arden (1994), S. 147: „The more authoritative those practices and views [Anm. des Verf.: of the accountants], the more ready the Court will be to follow them".

[772] Hoffmann/Arden (1983), S. 155: „The SSAP is intended to crystallize professional opinion and reduce penumbral areas in which divergent practises exist and can each have a claim to being 'true and fair'". Anm.: Bestätigt wurde die gerichtliche Beweiskraft von Rechnungslegungsstandards auch im Richterspruch des Falles Cheyham & Co. V. Littleton & Co aus dem Jahre 1986 (vgl. Walton (1993), S. 51).

[773] Vgl. Cooke/Choudhury/Wallace (2001), S. 2620.

[774] Vgl. Schedule 4 CA 1985, § 36A; Section 262 (3), (a) CA 1985; Schedule 4a CA 1985, § 2 (1).

sen Fachnormen zu ‚quasi-gesetzlichen' Normen erhoben wurden,[775] stellte sich die Frage, ob diese vor Gericht nicht nur als Indizien einer *„good practice"* betrachtet werden, sondern bereits eine höhere rechtliche Verbindlichkeit verkörpern.[776] In einer weiteren Stellungnahme der Richterin Arden aus dem Jahre 1993[777] wurde daher erneut die rechtliche Bedeutung von Rechnungslegungsstandards klar gestellt: Arden wiederholte, dass Rechnungslegungsstandards einen breiten Konsens von Expertenmeinungen widerspiegeln und insofern vor Gericht generell eine hohe Beweiskraft haben.[778] Eine rechtliche Verbindlichkeit spricht die britische Justiz den Rechnungslegungsstandards dessen ungeachtet nicht zu: Die Rechtsprechung möchte in ihren einzelfallbezogenen Urteilsfindungen nicht durch *„extra-legal influences"* beeinträchtigt werden, sondern bestehendes Gesetzesrecht auslegen.[779] Insbesondere soll vermieden werden, bestimmte Bilanzierungsmethoden als *true and fair* gerichtlich zu ‚bestätigen'.[780] Denn dann würden Präzedenzfälle mit genereller Bindungswirkung geschaffen werden, die zukünftige situationsbezogene Interpretationen des TFV-Prinzips verhindern.[781] Die von der Rechtsprechung zu prüfenden ‚vernünftigen Erwartungen der Jahresabschlussadressaten' verändern sich im Zeitablauf. Deshalb darf die Rechtsprechung im Rahmen ihrer einzelfallbezogenen gerichtlichen Überprüfung keine Präzedenzfälle schaffen, die die gewünschte dynamische (Fort-) Entwicklung der Fachnormen der Rechnungslegung blockieren.[782]

---

[775] Vgl. Bromwich/Hopwood (1992), S. 9.

[776] Bromwich/Hopwood (1992), S. 7: „One major unresolved question is whether the courts will see accounting standards as merely of providing evidence of good practice or will be willing to accord them a role in law."

[777] Diese Stellungnahme ist in fast jedem Accounting-Lehrbuch und zudem Anhang zum Vorwort der britischen Accounting Standards abgedruckt. Vgl. ASB (2000), Foreword to Accounting Standards, Appendix, S. 110-114; vgl. auch van Hulle (2001), S. 14.

[778] Vgl. ASB (2000), S. 112, Rdnr. 8. Anm.: Die Vermutung, dass die Befolgung der Rechnungslegungsstandards einen TFV vermittelt, wurde auch in einem Urteil (Woolf J in Lloyd Chenan & Co Ltd vs. Littlejohn & Co.) bestätigt. Vgl. van Hulle (2001), S. 13.

[779] Bromwich/Hopwood (1992), S. 12: „The courts will examine each case independently on its merits (...). They are not likely to accept accounting standards in all their judgements. The courts do not like to be constrained in their judgements by extra-legal influences and favour statutory provisions".

[780] Vgl. Radcliffe (1990), S.335: „There is no evidence that any accounting principle or rule has acquired the status of a binding legal precedent to be applied in determining TFV".

[781] Vgl. Hoffmann (1988), S. 36: „Wäre ein bestimmtes Bilanzierungsverfahren generell als ‚true and fair' erkannt, so könnten alle mit dem Problem der ‚wahren' Abbildung verbundener Konflikte als gelöst angesehen werden. Das Ziel wäre erreicht. Ein solch normativer Ansatz ist aber, wie dargelegt, mit den Zielen des TFV-Konzepts unvereinbar." Vgl. auch Parker/Nobes (1994), S. 7.

[782] Vgl. Arden (1994), S. 147; Arden (1992), S. 81.

Prinzipiell das gleiche gilt auch in den USA: Ein vielzitierter US-amerikanischer Richterspruch aus dem Jahre 1962 verdeutlicht, dass auch dort vor Gericht Fachnormen der Rechnungslegung als widerlegbares Indiz einer ordnungsgemäßen Rechnungslegung gelten:

„The trial judge instructed the jury that the 'critical test' was whether the financial statements 'fairly presented the financial condition of Continental as of September 30, 1962' and whether they 'accurately reported the operations for fiscal 1962.' He instructed the jury to consider proof of compliance with professional standards (...) as 'evidence which may be very persuasive but not necessarily conclusive' that the financial statements 'where not materially false or misleading'"[783].

3.4 Schlussfolgerungen

Das TFV-Prinzip stellt in Großbritannien einen bewusst abstrakt gehaltenen Rechtsgrundsatz dar. Das bedeutet:

(1) Die Umsetzung des Prinzips soll einen letzten ‚Test' im Rahmen der Jahresabschlusserstellung bewirken und entsprechende Auswirkungen auf die Rechnungslegungspraxis haben.

(2) Der Gehalt des Prinzips soll sich dynamisch mit den Veränderungen der Rechnungslegungs- und Geschäftspraktiken entwickeln.

(3) Abschlüsse gelten juristisch als ordnungsmäßig im Sinne des TFV, wenn die darin vermittelten Informationen *quantitativ und qualitativ* ausreichen, vernünftige - sich im Zeitablauf verändernde - Erwartungen der Adressaten zu erfüllen.[784]

Zu (1): Mit der Generalnorm sollen all diejenigen Zweifelsfragen aufgefangen werden, für die keine konkreten Rechnungslegungsregeln existieren oder in begründeten Ausnahmefällen nicht passen *(„catch all clause"*[785]*)*. Insbesondere muss ein Unternehmen bei vorhandenen Wahlrechten, bei Regelungslücken oder bei Ungereimtheiten eigene Bilanzierungsmethoden entwickeln, die auf den Einzelfall bezogen angemessen sind, um einen TFV zu erzeugen *(„most appropriate to its particular circumstances for the purpose of giving a true and fair view"*[786]*)*. Damit soll die Generalnorm vor bilanzpolitischen Missbräuchen schützen.[787]

---

[783] Rosenfield/Lorson (1973), zitiert nach Zeff (1995), S. 55.

[784] Vgl. ASB (2000), Statement of Principles, Rdnr. 10-12.

[785] Cooke/Choudhury/Wallace (2001), S. 2620. Walton (1993), S. 50 bezeichnet dies auch als „safety net".

[786] FRS 18.17; vgl. PwC (2001), Rdnr. 2.119, S. 2030.

[787] Vgl. Parker/Nobes (1994), S. 8; Alexander/Archer (2003), S. 9.

Zu (2): Das TFV-Prinzip ist ein dynamisches Konzept, weil - wie gezeigt - im Laufe der Zeit unterschiedliche Vorstellungen über dessen Gehalt verbunden waren:[788] Galten in früheren Zeiten eher konservative und formale Bilanzierungsgrundsätze als *true and fair*, so wird heute möglichst die Notwendigkeit einer möglichst informativen Rechnungslegung aus diesem Grundsatz abgeleitet. Wie gezeigt, verändern sich Rechnungslegungsnormen im Laufe der Zeit mit den gesetzlichen oder institutionellen Rahmenbedingungen, der Rechtsprechung sowie den vorherrschenden Bilanzauffassungen.[789] Der Gehalt des TFV wird insofern durch das Netz der bestehenden Rechnungslegungsnomen bestimmt:[790]

„When british accountants pose the question, ‚does such and such give a true and fair view?', they may be saying, 'does this way of dealing with transaction chime with the way accounting normaly deals with similar transactions?'"[791]

Zu (3): Die Rechtsprechung beurteilt den Grundsatz danach, ob die im Einzelfall vorliegenden Jahresabschlussinformationen insgesamt quantitativ und qualitativ ausreichen, um den vernünftigen Erwartungen der Jahresabschlussadressaten zu entsprechen – wobei fachliche Normen im Zweifel für einen widerlegbaren TFV sprechen.

Die vorhergehenden Ausführungen haben auch gezeigt, dass mit einer zunehmenden gesetzlichen und fachlichen Regulierung der Rechnungslegung das Verhältnis von Rechnungslegung und Rechtsprechung unklar wird. Sofern es, wie es in Großbritannien lange Zeit der Fall war, nur eine geringe gesetzliche Regelungsdichte zum Bereich der Rechnungslegung gibt, ist das Zusammenspiel klar: Die ordnungsgemäße Umsetzung des TFV-Prinzips wurde im Wesentlichen der Verantwortung der *accountancy profession* überlassen und die Rechtsprechung überprüft in Einzelfällen, ob der rechtliche Rahmen eingehalten wird.[792] Mit diesem Zusammenspiel schien die britische Rechnungslegungswelt in Harmonie zu leben, wie Napier/Noke (1992) in einem historischen Rückblick anmerken:

„Accounting and Law would appear in principle to work well together, as law provides a framework for accounting, while accounting produces information for the processes of law"[793].

---

[788] Vgl. Cooke/Choudhury/Wallace (2001), S. 2620; Chastney (1975), S. 37 f.

[789] Ähnlich: Chastney (1975), S. 39.

[790] Vgl. Walton (1993), S. 50: „The accounting rules define true and fair".

[791] Walton (1993), S. 53.

[792] Ähnlich: Napier/Noke (1992), S. 43; 47 f.

[793] Napier/Noke (1992), S. 31.

Diese traditionelle ‚Harmonie' endete, seitdem immer mehr auf *„economic substance"*[794] orientierte Fachnormen produziert werden, die einem immer umfassenderen formalen gesetzlichen Rahmen gegenüberstehen.[795] Durch eine zunehmende Regulierung der Rechnungslegung entsteht ein *rivalisierendes Verhältnis von Fachnormen und Rechtsnormen* der Rechnungslegung:[796] Um die Gefahren von Rechtsstreitigkeiten abzuwenden, muss die Standardsetzung Rechnungslegungsvorschriften erlassen, die im bestehenden rechtlichen Rahmen bleiben[797] oder sie muss auf eine gesetzliche Kodifizierung von Fachnormen hinwirken. Eine freie und flexible Schaffung von Fachnormen wird dadurch erheblich gestört.[798] Parker (2000) bezeichnet ein solches Verhältnis von Fachnormen und Rechtsnormen als *„obscure"*[799], da deren Grenzen verwischt werden.[800] Die ‚Vermischung' von Rechtsnormen und Fachnormen der Rechnungslegung wird insofern noch verstärkt, als die Gerichte im Rahmen des *case law* eine regelkonforme Bilanzierung als Indiz für einen TFV auffassen. Als Konsequenz können sich fachliche Normen nur noch in Richtung immer kasuistischere Einzelfallregelungen fortentwickeln *(„rule based approach to standard setting"*[801]*)*. Die Vermengung von Fachnormen und Rechtsnormen blockiert zunehmend einzelfallbezogenes *professional judgement* – denn nur eine strikte Befolgung der detaillierten Einzelnormen kann vor möglichen rechtlichen Konsequenzen schützen.[802] Nach Ordelheide (1996) kann das TFV-Prinzip insofern nur dann seine

---

[794] Napier/Noke (1992), S. 49.

[795] Vgl. Napier/Noke (1992), S. 48 f.

[796] Vgl. Parker (2000), S. 115 f. Fearnley/Hines (2003), S. 215 zeigen, dass in England in jüngster Zeit – auch als Folge des ENRON-Debakels, das „regulatory framework for financial reporting and auditing" durch zahllose weitere gesetzliche und institutionelle Vorschriften weiter geschnürt wurde.

[797] Vgl. ASB (2000), Statement of Principles for Financial Reporting, S. 20, Rdnr. 15a und Appendix I, Rdnr. 2; Napier/Noke (1992), S. 46.

[798] Vgl. van Hulle (2001), S. 6;

[799] Parker (2000), S. 115.

[800] Vgl. Parker (2000), S. 115. Ähnliches konstatiert Wüstemann (1999), S. 106 für die US-amerikanische Rechnungslegung.

[801] Napier/Noke (1992), S. 46; vgl. Parker (2000), S. 117. Anm.: Der Trend zu einer verstärkt regelbasierten Standardsetzung in Großbritannien beruht insbesondere darauf, dass solche Standards aufgrund der beschriebenen Indizienwirkung von Fachnormen vor Gericht vor möglichen Haftungsklagen durch Aktionäre schützt (vgl. Napier/Noke (1992), S. 46). Allerdings sind in Großbritannien Sammelklagen von Aktionären unüblich, und die Sanktionsbewehrung bei Bilanzdelikten ist nicht sehr streng. In den USA sind – wie im Abschn. D.1.4. gezeigt wird - die sehr strengen Haftungsbestimmungen ganz ausgeprägt für die regelbasierte Standardsetzung verantwortlich.

[802] So Parker (2000), S. 117: „It may be a considerable time before the combination of statutory requirements and applicable accounting standards covers all important aspects of financial reporting, but if and when that occurs it could be argued that there will be no place

vermeintliche disziplinarische Wirkung entfalten, wenn es als uneingeschränktes *overriding principle* fixiert ist, das nicht nur in *Ausnahmefällen* ein Abgehen von Einzelnormen erlaubt. Eine solche uneingeschränkte Generalnorm ist allerdings nicht mit europäischem Recht vereinbar.[803]

Das im Jahre 1990 geschaffene britische Financial Reporting Review Panel (FRRP) zeigt, dass in Großbritannien heute eine ordnungsgemäße Einhaltung von Rechnungslegungsstandards verstärkt außerhalb der ordentlichen Gerichtsbarkeit durchgesetzt werden soll.[804] Zwar steht dem FRRP die Androhung eines Gerichtsverfahrens als Sanktionsbewehrung zur Verfügung, doch diese Möglichkeit wird offenkundig nicht genutzt.[805] Der Grund liegt offenbar darin, dass eine Interpretation von Fachnormen durch fachfremde Juristen nicht gewünscht wird.[806] Es soll verhindert werden, dass das noch verbleibende enge Korsett um das *professional judgement* der Rechnungslegungspraxis zusätzlich durch eine rivalisierende Rechtsprechung enger geschnürt wird.[807]

4 Zwischenergebnis zum Teil C

Die Ausführungen dieses Kapitels haben zu folgenden Ergebnissen geführt:

Im Abschnitt 1 wurde untersucht, welche ‚Qualität' Jahresabschlussinformationen im Entscheidungskalkül der Adressaten erfüllen müssen, um bei der Prognose der relevanten Zielströme herangezogen zu werden. Hierbei wurde Folgendes festgestellt:

- Die Entscheidungsrelevanz bzw. der ‚Wert' von Informationen kann nur dann genau bestimmt werden, wenn die individuelle Datenkonstellation eines wirtschaftlichen Entscheidungsträgers exakt beschrieben und abgegrenzt ist. Entscheidungsträger sind allerdings bereits im Individualkontext nur partiell

---

for the concept of a true and fair view since the emphasis will then have titled overwhelmingly toward compliance than legitimizing the exercise of individual professional judgement."

803 Ordelheide (1996), S. 502: „Thus, the more the interpretation of the general norm is uncoupled from the specific norms of the respective act, the more overriding will be necessary in order to arrive at an accounting practice which is in accordance with the general norm. Consequently the applicability of the overriding norm had to be expended from 'exceptional cases' to a more general overriding property which may counteract the original content of the set of specific norms".

804 Vgl. dazu Böckem (2000), S. 67 ff.

805 Vgl. Böckem (2000), S. 80.

806 Vgl. Böckem (2000), S. 81.

807 Ähnlich: Schildbach/Straßer (2003), S. 1723 f. Fearnley/Hines (2003), S. 232 meinen im Hinblick auf die umfassenden regulativen Maßnahmen in Großbritannien der letzten Jahre hoffnungsvoll: „Regulators wish to remain engaged with professional bodies (..). Legislation and extensive rules are seen as a backstop only to be applied where all else fails. Principle based frameworks continue to be supported".

in der Lage, Informationen nach dem Feinheitskriterium zu ordnen. Da im Marktkontext öffentliche Informationen unvermeidliche Interessenskonflikte provozieren, müssen bei der Informationsauswahl letztendlich Abwägungsentscheidungen getroffen werden.

- Informationen sind aus der Perspektive der wirtschaftlichen Entscheidungsträger nur dann entscheidungsrelevant, wenn der (subjektive) Eindruck besteht, dass die zugrunde liegenden Sachverhalte wahrheitsgetreu wiedergegeben werden. Unsicherheiten über die Vertrauenswürdigkeit von Kapitalmarktinformationen führen zu höheren Risikoabschlägen und können die Allokationseffizienz eines Marktes beeinträchtigen. Die Vertrauenswürdigkeit von Information hängt von zahlreichen individuellen und kollektiven Faktoren sowie subjektiven Eindrücken ab. Insofern ist der Grundsatz der Vertrauenswürdigkeit ein nicht greifbares Prinzip.
- Investoren lassen sich in ihren wirtschaftlichen Entscheidungen von Informationen über zukünftige Entwicklungen eines Unternehmens leiten. Die Entscheidungsrelevanz der prinzipiell vergangenheitsorientierten Jahresabschlussinformationen wird in der Literatur auf logisch-deduktivem und empirisch-induktivem Weg zu begründen versucht. Beide Ansätze führen nicht zu eindeutigen Ergebnissen, anhand derer die Grundsätze der Entscheidungsrelevanz und der Vertrauenswürdigkeit vergangenheitsorientierter Daten inhaltlich präzisiert werden könnten. Der für die Entscheidungsrelevanz wichtige Zusammenhang zu vergangenheitsorientierten Jahresabschlusszahlen bleibt somit weitgehend unbekannt.[808]

Im Abschnitt 2 wurden konkurrierende angelsächsische Bilanzauffassungen beschrieben, die sich mit einer möglichst informativen Gewinnermittlung beschäftigen. Ausgangspunkt waren drei wesentliche angelsächsische *points of views*, die die angelsächsische bilanztheoretische Diskussion richtungweisend prägten. Die insbesondere von Paton/Littleton propagierte GuV-orientierte Sichtweise zielt auf eine möglichst zutreffende Darstellung der Ertragslage in der GuV mit der Konsequenz von bilanziellen Verzerrungen der Vermögenslage ab. Die von Sprouse/Moonitz befürwortete bilanzorientierte Sichtweise bezweckt hingegen eine möglichst zutreffende bilanzielle Darstellung der Vermögenslage im Sinne des Ertragswertes eines Unternehmens. In der GuV soll durch einen Vermögensvergleich der ökonomische Gewinn approximiert werden. Bemerkenswert ist hierbei die unterstellte Zielharmonie eines zutreffenden Erfolgs- und Vermögensausweises. Ob diese Zielharmonie erreichbar ist, bleibt an dieser Stelle eine offene Frage, der im Abschnitt E3.3.4 nachgegangen wird.

---

[808] Vgl. Kahle (2002a), S. 101; Schildbach (1986), S. 49.

Beide bilanztheoretische Ansätze haben jedoch - wie gezeigt - unterschiedliche Konsequenzen für Ansatz, Bewertung und Erfolgserfassung.

Im Abschnitt 3 wurde die Bedeutung des im Rahmen der Rechnungslegung nach IAS/IFRS zentralen TFV-Grundsatzes am Herkunftsland Großbritannien beschrieben. Die Umsetzung dieses gesetzlichen Gebotes wird dort vor dem Hintergrund des angelsächsischen Rechts traditionell dem fachlichen Urteilsvermögen der Accountants überlassen. Dieser Grundsatz hatte auf Rechtsprechung und Praxis im Laufe der Zeit unterschiedliche Ausstrahlungen: Waren in Großbritannien bis etwa 1970 eher formaljuristische und konservative Bilanzierungsmethoden vorherrschend, so wird heute aus dem TFV-Grundsatz eher eine wirtschaftliche Betrachtungsweise abgeleitet. Das britische TFV soll insgesamt ein bewusst abstrakt gehaltenes Prinzip darstellen, das eine dynamische Fortentwicklung der Rechnungslegungsnormen im Wandel der Zeit gewährleisten soll. Dieses Ziel wird durch die (auch in Großbritannien) beobachtbare zunehmende gesetzliche sowie institutionelle Regulierung der Rechnungslegung erheblich gestört. Von der eigentlichen Idee her sollen die aktuellen Fachnormen der Rechnungslegung den Gehalt des TFV-Prinzips ausdrücken. Doch deren dynamische und freie Fortentwicklung wird durch rivalisierende Rechnungslegungsnormen beeinträchtigt. Eine fortschreitende ‚Regelbasierung' der Rechnungslegung ist die Folge!

D Regelbasierte US-GAAP vs. prinzipienbasierte IAS/IFRS?

1 Vorbemerkung

Sowohl die Rechnungslegungsvorschriften nach IAS/IFRS als auch nach US-GAAP sollen letztendlich eine möglichst zutreffende Darstellung der Vermögens-, Finanz- und Ertragslage eines Unternehmens bewirken. Wie die Ausführungen im Abschn. B.1 gezeigt haben, soll jedoch nach h.M. eine prinzipienbasierte Rechnungslegung besser geeignet sein dieses Ziel zu erreichen, als eine regelbasierte Rechnungslegung. Im Folgenden wird untersucht, ob die beiden Regelwerken tatsächlich so unterschiedliche Merkmale aufweisen, die die pauschale Behauptung, US-GAAP seien regelbasiert und IAS/IFRS seien prinzipienbasiert, rechtfertigen können.

2 Vergleich wesentlicher Merkmale der beiden Regelwerke

2.1 Regelungsumfang und –dichte

a) US-GAAP

Die US-GAAP werden in der aktuellen Diskussion vor allem deshalb als regelbasiert bezeichnet, weil sie ein sehr kasuistisches und umfangreiches Regelwerk darstellen. Mittlerweile umfassen die US-GAAP-Vorschriften mehrere tausend Seiten Text, darunter auch zahlreiche branchenspezifische oder sehr spezielle Regelungen. Allein die Vorschriften zur Bilanzierung, Bewertung und Offenlegung von Finanzderivaten benötigen mehr als 800 Seiten.[809] Das gesamte Regelwerk umfasst Vorschriften mit ganz unterschiedlichem Verbindlichkeitscharakter,[810] die im Laufe der Zeit von unterschiedlichen Institutionen[811] und unter dem Einfluss verschiedenster Interessensgruppen[812] entwickelt wurden.[813] Neben den offiziell veröffentlichten Verlautbarungen der US-amerikanischen Standardsetzer (*„promulgated GAAP“*[814]) gehören zu dem Regelwerk der US-GAAP

---

[809] Vgl. Benston/Bromwhich/Litan/Wagenhofer (2003), S. 47.

[810] Zu den Verbindlichkeitsstufen vgl. Delaney/Epstein (2002) S. 2 f.; Schildbach (2002a), S. 29 ff.

[811] Vgl. Schildbach (2002a), S. 24. Zu diesen Institutionen gehören insbesondere: AAA, AC-SEC, AICPA, APB, ARB, CAP, FASB, SEC.

[812] Vgl. dazu Kieso/Weygandt/Warfield (2001), S. 13-16; Wagenhofer (2003), S. 40; Miller (1985), S. 66; Schildbach (2002a), S. 32-39.

[813] Vgl. Schildbach (2002a), S. 32 ff.; Benston/Bromwhich/Litan/Wagenhofer (2003), S. 96.

[814] Delaney/Epstein (2002), S. 1. Zu den promulgated GAAP, zählten im Herbst 2003 folgende Verlautbarungen: 150 Statements of Financial Accounting Standards (SFASs), 4 Accounting Research Bulletins (ARBs) und 19 Accounting Principles Board Opinions (APBs) und 44 Financial Accounting Standards Board Interpretations (FINs); 33 FASB Technical Bulletins, 42 AICPA Statements of Position (SOPs) und 28 AICPA/CAP Indus-

auch allgemein anerkannte Bilanzierungspraktiken oder Fachmeinungen,[815] die man in entsprechenden Fachpublikationen[816] findet und die zu einzelnen Bilanzierungsproblemen praxisbezogene Auskunft geben („*non-promulgated GAAP*“[817]). Diese können vom Jahresabschlussprüfer als GAAP-konform testiert werden.[818] Für Unternehmen, die den SEC-Berichtsvorschriften unterliegen, sind zudem die weitgehenden SEC–Informationspflichten einzuhalten. Diese können US-GAAP-Vorschriften im Einzelfall ergänzen bzw. ersetzen.[819]

Ein wesentlicher Grund für diese Kasuistik liegt in den rechtlichen Rahmenbedingungen der US-amerikanischen Rechnungslegung.[820] Vor dem Hintergrund des stark ausgeprägten US-amerikanischen Klageverhaltens haben sich US-amerikanische Anwaltskanzleien eigens auf Sammelklagen von Aktionären („*shareholder litigation*“) gegen Unternehmen spezialisiert, denen bei signifikanten Kursverlusten fehlerhafte Finanzberichterstattung vorgeworfen wird.[821] Da auch im Rahmen des US-amerikanischen *case law* eine Befolgung von allgemein anerkannten Rechnungslegungsmethoden als widerlegbares Indiz für eine ordnungsgemäße Rechnungslegung gilt,[822] schaffen die US-amerikanischen Standardsetzer auf Druck der Praxis möglichst für alle aktuellen Einzelfragen, zu denen Klärungsbedarf besteht, Ansatz-, Bewertungs- und Ausweisvorschriften.[823] Vor allem die US-amerikanischen Abschlussprüfer haben ein großes Interesse an detaillierten und umfassenden Regeln, da diese vor Gericht für das Testieren falscher Ermessensentscheidungen verantwortlich gemacht werden können.[824] Detaillierte und möglichst eindeutige Einzelvorschriften sollen sicherstel-

---

try Audit and Accounting Guides; 444 FASB Emerging Issues Task Force Issues (EITFs) und 15 AcSEC Practice Bulletins; und zahlenmäßig nicht erfassbare, von den Mitarbeitern des AICPA bzw. FASB zumeist im Internet veröffentlichte Acounting Interpretations (Questions & Answers).

815 Delaney/Epstein (2002), S. 3: „practices or pronouncements that are widely recognized as being generally accepted“.

816 Ein Beispiel sind die vom AICPA jährlich herausgegebenen Accounting Trend and Techniques.

817 Delaney/Epstein (2002), S. 14.

818 Vgl. Delaney/Epstein (2002), S. 14-16.

819 Vgl. Schildbach (2002a), S. 30 u. 32 ff.

820 Vgl. Schulze-Osterloh (2001), S. 1438; Benston/Bromwhich/Litan/Wagenhofer (2003), S. 96. Weitere interessante Gründe zählt Benston (1975), S. 249 ff. auf.

821 Vgl. Wagenhofer (2003), S. 21. Für näheres zu den US-amerikanischen Schadenersatzklagen von Aktionären vgl. Heintges (1996), S. 102-104.

822 Vgl. Abschn. B.3.2 dieser Arbeit.

823 Vgl. Schulze-Osterloh (2001), S. 1438.

824 Vgl. Zeff (1995), S. 65; Sunder (2002), S. 148. Anm.: So sind die Schadensersatzklagen gegen Jahresabschlussprüfer in den USA in den letzten 35 Jahren sprunghaft angestiegen (vgl. Carmichael/Willingham/Schaller (1996), S. 82).

len, dass in der Bilanzierungspraxis weniger Unsicherheiten und als Konsequenz mehr Rechtsicherheiten bei möglichen Schadensersatzklagen bestehen.[825]

Vorteil dieser Regelungsfülle ist, dass der Anwender nach systematischem Suchen zu fast jedem praktischen Bilanzierungsproblem eine passende Lösung findet – US-GAAP werden daher auch als Rechnungslegungsregeln mit „Kochbuchcharakter“[826] oder als „*patchwork system of standards*“[827] bezeichnet.[828] Nachteil dieser Kasuistik ist, dass die Vorschriften immer umfangreicher und unübersichtlicher werden.[829] Die Ursache dieses als „*standard overload*“[830] bezeichneten Problems liegt darin, dass trotz der Detaillierungstiefe der US-GAAP Regelungen für viele praktische Fragen konkrete Bilanzierungsvorschriften fehlen.[831]

Deutlich wird dies z.B. bei den Bilanzierungsregeln für Wertpapiere: Gläubigerpapiere[832] müssen nach SFAS 115.6 je nach Verwendungsabsicht in eine der drei Kategorien „*held-for-trading*“, „*available-for-sale*“ oder „*held-to-maturity*“ eingeteilt werden.[833] Der Kategorie *held-to-maturity* können nur Gläubigerpapiere zugeführt werden, für die eine Halteabsicht bis zum Fälligkeitstermin besteht.[834] Diese Bilanzierungsregeln warfen Fragen bei der Anwendung auf. SFAS 115 ist bspw. nicht zu entnehmen, ob bestimmte nennwertlose Anleihen („*interest-only strips*“), die beim Inhaber zu Zinserträgen, jedoch zu keiner Endfälligkeitszahlung führen, als *held-to-maturity*-Papiere bilanziert werden dürfen. Unklarheit

---

825 Vgl. Benston (1975), S. 263; Wagenhofer (2003), S. 39; Benston/Bromwhich/Litan/Wagenhofer (2003), S. 47; Schipper (2003), S. 69. Deutlich auch Sunder (2002), S. 148: „Request for new rules that the FASB does write often arise from the auditors of public companies when they are hard-pressed by their corporate clients to cite line and verse from the rulebook to back up the audit judgements about questionable accounting practices“.

826 Wagenhofer (2003), S. 39.

827 Siegel, S. (1996), S. 104.

828 So wird bspw. die Ertragsrealisation (revenue recognition) je nach Sachverhalt durch folgende Vorschriften geregelt: SFAS 13, SFAS 45, SFAS 48, SFAS 49, SFAS 50, SFAS 51, SFAS 66, APB 10, ARB 43, ARB 45, SOP 98-1, SOP 97-2, EITF 88-18, EITF 91-9, EITF 95-4, SEC-Staff Interpretation SAB 101 (vgl. FASB (2002c)).

829 Vgl. FASB (2002a), S. 1; Delaney/Epstein (2002), S. 12.

830 Delaney/Epstein (2002), S. 11.

831 FASB (2002a), S. 1. Für aktuelle Beispiele vgl. Delaney/Epstein (2002), S. 18-20; SEC (2003), S. 16 f.

832 Z.B. Schuldscheine, Anleihen, Kommunalobligationen.

833 Vgl. Schildbach (2002a), S. 120.

834 Vgl. SFAS 115.7. Anm.: Liegen 5 bestimmte Kriterien vor, dürfen die Gläubigerpapiere allerdings nicht dieser Kategorie zugeordnet werden und bei Vorliegen 2 weiterer Kriterien ist die Klassifizierung möglich, obwohl die Wertpapiere nicht bis zur Fälligkeit gehalten werden. Vgl. SFAS 115.9 a-e aufgelistet und Vgl. SFAS 115.11 a-b.

bestand hier über den Begriff *maturity*, den SFAS 115 nicht definiert.[835] Letztlich wurde in einem weiteren Standard, SFAS 140, für *interest-only strips* eine Einteilung in die *held-to-maturity*-Kategorie untersagt.[836]

Ein weiteres Beispiel waren fehlende Anwendungsvorschriften für die Bilanzierung von Verpflichtungen künftiger Altlastensanierungen: Nach SFAS 5.8 muss eine Rückstellung („*loss contingency*") nur passiviert werden, wenn der Eintritt der Verpflichtung wahrscheinlich („*probable*") ist und der Verpflichtungsbetrag vernünftig geschätzt werden kann („*can be reasonable estimated*").[837] Da Umweltschäden aufgrund der sehr strengen und sich laufend ändernden Umweltschutzgesetze für US-amerikanische Unternehmen schwer absehbare und weit reichende finanzielle Folgen haben können, ist zur Bestimmung des Passivierungszeitpunktes ein hohes Urteilsvermögen erforderlich.[838] Die Bilanzierungspraxis zeigte, dass der Passivierungszeitpunkt - zu dem beide Passivierungskriterien des SFAS 5.8 erfüllt sein müssen - sehr unterschiedlich ausgelegt wurde. Nur wenige Unternehmen bilanzierten eine Umweltschutzrückstellung ab dem Zeitpunkt der Kenntnisnahme über eine mögliche Sanierungsverpflichtung, viele Unternehmen passivierten eine Umweltschutzrückstellung sogar erst mit dem Beginn der eigentlichen Sanierungsdurchführung.[839] Der im Jahre 1996 veröffentlichte SOP 96-1 konkretisierte die Passivierungskriterien des SFAS 5 indem er bestimmte Kriterienkataloge aufstellte, anhand derer die Passivierungszeitpunkte der Sanierungsverpflichtungen festgestellt werden sollen.[840]

Auch die zahlreichen Ausnahmen von den Anwendungsbereichen der US-amerikanischen Rechnungslegungsstandards *(„scope expectations")* führen dazu, dass der Gesamtumfang der Regelungen immer größer und komplexer wird.[841] Solche Ausnahmen ergeben sich vordergründig aus (praktischen) Erwägungen oder Bedenken der Boardmitglieder,[842] tatsächlich steckt dahinter oftmals massiver Lobbyismus der von der jeweiligen Regelung betroffenen Parteien im Rahmen der Standardentwicklung.[843] Ausnahmetatbestände führen dazu,

---

[835] Vgl. Delaney/Epstein (2002), S. 450; EITF 94-4.

[836] Vgl. Delaney/Epstein (2002), S. 450; SFAS 140.14.

[837] Sofern nur eine Bedingung erfüllt ist, müssen lediglich Angaben über mögliche Belastungen im Anhang erfolgen. Wenn die Eintrittswahrscheinlich als gering (remote) eingestuft wird, erfolgen in den notes lediglich Angaben über Haftungsverhältnissen. Vgl. Schildbach (2002a), S. 84 f.; SFAS 5.8,.10,.12.

[838] Vgl. Munter/Sacasas/Garcia (1996), S. 51 f.

[839] Vgl. Surma/Vondra (1992), S. 52 f.

[840] Vgl. Delaney/Epstein (2002), S. 545; SOP 96-1 Rdnr. 118 ff.

[841] Vgl. Schipper (2003), S. 66; FASB (2002b), S. 3; SEC (2003), S. 10.

[842] Vgl. FASB (2002b), S. 3.

[843] Vgl. SEC (2003), S. 45; Hoffmann/Lüdenbach (2002), S. 545.

dass das Regelwerk inkonsistent wird und dass für die Ausnahmetatbestände häufig Spezialvorschriften, Interpretationen und Anwendungsleitlinien geschaffen werden müssen.[844] Ein häufig zitiertes Beispiel ist SFAS 133, in dem zahlreiche Ausnahmen von der allgemeinen Definition von Derivaten aufgezählt werden.[845] Für diese Ausnahmen wurden vom FASB allein 19 *„Implementation Group Issues"* veröffentlicht, um die damit im Zusammenhang stehenden praktischen Fragen zu klären.[846]

Es fällt auf: Trotz zunehmenden Regelungsumfang und –tiefe bleiben US-GAAP unvollständig, denn es fehlen übergeordnete Rechnungslegungsprinzipien die für noch nicht explizit geregelte Sachverhalte oder praktische Bilanzierungsfragen bestimmend sind.[847] Stattdessen wird versucht, solche Schlupflöcher *(„loopholes"[848])* mit dem Festlegen von quantitativen Schwellenwerten, Grenzwerten oder Kriterienkatalogen zu schließen. Dies wird zunehmend kritisiert: ENRON machte deutlich, dass es möglich ist, durch eine genaue Beachtung bestimmter Kriterien oder Schwellenwerte den Vorschriften auszuweichen – es zeigt sich:

„The detail and complexity has fostered a 'check in the box' mentality that encourages financial and accounting engineering to structure transactions around the rules to attain form-over-substance results"[849].

Die US-amerikanische Rechnungslegung steckt in einem Dilemma: Je ausgeprägter die Regelungstiefe und –breite wird, umso mehr Regeln müssen produziert werden, um neue kreative Umgehungsmöglichkeiten einzuschränken.[850]

b) IAS/IFRS

Aufgrund der oben beschriebenen Probleme möchte das IASB verstärkt auf allgemeingültige Rechnungslegungsprinzipien und ‚überschaubare' Bilanzierungs-

---

844 Vgl. FASB (2002b), S. 7 f.

845 Vgl. FASB (2002b), S. 3; Schipper (2003), S. 67. Zu den Ausnahmen vgl. Delaney/Epstein (2002), S. 172 f.; SFAS 133.10 ff.

846 Vgl. Schipper (2003), S. 66. Sunder (2002), S. 249 bezeichnet dies plakativ als „publish-new-rules-or-perish-dilemma".

847 Vgl. Ballwieser (2001), S. 160.

848 Benston/Bromwhich/Litan/Wagenhofer (2003), S. 53.

849 Herz (2003), S. 251.

850 Vgl. Miller (1985), S. 67; Paterson (2002), S. 100; Lüdenbach/Hoffmann (2002), S. 1175; Freisleben/Leibfried (2004), S. 101 sowie etwas überspitzt auch Sunder (2002), S. 148: „Instead of writing a rule, which says ‚thou shalt not steal', the FASB has wrapped itself up in the endless chase of listing all the acts and circumstances that might constitute ‚stealin'. It is a losing game for rule writers. Every rule that covers a new contingency creates a new gap. If you write a rule 'you cannot steal a shirt', sooner or later someone asks: Where does it say you cannot steal a shirt botton?'"

vorschriften setzen. Der Vorteil soll sein, dass die sachgemäße Interpretation in der Verantwortung der Bilanzierenden liegen und die richtige Umsetzung endgültig von Gerichten oder *Enforcement*-Institutionen überprüft werden kann.[851] Tatsächlich bestehen vergleichsweise wenige Rechnungslegungsstandards: Von den derzeit 41 erarbeiteten IAS sowie fünf IFRS wurden inzwischen acht Standards ungültig, so dass derzeit 38 Standards angewendet werden können.[852] Daneben sind noch zahlreiche Interpretationen veröffentlicht. Die Vorschriften sind tendenziell weniger umfangreich und detailliert als die US-amerikanischen Rechnungslegungsstandards. Dennoch: Detaillierungsgrad und Komplexität der bisher veröffentlichten Regelungen variieren deutlich,[853] obgleich im Zuge des aktuellen *Comparability and Improvement-Projekts* der Regelungsumfang der bestehenden IAS etwas eingeschränkt, mehrere Wahlrechte abgeschafft, verschiedene Widersprüche beseitigt sowie einige SICs in die Standards integriert wurden.[854] Das IASB bastelt derzeit an zahlreichen Projekten: Im Laufe des Jahres 2004 sollen fünf neue Standards verabschiedet werden. Daneben stehen zahlreiche neue Interpretationen, Überarbeitungen bestehender Standards sowie weitere Arbeitsprojekte auf der Agenda.[855] Vor dem Hintergrund der Schwierigkeiten bei der praktischen Umsetzung des IAS 39, der den Ansatz und Bewertung von Finanzinstrumenten regelt, hatte das IASB erstmalig auch Anwendungsleitlinien *(Implementation Guidances)* verabschiedet, um die Unsicherheiten bei der Anwendung dieses sehr komplexen Standards zu reduzieren. Weitere Anwendungsleitlinien wurden inzwischen auch zu IFRS 1, der die erstmalige Anwendung von IAS/IFRS regelt, entwickelt.[856]

Vor dem Hintergrund der beabsichtigten Konvergenzbemühungen[857] mit der US-amerikanischen Rechnungslegung ist in der Zukunft eher eine Ausweitung des

---

[851] Vgl. Wagenhofer (2002), S. 235.

[852] Vgl. die Übersicht in Abschn. A.3. Maßgeblicher Betrachtungszeitraum ist Juli 2004.

[853] Vgl. mit Beispielen Wagenhofer (2003), S. 113.

[854] Vgl. IASB (2003c), S. 1.

[855] Vgl. zum aktuellen Arbeitsprogramm die Rubrik „Projects in Progress" auf der Website des IASB.

[856] Vgl. Heuser/Theile (2003), Rdnr. 70; Wagenhofer (2003), S. 69.

[857] Das IASB und das US-amerikanische FASB hatten im Jahre 2002 im Rahmen des sog. „Norwalk Agreement" vereinbart, die jeweiligen Rechnungslegungsvorschriften auf internationaler Ebene vergleichbar zu machen. Um eine Konvergenz herbeizuführen sollen wesentliche Unterschiede zwischen bestehenden Standards beseitigt und zukünftige Standards in gemeinsamer Projektarbeit entwickelt werden. Es stellt sich hierbei hierbei die Frage, ob eine gemeinsame Konvergenz nicht eher in Richtung US-GAAP erfolgt. Aktuelle Standardentwürfe, die den korrespondierenden US-amerikanischen Rechnungslegungsvorschriften sehr ähnlich sind (so z.B. die neuen Goodwill-Bewertungsvorschriften) lassen eher eine weitergehende Annäherung an die US-amerikanische Rechnungslegung erahnen (vgl. Wagenhofer (2003), S. 49-51).

Regelungsumfangs und –tiefe zu befürchten: Zugangsvoraussetzung für eine Börsennotierung auf dem weltweit größtem Kapitalmarkt USA ist weiterhin ein nach US-GAAP erstellter Jahresabschluss oder eine Überleitungsrechnung.[858] Die bisherige Nichtanerkennung von IAS/IFRS Abschlüssen liegt nach van Hulle (2003) schließlich auch daran, dass aus US-amerikanischer Sicht IAS/IFRS nicht ausreichend „detaillierte Rechnungslegungsgrundsätze enthalten, als dass sie den US-Anforderungen genügt hätten“[859].

Für eine Zunahme der Regelungsdichte spricht ebenso, dass IAS/IFRS-Abschlüsse bisher noch nie Gegenstand einer gerichtlichen Überprüfung waren.[860] Dies wird sich voraussichtlich innerhalb weniger Jahre angesichts der Tatsache ändern, dass spätestens bis zum Jahre 2007 die meisten großen europäischen Unternehmen von den nationalen Rechnungslegungsvorschriften auf IAS/IFRS umstellen müssen.[861] Es stellt sich die Frage, ob die IAS/IFRS-Grundsätze für Überprüfungen durch die europäische Rechtsprechung präzise genug sind, oder ob IAS/IFRS nicht durch konkretisierende (Detail-) Regeln ‚gerichtsfest' gemacht werden müssen.[862] Es kann daher noch keine Aussage darüber getroffen werden, welchen Regelungsumfang und welche –tiefe das IAS/IFRS-Regelwerk künftig haben werden.[863]

2.2 Tendenzielle Wege der Informationsgewährung

Informationen über die effektive Vermögens-, Finanz- und Ertragslage werden nach US-GAAP und IAS/IFRS tendenziell auf zwei verschiedenen Wegen in den Jahresabschlüssen vermittelt, wie im Folgenden gezeigt wird:

---

[858] Vgl. Schildbach (2002a), S. 1 f.; Wagenhofer (2003), S. 6.

[859] Van Hulle (2003), S. 972. Anm.: Die faktische Dominanz der amerikanischen Rechnungslegungsvorstellungen beruht (neben dem beschriebenen Druckmittel „Börsennotierung in den USA“) auch auf der Gefahr, dass die SEC „das Vakuum der in Europa fehlenden obrigkeitlichen Detailregulierung durch eine europäische SEC mittels ihrer eigenen Vorgaben ausfüllt“ (Schildbach (2004), S. 165).

[860] Vgl. Koster (2002), S. A8.

[861] Vgl. Schulze-Osterloh (2004b), S. 176; Schön (2004), S. 763.

[862] Ähnlich: Schildbach (2004), S. 164; Schulze-Osterloh (2004a), S. 96; Zeff (2002), S. 43. Nach v. Keitz (2003), S. 1804 sollten die Ermessensspielräume der IAS/IFRS durch eine Erhöhung des Detailliertheitsgrades der Standards und Interpretationen reduziert werden.

[863] Nach Freisleben/Leibfried (2004), S. 101 stecken IAS/IFRS verglichen mit US-GAAP „noch in den Kinderschuhen“: Regelungsumgang und –tiefe der US-GAAP blicken auf eine 70-jährige Entstehungsgeschichte zurück, während die meisten IAS/IFRS-Standards erst sieben Jahre bestehen. Aufgrund der fehlenden Detailregeln der IAS/IFRS zeigen die beiden Autoren anhand verschiedener Beispiele, dass die Unternehmen die Anwendung der IAS/IFRS bei Regelungslücken oder Zweifelsfragen zunehmend an den maßgeblichen konkreten Detailregeln oder quantitativen Grenzen der US-GAAP ausrichten – damit kommt es zu einem Import der kasuistischen US-GAAP in die Rechnungslegung nach IAS/IFRS (vgl. Freisleben/Leibfried (2004), S. 102 ff.).

a) Informationsgewährung durch möglichst wahlrechtsfreie Bilanzierungsvorschriften – der tendenzielle Weg der US-GAAP

Beim ersten Weg, den traditionell eher die US-amerikanische Standardsetzung einschlägt, sollen die vergangenheitsorientierten Jahresabschlusszahlen möglichst objektiv und wenig ermessensbehaftet ermittelt werden.[864] Dies bedeutet, dass die Rechnungslegungsstandards nur wenige Abbildungsspielräume zulassen dürfen und möglichst rigide Regelungen enthalten sollen (sog. *„explicit standards“*[865]).[866] Subjektive Prognosen oder prospektive Jahresabschlussgrößen scheiden bei diesem Weg der Informationsgewährung grundsätzlich aus. Managern soll die Möglichkeit genommen werden, nicht verifizierbare Informationen nach ihren eigenen Wünschen und zu ihrem eigenen Vorteil modellieren zu können.[867] Im Zentrum der Informationsvermittlung soll eine durch eindeutige Ansatz- und Bewertungsvorschriften ermittelte, „harte“ Gewinngröße stehen,[868] die als zuverlässige Prognosebasis für künftige Gewinne bzw. als Indikator für die künftigen Nettozahlungsströme dient.[869] Direkte Prognosen über zukünftige Zahlungsströme - sog. *„soft information*“[870] - kann hingegen nur das Management mit seinen subjektiven Vorhersagen und Beurteilungen geben.[871] Diese werden von den US-amerikanischen Regulierungsinstanzen zumeist nur auf freiwilliger Basis verlangt.[872]

Stark objektivierte und eindeutige Ansatz-, Bewertungs-. und Gliederungsregeln bergen allerdings das Problem, dass gerade solche Jahresabschlusszahlen fehlen, die informativ sind, weil sie auf dem Wissen der besser informierten Manager beruhen.[873] Es ist zudem nicht belegt, dass fest reglementierte und vereinheit-

---

864 Vgl. Alexander/Archer (2003), S. 13; Bøhren/Haug/Michalsen (2004), S. 3.

865 Benston (1975), S. 249.

866 Vgl. Pereira/Paterson/Wilson (1994), S. 32.

867 Die SEC lehnte in der Vergangenheit zukunftsgerichtete oder subjektive Informationen in Rahmen der SEC-Berichtspflichten als per se irreführend ab. Vgl. Wüstemann (2002a), S. 147. Auch Zeitbewertungen wurden aufgrund der immanenten Ermessensspielräume abgelehnt. Vgl. dazu Benston (1975), S. 256: „The SEC also has not permitted appraisals of assets (...). It would be very difficult for the staff to determine whether the appraisals were competent or dishonest“.

868 Vgl. Wüstemann (2002a), S. 82; Böcking (1998), S. 46.

869 Vgl. Streim (2000), S. 120; Moxter (2003a), S. 235.

870 Wüstemann (2002a), S. 80; Kuhner (1998), S. 24.

871 Vgl. Wüstemann (2002a), S. 80; Streim (2000), S. 128.

872 Vgl. dazu Wüstemann (2002a), S. 79 ff.

873 Vgl. Schildbach (2000a), S. 66; Benston (1975), S. 266 sowie SEC (2003), S. 14: „Excessively detailed accounting standards fail to advantage of the company-specific knowledge of the front-line professionals-management, accountants, audit committee members, and auditors – who are making the accounting judgements“.

lichte Rechnungslegungsvorschriften tatsächlich Jahresabschlussgrößen liefern, aus denen die Rechnungslegungsadressaten entscheidungsrelevante Informationen über die effektive wirtschaftliche Lage des Unternehmens bekommen.[874] Die Jahresabschlussanalyse ist in der Praxis nicht einheitlich, daher ist unklar, welche Jahresabschlussgrößen die Unternehmenslage am zutreffendsten vermitteln.[875] Empirische Untersuchungen führen – wie im Abschn. B.1.4.2 gezeigt wurde - zu keinem überzeugenden Beweis, dass ein auf Vergangenheitsgrößen basierender Gewinn tatsächlich ein geeigneter Indikator für die zukünftige Zahlungsstromentwicklung ist.[876] Ein Bilanzgewinn stellt letztlich immer einen buchhalterischen Gewinn dar und eine „noch so trickreiche Verrechnung vergangener Geschäftsvorfälle kann (den) Blick in die Zukunft nicht ersetzen."[877] Hinzu kommt, dass eine weitgehend reglementierte Rechnungslegung zu unflexibel ist, um alle relevanten Geschäftsvorfälle zu erfassen. Zwar unterstützen eindeutige Rechnungslegungsvorschriften eine zwischen- und innerbetriebliche Vergleichbarkeit der publizierten Jahresabschlusszahlen,[878] doch es besteht die Gefahr, dass ungleiche Sachverhalte gleich abgebildet werden.[879] Außerdem würden selbst bei Bilanzierungsregeln mit dem Charakter einer „Zwangsjacke"[880] Bilanzierende stets nach neuen, kreativen Umgehungsmöglichkeiten suchen.[881]

Ob die effektive Unternehmenslage durch eine wahlrechtsfreie und eindeutige Rechnungslegung sinnvoll vermittelt werden kann, ist somit unklar.[882] Dagegen spricht, dass die SEC für registrierungspflichtige Unternehmen zunehmend eine Offenlegung umfangreicher, über US-GAAP hinausgehender Informationen vorsieht.[883] In den Regulation S-K[884] sowie S-X[885] wird das Management zwar

---

874 Vgl. Schildbach (2000a), S. 66;.

875 Vgl. Schildbach (2000a), S. 60.

876 Vgl. Streim (2000), S. 120 ff.

877 Streim (2002), S. 282.

878 Vgl. Schipper (2003), S. 67.

879 Vgl. Achleitner (1995), S. 377; SEC (2003), S. 14; Benston (1975), S. 266; Dye/Sunder (2001), S. 266.

880 Vgl. Levitt (1998a), S. 2545.

881 Vgl. Lüdenbach/Hoffmann (2002), S. 1175.

882 Ähnlich: Schildbach (1999c), S. 412.

883 Wüstemann begründet den Trend der US-amerikanischen Standardsetzung zu mehr subjektiven und prognosebezogenen Informationen mit zahlreichen US-amerikanischen Gerichturteilen, in denen US-GAAP konforme Jahresabschlüsse als „misleading" verurteilt wurden (vgl. Wüstemann (2002a), S. 149; Wüstemann (2002b), S. 720). Nach den Vorschlägen des vom AICPA eingesetzten „Trueblood Committee" aus dem Jahre 1971 setzte die SEC erstmals 1973 zusätzliche prognosebezogene Informationspflichten fest (vgl. Belkaoui (1993), S. 447; Benston (1975), S. 241).

größtenteils nur auf freiwilliger Basis zu zukunftsgerichteten Informationen ermutigt.[886] Eine Verpflichtung zu *soft information* ergibt sich dennoch implizit, als deren Nichtoffenlegung unter Umständen von den US-amerikanischen Gerichten als *misleading* verurteilt werden kann.[887] Aus diesem Grund ermahnt die SEC registrierungspflichtige Unternehmen:

„Registrants are reminded of the obligations of publicly held companies to make full and prompt announcements of material facts regarding the company's financial condition (...). The failure of companies to make prompt and accurate disclosure of both favourable and unfavourable information to security holders and the investing public may violate the Exchange Act and (...) may also violate the Securities Act".[888]

Neben prognosebezogenen verbalen Erläuterungen (z.B. zur allgemeinen Geschäfts- und Branchenentwicklung oder zu Eigentumsverhältnissen) werden von der SEC auch zahlreiche finanzielle Informationen verlangt:[889] In einer sog. *Management Discussion und Analysis* soll das Management über

„Information with respect to liquidity, capital resources, and results of operations and also (...) other information that the registrant believes to be necessary to an understanding of its financial condition, changes in financial condition and results of operations"[890]

– also unmittelbar über dessen subjektive Einschätzung künftig relevanter Zahlungsströme berichten.[891] Daraus kann geschlossen werden, dass US-GAAP – jedenfalls aus Sicht der SEC - alleine nicht genügen, um den Investoren einen sicheren Einblick in die effektive Unternehmenslage zu verschaffen.[892]

Auch im Rahmen der US-amerikanischen Standardsetzung ist in jüngerer Zeit eine deutliche Abkehr von dem beschriebenen Weg der Informationsgewährung durch möglichst eindeutige Gewinnermittlungsvorschriften zu konstatieren: Die stark ermessensbehafteten Neuregelungen zur *goodwill*-Bewertung oder der deutliche Trend zu mehr zeitwertorientierten Bilanzierungsvorschriften lassen

---

884 Regulation S-K enthält Vorschriften zu grundsätzlich verbalen Informationspflichten und Erläuterungen. Prognoseorientierte „soft information" werden verlangt, wenn diese für die Darstellung der wirtschaftlichen Lage des Unternehmens wesentlich sind (vgl. Wüstemann (1999), S. 77; Wüstemann (2002a), S. 152).

885 Regulation S-X regelt die inhaltlichen Anforderungen der bei der SEC einzureichenden Jahresabschlüsse und verpflichtet die bei der SEC registrierten Unternehmen zur Beachtung der US-GAAP (vgl. Wüstemann (1999), S. 77).

886 Vgl. Wüstemann (2002a), S. 137-139, 149-151; Kühne (2002), S. 150.

887 Vgl. dazu Subpart 229.10, „Application of Regulation S-K" sowie Abschn. D2.4.

888 ASR 206, unter Form 8-K

889 Vgl. Wüstemann (2002a), S. 138-140; Wüstemann (2002b), S. 720.

890 § 229.303 (Item 303) Regulation S-K.

891 Vgl. Wüstemann (2002a), S. 139.

892 Vgl. Wüstemann (2002b), S. 720.

erkennen, dass die US-amerikanischen Standardsetzer eine möglichst zuverlässige Gewinngröße nicht mehr als maßgeblichen Informationsträger betrachten.[893]

b) Informationsgewährung durch professional judgement – der tendenzielle Weg der IAS/IFRS

Beim zweiten Weg, den das IASB tendenziell einschlägt, sollen die Rechnungslegenden Bilanzierungsfreiheiten erhalten, so dass mit Hilfe einer adäquaten Auswahl der Bilanzierungsmethoden die Zukunftserwartungen der gut informierten Manager vermittelt werden können. Dies ermöglicht eine zutreffende Berichterstattung über die Unternehmenslage.[894] Die Rechnungslegungsvorschriften müssen flexibel genug sein, Anpassungen an verschiedene unternehmensspezifische Umstände und Situationen zu erlauben, damit das Unternehmen, „eine individuelle Botschaft, d.h. auch ein Stück subjektive Selbstdarstellung"[895] vermitteln kann (sog. *„flexible accounting standards"*[896]).[897] Das IASB beabsichtigt daher keine umfassende und detaillierte Normsetzung,[898] sondern setzt prinzipiell auf das sachverständige Ermessen der Geschäftsführung (Prinzip des *„professional judgement"*[899]).[900]

Professional judgement wird im Rahmen der Bilanzierung nach IAS/IFRS in den Fällen notwendig, in denen Bilanzierungsregeln und Grundsätze nicht eindeutig vorgegeben, unscharf formuliert oder Abbildungsspielräume eingeräumt werden.[901] Häufig verlangen die Ansatz-, Bewertungs- und Gliederungsvor-

---

[893] Vgl. Künnemann (2001), S. 202. Zur verstärkten Zeitwertorientierung des FASB vgl. z.B. Hitz/Kuhner (2000), S. 889 ff.; Jäger/Himmel (2003), S. 417-440; Ackermann (2001), S. 23 ff. Zu den Ermessensspielräumen bei den Neuregelungen zur goodwill-Bewertung vgl. z.B. Hommel (2001), S. 1943-1949.

[894] Vgl. Wagenhofer/Ewert (2003), S. 14; Ballwieser (1982), S. 776.

[895] Stein (1993), S. 992.

[896] Bøhren/Haug/Michalsen (2004), S. 1.

[897] Vgl. Levitt (1998a), S. 2545; Mulford/Comiskey (2002), S. 25f; Wagenhofer/Ewert (2003), S. 14; Sunder (2003), S. 147.

[898] Vgl. Schildbach (2002b), S. 264; SEC (2003), S. 14.

[899] Der Begriff des (professional) judgement wird im IAS/IFRS-Regelwerk nicht definiert. Mason/Gibbins beschrieben dieses Prinzip folgendermaßen: „The process of reaching a decision on a financial reporting issue can be described as 'professional judgement' when it is analytical, based on experience and knowledge including knowledge of one's own limitations and of relevant standards), objective, prudent and carried out with integrity and recognition of responsibility to those affected by its consequences" (zitiert nach Mason (1993), S. 32).

[900] Das wird deutlich in F.11 „Published financial statements are based on the information used by management about the financial position, performance and changes in financial position of the enterprise" sowie in F.45: „The relative importance of the characteristics in different cases is a matter of professional judgement." Vgl. auch Wagenhofer (2003), S. 568; Schildbach (2003a), S. 249; Schildbach (2002c), S. 1072.

[901] Für Beispiele vgl. Schildbach (2002b), S. 264.

schriften sogar ausdrücklich das fachliche Ermessen der Bilanzierenden: So etwa bei der Identifizierung von *cash-generating units.*[902] nach IAS 36, *Impairment of Assets.* IAS 36.68 verlangt hier vom Management *„judgement"*. Bedeutung hat das Ermessen des Managements auch bei der Schätzung der künftigen Zahlungsströme zur Bestimmung des unternehmensspezifischen Nutzwerts (*value in use*) eines Vermögenswertes.[903] Die Prognose der Zahlungsströme soll nämlich *„management's best estimate of the set of economic conditions that will exist over the remaining useful life of the asset"*[904] darstellen. Auch nach IAS 1.47 sowie IAS 1.72 wird bei der Frage, ob eine über die Mindestangaben hinausgehende, tiefere Untergliederung der GuV und der Bilanz notwendig ist, ausdrücklich *judgement* verlangt. Bei der im Rahmen der Segmentberichterstattung notwendigen Abgrenzung von Segmenten ist nach IAS 14.15 ein *„certain amount of judgement"* notwendig, um zu gewährleisten, dass die in IAS 14 fixierten Ziele der Segmentberichterstattung sowie die im IASB Framework erörterten qualitativen Prinzipien[905] der Jahresabschlusserstellung eingehalten werden. Nach IAS 23.11 dürfen Fremdkapitalkosten nur dann aktiviert werden, wenn diese im direkten Zusammenhang mit der Herstellung oder Anschaffung von sog. „qualifizierten" Vermögenswerten (*qualifying assets*) stehen.[906] Da ein direkter Zusammenhang von Fremdkapitalzinsen und Vermögenswerten im Normalfall schwer feststellbar ist, verlangt IAS 23.14 für die Ermittlung der zurechenbaren Fremdfinanzierungskosten ausdrücklich Ermessensentscheidungen.

Weitere explizite Aufforderungen zu subjektiven Urteilen enthalten u.a. die Einzelfallregelungen 16.57, 21.12, 37.38, 38.28 sowie SIC 12.9. Gefordert wird das Urteilsvermögen auch bei Regelungslücken, denn nach IAS 8.10 muss das Management nach eigenem Ermessen solche Bilanzierungs- und Bewertungsmethoden entwickeln und anwenden, die für die Jahresabschlussadressaten entscheidungsrelevant (*relevant*) und in der Weise vertrauenswürdig (*reliable*) sind, dass sie

- glaubwürdig (*faithfully*) die effektive Unternehmenslage vermitteln,
- den wirtschaftlichen Gehalt (*economic substance*) von Sachverhalten und Umständen abbilden und nicht deren rechtliche Form,
- neutral und frei von Befangenheit (*free from bias*),

---

[902] Zur Definition einer CGU vgl. IAS 36.6.

[903] Vgl. dazu IAS 36.30-.53.

[904] IAS 36.33 (a).

[905] Vgl. Abschn. E2.3.

[906] „Qualifying assets" sind Vermögenswerte, die bis zum gebrauchsbereiten Zustand einen beträchtlichen Anschaffungs- oder Herstellungszeitraum (substantial period) beanspruchen, der über das übliche Maß hinausgeht (vgl. IAS 23.4 und IAS 23.6).

- vorsichtig (*prudent*)
- und in allen wesentlichen Aspekten vollständig (*complete*) sind.

Eine Frage der fachlichen Auslegung ist auch die Grundregel, die nun in den neuen IFRS aufgestellt wird. Demnach müssen die Regelungen der IFRS stets vor dem Hintergrund der fixierten Standardziele, den Grundlagen zur Beschlussfassung, dem Vorwort zu den IAS/IFRS sowie mit dem IASB Framework gelesen werden.[907]

Erhebliches *judgement* wird auch bei allen Bilanzierungssachverhalte erforderlich, bei denen die maßgeblichen IAS/IFRS-Vorschriften eine Beurteilung nach der wirtschaftlichen Betrachtungsweise *(substance over form)* verlangen.[908]

Obwohl auch US-GAAP zahlreiche Ermessensspielräume enthalten,[909] wird *judgement* vergleichsweise selten ausdrücklich verlangt.[910] Im Gegensatz zu I-AS/IFRS enthalten US-GAAP keine Anweisungen, wie das Management bei Regelungslücken vorzugehen hat. Zwar stellt APB 22, *Disclosing of Accounting Policies* fest, dass die anzuwendenden Bilanzierungsmethoden

„are judged by the management (...) to be the most appropriate in the circumstances to present fairly financial position, changes in financial position, and results of operations in accordance with generally accepted accounting principles“[911].

Doch dies wird offenkundig als erforderliches Ermessen innerhalb der zulässigen Wahlrechte nach US-GAAP verstanden.[912] Ausdrücklich wird nach den US-amerikanischen Grundsätzen ordnungsgemäßer Abschlussprüfung *professional judgement* vom US-amerikanischen Jahresabschlussprüfer gefordert, denn dieser kann bei Abweichungen von US-GAAP ausnahmsweise ein uneingeschränktes Testat erteilen, wenn eine korrekte Einhaltung einer US-GAAP Vorschrift irreführend *(misleading)* wäre.[913]

---

[907] Vgl. IFRS 1, vor ‚Introduction'.

[908] Vgl. Schildbach (2002b), S. 264 und Abschn. D2.5 dieser Arbeit.

[909] So auch Mason (1993), S. 38.

[910] Vgl. Mason (1993), S. 40. Anm.: Es gibt aber innerhalb der US-GAAP vereinzelte Aufforderungen zu „judgements“: So fordert z.B. APB 30.19 „judgement“ bei der Abspaltung unüblicher Erfolgsbestandteile (extraordinary items) vom operativen Erfolg in der GuV-Gliederung.

[911] APB 22.6.

[912] Vgl. FASB (1996), S. 123. Auch den US-Amerikanischen Accounting-Lehrbüchern ist nicht zu entnehmen, dass APB 22 die Auswahl von Rechnungslegungsmethoden festlegen soll.

[913] Vgl. AICPA (1999b), ET Section 203, Rdnr. 01-02; Wüstemann (1999), S. 84.

Es fällt auf, dass IAS/IFRS zwar häufiger fachliches Ermessen *explizit* fordern - *professional judgement* wird jedoch auch im Rahmen der regelbasierten US-amerikanischen Rechnungslegung sehr häufig notwendig:[914] Trotz des hohen Detaillierungsgrades enthalten US-GAAP zahlreiche Ermessens- und Gestaltungsspielräume,[915] werden *judgements* erforderlich, um aus der Vielzahl von (teilweise widersprüchlichen) Einzelfallregelungen die ‚richtigen' auszusuchen[916] und schließlich verlangen auch die Voraussetzungen der Testatserteilung regelmäßig das Urteilsvermögen der Jahresabschlussprüfer.[917] Es wird deutlich: Selbst bei sehr regelbasierten Rechnungslegungsvorschriften sind Ermessensentscheidungen unumgänglich, wie Mason (1993) zutreffend bemerkt:

„But even the most detailed standards would require judgement as to their applicability to certain transactions"[918].

2.3 Ausmaß der Abbildungsspielräume

a) US-GAAP

US-GAAP räumen zwar vergleichsweise wenig explizite Wahlrechte ein, doch trotz der stark detaillierten Einzelfallregelungen enthalten US-GAAP zahlreiche Ermessens- und Gestaltungsspielräume, die situationsabhängiges Urteilsvermögen des Bilanzierenden erfordern.[919] Die Ermessensspielräume beruhen häufig unmittelbar auf der Kasuistik der US-GAAP: Regelungslücken werden oft mit Hilfe formaler Grenzen oder spezieller Kriterienkataloge geschlossen (Abschn. D.2.1).[920] Durch kreative Gestaltungen werden diese umgangen - ob bestimme Schwellenwerte, Kriterien oder Ausnahmeregelungen im Einzelfall zutreffen,

---

[914] Für mögliche Anwendungsfälle vgl. ausführlich Mason/Gibbins (1991), S. 14 ff.

[915] Vgl. Abschn. D2.3.

[916] Vgl. Mason/Gibbins (1991), S. 24, Fn. 18: „The focus of judgement may shift, for example from working out the accounting solution, now set out in the standard, to interpreting the conditions under which the standard applies".

[917] Vgl. Abschn. D2.4; SEC (2003), S. 14 f.; Ruhnke/Nerlich (2004), S. 389 Fn. 10; Mason/Gibbins (1991), S. 17 ff. haben 11 APB-Opinions und FASB Statements analysiert und anhand einer sog. „judgement/standard relationship" aufgedeckt, dass im Rahmen der US-amerikanischen Rechnungslegung zahlreiche „judgements" erforderlich sind.

[918] Mason (1993), S. 31. Ähnlich auch SEC (2003), S. 14: „Inherent in a rule-based approach is an intent to minimize (and indeed in certain instances to trivialize) the judgement component of accounting practice through the establishment of complicated, finely articulated rules that attempt to foresee all possible application challenges. Unfortunately, this belief that judgement can be minimized or eliminated is a mistake (...)."

[919] Vgl. Mulford/Comiskey (2002), S. 25 f.; Benston/Bromwhich/Litan/Wagenhofer (2003), S. 46. Zu den Wahlrechten nach US-GAAP vgl. Schildbach (1999c), S. 411.

[920] Vgl. Schipper (2003), S. 67.

liegt damit faktisch im Ermessen des Managements.[921] Weitere Wahlrechte ergeben sich aus unklaren Definitionen und Abgrenzungen innerhalb der Rechnungslegungsvorschriften.[922] Beispiel ist der bereits angesprochene Begriff *maturity*,[923] die fehlende Abgrenzung des Herstellungskostenbegriffs oder der stets zu beachtende Wesentlichkeitsgrundsatz.[924]

b) IAS/IFRS

IAS/IFRS gewähren weit mehr explizite Wahlrechte als US-GAAP, die jedoch durch das aktuelle *Comparability and Improvement*-Projekt etwas reduziert wurden.[925] Besondere Bedeutung haben die zahlreichen Ermessensspielräume, da diese zur Informationsgewährung eingeräumt werden (Abschn. D.1.2).[926] Die meisten Ermessenwahlrechte beruhen auf auslegungsbedürftigen Definitionen und Begriffen[927] sowie der wirtschaftlichen Betrachtungsweise *(substance over form)*.[928] Viele Wahlrechte ergeben sich auch dadurch, dass die erforderliche Bilanzierung von dem Nachweis bestimmter Bilanzierungskriterien abhängig gemacht wird (so bei der Aktivierung von Entwicklungskosten nach IAS 38.57). Dabei werden die Kriterien häufig unpräzise formuliert, so dass die Erbringung der Nachweise faktisch im Ermessen des Bilanzierenden liegt.[929] Auch das IASB

---

921 Vgl. Schildbach (1999c), S. 411f; SEC (2003), S. 14 f.; Ruhne/Nerlich (2004), S. 389, Fn. 10.

922 Vgl. Schildbach (1999c), S. 412.

923 Vgl. Abschn. D2.1

924 Vgl. Schildbach (1999c), S. 412. Anm.: Jeder US-amerikanische Rechnungslegungsstandard enthält einen Hinweis, dass die jeweiligen Regelungen nicht für unwesentliche Sachverhalte angewendet werden müssen.

925 Für eine Übersicht der offenen Wahlrechte nach IAS/IFRS vgl. Wagenhofer (2003), S. 575-577; Engel-Ciric (2002), S. 781-782; Schildbach (2002d), S. 2617 ff.

926 Vgl. Wagenhofer (2003), S. 577; Schildbach (2003a), S. 252.

927 Folgende Begriffe stellen nur eine kleine Auswahl aus der Vielzahl der ermessensbehafteten Kriterien nach IAS/IFRS dar: „So misleading" (IAS 1.17); „faithful representation" (IAS 1.13); „fair representation" (IAS 1.13), „relevant to an understanding" (IAS 1.69, IAS 1.83); „determining the best way of presenting such information" (IAS 1.47); „substance over form" (IAS 8.10 (ii)), 17.10, 18.30(b), 24.9, 31.32, 32.15); „materiality" (IAS 1.29); „probable" (IAS 12.34, 37.23); "highly probable" (IFRS 5.8); „significant influence" (IAS 28.2); „virtually certain" (IAS 37.35); „best estimate" (IAS 37.36); „most reliable estimate of fair value" (IAS 40.47; 41.19).

928 Für eine Übersicht der Ermessenswahlrechte nach IAS/IFRS vgl. Wagenhofer (2003), S. 578 f.; Schildbach (2002b), S. 265 ff.; Schildbach (2002d), S. 2620; Engel-Ciric (2002), S. 780 ff.; Kirsch (2003b), S. 1111 ff.; Theile (2003), S. 963 f.

929 Vgl. Wagenhofer (2003), S. 580. Schildbach (2002b), S. 265 spricht in diesem Zusammenhang von „Nachweiswahlrechten". Für eine detaillierte Analyse der Bilanzierungskriterien im Zusammenhang mit der Trennung von (nichtansatzfähigen Forschungsaufwendungen) von ansatzpflichtigen Entwicklungsaufwendungen, im Zusammenhang mit der Klassifizierung von Finanzinstrumenten sowie im Zusammenhang mit Restrukturierungsrückstellungen vgl. Ziesemer (2002), S. 71-89, 129-169, 204-228.

hat zahlreiche Kriterienkataloge ausgestellt,[930] diese sind jedoch im Vergleich zu einzelnen US-GAAP Regeln ‚weicher' formuliert. *Bright-lines*, wie etwa bei der Leasingbilanzierung nach SFAS 13.7 oder der 3%-Regel bei den Konsolidierungsregeln für SPEs enthalten die Rechnungslegungsvorschriften nach I-AS/IFRS vergleichsweise wenige.[931]

2.4 Grenzen zulässiger Bilanzpolitik

a) Bilanzpolitik und irreführende Bilanzmanipulation: Wo liegen die Grenzen zulässiger Bilanzpolitik?

Mit Bilanzpolitik möchten Unternehmen allgemein günstige Ausgangsbedingungen für das Verhältnis des Unternehmens zu Externen schaffen.[932] Durch bilanzpolitische Maßnahmen werden zielgerichtet die gegebenen Freiheiten der externen Rechnungslegung genutzt,[933] um das Verhalten der Jahresabschlussadressaten zu beeinflussen.[934] Dabei können sehr unterschiedliche Ziele verfolgt werden: Im Rahmen der informationsorientierten IAS/IFRS- oder US-GAAP-Bilanzierung zielen bilanzpolitische Maßnahmen vor allem darauf ab, die Unternehmenslage so darzustellen, wie es für die Manager und/oder das Unternehmen in der jeweiligen Situation am günstigsten ist.[935] Auch empirische Untersuchen scheinen zu bestätigen, dass bilanzierende Unternehmen gegebene Freiheiten der Rechnungslegung zielgerichtet im eigenen Interesse nutzen.[936] Bilanzpolitik muss nicht unbedingt negativ bewertet werden: So besteht – wie gezeigt - mit *professional judgement* die Möglichkeit, die Vermögens-, Finanz- und Ertragslage zutreffender zu vermitteln.[937] Bilanzpolitik kann man somit auch als

[930] So z.B. IAS 28.6 f.; IAS 38.57.

[931] Dennoch legen auch die Rechnungslegungsvorschriften bedeutende formale oder quantitative Grenzen fest, so z.B. in: IAS 1.24; 1.52; 14.35; 19.92; 19.139; 38.19; 22.44; 28.6; 27.13; 27.27; 28.13; 26.27 (b); 36.27 (b) sowie IAS 37.15.

[932] Vgl. Heintges (1996), S. 176.

[933] Vgl. Heintges (1996), S. 5.

[934] Vgl. Sieben/Barion/Maltry (1993), S. 230.

[935] Vgl. Busse von Colbe/Pellens (1998), S. 118. Zu den bilanzpolitischen Anreizen in den USA vgl. z.B. Heintges (1996), S. 180 ff.; Mulford/Comiskey (2002), S. 60 f.; Healey/Wahlen (1999), S. 370 ff.; Vorwold (1999), S. 2321 ff. Anm.: Im deutschen Einzelabschluss steht, aufgrund der wechselseitigen Verknüpfung von Handels- und Steuerbilanz, häufig eine Minimierung der Steuerlasten im Vordergrund.

[936] Vgl. Watts/Zimmerman (1978), S. 113; Maines/Bartov/Fairfield/Hirst (2003), S. 3; Hoffmann/Lüdenbach (2002), S. 542.

[937] Deutlich bei Mulford/Comiskey (2002), S. 59: „It is possible that a managed earnings number is a better indicator of expected future earnings. Moreover, the volatility of a managed earnings series may provide a more realistic index of financial risk than an unmanaged series". Vgl. auch Heintges (1996), S. 174; Wagenhofer/Ewert (2003), S. 14; Busse von Colbe/Pellens (1998), S. 119.

ein „Instrument der Kommunikation des Unternehmens mit seiner Umwelt“[938] verstehen. Die gegeben Freiheiten eines Rechnungslegungssystems können aber auch – wie in Abschnitt A.1 beschrieben wurde - zur bewussten *Manipulation oder Täuschung* von Jahresabschlussadressaten missbraucht werden, so dass die eigentlichen Regelungszwecke nicht erfüllt werden. Da die Ermessens- und Gestaltungsspielräume in den Rechnungslegungsvorschriften oftmals subjektive Entscheidungen abverlangen, können die Regeln häufig weit gedehnt oder interpretiert werden, so dass (unabhängig davon, wie die Grenzen zulässiger Bilanzpolitik definiert werden) zwischen zulässiger Bilanzpolitik und bewusster Bilanzmanipulation zwangsweise eine gewisse „Grauzone“[939] entsteht.[940] Daher kann zwischen legaler Bilanzpolitik und irreführender Bilanzmanipulation u.U. nur ein „schmale[r] Grat“[941] liegen.

Es ist deshalb interessant zu erfahren, ob nach US-GAAP und nach IAS/IFRS wesentliche Unterschiede bezüglich der maßgeblichen Grenzen zwischen zulässiger Bilanzpolitik und unzulässiger Bilanzmanipulation bestehen. Da – wie gezeigt - im Rahmen einer prinzipienbasierten Rechnungslegung die Generalnorm des TFV bzw. der *fair presentation* vor bilanzpolitischen Missbräuchen schützen soll, muss geklärt werden, ob dieser Grundsatz in beiden Regelwerken eine vergleichbare Rolle spielt. Von der Priorität der Generalnorm hängt der ‚Bereich der zulässigen Bilanzpolitik’ ab:

(1) Wenn der Generalnorm im Verhältnis zu den Einzelnormen keine besondere Priorität zugesprochen wird, sind bilanzpolitische Maßnahmen innerhalb der durch die Rechnungslegungsregeln gesteckten Grenzen im Prinzip unbegrenzt möglich. Die Grenze zur unzulässigen Bilanzfälschung wird daher *nur bei einem Verstoß gegen Einzelnormen* überschritten. Die Generalnorm macht allenfalls Zusatzangaben im Anhang erforderlich.

(2) Wenn hingegen der Generalnorm im jeweiligen Regelwerk eine hohe Priorität zugesprochen wird, so kann bereits ein unsachgemäßes Ausnutzen der gegeben Freiheiten aus offenen Bilanzierungs- und Bewertungswahlrechten, Ermessensspielräumen, Regelungslücken oder Ungereimtheiten außerhalb des Rahmens zulässiger Bilanzpolitik liegen. Die Generalnorm soll also - wie in Großbritannien - die Rolle einer *catch all clause* bzw. eines *overriding principle* übernehmen.

---

938 Vgl. Stein (1993), S. 992.

939 Vorwold (1999), S. 2321; vgl. Heintges (1996), S. 175.

940 Vorwold (1999), S. 2321; vgl. auch Mulford/Comiskey (2002), S. 19 f.; Heintges (1996), S. 176.

941 Heintges (1996), S. 176.

So wurde im Rahmen der deutschen Rechnungslegungsliteratur das Verhältnis des TFV-Prinzip zu den handelsrechtlichen Gob im Zuge der Transformation der „Generalklausel" des Artikels 2 Abs. 3 der 4. EG-Richtlinie[942] in das deutsche Bilanzrecht umfassend diskutiert. Dabei werden tendenziell zwei Grundpositionen zur Priorität der Generalklausel vertreten:[943]

Grundpositionen zur Priorität der Generalklausel der 4. EG-Richtlinie:

- Eine Gruppe von Kommentatoren ist der Auffassung, dass die (legalen) Freiheiten nach HGB/GoB weitgehend unbegrenzt für bilanzpolitische Zwecke zur Verfügung stehen.[944] Die Grenzen der zulässigen Bilanzpolitik werden damit vorrangig durch die relevanten (gesetzlichen) Rechnungslegungsvorschriften und -prinzipien bestimmt.[945] Da im traditionellen Jahresabschluss nur unzureichend über die effektive Vermögens-, Finanz- und Ertragslage berichtet werden kann, fehlen objektive Kriterien zur Operationalisierung des TFV-Gebots. Daher wird eine Einengung der gegebenen Freiheiten durch die Generalklausel abgelehnt.[946] Stattdessen sollen nach der „Abkopplungsthese" die Informationsmängel der Bilanz und GuV durch

---

942 Die Generalklausel wurde – wie bereits im Abschn. C3.1 beschrieben – auf Drängen Großbritanniens in die 4- EG-Richtlinie implementiert. Nach dem Wortlaut der Generalklausel der 4. EG-Richtlinie hat ein „Jahresabschluß ein den tatsächlichen Verhältnissen entsprechendes Bild der Vermögens-, Finanz- und Ertragslage der Gesellschaft zu vermitteln". Der Generalklausel wurde zudem der Status eines „overriding principles" verliehen, denn in Art. 2 Abs. 5 heisst es: „Ist in Ausnahmefällen die Anwendung einer Vorschrift dieser Richtlinie mit der im Absatz 3 vorgesehenen Verpflichtung unvereinbar, so muß von den der betreffenden Vorschrift abgewichen werden, um sicherzustellen, daß ein den tatsächlichen Verhältnissen entsprechendes Bild (...) vermittelt wird" (zitiert nach Streim (1994), S. 395). Die Transformation der Generalklausel in das deutsche Bilanzrecht war sehr umstritten. Der deutsche Gesetzgeber hat der Generalklausel in § 264 Abs. 1 HGB jedoch nicht den Status eines „overriding principles" verliehen, da gemäß § 264 Abs. 1 S. 2 bei „besonderen Umständen" nur zusätzliche Angaben im Anhang zu machen sind, um ein den tatsächlichen Verhältnissen entsprechendes Bild zu vermitteln (vgl. Streim (1994), S. 393).

943 Für einen Überblick über die verschiedenen Literaturauffassungen vgl. Streim (1994), S. 397 f.; Clemm (1989), S. 363; Busse von Colbe/Pellens (1998), S. 120.

944 So ist nach Sieben/Haase (1971), S. 55 eine Begrenzung bilanzpolitischer Maßnahmen gar nicht möglich, da „wegen der Vielfalt der Einflüsse und der Komplexität der Jahresabschlußrechnung, die durch mannigfaltige sachliche und zeitliche Interdependenzen bedingt ist, selbst bei den Bilanzpolitik betreibenden Gruppen leicht den Überblick über alle bisher ergriffenen bilanzpolitischen Maßnahmen und deren Folgewirkungen beeinträchtigen". Vgl. auch Schildbach (1987), S. 8.; Busse von Colbe/Pellens (1998), S. 120.

945 Vgl. Busse von Colbe/Pellens (1998), S. 120; Clemm (1989), S. 358; Streim (1994), S. 398.

946 Vgl. Clemm (1998), S. 365 f.; Heintges (1996), S. 221; Streim (1994), S. 398 ff.; Schildbach (1987), S. 7 f.; Schildbach (1979b), S. 284.

entsprechende Zusatzangaben im Anhang teilweise geheilt werden.[947] Nach der wohl h.M. soll die Generalklausel nur zur Auslegung unbestimmter Rechtsnormen und zur Schließung von Gesetzeslücken herangezogen werden.[948]

- Nach der gegenteiligen Auffassung soll die Generalklausel Vorrang zu den Einzelnormen haben und die Bilanzierenden bei der Ausübung der zahlreichen handelsrechtlichen Wahlrechte und Ermessensspielräume einengen.[949] Die Generalklausel übernimmt quasi eine „Kompaßfunktion für die Auslegung von Einzelregelungen und das Schließen von Regelungslücken"[950]. Das Ermessen des Bilanzierenden soll dort seine Grenzen finden, „wo durch den Ansatz ermessensabhängiger Posten ein angemessenes Bild nicht vermittelt wird"[951]. Für die ordnungsgemäße Interpretation der Generalnorm wird auf das professionelle Urteilsvermögen der Jahresabschlussersteller gesetzt: So erfordert nach Leffson (1979) die Generalklausel „betriebswirtschaftliches Verständnis, Mühe und Verantwortung"[952]; die Interpretation soll demnach mit betriebswirtschaftlicher Sachkompetenz gelöst werden.[953] Die Generalklausel soll damit die maßgeblichen Grenzen der Bilanzpolitik determinieren. Sie zwingt „die Bilanzierenden und ihre Abschlußprüfer dazu, nicht nur die Einhaltung der Einzelvorschriften zu achten, sondern auch abschließend zu fragen, ob das Bild, das der Jahresabschluß als Ganzes vermittelt, eine

---

[947] Zur Abkopplungsthese und deren Grenzen vgl. Moxter (1995), S. 426 ff.; Streim (1994), S. 403 f.; Schildbach (1987), S. 10. Anm.: Allerdings fordert der Gesetzgeber in § 264 Abs. 1 S. 2 HGB nur beim Vorliegen „besondere[r] Umstände" Zusatzangaben im Anhang. Nach Streim (1994), S. 404 zeigt diese Formulierung, dass der Gesetzgeber den Anhang nicht als eigenständiges, von GuV und Bilanz unabhängiges, Informationsinstrument betrachtet.

[948] Vgl. Streim (1994), S. 397; Schildbach (1987), S. 11 f.; Clemm (1989), S. 363. Nach Selchert (1993), S. 753 wird die Generalnorm im Rahmen des deutschen Bilanzrechts sogar den GoB untergeordnet: „Im Zweifel erhalten selbst nicht kodifizierte und insoweit auch bestreitbare Grundsätze ordnungsmäßiger Buchführung noch den Vorrang. Sollte doch einmal auf die Generalnorm zur Begründung eines solchen Grundsatzes Bezug genommen werden, so bietet sie wegen ihrer mangelhaften Klärung allemal Begründungsmöglichkeiten. § 264 Abs. 2 S. 1 HGB hat somit eher Alibifunktion für jede Gelegenheit als eine Kompaßfunktion für die Auslegung von Einzelregelungen und das Schließen von Regelungslücken".

[949] Vgl. Leffson (1979), S. 214 ff.; Leffson (1986), S. 98 ff.; Clemm (1989), S. 363; Streim (1994), S. 397.

[950] Selchert (1993), S. 753.

[951] Leffson (1986), S. 98.

[952] Leffson (1979), S. 216.

[953] Vgl. Leffson (1979), S. 215: „Muß der Betriebswirt aufgrund seiner Sachkompetenz in Bilanzierungsfragen feststellen, die juristischen Vorstellungen seien nicht zu verwirklichen, nur weil die Anwendung dieser Generalnorm Schwierigkeiten und Irrtümer impliziert?"

den Leser nicht irreführende Vorstellung der tatsächlichen Verhältnisse erweckt"[954].

Der Bereich der zulässigen Bilanzpolitik kann folglich – in Abhängigkeit von der Priorität der Generalnorm - unterschiedlich weit sein. Vor diesem Hintergrund wird im Nachfolgenden aufgezeigt, welche Priorität der Grundsatz des TFV bzw. der *fair presentation* im Rahmen der Rechnungslegung nach US-GAAP und nach IAS/IFRS und worauf dieser Grundsatz beruht.

b) US-GAAP

Bilanzpolitische Maßnahmen werden in den USA häufig als *„earnings management"*[955] bezeichnet, daneben spricht man u.a. auch von *„creative accounting"*[956], *„income smoothing"*[957] oder *„cooked books"*[958]. Solche Umschreibungen für Bilanzpolitik sind im Allgemeinen negativ belegt.[959] Healey/Wahlen (1999) definieren den Begriff des *earnings management* bspw. folgendermaßen:

„Earnings management occurs when management uses judgement in financial reporting and in structuring transactions to alter financial reports to mislead some stakeholders about the underlying economic performance of the company or to influence contractual outcomes that depend on reported accounting numbers."[960]

Eine bewusst verzerrende Darstellung der Vermögens-, Finanz- und Ertragslage zur Täuschung der Adressaten wird in der US-amerikanischen Accounting-Literatur als *„aggressive accounting"*[961] bezeichnet, das auch regelkonform *(„within the boundaries of GAAP"*[962]*)* sein kann. Bilanzbetrug *(„fraudulent financial reporting"*[963]*)* liegt hingegen dann vor, wenn Adressaten wesentlich und

---

954 Leffson (1986), S. 104.

955 Healey/Wahlen (1999), S. 368.

956 Mulford/Comiskey (2002), S. 15.

957 Mulford/Comiskey (2002), S. 3.

958 O.V. (2004), S. M8.

959 Vgl. Heintges (1996), S. 6.

960 Healey/Wahlen (1999), S. 368. Für weitere Definitionen vgl. Mulford/Comiskey (2002), S. 59; Rosenfield (2000), S. 106.

961 Vgl. zur Definition Mulford/Comiskey (2002), S. 3: „Aggressive Accounting: A forceful and intentional choice and application of accounting principles done in an effort to achieve desired results, typically higher current earnings, whether the practices followed are in accordance with GAAP or not."

962 Mulford/Comiskey (2002), S. 43.

963 Vgl. dazu die Definition von Mulford/Comiskey (2002), S. 3: „Fraudulent financial reporting: Intentional misstatement or omission of amounts or disclosures in financial statements, done to deceive financial statement users, that are determined to be fraudulent by an administrative, civil, or criminal proceeding".

gezielt getäuscht wurden.[964] Insgesamt wird deutlich, dass die unterschiedlichen US-amerikanischen Umschreibungen für bilanzpolitische Maßnahmen keine klaren Hinweise liefern, wo nach US-GAAP zulässiges *agressive accounting* endet und *fraudulent financial reporting* beginnt.[965] Da die Grenze zur unzulässigen Bilanzmanipulation offenkundig bereits bei einer regelkonformen Bilanzierung überschritten werden kann, muss der US-amerikanische Grundsatz der *fair presentation* eine hohe Priorität haben.

Im Gegensatz zur Rechnungslegung nach IAS/IFRS wird der Grundsatz der *fair presentation* nicht explizit als Generalnorm im Regelwerk der US-GAAP fixiert, sondern entfaltet seine Bedeutung vielmehr aus verschiedenen Gründen:

Zunächst müssen die US-amerikanischen Abschlussprüfer testieren, dass die von Ihnen geprüften Jahresabschlüsse

„present fairly, in all material respects, the financial position of X Company (...), and the results of its operations and its cash flows for the year then ended, in conformity with generally accepted accounting principles"[966].

Nach den US-amerikanischen Berufsgrundsätzen ordnungsmäßiger Jahresabschlussprüfung *(AICPA Professional Standards)* bedeutet diese Klausel, dass die testierten Jahresabschlüsse nach Ansicht des Prüfers aus Sicht vernünftiger Menschen *(reasonable men)* keinen irreführenden *(misleading)* Informationen enthalten.[967] Würde man die Bestätigung einer *fair presentation* als eine den US-GAAP übergeordnete Generalnorm *(overriding principle)* verstehen, so müssten hierfür Durchbrechungen von Einzelnormen zugelassen werden.[968] In den *AICPA professional standards* wird *fair presentation* jedoch nur als eingeschränktes *overriding principle* umschrieben – denn es wird grundsätzlich unterstellt, dass GAAP-konforme Jahresabschlüsse nicht irreführend sind. Nur in wenigen Ausnahmesituationen (als Beispiele werden Gesetzesänderungen oder neuartige Bilanzierungssachverhalte genannt) darf der Abschlussprüfer von US-GAAP abweichende Vorgehensweisen akzeptieren.[969] Es ist davon auszugehen, dass der Jahresabschlussprüfer im Normalfall bei einer regelkonformen Rechnungsle-

---

964 Mulford/Comiskey (2002), S. 43.

965 Vgl. Mulford/Comiskey (2002), S. 41 f.; Lüdenbach/Hoffmann (2002), S. 1169; Schildbach (2003a), S. 263.

966 AICPA (1999a), AU Section 411, Rdnr. 01; Baetge/Roß (2000), S. 34; Wüstemann (1999), S. 82; McLaughin/Smith (2002), S. 2.

967 Vgl. AICPA (1999b), ET Section 203, Rdnr. 02; Wüstemann (1999), S. 81; Kühne (2002), S. 118.

968 Vgl. Wüstemann (1999), S. 82, Abschn. C3.3.

969 Vgl. AICPA (1999b), ET Section 203, Rdnr. 02; AICPA (1999a), AU Section 411, Rdnr. 09; Wüstemann (1999), S. 84; Schildbach (2003a), S. 262.

gung keinen Grund hat, das Testat einzuschränken.[970] Auch SEC-Sanktionen sind bei einer regelkonformen Rechnungslegung normalerweise nicht zu befürchten,[971] wie eine SEC-Stellungnahme aus dem Jahre 2000 verdeutlicht:

„*Under the U.S approach, the notion of fair presentation exists only by reference to U.S. GAAP and is achieved by adhering to U.S. accounting standards and practices. As a result, in the United States, the departure itself is presumed misleading and inaccurate (...). In practice, departures from U.S. GAAP are almost nonexistent*"[972].

Bedeutung erlangt der US-amerikanische Grundsatz der *fair presentation* bei der Bilanzierung nach US-GAAP vielmehr durch die, in den US-amerikanischen Wertpapiergesetzen fixierten, sehr strengen Haftungsbestimmungen bei Schadenersatzklagen von Aktionären.[973] Nach Section 11 des *Securities Act of 1933* (SA of 1933) können sämtliche Personen gesamtschuldnerisch haftbar gemacht werden, die bei der Erstemission von Unternehmensanteilen den Registrierungsbericht (*registration statement*)[974] unterschrieben haben.[975] Der Kläger muss nur wesentliche irreführende Angaben (Fehldarstellungen oder die Unterdrückung wichtiger Informationen) im Registrierungsbericht und einen daraus erlittenen Schaden nachweisen – ein echter Vorsatz seitens der Rechnungslegungsverantwortlichen sowie eine Gutgläubigkeit der Geschädigten ist für eine erfolgreiche Klage nicht notwendig.[976] Die Haftungsbestimmungen bei der Erstemission haben also weit reichende Folgen: Sofern der Kläger einen Schaden aus wesentlichen irreführenden Angaben nachweist, kann jegliche Form von Bilanzpolitik in den einzureichenden *financial statements* im Rahmen des *registration statements* irreführend und haftungsbegründend sein.

Der innerstaatliche Handel der Unternehmensanteile von Publikumskapitalgesellschaften wird durch den *Securities and Exchange Act of 1934* (SEA of 1934) reguliert.[977] Schadenersatzklagen der Aktionäre beruhen hier auf den *Antifraud*

---

[970] Vgl. Cotting/Boemle (2000), S. 792; Wüstemann (1999), S. 83-85. Anderer Ansicht haben im deutschen Schrifttum Heintges (1996), S. 154 und Baetge/Roß (2000), S. 46.

[971] Vgl. Alexander/Archer (2003), S. 4; McLaughin/Smith (2002), S. 3.

[972] SEC (2000), S. 43; Kühne (2002), S. 170.

[973] Vgl. Heintges (1996), S. 103f; Krawitz (2001), S. 632 f.; Lüdenbach/Hoffmann (2003a), S. 393; McLaughin/Smith (2002), S. 2 ff.

[974] Zu den Informationspflichten im Registrierungsbericht gehören u.a. auch geprüfte financial statements der letzten drei Geschäftsjahre vor der Emission. Vgl. Wüstemann (2002a), S. 133 f.

[975] Als Beispiele dieser Personen werden die Geschäftsführung, die Abschlussprüfer, Wertgutachter, Rechtsanwälte etc. genannt. Vgl. SA of 1933, Section 11 (a) (f); Vgl. dazu auch Murray/Decker/Dittmar (1993), Rdnr. 12020, S. 7 f. sowie Carmichael/Willingham/Schaller (1996), S. 79.

[976] Vgl. SA of 1933, Section 11 (a); Murray/Decker/Dittmar (1993), Rdnr. 12020, S. 8.

[977] Vgl. Wüstemann (2002a), S. 77.

Provisions nach Section 18 (a), vor allem auf Rule 10b-5 des SEA of 1934. Nach Rule 10b-5 kann bei wesentlichen Falschdarstellungen oder bei einem irreführenden Verschweigen wesentlicher Jahresabschlussinformationen jede Person, die im direkten oder indirektem Zusammenhang mit dem Kauf oder Verkauf von Wertpapieren steht, strafrechtlich haftbar gemacht werden. Dafür muss ein Kläger im Gegensatz zu den Schadenersatzklagen nach Section 11 des SA of 1933 einen wesentlichen betrügerischen Vorsatz (*fraudulent conduct*) bei der Jahresabschlusserstellung sowie einen - in guten Glauben - erlittenen Schaden beweisen.[978] Als wesentlich *(material)* gilt im Allgemeinen jeder Sachverhalt, den ein durchschnittlicher vorsichtiger Investor im Rahmen seiner Investitionsentscheidungen als relevant einstufen würde.[979]

Auch im Rahmen von SEC-Untersuchungen festgestellte Fehlinformationen können je nach Ausmaß in zivil- oder strafrechtlichen Verfahren enden.[980] Die Grenze zwischen noch zulässigem *aggressive accounting* und *fraudulent conduct* wird dann einzelfallbezogen vor Gericht geklärt - dazu meinen Mulford/Comiskey (2002): „*Determining the point at which aggressive accounting practises become fraudulent is more art than science*"[981]. In den USA wird nämlich bei wertpapierrechtlichen Prozessen vor allem geprüft, ob die Informationen im Ganzen einer *fair presentation* genügen. Teilweise fordern die Gerichte dafür Angaben, die über die Ansatz-, Bewertungs-, Ausweis- und Erläuterungsvorschriften nach US-GAAP hinausgehen bzw. von diesen abweichen. Eine regelkonforme Befolgung von Fachnormen schützt nicht notwendigerweise vor gerichtlichen Konsequenzen.[982] So wurden in einem viel zitierten Urteil aus dem Jahre 1969 drei Abschlussprüfer für das Erteilen eines unzulässigen Testats für schuldig befunden, obgleich der betreffende Jahresabschluss regelkonform erstellt wurde.[983] In vielen älteren Gerichtsurteilen wurde vor allem auf eine ver-

---

[978] Die wichtigste Rechtsgrundlage für Aktionärsklagen stellt nach Murray/Decker/Dittmar (1993), Rdnr. 12030, S. 19 Rule 10 b-5 des SEA of 1934 dar. Hier heisst es: „It shall be unlawful for any person, directly or indirectly (...) to make any untrue statement of a material fact or to omit to state a material fact necessary in order to make the statements, in the light of the circumstances under which they were made, not misleading (...) in connection with the purchase or sale of any security"; Vgl. dazu auch Carmichael/Willingham/Schaller (1996), S. 79 f.; Wüstemann (1999), S. 77; Wüstemann (2002b), S. 719; Kuhner (1998), S. 116.

[979] Vgl. Regulation S-X, Rule 1.02.

[980] Vgl. Wüstemann (2002b), S. 721 f.

[981] Mulford/Comiskey (2002), S. 41 f. Ähnlich: Wüstemann (2002b), S. 721 f.; McLaughin/Smith (2002), S. 3.

[982] Vgl. Wüstemann (1999), S. 87 ff.; Dexheimer (2002), S. 455; Kühne (2002), S. 129; Kuhner (1998), S. 116.

[983] Vgl. Koster (2002), S. A8. Es handelte sich hierbei um den vielzitierten Fall United States v. Simon. Im Gerichtsverfahren überprüfte die Jury, ob der Jahresabschluss im Ganzen „fairly presented the financial position of Continental as of September 30, 1962, and

stärkte Abbildung wirtschaftlicher Zusammenhänge sowie der Offenlegung von Zeitwerten gepocht.[984] In neueren *case law*-Urteilen wird vermehrt beurteilt, ob die offen gelegten Zusatzinformationen (z.B. prospektive Informationen) ausreichend und angemessen sind,[985] damit die Finanzberichterstattung aus Sicht eines vernünftigen Investors nicht irreführend ist.[986]

Fair presentation erlangt so in den USA unmittelbare Bedeutung bei der Durchführung bilanzpolitischer Maßnahmen.[987] Die nicht absehbaren Haftungsfolgen bei Aktionärsklagen wirken in gewisser Weise disziplinierend bei der Ausübung von Wahlrechten, Ermessenspielräumen, Sachverhaltsgestaltungen oder bei der Offenlegung von Zusatzinformationen. Verschärft wird die Bedeutung einer *fair presentation* auch durch die neuen SEC-Ausführungsregelungen zum *Sarbanes-Oxley-Act*.[988] Amerikanische Vorstände von registrierungspflichtigen Unternehmen müssen nun u.a. eidesstattlich versichern, dass die in den Financial Statements enthaltenen Finanzinformationen

„fairly presents in all material respects the financial condition, results of operations and cash flows"[989].

Dabei wird explizit darauf hingewiesen, dass eine regelkonforme Rechnungslegung nicht in jedem Fall für eine *fair presentation* genügt.[990]

---

whether it accurately reported the operations for fiscal 1962". Eine GAAP-konforme Bilanzierung sei „evidence which may be very persuasive but not necessarily conclusive that he acted in good faith, and that the facts as certifies were not materially false or misleading" (Urteilsspruch zitiert nach McLaughin/Smith (2002), S. 3). Zu diesem Urteil und ähnlichen Urteilen vgl. ausführlich McLaughin/Smith (2002), S. 3 ff.; Carmichael/Willingham/Schaller (1996), S. 82 ff.; Earle (1975), S. 156-161; Kühne (2002), S. 123-129. In einem Richterspruch aus dem Jahre 1969 wurden US-GAAP sogar als „esoterische Normen" bezeichnet: „Much has been said by the parties about generally accepted accounting principles and the proper way for an accountant to report real estate transaction. We think this misses the point. Our inquiry is properly focused not on whether Laventhol`s report satisfies esoteric accounting norms, comprehensible only to the initiate, but whether the report fairly presents the true financial position of Firestone (...) to the untutored eye of an ordinary investor" (Richterspruch Herzfeld vs. Laventhol, Krekstein, Horwarth and Horwarth v. 30. November 1969, zitiert nach Burton (1975), S. 4).

984 Vgl. Schildbach (2003a), S. 262; Wüstemann (1999), S. 85 ff.

985 Vgl. Kühne (2002), S. 137-140; Dexheimer (2002), S. 455.

986 Vgl. Kühne (2002), S. 141. Wüstemann (2002b) S. 719 bezeichnet dies als „Prinzip vollständiger Offenlegung".

987 So auch Heintges (1996), S. 103 f.

988 Vgl. Alexander/Archer (2003), S. 16; Perino (2002), S. 12 f.

989 SEC Release No. 33-8124, Abschn. II.B.3, S. 6. Anm.: Aus diesem Bilanzeid folgt unweigerlich ein sehr großes Haftungsrisiko für die unterzeichnenden Unternehmensvorstände (vgl. Perino (2002), S. 12 f.).

990 Vgl. SEC Release No. 33-8124, Abschn. II.B.3, S. 6 f.: „The certification statement regarding fair presentation of financial statements and other financial information is not limited to a representation that the financial statements and other financial information

Insgesamt bleibt somit offen, wo im Rahmen der US-amerikanischen Rechnungslegung die objektiven Grenzen einer *fair presentation* liegen.[991] Eine regelkonforme Bilanzierung schützt jedenfalls nicht unbedingt vor möglichen gerichtlichen Sanktionen.

c) *IAS/IFRS*

Innerhalb des Regelwerkes des IASB hat der Grundsatz des TFV bzw. der *fair presentation* – wie bereits mehrfach erwähnt - zentrale Bedeutung. Von der US-amerikanischen *fair presentation* unterscheidet er sich dahingehend, dass IAS 1.13 diesen als ein übergeordnetes Rechnungslegungsprinzip[992] innerhalb des Regelwerks der IAS/IFRS fixiert.[993] Dieser Grundsatz ist daher sowohl bei der Jahresabschlusserstellung als auch bei der Jahresabschlussprüfung zu beachten.[994]

Nach IAS 1.13 erfordert eine *fair presentation* prinzipiell eine glaubwürdige Darstellung der Geschäftsvorfälle und Sachverhalte in Übereinstimmung mit den im IASB Framework niedergeschriebenen Definitionen und Ansatzkriterien.[995] Allerdings gilt dieser Grundsatz nur eingeschränkt als *overriding principle*: Auch das IASB unterstellt, dass durch eine regelkonforme Rechnungslegung – ggf. um Zusatzangaben ergänzt – bei nahezu allen Sachverhalten („*virtually all circumstances*“[996]) eine *fair presentation* erzeugt wird.[997] Ein Abweichen von den Standards oder Interpretationen soll auf extrem seltene Fälle (*„extremly rare circumstances“)* beschränkt bleiben, bei denen das Management der Auffassung ist, die Jahresabschlussdaten seien andernfalls so irreführend („*so misleading*“), dass sie im Konflikt mit den im IASB Framework[998] beschriebenen

have been presented in accordance with 'generally accepted accounting principles' and is not otherwise limited by reference to generally accepted accounting principles".

[991] So auch Heintges (1996), S. 221; Wüstemann (2002b), S. 719; Kuhner (2004), S. 264. Deutlich bezüglich der SEC Ausführungsbestimmungen zum Sarbanes-Oxley-Act vgl. Perino (2002), S. 12 f.: „Executives are not required to certify that the financial statements comply with GAAP – they must certify that they fairly present the issuer's financial condition and result of operations. Conceivably, financials could paint a misleading picture of the financial condition of the issuer even if they comply with GAAP".

[992] IAS 1.13 wird unter der Überschrift ‚overall considerations' angeführt.

[993] Vgl. IAS 1.10.

[994] Vgl. Hofheinz (2002), S. A 3.

[995] IAS 1.13: „Fair Presentation requires the faithful representation of the effects of transactions, other events and conditions in accordance with the definitions and recognition criteria for assets, liabilities, income and expenses set out in the Framework".

[996] IAS 1.15.

[997] Vgl. IAS 1.13, 1.15 und F.46.

[998] Vgl. F. 12-14 sowie Abschn. E2.3.

Informationsfunktion des Jahresabschlusses stehen.[999] Um dies zu beurteilen, soll das Management einzelfallbezogen abwägen,

a) warum mit der relevanten Bilanzierungsvorschrift das Informationsziel des Frameworks nicht erreicht werden kann

b) und ob die spezifischen Umstände des betreffenden Sachverhaltes von denjenigen anderer Unternehmen abweichen, die bei solchen Sachverhalte regelkonform vorgehen. Falls andere Unternehmen für betreffende Sachverhalte die relevanten Bilanzierungsvorschriften umsetzen, besteht eine widerlegbare Vermutung, dass eine regelkonforme Anwendung nicht *„so misleading"* ist.[1000]

Ein *overriding* hängt zudem davon ab, ob dies unter den nationalen rechtlichen Rahmenbedingungen *(„regulatory framework")* überhaupt zulässig ist.[1001] Die rechtlichen Rahmenbedingungen wären z.B. aus deutscher Sicht § 264 Abs. 2 S. 2 HGB, wonach ein *overriding* unzulässig ist oder auf europäischer Ebene die europäischen Bilanzrichtlinien und die EuGH-Rechtsprechung, die zur Vermittlung eines TFV in Ausnahmefällen ein Abweichen von Einzelvorschriften erlauben.[1002] Falls ein *overriding* nach der nationalen Jurisdiktion jedoch nicht zulässig ist, fordert IAS 1.21 als Ausgleich für den Informationsmangel weitgehende ergänzende Zusatzangaben. Nach IAS 1.15 erfordert eine *fair presentation* aber stets

- eine Auswahl und Anwendung von Bilanzierungs- und Bewertungsmethoden in Übereinstimmung mit IAS 8, *Accounting Policies, Changes in Accounting Estimates and Errors*[1003],
- eine Darstellung der Informationen, einschließlich der Bilanzierungs- und Bewertungsmethoden auf eine Weise, die zu *entscheidungsrelevanten, vertrauenswürdigen, vergleichbaren* und *verständlichen* Informationen führt; und
- gegebenenfalls eine Bereitstellung von über die Anforderungen der IAS/IFRS hinausgehenden Zusatzangaben um es den Adressaten zu ermöglichen, die Auswirkungen einzelner Geschäftsvorfälle und Ereignisse auf die Vermögens- und Ertragslage zu verstehen.

---

[999] Vgl. IAS 1.17. Anm.: Bei einer Abweichung von den relevanten Einzelvorschriften werden umfangreiche Erläuterungen notwendig (Vgl. IAS 1.18 (a) – (d)).

[1000] Vgl. IAS 1.22 (a) und (b).

[1001] Vgl. IAS 1.17; Wagenhofer (2003), S. 136.

[1002] Vgl. Streim (1994), S. 395; Kessler (1999), S. 1315.

[1003] Vgl. IAS 8.7 ff. sowie Abschn. E4.2.

Für all diese Erfordernisse ist natürlich *professional judgement* notwendig. Durch eine sinnvolle Auslegung von auslegungsbedürftigen Begriffen und Regeln soll der Jahresabschluss ein den tatsächlichen Verhältnissen entsprechendes Bild der Vermögens-, Finanz- und Ertragslage widerspiegeln und damit möglichst informativ werden.[1004] Wie das konkret erreicht werden soll, bleibt unklar.

Als Ergebnis bleibt festzuhalten: Sowohl für die Rechnungslegung nach US-GAAP als auch nach IAS/IFRS ist *fair presentation* ein auslegungsbedürftiger Begriff, der bei der Jahresabschlusserstellung und –Prüfung auf unbestimmte Weise berücksichtigt werden muss. Die Grenze zur unzulässigen Bilanzmanipulation wird aus Sicht der US-amerikanischen Rechtsprechung dann überschritten, wenn ein Jahresabschluss als wesentlich *misleading* einzustufen ist. Nach den Ausführungen des IAS 1 (rev. 2003) zu urteilen soll eine *fair presentation* hingegen durch eine glaubwürdige Darstellung der Geschäftsvorfälle auf Grundlage der Definitionen, Ansatzkriterien und Ziele des Frameworks erzeugt werden. Ob durch diese ‚Definition' der Begriff der *fair presentation* fassbar wird, ist fraglich. Wie im weiteren Verlauf dieser Arbeit gezeigt wird, verlagert diese Definition die Interpretation eines abstrakten Begriffes auf eine Auslegung mehrerer unscharfer Grundsätze und Ziele. Innerhalb der EU wird wohl die Beurteilung einer *fair presentation* zukünftig durch die Rechtsprechung des EuGH oder durch eine sonstige *Enforcement*-Institution erfolgen.[1005]

Die Grenze zwischen zulässiger Bilanzpolitik und bilanzpolitischen Missbräuchen ist bei beiden Regelwerken objektiv nicht bestimmbar – faktisch bestehen hier keine Unterschiede.

2.5 Stellenwert der wirtschaftlichen Betrachtungsweise

a) US-GAAP

Mit *professional judgement* eng verbunden ist der Grundsatz der wirtschaftlichen Betrachtungsweise *(substance over form)*. Dieser Grundsatz verlangt, bestimmte Rechnungslegungsvorschriften oder Begriffe „nach ihrem wirtschaftlichen Sinn, nach ihrer auf die ‚wirtschaftliche Wirklichkeit' gerichteten Bedeutung zu verstehen"[1006]. Das FASB bezeichnet den Grundsatz des *substance over form* jedoch als „*vague idea*"[1007], dessen Gehalt ohne weitere Konkretisierungen

[1004] Vgl. Schildbach (2002b), S. 264; F. 45: „The relative importance of the characteristics in different cases is a matter of professional judgement."

[1005] Ähnlich: Schön (2004), S. 766.

[1006] Beisse (1981), S. 1.

[1007] SFAC 2.160; Schildbach (2001a), S. 45.

zu abstrakt sei.[1008] Die wirtschaftliche Betrachtungsweise wird generell im Rahmen der US-amerikanischen Fachdiskussion nicht besonders thematisiert – in wichtigen amerikanischen Accounting-Lehrbüchern taucht dieser Begriff gar nicht auf.[1009] In den US-amerikanischen Standards werden Vorgehensweisen nach *substance over form* nicht explizit verlangt, da bei Befolgung der US-GAAP-Detailregeln eine Abbildung des wirtschaftlichen Gehalts prinzipiell unterstellt wird.[1010] Charakteristisch für US-GAAP ist daher das Aufstellen formaler Bilanzierungskriterien, deren korrekte Umsetzung eine bilanzielle Abbildung des wirtschaftlichen Gehalts der jeweiligen Sachverhalte gewährleisten soll.[1011]

b) IAS/IFRS

Im Gegensatz dazu wird im IASB Framework *substance over form* ausdrücklich als qualitatives Prinzip eines Jahresabschlusses beschrieben.[1012] Danach hat die bilanzielle Abbildung der Geschäftsvorfälle nicht auf Basis der rechtlichen Verhältnisse oder sonstiger formaler Anforderungen zu erfolgen, sondern gemäß ihrer wirtschaftlichen Realität.[1013] Eine Beurteilung des wirtschaftlichen Gehalts wird im Rahmen der IAS/IFRS-Bilanzierung prinzipiell bei Fragen des Bilanzansatzes,[1014] speziell bei der Bilanzierung von Leasingverhältnissen,[1015] der Konsolidierung von *special purpose entities*[1016] oder bei der Aktivierung von immateriellen Vermögenswerten erforderlich.[1017] Auch bei Bewertungsfragen,[1018] bei

---

[1008] Vgl. FASB (1976), Rdnr. 343: „'Economic reality' is a relatively high-level abstraction (...). The concept usually needs to be more concrete to serve as a criterion of useful information".

[1009] Vgl. die Stichwortverzeichnisse von Dalaney/Epstein (2002), Kieso/Weygandt/Warfield (2001), Miller GAAP Guide (1998). Selbst in einem bekannten amerikanischen Lehrbuch über die Rechnungslegung nach IAS/IFRS wird der Grundsatz des substance over form nicht erwähnt (vgl. Stichwortverzeichnis von Delaney/Epstein (2002)).

[1010] Vgl. dazu ausführlich mit Beispielen Behr (2002), S. 31 ff. Vgl. auch Pereira / Paterson/Wilson (1994), S. 31 u. S. 271; S. SFAC 2.160 sowie SEC (2003), S. 30: „Reasonable people can reasonably disagree on the economics of an arrangement. It is, however, precisely the role of the standard setter to define the class of transactions included within the economic arrangement and than to establish appropriate accounting fort hat class of transaction".

[1011] Lüdenbach/Hoffmann (2002), S. 1172 sprechen daher auch von „form over substance". Deutlich auch Behr (2002), S. 40; Delaney/Epstein (2002), S. 524; Heuser/Theile (2003), S. 42, Fn. 36.

[1012] Vgl. Abschn. E2.3.3.2.

[1013] Vgl. F.35.

[1014] Vgl. Kirsch (2003a), S. 25; Behr (2002), S. 34; Abschn. E3.1.1.

[1015] Vgl. IAS 17.10.

[1016] Vgl. SIC-12.8.

[1017] Vgl. Behr (2002), S. 37 f.; Ordelheide (1999), S. 512; IAS 38.22.

der Feststellung maßgeblicher Ertragsrealisationszeitpunkte,[1019] bei der inhaltlichen und formalen Ausgestaltung des Jahresabschlusses[1020] sowie bei Offenlegungsfragen ist das Kriterium des *substance over form* häufig zu bedenken.[1021] Sehr oft wird in den Einzelvorschriften explizit eine wirtschaftliche Betrachtungsweise gefordert,[1022] so bei den Vorschriften zur Leasingbilanzierung (IAS 17 u. SIC-27):[1023] Eine Zuordnung als *finance lease* oder *operating lease* wird nach IAS 17.7 danach entschieden, ob die mit dem Leasinggegenstand verbundenen Chancen und Risiken beim Leasinggeber oder Leasingnehmer liegen. Für diese Beurteilung sind vertragliche Regelungen außer Acht zu lassen - entscheidend ist, welcher Vertragspartner wirtschaftlich betrachtet die Chancen (z.B. aus künftigen Werterhöhungen des Leasinggegenstandes) vereinnahmen darf oder wirtschaftlich gesehen das Risiko (z.B. bei technischen Fehlern) trägt.[1024]

2.6 Stellenwert der theoretischen Rahmenkonzepte

In den theoretischen Rahmenkonzepten *(conceptual frameworks, CFs)* der angelsächsischen Standardsetzer werden allgemein relevante Prinzipien, Ziele und Anforderungen einer informationsorientierten Rechnungslegung beschrieben. Im Idealfall fungieren sie als theoretische Deduktionsbasis bei der Entwicklung neuer Standards und als Anwendungshilfe bei Regelungslücken oder bei Zweifelsfragen. Grundsätzlich sind die Ausführungen der theoretischen Rahmenkonzepte im Rahmen der Jahresabschlusserstellung nicht verbindlich zu beachten.[1025] Da prinzipienbasierte Rechnungslegungsstandards systematisch aus den Prinzipien und Zielen des theoretischen Rahmenkonzeptes abgeleitet sein sol-

---

[1018] So soll z.B. nach IAS 16.60 die planmäßige Abschreibungsmethode dem wirtschaftlichen Nutzenverlauf des betreffenden Sachanlagevermögens widerspiegeln.

[1019] Vgl. Kirsch (2003a), S. 25. soll z.B. nach IAS 18.30 (b) und nach IAS 18.33 nach dem wirtschaftlichen Gehalt beurteilt werden, zu welchem Zeitpunkt Erträge aus Lizenzen vereinnahmt werden können.

[1020] So muss z.B. nach IAS 32.15 und IAS 32.18 die Unterscheidung zwischen Eigenkapital- und Fremdkapitalinstrumenten nach dem wirtschaftlichen Gehalt erfolgen. Nach IAS 1.35 ist eine Saldierung von Vermögenswerten, Schulden, Erträgen oder Aufwendungen in der Bilanz oder Guv nur dann zulässig, wenn damit der wirtschaftliche Gehalt der zugrunde liegenden Geschäftsvorfälle oder Ereignisse widergespiegelt wird.

[1021] So müssen z.B. nach IAS 24.10 offenlegungspflichtige Verhältnisse zu nahe stehenden Parteien (related parties) nach einer wirtschaftlichen Betrachtungsweise ausgemacht werden.

[1022] Vgl. Abschn. E2.3.3.2.

[1023] Vgl. FASB (1996), S. 239.

[1024] Vgl. Wagenhofer (2003), S. 283 ff.; IAS 17.7 f.

[1025] Vgl. Vorwort zum IASB Framework; F.2; van Hulle (2001), S. 77 ff.; Ballwieser (2003), S. 337-339.

len,[1026] wird im Nachfolgenden untersucht, ob die Frameworks der beiden Regelwerke unterschiedliche Stellenwerte haben.

a) US-GAAP

Die Ausarbeitung und Weiterentwicklung der US-GAAP erfolgt traditionellerweise durch Einzelfallentscheidungen, die sich auf einzelne praktische Bilanzierungsfragen beziehen. Durch diesen Praxisbezug wurde das US-amerikanische Regelwerk im Laufe seiner fast 70jährigen Geschichte von den unterschiedlichsten Vorstellungen aus Theorie und Praxis beeinflusst.[1027] Lange Zeit war umstritten, ob konventionelle Bilanzierungsprinzipien aus der Praxis[1028] als übergeordnete Grundsätze den verbindlichen Rechnungslegungsregeln vorangestellt werden sollten.[1029] So rief das FASB erst im Jahr 1973 das *conceptual framework*-Projekt ins Leben, das bis zum Jahr 2000 zur Verabschiedung von sieben[1030] *Statements of Financial Accounting Concepts* (SFACs) führte.[1031] Die Notwendigkeit eines theoretischen Rahmenkonzeptes wurde in der Fachwelt insbesondere damit begründet, dass der Standardsetzer vor dem Hintergrund einer theoretischen Argumentationsgrundlage weniger stark durch Partikularinteressen beeinflussbar und damit unabhängiger sei. Diesen Grundgedanken erläutert Solomons (1994):

"If the FASB could show that its standards were derived from a coherent and plausible body of concepts, it would greatly enhance the credibility of financial reporting. I know no better way to reduce accounting's vulnerability to political pressure. How else can the board demonstrate the superiority of a proposed standard over a counterproposal from some sectional interest that is self-evident and not in the public interest?"[1032]

Die einzelnen SFACs sind jedoch keine Bestandteile der US-GAAP.[1033] Sie stellen keine übergeordneten Grundsätze dar und einzelne US-GAAP können mit

---

[1026] Vgl. Abschn. B4.1.3.

[1027] Vgl. Gerbaulet (1999), S. 35; FASB (1996), S. 62: „It is an outgrowth of the readily observable fact that individuals come to the standard-setting process with diverse views. Typically, those views are grounded in particular part of the large body of various theories and practices that has developed somewhat randomly over more than a century of public financial reporting".

[1028] Z.B. Realisationsprinzip, Vorsichtsprinzip, Unternehmensfortführungsprinzip, Periodisierungsprinzip, Stetigkeitsprinzip, Wesentlichkeitsprinzip.

[1029] Vgl. Haller (1989), S. 60.

[1030] SFAC 3 wurde durch SFAC 6 ersetzt (vgl. SFAC 6..2).

[1031] Vgl. Gerbaulet (1999), S. 37-39; Delaney/Epstein (2002), S. xxiii.

[1032] Solomons (1994), S. 123

[1033] Vgl. z.B. SFAC 1, Introduction.

den vorgestellten theoretischen Konzepten und Zielen sogar unvereinbar sein.[1034] Verweise innerhalb der Standards auf das theoretische Rahmenkonzept haben nur den Stellenwert unverbindlicher Hinweise.[1035] Das CF soll primär eine grundlegende Richtung bei der Ausarbeitung bzw. der Überarbeitung der Rechnungslegungsregeln vorgeben oder begründen.[1036] Es wird allerdings als widersprüchliches „Sammelsurium von Theorieinhalten“[1037] kritisiert,[1038] das zur Lösung von Bilanzierungsproblemen nicht brauchbar ist.[1039] Als Deduktionsbasis neuer Rechnungslegungsvorschriften dient das Framework nicht konsequent, denn einige, nach der Fertigstellung der SFAC 1-6 veröffentlichten Standards weichen deutlich von bestimmten Grundsätzen des theoretischen Rahmenwerks ab.[1040] Als SFAC 1 im Jahr 1978 veröffentlicht wurde,[1041] war das US-amerikanische Rechnungslegungswerk bereits sehr umfangreich.[1042] Es musste notgedrungen der kleinste gemeinsame Nenner zwischen den bestehenden divergierenden Rechnungslegungsvorschriften und -praktiken gefunden werden,[1043] daher konnte sich das FASB auf keine eindeutigen theoretischen Konzepte festgelegen. Im Endeffekt wurden die dargelegten Prinzipien und Ziele unverbindlich und sehr allgemein formuliert.[1044]

Eine konzeptionelle Geschlossenheit der US-GAAP liefert das theoretische Rahmenwerk daher nicht. Das FASB ist sich bestehender Inkonsistenzen be-

[1034] Vgl. SFAC 1, Introduction.

[1035] Dies gilt z.B. für den Hinweis auf SFAC 7 zur Bestimmung des beizulegenden Zeitwerts (fair value) in SFAS 142.24.

[1036] Vgl. Delaney/Epstein (2002), S. 16; Gerbaulet (1999), S. 38; SFAC 1.3; FASB (1996), S. 62 f.: „Although the conceptual framework provides a long-run sense of direction, it still leaves short-run standard setting decisions at the mercy of highly subjective judgement“.

[1037] Haller (1989), S. 228.

[1038] Vgl. Schildbach (2002a), S. 57; Wüstemann (1999), S. 135; Vorwold (2000), S. 605.

[1039] Für Beispiele vgl. Gore (1995), S. 167 f.

[1040] Vgl. Vorwold (2000), S. 606; Schildbach (2002a), S. 87.

[1041] Vgl. SFAC 1, Status.

[1042] Vgl. Benston/Bromwhich/Litan/Wagenhofer (2003), S. 96.

[1043] Deutlich wird dies im FASB Discussion Memorandum „An analysis of issues related to Conceptual Framework for Financial Accounting Reporting: Elements of Financial Statements and Their Measurements“, in dem verschiedene bilanztheoretische Ansätze und praktische Überlegungen diskutiert und zu Stellungnahmen aufgerufen wurde (vgl. FASB (1976)).

[1044] Vgl. Haller (1989), S. 228 und Miller (1985), S. 67: „Who could disagree, for example, with the idea that useful information should be provided? Who would disagree with the notion that information must be both relevant and reliable to be useful?“ Vgl dazu auch kritisch Schildbach (2002a), S. 65 zum CF des FASB: „Aus Furcht, der Markt könne (...) den FASB für dessen Erfüllung zur Verantwortung ziehen, muss das conceptual framework letztlich für unverbindlich erklärt werden. Für die vielversprechenden Ideale haften kann das FASB nämlich nicht“.

wusst und bemüht sich derzeit, Abweichungen zwischen dem Framework und den veröffentlichten US-GAAP-Vorschriften etwa im Bereich der Ertragsrealisation und bei der Verbindlichkeitsdefinition zu beseitigen.[1045] Angekündigt ist auch eine Vereinheitlichung und Vereinfachung bestehender Rechnungslegungsstandards.[1046] In dem im Jahre 2001 verabschiedeten SFAS 141 diskutiert das FASB erstmals, inwiefern die Regelungen des Standards mit den Prinzipien und Zielen des Frameworks vereinbar sind.[1047]

b) IAS/IFRS

Auch das IASB Framework wurde spät, erst im Jahre 1989, fertig gestellt, ein Zeitpunkt, zudem bereits 31 Standards verabschiedet waren.[1048] Im Gegensatz zur US-amerikanischen Standardsetzung tendiert das IASB bzw. seine Vorläuferorganisation eher dazu, das Framework als theoretische Deduktionsbasis bei der Neuentwicklung oder Überarbeitung von Standards zu verwenden.[1049] Im Vergleich zu den SFACs des FASB ist es sehr viel knapper gehalten; inhaltlich ähnelt es dem US-amerikanischen Rahmenkonzept jedoch weitgehend.[1050] Die angeführten Grundsätze und Ziele werden daher gleichermaßen kritisiert.[1051] Das IASB Framework ist ebenfalls unverbindlich, die in den Standards oder Interpretationen fixierten Regelungen gehen stets vor.[1052] Wie folgende Beispiele belegen, bestehen im Unterschied zu der US-amerikanischen Rechnungslegung jedoch *Verbindungen zwischen den Standards und dem Framework*, wodurch die allgemeinen Prinzipien und Ziele des IASB Frameworks teilweise zwingend beachtet werden müssen, um einen IAS/IFRS-konformen Jahresabschluss zu erstellen:

- Nach IAS 1.13 muss beurteilt werden, ob im Sinne einer *fair presentation* eine glaubwürdige Darstellung der Geschäftsvorfälle und Ereignisse in Ü-

[1045] Vgl. FASB (2002c) sowie FASB (2002b), S.6 f.

[1046] Vgl. FASB (2002a); FASB (2004).

[1047] Vgl. SEC (2003), S. 20, Fn.44 und SFAS 141, Summary, S. 6.

[1048] Vgl. Wagenhofer (2003), S. 119.

[1049] Vgl. FASB (1996), S.57 und 62 f.; SEC (2000), S. 12; Wagenhofer (2003), S. 119 f. Anm.: Auch im Vorwort zu den Standards des IASB wird hervorgehoben, dass das IASB Framework die Rolle einer theoretischen Deduktionsbasis übernehmen soll: „The objective of the Framework is to facilitate the consistent and logical formulation of IFRSs. The Framework also provides a basis for the use of judgement in resolving accounting issues" (Preface to International Financial Reporting Standards, Rdnr. 8).

[1050] Vgl. Wagenhofer (2003), S. 119.

[1051] Vgl. Mujkanovic (2002), S. 56 ff; Beys (2002), S. 59-71. Systematik und Konkretisierbarkeit der Prinzipien des Frameworks des IASB werden im Abschn. E.2 erörtert.

[1052] Vgl. IASB Framework, 'Introduction', Rdnr. 2; IAS 1.11.

bereinstimmung mit den Definitionen und Ansatzkriterien des IAS Frameworks erfolgt.[1053]

- Um dem Gebot der fair presentation zu genügen, soll die Darstellung der Jahresabschlussinformationen und die Auswahl der Bilanzierungsmethoden die allgemeinen Grundprinzipien der Entscheidungsrelevanz, Verlässlichkeit, Vergleichbarkeit und Verständlichkeit erfüllen (IAS 1.15 (b)).
- Nach IAS 8.11 (b) müssen bei Regelungslücken oder Zweifelsfragen die Definitionen und allgemeinen Ansatz- und Bewertungskriterien des IASB Frameworks beachtet werden.
- Einzelne IAS/IFRS verlangen ausdrücklich die verbindliche Einhaltung einiger Prinzipien des IASB Frameworks, insbesondere *substance over form*,[1054] Verlässlichkeit, Relevanz, glaubwürdige Darstellung, Neutralität, Vorsicht, Vollständigkeit,[1055] Wesentlichkeit[1056] sowie die Postulate der Unternehmensfortführung[1057] und der Periodisierung[1058].
- In den neuen IFRS wird darauf hingewiesen, dass die Regelungen des Standards immer vor dem Hintergrund ihrer Ziele, den Grundlagen zur Beschlussfassung, dem Vorwort zu den IAS/IFRS sowie mit dem IASB Framework gelesen werden müssen.[1059] Die Grundsätze und Ziele des IASB Frameworks sollen außerdem generell bei Ermessensentscheidungen einen Leitrahmen vorgeben, wie im Vorwort des IASB klargestellt wird.[1060]

Durch solche Verbindungen zwischen den Einzelvorschriften und Framework macht das IAS/IFRS-Regelwerk im Vergleich zu den US-GAAP einen prinzipienbasierten Gesamteindruck.

3 Zwischenergebnis zum Teil D

Nach einem Vergleich wesentlicher Merkmale der US-GAAP und der IAS/IFRS können als Ergebnis des **Teil D** folgende Punkte festgehalten werden:

[1053] IAS 1.13.

[1054] So etwa in IAS 8.10 (ii); 17.10; 18.30 (b) u. 18.33; 24.9; 31.23;.31.32.

[1055] Vgl. z.B. IAS 8.10 (a)-(v); IAS 14.15.

[1056] Vgl. IAS 1.29. Außerdem steht zu Beginn jedes Standards ein Hinweis, dass die nachfolgenden Regeln nicht bei unwesentlichen Sachverhalten angewendet zu werden brauchen.

[1057] Vgl. IAS 1.23.

[1058] Vgl. IAS 1.25 f.

[1059] Vgl. IFRS 1, vor 'Introduction'.

[1060] Vgl. Preface to International Financial Reporting Standards, Rdnr. 8: "The Framework also provides a basis for the use of judgement in resolving accounting issues".

- Sowohl Regelungsdichte als auch –umfang der IAS/IFRS sind derzeit noch relativ ‚überschaubar' - jedoch mit deutlich zunehmender Tendenz. Angesichts der Konvergenzbemühungen mit dem US-amerikanischen FASB sowie einer zukünftigen Sanktionsbewehrung durch die europäische Rechtsprechung oder einer sonstigen *Enforcement*-Institution, scheint eine weitere Zunahme der Kasuistik unvermeidbar.
- Informationen über die effektive Unternehmenslage sollen im Rahmen der IAS/IFRS vorrangig durch das Prinzip *professional judgement* gewährt werden. Dadurch erscheinen IAS/IFRS im Vergleich zu US-GAAP ‚prinzipienbasierter'. Allerdings ist auch in der US-amerikanischen Rechnungslegung eindeutig ein Trend zu mehr *professional judgement* beobachtbar.
- IAS/IFRS und US-GAAP räumen gleichermaßen zahlreiche Abbildungs- und Gestaltungsspielräume ein. IAS/IFRS enthalten allerdings weniger formale Grenzen und vermeiden es, Bilanzierungspflichten trennscharf zu regeln.
- Im IAS 1 wird das Gebot der *fair presentation* selbst vorgegeben, während sich dieser Grundsatz in den USA primär aus den strengen gesetzlichen Haftungsbestimmungen bei Aktionärsklagen ergibt. Da in den USA, im Gegensatz zu Europa, ein sehr viel ausgeprägteres Klageverhalten existiert und die Haftungsbestimmungen erheblich stringenter sind, dürfte das Konzept der *fair presentation* in den USA eine größere disziplinarische Wirkung entfalten[1061].
- Die Ausübung der wirtschaftlichen Betrachtungsweise *(substance over form)* wird im Regelwerk der IAS/IFRS ausdrücklich gefordert. Ein Unterschied zu den US-GAAP besteht hier insofern, als bei der Befolgung der US-amerikanischen Einzelvorschriften regelmäßig eine Abbildung des wirtschaftlichen Gehalts unterstellt wird.
- Durch Verbindungen zwischen dem IASB Framework und einzelnen Standards entsteht ein vergleichsweise ‚geschlossener' Eindruck.

Die Rechnungslegung nach IAS/IFRS erscheint insgesamt ‚prinzipienbasierter', da sie (noch) auf rigide Detailregeln weitgehend verzichtet und stattdessen häufig auf das verantwortungsvolle Urteilsvermögen der Rechnungsleger und –prüfer setzt. Darüber hinaus bestehen allerdings zwischen den beiden Regelwerken keine besonderen markanten Unterschiede. An dieser Stelle ist allerdings

[1061] Dies bestätigt auch Donald (2003), S. 705, wonach die sog. „tort reform" der 90er Jahre in den USA mit dem Ziel, die zahlreichen Aktionärsklagen auf Grundlage des Rule 10b-5 des SEA 1934 zu reduzieren, u.a. für die massive Börsenhausse des Jahres 2002 verantwortlich ist.

noch unklar, ob die im IASB Framework angesprochenen Prinzipien und Ziele konkretisierbar und ob die IAS/IFRS-Einzelfallregelungen tatsächlich prinzipienbasiert sind. Dieser Frage wird im Teil E nachgegangen.

E Untersuchung der IAS/IFRS-Prinzipien

1 Vorbemerkung

Die Ausführungen im Teil D haben gezeigt, dass die Rechnungslegung nach IAS/IFRS ‚auf den ersten Blick' prinzipienbasiert erscheint. In den nachfolgenden Unterabschnitten muss nun geklärt werden, ob das Regelwerk der IAS/IFRS – vor dem Hintergrund der theoretischen Grundlagen in Teil C – tatsächlich auf systematischen und konkretisierbaren Prinzipien basiert. Um zu einer abschließenden Beurteilung zu gelangen, werden die Prinzipien und Regeln der Rechnungslegung nach IAS/IFRS in drei Untersuchungsblöcke eingeteilt, die in der nachfolgenden Übersicht dargestellt werden:

Systematik und Konkretisierbarkeit der allgemeinen Grundprinzipien	**Prinzipienbasierung der speziellen Ansatz- und Bewertungs-vorschriften**	**Systematik und Konkretisierbarkeit der ergänzenden Prinzipien**
Postulate: Unternehmensfortführung und Periodenabgrenzung **Fair Presentation und Professional Judgement** **Qualitative Prinzipien:** Verständlichkeit Relevanz Art der Information Wesentlichkeit Vertrauenswürdigkeit Zutreffende Darstellung Substance over Form Neutralität Vorsicht Vollständigkeit Vergleichbarkeit Abwägungsgrundsätze	**Allgemeine Ansatzgrundsätze nach IASB Framework** Prinzipienbasierung der speziellen Ansatzvorschriften **Allgemeine Bewertungs-grundlagen nach IASB Framework** Prinzipienbasierung der speziellen Bewertungsvorschriften	Objektivierungskriterien zur Ermessensbegrenzung Grundsatz der Offenlegung von Ermessensspielräumen Grundsätze zur Auswahl und Entwicklung von Bilanzierungs- und Bewertungsmethoden Wertaufhellungsprinzip Sonstige ergänzende Prinzipien
Abschnitt E.2	**Abschnitt E.3**	**Abschnitt E.4**

Abbildung 4: Die Prinzipien nach IAS/IFRS im Überblick

2 Systematik und Konkretisierbarkeit der allgemeinen Grundprinzipien

Die allgemeinen Grundprinzipien sind aufgrund von Wiederholungen und/oder Ergänzungen in einzelnen Standards (insbesondere in IAS 1 und IAS 8) und Interpretationen bei der Jahresabschlusserstellung *zwingend* zu beachten.[1062] Da von prinzipienbasierten Rechnungslegungsstandards verlangt wird, dass den Bilanzierenden zur Unterstützung ihrer Ermessensentscheidungen genügend Anwendungsleitlinien und Orientierungsbeispiele vorgegeben werden, wird in den nachfolgenden Abschnitten untersucht, inwieweit die allgemeinen Grundprinzipien durch *Auslegungshilfen und Ergänzungen* in den Einzelfallregelungen konkretisiert werden. An der Häufigkeit der Nennung einzelner Prinzipien wird auch erkennbar, welchen *Stellenwert* den einzelnen Prinzipien in den Detailregelungen zugesprochen wird.

2.1 Postulate der Periodenabgrenzung und der Unternehmensfortführung

Die beiden Rechnungslegungspostulate *(„underlying assumptions")* nach IAS/IFRS werden in IAS 1 wiederholt und teilweise ergänzt - sie stellen verbindliche Prinzipien dar.[1063]

Nach dem *Grundsatz der Periodenabgrenzung* sind alle Geschäftvorfälle im Zeitpunkt ihres Auftretens anzusetzen und in der Abrechnungsperiode zu erfassen, in die sie sachlich und zeitlich gehören (F.22 und IAS 1.25).[1064] IAS 1 (rev. 1997), Rdnr. 26 verlangte zusätzlich eine umsatzgebundene Aufwandsrealisation nach dem *matching*-Prinzip. Die neue Fassung - IAS 1 (rev. 2003), Rdnr. 26 fordert nun, dass nur solche Sachverhalte angesetzt werden, die den Definitionen und allgemeinen Ansatzkriterien für Vermögenswerte, Schulden, Erträge oder Aufwendungen des Frameworks entsprechen. Daher kann der Grundsatz der Periodenabgrenzung nicht mit dem *matching*-Prinzip der GuV-orientierten Sichtweise gleichgesetzt werden.

Im Rahmen der Jahresabschlusserstellung ist solange von der Annahme der *Fortführung der Geschäftstätigkeit* auszugehen, wie keine tatsächliche Notwendigkeit oder Absicht zur Einstellung des Unternehmens (bzw. wesentlicher Unternehmensteile) besteht (F.23 und IAS 1.23). Wesentliche bestandsgefährdende Sachverhalte, die Tatsache der Aufgabe der Unternehmensfortführungsprämisse sowie sich daraus ergebende Folgen für die Jahresabschlusserstellung müssen

---

[1062] Ähnlich: Wagenhofer (2003), S. 127.

[1063] Vgl. IAS 1.23-26.

[1064] Vgl. Wagenhofer (2003), S. 122.

offen gelegt und in den *notes* begründet werden.[1065] Das Management hat die Unternehmensfortführungsannahme in jeder Berichtsperiode für einen mindestens 12-monatigen Zeitraum nach dem Bilanzstichtag zu überprüfen. Das Ausmaß der Überprüfung ist abhängig von relevanten unternehmensinternen und –externen Faktoren (IAS 1.24). Wertbeeinflussende zukünftige Ereignisse sind zu berücksichtigen.[1066] Die Unternehmensfortführungsprämisse stellt einen selbstverständlichen Grundsatz kapitalmarktorientierter Rechnungslegungslegungssysteme dar: Nur die Voraussetzung eines *,going concern'* liefert eine „finanzwirtschaftliche Rechtfertigung, daß ein Investor für ein Unternehmen [bzw. einen Unternehmensanteil, Anm. d. Verf.] einen bestimmten Kaufpreis bezahlt und damit in dieses Unternehmen (…) investiert"[1067].

2.2 Fair Presentation und Professional Judgement

Wie in Abschn. D.1.4 beschrieben, soll die Generalnorm des *true and fair view/fair presentation* nur in extremen Ausnahmefällen ein Abweichen von den Einzelfallregelungen notwendig machen (IAS 1.17). Bleiben solche Ausnahmesituationen außer Betracht, schreibt dieser Grundsatz vor, die Abschlussinformationen auf eine Weise darzustellen, die *entscheidungsrelevant, vertrauenswürdig, vergleichbar* sowie *verständlich* ist (IAS 1.15 (b)). Das bilanzierende Unternehmen muss insofern gegebene Beurteilungsspielräume und Wahlrechte in Übereinstimmung mit den *qualitativen IAS/IFRS-Prinzipien* ausüben.[1068]

2.3 Qualitative Prinzipien

In den nachfolgenden Abschnitten werden die qualitativen Prinzipien *(„qualitative characteristics"*[1069]*)* der Rechnungslegung nach IAS/IFRS erörtert, die - wie im Abschn. D.2.6 beschrieben - im Rahmen der Jahresabschlusserstellung verbindlich zu beachten sind. Die qualitativen Prinzipien sowie diesbezügliche Ergänzungen in den Einzelfallregelungen werfen zahlreiche Ungereimtheiten auf, die im Abschnitt E.2.4 zusammengefasst werden.

2.3.1 Verständlichkeit

Jahresabschlussinformationen sollen für Außenstehende verständlich *(understandable)* sein. Als Beurteilungmaßstab gilt ein typisierter Jahresabschlussadressat mit einem hinreichenden Verständnis für das Unternehmen und für dessen wirtschaftliches Umfeld. Weiterhin wird dem sachverständigen Jahresab-

---

1065 Vgl. IAS 1.23; IAS 10.16.

1066 Vgl. IAS 10.15.

1067 Tichy (1996), S. 761.

1068 Vgl. Schildbach (2003a), S. 251.

1069 F.24.

schlussadressaten der Wille für eine hinreichend gründliche Auswertung der Abschlussinformationen abverlangt. Das mangelnde Verständnis einzelner Jahresabschlussadressaten darf nicht zum Verschweigen komplexer, aber entscheidungsrelevanter Informationen führen.[1070]

Auslegungshilfen und Ergänzungen in den Einzelfallregelungen:

Verständliche Abschlussinformationen werden in den Einzelfallregelungen nur selten ausdrücklich verlangt und an keiner Stelle präzisiert.[1071] Interessanterweise muss das Management bei Regelungslücken nach IAS 8.10 (a), (b) entscheidungsrelevante sowie vertrauenswürdige Bilanzierungsmethoden entwickeln und auswählen, Verständlichkeit und Vergleichbarkeit werden nicht ausdrücklich verlangt.[1072] Ähnliches ist bei den Regelungen zur Segmentberichterstattung zu konstatieren: Nach IAS 14.15 sollen im Rahmen der Segmentabgrenzung explizit die qualitativen Kriterien der Entscheidungsrelevanz, der Vertrauenswürdigkeit und der Vergleichbarkeit beachtet werden – Verständlichkeit aber wird nicht erwähnt (IAS 14.15).

2.3.2 Entscheidungsrelevanz und Wesentlichkeit

a) Entscheidungsrelevanz

Der im Abschn. C.1.1.2 erörterte Grundsatz der Entscheidungsrelevanz *(relevance)* wird im IASB Framework knapp beschrieben: Informationen sind entscheidungsrelevant, wenn sie dazu beitragen, vergangene, aktuelle und zukünftige Ereignisse zu beurteilen oder vergangene Erwartungen zu bestätigen bzw. zu berichtigen (F.26). Entscheidungsrelevante Jahresabschlussdaten müssen zur Prognose des zeitlichen Anfalls, der Höhe und der Struktur von zukünftigen Zahlungsströmen eines Unternehmens *(„predictive value"*[1073]*)* geeignet sein (IAS 1.7). Die Prognosekraft vergangenheitsorientierter Daten soll durch die Art ihrer Darstellung erhöht werden: Bspw. durch eine getrennte Darstellung atypischer oder seltener Erfolgsbestandteile (F.28).

Auslegungshilfen und Ergänzungen in den Einzelfallregelungen:

Zahlreiche IAS/IFRS-Einzelfallregelungen machen Bilanzierungs- oder Offenlegungspflichten explizit vom Kriterium der Entscheidungsrelevanz abhängig, ohne dass dieses Kriterium konkretisiert wird[1074] - daran ist zu erkennen, dass es

---

[1070] Vgl. F.25.

[1071] Das Kriterium der Verständlichkeit wird nur in IAS 1.15 (b), 1.48, 14.18. 14.30; 18.13; 34.25; 34.45 sowie in SIC 27.3 angesprochen.

[1072] So auch Ruhnke/Nerlich (2004), S. 392.

[1073] F. 28.

[1074] So z.B. in IAS 1.15 (b), IAS 1.51; IAS 1.54; IAS 1.83; IAS 34.41, IAS 35.14, IAS 38.119.

sich um ein ganz zentrales IAS/IFRS-Prinzip handelt. Nur in seltenen und sehr speziellen Fällen wird ausdrücklich mitgeteilt, welche Informationen aus Sicht der Adressaten entscheidungsrelevant sind.[1075] Im Übrigen unterliegt die Auslegung des Grundsatzes der Entscheidungsrelevanz dem fachlichen Ermessen des Bilanzierenden im Einzelfall.[1076]

b) Wesentlichkeit

Der Grundsatz der Entscheidungsrelevanz wird im IASB Framework durch den Grundsatz der Wesentlichkeit *(materiality)* ergänzt.[1077] Eine Abschlussinformation ist wesentlich, wenn ihr Verschweigen oder ihre Falschdarstellung die wirtschaftlichen Entscheidungen der Jahresabschlussadressaten beeinflusst (F.30). Nach dem Wesentlichkeitskriterium sind quantitative Schwellenwerte oder Grenzen festzulegen, die bestimmte Bilanzierungs- oder Offenlegungspflichten determinieren (F.30). Die relevanten Grenzen sind in Abhängigkeit von der Größe oder der Natur der Sachverhalte und vor dem Hintergrund der jeweiligen Umstände im Einzelfall auszuwählen (IAS 1.11 und F.30).

Auslegungshilfen und Ergänzungen in den Einzelfallregelungen:

Das Wesentlichkeitskriterium ist ein sehr bedeutendes IAS/IFRS-Prinzip:[1078] Werden Offenlegungspflichten einzelner Standards oder Interpretationen verletzt, kann es sich dennoch um einen IAS/IFRS-konformen Jahresabschluss handeln, sofern der Sachverhalt unwesentlich war (IAS 1.31).[1079] Da die Beurteilung der Wesentlichkeit prinzipiell dem fachlichen Urteilsvermögen der Rech-

---

[1075] So sind z.B. nach IAS 16.79 die (Brutto-) Buchwerte von vorübergehend stillgelegten, vollständig abgeschriebenen oder endgültig stillgelegten Sachanlagen sowie die Zeitwerte von zu fortgeführten Anschaffungskosten bewerteten Sachanlagen zusätzlich anzugeben, da solche Informationen für die Abschlussadressaten entscheidungsrelevant seien. In IAS 30.21, 30.32 sowie 30.52 werden bestimmte branchenspezifische Ausweis- und Angabepflichten für Banken ausdrücklich als entscheidungsrelevant bezeichnet.

[1076] Vgl. Heuser/Theile (2003), Rdnr. 122.

[1077] Vgl. F. 30; Mujkanovic (2002), S. 62; Wagenhofer (2003), S. 124.

[1078] Vgl. Wagenhofer (2003), S. 124; Epstein /Mirza (2003), S. 698 f. Zu Wesentlichkeitsüberlegungen bei der Abschlussprüfung vgl. Dorenkamp (2003), S. 1116 ff.; Ossadnik (1993), S. 617 ff.; Holder/Schermann/Whittington (2003), S. 61 ff.

[1079] Vgl. Wagenhofer (2003), S. 124. Anm.: Die wichtige Bedeutung des Wesentlichkeitsgrundsatzes ist auch daran zu erkennen, dass bisher jedem Standard und jeder Standardinterpretation ein Absatz vorangestellt wurde, worin explizit darauf hingewiesen wird, dass die nachfolgenden Einzelfallregelungen jeweils nicht für unwesentliche Sachverhalte (immaterial items) anzuwenden sind. In den neuen IFRS-Standards sowie in den im Rahmen des aktuellen Comparability-and-Improvement-Projekts überarbeiteten Standards ist dieser Hinweis nicht mehr enthalten. Stattdessen wird nun in einem vorangestellten Absatz u.a. darauf hingewiesen, dass die jeweiligen Einzelfallregelungen stets im Kontext mit den allgemeinen Grundsätzen des IASB Frameworks zu betrachten sind – ein indirekter Verweis auf den Wesentlichkeitsgrundsatz.

nungsleger überlassen werden soll,[1080] fehlen in den Einzelfallregelungen allgemeingültige Konkretisierungen dieses Kriteriums:[1081] In zahlreichen Detailvorschriften werden Wesentlichkeitsabwägungen ausdrücklich verlangt,[1082] Auslegungshilfen jedoch nur selten vorgegeben.[1083] In wenigen Ausnahmefällen werden auch konkrete quantitative Wesentlichkeitskriterien angeführt. Diese betreffen allerdings sehr spezielle Bilanzierungssachverhalte und können nicht nach IAS 8.11 (a)[1084] auf andere Wesentlichkeitsüberlegungen übertragen werden.[1085] Insgesamt wird im Regelwerk der IAS/IFRS das Wesentlichkeitskriterium – sieht man von wenigen Ausnahmen ab – bewusst abstrakt gehalten. Aufgrund der damit gegebenen subjektiven Beurteilungsspielräume wird das *materiality*-Konzept in der Fachliteratur häufig als sehr anfällig für bilanzpolitische Missbräuche kritisiert.[1086]

2.3.3 Vertrauenswürdigkeit und Unterprinzipien

Der Grundsatz der Vertrauenswürdigkeit *(reliabilty)* stellt ein sehr bedeutendes IAS/IFRS-Prinzip dar.[1087] Informationen sind vertrauenswürdig, wenn sie frei von wesentlichen Zufallsfehlern und systematischen Verzerrungen sind und wenn aus Sicht der Abschlussadressaten der Eindruck besteht, dass die zugrunde liegenden Sachverhalte und Ereignisse zutreffend *(faithfully)* wiedergeben werden (F.31). Auf die Notwendigkeit einer Verifizierbarkeit von Abschlussinfor-

---

1080 Vgl. IAS 34.25: „Judgement is always required in assessing materiality for financial reporting purposes".

1081 Vgl. Wagenhofer (2003), S. 124; Epstein/Mirza (2003), S. 699.

1082 So z.B. in IAS 1.48; 1.86; 8.9; 8.14 (b); 8.17; 8.42, 16.24 (c); 17.47(f); 17.65; 18.13; 18.16; 19.15; 19.27 (b); 19.56; 22.14; 22.39 (c), (j); 23.25; 23.27; 24.11 (d); 26.18; 30.8 (a); 34.23-25; 35.2 (a) (i); 36.9 (c); 36.11 (a); 36.13 (i) (ii); IAS 36.14; 37.40, 37.45; 38.46 (c); 39.52; 39.67; 40.75 (d); 41.11; 41.15; 41.24 (b); SIC-12.3.

1083 So z.B. in IAS 24.9, IAS 28.2; IAS 28.7 (a) - (e); IAS 31.3; IAS 36.16.

1084 Nach IAS 8.11 (a) können bei Regelungslücken nur dann die Regelungen der Standards oder Interpretationen herangezogen werden, wenn diese ähnliche oder vergleichbare Bilanzierungsprobleme betreffen. Vgl. dazu Abschn. E4.2.

1085 Vgl. z.B. IAS 14.35 (in IAS 14.38 wird jedoch explizit darauf hingewiesen, dass diese Grenze keine generelle Richtlinie für die Interpretation des Wesentlichkeitsgrundsatzes darstellen darf); IAS 19.139; IAS 28.6.

1086 Vgl. Mulford/Comiskey (2002), S. 309 f.; Vorwold (1999), S. 2324; Levitt (1998a), S. 2546; Streim/Biecker/Leippe (2001), S. 187. Für eine spieltheoretische Untersuchung von bilanziellen Falschdarstellungen und deren Akzeptanz im Zusammenhang mit den Wesentlichkeitsüberlegungen des Abschlussprüfers vgl. Patterson/Smith (2003), S. 819 ff. Eine bilanzpolitische Stellschraube stellt z.B. eine Sofortabschreibung von geringwertigen Vermögenswerten dar, da diese nach IAS 16 prinzipiell nicht möglich ist, aber nach den gängigen IAS/IFRS-Lehrbüchern mit dem materiality-Grundsatz begründet werden kann. Vgl. Wagenhofer (2003), S. 195; Kirsch (2003a), S. 72.

1087 Vgl. F.31.

mationen wird im IASB Framework nicht hingewiesen.[1088] Entscheidend ist der Glaubwürdigkeitseindruck aus Sicht hinreichend informierter Abschlussadressaten.[1089]

Auslegungshilfen und Ergänzungen in den Einzelfallregelungen:

Vertrauenswürdigkeit ist ein wichtiges IAS/IFRS-Prinzip, wie die zahlreichen Erwähnungen dieses Kriteriums verdeutlichen.[1090] Wie schon beim Kriterium der Wesentlichkeit werden nur für wenige, sehr spezielle Sachverhalte konkretisierende Hinweise zur Umsetzung des Vertrauenswürdigkeitsgrundsatzes gegeben.[1091] Dabei ergeben sich insbesondere im Zusammenhang mit der Rückstellungsbewertung und der *fair value*-Ermittlung erhebliche Unklarheiten:[1092]

- So wird in IAS 37.25 darauf hingewiesen, dass Schätzungen einen essentiellen Teil der Jahresabschlusserstellung darstellen und der Vertrauenswürdigkeit des Jahresabschlusses nicht entgegenstehen.[1093] An die Vertrauenswürdigkeit von Passivpositionen werden aber offenkundig weniger strenge Maßstäbe angelegt, als an die von Aktivpositionen: So darf nach F.86 ein Sachverhalt, der nicht vernünftig geschätzt werden kann, nicht bilanziert werden. Als Beispiel werden ungewisse Schadensersatzansprüche aus einem schwebenden Gerichtsverfahren genannt. In IAS 37.25 wird hingegen mitgeteilt, dass ein Unternehmen nur in extrem seltenen Ausnahmen *(„extremly rare circumstances")* nicht in der Lage sei, eine Bandbreite von wahrscheinlichen Verpflichtungsbeträgen hinreichend vertrauenswürdig *(„sufficient reliable")* zu bestimmen.[1094]
- Unklarheiten ergeben sich auch im Zusammenhang mit den Hinweisen zur vertrauenswürdigen Wertbestimmung des *fair value*, da diese im Detail erheblich voneinander abweichen können, wie folgende Beispiele verdeutlichen:
    - So besteht nach IAS 40.53 und IAS 41.30 eine widerlegbare Vermutung, dass der *fair value* von nichtsachzielbezogenem Immobilienver-

---

[1088] Vgl. Campbell/Hermanson/McAllister (2002), S. 23.

[1089] Vgl. Abschn. C1.2.

[1090] So z.B. in IAS 1.15 (b), 8.10 (b), 8.14 (b), 8.32, 11.11 (ii), 11.14 (b), 12.14, 14.15, 16.7 (b), 18.12, 18.14 (c), 22.24, 22.26 (b), 22.62, 30.52, 34.41, 36.17, 36.28, 37.14 (c), 37.29, 41.10 sowie 41.12.

[1091] So bspw. in IAS 11.23 ff.; IAS 12.54, IAS 12.76 und IAS 19.20.

[1092] Ähnlich: Lüdenbach/Hoffmann (2003b), S. 10, Tabelle 5.

[1093] Vgl. F.86.

[1094] Vgl. Lüdenbach/Hoffmann, in: Haufe IAS-Kommentar (2003) § 1, Rdnr. 114: „Bemerkenswert ist dabei die Imparität des Wahrscheinlichkeitsbegriffes". Für ein Beispiel vgl. Wagenhofer (2003), S. 259.

mögen *(investment property)* sowie von landwirtschaftlichen Lebendinventar *(biological assets) hinreichend vertrauenswürdig* ermittelt werden kann.[1095] Diese Vermutung kann bezüglich *investment property* nur im Kaufzeitpunkt widerlegt werden, und zwar nur dann, *wenn die Abweichungen innerhalb einer Bandbreite geschätzter Zeitwerte so groß sind und die Wahrscheinlichkeiten der möglichen Werte so schwierig eingeschätzt werden können, dass die Nützlichkeit eines einzelnen Schätzwertes zu gering ist* (IAS 40.48). Für *biological assets* kann die Vermutung indes nur dann widerlegt werden, wenn *marktorientierte Preise oder Werte nicht vorhanden oder alternative Ermittlungsverfahren deutlich unzuverlässlich sind* (IAS 41.30). Andererseits ist nach IAS 41.19 der *fair value* von *biological assets* und landwirtschaftlichen Produkten *(agricultural produces)* auf Grundlage der verlässlichsten Schätzung (*„most reliable estimate"*) zu bestimmen, wobei zusätzlich verlangt wird, dass sich der gefundene Wert innerhalb einer engen Spannbreite von möglichen Schätzungen *(„within a relatively narrow range of possible estimates")* bewegt. Dies widerspricht augenscheinlich IAS 41.32, wonach der *fair value* von *agricultural produces* zum Zeitpunkt der Ernte *immer* vertrauenswürdig bestimmt werden kann.[1096]

- Für getauschtes Sachanlagevermögen soll wiederum ein *fair value* bei fehlenden Marktpreisen nur insofern vertrauenswürdig bestimmbar sein, als *(a) die Abweichungen innerhalb der Bandbreite der geschätzten Zeitwerte unwesentlich sind und (b) die Wahrscheinlichkeiten der Werte vernünftig geschätzt werden können* (IAS 16.26).[1097]
- Für immaterielles Vermögen mit begrenzter Nutzungsdauer, das im Rahmen des Gesamtunternehmenskaufs erworben wurde, besteht eine widerlegbare Vermutung, dass ein *fair value* verlässlich bestimmbar ist (IAS 38.35). Begründet wird dies damit, dass der *fair value* die Markteinschätzungen über die Wahrscheinlichkeit eines wirtschaftlichen Nutzenzugangs widerspiegelt, insofern gilt das für einen Bilanzansatz notwendige Wahrscheinlichkeitskriterium als erfüllt.[1098] Interessanterweise

[1095] Vgl. z.B. IAS 41.30: „There is a presumption that fair value can be measured reliable for a biological asset".

[1096] Vgl. IAS 41.32: „This standard reflects the view that the fair value of agricultural produce at the point of harvest can always be measured".

[1097] Ähnlich: IAS 39, Appendix A, Rdnr. AG80 zum fair value von Investitionen in Eigenkapitalinstrumenten.

[1098] Vgl. IAS 38.33. Damit gilt das Wahrscheinlichkeitskriterium für immaterielle Vermögenswerte, die im Rahmen eines Unternehmenserwerbs erworben werden, als immer erfüllt (vgl. IAS 38, BfC, Rdnr. BC17).

soll ein *fair value* von immateriellen Vermögenswerten mit begrenzter Nutzungsdauer *selbst dann vertrauenswürdig ermittelbar sein, wenn nur eine Bandbreite möglicher Werte mit verschiedenen Wahrscheinlichkeiten bestimmbar ist – evtl. Unsicherheiten sind im Wertansatz zu berücksichtigen* (IAS 38.35).[1099] Im deutlichen Widerspruch steht dazu die Anweisung des IAS 38.75, wonach immaterielles Vermögen nur dann neubewertet werden darf, wenn der *fair value* anhand von beobachtbaren Marktpreisen auf einem aktiven Markt bestimmt werden kann; wie an anderer Stelle klargestellt wird, seien nämlich andere Schätzmethoden zu unzuverlässig.[1100]

- Allgemein soll der *fair value* von immateriellen Vermögenswerten, die im Rahmen eines Unternehmenserwerbs oder auf vertraglicher bzw. rechtlicher Grundlage dem Bilanzierenden zugehen, nur dann nicht verlässlich bestimmbar sein, wenn der jeweilige Vermögenswert nicht separierbar ist, über keine *„history or evidence of exchange transactions for the same or similar asset"* verfügt, oder wenn der *fair value* von sonstigen *„immeasurable variables"* abhängt (IAS 38.39 (a) (b)).

1099 Die Berücksichtigung von Unsicherheiten im Wertansatz steht im Widerspruch zu IAS 38.33, wonach der fair value von immateriellen Vermögenswerten die Wahrscheinlichkeitseinschätzung des Marktes über das wirtschaftliche Nutzenpotential reflektieren und mithin einen objektiven Wert darstellen soll. Ein vorsichtig geschätzter Wert kann nämlich keinen objektiven Marktwert i. S. d. IAS 38.33 darstellen. Die Argumentation des IASB kann nicht stimmig sein: Ist ein fair value bestimmbar, so soll einerseits das Wahrscheinlichkeitskriterium für den Ansatz von immateriellen Vermögenswerten erfüllt sein, andererseits aber Wahrscheinlichkeits- und Verteilungsunsicherheiten im Wertansatz berücksichtigt werden, was aber dennoch nicht die Vertrauenswürdigkeit des fair values einschränken soll (ähnliche Bedenken klingen auch in IAS 38, BfC, Rdnr. BC18 an, wobei versprochen wird, dass in einem zukünftigen Reformprojekt die Inkonsistenz zwischen dem Wahrscheinlichkeitskriterium und der verlässlichen fair value-Ermittlung beseitigt wird). Auch Eventualverluste des Tochterunternehmens, die nach IAS 37 nicht bilanziert werden dürfen, sollen im Konzernabschluss des Mutterunternehmens im Rahmen der Erstkonsolidierung gesondert erfasst werden, wenn ein fair value verlässlich ermittelbar ist (vgl. IFRS 3.37 (b)). Die Ansatzpflicht wird damit begründet, dass die Eventualforderungen des Tochterunternehmens den Kaufpreis gemindert haben (vgl. IFRS 3, BfC Rdnr. BC111) – der fair value der Eventualschuld „reflects market expectations about any uncertainty surrounding the possibility that an outflow of resources embodying economic benefits will be required to settle the possible or present obligation". Wie aber angesichts der erheblichen Unsicherheiten, denen Eventualschulden ausgesetzt sind, ein vertrauenswürdiger fair value ermittelt werden kann, bleibt offen: Nach IFRS 3.B16 (l) heisst es dazu lediglich: „such an amount shall reflect all expectations about possible cash flows and not the single most likely or the expected maximum or minimum cash flow". Damit besteht aber die Gefahr, dass die im Konzernabschluss erfassten Eventualverluste nicht die Kaufpreisminderung für die Übernahme der ungewissen Schuld reflektieren, sondern zu einem pauschalen Risikoausgleichsposten verkommen.

1100 Vgl. Epstein/Mirza (2003), S. 320; Mujkanovic (2002), S. 155; IAS 38 (revised 1998), Rdnr. 37 (a): „It is difficult to determine the fair value of an intangible asset reliably, unless there is an active market for the asset".

- o Nach den Vorstellungen des *„Exposure Draft of proposed Amendments to IAS 39"* dürfen Finanzinstrumente nur der Kategorie *„fair value through profit or loss"* zugeordnet werden, wenn deren *fair value* verifizierbar ist. Ein *fair value* soll verifizierbar sein, wenn die Abweichungen innerhalb einer Bandbreite vernünftiger *fair value* Schätzungen gering ist[1101] - eine verlässliche Wertbestimmung reicht für die *fair value*-Option hingegen nicht aus.

Völlig unklar ist, ob verschiedene sprachliche Variationen bewirken sollen, dass im Rahmen der IAS/IFRS-Bilanzierung verschiedene ‚Stufen' der Vertrauenswürdigkeit zu unterscheiden sind:

- So muss z.B. nach IAS 2.30 der Nettoveräußerungswert von Vorräten auf Basis der vertrauenswürdigsten Indizien *(„most reliable evidence")* geschätzt werden.
- Nach IAS 40.47 muss der beizulegende Zeitwert von *investment property* auf Basis der vertrauenswürdigsten Schätzung *(„most reliable estimate")* taxiert werden.
- Nach IAS 41.19 muss der beizulegende Zeitwert von landwirtschaftlichem Lebendinventar und landwirtschaftlichen Produkten auf Basis der verlässlichsten Schätzung (*„most reliable estimate"*) bestimmt werden.
- Nach IAS 37.14 (c) i.V.m. IAS 37.36 muss der vertrauenswürdig geschätzte Rückstellungsbetrag den besten geschätzten *(„best estimate")* Ablösewert der betreffenden Schuld am Bilanzstichtag darstellen. Dies widerspricht IAS 37.25, wonach es für den Ansatz einer Rückstellung genügt, wenn eine hinreichend vertrauenswürdige *(„sufficient reliable")* Schätzung des Verpflichtungsbetrags möglich ist.

Der Grundsatz der Vertrauenswürdigkeit wird im IASB Framework durch die Grundsätze der zutreffenden Darstellung, des *substance over form*, der Neutralität sowie der Vorsicht erweitert:

2.3.3.1 Zutreffende Darstellung

Der Grundsatz der zutreffenden Darstellung *(faithful represention)* wiederholt und ergänzt im Wesentlichen die allgemeinen Ausführungen des IASB Framework zum Grundsatz der Vertrauenswürdigkeit.[1102] Abschlussinformationen müssen glaubwürdig zum Inhalt haben, was sie vorgeben darzustellen oder was

---

[1101] Vgl. ED (2004a), Rdnr.: 48B: „The fair value of a financial asset or financial liability is verifiable if and only if the verifiability in the range of reasonable fair value estimates (...) is low".

[1102] Vgl. F.33 f.

vernünftigerweise erwartet werden kann (F.33).[1103] In bestimmten Fällen können Schätzungen und Bewertungen so unsicher sein, dass die betreffenden Positionen im Jahresabschluss nicht bilanziert werden dürfen. Dies gilt z.B. für den originären *goodwill* oder für erwartete Prozesseinnahmen (F.34 und F. 86).[1104] Unter bestimmten Umständen kann es allerdings im Interesse der Abschlussadressaten liegen, wenn Unternehmen auch unsichere Positionen im Jahresabschluss darstellen, sofern auf die Gefahr von möglichen Fehlern hingewiesen wird.[1105]

Auslegungshilfen und Ergänzungen in den Einzelfallregelungen:

Der Grundsatz der zutreffenden Darstellung stellt letztendlich nur eine andere Bezeichnung für den Grundsatz der Vertrauenswürdigkeit dar. Aus diesem Grund wird eine zutreffende Darstellung in den Einzelfallregelungen nur sehr selten explizit verlangt, Auslegungshilfen werden nicht vorgegeben.[1106]

2.3.3.2 Substance over Form

Zum Zwecke einer glaubwürdigen Rechnungslegung ist es erforderlich, dass die Geschäftsvorfälle und sonstigen Ereignisse der Berichtsperiode „ihrem wirtschaftlichen Gehalt und ihrer wirtschaftlichen Wirklichkeit entsprechend abgebildet werden“[1107] und nicht etwa nach rechtlichen oder sonstigen formalen Kriterien (F.35). Wie der Grundsatz des *substance over form* Grundsatz zu operationalisieren ist, bleibt im IASB Framework offen. Hier werden als einziges Beispiel Leasinggegenstände angedeutet, für deren bilanzielle Erfassung das wirtschaftliche und nicht das formalrechtliche Eigentum entscheidend ist.[1108]

Wie im Abschn. C.3.2.2 in dieser Arbeit gezeigt wurde, soll das angelsächsische *substance over form*-Konzept vermeiden, „dass nicht systemkonforme Auslegungen von Einzelbestimmungen dazu führen, dass der Jahresabschluss die Vermögens-, Finanz- und Ertragslage verzerrt darstellt“[1109]. Es stellt daher ein

---

[1103] Heuser/Theile (2003), Rdnr. 125.

[1104] Vgl. F.34; Wagenhofer (2003), S. 124.

[1105] Vgl. F.34; Lorchheim (1997), S. 128.

[1106] So z.B. in IAS 8.10 (b), (i) sowie IAS 18.13, wonach es im Rahmen der Umsatzrealisierung unter Umständen notwendig sein kann, die Ansatzkriterien für Umsatzerlöse auf einzelne identifizierbare Bestandteile eines Geschäftsvorfalles anzuwenden, um den wirtschaftlichen Gehalt des Geschäftsvorfalles zutreffend abzubilden.

[1107] Lorchheim (1997), S. 128; F.35: „If information is to represent faithfully the transactions and other events that it purports to represent, it is necessary that they are accounted for and presented in accordance with their substance and economic reality and not merely their legal form".

[1108] Vgl. F.35.

[1109] Zimmermann (2002b), S. 311.

Unterprinzip des Vertrauenswürdigkeitsgrundsatzes dar, das vor bilanzpolitischen Missbräuchen schützen soll[1110] – im Gegensatz dazu wird die wirtschaftliche Betrachtungsweise in der deutschen Rechnungslegungsliteratur als Vermögensermittlungs- oder Gewinnermittlungskriterium beschrieben.[1111]

Auslegungshilfen und Ergänzungen in den Einzelfallregelungen:

In zahllosen Detailregelungen werden *substance over form*-Beurteilungen abverlangt, ohne dass konkretisierende Auslegungshilfen vorgegeben werden.[1112] Nur in wenigen, sehr speziellen Regelungen wird das Kriterium für bestimmte Bilanzierungssachverhalte erläutert.[1113] Aufschlussreich sind die neuen Regelungen des IAS 16 (rev. 2003), des IAS 38 (rev. 2004) sowie des IAS 40 (rev. 2003) zur Zugangsbewertung von Vermögenswerten, die im Rahmen von Tauschgeschäften erworben werden. Demnach müssen die zugegangenen Vermögenswerte grundsätzlich zum *fair value* angesetzt werden, außer (a) dem Austauschvorgang mangelt es an wirtschaftlichem Gehalt *(commercial substance)* oder (b) der *fair value* kann nicht vertrauenswürdig ermittelt werden.[1114] Es werden drei Kriterien angeführt, die den wirtschaftlichen Gehalt eines Tauschvorganges anzeigen:[1115]

(a) Die Struktur (Risiko, zeitlicher Anfall und Höhe) der zukünftigen Zahlungsströme des zugegangenen Vermögenswertes weicht von der Struktur der zukünftigen Zahlungsströme des hingegeben Vermögenswertes ab,

(b) der unternehmensspezifische Wert *(entity-specific value)*[1116] der auf den Teil der operativen Tätigkeiten entfällt, der von dem Austauschvorgang betroffen ist, hat sich verändert[1117] und

---

[1110] Vgl. Heintges (1996), S. 155.

[1111] So auch Kuhner (2004), S. 268: „Weder substance over form noch professional judgement sind eigenständige Bilanzierungsprinzipien, aus denen unmittelbar Ansatz- und Bewertungsimplikationen folgen können. Sie steuern lediglich zweckmäßige Anwendung alternativ in Frage kommender Bilanzierungssachverhalte". Anderer Auffassung ist Ballwieser (2002), S. 120. Demnach „überrascht die Zuordnung der wirtschaftlichen Betrachtungsweise (...) zur Verlässlichkeit (...). Wirtschaftliche Betrachtungsweise ist ein inhaltliches Kriterium zur Vermögens- und Gewinnbestimmung".

[1112] Vgl. Schildbach (2002b), S. 264. Dazu zählen u.a. IAS 1.33, 7.7, 8.10 (ii); 11.7, 17.10, 19.25, 22.9, 18.30 (b) u. 18.33, 24.10, 31.23; 31.32, SIC 17-8, SIC-19.5.

[1113] Vgl. z.B. IAS 21.15, IAS 17.10.

[1114] Vgl. IAS 16.24; IAS 38.45; IAS 40.27

[1115] Vgl. IAS 16.25; IAS 38.46; IAS 40.28.

[1116] Die Definition des entity-specific-value in IAS 16.6 bzw. IAS 38.8 ist der Definition des value-in-use in IAS 36.6 sehr ähnlich. Unklar ist, ob sich hinter den unterschiedlichen Bezeichnungen verschiedene Werte verbergen sollen.

[1117] Wobei die Beurteilung einer Unternehmenswertveränderung auf Basis nachsteuerlicher Zahlungsströme erfolgen soll.

(c) die in (a) und (b) angeführten Sachverhalte müssen in Relation zu den *fair values* der ausgetauschten Vermögenswerte wesentlich sein.

Aus diesen Angaben kann gefolgert werden, dass nach Auffassung des IASB ein Geschäftsvorfall immer dann wirtschaftlichen Gehalt aufweist, wenn dieser Auswirkungen auf die Struktur von zukünftigen Zahlungsströmen und damit auf den Unternehmenswert hat. Unklar bleibt die praktische Umsetzung dieser Regelung: Eine wortgenaue Auslegung des IAS 16.25 hätte schon bei einfachen Tauschgeschäften eine ‚kleine Unternehmensbewertung' zur Konsequenz!

Schließlich fällt bei einer näheren Überprüfung der Einzelfallregelungen auf, dass im Regelwerk der IAS/IFRS zwar im Vergleich zu US-GAAP eher wenige, dennoch bedeutende *bright lines* oder sonstige Kriterien aufgestellt werden, von denen bestimmte bilanzielle Konsequenzen – entgegen den Anforderungen an eine prinzipienbasierte Rechnungslegung - *rein formal* abhängen können:[1118]

- Nach IAS 14.35 ist ein Berichtssegment gesondert auszuweisen, wenn dieses Segment u.a. mindestens *10%* der Umsatzerlöse, des Ergebnisses und des Vermögens des Gesamtunternehmens erwirtschaftet;
- IAS 19.92 f. bestimmt nach der sog. „Korridormethode"[1119] im Zusammenhang mit der Bilanzierung von Pensionsverpflichtungen, welcher Anteil der versicherungsmathematischen Gewinne und Verluste in einer Periode mindestens erfolgswirksam zu erfassen sind. Die relevante Grenze stellt das Maximum aus 10% des Barwertes der Pensionsverpflichtung oder des Zeitwertes des Planvermögens des Pensionsfonds am Bilanzstichtag dar.
- Nach IAS 27.13 besteht eine widerlegbare Vermutung, dass ein Unternehmen ein beteiligtes Unternehmen beherrscht, wenn es direkt oder indirekt *mehr als 50% der Stimmrechte* an dem beteiligten Unternehmen hält. Eine Beherrschung wird auch beim Vorliegen bestimmter Kriterien unterstellt, von denen einige formal geprüft werden müssen.[1120]
- Sofern der Einzelabschluss eines Tochterunternehmens zu einem anderen Stichtag aufgestellt wird, muss der Einzelabschluss zu Konsolidierungszwecken um wesentliche Geschäftvorfälle zwischen dem Stichtag des Einzelabschlusses und dem Stichtag des Konzernabschlusses ergänzt werden, wobei die Stichtage nicht mehr als *3 Monate* auseinander liegen dürfen (IAS 27.27).
- Nach IAS 37.15 darf eine Rückstellung nur dann passiviert werden, sofern die Wahrscheinlichkeit des Be- oder Entstehens einer wirtschaftlichen Belas-

---

[1118] Ähnlich: Behr (2002), S. 44; Moxter (2003a), S. 325.

[1119] Wagenhofer (2003), S. 305.

[1120] Vgl. IAS 27.13 (a)-(d); Wagenhofer (2003), S. 380.

tung am Bilanzstichtag *„more likely than not"* ist – worunter man wohl mindestens 51% zu verstehen hat.

- Finanzinstrumente dürfen nur bei vertraglichen Ansprüchen bilanziell erfasst werden (IAS 39.14).
- Eine Saldierung von aktiven und passiven latenten Steuern ist nur erlaubt, wenn das Unternehmen über einen rechtlich durchsetzbaren Anspruch *(„legally enforceable right")* zur Aufrechnung von Steuerforderungen und Steuerverbindlichkeiten verfügt (IAS 12.71 (a); IAS 12.74 (a)). [1121]

2.3.3.3 Neutralität

Um eine neutrale (unparteiische) Berichterstattung zu gewährleisten, muss die Jahresabschlusserstellung frei von verzerrenden Einflüssen durch den Bilanzierenden erfolgen. Der *neutrality*-Grundsatz wird verletzt, wenn die Informationsauswahl oder -darstellung das Verhalten der Abschlussadressaten in eine einseitige Richtung lenkt, so dass ein vom Bilanzierenden gewünschtes Ergebnis oder Resultat erzielt wird (F.36).[1122] Der Begriff der Neutralität ist insofern eng verwandt mit dem Begriff der *Objektivität.*[1123] Allgemein gilt eine Aussage als objektiv, „wenn sie ausschließlich vom Untersuchungsgegenstand her bestimmt ist oder im Gegenstand begründet, also sachlich ist"[1124]. Bilanzpolitische Maßnahmen stehen dem Neutralitätsprinzip nicht generell entgegen; sie sind - wie gezeigt - nach dem Prinzip des *professional judgement* zum Zweck einer informativen Abschlusserstellung im Rahmen der Rechnungslegung nach IAS/IFRS sogar gewünscht.[1125] Bilanzpolitische Maßnahmen sind nur dann mit dem Neutralitätsgebot unvereinbar, wenn durch gezielte, ggf. auch verfälschte Informationen, wirtschaftliche Zusammenhänge verfärbt abgebildet werden, so dass Abschlussadressaten zu einem bestimmten Verhalten verleitet werden.[1126]

[1121] Das gleiche Saldierungskriterium wird im Zusammenhang mit dem Bilanzausweis von finanziellen Vermögenswerten und Schulden (IAS 32.42) sowie mit dem Bilanzausweis von Pensionsverpflichtungen (IAS 19.116) angeführt.

[1122] Vgl. Kirsch (2003a), S. 25; Wagenhofer (2003), S. 125; Lorchheim (1997), S. 129.

[1123] Vgl. FASB (1976), Rdnr. 345: „Objectivity, neutrality, and freedom from bias may have slightly different meanings as used by various committees (...), but the concepts seem to be essentially similar and at about the same level of abstraction".

[1124] Baetge (1970), S. 16. Ähnlich: FASB (1976), Rdnr. 348: „An objective measure is one that pertains to the object or event measured rather than to the perceptions of the measurer. It is not affected by the measurer's reflections, feelings, or desirers and is thus often described as free from personal bias".

[1125] Vgl. Lorchheim (1997), S. 129; Abschn. D2.2.

[1126] Deutlich wird dies im US-amerikanischen SFAC 2, Rdnr. 100 beschrieben: „Neutrality does not mean 'without purpose', nor does it mean that accounting should be without influence on human behaviour. (...) If it where otherwise, the information would be valueless – by definition, irrelevant – and the effort to produce it futile. (...) To be neutral, ac-

Auslegungshilfen und Ergänzungen in den Einzelfallregelungen:

In den Einzelfallregelungen wird eine neutrale Berichterstattung nur sehr selten abverlangt, so u.a. im Rahmen der folgenden Vorschriften:

- Nach IAS 19.72 sollen im Rahmen der Bewertung von Pensionsverpflichtungen versicherungsmathematische Annahmen getroffen werden, die unvoreingenommen und aufeinander abgestimmt *(„unbiased and mutually compatible")* sein sollen. Die in IAS 19.74 angeführte Erläuterung des Begriffs der Unvoreingenommenheit wirkt jedoch irritierend: Demnach gelten versicherungsmathematische Annahmen als *„unbiased"*, wenn sie weder unvorsichtig, *(„imprudent")* noch übertrieben vorsichtig *(„excessively conservative")* sind.[1127]
- Neutralität wird regelmäßig bei der Bestimmung des *fair value* erforderlich, da dieser prinzipiell ein objektiver und fairer Marktpreis für einen Vermögenswert oder eine Schuld darstellen soll.[1128]
- Bei der Ermittlung der Wertansätze von Rückstellungen steht grundsätzlich das Neutralitätsprinzip im Mittelpunkt – allerdings soll bei der Wertermittlung auch angemessene Vorsicht beachtet werden (Abschn. E.2.2.4.3).

Die Jahresabschlusserstellung beruht zumeist auf unsicheren Erwartungen.[1129] Vom besonderen Interesse ist daher, wie das Neutralitätsprinzip bei den – nach IAS/IFRS sehr häufig abverlangten - Wahrscheinlichkeitsbeurteilungen unter Unsicherheit umzusetzen ist.[1130] Im Schrifttum werden zwei Wahrscheinlichkeitsbegriffe mit unterschiedlichen Konsequenzen für die Neutralität von Jahresabschlusszahlen unterschieden:[1131]

Wahrscheinlichkeitsbegriffe

Sofern das Ergebnis einer Wahrscheinlichkeitsberechnung für jeden sachverständigen Beurteiler nachvollziehbar ist, liegen ***„objektive Wahrscheinlichkeiten"***[1132] vor. Genau genommen bestehen objektive Wahrscheinlichkeiten nur bei

---

counting information must report economic activity as faithfully as possible, without colouring the image it communicates for the purpose of influencing behaviour in some particular direction". Vgl. auch Lorchheim (1997), S. 129.

[1127] Der Hinweis in IAS 19.74 ist deshalb irritierend, weil – wie im Abschn. E2.3.3.4 gezeigt wird - Neutralität und Vorsicht widersprüchliche Kriterien sind.

[1128] Vgl. z.B. IAS 16.6, 17.4, 18.7, 19.7, 20.3; Wagenhofer (2003), S. 163 f.

[1129] Vgl. Moxter (1962), S. 607 ff; Baetge (1970), S. 75 ff.; Rückle (1986b), S. 412 sowie F.37: „The preparers of financial statements do, however, have to contend with the uncertainties that inevitably surround many events and circumstances".

[1130] Vgl. Hoffmann, in: Haufe IAS-Kommentar (2003) § 21, Rdnr. 35.

[1131] Vgl. Leffson (1987), S. 470 f.

[1132] Leffson (1987), S. 470.

mathematisch-fundierten[1133] oder bei statistisch-fundierten[1134] Erwartungen.[1135] Nach dem „Gesetz der großen Zahlen“[1136] halten sich Abweichungen „erfahrungsgemäß in so engen Grenzen, dass sie nicht bedeutsam sind“[1137]. So kann bspw. das erwartete Risiko von zukünftigen Gewährleistungsaufwendungen, mit Hilfe statistischer Auswertungen einer großen Anzahl repräsentativer Schadensfälle aus der Vergangenheit, relativ objektiv und unbeeinflusst von persönlichem „Erwartungsgefühl“[1138] des Bilanzierenden getroffen worden: Jeder „der die notwendigen Voraussetzungen der Wahrscheinlichkeitsrechnung beachtet und dem Maß an Abstraktion zustimmt, [wird] im Zeitpunkt der Schätzung zu dem gleichen Ergebnis gelangen“[1139]. Bei einem Schätzintervall bzw. einer Verteilung von objektiven Wahrscheinlichkeiten entspricht einem objektiven oder neutralen Wert der arithmetische Mittelwert bzw. mathematische Erwartungswert.[1140] Bei der Ermittlung des mathematischen Erwartungswerts werden positive und negative Abweichungen gleich gewichtet, die Wertermittlung erfolgt damit unabhängig von den persönlichen Neigungen und Risikoeinstellungen des Bilanzierenden.[1141]

Die meisten Wahrscheinlichkeitsbeurteilungen – insbesondere im Rahmen von einmaligen (singulären) Schätzsituationen – stützen sich allerdings auf subjektive Schätzungen bzw. „auf das individuelle Vertrauen einer Person“[1142], so dass lediglich „subjektive Wahrscheinlichkeiten“[1143] bestimmt werden können. Um subjektive Wahrscheinlichkeiten, die maßgeblich von Intuitionen abhängen,

---

[1133] So können die Spielchancen bei einem Würfelspiel mit einem idealen Würfel mathematisch exakt berechnet werden. Allerdings muss bezweifelt werden, ob solche mathematischen Erwartungen auf praktische wirtschaftliche Probleme übertragen werden kann. Vgl. Knight, Frank: Risk, Uncertainty, and Profit, 5. Aufl., London 1940, zitiert nach Leffson (1987), S. 472; Sieben/Schildbach (1994), S. 57.

[1134] Bei statistisch-fundierten Wahrscheinlichkeitsverteilungen werden die Ergebnisse repräsentativer statistischer Erhebungen auf zu bilanzierende Sachverhalte übertragen (Vgl. Leffson (1987), S. 472-474).

[1135] Vgl. Leffson (1987), S. 471; Moxter (1962), S. 612; Ruhnke/Schmidt (2003), S. 1047.

[1136] Moxter (1962), S. 612.

[1137] Moxter (1962), S. 612. Anm.: Teilweise spricht man in diesem Zusammenhang auch von „unechter Unsicherheit“ (Moxter (2003a), S. 36).

[1138] Hoffmann, in: Haufe IAS-Kommentar (2003) § 21, Rdnr. 35.

[1139] Leffson (1987), S. 474.

[1140] Vgl. IAS 37.39 ; Leffson (1987), S. 471 f. Rückle (1986b), S. 415; Baetge (1970), S. 148 ; Moxter (1962), S. 631. Für ein Zahlenbeispiel vgl. Leffson (1987), S. 477 f.

[1141] Vgl. Leffson (1987), S. 478; Baetge (1970), S. 146 f. Zur Ermittlung der Schätzintervalle vgl. Baetge (1970), S. 116-118; Moxter (2003a), S. 34 f.

[1142] Sieben/Schildbach (1994), S. 58; vgl. Moxter (2003a), S. 35; Lüdenbach/Hoffmann (2003b), S. 6 f.

[1143] Sieben/Schildbach (1994), S. 58.

deutlich von objektiven Wahrscheinlichkeiten abzugrenzen, spricht man häufig auch von ***„Glaubwürdigkeiten“***[1144].[1145] Der Wahrscheinlichkeitsbegriff ist daher regelmäßig ein sehr subjektives und schwer greifbares Kriterium.[1146] Die Problematik von Bewertungen unter Unsicherheit beruht somit „in erster Linie in der Zuordnung von Einzelwahrscheinlichkeiten und den damit verbundenen Manipulationsmöglichkeiten“[1147]. Mit dem erforderlichen „Wägen und Gewichten von Argumenten“[1148] entsteht die Gefahr von einseitigen Verzerrungen oder Färbungen;[1149] die Bilanzwerte können „durch Unterlagen nur begrenzt fundiert werden und [sind] deshalb intersubjektiv nur teilweise überprüfbar“[1150]. Je einmaliger Schätzungen sind und mit zunehmendem Abstand zu vergangenheitsorientierten Daten nimmt zwangsläufig die Neutralität bei der Ermittlung von Bilanzwerten ab.[1151]

Erstaunlicherweise wird indes im IAS/IFRS-Regelwerk - wie auch im nachfolgenden Unterabschnitt sehr deutlich wird - „den unterschiedlichen Anforderun-

---

[1144] So Wittmann (1959), S. 53 zu einmaligen (singulären) Schätzsituationen: „Es werden also gleich zwei Vermutungen aufgestellt; einmal darüber, welche Folgen eine Handlung haben kann, und zum anderen, welche Wahrscheinlichkeit einem solchen Ausgang zuzusprechen ist. Dabei leuchtet ein, daß es sich bei diesen Wahrscheinlichkeiten nicht um solche der Wahrscheinlichkeitsrechnung handeln kann, sondern um aus anderen Grundlagen gewonnene ‘subjektive’ Wahrscheinlichkeiten, die man als ‚Glaubwürdigkeiten’ bezeichnen mag“.

[1145] Vgl. Leffson (1987), S, 475; Baetge (1970), S. 118 sowie prägnant Moxter (1962), S. 612: „Der Bilanzierende hat bei jeder überhaupt unsicheren Position den ihm am wahrscheinlichsten dünkenden Wert aus einer Reihe von ihm weniger glaubwürdigen (aber möglichen!) anderen Werten auszuwählen. Er muß also mindestens einen möglichen Wert vernachlässigen; es liegt ein echtes Entscheidungsproblem unter Unsicherheit vor“.

[1146] Vgl. Gore (1995), S. 167; Daub (2000), S. 242 f. sowie mit deutlichen Worten Johnson, Todd: Special Report: Future events. A Conceptual Study of Their Significance for Recognition and Measurement, Australian Accounting Standards Board u.a. (Hrsg.), Norwalk, Conn. 1994, S. 9: „’Probable’ means different things to different people” (zitiert nach Daub (2000), S. 242).

[1147] Leffson (1987), S. 475. Anm.: Hoffmann, in: Haufe IAS-Kommentar (2003) § 21, Rdnr. 34-39 erläutert anhand eines Beispiels für mögliche Schadensansprüche eines Kunden im fernen Ausland, dass eine Quantifizierung der möglichen Schadenersatzforderungen mit Wahrscheinlichkeiten eine reine „Scheinquantifizierung“ sei, mithin reine „Gefühlsausdrücke“.

[1148] Leffson (1987), S. 475.

[1149] Vgl. Leffson (1987), S. 475; Kirsch (2003a), S. 42 spricht daher von „verdeckten Wahlrechten“.

[1150] Leffson (1987), S. 472; vgl. Sieben/Schildbach (1994), S. 59; Daub (2000), S. 144.

[1151] Vgl. Baetge (1970), S. 169; Leffson (1987), S. 470. Moxter (1962), S. 629 stellt in diesem Zusammenhang fest, dass das Rechnen mit Glaubwürdigkeiten „einen unbestreitbaren Nachteil [hat]: Ihrer Natur nach entziehen sich diese Ziffern jeder Nachprüfung (....) durch Dritte. Der Prüfer kann den Induktions- und Analogieschlüssen des Bilanzierenden natürlich seine eigenen entgegensetzen, aber was würde eine (zufällige) Übereinstimmung, was eine Abweichung besagen?“

gen an die Wahrscheinlichkeitsbeurteilung von statistischen und singulären Ereignissen (...) nicht erkennbar Rechnung getragen"[1152].

2.3.3.4 Vorsicht

Beim Vorsichtprinzip *(prudence)* handelt es sich um eine allgemeine „Bewertungsregel bei Ermessensspielräumen"[1153] unter Unsicherheit: Ein gewisser Grad an Sorgfalt *(„a degree of caution")* soll gewährleisten, dass Vermögenswerte und Erträge nicht überbewertet sowie Schulden und Aufwendungen nicht unterbewertet werden (F.37 und IAS 37.43).[1154] Die Formulierung *„such uncertainties are recognised by (...) the exercise of prudence in the preperation of the financial statements"*[1155] deutet darauf hin, dass aus einer Bandbreite von möglichen unsicheren Werten eher ein leicht pessimistischer Wert auszuwählen ist.[1156] Allerdings darf die Ausübung der kaufmännischen Vorsicht nicht zu einer ungerechtfertigten Bildung von stillen Reserven führen, da dies im Widerspruch zum Neutralitätsprinzip stehen würde.[1157]

Da sowohl nach dem *revenue/expense-view* als auch nach dem *asset/liability-view* das traditionelle Vorsichts- und Imparitätsprinzip einen konzeptionellen Bruch darstellt (Abschn. C.2.2.1.3 und C.2.2.2.3), steht die angelsächsische

---

[1152] Lüdenbach/Hoffmann (2003b), S. 7. Ähnlich: Ruhnke/Schmidt (2003), S. 1047 sowie Tschakert (2004), S. 66, Fn. 284. Im Abschn. E4.1 wird gezeigt, dass die Einzelfallregelungen auch keine wirksamen Objektivierungskriterien zur Begrenzung von Beurteilungsspielräumen enthalten. In der Literatur findet man verschiedene Vorschläge zur Objektivierung bei Glaubwürdigkeitsfällen: So plädiert z.B. Baetge (1970), S. 122 f., S. 151 für eine Vorgabe von überbetrieblichen Normbandbreiten, wobei die Abschlusspositionen durch mittlere Normwerte auszuweisen sind. Zusätzlich soll eine „Rückstellung oder Rücklage gebildet werden, in die nach deterministischer Fehlerrechnung die Differenzen zwischen den jeweiligen Mittelwerten und den unteren Enden der Bandbreiten einzustellen sind" (Baetge (1970), S. 174). Moxter (1962), S. 615 schlägt vor, dass der Bilanzierende „seine allgemeinen Erfahrungen und die besonderen auf dem speziellen Gebiet in die Zukunft [extrapoliert], und zwar in der Weise, daß er eine Bewertungsentscheidung gedanklich wiederholt". Dann solle man die Datenkonstellation mit der höchsten Einzelwahrscheinlichkeit heranziehen, wenn diese größer als 50% ist, in allen anderen Fällen sind die subjektiven Glaubwürdigkeiten solange zu kumulieren, bis 50% erreicht werden (vgl. Moxter (1962), S. 631).

[1153] Wollmert/Achleitner (1997), S. 248.

[1154] Vgl. F.37. Anm.: In der Literatur findet man für dieses IAS/IFRS-Prinzip auch folgende Bezeichnungen: „kaufmännische(...) Vernunft" (Lorchheim (1997), S. 129, Kirsch (2003a), S. 26), „Bewertungsvorsicht" (Wagenhofer (2003), S. 125), „Sorgfalt der Ermessensausübung" (Heuser/Theile (2003), Rdnr. 125).

[1155] F.37.; Kirsch (2003a), S. 26.

[1156] Vgl. Lorchheim (1997), S. 130; SFAC 2.95; Kieso/Weygandt/Warfield (2001), S. 51: „If the issue is in doubt, it is better to understate than to overstate net income and net assets. Of course, if there is no doubt, there is no need to apply this constraint".

[1157] F.37 und IAS 37.43.

Standardsetzung dem Vorsichtsprinzip „sehr zwiespältig“[1158] gegenüber.[1159] Angesichts des Konflikts zwischen der theoretischen Inkonsistenz des Vorsichtsprinzips und der traditionellen, von Vorsicht geprägten angelsächsischen Bilanzierungspraxis,[1160] wird im US-amerikanischen CF das Vorsichtsprinzip möglichst unbestimmt als ‚angemessene Skepsis‘ *(„healthy skepticm“)* bei der Jahresabschlusserstellung umschrieben, wodurch langfristig das Vertrauen in die Rechnungslegung gestärkt werden soll.[1161] Ein solch vages Verständnis von Vorsicht wird, bedingt durch die enge Anlehnung an das US-amerikanische CF, auch im IASB Framework vermittelt.[1162]

Auslegungshilfen und Ergänzungen in den Einzelfallregelungen:

In den IAS/IFRS-Einzelfallregelungen wird eine Beachtung das Vorsichtsprinzip – neben den unten beschriebenen Hinweisen zur Rückstellungsbewertung in IAS 37.42 f. - nur bei sehr wenigen Bewertungsfragen ausdrücklich verlangt.[1163] Die Hinweise in IAS 37.42 f., wonach Risiken und Unsicherheiten im Rahmen der Rückstellungsbewertung durch Vorsicht zu berücksichtigen sind, verdienen genauer betrachtet zu werden, da damit die Unschärfe des Vorsichtsprinzips nach IAS/IFRS sehr deutlich wird:

[1158] Schildbach (2002a), S. 45.

[1159] Vgl. Wagenhofer (2003), S. 125 für das IASB; Kieso/Weygandt/Warfield (2001), S. 50 f. sowie Schildbach (2002a), S. 45 für das US-amerikanische FASB.

[1160] Dieser Konflikt wird deutlich angerissen in SFAC 2.93: „Conservatism has long been identified with the idea that deliberate understatement is a virtue. That notion became deeply ingrained and is still in evidence despite efforts over the past 40 years to change it“. Vgl. hierzu auch Belkaoui (1993), S. 246: „the conservatism principle may lead to treatments that constitute a departure from acceptable or theoretical approaches“. Ähnlich: Hendriksen (1982), S. 81 f. Wohl aus Gründen der theoretischen Inkonsistenz wird im “FASB Discussion Memorandum” aus dem Jahre 1976, das die Prinzipien und Ziele des zukünftigen US-amerikanischen CF zur Diskussion stellte, das Vorsichtsprinzip gar nicht erst erwähnt. Vgl. FASB (1976), Rdnr. 317-381; Heintges (1996), S. 160.

[1161] Vgl. Schildbach (2002a), S. 45; SFAC 2.97: „Prudent reporting based on a healthy scepticism build confidence in the results and, in the long run, best serves all of the divergent interests that are represented by the Board’s constituents“.

[1162] Vgl. Lorchheim (1997), S. 130. Ähnlich: Mujkanovic (2002), S. 64.

[1163] So ist nach den Regelungen des (nur noch bis 31.12.2004 gültigen) IAS 22, Rdnr. 51 die Nutzungsdauer des derivativen Geschäftswerts auf vorsichtiger Basis („prudent basis“) zu schätzen. Dies soll jedoch nicht dazu berechtigen, die Nutzungsdauer unrealistisch kurz anzusetzen. Mit der Einführung des ‚Impairment-Only-Approach‘ für den derivativen Geschäftswert durch IFRS 3 entfällt allerdings diese Regelung. Nach IAS 38.93 kann ein immaterieller Vermögenswert zwar eine sehr lange, doch keine unbegrenzte Nutzungsdauer haben. Unsicherheiten rechtfertigen eine vorsichtige Schätzung der Nutzungsdauer („on a prudent basis“), nicht jedoch die Annahme einer unrealistisch kurzen Nutzungsdauer.

Vorsichtsprinzip nach IAS/IFRS:

Sofern die restlichen Ansatzkriterien für eine Rückstellung erfüllt sind,[1164] kann eine rechtliche oder wirtschaftliche Verpflichtung, die dem Grunde/und oder der Höhe nach unsicher ist, passiviert werden, wenn die Wahrscheinlichkeit der Inanspruchnahme der Verpflichtung „more likely than not" ist (IAS 37.16 (a)).[1165] Die Wahrscheinlichkeit eines Abflusses von wirtschaftlichen Ressourcen ist nach demselben Kriterium zu prüfen (IAS 37.23).[1166] Der Passivierungsbetrag hat nach IAS 37.36 in Höhe der bestmöglichen Schätzung („best estimate") der Aufwendungen zu erfolgen.[1167] Dies entspricht dem Betrag, den ein Unternehmen vernünftigerweise („rationally") zur Begleichung der ungewissen Verpflichtung oder zu deren Übertragung auf Dritte am Bilanzstichtag aufwenden würde.[1168] Die notwendigen Schätzungen hat das Management durchzuführen.[1169] Beim Wertansatz ist ferner zu unterscheiden, ob die Rückstellung für mehrere oder nur für singuläre Verpflichtungen gebildet wird:[1170]

- Sofern der Rückstellungsbetrag für eine große Anzahl von Positionen geschätzt werden muss, sind die einzelnen Positionen mit ihren Eintrittswahrscheinlichkeiten zu gewichten und der Erwartungswert der ungewissen Verpflichtung zu berechnen. Sofern der Rückstellungsbetrag für eine Bandbreite von gleichwahrscheinlichen Positionen zu bestimmen ist, soll der arithmetische Mittelwert (Median) der möglichen Ausprägungen angesetzt werden.[1171]
- Wenn nur eine einzelne ungewisse Verpflichtung zu bewerten ist, kann der wahrscheinlichste Wert der am besten geschätzte Wert sein („the individual most likely outcome may be the best estimate of the liability"). Sofern bei einer einzelnen Verpflichtung andere Schätzwerte größtenteils oberhalb oder größtenteils unterhalb des wahrscheinlichsten Wertes liegen, sind diese zu

---

1164 Vgl. dazu IAS 37.14; Wagenhofer (2003), S. 255 ff.

1165 Vgl. Wagenhofer (2003), S. 257.

1166 Nach IAS 37.24 wird in diesem Zusammenhang darauf hingewiesen, dass eine Gruppe von gleichartigen Verpflichtungen (z.B. Garantieverpflichtungen) gemeinsam zur Wahrscheinlichkeitsbeurteilungen betrachtet werden müssen (vgl. Wagenhofer (2003), S. 258).

1167 Vgl. Wagenhofer (2003), S. 264.

1168 Vgl. IAS 37.37: „The best estimate of the expenditure required to settle the present obligation is the amount that an enterprise would rationally pay to settle the obligation at the balance sheet date or to transfer it to a third party at that time"; vgl. auch Wagenhofer (2003), S. 264.

1169 Vgl. IAS 37.38.

1170 Vgl. Kirsch (2003a), S. 175; Moxter (1999), S. 523.

1171 Vgl. IAS 37.39.

berücksichtigen. Als am besten geschätzter Wert ist dann entsprechend ein höherer bzw. ein niedrigerer Wert auszuwählen.[1172]

Diese allgemeinen Bewertungsgrundsätze, die einen neutralen Wertansatz von Rückstellungen bezwecken, werden insofern ergänzt, als Risiken und Unsicherheiten durch angemessene Vorsicht zu berücksichtigen sind (IAS 37.42-43). Vorsicht rechtfertigt aber keine Bildung von stillen Reserven. Wenn ein besonders nachteiliges Ereignis vorsichtig geschätzt worden ist, so ist dieses Ereignis mit einer realistischen Eintrittswahrscheinlichkeit zu gewichten. Sorgfalt soll verhindern, dass Risiken und Unsicherheiten doppelt berücksichtigt und als Konsequenz Rückstellungen überbewertet werden („Care is needed to avoid duplicating adjustments for risk and uncertainty with consequent overstatement of a provision“[1173]).

Die ordnungsgemäße Umsetzung dieser nebulösen Regelungen bleibt allein den Einschätzungen des Managements überlassen,[1174] wie folgendes Beispiel veranschaulicht:

Beispiel:

Die Geschäftsführung eines Unternehmens schätzt u.a. auf der Grundlage von Erfahrungswerten für das nächste Geschäftsjahr die folgende Bandbreite möglicher Belastungen aus Garantieleistungen für ein neues innovatives Serienprodukt sowie deren Eintrittswahrscheinlichkeiten (die Erfahrungswerte sind aufgrund der Innovationen nicht problemlos auf das neue Serienprodukt übertragbar):

Geschätzte Belastungen in €:	50.000	400.000	500.000	600.000
Eintrittswahrscheinlichkeiten:	10 %	40%	30%	20%

Alle Ansatzkriterien des IAS 37 für eine Rückstellung sind erfüllt und das Unternehmen hat eine Garantierückstellung zu bilden.[1175] Da eine große Anzahl von

[1172] Vgl. IAS 37.40; Kirsch (2003a), S. 176; Wagenhofer (2003), S. 364. Hoffmann, in: Haufe IAS-Kommentar (2003) § 21, Rdnr. 141 konstatiert in diesem Zusammenhang: „Diese kaum zu übersetzende Floskel kann in praxi nur als Einladung zur Vornahme von Pseudo-Quantifizierungen (...) im Interesse der bilanzpolitischen Gestaltung gewertet werden“. Moxter (1999), S. 523 moniert, dass es unklar sei, ob nur die betreffenden Einzelwerte gemeint sind oder auch die zugehörigen Wahrscheinlichkeiten berücksichtigt werden müssen.

[1173] IAS 37.43.

[1174] Vgl. Mujkanovic (2002), S. 64 f.. Gängigen IAS/IFRS-Lehrbüchern kann man dazu keine weiteren Hinweise entnehmen. Vgl. z.B. Wagenhofer (2003), S. 264 f.; Hoffmann, in: Haufe IAS-Kommentar (2003) § 21, Rdnr. 142; Heuser/Theile (2003), Rdnr. 737-739. Die fehlende (oder höchstens rudimentäre) Kommentierung dieser Regelung macht deutlich, dass dem Bilanzierungsermessen hier offenbar keine Grenzen gesetzt sind (ähnlich: Hoffmann, in: Haufe IAS-Kommentar (2003) § 21, Rdnr. 143; Ernsting/v. Keitz (1998), S. 2481).

[1175] Vgl. IAS 37.14; 37.24; IAS 37 Appendix C, Beispiel 1.

ungewissen Verpflichtungen zu bewerten ist, wäre nach IAS 37.39 der Erwartungswert der Bandbreite der geschätzten Belastungen in Höhe von 435.000 € als neutraler Wert zu Grunde zu legen.[1176] Nach IAS 37.42-43 kann jedoch ein angemessener Risikozuschlag in den Rückstellungsbetrag einkalkuliert werden, da aufgrund der schwierigen Übertragbarkeit der bisherigen Erfahrungswerte die geschätzten zukünftigen Garantieleistungen unsicher sein können.[1177] Maßgeblicher Orientierungswert ist nach IAS 37.37 der Betrag, den ein Unternehmen vernünftigerweise zur Begleichung der ungewissen Garantieverpflichtung oder für ihre Übertragung an eine dritte Partei aufwenden würde.[1178] Damit ist offenbar gemeint, dass nur ein Wert angesetzt werden darf, den auch ein typisierter Abschlussadressat als „hinreichend (...) sicher"[1179] bzw. als vertrauenswürdig empfinden würde.[1180] Genauere Hinweise zur Ermittlung dieses Werts werden in IAS 37 nicht gemacht. Plausibel wäre wohl eine „Festlegung eines (...) hinreichend erachteten Sicherheitsgrades"[1181]. Da in diesem Beispiel nur wenige Einzelwerte geschätzt wurden, können folgende Sicherheitsgrade direkt ermittelt werden:[1182]

1	2	3	4	5
Schätzung	x_i	$W(X = x_i)$	$W(X \leq x_i)$ = Sicherheitsgrad	E (x)
1	50.000	0,1	**0,1**	5.000
2	400.000	0,4	**0,5**	160.000
3	500.000	0,3	**0,8**	150.000
4	600.000	0,2	**1,0**	120.000
---	---	1,0	---	435.000

In der Spalte 2 stehen die vom Management geschätzten Belastungen aus Garantieleistungen x_i, in Spalte 3 die Eintrittswahrscheinlichkeiten, mit denen die späteren tatsächlichen Garantieleistungen X erwartet werden. In der Spalte 4 werden – durch aufsteigende Kumulation – die Wahrscheinlichkeiten ermittelt, dass

1176 435.000 = 0,1*50.000 + 0,4*400.000 + 0,3* 500.000 * 0,2*600.000.

1177 Die in IAS 37.43 gewählte Formulierung „a risk adjustment may increase the amount at which a liability is measured" macht deutlich, dass es im Ermessen des Bilanzierenden liegen soll, wie das Abweichungsrisiko zu berücksichtigen ist.

1178 Vgl. IAS 37.37.

1179 Leffson (1987), S. 475.

1180 Vgl. F.31, F.33. Moxter (1999), S. 523 kritisiert, dass es letztlich unklar ist, ob es bei der Rückstellungsbewertung „endgültig auf die Erwartungen der Unternehmensleitung ankommt" oder ob der Wertansatz in typisierender Betrachtung nach der allgemeinen Verkehrsauffassung zu bestimmen ist.

1181 Leffson (1987), S. 479. Durch die Auswahl eines Sicherheitsgrades wird ein Wert gewählt, „der nicht jedes mögliche Risiko abdeckt, der aber doch mit hinreichend großer Wahrscheinlichkeit (z.B. 90%) nicht unterschritten" bzw. in diesem Beispiel überschritten wird (Leffson (1987), S. 479).

1182 Ähnlich: Leffson (1987), S. 478.

die entsprechende Belastung aus Garantieleistungen nicht überschritten wird. In der Spalte 4 wird der Erwartungswert nach der Erwartungswertformel E(x) = $\sum_{i=1}^{4} x_i \cdot W(X = x_i)$ berechnet.

Im Beispiel deckt ein Rückstellungswert von 500.000 € nicht jedes mögliche Risiko von Abweichungen ab, doch mit einem Sicherheitsgrad von 80 % wird dieser Wert nicht überschritten. Unterstellt man vereinfachend eine lineare Beziehung zwischen den Einzelwerten und deren geschätzten Eintrittswahrscheinlichkeiten, so lässt sich durch Interpolation für jeden beliebigen Sicherheitsgrad ein Wert ermitteln. So kann etwa für ein Sicherheitsgrad von 90% ein als hinreichend vorsichtig empfundener Wert von 550.000 € bestimmt werden.[1183]

Die Forderung des IAS 37.43, wonach eine doppelte Berücksichtigung von Risiko und Unsicherheit *(„risk and uncertainty")* und eine daraus resultierende Überbewertung vermieden werden muss, beruht offenbar auf einer „unzweckmäßigen Vermengung von Schätzung und Wertung"[1184]: Sowohl bei der Beurteilung der Ansatzpflicht einer dem Grunde nach unsicheren Verpflichtung (IAS 37.16 (a)) als auch bei der Feststellung der Wahrscheinlichkeit des zukünftigen Ressourcenabflusses (IAS 37.23) wird auf das Kriterium *„more likely than not"* und damit auf quantitative Wahrscheinlichkeitsschätzungen abgestellt.[1185] So erfolgt bereits bei der Klärung der Ansatzpflicht einer Rückstellung eine "versteckte Wertung"[1186] der Rückstellungshöhe.[1187] Da bei Glaubwürdigkeitsfällen häufig eine Quantifizierung der Wahrscheinlichkeiten gar nicht möglich sein dürfte, räumt diese Regelung ggf. erhebliche Ermessensspielräume ein.[1188] Da außerdem nach F.37 und speziell für Rückstellungen nach IAS 37.42-43 Ermessensentscheidungen unter Unsicherheit von angemessener Vorsicht geleitet sein müssen, können auch Unsicherheiten bei den Wahrscheinlichkeitseinschätzungen zur Klärung der Ansatzpflicht durch eher pessimistische Wahrscheinlich-

---

[1183] Ausgangsbasis ist die Formel einer linearen Gleichung $y_i = a_i\, x + b$. Gegeben ist y_1 = 600.000; y_2 = 500.000; a_1 = 1,0.; a_2 = 0,8. Gesucht ist y3. Durch entsprechende Umformungen erhält man x = 500.000; b = 100.000 und somit y3 = 0,9 * 500.000 + 100.000 = 550.000.

[1184] Moxter (1999), S. 520.

[1185] Vgl. Lüdenbach/Hoffmann (2003b) S. 5 f.; Moxter (1999), S. 520.

[1186] Moxter (1999), S. 520.

[1187] Vgl. Moxter (1999), S. 520 sowie Lüdenbach/Hoffmann (2003b), S. 8: „Dabei ist die Frage ob ein Objekt bilanziert wird (Ansatz) i.d.R. nur die Grenzbetrachtung der Frage, mit welchem Wert (Bewertung) es bilanziert wird". Für ein Beispiel vgl. Lüdenbach/Hoffmann (2003b), S. 8.

[1188] Vgl. Ruhnke/Schmidt (2003), S. 1047.

keitsannahmen berücksichtigt werden.[1189] Wenn bereits die Eintrittswahrscheinlichkeiten von einem oder mehreren Ereigniseintritten vorsichtig geschätzt wurden, so entsteht tatsächlich die in IAS 37.43 angedeutete, doch zu vermeidende Gefahr, dass Risiken und Unsicherheiten zweimal in den Rückstellungswert eingehen.[1190]

Das deutsche Bilanzrecht sieht für Ansatz und Bewertung einer Rückstellung – vor diesem Hintergrund wohlbegründet - ein zweistufiges Verfahren vor:[1191] Auf der ersten Stufe wird zunächst die Passivierungspflicht geklärt. Nach gängiger BFH-Rechtsprechung müssen dafür „mehr Gründe für als gegen das Be- oder Entstehen einer Verbindlichkeit sprechen“[1192]. Damit wird weniger auf eine quantitative mathematische Wahrscheinlichkeitsgrenze im Sinne einer 51%-Regel abgestellt, als auf rethorisch-juristisches Beweismaterial in der Form überzeugender und nachvollziehbarer Begründungen.[1193] Die Gründe müssen anhand einer typisierenden Betrachtungsweise, nämlich „auf der Grundlage objektiver, am Bilanzstichtag vorliegender und spätestens bei Aufstellung der Bilanz erkennbarer Tatsachen aus der Sicht eines sorgfältigen und gewissenhaften Kaufmanns zu beurteilen“[1194] abgewogen werden.[1195] Für das Be- oder Entstehen einer Verpflichtung könnte sprechen, wenn „ein gedachter Erwerber des

[1189] Vgl. Moxter (1999), S. 520: „Das IASC will, nach seinem Framework (...) zu urteilen, das Vorsichtsprinzip bereits auf der ersten Stufe, bei den Wahrscheinlichkeitsschätzungen anwenden“. Anm.: Die Gefahr besteht vor allem bei singulären Wahrscheinlichkeitsbeurteilungen, weniger beim Vorliegen von objektiven Wahrscheinlichkeiten. Gegen die Möglichkeit einer vorsichtigen Schätzung der Eintrittswahrscheinlichkeiten spricht nur das in IAS 37.43 angeführte Beispiel: „For example, if the projected costs of a particulary adverse outcome are estimated on a prudent basis, that outcome is not deliberately treated as more probable than is realistically the case“ – doch diese Regel bezieht sich explizit auf die Bewertung und nicht auf den Ansatz von Rückstellungen.

[1190] Es wird deutlich, dass sich im Rahmen von IAS 37.42-43 der Ausdruck „Uncertainty” auf Unsicherheiten bei der Beurteilung der Existenz einer Verpflichtung dem Grunde nach (Wahrscheinlichkeitsaussage) und der Ausdruck „Risk“ auf das Risiko von Abweichungen vom Verpflichtungsbetrag bezieht. Anm.: Auf das Problem der Bildung einer Vorsichtskomponente bei subjektiven Wahrscheinlichkeiten, mit der Konsequenz einer möglicherweise doppelten Berücksichtigung pessimistischer Erwartungen in den Bilanzwerten, wies bereits Drukarcyk (1976), S. 134 (im Zusammenhang mit der deutschen Bilanzrechtsdiskussion zur Bildung und Bewertung von Rückstellungen) hin: „Bilanzierende können bereits bei der Bewertung im weiteren Sinne [d.h. bei der Zuordnung von subjektiven Wahrscheinlichkeiten, Anm. d. Verf.] ‚vorsichtig‘ taktieren, ohne daß der Prüfer dies generell aufdecken könnte. Faßte man die möglichen Inanspruchnahmen erneut ‚vorsichtig‘ zusammen, gäbe man den pessimistischen Erwartungen oder Vorsichtsbestrebungen zweimal Raum“.

[1191] Vgl. Moxter (1999), S. 520.

[1192] BFH-Urteil v. 1.8.1984, BStBl. II 1990, S. 46; Clemm/Erle (1999) § 249 Rdnr. 33.

[1193] Vgl. Lüdenbach/Hoffmann (2003b) S. 6; Clemm/Erle (1999) § 249 Rdnr. 33.

[1194] BFH-Urteil v. 1.8.1984 – I R 88/80, BStBl. II 1985, S. 46.

[1195] Vgl. Moxter (1999), S. 520; Eibelshäuser (1987), S. 863.

ganzen Unternehmens die Verpflichtung in seinem Kaufpreiskalkül berücksichtigen würde"[1196]. *Dieser Rückgriff auf die allgemeine Verkehrsauffassung soll gewährleisten, dass der Bilanzierende „sich im Streitfall nicht auf seine ausgeprägt optimistische oder pessimistische Veranlagung berufen kann, (...) missbräuchliches Passivierungsverhalten wird insoweit erschwert"*[1197]. *Die Passivierungsentscheidung ist insofern nicht allein an Wahrscheinlichkeitsberechnungen festzumachen.*[1198] *Das Vorsichtsprinzip ist indes erst auf der zweiten Stufe, bei der Frage der Rückstellungsbewertung zu berücksichtigen.*[1199]

Das im IASB Framework nur sehr vage als ‚Sorgfaltsgrundsatz' skizzierte Vorsichtsprinzip wird schließlich in zahlreichen IAS/IFRS-Einzelfallregelungen konterkariert:[1200] So wird im weiteren Verlauf dieser Arbeit gezeigt, dass im Rahmen der Einzelfallregelungen sehr häufig das *Imparitätsprinzip* umgesetzt wird.

2.3.3.5 Vollständigkeit

Um vertrauenswürdig zu sein, müssen die Jahresabschlussinformationen das Kriterium der Vollständigkeit *(completeness)* erfüllen. Ein Weglassen von Informationen kann zu falschen oder irreführenden Schlüssen verleiten und damit die Kriterien der Vertrauenswürdigkeit sowie der Entscheidungsrelevanz verletzen (F.38).[1201] Explizit wird im Framework darauf hingewiesen, dass dem Grundsatz der Vollständigkeit nur innerhalb der durch den Grundsatz der Wesentlichkeit sowie durch Kosten-Nutzen-Überlegungen gezogenen Grenzen zu entsprechen ist.[1202]

Unerwähnt bleibt im Framework, dass auch aus Geheimhaltungsgründen der Informationspolitik eines Unternehmens Grenzen gesetzt sind:[1203] Unternehmenstransparenz kann nur solange im gesamtwirtschaftlichen Interesse liegen, als keine Detailinformationen preisgegeben werden, die „unter die Betriebs- und

---

[1196] Clemm/Erle (1999) § 249 Rdnr. 33.

[1197] Vgl. Moxter (2003a), S. 116.

[1198] Vgl. Lüdenbach /Hoffmann (2003c), S. 7; Eibelshäuser (1987), S. 863 sowie BGH-Urteil v. 28.3.1989, VI ZR 232/88, NJW 1989, S. 3162: Demnach bedarf es, „sofern die Beweiswürdigung nachvollziehbar und frei von Gedankenfehlern ist, keiner weiteren Kontrolle des Ergebnisses anhand von Wahrscheinlichkeitsberechnungen".

[1199] Vgl. Moxter (1999), S. 520.

[1200] Vgl. Lüdenbach/Hoffmann, in: Haufe IAS-Kommentar (2003) § 1, Rdnr. 30 ff.; Lüdenbach/Hoffmann (2003b), S. 10 f.; Wollmert/Achleitner (1997), S. 248; Wagenhofer (2003), S. 125; Mujkanovic (2002), S. 64 f.

[1201] Vgl. Wagenhofer (2003), S. 125; Kirsch (2003a), S. 26 ; Lorchheim (1997), S. 130.

[1202] Vgl. F.38: „within the bounds of materiality and cost".

[1203] Vgl. Schildbach (2004), S. 162; Moxter (2003a), S. 262 f.

Geschäftsgeheimnisse“[1204] fallen (bspw. Detailinformationen zur Produktentwicklung). Deren Offenlegung würde den Interessen zahlreicher Rechnungslegungsadressaten zuwiderlaufen und einen freien Wettbewerbsprozess verhindern.[1205] Eine allgemeine „Schutzklausel“[1206], auf die sich Unternehmen in Ausnahmefällen berufen können, um eine Preisgabe unternehmensschädigender Details zu verhindern, ist im Regelwerk der IAS/IFRS nicht vorgesehen.[1207] Lediglich im Zusammenhang mit der Rückstellungsbilanzierung befreit IAS 37.92 in seltenen Ausnahmefällen von den umfassenden Offenlegungspflichten, wenn diese dem Unternehmen einen schweren Nachteil zufügen würden.[1208] Damit wird deutlich, dass das IASB den Konflikt zwischen umfassender Information und notwendiger Geheimhaltung zumindest erkannt hat.

Auslegungshilfen und Ergänzungen in den Einzelfallregelungen:

Dem Grundsatz der Vollständigkeit wird in den Detailvorschriften offenbar keine große Bedeutung eingeräumt: So wird (mit Ausnahme der allgemeinen Anforderung des IAS 8.10) *completeness* in den IAS/IFRS-Einzelfallregelungen an keiner Stelle explizit gefordert. Zahlreiche restriktive spezielle Ansatz- und Bewertungsregelungen (bspw. das Aktivierungsverbot für originären *goodwill* oder für selbst geschaffene Marken[1209] oder der – als Wahlrecht zulässige - verzögerte Ausweis von versicherungsmathematischen Gewinnen und Verlusten über die

---

1204 Moxter (2003a), S. 263.

1205 Vgl. Moxter (2003a), S. 261 f. sowie ausführlich: Hoffjahn (2003), S. 1494 ff. Anm.: Es ist auch vollkommen unrealistisch anzunehmen, dass Unternehmen ein Interesse daran haben, der Öffentlichkeit möglichst zutreffende und vollständige Informationen zu gewähren (vgl. dazu Schildbach (2004), S. 162; Vorwold (2000), S. 606). In der Fachdiskussion gibt es dennoch ernsthafte Vorschläge, die traditionelle Finanzberichterstattung über weitgehend vergangenheitsorientierte Jahresabschlüsse durch moderne zeitkongruente Informationskanäle zu ersetzen, die unmittelbare Einblicke in unternehmensinterne Daten erlauben (vgl. z.B. Böcking (1998), S. 44 ff.; Schildbach (2004), S. 162 sowie Wallman (1995), S. 88: „Consider (…) whether some end-users today might benefit more from access to disaggregated raw data of issuers (even to such extremes as information on raw materials, work-in-process, asset appraisals, regional sales efforts, and other disaggregated information) instead of the aggregated data currently provided in financial reports. In the future, more end-users clearly will have access to the analytical and electronic data bases that will make this information highly useful and timely to them”).

1206 Wagenhofer (2003), S. 270. Anm.: Im deutschen Bilanzrecht enthält § 286 Abs. 3 Nr. 2 HGB eine derartige Schutzklausel (vgl. dazu Ellrot (1999) § 286 HGB, Rdnr. 1 ff.).

1207 Vgl. Kleekämper/Knorr/Somes/Bischof/Doleczik (2002), S. 11, Rdnr. 14.

1208 Vgl. Wagenhofer (2003), S. 270.

1209 Vgl. IAS 38.48; IAS 38.63.

sog. „Korridormethode“[1210] im Rahmen der Bilanzierung von Pensionsverpflichtungen), untergraben das Vollständigkeitsgebot erheblich.[1211]

2.3.4 Vergleichbarkeit

Um Abschlussadressaten die Auswahl zwischen wirtschaftlichen Handlungsalternativen zu erleichtern,[1212] müssen Jahresabschlüsse einen zeitlichen Vergleich desselben Unternehmens sowie einen zwischenbetrieblichen Vergleich verschiedener Unternehmen ermöglichen.[1213] Der Grundsatz der Vergleichbarkeit *(comparability)* umfasst folgende Unterprinzipien:

Zeitliche Vergleiche werden durch die zwingende Angabe von Vorjahreszahlen im IAS/IFRS-Abschluss ermöglicht *(Grundsatz der Angabe von Vergleichsinformationen)*.[1214] Außerdem darf von einmal gewählten Bilanzierungs- und Bewertungsmethoden *(accounting policies)*[1215] periodenübergreifend nicht abgewichen werden *(Grundsatz der Methodenstetigkeit)*. Die Auswirkungen ähnlicher Geschäftsvorfälle müssen im Jahresabschluss periodenübergreifend auf unveränderte Art und Weise dargestellt werden *(Grundsatz der Darstellungsstetigkeit)*.[1216] Ferner sollen angewandte Bilanzierungs- und Bewertungsmethoden, evtl. Methodenänderungen sowie deren quantitative Auswirkungen offen gelegt werden *(Grundsatz der Offenlegung von Rechnungslegungsmethoden)*.[1217]

Auslegungshilfen und Ergänzungen in den Einzelfallregelungen:

Die Bedeutung des Vergleichbarkeitsprinzips heben zahlreiche Einzelfallregelungen hervor, in denen bilanzielle Abbildungsmaßnahmen mit dem Vergleichbarkeitskriterium begründet oder davon abhängig gemacht werden.[1218] Aller-

---

[1210] Vgl. Wagenhofer (2003), S. 305 ff.; Müller (2003), S. 167 ff.; Schildbach (2003a), S. 258.

[1211] Ähnlich: Mujkanovic (2002), S. 65; Streim/Esser (2003), S. 837 ff.; Küting/Dawo (2003), S. 414.

[1212] Vgl. FASB (1976), Rdnr. 361.

[1213] Vgl. Kirsch (2003a), S. 26.

[1214] Vgl. F.42 und IAS 1.36-41; Wagenhofer (2003), S. 443.

[1215] Darunter versteht das IASB die spezifischen Grundsätze, Grundlagen, Konventionen, Regeln und Praktiken, die von einem Unternehmen bei der Aufstellung des Jahresabschlusses angewendet werden (vgl. IAS 8.5). Obgleich die offizielle deutsche Übersetzung „Bilanzierungs- und Bewertungsmethoden“ ist (vgl. Wagenhofer (2003), S. 181, Fn. 87), werden im Folgenden die Bezeichnungen ‚Bilanzierung und Bewertungsmethoden‘ und ‚Rechnungslegungsmethoden‘ synonym verwendet.

[1216] Vgl. F.39; Mujkanovic (2002), S. 65; Wagenhofer (2003), S. 127.

[1217] Vgl. F.40; Kirsch (2003a), S. 27.

[1218] So u.a. in 1.15; 1.38; 1.49; 12.54; 12.85; 14.15; 14.67; 16.26; 27.29; 30.49; 34.14; 34.20 (a)-(d); 36.49; 40.55.

dings schränken einige Bestimmungen die zwischen- und innerbetriebliche Vergleichbarkeit erheblich ein:

- So werden vom Grundsatz der *Angabe von Vergleichsinformationen* einige Ausnahmen eingeräumt:[1219] Bspw. kann auf eine Neugliederung von Vergleichzahlen nach einer Änderung der Darstellung oder Klassifizierung von Abschlusspositionen verzichtet werden, wenn die Neugliederung wirtschaftlich nicht vertretbar ist (IAS 1.38). Auch im Rahmen der Zwischenberichterstattungsvorschriften sind Ausnahmen vorgesehen (IAS 34.20 f.).
- Der *Grundsatz der Methodenstetigkeit* wird in IAS 8 wiederholt und durch verschiedene Einzelbestimmungen ergänzt. Neben allgemeinen Regelungen zur Vorgehensweise bei Änderungen von Rechnungslegungsmethoden (IAS 8.19-27),[1220] erfährt der Grundsatz der Methodenstetigkeit in IAS 8.14-18 erhebliche Einschränkungen: Demnach muss von den bisherigen Bilanzierungs- und Bewertungsmethoden abgewichen werden, falls (a) somit den Anforderungen neuer Standards oder Interpretationen entsprochen werden kann oder falls (b) alternative Methoden vertrauenswürdigere und entscheidungsrelevantere Informationen gewährleisten (IAS 8.14 (a), (b)). Auch für neuartige, bzw. bislang nicht aufgetretene oder unwesentliche Geschäftsvorfälle kann von einmal gewählten Bilanzierungs- und Bewertungsmethoden abgewichen werden (IAS 8.16). Daneben ist auch die erstmalige Anwendung der Neubewertungsmethode nach IAS 16 und IAS 38 explizit nicht vom Grundsatz der Methodenstetigkeit betroffen (IAS 8.17).[1221] Verschiedene Detailvorschriften verlangen schließlich, dass bestimmte Bilanzierungs- und Bewertungswahlrechte für eine ganze Kategorie ähnlicher Vermögenswerte *unternehmenseinheitlich* auszuüben sind.[1222] Allerdings führen erhebliche Beurteilungsspielräume bei der Abgrenzung einer Kategorie von Vermögenswer-

---

[1219] Vgl. Wagenhofer (2003), S. 443; PwC (2003), S. 16.

[1220] Vgl. dazu Zülch/Willms (2004b), S. 12 ff.; Wagenhofer (2003), S.

[1221] Vgl. Wagenhofer (2003), S. 181.

[1222] Beispiele: Nach IAS 16.37 und IAS 38.72 muss die Neubewertungsmethode einheitlich für eine Gruppe oder Kategorie von Anlagevermögen angewendet werden. Nach IAS 40.33 muss die Entscheidung eines Unternehmens, sachzielfremdes Immobilienvermögen zum fair value zu bewerten, unternehmenseinheitlich für das gesamte sachzielfremde Immobilienvermögen getroffen werden. SIC 2.5 legt fest, dass das in IAS 23.11 enthaltene Methodenwahlrecht der Aktivierung von Fremdkapitalkosten ein Unternehmenswahlrecht darstellt, das für qualifizierte Vermögenswerte (qualifying assets) nicht unterschiedlich angewendet werden darf. Nach IAS 2.25 muss die Auswahl zwischen den beiden alternativen Vorratsbewertungsverfahren nach FIFO oder nach einem gewichteten Durchschnittskostenverfahren für eine Gruppe von Vorratsvermögen unternehmenseinheitlich ausgeübt werden.

ten[1223] und verschiedene explizite Ausnahmeregelungen[1224] dazu, dass die unternehmenseinheitliche Pflicht zur Ausübung von Wahlrechten und damit der Grundsatz der Methodenstetigkeit erheblich ausgehöhlt wird.

- Vom *Grundsatz der Darstellungsstetigkeit* sind nur dann Abweichungen zulässig, wenn nach einer wesentlichen Veränderung der betrieblichen Umstände andere Darstellungsmethoden aussagefähiger sind. Daneben können neue Standard- oder Interpretationsvorschriften ein Abweichen von einmal gewählten Darstellungsmethoden erzwingen (IAS 1.27 (a), (b)).[1225] Durchbrechungen vom Grundsatz der Darstellungsstetigkeit ergeben sich auch aus den Vorschriften zur Bilanz- und GuV-Gliederung: Die in IAS 1 angeführten Mindestinhalte der Bilanz und GuV[1226] sowie die angegebene Gliederungsformate sind nicht verbindlich:[1227] Es sind weitere Positionen auszuweisen oder andere Gliederungsformate anzuwenden, wenn damit die Entscheidungsfindung der Adressaten verbessert wird.[1228] Nach IAS 1.51 i.V.m IAS 1.57-67 sind die Bilanzpositionen prinzipiell in kurz- und langfristige Ver-

---

1223 Beispiele: Nach IAS 16.37 stellt eine Güterklasse eine Gruppe von Sachanlagevermögensgegenständen ähnlicher Art oder Verwendung dar, wobei eine mögliche Einteilung in Güterklassen anhand von Beispielen aufgezeigt wird. Diese ‚weichen' Abgrenzungskriterien bieten einen gewissen Ermessensspielraum bei der Abgrenzung der Klassen (vgl. Wagenhofer (2003), S. 379). Ähnliches gilt auch für die Bewertungsmethodenwahlrechte für immaterielles Vermögen und für Vorratsvermögen: Nach IAS 38.73 umfasst eine Klasse immaterielle Vermögenswerte ähnlicher Natur und Verwendung, wobei hier nicht einmal Beispiele angeführt werden, die eine sinnvolle Klasseneinteilung veranschaulichen könnten. Auch nach IAS 2.25 umfasst eine Gruppe Vorratsvermögen ähnlicher Natur und Verwendung, wobei nach IAS 2.26 die Verwendung von Vorräten z.B. zwischen verschiedenen Berichtssegmenten abweichen kann. Auch die Methodenstetigkeit im Zusammenhang mit der Behandlung von Fremdkapitalkosten ist sehr interpretationsbedürftig: Eine Aktivierung von Fremdkapitalkosten ist nur zulässig, wenn diese der Anschaffung und Herstellung sog. qualifizierter Vermögenswerte direkt zuordenbar sind (IAS 23.13). Die Feststellung eines direkten Zusammenhanges zwischen Fremdkapitalkosten und qualifying assets ist sehr stark ermessensbehaftet (vgl. IAS 23.14).

1224 Beispiele: Nach IAS 38.75 darf für immaterielles Anlagevermögen nur dann das Wahlrecht zur Neubewertungsmethode in Anspruch genommen werden, wenn der fair value von immateriellen Vermögenswerten unter Bezugnahme auf einem aktiven Markt bestimmt werden kann. Dies kann dazu führen, dass einige immaterielle Vermögenswerte in derselben Gruppe neubewertet werden, weil dafür ein aktiver Markt besteht, während andere Vermögenswerte derselben Gruppe, entgegen des Gebotes der Methodenstetigkeit, nicht neubewertet werden dürfen (vgl. Wagenhofer (2003), S. 372). Wenn sich in Ausnahmefällen beim Zeitpunkt des Kaufes einer nichtsachzielbezogenen Immobilie zeigt, dass ein fair value nicht hinreichend verlässlich ermittelt werden kann, so muss diese Immobilie – entgegen der Regel, investment property unternehmenseinheitlich zum fair value zu bewerten – mit fortgeführten AK/HK bewertet werden. Die Inanspruchnahme dieser Ausnahme kann nur im Zugangszeitpunkt erfolgen (IAS 40.53).

1225 Mangels präziser Vorgaben bieten solche Ausnahmeregelungen erhebliche Beurteilungsspielräume.

1226 Vgl. IAS 1.68 und 1.81.

1227 Vgl. IAS 1.71; 1.84.

1228 Vgl. IAS 1.69; IAS 1.71 (b); IAS 1.83.

mögenswerte und Schulden zu untergliedern. Die Gliederung nach der Fristigkeit ist jedoch nicht zwingend; die Bilanzpositionen können alternativ

- o grob nach der Liquidität[1229] oder
- o gemischt, d.h. teilweise nach Fristigkeit und teilweise nach Liquidität

gegliedert werden, sofern damit vertrauenswürdige und entscheidungsrelevantere Informationen vermittelt werden.[1230]

Unklar ist, ob eine zwischen- und innerbetriebliche Vergleichbarkeit durch eine weitere Reduzierung von offenen Wahlrechten verbessert wird: Weniger Wahlrechte bergen auch die Gefahr, dass ungleiche Sachverhalte gleich abgebildet werden.[1231] Das Ausnutzen offener Wahlrechte ist vergleichsweise einfach von den Rechnungslegungsadressaten erkennbar[1232] - sie sind deshalb unter dem Aspekt der Vergleichbarkeit viel harmloser einzustufen als die zahlreichen, für Außenstehende nur schwer erkennbaren Beurteilungsspielräume nach IAS/IFRS.[1233] Schließlich wird kritisiert, dass auch die rasanten Veränderungen, denen die Rechnungslegungsvorschriften nach IAS/IFRS unterworfen sind, die zwischen- und innerbetriebliche Vergleichbarkeit erheblich beeinträchtigen würden.[1234]

2.3.5 Abwägungsgrundsätze

Die Grundsätze der Entscheidungsrelevanz sowie der Vertrauenswürdigkeit unterliegen bestimmten einschränkenden Prinzipien, die der Bilanzierende im Rahmen der Jahresabschlusserstellung zusätzlich ins Kalkül ziehen muss:[1235]

[1229] Vgl. IAS 1.57; Wagenhofer (2003), S. 448; PwC (2003), S. 17.

[1230] Vgl. IAS 1.55: „The need for a mixed basis of presentation might arise when an entity has diverse operations".

[1231] Wagenhofer (2003), S. 612 kritisiert in diesem Zusammenhang die im Rahmen des aktuellen Comparability and Improvement-Projekts erfolgte Abschaffung der LIFO-Methode zur Vorratsbewertung, weil damit z.B. „ein Unternehmen, dessen Lagerorganisation am ehesten der Abfassungsannahme von LIFO entspricht, seine Struktur nicht mehr zutreffend abbilden" kann.

[1232] Vgl. Wagenhofer (2003), S. 612; Hoffmann/Lüdenbach (2002), S. 544. Das Ausüben von offenen Wahlrechten ist deshalb von Aussenstehenen erkennbar, da diese „objektiv unterscheidbare Sachverhalte betreffen" (Siegel (1986), S. 419). Die Detailvorschriften sehen zudem für offene Wahlrechte umfassende Erläuterungen vor, ein Wechsel von einmal gewählten Rechnungslegungsmethoden wird insofern erschwert, als bei einer Methodenänderung auch für die Vergangenheit die Auswirkungen dargestellt werden müssen (vgl. IAS 8.19 ff. und IAS 8.28 ff.; Wagenhofer (2003), S. 181).

[1233] Vgl. Wagenhofer (2003), S. 612; Schildbach (2002d), S. 2624; Freisleben/Leibfried (2004), S. 101 ff.; Treffend auch Hoffmann/Lüdenbach (2002), S. 544: „Die Bilanzpolitik erfolgt insoweit ‚geräuschlos' und damit eigentlich effizient".

[1234] Vgl. Wagenhofer (2003), S. 609 f.; Tschakert (2004), S. 52.

[1235] Vgl. F.43-45.

Nach dem *Grundsatz der Zeitnähe (timeliness)* hat die Jahresabschlusserstellung zeitgerecht zu erfolgen, um die Entscheidungsrelevanz der Abschlussinformationen zu gewährleisten. Eine zu schnelle Abschlusserstellung (bspw. im Rahmen eines *„fast close"*[1236]) kann wiederum zu Lasten des Vertrauenswürdigkeitsgrundsatzes gehen (F.43).[1237] Nach dem *Grundsatz der Wirtschaftlichkeit (balance between benefit and cost)* muss der Informationsnutzen größer sein als die Kosten der Informationsbereitstellung. Kosten-Nutzenüberlegungen stellen ermessensbehaftete Beurteilungsprozesse dar und sind deshalb nur schwer operationalisierbar. Dennoch sollen sowohl der Standardsetzer als auch die Bilanzierenden stets das Wirtschaftlichkeitsprinzip im Auge behalten (F.44). Obgleich die Schwierigkeit der Operationalisierung des Wirtschaftlichkeitsprinzips offen eingestanden wird, werden in den Detailvorschriften zahlreiche explizite Ausnahmen von Bilanzvorschriften eingeräumt, sofern eine ordnungsgemäße Umsetzung der jeweiligen Regelungen *wirtschaftlich nicht vertretbar* ist.[1238]

Ein IAS/IFRS-konformer Jahresabschluss muss prinzipiell allen qualitativen Prinzipien des IASB Frameworks genügen (IAS 1.15 (b)). Da zwischen den qualitativen Prinzipien häufig Konflikte bestehen (Abschn. E.2.3.6), ist nach dem *Grundsatz der Abwägung der qualitativen Anforderungen* eine angemessene Ausgewogenheit zwischen den qualitativen Prinzipien herbeizuführen *(balance between qualitative characteristics)*. Die Abwägung der Kriterien der Entscheidungsrelevanz und der Vertrauenswürdigkeit muss von der Frage geleitet werden, wie die wirtschaftlichen Entscheidungsfindungsprozesse der Adressaten bestmöglich unterstützt werden (F.43). Generell unterliegt die Gewichtung der einzelnen Prinzipien dem fachlichen Ermessen *(professional judgement)* der Rechnungsleger (F.43, F.45).[1239]

2.3.6 Konflikte zwischen den qualitativen Prinzipien

Zwischen den qualitativen Prinzipien bestehen offenbar zahlreiche Konflikte.[1240] Bei einer näheren Betrachtung wird sogar deutlich, dass nahezu alle qualitativen Prinzipien „paarweise unvereinbar"[1241] sind:[1242]

1236 Wagenhofer (2003), S. 126.

1237 Vgl. Kirsch (2003a), S. 27.

1238 Vgl. Kirsch (2003a), S. 28. Beispiele sind IAS 1.38; 2.22; 7.36; 8.23 ff.; 8.39; 8.43; 12.54; 14.43; 14.76; 22.96; 22.99; 27.26; 28.24; 29.22; 38.82; 40.71.

1239 Vgl. Wagenhofer (2003), S. 126; Kirsch (2003a), S. 29.

1240 Vgl. Mujkanovic (2002), S. 63; Moxter (2003a), S. 324; FASB (1976), Rdnr. 371; Kuhlewind (1997), S. 101 f.

1241 Schildbach (2003a), S. 249.

1242 Darauf weist auch das FASB hin. Vgl. FASB (1976), Rdnr. 371: „Potential conflicts are numerous because almost any quality may conflict with almost any other quality".

a) Entscheidungsrelevanz vs. Vertrauenswürdigkeit

Bereits im IASB Framework wird auf mögliche Konflikte zwischen dem Grundsatz der Entscheidungsrelevanz und dem Grundsatz der Vertrauenswürdigkeit hingewiesen. So können in einigen Fällen entscheidungsrelevante Sachverhalte von ihrer Art oder Darstellung so wenig vertrauenswürdig sein *(„information may be so relevant but so unrealiable in nature or representation")*, dass eine bilanzielle Abbildung potentiell irreführend ist (F.32). Wie im Abschn. C1.2 gezeigt wurde, besteht ein Konflikt zwischen den Grundsätzen der Entscheidungsrelevanz und der Vertrauenswürdigkeit insofern als „eine an sich relevante Information vom Empfänger deshalb nicht genutzt wird, weil er sie für nicht verlässlich genug hält um ihr zu vertrauen"[1243]. Die Vertrauenswürdigkeit von Informationen hängt aber – wie gezeigt - aus Sicht der Adressaten von zahlreichen Glaubwürdigkeitsfaktoren ab, welche umso zahlreicher und weniger fassbar werden, je mehr eine Verifizierbarkeit der Informationen abnimmt. Wird bspw. bekannt, dass Abschlussinformationen über einen an sich sehr entscheidungsrelevanten Sachverhalt nicht vertrauenswürdig waren (weil z.B. die Informationen über die Ölreserven eines Mineralölkonzerns aufgrund einer Überbewertung falsch waren[1244]), kann die Informationspolitik eines Unternehmens von den Empfängern auch *insgesamt* als unglaubwürdig und insofern als nicht entscheidungsrelevant eingeschätzt werden.

Vor diesem Hintergrund wird verständlich, warum im US-amerikanischen CF – im Gegensatz zum IASB Framework - die Ansprüche an den Grundsatz der Vertrauenswürdigkeit und der Entscheidungsrelevanz niedrig angesetzt werden: So genügt es nach SFAC 2.34, wenn beide Kriterien nur zu einem Mindestgrad („to a minimum degree") erfüllt werden.[1245]

b) Entscheidungsrelevanz vs. Vergleichbarkeit

Der Konflikt zwischen den Grundsätzen der Entscheidungsrelevanz und der Vergleichbarkeit ist bereits in den Unterabschnitten D2.2 sowie E.2.3.4 angeklungen: Eine möglichst vergleichbare, weil wahlrechtsfreie und eindeutige Rechnungslegung birgt die Gefahr, dass ungleiche Sachverhalte gleich abgebildet werden – die Entscheidungsrelevanz von Jahresabschlussinformationen ver-

---

1243 Streim/Bieker/Leippe (2001), S. 184.

1244 Vgl. dazu Abschn. C1.2.

1245 Vgl. SFAC 2.34: „To be useful, financial information must have each of the qualities shown to a minimum degree". Kritisch dazu Schildbach (2002a), S. 61: „Über dieses vollkommen nebulöse Mindestmaß hinaus bleiben die genauen Anforderungen und Gewichte der geforderten Eigenschaften dem Einzelfall überlassen. Mit solchen Anforderungen aber sind weitgehend alle denkbaren Formen der Rechnungslegung vereinbar".

ringert sich dadurch erheblich.[1246] Andererseits wird die zwischen- und innerbetriebliche Vergleichbarkeit erschwert, wenn ein Unternehmen eine rein unternehmensspezifische Rechnungslegung anwenden würde.[1247] In der Literatur ist umstritten, ob möglichst wahlrechtsfreie oder eher möglichst flexible Rechnungslegungsvorschriften informativer sind. Es besteht z.B. Uneinigkeit, wie das Ausnützen offener Wahlrechte unter Informationsgesichtspunkten zu werten ist.[1248] Vor diesem Hintergrund ist unklar, wie ein nicht auf Informationstheorie spezialisierter Rechnungsleger im Einzelfall ein angemessenes *„balancing or trade-off“*[1249] zwischen den Kriterien der Vergleichbarkeit und der Entscheidungsrelevanz durchführen soll, wie es im IASB Framework explizit gefordert wird.

Allerdings hat der beschriebene Konflikt zwischen Entscheidungsrelevanz und Vergleichbarkeit für die IAS/IFRS-Anwendung keine besonders hohe Brisanz: Die Ausführungen in Abschn. E.2.3.4 haben gezeigt, dass Vergleichbarkeit im Regelwerk der IAS/IFRS zwar an zahlreichen Stellen ausdrücklich gefordert wird, doch viele Bestimmungen den Vergleichbarkeitsgrundsatz auch ganz erheblich aushöhlen.

c) Wesentlichkeit vs. Vollständigkeit

Auch das Wesentlichkeits- und das Vollständigkeitskriterium sind konkurrierende Prinzipien.[1250] Da, wie in F.25 gefordert, von einem typisierten Abschlussadressaten ausgegangen werden muss, können Jahresabschlussinformationen nur bedingt (ggf. sogar gar nicht) entscheidungsrelevant für all diejenigen Adressaten sein, die für ihre wirtschaftlichen Entscheidungen ‚detaillierter‘ oder ‚andere‘ Informationen als der im IASB Framework beschriebene typisierte Abschlussadressat benötigen.[1251] Ein Unterdrücken bestimmter Informationen kann für die wirtschaftlichen Entscheidungen durchschnittlicher Abschlussadressaten unwesentlich sein, während die Abschlusszahlen aus Sicht von professionellen

---

[1246] Vgl. FASB (1976), Rdnr. 375; Ballwieser (2002), S. 120.

[1247] Vgl. Wagenhofer/Ewert (2003), S. 14; FASB (1976), Rdnr. 375: „Almost everyone recognizes that the comparability of financial statement information would be greatly reduced if in the name of relevance each enterprise were to report according to its management’s perceptions of what fits best its peculiar situations“.

[1248] Für einen Überblick über die Meinungsvielfalt vgl. Ballwieser (2002), S. 120; Demski/Patell/Wolfson (1984), S. 16 ff.; Hartmann-Wendels (1991), S. 330 ff.; Siegel (1986), S. 422.

[1249] F.45. Ähnlich: FASB (1976), Rdnr. 375: „Some compromise or trade-off between relevance and comparability is needed“.

[1250] Vgl. Schildbach (2003a), S. 249.

[1251] Vgl. FASB (1976), Rdnr. 376; Abschnitte C1.1.2 und C1.1.3.

Anlegern bezüglich ihrer Entscheidungsrelevanz unvollständig sind.[1252] Es ist daher unklar, wie ein Jahresabschluss „hinsichtlich der für die Entscheidungen der Adressaten bedeutsamen Informationen“[1253] in den Grenzen von Wesentlichkeit vollständig sein kann, wie es in F.38 suggeriert wird.[1254]

Allerdings kann die prinzipielle Unvereinbarkeit dieser beiden Grundsätze im Rahmen der IAS/IFRS-Bilanzierung vernachlässigt werden: Den IAS/IFRS-Einzelfallbestimmungen nach zu urteilen, ist auf das Vollständigkeitsgebot keine besondere Rücksicht zu nehmen (Abschn. E.2.3.3.5).

d) Neutralität vs. Vorsicht

Wie das in Abschn. E.2.3.3.4 angeführte Beispiel verdeutlicht, besteht ein Widerspruch zwischen dem Neutralitätsgebot und dem Vorsichtsprinzip, weil ein zu verwirklichender Risikoausgleich dazu führt, dass vorsichtig geschätzte Bilanzwerte nach oben (Passivpositionen) bzw. nach unten (Aktivpositionen) vom arithmetischen Mittel abweichen.[1255] Die Vermögens-, Finanz- und Ertragslage eines Unternehmens wird durch das Vorsichtsprinzip systematisch verzerrt.[1256]

[1252] Vgl. FASB (1976), Rdnr. 378 sowie Ossadnik (1993), S. 618: „In Anbetracht der Vielfalt adressatenspezifischer Interessen und der hieraus resultierenden Komplexität des Materiality-Problems bietet es sich an, eine Typisierung möglicher Adressaten der Rechnungslegung vorzunehmen. (…) Ein solcher Typus ist der in der angloamerikanischen Literatur diskutierte ‚average-prudent-investor' (api). (…) Offen ist, nach welchen Kriterien der api seine entscheidungsrelevanten Informationen auswählt und ob er sich einer bestimmten Gruppe zuordnen läßt. Immerhin reichen die Vorschläge im Schrifttum vom ‚Laien', über ‚Otto Normalanleger', bis hin zum ‚professionellen Bilanzanalytiker'“. Auch in F.25 wird deutlich gemacht, dass die Abschlussinformationen nicht nur für den typisierten, durchschnittlichen Abschlussadressaten, sondern auch für professionelle Investoren entscheidungsrelevant sein sollen: Informationen dürfen nicht allein deshalb unterdrückt werden, weil sie aufgrund ihrer Komplexität von einigen Adressaten nicht verstanden werden.

[1253] Moxter (2003a), S. 325.

[1254] Vgl. Moxter (2003a), S. 325; F.53: „The information in financial statements must be complete within the bound of materiality and cost".

[1255] Vgl. Rückle (1986b), S. 413 f.; Leffson (1987), S. 478 f.; Schildbach (1998a), S. 71; Ballwieser (2002), S. 117 sowie SFAC 2.92: „Since a preference, that possible errors in measurement be in the direction of understatement rather than overstatement of net income and net assets' introduces a bias into financial reporting, conservatism tends to conflict with significant qualitative characteristics, such as (…) neutrality“.

[1256] Vgl. Moxter (2003a), S. 34. Hendriksen (1982), S. 82 lehnt deshalb das Vorsichtsprinzip ab und plädiert stattdessen für umfassende Informationen über mögliche Unsicherheiten und Risiken, so dass sich der Bilanzierende ein eigenes Urteil bilden kann: „However, the evaluation of risk and the preference or aversion for risk are subjective judgements, which cannot be assumed by the accountant. Instead of applying conservatism, the objective of financial reports should be to provide adequate information to permit the users to make their own evaluation of risk".

e) *Vorsicht vs. Vertrauenswürdigkeit*

Der Vertrauenswürdigkeitsgrundsatz wird zweifellos verletzt, wenn das Vorsichtsprinzip als bilanzpolitisches Instrument zur Bildung „schätzbedingter Willkürrücklagen“[1257] missbraucht wird.[1258] Allerdings sind nach der ‚Faustregel‘ des F.37 bzw. IAS 37.43 vorsichtsbedingte Willkürrücklagen prinzipiell unzulässig.[1259] Wie bereits gezeigt, ist zumindest bei *objektiven Wahrscheinlichkeiten* nur eine „Bilanzierung auf Basis mittlerer – statt wegen des Vorsichtsprinzips – einseitig pessimistisch gefärbter Erwartungen“[1260] mit dem Vertrauenswürdigkeitsgrundsatz vereinbar. Bei *Glaubwürdigkeitsfällen* wird hingegen, bei einer Bilanzierung auf Basis von Mittelwerten, das Risiko von erheblichen Abweichungen vernachlässigt (Abschn. E.2.3.3.3).[1261] Vor diesem Hintergrund ist fragwürdig, ob bei Glaubwürdigkeitsfällen das Vorsichtsprinzip als „Bewertungsregel bei Ermessensspielräumen“[1262] eine vertrauenswürdige Berichterstattung unterstützen kann.

Verschiedene Kapitalmarktuntersuchungen und Fachbeiträge scheinen zu belegen, dass eine vorsichtige Rechnungslegung vom Kapitalmarkt honoriert wird.[1263] Leffson (1979) bezeichnet den durch das Vorsichtsprinzip „bewirkte[n] Einfluss auf Wertansätze und Periodenerfolg durchaus als sinnvolle Regel zur

---

[1257] Leffson (1979), S. 216.

[1258] Vgl. Wollmert/Achleitner (1997), S. 248; F.37; IAS 37.43.

[1259] Vgl. F. 37; IAS 37.43.

[1260] Schildbach (1998a), S. 71.

[1261] Ähnlich: Baetge (1970), S. 151; Moxter (1962), S. 632. Anm.: Bei den meisten Fällen ist es auch gar nicht möglich, subjektive Erwartungen in Wahrscheinlichkeitszahlen zu quantifizieren. Für Beispiele vgl. Lüdenbach/Hoffmann (2003b), S. 6 f.

[1262] Wollmert/Achleitner (1997), S. 248.

[1263] Vgl. Schildbach (1998a), S. 71 mit weiteren Literaturquellen; AICPA (1994), Chapter 3, ‘Role of Conservatism’: „For users, conservatism in reporting means the uncertainties that are inherent in many transactions should be recognized by exercising prudence in reporting“; Bricker/Previtts/Robinson/Young (1995), S. 544: „One possible explanation for this apparent preference for conservatism is a reported analyst scepticism about the forthrightness of management“; Gibson, C. (1989), Financial Statement Analysis, Boston: PWS-Kent, S. 542: „When a firm has conservative accounting policies it is said that its earnings are of high quality“(zitiert nach Bricker/Previtts/Robinson/Young (1995), S. 542; Bernstein, L. (1988), Financial Statement Analysis: Theory, Application and Interpretation, Homewood, Illinois, S. 706: „Generally, the quality of consevertatively determined earnings is higher because they are less likely to prove overstated in the of future developments (…). On the other hand, unwarranted or excessive conservatism (…) actually results in a lack of reporting integrity over the long run“ (zitiert nach Bricker/Previtts/Robinson/Young (1995), S. 542). In einer Checkliste, die Mulford/Comiskey entworfen haben, um überbewertete Vermögenswerte bzw. unterbewertete Schulden zu entdecken, heißt es über die weniger vorsichtige FIFO-Methode zur Vorratsbewertung: „Does the company use FIFO method? A. Companies that use FIFO method run a greater risk that inventory costs may exceed replacement costs“ (Mulford/Comiskey (2002), S. 269).

Erreichung des möglichst sicheren Einblicks“[1264]. Nach Rückle (1986) werden Jahresabschlussinformationen durch eine Vorsichtskonvention vertrauenswürdiger, da „der Einblick in die Lage des Unternehmens damit standardisiert“[1265] wird: Über die Festlegung eines geeigneten Sicherheitsgrades wird aus einen Intervall von Schätzwerten ein Bilanzwert gewonnen, der mit einer hinreichenden Sicherheit nicht unterschritten (Aktivpositionen) bzw. überschritten (Passivpositionen) wird.[1266]

Dagegen spricht, dass sich zum einen über die „Höhe des jeweils erforderlichen Sicherheitsgrades keine Konventionen herausgebildet“[1267] haben, zum anderen bei vielen Glaubwürdigkeitsfällen keine quantitativen Schätzintervalle oder Wahrscheinlichkeitsverteilungen ermittelt und für eine plausible Wertermittlung herangezogen werden können.[1268] Auch schlagen sich vorsichtsbedingte Verzerrungen (unter der Bedingung des Kongruenzprinzips) in späteren Perioden „in eine genau entgegengerichtete Verzerrung um (...), ohne dass der Jahresabschlussleser dies erkennen kann“[1269]. Zudem enthält das IAS/IFRS-Regelwerk – wie im Abschn. E.4.1 beschrieben wird - keine wirksamen Objektivierungskriterien, die Missbräuche bei der Ausübung von Vorsicht effektiv begrenzen können. Zwar wird bspw. im Rahmen der Rückstellungsbewertung an eine vernünftige kaufmännische Beurteilung appelliert *(„the best estimate (...) ist the amount an enterprise would rationally pay to settle the obligation at the balance sheet date“*[1270]*)*, doch bei dieser Beurteilung sind explizit auch wertbeeinflussende Sachverhalte zu berücksichtigen (IAS 37.38). Damit wird deutlich, dass bei der Rückstellungsbewertung allein die subjektiven Einschätzungen der Geschäftsführung entscheidend sind.[1271] Da schließlich dem Unterschied zwischen subjektiven Wahrscheinlichkeiten und Glaubwürdigkeiten nicht erkennbar Rechnung

---

1264 Leffson (1979), S. 216.

1265 Rückle (1986b), S. 415.

1266 Vgl. Rückle (1986b), S. 413; Leffson (1987), S. 478-480; Abschn. E2.3.3.4.

1267 Leffson (1987), S. 490.

1268 Vgl. Wüstemann (2002a), S. 10: „Bei Unsicherheit im engeren Sinne [d.h. bei Glaubwürdigkeitsfällen, Anm. d. Verf.] können den identifizierbaren Zuständen keine Wahrscheinlichkeiten beigemessen werden“.

1269 Schildbach (1998a), S. 71. Vgl. auch Moxter (2000), S. 2145; Rückle (1986a), S. 415; Beaver (1989), S. 112 sowie SFAC 2.94: „understated assets frequently led to overstated income in later periods“.

1270 IAS 37.37.

1271 Ähnlich: Moxter (1999), S. 523: „Unklar bleibt (...), ob es wirklich endgültig auf die Erwartungen der Unternehmensleitung ankommen soll. Zwar wird man deren Schätzung immer besonderes Gewicht beimessen, sollte sie doch das Unternehmen besonders gut kennen; aber ihre Schätzung kann in vielen Fällen durchaus der Korrektur durch die ‚vernünftige kaufmännische Beurteilung' bedürfen. Eine solche Art der Bandbreitenobjektivierung dient der auch vom IASC generell betonten Verlässlichkeit der Abschlüsse“.

getragen wird,[1272] besteht die Gefahr, dass die großen subjektiven Interpretationsspielräume, die das Vorsichtsprinzip nach IAS/IFRS einräumt, missbraucht werden.[1273] Die Regelungsunschärfe der Detailvorschriften, in denen explizit für Vorsicht appelliert wird, verleiten dazu, dass „unter dem Aspekt der Vorsicht ein anderer Wertansatz gewählt [wird] als unter dem Aspekt der Information"[1274].

2.4 Schlussfolgerungen

Die vorhergehenden Ausführungen belegen, dass die allgemeinen Grundprinzipien kaum konkretisierbar und häufig widersprüchlich sind. Dies hat Konsequenzen für das *overriding* nach IAS 1.17 und für die Pflicht zur Ausübung von Beurteilungsspielräumen und Wahlrechten im Sinne der qualitativen Prinzipien.

a) Ungereimtheiten beim overriding nach IAS 1.17

Die Beurteilung, inwiefern die Anwendung maßgeblicher IAS/IFRS-Regelungen *„so misleading"*[1275] ist, dass sie im Konflikt mit der im IASB Framework beschriebenen Ziele stehen würde, bleibt – wie bereits mehrfach erwähnt - auf unbestimmte Weise allein dem fachlichen Ermessen des Bilanzierenden bzw. Abschlussprüfers überlassen (Abschn. D.1.4). Die Entwicklungsgeschichte des britischen *TFV*-Prinzips zeigt jedoch, dass „von einem übereinstimmenden Verständnis der fair presentation (...) indes keine Rede sein [kann], nicht einmal in einzelnen Ländern, geschweige denn international gesehen"[1276]. Da gängige IAS/IFRS-Lehrbücher keine Anwendungsbeispiele nennen, die ein *overriding* begründen könnten,[1277] fehlt ein objektives „Meßinstrument"[1278]. Unklar ist, inwiefern zukünftig die europäische Rechtsprechung oder sonstige *Enforcement*-Institutionen entsprechende Interpretationen schaffen werden.[1279]

[1272] Lüdenbach/Hoffmann (2003b), S. 7.

[1273] So moniert auch Schildbach (2002a), S. 61 am US-amerikanischen Vorsichtsgrundsatz: „Völlig offen bleibt, wo ‚healthy sceptism' aufhört und schädliche Hinauszögerung von Gewinnen beginnt".

[1274] Schildbach (1978), S. 622.

[1275] IAS 1.17.

[1276] Moxter (2003a), S. 324; Abschn. C3.3.

[1277] Vgl. z.B. Wagenhofer (2003), S. 133-136; Lüdenbach, in: Haufe IAS-Kommentar (2003) § 2, Rdnr. 11-20. Im bekannten US-amerikanischen Lehrbuch Wiley IAS 2003 sind die Begriffe „fair presentation", „true and fair view" oder „overriding" nicht einmal im Stichwortverzeichnis enthalten (vgl. Epstein/Mirza (2003), ‚Index').

[1278] Schildbach (2003a), S. 250; vgl. Mujkanovic (2002), S. 67; Moxter (2003a), S. 326; Jäger/Himmel (2003), S. 421 sowie Abschn. D2.4.

[1279] Da eine nicht regelkonforme Vorgehensweise umfassend offen gelegt, begründet und erläutert werden muss (IAS 1.18), wird allerdings einer „missbräuchlichen Verwendung

b) Ungereimtheiten bei der Ausübung von Beurteilungsspielräumen und Wahlrechten im Sinne der qualitativen Prinzipien

Nach IAS 1.15 (b) hat die Ausübung von gegebenen Beurteilungsspielräumen und Wahlrechten sowie die Darstellung der Abschlussinformationen auf eine Weise zu erfolgen, die entscheidungsrelevant, vertrauenswürdig, vergleichbar und verständlich ist (Abschn. E.2.2.1). Die Bilanzierenden werden insofern „allein auf die meist unerfüllbaren und überwiegend widersprüchlichen“[1280] qualitativen Prinzipien verwiesen:

- Die Operationalisierung des Kriteriums der Entscheidungsrelevanz unterliegt angesichts fehlender Leitlinien oder Auslegungshilfen allein den Einschätzungen der Rechnungslegenden. Da die Informationsinteressen der Adressaten im Detail erheblich divergieren und die Entscheidungsrelevanz vergangenheitsorientierter Daten wissenschaftlich nicht eindeutig geklärt ist (Abschnitte C1.1 und C1.3), bleibt unklar, wie der Bilanzierende im Einzelfall einen Jahresabschluss erzeugen soll, *„that is useful to a wide range of users in making economic decisions“*[1281]. Auf mögliche *„economic consequences“*, die mit dem „alleinige[n] Ziel bestmöglicher Information“[1282] konkurrieren (Abschn. C1.1.3), wird im Framework des IASB sogar gar nicht hingewiesen.
- Auch die Unbestimmtheit des Vertrauenswürdigkeitskriteriums wurde im Abschn. C1.2 belegt. Die Vertrauenswürdigkeit von Jahresabschlusszahlen „kann nicht unmittelbar gemessen werden“[1283], da zu viele unbestimmbare Glaubwürdigkeitsfaktoren eine Rolle spielen. Auch die Unterprinzipien des Vertrauenswürdigkeitkriteriums bleiben unscharf und erheblich widersprüchlich; bei den ergänzenden Hinweisen in den Detailvorschriften ist häufig keine Systematik erkennbar (Abschnitte E.2.3.3.1 – E.2.3.3.5).[1284]

---

des true-and-fair-Arguments (...) ein relativ stabiler Riegel vorgeschoben“ (Lüdenbach, in: Haufe IAS-Kommentar (2003) § 2, Rdnr. 19. Ähnlich: Schildbach (2003a), S. 252). Nach Lüdenbach droht eine Missbrauchgefahr vielmehr durch das Wesentlichkeitskonzept, da auf unwesentliche Sachverhalte die maßgeblichen Einzelfallregelungen nicht angewendet zu werden brauchen (vgl. Lüdenbach, in: Haufe IAS-Kommentar (2003) § 2, Rdnr. 20)

1280 Schildbach (2003a), S. 250.

1281 IAS 1.7.

1282 Schildbach (2004), S. 162.

1283 Ballwieser/Dobler (2003), S. 453.

1284 Schildbach (2003a), S. 250 kritisiert in diesem Zusammenhang, dass damit das IASB „letztlich nicht nur jegliche Auslegungshilfe oder ‚guidance‘, sondern auch jede Begrenzung möglicher Auslegungen“ verweigert.

3 Prinzipienbasierung der speziellen Ansatz- und Bewertungsvorschriften

Wie im Abschn. B.4.1.3 dargelegt wurde, müssten die Einzelfallregelungen einer prinzipienbasierten Rechnungslegung „klare und allgemeine Grundlinien“[1285] enthalten. Nur bei einer erkennbaren Systematik und klaren Regelungsgrundsätzen lassen sich „Zweifelsfragen bei vorhandenen Regelungen klären und eventuelle Lücken im Rahmen der Regulierung schließen“[1286]. Um beurteilen zu können, ob es sich bei der Rechnungslegung nach IAS/IFRS um eine prinzipienbasierte Rechnungslegung handelt, werden im Nachfolgenden die spezifischen Ansatz-, Erfolgserfassungs- und Bewertungsvorschriften der Standards und Interpretationen auf konzeptionelle Geschlossenheit untersucht.

3.1 Die Bilanzorientierung der allgemeinen Ansatzgrundsätze nach IASB Framework

Die allgemeinen Ansatzgrundsätze nach IASB Framework sind nach IAS 8.11 (b) nur bei *Regelungslücken bzw. Zweifelfragen* verbindlich zu befolgen.[1287] Spezielle Vorschriften in den Standards oder Interpretationen haben prinzipiell Vorrang.[1288] Bedeutung haben die allgemeinen Grundsätze des IASB Framework auch bei der Beurteilung eines notwendigen *overriding*, da eine *fair presentation* grundsätzlich eine glaubwürdige Darstellung der Geschäftsvorfälle und Ereignisse in Übereinstimmung mit den allgemeinen Definitionen und Ansatzkriterien für Vermögenswerte, Schulden, Erträge und Aufwendungen erforderlich macht (IAS 1.13).

3.1.1 Ansatz von Vermögenswerten und Schulden

3.1.1.1 Allgemeine Ansatzkriterien für Vermögenswerte und Schulden

Im IASB Framework wird zwischen abstrakter Bilanzierungsfähigkeit und konkreter Bilanzierungspflicht unterschieden.[1289] Vermögenswerte *(assets)* sind *abstrakt* aktivierungsfähig, wenn folgende Kriterien kumulativ erbracht werden:

1285 Schildbach (2002b), S. 267.

1286 Schildbach (2003a), S. 253.

1287 Vgl. Kirsch (2003a), S. 28 und S. 32.

1288 Vgl. IASB Framework, ‚Introduction', Rdnr. 2.

1289 Vgl. Kirsch (2003a), S. 30.

- Es liegt ein wirtschaftliches Nutzenpotential vor;[1290]
- über das ein Unternehmen – abseits eventueller rechtlicher Eigentumsverhältnisse - wirtschaftliche Verfügungsmacht hat ***(control - Kriterium)***[1291] und
- das aus einem vergangenen Geschäftsvorfall resultiert ***(Vergangenheitskriterium).***[1292]

Ein wirtschaftliches Nutzenpotential verkörpert die Fähigkeit eines Vermögenswertes, *direkt* oder *indirekt* zukünftige Zahlungsmittel oder Zahlungsmitteläquivalente zu generieren.[1293] Der wirtschaftliche Nutzen kann dem Unternehmen auf verschiedenen Wegen zugute kommen; bspw. als positiver Verbundeffekt aus der Kombination mit anderen Vermögenswerten, aus einem vorteilhaften Austausch mit anderen Vermögenswerten, aus der vorteilhaften Tilgung einer Schuld oder aus geldwerten Vorteilen für die Unternehmenseigner.[1294] Wirtschaftliche Verfügungsmacht (*„control"*) liegt vor, wenn das bilanzierende Unternehmen eine Nutznießung Dritter an dem Vermögenswert verhindern kann.[1295] Das *control*-Kriterium stellt insofern „eher ein Zuordnungskriterium (…), weniger ein allgemeines Abgrenzungskriterium von Vermögenswerten dar"[1296]. Das Abstellen auf Ereignisse der Vergangenheit soll vermeiden, dass Sachverhalte bilanziert werden, die auf bloßen Absichten beruhen.[1297] Eine Tätigung von Ausgaben ist kein notwendiges Kriterium für das Vorliegen eines bilanzierungsfähigen Vermögenswertes - auch Schenkungen können bspw. die Vermögenswerteigenschaften erfüllen.[1298]

[1290] Vgl. F. 49 (a) und F. 53.

[1291] Vgl. F. 49 (a) und F. 57.

[1292] Vgl. F. 58.

[1293] Vgl. F. 53; Kirsch (2003a), S. 31. So wird in IAS 16.11 klargestellt, dass auch bestimmte Sicherheitsanlagen (z.B. eine Alarmanlage) getrennt aktivierungsfähig sind, obgleich eine Alarmanlage selbst keinen wirtschaftlichen Nutzen stiftet. Die Sicherheitsanlage kann aber dazu beitragen, dass der wirtschaftliche Nutzen aus den ‚geschützten' Anlagen ansteigt. Die Beurteilung, ob ein Gegenstand indirekt oder direkt einen wirtschaftlichen Nutzen beiträgt, ist sehr ermessensbehaftet; dies verdeutlicht IAS 16.9, wonach einzelne Gegenstände, wie z.B. Module oder Werkzeuge, auch zum Gesamtwert eines Vermögenswertes zugeordnet werden können, wobei für eine solche Entscheidung explizit judgement erforderlich ist.

[1294] Vgl. F.54.

[1295] Vgl. F.57; IAS 38.13.

[1296] Kirsch (2003a), S. 30. Vgl. auch Mujkanovic (2002), S. 104.

[1297] Vgl. F. 58; Heuser/Theile (2003), Rdnr. 158.

[1298] Vgl. F.59; Heuser/Theile (2003), Rdnr. 160.

Schulden *(liabilities)* sind abstrakt passivierungsfähig, wenn folgende Kriterien kumulativ erbracht werden:

- Es besteht eine gegenwärtige, rechtlich einklagbare oder *faktische*[1299] Verpflichtung;[1300]
- die einen zukünftigen wirtschaftlichen Nutzenabfluss impliziert;[1301] und
- aus einem vergangenen Geschäftsvorfall resultiert.[1302]

Der Schuldenbegriff umfasst nur Verpflichtungen gegenüber einer dritten Partei, d.h. nur *Außenverpflichtungen*;[1303] insbesondere muss die gegenwärtige Verpflichtung von unabwendbarer Natur *(irrevocable nature)* sein. Das bedeutet, dass ein Unternehmen eine Leistungsverpflichtung aufgrund der wirtschaftlichen Nachteile bei einer Nichterfüllung der Verpflichtung (z.B. durch entsprechende Vertragsstrafen) kaum vermeiden kann.[1304] Der Schuldenbegriff umfasst auch dem Grunde und/oder der Höhe nach unsichere Verpflichtungen (Rückstellungen, *provisions*).[1305]

Allgemein sind bei der Beurteilung der Ansatzkriterien von Vermögenswerten und Schulden formalrechtliche Eigentumsverhältnisse zu vernachlässigen – entscheidend ist, dass ein Unternehmen über ein wirtschaftliches Nutzen- bzw. Lastenpotential verfügt.[1306]

Aus der allgemeinen Definition von Vermögenswerten und Schulden ergibt sich implizit das Gebot, *assets* und *liabilities* paritätisch zu behandeln ***(Paritätsprinzip)***. Bei der Klärung der Bilanzierungsfähigkeit wird grundsätzlich nicht zwischen Vermögenswerten und Schulden unterschieden; in beiden Fällen müssen mit der jeweiligen Bilanzposition wahrscheinliche wirtschaftliche Nutzenzu- bzw. –abgänge verbunden sein.[1307] Da allerdings – wie in den Abschnitten E.3.2 und E.3.3 gezeigt wird - das Paritätsprinzip durch zahlreiche imparitätische An-

---

[1299] Dies ergibt sich aus F.60: „Obligations also arise, however, from normal business practice, custom and a desire to maintain good business relations or act in a equitable manner".

[1300] Vgl. F.49 (b) und F.60.

[1301] Vgl. F.49 (b).

[1302] Vgl. F.49 (b) und F.63. In IAS 37.17 wird dieser in der Vergangenheit liegender Sachverhalt als „obligating event" bezeichnet.

[1303] Vgl. F.62; Kirsch (2003a), S. 32; Heuser/Theile (2003), Rdnr. 168.

[1304] Vgl. F.61.

[1305] Vgl. F.64; Daub (2000), S. 300.

[1306] Vgl. F.51: „In assessing whether an item meets the definition of an asset, liability (...), attention needs to be given to its underlying substance and economic reality and not merely its legal form".

[1307] Vgl. F. 83 (a), (b); Lüdenbach/Hoffmann, in: Haufe IAS-Kommentar (2003) § 1, Rdnr. 32; Ruhnke/Nerlich (2004), 394, Fn. 59.

satz- oder Bewertungsanforderungen in der Einzelfallregelungen erheblich verletzt wird, stellt dieser Grundsatz faktisch ein (unerreichbares) Ideal dar.

Theoretische Fundierung der abstrakten Ansatzkriterien:

Der Vermögenswert- und Schuldenbegriff nach IASB Framework entspricht im Kern dem asset/liability-approach (Abschn. C.2.2.2.2),[1308] unterscheidet sich aber dennoch im Detail:

- Sprouse/Moonitz stellen nicht auf das Definitionskriterium der wirtschaftlichen Verfügungsmacht (control-Kriterium) ab, sondern auf rechtliche Eigentumsverhältnisse (Abschn. C.2.2.2.2). Auch die GuV-orientierte Sichtweise nach Paton/Littleton beruht auf einer formalrechtlichen Gewinnermittlungskonzeption (Abschn. C.2.2.1.1). Das control-Kriterium ist vielmehr Ausdruck der Gedanken der commander-Theorie (Abschn. C.2.1.3).[1309] Aus den bilanzorientierten Ansatzgrundsätzen kann wohl auch abgeleitet werden, dass die Rechnungslegung konzeptionell eher auf der Eignertheorie (proprietary theory) als auf der Einheitstheorie (entity theory) beruht – mangels diesbezüglicher Festlegungen im Framework kann hierzu allerdings keine eindeutige Aussage getroffen werden.[1310]
- Faktische Verpflichtungen (constructive obligations) werden weder von Sprouse/Moonitz noch von Paton/Littleton erwähnt (Abschnitte C.2.2.2.2 und C.2.2.1.2). Obgleich nach bilanzorientierter Sichtweise nur Außenverpflichtungen passivierungsfähig sind,[1311] können auch faktische Verpflichtung unabwendbare wirtschaftliche Konsequenzen nach sich ziehen und damit Außenverpflichtungscharakter haben. Nach GuV-orientierter Sichtweise müssen freilich faktische Verpflichtungen passivierungsfähig sein, um ein periodengerechtes matching zu erreichen (Abschn. C.2.2.3).
- Das Vergangenheitskriterium ist auch ein wichtiges Kriterium der bilanzorientierten Sichtweise um den maßgeblichen Bilanzierungszeitpunkt zu determinieren (Abschn. C.2.2.2.2). Dabei handelt es sich um ein sehr vages Ansatzkriterium, wie allein die Tatsache belegt, dass in IAS 37.19 sowie im Appendix C zu IAS 37 dieses Kriterium anhand zahlreicher Beispiele erläu-

---

[1308] Die theoretischen Rahmenkonzepte angelsächsischer Standardsetzer folgen durchwegs der Ansatzkonzeption der bilanzorientierten Sichtweise (vgl. Gore (1995), S. 152). Zur abstrakten Bilanzierungsfähigkeit von Vermögenswerten und Schulden nach dem US-amerikanischen CF vgl. Schildbach (2002a), S. 67 ff.; Kieso/Weygandt/Warfield (2001), S. 40 f.; Wüstemann (1999), S. 138 f.

[1309] Vgl. Haller (1989), S. 211.

[1310] Vgl. Gore (1995), S. 158: „One element certainly missing from the CFs is consideration of the entity and proprietary views of the firm". Ähnlich: Vgl. Haller (1989), S. 224.

[1311] Vgl. Sprouse/Moonitz (1962), S. 37.

tert werden muss.[1312] Dadurch wird aber auch nicht klarer, welche Vergangenheitsereignisse eine Verpflichtung begründen können: So wird etwa in IAS 37 Appendix C, Example 11 B eine Rückstellung für gesetzlich vorgeschriebene regelmäßige Wartungsarbeiten an einem Flugzeug explizit als nicht passivierungsfähig beschrieben, obwohl die Wartungsarbeiten durch die bis zum Bilanzstichtag absolvierten Flugstunden zweifellos (mit) verursacht wurden, intuitiv also ein verpflichtungsbegründendes Vergangenheitsereignis vorliegt. Die Passivierung wird dennoch verneint, weil sich das Unternehmen den künftigen Wartungsaufwendungen (etwa durch einen Verkauf des Flugzeuges) entziehen könnte und mithin keine unabwendbare Verpflichtung besteht.[1313] Dennoch: Sowohl der Flugbetrieb vor dem Bilanzstichtag als auch der zukünftige Flugbetrieb könnte schließlich als „betriebswirtschaftliche Ursachenkette“[1314] für die zukünftigen Wartungsarbeiten angeführt werden. Da es für die Notwendigkeit einer Passivierung in den meisten Beispielen des IAS 37 letztendlich nur darauf ankommt, ob am Bilanzstichtag eine unabwendbare Verpflichtung existiert,[1315] erweist sich dieses IAS/IFRS-Ansatzkriterium als weitgehend inhaltslos:[1316] Über den maßgeblichen Passivierungszeitpunkt besagt es wenig.

Vermögenswerte und Schulden sind *konkret* ansatzpflichtig, wenn folgende Objektivierungskriterien kumulativ zutreffen:

[1312] Vgl. dazu Lüdenbach/Hoffmann, in: Haufe IAS-Kommentar (2003), § 21 Rdnr. 50 ff.

[1313] Vgl. dazu Moxter (1999), S. 521 f.; Hoffmann, in: Haufe IAS-Kommentar (2003) § 21, Rdnr. 55. Anm.: Nach GuV-orientierter Sichtweise wäre kein Passivposten zu bilden, da die zukünftigen Ausgaben gerade bezwecken, nicht vergangene, sondern künftige Erträge zu ermöglichen (ähnlich: Moxter (1995a), S. 324).

[1314] Moxter (1996), S. 315.

[1315] Vgl. IAS 37.19; Appendix C zu IAS 37, Beispiele 1: „which gives rise to a legal obligation“, 2A: „because of the virtual certainty of legislation requiring cleaning up“, 2 B: „has created a valid expectation“; 3: „the oil rig creates a legal obligation“; 4: „has created a valid expectation“; 5 B: „because it creates a valid expectation“; 8: „which gives rise to a legal obligation“; 9: „which gives rise to a legal obligation“. In den restlichen Beispielen wird letztendlich eine Passivierung nur deshalb abgelehnt, weil nach den Erkenntnissen am Bilanzstichtag keine Anzeichen für eine Aussenverpflichtung vorliegen (so Beispiel 10 (a)) oder weil sich das Unternehmen der Verpflichtung entziehen kann (so Beispiele 6 (a) (b), 7 sowie als Spezialfälle Beispiele 11A und 11 B, bei denen die zukünftigen Aufwendungen stattdessen aktiviert werden müssen).

[1316] Vgl. Hoffmann, in: Haufe IAS-Kommentar (2003) § 21, Rdnr. 50.

- Es ist wahrscheinlich, dass mit der Position ein Zufluss (bei einem Vermögenswert) bzw. ein Abfluss (bei einer Schuld) an wirtschaftlichen Nutzen verbunden ist ***(Wahrscheinlichkeitskriterium)***; und
- die AK/HK oder ein anderer Wertansatz sind vertrauenswürdig bestimmbar ***(Bewertbarkeitskriterium)***.[1317]

Das Wahrscheinlichkeitskriterium wird nicht präzisiert, ein quantitativer ‚Mindestsicherheitsgrad' wird nicht vorgegeben.[1318] Die notwendigen Wahrscheinlichkeitsbeurteilungen sollen immer einzelfallbezogen vor dem Hintergrund individueller Erfahrungen sowie der gegebenen Unsicherheiten erfolgen.[1319] Die im Rahmen der Rückstellungspassivierung maßgebliche Wahrscheinlichkeitsgrenze *„more likely than not"*[1320] darf explizit nicht als allgemeingültige quantitative Richtgröße verstanden werden.[1321] Bemerkenswerterweise wird jedoch im neuen IFRS 3 - ohne einschränkenden Hinweis - *probable* als *more likely than not* definiert.[1322] Es ist daher wohl doch davon auszugehen, dass ein Sachverhalt nach IAS/IFRS stets *more likely than not* sein muss, um als wahrscheinlich zu gelten. Auf Unterschiede zwischen singulären und statistischen Wahrscheinlichkeitsrechnungen wird im IASB Framework nicht eingegangen – „konkrete Lösungen für ein Bilanzierungsproblem werden (…) nicht geliefert"[1323].

Wird das Bewertbarkeitskriterium nicht erbracht, darf eine Position nicht bilanziert werden, stattdessen können entsprechende Angaben in den *notes* angemessen sein. Als Beispiel werden potentielle Forderungen aus einem ausstehenden Gerichtsverfahren angeführt, die zwar das Wahrscheinlichkeitskriterium erfüllen, nicht jedoch vertrauenswürdig bewertet werden können.[1324]

[1317] Vgl. F. 83 (a) und (b).

[1318] Vgl. Wagenhofer (2003), S. 139; Kirsch (2003a), S. 32.

[1319] Vgl. F.85; Wagenhofer (2003), S. 139 f.; Streim/Biecker/Leippe (2001), S. 187.

[1320] Vgl IAS 37.15; 37.23; Abschn. E2.3.3.4.

[1321] Vgl. IAS 37, Fn. 3. Anm.: In einigen IAS/IFRS-Kommentaren wird zur Aktivierung von Vermögenswerten von einer Wahrscheinlichkeit ausgegangen, die wesentlich höher als 50% ist, wobei u.a. ungefähr 70-80% genannt werden (Vgl. Wagenhofer (2003), S. 140 mit weiteren Literaturquellen; PwC (1998), Rdnr. 37.10). Da aber ein ‚Rechnen mit Wahrscheinlichkeiten' letztendlich nur für wirtschaftliche Nutzenpotentiale in Frage kommt, deren Eintritt in objektiven Wahrscheinlichkeiten gemessen werden kann (Abschn. E2.3.3.3), sind solche konkreten quantitativen Vorgaben aus der Literatur, die vom IASB auch offensichtlich nicht gewollt sind, abzulehnen (ähnlich: Vgl. Lüdenbach/Hoffmann, in: Haufe IAS-Kommentar (2003) § 1, Rdnr. 113).

[1322] Vgl. IFRS 3, Appendix A, „Defined Terms".

[1323] Lüdenbach/Hoffmann, in: Haufe IAS-Kommentar (2003) § 1, Rdnr. 113.

[1324] Vgl. F. 88; Kirsch (2003a), S. 32. Anm.: Allerdings wird diese allgemeine Regel in IAS 37.25 insofern ausgehebelt, als unterstellt wird, dass nur in extrem seltenen Fällen eine verlässliche Bewertung der zukünftigen Verpflichtung nicht möglich ist. Damit wird der

Theoretische Fundierung der konkreten Ansatzkriterien:

Die konkreten Ansatzkriterien weichen im Gegensatz zu den Definitionsmerkmalen von Vermögenswerten und Schulden deutlich von den Ansatzkriterien der bilanzorientierten Sichtweise ab:

- Schulden werden von Sprouse/Moonitz als bestehende Außenverpflichtungen beschrieben, auf die einschränkende Passivierungsbedingung eines wahrscheinlichen wirtschaftlichen Nutzenabganges wird verzichtet (Abschn. C2.2.2.2).[1325]
- Als einschränkende Objektivierungsbedingung für die Aktivierung von Vermögenswerten bauen Sprouse/Moonitz auf das Separierbarkeitskriterium (Abschn. C2.2.2.2), das jedoch kein Ansatzkriterium nach IASB Framework darstellt. Vor dem Hintergrund des Vollständigkeitsprinzips wäre dieses Kriterium unzweckmäßig, weil damit der Kreis der bilanzierungsfähigen Vermögenswerte und Schulden erheblich beschnitten würde.[1326] Zahlreiche werthaltige Bilanzpositionen, wie etwa selbsterstellte immaterielle Vermögenswerte wären so von der Aktivierung ausgeschlossen.[1327] Nach IAS/IFRS wird stattdessen auf das Bewertbarkeitskriterium abgestellt. Dabei steckt hinter der expliziten Nennung von AK/HK offenbar ein Zugeständnis an das traditionelle Anschaffungswertprinzip.[1328]

3.1.1.2 Konkretisierbarkeit der allgemeinen Ansatzkriterien

Die Konkretisierbarkeit und der praktische Nutzen der allgemeinen Ansatzgrundsätze werden in angelsächsischen Fachbeiträgen häufig bezweifelt[1329] - die Ungereimtheiten beim Vergangenheits- und beim Wahrscheinlichkeitskriterium wurden ja bereits in den vorhergehenden Ausführungen beschrieben. Ein populärer Kritiker der gängigen *asset* und *liability*-Begriffe ist der ehemalige *chief accountant* der SEC, Schuetze.[1330] Schuetze ist der Auffassung, dass die Kasuis-

---

Kreis der bilanzierungspflichtigen Schulden imparitätisch erweitert (vgl. Lüdenbach/Hoffmann, in: Haufe IAS-Kommentar (2003) § 1, Rdnr. 114 und 128).

1325 Sprouse/Moonitz (1962), S. 20 erwähnen den Ausdruck „expected" nur im Zusammenhang mit Vermögenswerten.

1326 Vgl. Hommel (1997), S. 355; Samuelson (1998), S. 241.

1327 Ähnlich: Krönert (2001), S. 104; Moxter (2003a), S. 21; Samuelson (1998), S. 241: „They are nevertheless valuable property rights and should not be excluded from the category of assets. It would be wrong, therefore, to include exchangeability as part of the definition".

1328 Vgl. Haller (1989), S. 290.

1329 Vgl. z.B. Solomons (1986b), S. 121; Gore (1995), Schuetze (2001); Samuelson (1998), S. 241 ff. Diese Autoren beziehen sich dabei auf das US-amerikanische CF – vor dem Hintergrund der Ähnlichkeit der US-amerikanischen asset und liability-Begriffe mit denen des IASB Frameworks sind die Kritikpunkte problemlos übertragbar.

1330 Vgl. Samuelson (1998), S. 233.

tik der US-amerikanischen Rechnungslegung zu einem guten Teil auch auf die unklaren *asset* und *liability*-Begiffe zurückzuführen ist.[1331] So sei die *asset*-Definition so abstrakt und nebulös, dass nahezu jeder Sachverhalt in diese *„empty box"* passen würde, so dass die Ansatzkriterien zur Lösung konkreter Bilanzierungsprobleme unbrauchbar sind.[1332] Die Unbestimmtheit hat zur Konsequenz, dass die Standardsetzer für alle möglichen Bilanzierungssachverhalte detaillierte Regelungen schaffen müssen, um die eigentlichen Regelungszwecke zu erreichen.[1333] Deutlich wird die mangelnde Konkretisierbarkeit der allgemeinen Ansatzkonzepte, wenn man damit Lösungen für konkrete Bilanzierungssachverhalte herzuleiten versucht: So liefert der *liability*-Begriff bspw. keine Antwort, wie Minderheitenanteile im Konzernabschluss zu behandeln sind. Dafür müsste aus dem Framework klar hervorgehen, ob bei der Abschlusserstellung die Fiktion der Einheits- oder Eignertheorie unterstellt werden muss – nur bei der Einheitstheorie wäre die Behandlung klar.[1334] Dem *liability*-Begriff ist im Zusammenhang mit der Bilanzierung von Pensionsverpflichtungen nicht zu entnehmen, welche Beträge genau eine gegenwärtige Verpflichtung darstellen, die aufgrund eines vergangenen Ereignisse zu einem wahrscheinlichen wirtschaftlichen Nutzenabfluss führen: Definitionsgemäß könnte der Barwert aller künftig zu leistenden Pensionszahlungen, der Betrag der bereits zugesagten Pensionszahlungen, aber auch nur der Betrag der aktuell geschuldeten und noch nicht überwiesenen Pensionszahlungen als *liability* ausgewiesen werden.[1335] Nach dem bilanzorientierten Steuerabgrenzungskonzept werden passive latente Steuern bilanziert, wenn aus Wertdifferenzen zwischen Handels- und Steuerbilanz zukünftige wahrscheinliche Steuermehrbelastungen zum Zeitpunkt der Auflösung der Wertdifferenzen resultieren (Abschn. E.3.2.2.1). Die *liability*-Definition gibt keine Antwort, ob nur auf vorübergehenden *(partial-provision)* oder auch auf

---

[1331] Vgl. Schuetze (2001), S. 1 ff. und S. 22.

[1332] Vgl. Schuetze (2001), S. 12: „The (…) definition of an asset is so complex, so abstract, so open-ended, so all-inclusive and so vague that we cannot use it to solve problems. It does not require exchangeability of that we called an asset; therefore it allows all expenditures to be considered for inclusion as assets. The definition does not discriminate and help us to decide whether something or anything on the margin is an asset. That definition describes an empty box. A large empty box. A large empty box with sideboards. Almost everything or anything can be fit into it".

[1333] Dies erläutert Schuetze (2001), S. 17 anhand des Begriffs der constructive obligation: „Most people know what a legal obligation is. But most people do not know what an equitable or constructive obligation is (…). Even the FASB does not know, for it has not articulated what those obligations are and what their characteristics are so that we can recognize then when we see them. Therefore, every time the FASB wants to require some accounting because of what an obligation arising from a moral responsibility is, the FASB has to write a detailed rule for accountants to use in drawing up financial statements".

[1334] Vgl. Gore (1995), S. 159.

[1335] Vgl. Solomons (1986b), S. 121.

quasi-permanenten Differenzen *(full-provision)*, deren Auflösung sehr unwahrscheinlich ist, passive latente Steuern zu bilanzieren sind.[1336] Schließlich erscheint es angesichts der Subjektivität des Wahrscheinlichkeitsbegriffes nahezu unmöglich, den Umfang der aktivierungsfähigen Forschungs- und Entwicklungsausgaben zu konkretisieren.[1337]

Es wird deutlich, dass die allgemeinen Ansatzgrundsätze für eine Lösung praktischer Bilanzierungsprobleme zu abstrakt gehalten sind – daher ist es nicht verwunderlich, dass auch das IASB der Operationalisierbarkeit dieser Ansatzkriterien nicht vertraut und für die meisten Bilanzierungssachverhalte kasuistische Ansatzvorschriften festsetzt. Die spezifischen Ansatzkonzepte der Einzelfallregelungen sowie dabei auftauchende Inkonsistenzen und Ungereimtheiten werden im Abschn. E.3.2. erörtert.

3.1.2 Ansatz von Erträgen und Aufwendungen

3.1.2.1 Allgemeine Ansatzkriterien für Erträge und Aufwendungen

In Übereinstimmung mit der bilanzorientierten Sichtweise werden Erträge *(income)* und Aufwendungen *(expenses)* als wirtschaftliche Nutzenzu- bzw. -abnahmen während einer Berichtsperiode definiert.[1338] Die Erfassung von Erträgen und Aufwendungen hat korrespondierend mit entsprechenden bilanziellen Reinvermögensveränderungen zu erfolgen.[1339] Neben realisierten Gewinnen und Verlusten können demnach auch (unrealisierte) Wertveränderungen am ruhenden Vermögen in das Periodenergebnis einfließen.[1340] Ein Erfolgsausweis ist nur dann zulässig, wenn es wahrscheinlich ist, dass mit einem Ertrag oder mit einer Aufwendung ein wirtschaftlicher Nutzenzufluss bzw. ein -abfluss verbunden ist und wenn die Höhe der Erträge bzw. Aufwendungen vertrauenswürdig bemessen werden kann.[1341] Es deutet sich an, dass die allgemeinen Ansatzkriterien für Erträge und Aufwendungen auf dem Erfolgserfassungskonzept des *all-inclusive income* beruhen.[1342] Da Erträge und Aufwendungen als abhängige Variablen von

---

[1336] Vgl. Gore (1995), S. 160.

[1337] Vgl. Gore (1995), S. 165.

[1338] Vgl. F. 70; Heuser/Theile (2003), Rdnr. 173.

[1339] Vgl. F.92 für Erträge; F.94 für Aufwendungen.

[1340] Vgl. Heuser/Theile (2003), Rdnr. 174.

[1341] Vgl. F. 83 (a) und (b).

[1342] Das IASB favorisiert eine undifferenzierte Erfassung sämtlicher bilanzieller Wertveränderungen während einer Abrechnungsperiode in der Erfolgsrechnung, wie der Hinweis in IAS 1.98 verdeutlicht: „Changes in an entity's equity between two balance sheet dates reflect the increase or decrease in its net assets during the period". Das IASB favorisiert ganz offensichtlich diese Erfolgskonzeption. Dies verdeutlichen auch die Hinweise im Appendix C zu IAS 19 (rev. 2000), Rdnr. 41 sowie die aktuellen Vorschläge zur Umset-

Vermögenswerten und Schulden[1343] und Eigenkapital als positiver Saldo aus der Differenz zwischen Vermögenswerten und Schulden definiert werden,[1344] müssen sämtliche Periodenerfolge unmittelbar Eigenkapitalveränderungen zur Folge haben. Damit implizieren die allgemeinen Ansatzgrundsätze des IASB Framework deutlich das Kongruenzprinzip ***(clean surplus)***.[1345]

Erträge und Aufwendungen, die periodenübergreifend anfallen, sind gemäß dem Postulat der Periodenabgrenzung zu erfassen (F.95 ff.).[1346] Aufwendungen werden nach dem *matching*-Prinzip unmittelbar mit den sachlich zugehörenden Erträgen in der GuV erfasst.[1347] Sofern kein unmittelbarer sachlicher Zusammenhang zwischen Erträgen und Aufwendungen ermittelt werden kann,[1348] sind die Aufwendungen nach einem systematischen und vernünftigen Verfahren über die Perioden zu verteilen.[1349] Aufwendungen, die in keinem mittelbaren oder unmittelbaren Zusammenhang mit zukünftigen Erträgen stehen, sind als Sofortaufwand zu erfassen.[1350] Die Anwendung des *matching*-Prinzips ist nur insofern zulässig, als keine Abgrenzungsposten bilanziert werden, die nicht die Definitionen von Vermögenswerten und Schulden erfüllen (Abschn. E.2.1). Das *matching*-Prinzip spielt daher nach IAS/IFRS eine eher untergeordnete Rolle.[1351]

---

zung des All-Inclusive Income–Konzepts mit Hilfe eines neuartigen Performance Statement (vgl. IASC (2001), ‚Note'; IASB (2003b), S. 1; Hollmann (2003), S. 249 f.).

1343 Vgl. F.70: „(a) Income is increases in economic benefits during the accounting period in the form of inflows or enhancements of assets or decreases of liabilities that result in increases in equity (...). (b) Expenses are decreases in economic benefits during the accounting period in the form of outflows or depletions of assets or incurrences of liabilities that result in increases in equity".

1344 Vgl. F.49: „Equity is the residual interest in the assets of the enterprise after deducting all its liabilities".

1345 Neben den allgemeinen Ansatzgrundsätzen impliziert aber auch das Vergleichbarkeitsprinzip das Kongruenzprinzip (vgl. Wollmert/Achleitner (1997), S. 248 f.; Mujkanovic (2002), S. 66; Budde/Geißler (1999) § 252 Rdnr. 90).

1346 So auch F.95. Vgl. auch Kirsch (2003a), S. 21; Hoffmann, in: Haufe IAS-Kommentar (2003) § 21, Rdnr. 161.

1347 Vgl. F.95.

1348 Dies ist nach F.96 der Fall, wenn ein Zusammenhang zwischen Aufwendungen und Erträgen nur grob oder nur indirekt festgestellt werden kann („an association can only be broadly or indirectly determined").

1349 Vgl. F. 96; Kirsch (2003a), S. 21.

1350 Vgl. F. 97.

1351 Vgl. Gore (1995), S. 165: „Matching is not a concept central to the CFs". Da die allgemeinen Ansatzgrundsätze des IASB Framework – wie gezeigt – konzeptionell der bilanzorientierten Sichtweise folgen, kann „entgegen anderslautender Stimmen in der Literatur nicht auf eine dynamische Grundkonzeption" der IAS/IFRS geschlossen werden (so Hommel (1997), S. 352). Eine dynamische Grundkonzeption und eine zentrale Rolle matching-Prinzips im Rahmen der IAS/IFRS meinen hingegen z.B. Baetge/Beermann des (1998), S. 160 f. sowie Weinstock (1999), S. 74 zu erkennen. Für weitere diesbezügliche Literaturstimmen vgl. Hommel (1997), S. 352, Fn. 61.

3.1.2.2 Konkretisierbarkeit der allgemeinen Ansatzkriterien

Auch die allgemeinen Ansatzkriterien für Erträge und Aufwendungen, Vermögenswerte und Schulden sind erheblich ermessensbehaftet und erscheinen zur Lösung konkreter Bilanzierungsprobleme zu wenig konkretisierbar. In den Detailvorschriften werden daher relevante Erfolgserfassungszeitpunkte für viele Sachverhalte kasuistisch geregelt. So werden bspw. die Realisationszeitpunkte von sachzielbezogenen Umsatzerlösen sowie von Zins-, Dividenden- und Lizenzerträgen in IAS 18 durch präzisierende Ansatzkriterien[1352] und durch verschiedene Beispiele im Anhang zu IAS 18 spezifiziert.[1353]

Konkretisierende Kriterien zur Realisation von sachzielbezogenen Umsatzerlösen aus sachzielbezogenen Absatzhandlungen nach IAS 18:

Nach IAS 18.14 sind Umsatzerlöse ertragswirksam zu erfassen, wenn kumulativ folgende Kriterien erfüllt sind:[1354]

(1) Die mit der Kaufsache verbundenen wesentlichen Chancen und Risiken[1355] wurden auf den Käufer übertragen;

(2) beim Verkäufer verbleibt keine Managementgewalt über den Gegenstand;

(3) die Höhe der Erlöse kann vertrauenswürdig bestimmt werden;

(4) es ist wahrscheinlich, dass der mit dem Verkauf verbundene wirtschaftliche Nutzen dem Verkäufer zufließt; und

(5) die mit dem Verkauf im Zusammenhang stehenden oder eventuell noch anfallenden Kosten können vertrauenswürdig bestimmt werden.

Die einschränkenden Ansatzkriterien (1), (2) und (5) bewirken, dass die Realisationszeitpunkte von sachzielbezogenen Umsätzen aus normalen Absatzhandlungen im Regelfall nicht von den Realisationszeitpunkten nach handelsrechtlichen GoB abweichen.[1356] Die präzisierenden Kriterien und kasuistischen Hinweise zur

---

[1352] Vgl. IAS 18.14 zur Umsatzrealisation aus sachzielbezogenen Absatzgütern, IAS 18.20 zur Umsatzrealisation bei der Erbringung von Dienstleistungen, IAS 18.29 zur Ertragsrealisation aus Zins-, Dividenden- und Lizenzeinnahmen.

[1353] Vgl. Appendix zu IAS 18; v. Keitz/Schmieszek (2004), S. 120: „Um diese Ermessensspielräume zu begrenzen, gibt das IASB in IAS 18 sowie im Anhang zu IAS 18 zahlreiche – wenn auch z.T. kasuistische – Auslegungshilfen".

[1354] Vgl. IAS 18.14; Hollmann (2003), S. 34; v. Keitz/Schmieszek (2004), S. 119.

[1355] IAS 18.15 weist daraufhin, dass dies normalerweise (aber nicht unbedingt) dem Zeitpunkt der rechtlichen Eigentumsübertragung entspricht.

[1356] Vgl. Wagenhofer (2003), S. 146; v. Keitz/Schmieszek (2004), S. 120; Heuser/Theile (2003), Rdnr. 175. Anm.: Zur Realisation von Umsatzerlösen nach HGB/GoB vgl. v. Keitz/Schmieszek (2004), S. 119; Schildbach (2000a), S. 116 ff.; Moxter (2003a), S. 43 ff.; Budde/Geißler (1999) § 252 Rdnr. 44 ff.

Umsatzrealisation im Appendix zu IAS 18 stellen heraus, dass auch das IASB nicht der Operationalisierbarkeit der allgemeinen Ansatzkriterien (3)+(4) vertraut.

Auch die Ertrags- und Aufwandserfassung bei langfristiger Auftragsfertigung, bei Leasinggeschäften, bei der Vereinnahmung von Zuwendungen der öffentlichen Hand sowie die Ertragsrealisation bei Dividenden aus Beteiligungen werden gesondert und teilweise sehr detailliert geregelt.[1357]

3.1.2.3 Kongruenzverstöße nach IAS/IFRS

Obgleich – wie gezeigt - die allgemeinen Ansatzgrundsätze das Kongruenzprinzip deutlich implizieren (Abschn. E.3.1.2.1), verletzen die IAS/IFRS-Einzelfallregelungen sehr häufig die *clean surplus*-Bedingung. Wie im Abschnitt C1.3.1 beschrieben wurde, ist die Gültigkeit von Kongruenz Voraussetzung für einen logisch-deduktiven Erklärungsansatz des Informationsgehalts vergangenheitsorientierter Jahresabschlüsse. Im Schrifttum werden daneben weitere Vorteile des Kongruenzprinzips angeführt: So lassen sich bei Kongruenz Jahresabschlüsse „lückenlos miteinander verketten und so gestalten, daß die Summe der Periodenerfolge dem Totalerfolg als Differenz zwischen sämtlichen Ein- und Auszahlungen entspricht“[1358]. Die dadurch bewirkte „Zweischneidigkeit der Bilanz“[1359] kann zu einer gewissen „Disziplinierung der Bilanzierenden“[1360] beitragen, weil durch bilanzpolitische Maßnahmen lediglich vorübergehende Erfolgsverschiebungen, nicht jedoch dauerhafte Erfolgsmanipulation erreicht werden können.[1361] Als erheblicher Nachteil von Kongruenz wird jedoch angeführt, dass Irrtümer und Fehler bei der Jahresabschlusserstellung die Periodenerfolge doppelt verfälschen, und zwar zuerst in der Periode ihres erstmaligen Auftretens und dann in den Folgeperioden, in denen sie erfolgswirksam ausgeglichen werden müssen.[1362]. Auch vorsichtsbedingte Verzerrungen schlagen in

---

[1357] Vgl. IAS 11; IAS 17.; IAS 20; IAS 28; Wagenhofer (2003), S. 145.

[1358] Schildbach (2003a), S. 258.

[1359] Budde/Geißler (1999) § 252, Rdnr. 4.

[1360] Rolf (2001), S. 101.

[1361] Vgl. dazu Schildbach (2003a), S. 258: „Durch die vielfältigen Möglichkeiten, Wertänderungen direkt im Eigenkapital aufzufangen, Eigenkapitalveränderungen also nicht durch Einlagen und Entnahmen, Gewinne und Verluste zuzulassen, zerstören IAS diesen unverzichtbaren Schutz gegen dauerhafte Manipulation“ (vgl. dazu auch Rolf (2001), S. 100 f.; Deller (2002), S. 12; Budde/Geißler (1999) § 252 Rdnr. 4; Schildbach (1999d), S. 1814).

[1362] Vgl. Schildbach (1999d), S. 1814; Deller (2002), S. 12; Rolf (2001), S. 100. Bereits Schmalenbach (1926), S. 98 sprach in diesem Zusammenhang von dem „Übelstand, daß bei den Bilanzen die Sünden der Väter heimgesucht werden an Kindern und Kindeskindern“.

späteren Perioden in eine genau entgegengesetzte Verzerrung um, ohne dass dies der Jahresabschlussadressat erkennen könnte.[1363]

Aus konzeptioneller Sicht führen die Kongruenzverstöße der IAS/IFRS-Regelungen zu einer Aushöhlung der allgemeinen Ansatzgrundsätze des IASB Framework und zu einem erheblichen Bruch mit der Erfolgskonzeption des *all-inclusive income*. Vor diesem Hintergrund verdienen die Kongruenzverstöße nach IAS/IFRS eine nähere Betrachtung:

Allgemein resultieren die Kongruenzverstöße nach IAS/IFRS aus *erfolgsneutralen* Eigenkapitalveränderungen sowie aus nicht eigenkapitalverändernden Erfolgsauswirkungen[1364]. Solche Sachverhalte führen dazu, dass die Auswirkungen auf den Periodenerfolg und auf das bilanzielle Reinvermögen innerhalb einer Periode nicht korrespondieren.[1365] In der Literatur werden temporäre und permanente Kongruenzbrüche unterschieden: Unter *temporären* Kongruenzverstößen versteht man erfolgsneutrale Eigenkapitalbuchungen, die sich innerhalb der Totalperiode eines Unternehmens wieder erfolgswirksam gegenläufig auflösen *(„recycling“[1366])*, so dass der Totalgewinn trotzdem der Summe der Nettozahlungen an die Eigner entspricht.[1367] Die theoretisch bewiesene Barwertäquivalenz von Zahlungsströmen und Periodenerfolgen (Abschn. C.1.3.1) verliert bereits bei temporären Kongruenzbrüchen ihre Gültigkeit,[1368] denn für eine Wiederherstellung müssten „nicht nur die Reinvermögens- und/oder Erfolgswirkung (...), sondern auch die aufgrund des Verstoßes verzerrten Zinswirkungen“[1369] rückgängig gemacht werden. Bei *permanenten* Kongruenzverstößen werden Kongruenzverstöße hingegen nicht mehr durch einen „in seiner Vermögens- und/oder Erfolgswirkung gegenläufigen Verstoß in einer späteren Periode genau ausgeglichen“[1370]. Somit besteht weder Summen- noch Barwertäquivalenz.[1371]

1363 Vgl. Kahle (2002a), S. 102.

1364 Eine nicht eigenkapitalverändernde Erfolgswirkung entsteht z.B. durch die Buchung per Personalaufwand an Eigenkapital, die nach IFRS 2 zur Bilanzierung von realen Aktienoptionen vorzunehmen ist (vgl. Schildbach (2003b), S. 897.

1365 Vgl. Deller (2002), S. 15.

1366 Deller (2002), S. 19; vgl. auch Wagenhofer (2003), S. 238.

1367 Vgl. Deller (2002), S. 16.

1368 Vgl. Deller (2002), S. 17 f, 19; Ordelheide (1998a), S. 518 f.

1369 Ordelheide (1998a), S. 518.

1370 Ordelheide (1998a), S. 518; vgl. auch Schildbach (1999d), S. 1815.

1371 Vgl. Deller (2002), S. 19. Anm.: Aus Sicht eines Unternehmenseigners können temporäre Kongruenzverstöße die gleichen Wirkungen wie permanente Kongruenzverstöße aufweisen, falls dessen Beteiligungsengagement vor der Umkehrung der Durchbrechung endet (vgl. Deller (2002), S. 20).

Die nachfolgende Übersicht fasst wesentliche Kongruenzverstöße nach IAS/IFRS zusammen; es wird deutlich, dass ein IAS/IFRS-Abschluss erhebliche *temporäre* und *permanente* Durchbrechungen enthalten kann.[1372]

A Temporäre Durchbrechungen		
Erfolgserfassungsvorschriften, die zu vorübergehenden Kongruenzverstößen führen können:	**Art der Auflösung:**	**Entsteht ein zwingender oder wahlweise vorübergehender Kongruenzverstoß?**
Im *Einzelabschluss* vorzunehmende erfolgsneutrale Erfassung von Wertdifferenzen im Rahmen der *fair value* – Bewertung von Beteiligungen an Tochterunternehmen, die nicht zur Veräußerung vorgesehen sind und der Wertpapierkategorie „*available-for-sale*" zugeordnet werden (IAS 27.37 (b); IAS 39.55 (b)).[1373]	Zum Zeitpunkt der Ausbuchung des finanziellen Vermögenswertes wird der zuvor erfolgsneutral im Eigenkapital ‚geparkte' kumulative Gewinn oder Verlust aus Wertschwankungen in den Periodenerfolg überführt (IAS 39.55 (b)).	**Wahlweise**, da folgende Bilanzierungsfreiräume bestehen: a) Wahlweise kann eine nicht zur Veräußerung vorgesehene Beteiligung auch nach der Anschaffungskostenmethode *(„cost method")* bewertet werden (IAS 27.37 (a)). b) Eine nicht zur Veräußerung vorgesehene Beteiligung, die nicht nach der Anschaffungskostenmethode bewertet wird, kann wahlweise auch der Wertpapierkategorie *„financial asset or financial liability at fair value through profit or loss"* gewidmet werden (IAS 27. 37 (b) i.V.m. IAS 39.9 (b)).

[1372] Vgl. Wagenhofer (2003), S. 591 f.; Schildbach (2003a), S. 258; Deller (2002), S. 102 ff.

[1373] Beteiligungen, die innerhalb von 12 Monaten veräußert werden sollen und für die das bilanzierende Unternehmen aktiv nach einem Käufer sucht, müssen der Wertpapierkategorie held for trading zugeordnet und entsprechend erfolgswirksam zum fair value bewertet werden (vgl. IAS 27.16 i.V.m. IAS 39.9 (a) und IAS 39.55 (a)).

Erfolgsneutrale Erfassung des als Sicherung wirksamen (effektiven) Anteils von Wertveränderungen derivativer Finanzinstrumente, die zur Sicherung künftiger Cashflows gewidmet sind (IAS 39.86 i.V.m. IAS 39.95 (a).[1374]	Zum Zeitpunkt, in dem die Cashflows des Grundgeschäftes tatsächlich eintreten, wird der im Eigenkapital ‚geparkte' kumulative Gewinn oder Verlust erfolgswirksam aufgelöst (IAS 39.97-100).	Da die Bilanzierung von Sicherungszusammenhängen von bestimmten Voraussetzungen abhängt, die das Unternehmen nachzuweisen hat (IAS 39.88), besteht **faktisch ein (Nachweis-) Wahlrecht**.[1375]
Erfolgsneutrale Erfassung von Umrechnungsdifferenzen *(„exchange differences")* aus der Währungsumrechnung von der funktionalen Währung *(„functional currency")* in die Darstellungswährung *(„presentation currency")* des bilanzierenden Unternehmens (IAS 21.39(c)).	Die zuvor erfolgsneutral im Eigenkapital erfassten Umrechnungsdifferenzen werden im Zeitpunkt des Abganges der Nettoinvestion in eine Auslandsoperation *(„foreign operation")* erfolgswirksam aufgelöst (IAS 21.48).[1376]	**Zwingend**. (IAS 21.32; IAS 21.39 (c))
B Permanente Durchbrechungen		
Erfolgserfassungsvorschriften, die zu permanenten Kongruenzverstößen führen können:	**Grund des permanenten Kongruenzverstoßes**	**Entsteht ein zwingender oder wahlweise permanenter Kongruenzverstoß?**
Bei Anwendung der Neubewertungsmethode für Sachanlagevermögen und ggf. für immaterielle Vermögenswerte sind - soweit dadurch nicht vorherige, erfolgswirksam erfasste Wertminderungen korrigiert werden – alle Werterhöhungen erfolgsneutral in einer Neubewertungsrücklage zu erfassen (IAS 16.31 i.V.m. IAS 16.39; IAS 38.75	Spätestens im Zeitpunkt der Ausbuchung eines neubewerteten Vermögenswertes ist eine verbleibende Neubewertungsrücklage direkt in die Gewinnrücklagen *(„retained earnings")* zu übertragen (IAS 16.41; IAS 38.87).[1377] Die Veränderungen der Gewinnrücklagen werden zu einem späteren	**Wahlweise**. (IAS 16.31; IAS 38.72)

[1374] Eine erfolgswirksame Erfassung der Wertdifferenzen ist nur bei effektiven Sicherungszusammenhängen vorzunehmen. Soweit die Sicherung ineffektiv ist, ist die betreffende Wertänderung des sichernden Derivats erfolgswirksam zu erfassen (vgl. IAS 39.95 (b)).

[1375] Vgl. Wagenhofer (2003), S. 349.

[1376] Vgl. dazu auch Rolf (2001), S. 183.

[1377] Vgl. dazu auch Wagenhofer (2003), S. 367 f.; Schildbach (1998c), S. 941.

[1378] Wagenhofer (2003), S. 367; vgl. Schildbach (1998b), S. 585 f.

i.V.m. IAS 38.85). Wertminderungen sind hingegen prinzipiell erfolgswirksam zu erfassen, außer sie kompensieren zuvor erfolgsneutral erfasste Werterhöhungen (IAS 16. 40; IAS 38.86). Auch bei der Umwidmung von sachzielbezogenen Immobilienvermögen des Anlagevermögens zu *investment property* (das in den Folgeperioden erfolgswirksam zum *fair value* bewertet wird), ist ein Unterschiedsbetrag zwischen dem Buchwert und dem *fair value* am Tag der Umwidmung nach den Grundsätzen der Neubewertungsmethode zu behandeln (IAS 40.61 f.).	Zeitpunkt nicht mehr korrigiert. Ein weiterer Kongruenzbruch ergibt sich daraus, dass bei abnutzbaren Vermögenswerten nach einer Neubewertung „die Abschreibungen erfolgswirksam gebucht werden, die diesen entgegenstehenden Werterhöhungen allerdings nicht über die Gewinn- und Verlustrechnung laufen“.[1378] Die volle Erfolgswirksamkeit der Abschreibungen nach Neubewertung vermindert sich allerdings durch eine erfolgswirksame Auflösung der nach der Neubewertung erfolgsneutral gebildeten passiven Steuerabgrenzung.[1379]	
Anpassungsbeträge bei der retrospektiven Anpassung von Methodenänderungen, bei der erstmaligen Anwendung neuer Standards oder Interpretationen, die keine spezifischen Übergangsvorschriften enthalten sowie bei Bereinigungen ursprünglicher Bilanzierungs- oder Bewertungsfehler müssen erfolgsneutral mit dem Gewinnvortrag der entsprechenden Eröffnungsbilanz verrechnet werden (IAS 8.19 (a) (b) i.V.m. 8.22; IAS 8.42).	Die Veränderungen der Gewinnrücklagen werden zu einem späteren Zeitpunkt nicht mehr korrigiert.[1380] Ein besonders schwerwiegender Kongruenzverstoß entsteht bei einer Bereinigung von Bilanzierungs- und Bewertungsfehlern, da sich die ursprünglichen Fehler in früheren Perioden bereits erfolgswirksam ausgewirkt haben, während deren Korrektur erfolgsneutral erfolgt.[1381] Die Datenbasis, die	**Zwingend.** (IAS 8.23), (außer die retrospektive Anpassung von Methodenänderungen und von Fehlern ist *„impracticable“* (IAS 8.23; IAS 8.43; IAS 8.50-.53)).

1379 Vgl. Mujkanovic (2002), S. 151.

1380 Zum permanenten Kongruenzverstoß bei der erstmaligen Umstellung auf IAS/IFRS vgl. auch Deller (2002), S. 19 f.; Zülch/Willms (2004a), S. 134 f.

1381 Vgl. Schildbach (1999d), S. 1819. Anm.: Um frühere Bilanzierungs- und Bewertungsfehler unter Wahrung des Kongruenzprinzips zu korrigieren, müssten „bei sauberer Vorgehensweise auch sämtliche Jahresabschlüsse bis zum aktuellen Jahresabschluss bereinigt werden, weil die Schlussbilanz jedes Jahres mit der Anfangsbilanz des jeweils nachfolgenden Jahres identisch sein muss, in diesem strengen System folglich jede Korrektur eine Kette von Folgekorrekturen auslöst“ (Schildbach (2002a), S. 272 f.).

	der Prognose von Übergewinnen diente, wurde in der Vergangenheit durch Fehler verzerrt, ex post lassen sich solche Verzerrungen „in der Regel kaum korrigieren, da die notwendigen Informationen regelmäßig nicht vorliegen“[1382].	
Aufwandswirksame Erfassung von realen Aktienoptionen mit korrespondierender Gegenbuchung im Eigenkapital (IFRS 2 .7).	Es werden Aufwendungen verrechnet, denen im Laufe der Totalperiode eines Unternehmens keine entsprechenden Ausgaben gegenüberstehen.[1383]	**Zwingend.** (IFRS 2.7).
ach SIC 17.6 müssen bei Eigenkapitaltransaktionen anfallende *Kapitalbeschaffungsaufwendungen* erfolgsneutral mit dem Eigenkapital verrechnet werden. Sofern Eigenkapitaltransaktionen nicht erfolgsreich abgewickelt werden, sind die angefallenen Transaktionskosten aufwandswirksam zu erfassen.	Die Eigenkapitalveränderungen werden zu einem späteren Zeitpunkt nicht mehr korrigiert.	**Zwingend.** (SIC 17.6)
Nach den Regelungen des IFRS 1, ‚Fist-time Adoption of International Financial Reporting Standards' sind prinzipiell für alle Umstellungsvorgäge diejenigen IAS/IFRS- Vorschriften anzuwenden, die zum Zeitpunkt der erstmaligen Veröffentlichung eines IAS/IFRS-Abschlusses *(„reporting date“)* in Kraft sind (IFRS 1.7). Zum Umstellungszeitpunkt („date of transition“) ist eine Eröffnungsbilanz nach IAS/IFRS zu erstellen, die alle nach IAS/IFRS anzusetzenden Vermögenswerte und Schulden enthält. Um dies zu erreichen,	Die Veränderungen der Gewinnrücklagen werden zu einem späteren Zeitpunkt nicht mehr korrigiert.	**Zwingend** (IFRS 1.11); IFRS 1 enthält jedoch optionale Ausnahmen *(„exemptions“)* (IFRS 1.13-25) sowie verpflichtende Ausnahmen *(„exceptions“)* vom Grundsatz der retrospektiven Anpassung (IFRS 1.26-30).

[1382] Ordelheide (1998a), S. 527.

[1383] Vgl. Rammert (1998), S. 772.

sind die Bilanzpositionen und deren Buchwerte retrospektiv zu ermitteln. Einmalige Effekte aus der retrospektiven Anwendung der maßgeblichen IAS/IFRS-Bestimmungen sind mit den Gewinnrücklagen in der IAS/IFRS-Eröffnungsbilanz erfolgsneutral zu verrechnen (IFRS 1.11). [1384]		

Abbildung 5: Kongruenzverstöße nach IAS/IFRS

Kongruenzverstöße im Zusammenhang mit ***latenten Steuern*** stellen keine eigenständigen Kongruenzdurchbrechungen dar, sondern resultieren unmittelbar aus anderen Durchbrechungen.[1385] Nach IAS 12 sind latente Steuern prinzipiell *erfolgswirksam* zu erfassen und wieder aufzulösen.[1386] Allerdings sind latente Steuern *erfolgsneutral* zu bilanzieren, wenn ein temporärer Unterschiedsbetrag zwischen den Buchwerten in der Handelsbilanz und in der Steuerbilanz auf Vorgänge beruhen, die direkt im Eigenkapital angesetzt werden - bspw. durch eine Neubewertung nach IAS 16 bzw. IAS 38.[1387] Da in IAS 12 eindeutige Hinweise fehlen, wie erfolgsneutral gebildete latente Steuern wieder aufzulösen sind, besteht offenbar ein Wahlrecht, erfolgsneutral gebildete latente Steuern entweder *erfolgsneutral* „durch sukzessive Übertragung auf die retained earnings“[1388] oder *erfolgswirksam* über die GuV zu verrechnen.[1389] Je nachdem, ob

[1384] Vgl. Wagenhofer (2003), S. 525.

[1385] Vgl. Deller (2002), S. 122. Zur Bilanzierung von latenten Steuern nach IAS 12 vgl. Abschn. E3.2.2.1

[1386] Vgl. Wagenhofer (2003), S. 334.

[1387] Vgl. IAS 12.61; Wagenhofer (2003), S. 334; Hoffmann/Lüdenbach, in: Haufe IAS-Kommentar (2003) § 26, Rdnr. 90.

[1388] Schildbach (1998c), S. 943.

[1389] Vgl. Mujkanovic (2002), S. 150 Fn. 480. So geht Kirsch (2003c), S. 341 in dem von ihm angeführten Beispiel von einer erfolgsneutralen Auflösung von erfolgsneutral gebildeten passiven latenten Steuern aus. Dem Beispiel von Baetge/Beermann (1999), S. 345 ff. ist hingegen zu entnehmen, dass die auf Neubewertung gebildeten passiven latenten Steuern erfolgswirksam aufzulösen sind. Ebenso sind Zülch/Lienau (2004), S. 572 der Auffassung, dass nur eine erfolgswirksame notwendig sei. Hoffmann/Lüdenbach (2003b), S. 567 vertreten wiederum eine völlig andere Auffassung: Demnach hat bei einer „erfolgsneutralen Abschreibungsverrechnung” die Auflösung der Steuerlatenz erfolgsneutral zu verlaufen. Diese unterschiedlichen Interpretationen beruhen wohl auf der unklaren Formulierung in IAS 12.58, die nach Ansicht d. Verf. eher vermuten lässt, dass erfolgsneutral erfasste latente Steuern auch erfolgsneutral aufgelöst werden sollen: „Current and deferred tax should be recognised as income or an expense and included in the net profit or loss for the period, except to the extend that the tax arises from: (a) a transaction or event which is recognised, in the same or a different period, directly in equity (…)”. Diesbezügliche Auskünfte liefert auch nicht der Appendix zu IAS 12, da hier nur Zahlenbeispie-

latente Steuern erfolgsneutral oder erfolgswirksam aufgelöst werden, liegen entweder permanente oder temporäre Kongruenzverstöße vor.[1390]

3.2 Prinzipienbasierung der speziellen Ansatzvorschriften

3.2.1 Überblick

Da die allgemeinen Ansatzgrundsätze für Vermögenswerte und Schulden - wie gezeigt – sehr abstrakt sind, werden nach IAS/IFRS die meisten Ansatzfragen fallspezifisch geregelt. Von einer prinzipienbasierten Rechnungslegung wäre jedoch zu erwarten, dass auch die Detailvorschriften weitgehend auf der bilanzorientierten Grundkonzeption des Frameworks basieren. Die nachfolgende Übersicht zeigt jedoch, dass in den speziellen IAS/IFRS-Ansatzvorschriften teilweise erhebliche Systembrüche verborgen sind:

le zum erfolgsneutralen Ansatz von Steuerlatenzen angeführt werden, nicht jedoch zu deren Auflösung (vgl. Beispiel 2 im Appendix A zu IAS 12).

1390 Ähnlich: Deller (2002), S. 122.

(Gruppe A) Beispiele für bilanzorientierte Ansatzvorschriften, die sich weitgehend widerspruchsfrei in die allgemeinen Ansatzgrundsätze einfügen:	**(Gruppe B)** Beispiele für bilanzorientierte Ansatzvorschriften mit inkonsistenten Detailregeln:	**(Gruppe C)** Beispiele für GuV-orientierte Ansatzvorschriften:
Bilanzierung von **Vorräten** (aufgrund fehlender Bilanzierungsvorschriften gelten die allgemeinen Ansatzgrundsätze) Bilanzierung von **Sachanlagevermögen** (IAS 16.7 ff.) Bilanzierung von ***investment property*** (IAS 40.16 ff.) Bilanzierung von **Agrarvermögen** (IAS 41.10 f.) Bilanzierung von **Leasingvermögen und *special purpose entities*** (IAS 17.5 ff.; SIC-12.8 ff.) Bilanzierung von **Beteiligungen an Tochterunternehmen, an assoziierten Unternehmen sowie an Joint Ventures** im Konzernabschluss und im Einzelabschluss (IAS 27.12 ff.; IAS 28.6 ff.; IAS 31.7 ff.) Bilanzierung von **Rückstellungen** (IAS 37.14) Bilanzierung von **Pensionsrückstellungen sowie von weiteren Arbeitnehmerleistungen** (IAS 19.10, IAS 19.44, IAS 19.52, IAS 19.128)	Inkonsistenzen bei der Bilanzierung von **latenten Steuern** (IAS 12) Ungleichbehandlung von originären und derivativen **immateriellem Anlagevermögen** (IAS 38) Unklarer *asset*-Charakter des **derivativen *goodwill*** (IFRS 3, IAS 38)	Bilanzierung von **Aufwandsrückstellungen** (IAS 37, IAS 16) Aktivierung und gleichzeitige Passivierung von **Rückbaukosten** (IAS 16.16 (c) i.V.m. IAS 37.14) Nachbildung von Aufwandsrückstellungen für **Großreparaturen** (IAS 16.14 i.V.m. IAS 16.44) Bilanzierung von **nicht werthaltigen Abgrenzungspositionen** (IAS 20.23, IAS 20.24, IAS 20.29, IAS 17.59)
	Abschnitt E.3.2.2	Abschnitt E.3.2.3

Abbildung 6: *Wesentliche Ansatz- und Passivierungskonzepte nach IAS/IFRS*

Zur **Gruppe A** gehören spezielle Ansatzvorschriften, die keine erkennbaren Widersprüche zu den allgemeinen Ansatzgrundsätzen aufweisen und daher tatsächlich als weitgehend prinzipienbasiert bezeichnet werden können. Daneben enthält das IAS/IFRS-Regelwerk zahlreiche bilanzorientierte Ansatzvorschriften, die aufgrund verschiedenerer inkonsistenter Detailregeln deutliche Systembrüche herbeiführen können **(Gruppe B)**. Wichtige Beispiele werden im folgenden Unterabschnitt E.3.2.2 dargelegt. Zur **Gruppe C** gehören schließlich diejenigen Ansatzvorschriften, die primär einen möglichst periodengerechten Erfolgsausweis i.S.d. *GuV-orientierten Sichtweise* bezwecken und daher den allgemeinen Ansatzgrundsätzen deutlich widersprechen. Wichtige Beispiele werden im Unterabschnitt E.3.2.3 erläutert.

3.2.2 Inkonsistente bilanzorientierte Ansatzvorschriften

Im nachfolgenden werden Beispiele für bilanzorientierte Ansatzvorschriften erörtert, die dazu führen, dass entgegen der Intention des IASB Framework Vermögensteile entweder imparitätisch behandelt oder objektivierungsbedingt nur unvollständig ausgewiesen werden. Im Einzelfall sind auch Sachverhalte zu bilanzieren, deren Vermögenswert-, Schulden-, Aufwands- oder Ertragscharakter unklar ist.

3.2.2.1 Latente Steuerabgrenzungen

a) Steuerabgrenzungen nach bilanzorientierter Sichtweise:

Nach der bilanzorientierten Sichtweise stellen aktive latente Steuern „forderungsähnliche Ansprüche künftige[r] Steuerentlastungen“[1391] und passive latente Steuern „Verpflichtungen für künftige Steuerbelastungen“[1392] dar.[1393] Latente Steuern sind – gemäß dem Konzept der *„full provision“*[1394] - für alle „bilanzierungs- oder bewertungsbedingten Diskrepanzen zwischen handels- und steuerrechtlichen Ansätzen“[1395] anzusetzen, sofern diese in künftige Steuermehrbelastungen (passive Wertdifferenzen, *„taxable temporary differences“*) oder künftige Steuerminderbelastungen (aktive Wertdifferenzen, *„deductible temporary differences“*) münden.[1396] Unabhängig von der Erfolgswirksamkeit müssen daher nach dem bilanzorientierten Abgrenzungskonzept für alle zeitlichen Bilan-

---

[1391][1391] Wienken (2003), S. 61.

[1392] Wienken (2003), S. 61.

[1393] Vgl. auch Kieso/Weygandt/Warfield (2001), S. 1085; KPMG (2003). S. 277 f.; Zülch/Lienau (2004), S. 568.

[1394] Gore (1995), S. 160.

[1395] Gröner/Marten/Schmid (1997), S. 480.

[1396] Vgl. IAS 12.5; PwC (2003), S. 36; Wagenhofer (2003), S. 325; Zülch/Lienau (2004), S. 568.

zierungs- und Bewertungsdifferenzen latente Steuern gebildet werden.[1397] Die möglichen Ursachen für bilanzorientierte Steuerabgrenzungen zeigt die nachfolgende Abbildung:[1398]

	Buchwert im IAS/IFRS-Abschluss **übersteigt** vorübergehend den Buchwert in der Steuerbilanz	Buchwert im IAS/IFRS-Abschluss **unterschreitet** vorübergehend den Buchwert in der Steuerbilanz
Vermögenswerte	Passive Differenzen, Ansatz von **deferred tax liabilities**	Aktive Differenzen, Ansatz von **deferred tax assets**
Schulden	Aktive Differenzen, Ansatz von **deferred tax assets**	Passive Differenzen, Ansatz von **deferred tax liabilities**

Abbildung 7: Steuerabgrenzung nach IAS/IFRS

Die Steuerlatenzen sind (spätestens im Zeitpunkt der Unternehmensliquidation) aufzulösen, sobald sich die *temporären* Wertdifferenzen wieder ausgleichen.[1399] Bei *permanenten* Differenzen gleichen sich hingegen eventuelle Wertunterschiede zwischen Handels- und Steuerbilanz während der Totalperiode eines Unternehmens nicht mehr aus; permanente Differenzen haben insofern nur Konsequenzen

(a) für das handelsrechtliche, aber niemals für das steuerliche Ergebnis; oder

(b) für das steuerliche, aber niemals für das handelsrechtliche Ergebnis.[1400]

Im Hinblick auf den Ausweis künftiger Steuermehr- bzw. Minderbelastungen erfordert die bilanzorientierte Sichtweise konsequenterweise eine Bewertung der Steuerlatenzen mit dem, im Umkehrzeitpunkt des temporären Unterschiedsbetrages geltenden Steuersatzes – Steuersatzänderungen erfordern entsprechende Bewertungsanpassungen der bilanzierten latenten Steuern.[1401]

1397 Vgl. Zülch/Lienau (2004), S. 569.

1398 In Anlehnung an Kirsch (2003a), S. 181.

1399 Vgl. Kirsch (2003a), S. 181; IAS 12.5. Anm.: Die Definition der ‚temporären Differenz' nach IAS 12.5 umfasst nach dem bilanzorientierten Konzept der „full provision" auch solche Wertdifferenzen, die sich erst in unbestimmter Zukunft wieder auflösen („quasi-permanente Differenzen"). Vgl. IAS 12.9; Wagenhofer (2003), S. 327 f.; Gore (1995), S. 160; Loitz/Rössel (2002), S. 645; Zülch/Lienau (2004), S. 568).

1400 Vgl. Kieso/Weygandt/Warfield (2001): 1069: „Permanent differences are caused by items that (1) enter into pretax financial income but never into taxable income or (2) enter into taxable income but never into pretax financial income".

1401 Vgl. Wienken (2003), S. 45; SFAS 109.89; Gore (1995), S. 159. Allerdings folgt IAS 12 nicht konsequent der bilanzorientierten Sichtweise: Zunächst schreibt IAS 12.47 eine Bewertung der künftigen Steueransprüche und –verpflichtungen mit den erwarteten Steuersätzen im Zeitraum der angenommenen Realisierung vor, „im Folgesatz wird diese Anweisung allerdings gleich wieder aufgehoben; es sollen die am Bilanzstichtag gültigen oder angekündigten Steuersätze angewendet werden. (...) Hinter dieser widersprüchlichen Regelung verbirgt sich vermutlich ein wenig gelungener Kompromiss zwischen wi-

b) Abstrakte Bilanzierungsfähigkeit von latenten Steuern nach IAS 12

Abgesehen von bestimmten Ausnahmen[1402] sind - in Übereinstimmung mit der bilanzorientierten Sichtweise - auf alle temporären Wertdifferenzen Steuerlatenzen anzusetzen.[1403] Auch ungenutzte steuerliche Verlustvorträge begründen aktive latente Steuern (IAS 12.34), da diese potentielle Steuerabzugsbeträge verkörpern.[1404]

c) Konkrete Bilanzierungspflicht von latenten Steuern nach IAS 12

Aktive latente Steuern dürfen nur dann bilanziert werden, wenn das Unternehmen in Zukunft *wahrscheinlich* ausreichend steuerliche Gewinne ausweist, gegen die ein temporärer Unterschiedsbetrag oder steuerlicher Verlustvortrag verwendet werden kann (IAS 12.24; IAS 12.34). Das erforderliche Wahrscheinlichkeitsniveau wird nicht näher quantifiziert;[1405] gilt aber als erfüllt, wenn eine der in IAS 12.28 ff. aufgezählten *Bedingungen* zutrifft.[1406] Sofern in der Vergangenheit laufende Verluste ausgewiesen wurden, müssen spezifische Kriterien beachtet werden, nach denen die Wahrscheinlichkeit eines ausreichenden zukünftigen steuerlichen Einkommens bei steuerlichen Verlustvorträgen zu beurteilen ist (IAS 12.32). Bei der Aktivierung von latenten Steuern auf steuerlichen Verlustvorträgen sind an das Wahrscheinlichkeitskriterium besonders hohe Anforderungen zu stellen, da die Existenz von Verlusten vermuten lässt, dass auch in Zukunft keine ausreichenden Gewinne erzielt werden.[1407] Es sind daher überzeugende Beweise für eine hinreichende Wahrscheinlichkeit zukünftiger Ge-

---

dersprüchlichen Auffassungen im board" (Hoffmann/Lüdenbach, in: Haufe IAS-Kommentar (2003) § 26, Rdnr. 80). Die bilanzorientierte (und damit zeitwertorientierte) Abgrenzungskonzeption würde zudem einen Barwertansatz der latenten Steuern nahe legen; doch die Abzinsung von Steuerlatenzen wird in IAS 12.53 f. explizit untersagt (vgl. Loitz/Rössel (2002), S. 646).

[1402] Vgl. IAS 12.15, 12.24 und 12.39.

[1403] Vgl. IAS 12.15 (a) (b); IAS 12.24 (a) (b); Wagenhofer (2003), S. 328; PwC (2003), S. 36.

[1404] Vgl. Kieso/Weygandt/Warfield (2001), S. 1072.

[1405] Vgl. Wagenhofer (2003), S. 329. Nach Epstein/Mirza (2003), S. 577 legen die in IAS 12.28 ff. angeführten Bedingungen eher eine hohe Wahrscheinlichkeitshürde nahe. Demnach soll bei der Beurteilung des Wahrscheinlichkeitskriteriums auf eine sehr hohe quantitative Grenze - in Höhe von ca. 75-80 % - abgestellt werden. So auch Förschle/Kroner (1986), S. 1639, wonach die Realisierung der zukünftigen Steuervorteile sogar „quasisicher" sein müsste.

[1406] Zu den Ansatzbedingungen von aktiven latenten Steuern auf temporären Wertdifferenzen vgl. Wagenhofer (2003), S. 329 f.; Heuser/Theile (2003) Rdnr. 762 f.; Hoffmann/Lüdenbach, in: Haufe IAS-Kommentar (2003) § 26, Rdnr. 51 f.; PwC (1999), Rdnr. 12.29 ff.

[1407] Vgl. Heuser/Theile (2003), Rdnr. 763.

winne zu erbringen (IAS 12.35). IAS 12.36 führt bestimmte *Indikatoren* an, die für wahrscheinliche zukünftige Gewinne sprechen.[1408]

d) Inkonsistenzen

Entgegen der allgemeinen Ansatzkriterien können aktive latente Steuern nur „nach Maßgabe ihrer wirtschaftlichen Realisierung“[1409] aktiviert werden, während passive latente Steuern in voller Höhe anzusetzen sind. Diese „imparitätische Wahrscheinlichkeitsbetrachtung“[1410] wird insofern verstärkt, als die in IAS 12.28 ff. und IAS 12.28 angeführten Indizien eher vorsichtige Prognosen zukünftiger steuerlicher Gewinne implizieren.[1411] Da aktive latente Steuern auf temporären Wertdifferenzen oder ungenutzten steuerlichen Verlustvorträgen nur in dem Umfang aktiviert werden dürfen, „in dem es wahrscheinlich (...) ist, dass ein zu versteuerndes Einkommen verfügbar sein wird“[1412] kommt es – wie auch bei der Bilanzierung von Rückstellungen nach IAS 37 (Abschn. E.2.3.3.4) – zu einer Vermischung von Ansatz- und Bewertungsfragen.[1413] Nicht nur die Aktivierungsentscheidung, sondern auch der konkrete Wertansatz aktiver latenter Steuern hängt so vom Ermessen des Bilanzierenden und dem ‚Ausmaß' an Bewertungsvorsicht ab.[1414] Vor diesem Hintergrund wird teilweise bezweifelt, ob aktive latente Steuern auf steuerliche Verlustvorträge für eine Qualifizierung als *asset* hinreichend werthaltig sind.[1415]

1408 Vgl. dazu Wagenhofer (2003), S. 331; Ordelheide (1999), S. 514. Anm.: Während für die Aktivierung von latenten Steuern auf temporären Wertunterschieden in IAS 12.28 ff. Ansatzbedingungen genannt werden, werden zur Überprüfung des Wahrscheinlichkeitskriterium bei steuerlichen Verlustvorträgen in IAS 12.36 Beurteilungskriterien angeführt. Dieser Unterschied scheint einen größeren Beurteilungsspielraum zu eröffnen (vgl. Wagenhofer (2003), S. 330, Fn. 51).

1409 Lüdenbach/Hoffmann, in: Haufe IAS-Kommentar (2003) § 1, Rdnr. 33.

1410 Hoffmann/Lüdenbach, in: Haufe IAS-Kommentar (2003) § 26, Rdnr. 60.

1411 Vgl. Epstein/Mirza (2003), S. 577: „Thus, there will be a modest element of judgement required in making an assessement about how probable the realization of the deferred asset is“ (ähnlich: PwC (1998), Rdnr. 12.28 und 12.29).

1412 Wagenhofer (2003), S. 329; vgl. IAS 12.36; IAS 12.27.

1413 So auch Wagenhofer (2003), S. 330.

1414 So auch Gore (1995), S. 160; Wagenhofer (2003), S. 331; Schildbach (1998c), S. 945. Der Ermessensspielraum vergrößert sich weiterhin aufgrund der Tatsache, dass IAS 12 für die Prognose des voraussichtlichen steuerlichen Einkommens keinen Zeithorizont setzt (vgl. Kirsch (2003a), S. 45) und gerade bei quasi-permanenten Wertdifferenzen aussagekräftige Planungen über die künftige Mehr- oder Minderbelastung kaum möglich sind (vgl. Schildbach (2002a), S. 183). Interessanterweise werden im Anhang des IAS 12 keine Beispiele angeführt, die die notwendigen Beurteilungen zur Feststellung der Wahrscheinlichkeit ausreichender zukünftiger steuerlicher Gewinne erklären könnten (vgl. IAS 12, Appendix B).

1415 Vgl. dazu Kuhlewind (1997), S. 185 f.; Wienken (2003), S. 65; SFAS 109.80-86; Kieso/Weygandt/Warfield (2001), S. 1086; Schildbach (1998c), S. 945. Anderer Auffassung ist Ordelheide (1999), S. 514, wonach die in IAS 12 angeführten Beurteilungskriterien

Wie bereits im Abschn. E.3.1.2.3 angeführt wurde, müssen latente Steuern auch auf Wertdifferenzen gebildet werden, die aus steuerlich unzulässigen erfolgsneutralen Bewertungvorgängen im IAS/IFRS-Abschluss resultieren.[1416] Solche Steuerlatenzen sind ebenfalls erfolgsneutral zu erfassen (IAS 12.61). Fragwürdig ist, ob erfolgsneutral gebildete Steuerlatenzen *assets* und *liabilities* darstellen. Um dies zu klären wird am folgenden Beispiel der Schuldencharakter von erfolgsneutral gebildeten passiven latenten Steuern, die auf steuerlich unzulässigen Neubewertungen von Sachanlagevermögen nach IAS 16 resultieren, untersucht[1417] - die Ergebnisse können korrespondierend auch auf aktive latente Steuern übertragen werden.

Beispiel:

In t_0 wird ein abnutzbarer Sachanlagegegenstand mit handels- und steuerrechtlichen Anschaffungskosten von 1.000 GE beschafft. Die planmäßige Nutzungsdauer beträgt 4 Jahre, sowohl in der Handels- als auch Steuerbilanz wird linear abgeschrieben. In t_1 wird der Gegenstand gemäß IAS 16 neubewertet, wobei ein *fair value* in Höhe von 1.500 GE bestimmt wird. Die planmäßige Nutzungsdauer bleibt unverändert. Bei der Neubewertung wird das nach IAS 16.33 (b) zulässige Wahlrecht ausgeübt, für den Buchwert nach Neubewertung unmittelbar den *fair value* des Gebrauchtgegenstandes anzusetzen (Nettomethode).[1418] Der Steuersatz beträgt 40%, in der Handelsbilanz und Steuerbilanz wird in jeder Periode ein Ergebnis vor Steuern und Abschreibung von 500 GE ausgewiesen. Der Bestand der Neubewertungsrücklage wird erst nach der Ausbuchung des Gegenstandes in t_4 in die Gewinnrücklagen *(retained earnings)* überführt (entsprechend dem Wahlrecht nach IAS 16.39).[1419] Der Ausgangsbestand der Gewinnrücklagen in t_0 beträgt 500 GE.

---

hinreichend objektivierend wirken und ein nach IAS/IFRS erstellter Jahresabschluss durch die Aktivierung von latenten Steuern auf Verlustvorträgen an Wertpotential gewinnen.

1416 Zu den davon betroffenen Sachverhalten vgl. Kirsch (2003c), S. 340 f.; IAS 12.62.

1417 Vgl. dazu auch Wienken (2003), S. 74 ff.; Mujkanovic (2002), S. 151 f.; Schildbach (1998c), S, 941 ff.

1418 Nach IAS 16.33 (a) (b) kann die Neubewertung alternativ nach der Bruttomethode oder nach der Nettomethode erfolgen. Die beiden Verfahren unterscheiden sich insofern, als bei der Bruttomethode der Buchwert nach Neubewertung den Wert eines vergleichbaren neuen Gegenstandes (Wiederbeschaffungsneuwert) entspricht, während bei der Nettomethode der Buchwert dem Gebrauchtwert des jeweiligen Gegenstandes entspricht (vgl. dazu Mujkanovic (2002), S. 137).

1419 Nach IAS 16.39 kann auch alternativ der Bestand der Neubewertungsrücklage um die zusätzlichen Abschreibungen jährlich vermindert werden und – unter Umgehung der GuV – die Gewinnrücklagen um diesen Betrag erhöht werden. Diese Vorgehensweise hätte zur Konsequenz, dass „die Gewinnrücklagen – vollständige Gewinnthesaurierung vorausgesetzt – gleich hoch [sind] wie bei der Bewertung zu fortgeführten AK/HK“ (Baetge/Beermann (1999), S. 345).

a) Bilanzierung von passiven latenten Steuern unter der Annahme, deren Auflösung habe erfolgswirksam zu erfolgen

Wie bereits im Abschn. E.3.1.2.3 beschrieben, wird in IAS 12 nicht klar geregelt, ob erfolgsneutral gebildete latente Steuern erfolgswirksam oder erfolgsneutral aufzulösen sind. Vor diesem Hintergrund wird das Beispiel zuerst unter der Annahme durchgespielt, die passiven latenten Steuern seien erfolgswirksam aufzulösen. Unter (b) werden dann die Folgen bei einer erfolgsneutralen Auflösung beschrieben.

Nach IAS 16.62 (a) ist im Zeitpunkt der Neubewertung erfolgsneutral eine passive latente Steuer zu bilanzieren. Dieser Passivposten ist aus dem Betrag der Wertsteigerung zu speisen (siehe Tabelle nächste Seite):[1420]

[1420] Der Wert der Steuerabgrenzung stellt das Produkt aus dem Unterschiedsbetrag und dem Steuersatz dar (vgl. IAS 12.47). Der Betrag der Neubewertungsrücklage ist nach der Formel Neubewertungsrücklage = (1-Steuersatz) * Unterschiedsbetrag zu bestimmen (vgl. Mujkanovic (2002), 147). Diese Rechenmethode wird nicht explizit im IAS 12 geregelt, ergibt sich aber implizit aus dem Beispiel 2 im Appendix B des IAS 12, S. 12-63.

Spalte	(1)	(2)	(3)	(4)	(5)	(6)	(7)	(8)	(9)	(10)	(11)	(12)	(13)
Periode	Steuerwert (*tax base*)[1421]	AfA Steubi	Ergebnis Steubi (2) + 500	Effektiver Steueraufwand laut Steubi („*current tax expense*“[1422])	Buchwert Habi	AfA Habi	Temporäre Differenz (1) – (5)	NBRL	Buchwert passive latente Steuer (*deferred tax liability*)	Steuerertrag[1423] („*deferred tax income*“[1424])	Nachsteuerergebnis Habi (4) + (6) + (10) + 500	Gesamter Steueraufwand in der GuV der Habi („*total tax expense*“[1425]) (4) + (10)	Bestand *retained earnings* $(13)_{t-1}$ + (11)
t_0	1000	--			1000	--	--	--			--	--	500
t_1	750	- 250	250	- 100[1426]	750	- 250	--	--	--		150	-100	650
Neubewertung	**750**				**1.500**		- 750	450[1427]	**300**[1428]				
t_2	500	- 250	250	- 100	1.000	- 500	- 500	450	200	**100**	0	0	650
t_3	250	- 250	250	- 100	500	- 500	- 250	450	100	**100**	0	0	650
t_4	0	- 250	250	- 100	0	- 500	0	0	0	**100**	0	0	1100[1429]
Gesamt	--	- 1000	**1000**	**- 400**	--	- 1750	--			300	**150**	**- 100**	**Δ 600**

[1421] Vgl. IAS 12.5.

[1422] Zum Ausweis des effektiven und des gesamten Steueraufwandes nach Berücksichtigung der Bildung und Auflösung latenter Steuern vgl. Beispiel 1 im Appendix B zu IAS 12.

[1423] Steuererträge resultieren aus der erfolgswirksamen Auflösung der passiven latenten Steuer.

[1424] Zum Begriff vgl. Beispiel 1 im Appendix B zu IAS 12.

[1425] Zum Begriff vgl. Beispiel 1 im Appendix B zu IAS 12.

[1426] Der effektive Steueraufwand auf das steuerliche Ergebnis nach Abschreibung beträgt in jeder Periode 100 = 250*0,4.

[1427] 450 = 750*0,6.

[1428] 300 = 750*0,4.

[1429] In t_4 wird der Bestand der Neubewertungsrücklage unter Umgehung der GuV in die retained earnings überführt (der Bestand der Gewinnrücklagen beläuft sich daher auf 1.100 = 650+450).

Wie bereits mehrfach erwähnt, setzt das Vorliegen einer *liability* voraus, dass am Bilanzstichtag eine – durch ein Vergangenheitsereignis ausgelöste - Verpflichtung vorliegt, die zu einem wahrscheinlichen wirtschaftlichen Ressourcenabfluss führt. Durch die Neubewertung wurde das Abschreibungspotential in der Handelsbilanz um 750 GE über das steuerliche Abschreibungspotential hinaus erhöht. Ab t_1 entsteht eine jährliche Steuermehrbelastung von 250*0,4 = 100 GE, für die eine *deferred tax liability* in Höhe von 300 GE passiviert wird (Spalte 9). Ab t_2 wird die Steuerlatenz korrespondierend mit der Verringerung der Wertdifferenz wieder ertragswirksam aufgelöst (Spalte 10). Dadurch wird in der GuV ein zum handelsrechtlichen Ergebnis passender gesamter Steueraufwand in Höhe von jährlich 0 GE ausgewiesen (Spalte 12).[1430] Die *deferred tax liability* stimmt offenbar mit dem bilanzorientierten Schuldenbegriff überein: Die zukünftige Zahllast beträgt in t_1 300 GE und reduziert sich in den Folgeperioden jeweils um 100 GE (Spalte 9). Sie stellt aus Sicht der Jahresabschlussleser eine zukünftige wirtschaftliche Verpflichtung dar.

Allerdings gleichen die - über die *erfolgsneutrale* Bildung, aber *erfolgswirksame* Auflösung der passiven latenten Steuer – in der Handelsbilanz ausgewiesenen gesamten Steueraufwendungen in Höhe von 100 GE (Saldo Spalte 12) nicht der effektiven Steuerzahllast in Höhe von 400 GE, die tatsächlich an das Finanzamt überwiesen wurde (Saldo Spalte 4). Die fehlenden 300 GE entsprechen dem Betrag der bilanziellen Werterhöhung, die als passive latente Steuern „zugunsten der Abbildung eines zum Ergebnis vor Steuern korrespondierenden Steuerausweises“[1431] erfolgsneutral gebildet wurden. In Höhe von jährlich 250 GE werden ab t_2 erhöhte Abschreibungen zwar im handelsrechtlichen Jahresergebnis vor Steuern berücksichtigt (Spalte 6), jedoch niemals im steuerlichen Ergebnis (Spalte 3).

Da somit der Fiskus insgesamt in Höhe von 750 GE höheres steuerliches Einkommen besteuert, das im IAS/IFRS-Abschluss niemals einen Ertrag darstellt, „gibt es keine Periode, in welcher der für die steuerliche Last maßgebliche Erfolg handelsrechtlich ausgewiesen wird, so dass dieser Periode auch die Steuerbelastung zuzuordnen ist“[1432]. Es werden insofern eindeutig passive latente Steuern für *permanente* Differenzen bilanziert.[1433] Nach Mujkanovic (2002) ist frag-

---

[1430] Ähnlich: Wienken (2003), S. 74 f; Schildbach (1998c), S. 942 f.

[1431] Wienken (2003), S. 75.

[1432] Schildbach (1998c), S. 942; vgl. auch Wienken (2003), S. 74 f.

[1433] Vgl. Schildbach (1998c), S. 942 ff. Hoffmann, in: Haufe IAS-Kommentar (2003) § 8, Rdnr. 95 ist jedoch der Auffassung, dass mangels eindeutiger Regelungen in IAS 16 bzw. IAS 38 alternativ auch die Wahlmöglichkeit besteht, die Zusatzabschreibungen, die sich durch eine Neubewertung ergeben, erfolgsneutral über die Buchung ‚Neubewertungs-

würdig, ob die Neubewertung das Vergangenheitskriterium für den Ansatz von Schulden erfüllt. Da die Neubewertung erfolgs- und steuerneutral durchgeführt wird, kommt es in den Folgeperioden zu keiner höheren, sondern zu einer unveränderten Steuerlast, so dass insofern der vor dem Bilanzstichtag liegende Geschäftsvorfall ‚Neubewertung' die zukünftigen steuerlichen Minderabschreibungen nicht wirtschaftlich verursacht hat.[1434] Gegen diese Argumentation spricht, dass das Vergangenheitskriterium – wie im Abschn. E.3.1.1 gezeigt wurde – faktisch ein *inhaltsleeres* Ansatzkriterium ist. Die im Zuge der Neubewertung bilanzierte Steuerlatenz erfüllt jedoch insofern nicht die allgemeinen Ansatzgrundsätze, da mit der Passivierung keine korrespondierenden Erfolgsveränderungen verbunden sind und somit das Konzept des *all-inclusive income* klar verletzt wird.

b) Bilanzierung von passiven latenten Steuern unter der Annahme, deren Auflösung habe erfolgsneutral zu erfolgen

Der Summe der Periodenerfolge der Handelsbilanz in Höhe von -150 GE (Spalte 10) steht eine Gesamtveränderung der Gewinnrücklagen in Höhe von 300 GE gegenüber (Spalte 12). Die Differenz resultiert aus der erfolgsneutralen Überführung der Neubewertungsrücklage in die *retained earnings* in t_4. Allerdings entspricht trotz der passiven Steuerabgrenzung der gesamte, im IAS/IFRS-Abschluss ausgewiesene Steueraufwand in jeder Periode dem effektiven Steueraufwand laut Steuerbilanz. Damit entsteht mit dem Ansatz der passiven latenten Steuer beim Bilanzleser der Eindruck, das Unternehmen habe für die zukünftige Scheingewinnbesteuerung bereits vorgesorgt. Tatsächlich bleibt es bei der vol-

---

rücklage an Anlagevermögen' zu erfassen. Insofern würde dann keine permanente Differenz entstehen. Nach Auffassung des Verf. ist hingegen den Regelungen des IAS 16 und IAS 38 deutlich zu entnehmen, dass planmäßige Abschreibungen prinzipiell nur als Aufwand erfasst werden können. Man könnte aber auch argumentieren, dass die durch die Neubewertung zum Ausdruck gebrachte Wertsteigerung aus Sicht der Handelsbilanz in eine zukünftige Steuerzahllast mündet, wenn spätestens bei der Unternehmens- oder Vermögenswertliquidation in der Steuerbilanz tatsächlich eine Besteuerung des Scheingewinns erfolgt. Insofern liegen temporäre Differenzen vor, die mit der effektiven Scheingewinnbesteuerung enden (vgl. PwC (1998), Rdnr. 12.45 in IAS 12.20 i.V.m. SIC 21.2; Mujkanovic (2002), S. 150). Allerdings wird mit der passiven latenten Steuer dann für den falschen Zeitpunkt vorgesorgt: Das Beispiel zeigt, dass während der Jahre der steuerlichen Minderabschreibungen die Wertsteigerung effektiv besteuert wird (750*0,4 = 300 GE), diese Tatsache jedoch aufgrund der korrespondierenden Auflösung der passiven Steuer für den Abschlussleser verborgen bleibt. Damit wird fälschlicherweise beim Jahresabschlussadressaten der Eindruck erweckt, die Bildung der passiven latenten Steuer diene der Vorsorge einer Besteuerung der Scheingewinne durch die Neubewertung (vgl. dazu Schildbach (1998c), S. 943: „Die latenten Steuern auf ‚temporary differences' bei erfolgsneutraler Neubewertung in der Handelsbilanz nach IAS liefern dem Bilanzleser dann also die perfekte Illusion einer Welt, in der der Fiskus Scheingewinne nicht besteuert, obwohl er steuerlich keine Inflationsvorsorge zulässt").

[1434] Vgl. Mujkanovic (2002), S. 150 f. Mithin stellen die erfolgsneutral gebildeten passiven latenten Steuern „nur eine fiktive Steuerrückstellung" dar (so Wienken (2003), S. 74; vgl. auch Mujkanovic (2002), S. 152).

len Scheingewinnbesteuerung.[1435] Die fehlende *liability*-Eigenschaft ist eindeutig (siehe Tabelle nächste Seite).

[1435] Vgl. dazu Schildbach (1998c), S. 943: „Vergleichbar wäre dieses Vorgehen damit, dass in der Bilanz der Eindruck vermittelt wird, als sei den künftigen Verpflichtungen aus der Altervorsorge durch Bildung einer Pensionsrückstellung bereits Rechnung getragen worden, obwohl tatsächlich die künftigen Verpflichtungen den Jahren angelastet werden, in denen die zugesagten Leistungen zu erbringen sind“.

Spalte	(1)	(2)	(3)	(4)	(5)	(6)	(7)	(8)	(9)	(10)	(11)	(12)
Periode	Steuerwert (tax base)[1436]	AfA Steubi	Ergebnis Steubi (2) + 500	Effektiver Steueraufwand laut Steubi	Buchwert Habi	AfA Habi	Temporäre Differenz (1) – (5)	NBRL	Buchwert passive latente Steuer	Nachsteuerergebnis Habi (4) + (6) + 500	Gesamter Steueraufwand in der GuV der Habi (4)	Bestand *retained earnings* $(12)_{t-1}$ + (10)
t_0	1000	--			1000	--	--	--	--	--	--	500
t_1	750	- 250	250	- 100	750	- 250	--	--	--	150	- 100	650
Neubewertung	750				**1.500**		- 750	450	**300**			
t_2	500	- 250	250	- 100	1.000	- 500	- 500	450	200	- 100	- 100	550
t_3	250	- 250	250	- 100	500	- 500	- 250	450	100	- 100	- 100	450
t_4	0	- 250	250	- 100	0	- 500	0	0	0	- 100	- 100	800
Gesamt	--	- 1000	**1000**	**- 400**	--	- 1750	--			**- 150**	**- 400**	**Δ 300**

[1436] Vgl. IAS 12.5.

3.2.2.2 Ungleichbehandlung von derivativen und originären immateriellen Vermögenswerten

Im Schrifttum wird seit langem der Konflikt zwischen einer möglichst umfassenden bilanziellen Erfassung immateriellen Anlagevermögens *(intangible assets)* einerseits und der mangelnden Verifizierbarkeit immaterieller Vermögenswerte andererseits vielfältig diskutiert.[1437] Immaterielle Vermögenswerte bestimmen als wichtige „Wertreiber"[1438] maßgeblich den Wert und die Marktkapitalisierung eines Unternehmens,[1439] deren Werthaltigkeit ist aber zumeist mit großen Unsicherheiten verbunden.[1440] Während bei entgeltlich erworbenen immateriellen Werten - zumindest im Zugangszeitpunkt - „eine relative Sicherheit gegenüber der Gefahr des Ansatzes von Nonvaleurs"[1441] besteht, „bleibt die Frage nach einer sachgerechten Wertzumessung offen, wenn immaterielle Werte selbsterstellt bzw. unentgeltlich oder im Paket (z.B. Unternehmenskauf) erworben wurden"[1442]. Zwar stimmen die IAS/IFRS-Ansatz-vorschriften von *intangible assets* im Grundsatz mit den allgemeinen Ansatzkriterien des Frameworks überein (IAS 38.21),[1443] die Bilanzierungspflicht wird jedoch von einem *zusätzlichen Ansatzkriterium* abhängig gemacht: Nach IAS 38.8 i.V.m. IAS 38.11 liegt nur dann ein ansatzfähiger immaterieller Vermögenswert vor, wenn dieser identifizierbar, d.h. klar vom originären Geschäftswerts des bilanzierenden Unternehmens abgrenzbar ist *(„to be identifiable to distinguish it from goodwill")*. Die Überprüfung des ***Identifizierbarkeitskriteriums***[1444] soll jedoch nicht den Einschätzungen des Bilanzierenden überlassen bleiben, sondern gilt nach den neuen präzisierenden Vorschriften des IAS 38 (rev. 2004) nur dann als erfüllt, wenn ein immaterieller Vermögenswert entweder

---

[1437] Stellvertretend für die zahlreichen Beiträge zu diesem Konflikt vgl. Küting/Dawo (2003); Egginton (1990); Hayn (1996); Hommel (1997), Moxter (1979), S. 1102; Moxter (2003a), S. 73-79; Hendriksen (1982), S. 399 ff.; Kieso/Weygandt/Warfield (2001), S. 601 f.; Kasperzak/Krag/Wiedenhofer (2001); Küting/Ulrich (2001); Schmalenbach-Gesellschaft (2001); Marx (1994); Maul (2000); Ranker/Wohlegemuth/Zwirner (2001); Pellens/Fülbier (2000a).

[1438] Küting/Ulrich (2001), S. 953.

[1439] Vgl. Hayn (1996), S. 2; Schmalenbach-Gesellschaft (2001), S. 989; Pellens/Fülbier (2000a), S. 123 f.

[1440] Vgl. Hendriksen (1982), S. 400; Moxter (2003a), S. 77.

[1441] Ähnlich: Kieso/Weygandt/Warfield (2001), S. 601.

[1442] Küting/Ulrich (2001), S. 955; vgl. auch Moxter (2003a), S. 84 f.

[1443] Vgl. Küting/Dawo (2003), S. 100.

[1444] Das Identifizierungskriterium betrifft nur originäre oder beim Unternehmenskauf erworbene immaterielle Vermögenswerte. Für einzeln erworbene immaterielle Vermögenswerte gelten das Wahrscheinlichkeitskriterium und das Bewertbarkeitskriterium im Normalfall als erfüllt (IAS 38.25 f.).

a) selbständig oder zusammen mit anderen Vermögenswerten oder Schulden *separierbar*, d.h. durch Verkauf, Übertragung, Lizenzierung, Vermietung oder Austausch wirtschaftlich verwertbar ist ***(Separierbarkeitskriterium)***; oder

b) eine vertragliche oder rechtliche Grundlage hat, ungeachtet dessen, ob der betreffende Sachverhalt separierbar ist ***(rechtliches Kriterium)***.[1445]

Sofern die Bilanzierungshürde der Identifizierbarkeit nicht übersprungen wird, sind alle, im Zusammenhang mit der Schaffung von immateriellen Vermögen anfallenden Aufwendungen erfolgswirksam zu erfassen.[1446] Nach den neuen Regelungen des IAS 38 (rev. 2004) und des IFRS 3 besteht im Rahmen eines Unternehmenserwerbs bei einer Erbringung des Separierbarkeits- oder des Bewertbarkeitskriteriums eine widerlegbare Vermutung, dass auch das *Wahrscheinlichkeits-* und das *Bewertbarkeitskriterium* erfüllt sind.[1447] Somit erfolgt mit dem neuen IAS 38 (rev. 2004) eine Präzisierung des Identifizierbarkeitskriteriums zu Lasten der allgemeinen Ansatzkriterien.[1448] Verschiedene – kasuistisch anmutende - explizite Aktivierungsverbote oder –wahlrechte entbinden den Bilanzierenden zudem von der Pflicht, die Bilanzierungsfähigkeit von originären immateriellen Vermögen nach den Ansatzgrundsätzen des IAS 38 zu beurteilen:

- *Mitarbeiter-Knowhow* und Schulungsaufwendungen dürfen – mit Hinweis auf die mangelnde Verfügungsmacht des Unternehmens - bei fehlendem vertraglichem oder rechtlichem Schutz nicht aktiviert werden (IAS 38.15).
- *Kundenstammdaten* oder Kundenloyalität dürfen bei fehlendem rechtlichem oder vertraglichem Schutz nicht aktiviert werden, außer es zeigen entsprechende Veräußerungsvorgänge von denselben oder ähnlichen Kundenbeziehungen an, dass die Kundenbeziehungen separierbar sind und insofern

---

[1445] Vgl. IAS 38.12 (a) (b); Küting/Dawo (2003), S. 401 f. Anm.: Daraus folgt, dass rechtlich begründetes immaterielles Vermögen auch dann anzusetzen ist, wenn es nicht separat verwertet werden kann. Fehlt es aber der selbständigen Verwertbarkeit, ist zumeist auch keine verlässliche Bewertung möglich (vgl. dazu mit Beispielen Frowein/Lüdenbach (2003), S. 70 f.).

[1446] Vgl. IAS 38.10.

[1447] Zum Bewertbarkeitskriterium vgl. IAS 38.35. Zum Wahrscheinlichkeitskriterium vgl. IAS 38.33 sowie IAS 38.BC17-BC25 sowie IFRS 3.BC93: „The Board concluded that the fact that an intangible asset arises from contractual or other legal rights is a characteristic that distinguishes it from goodwill. Therefore, intangible assets with that characteristic that are acquired in a business combination should be recognised as assets separately from goodwill". Da beim Unternehmenskauf erworbene immaterielle Vermögenswerte immer auf 'contractual or legal rights' beruhen, sind diese also grundsätzlich separat anzusetzen (vgl. dazu auch Hommel (2004), S. 1269 f.; Lüdenbach, in: Haufe IAS-Kommentar (2003) § 31, Rdnr. 88a; Küting/Dawo (2003), S. 404; Frowein/Lüdenbach (2003), S. 70 f.).

[1448] Dahinter steckt die Absicht des IASB, den Umfang der im Rahmen der Erstkonsolidierung zu erfassenden immateriellen Vermögenswerte zu Lasten des derivativen Geschäftswerts zu vergrößern.

unter einer hinreichenden Verfügungsmacht des Unternehmens stehen (IAS 38.16).

- Ein *originärer Geschäftswert* darf nicht aktiviert werden, da dieser weder separierbar noch auf einer vertraglichen oder rechtlichen Grundlage beruht ((IAS 38.48).
- Die Aktivierung *selbsterstellter Marken, Verlagsrechte, Kundenlisten oder ähnlicher Sachverhalte* wird verneint, da diese nicht vom originären Geschäftswert abgrenzbar seien (IAS 38.63 f.). Selbstentwickelte Patente, Lizenzen oder Softwareprodukte sollen hingegen im Allgemeinen verlässlich bewertbar und aktivierungsfähig sein (IAS 38.62).
- *Ingangsetzungs- und Erweiterungsaufwendungen, Ausbildungsaufwendungen, Werbeaufwendungen* sowie *Reorganisationsaufwendungen* sind ausdrücklich als Sofortaufwand zu erfassen (IAS 38.69 (a)-(d)), eine Begründung wird nicht angeführt.
- *Forschungsaufwendungen* dürfen im vollen Umfang nicht aktiviert werden (IAS 38.54), da ein zukünftiger wirtschaftlicher Nutzen zu ungewiss ist (IAS 38.55). Durch dieses Ansatzverbot werden nach teilweiser Literaturauffasung *„the company's most valuable assets"* [1449] bilanziell verschwiegen.
- *Entwicklungsaufwendungen* dürfen nur beim Nachweis von sechs kumulativ zu erbringenden Kriterien aktiviert werden (IAS 38.57 (a)-(f)), die die Grenze zu Forschungstätigkeiten markieren sollen.[1450] Diese Kriterien werden durch SIC-32 für die Frage der Aktivierungsfähigkeit von Entwicklungskosten einer Website weiter konkretisiert.[1451]
- Für immaterielle Vermögenswerte, die als *Zuwendungen der öffentlichen Hand* einem Unternehmen gegen ein geringes Entgelt oder unentgeltlich bereitgestellt werden, dürfen nach IAS 38.44 bzw. IAS 20.23 wahlweise entweder zum *fair value* oder lediglich zu einem Erinnerungswert bilanziell erfasst werden.[1452]

[1449] Kieso/Weygandt/Warfield (2001), S. 618 (mit weiteren Literaturnachweisen in Fn. 32); vgl. auch Streim/Esser (2003), S. 838.

[1450] Da die Kriterien sehr ermessensbehaftet sind, spricht man in der Literatur in diesem Zusammenhang teilweise von „Nachweiswahlrechten" (Wagenhofer (2003), S. 580;). Auch das US-amerikanische FASB hat eine selektive Aktivierung („selective capitalization") von Entwicklungsaufwendungen in Abhängigkeit von bestimmten Kriterien in Erwägung gezogen, jedoch aufgrund der damit verbundenen Manipulationsgefahren verworfen (vgl. SFAS 2.53-57).

[1451] Vgl. Wagenhofer (2003), S. 207.

[1452] Vgl. Tschakert (2004), S. 121.

Die Ansatzregeln für immaterielles Vermögen stellen damit eine deutliche Abweichung von den allgemeinen Ansatzgrundsätzen dar, nach denen „üblicherweise ein wahrscheinlicher künftiger Nutzen (bzw. Nachteil) und eine verlässliche Messbarkeit nach Einschätzung des Rechnungslegenden über den Ansatz im Jahresabschluss entscheiden“[1453]. Nach IAS 38.25 f. gelten die Ansatzvoraussetzungen von immateriellen Vermögenswerten grundsätzlich bei einzeln erworbenen Gütern als erfüllt.

Da somit weder beim entgeltlichen Erwerb noch im Rahmen eines Unternehmenserwerbs die allgemeinen Ansatzkriterien für Vermögenswerte überprüft werden müssen,[1454] kommt es zu einer deutlichen Ungleichbehandlung von derivativen, originären und im Rahmen eines Unternehmenskaufs erworbenen immateriellen Vermögenswerten.[1455]

Die verschiedenen Detailregeln des IAS 38 kann man auch als ‚Werthaltigkeitsvermutungen' des IASB deuten: Für übertragbare, aus vertraglichen oder rechtlichen Vereinbarungen beruhende sowie für entgeltlich erworbene immaterielle Vermögenswerte besteht generell die Vermutung, dass das Wahrscheinlichkeit- und das Bewertbarkeitskriterium gegeben sind. Weitere Detailregeln sehen schließlich objektivierungsbedingte Aktivierungsverbote für wichtige Teile des immateriellen Vermögens vor.

Empirische Untersuchungen über das Ausmaß der Aktivierung von Entwicklungskosten von deutschen IAS/IFRS-Anwendern zeigen, dass auf eine Aktivierung von Entwicklungskosten häufig bewusst verzichtet wird.[1456] Häufig scheitert

---

1453 Schildbach (2003a), S. 253; vgl. Streim/Esser (2003), S. 837.

1454 So sollen nach IFRS 3.45 auch laufende Forschungs- und Entwicklungsprojekte beim Tochterunternehmen im Rahmen der Erstkonsolidierung gesondert angesetzt werden, sofern die Definition von immateriellen Vermögenswerten erfüllt und ein fair value verlässlich ermittelbar ist – dies widerspricht IAS 38.55, wonach die Wahrscheinlichkeit eines wirtschaftlichen Nutzens aus Forschungsaufwendungen zu ungewiss und daher eine Aktivierung der Forschungsaufwendungen als originäres immaterielles Vermögen ausgeschlossen ist. IFRS 3 enthält im ergänzenden Teil des Standards *eine umfangreiche Liste von illustrativen Beispielen* für ansatzfähige identifizierbare immaterielle Vermögenswerte, bei denen eine Erfüllung des Wahrscheinlichkeits- und Bewertbarkeitskriterium grundsätzlich unterstellt wird und die teilweise nur im Rahmen eines Unternehmenserwerbs, nicht jedoch nach den allgemeinen Aktivierungsgrundsätzen bilanziert werden dürfen.

1455 Dies widerspricht der vom IASB explizit gewünschten Gleichbehandlung von originären und derivativen immateriellen Vermögen (vgl. IAS 38, BfC, Rdnr. BCZ40).

1456 So stellten bspw. Füllbier/Honold/Klar (2000), S. 842 im Rahmen einer – im Jahre 1999 durchgeführten - empirischen Untersuchung von am (ehemaligen) Neuen Markt notierten und nach IAS bzw. US-GAAP bilanzierenden Biotechnologieunternehmen fest, dass bei den untersuchten Unternehmen selbst geschaffene immaterielle Vermögenswerte „fast völlig ohne Bedeutung“ sind. Die Autoren resümieren: „Die Möglichkeiten zur Aktivierung selbst geschaffener immaterieller Werte werden von den betrachteten Biotechnologieunternehmen nur teilweise wahr genommen“. Vgl. auch Hoffmann, in: Haufe IAS-Kommentar (2003) § 13, Rdnr. 50 f.; v. Keitz (2003), S. 1803.

auch im Rahmen der Jahresabschlusserstellung nach IAS/IFRS die Aktivierung selbsterstellter immaterieller Werte „mangels hinreichender Konkretisierung und Objektivierung"[1457]. *Vor diesem Hintergrund wird von Teilen der Literatur die Auffassung vertreten, dass die Ansatzkriterien für Vermögensgegenstände nach HGB/GoB normalerweise „zum selben Ergebnis führen wie IAS 38"*[1458].

3.2.2.3 Unklare Vermögenswerteigenschaften des derivativen Geschäftswertes

Die *asset*-Eigenschaft des derivativen Geschäftswertes ist unklar - wie bereits im Abschn. C2.2.3 dargelegt wurde – und auch das IASB scheint sich über die Vermögenswerteigenschaft des positiven Unterschiedsbetrages zwischen den Anschaffungskosten und dem identifizierbaren Nettovermögens des Tochterunternehmens unsicher zu sein: So wird ein *goodwill* im IASB Framework als *asset* bezeichnet,[1459] doch in IAS 12.21 ist lediglich von einem *„residual"* die Rede, das nicht passive latente Steuern begründen darf. In den *Basis for Conclusions* zu IFRS 3 wird gleichwohl die *asset*-Eigenschaft des *goodwill* ausführlich diskutiert und letztendlich bejaht.[1460]

IFRS 3.52 definiert den derivativen *goodwill* als eine Kaufpreisprämie, mit der ein zukünftiger wirtschaftlicher Nutzen aus nicht identifizierbaren Vermögenswerten antizipiert wird.[1461] Obgleich damit - wie den BfCs des IFRS 3 zu entnehmen ist - der Kern-*Goodwill* und damit im Wesentlichen die Summe aus dem originären Geschäftswert des Tochterunternehmens und den Ertragswertpotentialen aus Kombinationseffekten gemeint sein soll,[1462] besagt diese Definition genau genommen, dass mit der Kaufpreisprämie alle nicht bilanzierungsfähigen immateriellen Werte entgolten werden.[1463] Zwar passt diese Definition zu den

---

[1457] Ranker/Wohlgemuth/Zwirner (2001), S. 277.

[1458] Wagenhofer (2003), S. 211; vgl. auch Hommel (1997), S. 363; Streim/Esser (2003), S. 837 f.; Lüdenbach (2003a), S. 48; Fülbier/Honold/Klar (2000), S. 842: „Obwohl US-GAAP und IAS ‚kapitalmarktorientierte' und damit ausschließlich der Informationsfunktion dienende Abbildungsregeln zur Verfügung stellen (wollen), vermitteln die entsprechenden Vorschriften eher einen unzureichenden Einblick in das immaterielle Anlagevermögen". Anm.: Insgesamt ähnelt das Identifizierbarkeitskriterium nach den neuen Präzisierungen in IAS 38 (rev. 2004) auch sehr stark dem Ansatzkriterium der Einzelverwertbarkeit nach HGB/GoB (vgl. zum Einzelverwertbarkeitskriterium nach HGB/GoB Schildbach (2000a), S. 160).

[1459] Vgl. F. 96.

[1460] Vgl. IFRS 3, BfC, Rdnr. BC129-BC135.

[1461] Vgl. IFRS 3.52: „Goodwill acquired in a business combination represents a payment made by the acquirer in anticipation of future economic benefits from assets that are not capable of being individually identifies and separately recognised".

[1462] Vgl. IFRS 3, BfC, Rdnr. BC130 (a) (b).

[1463] Die Definition wirkt auch plausibel: So wird im Schrifttum teilweise die Auffassung vertreten, „daß Substanzwert und Ertragswert die gleiche Höhe haben müßten, wenn aus-

allgemeinen Ansatzkriterien für immaterielle Vermögenswerte nach IAS 38 (*goodwill* ist demnach eine ‚identifizierbare' Restgröße immaterieller Vermögenswerte als Folge einer vertraglichen Grundlage),[1464] doch es wird verschwiegen, dass der zukünftige Nutzen aus dem Kern-*Goodwill* „*more nebulous and may be less certain than the benefit that is associated with most other assets*"[1465] ist. Wie bereits beschrieben, vermengen sich im Kern-*Goodwill* auf undurchsichtige Weise derivative mit originären „*components*"[1466], wobei letztere – wie gezeigt – nach IAS 38 objektivierungsbedingt nur sehr eingeschränkt bilanzierungsfähig sind.

Setzt man nun als Beurteilungsmaßstab konsequent die allgemeinen Ansatzkriterien für Vermögenswerte des IASB Frameworks an, so wird schnell deutlich, dass alle Erklärungsversuche in den BfCs zu IFRS 3 über die Vermögenswerteigenschaft des Geschäftswertes letztlich nur konstruiert wirken:[1467]

Zwar scheint das Vergangenheitskriterium mit dem Unternehmenserwerb erfüllt zu sein,[1468] fraglich ist jedoch, ob das *control*-Kriterium gegeben ist. Dies wird zwar vom IASB bejaht, doch die Begründung wirkt halbherzig.[1469] Ob dem Wahrscheinlichkeitskriterium – zumindest in seiner Ausprägung als „*more likely than not*" – entsprochen wird, ist sehr zweifelhaft, da sich weder mittelbar noch unmittelbar „aus der Nutzung des Geschäftswerts"[1470] zukünftige Nutzenzuflüsse ergeben. In den BfCs des IFRS 3 wird das Wahrscheinlichkeitskriteri-

---

nahmslos alle immateriellen Wirtschaftsgüter (…) in den Substanzwert einbezogen würden. (…) Besteht zwischen Ertragswert und Substanzwert eine Differenz, also ein Geschäftswert, dann ist in Wirklichkeit dieser Geschäftswert Teil des Substanzwertes" (Tichy (1996), S. 764). Zwischen Ertragswert und Substanzwert ergeben sich allerdings „Differenzen, die schon aus rein rechnerischen Gründen (…) in den Restwert goodwill bzw. Geschäftswert (Ertragsanteile aller übrigen immaterieller Wirtschaftsgüter, die keine Einzelverkehrswerte haben) eingehen" (Tichy (1996), S. 777).

1464 Mujkanovic (2001), S. 815 bezeichnet diese Restgröße als eine Art „Gesamtasset".

1465 Johnson/Petrone (1998), S. 297; SFAS 142.B111.

1466 ED 3, BfC, Rdnr. BC98.

1467 Ähnlich: Wüstemann/Duhr (2003), S. 249; Mujkanovic (2001), S. 812 ff. Gegenteiliger Auffassung ist Krolak (2000), S. 40.

1468 Vgl. Mujkanovic (2002), S. 815; Johnson/Petrone (1998), S. 298; Krolak (2000), S. 40.

1469 Zwar wird zugegeben, dass ein Unternehmen etwa über Mitarbeiter-Knowhow, Kundenstammdaten usw. (also erhebliche ‚Werttreiber') keine Verfügungsmacht haben können, da diese nicht langfristig an das Unternehmen gebunden sind, doch „control is provided by means of the acquirer's power to direct the policies and management of the acquiree"(IFRS 3, BfC, Rdnr. BC132). Von dieser Feststellung können aber „synergies and other benefits from combining the acquiree's net assets with those of the acquirer" (IFRS 3, BfC, Rdnr. BC130 (b)) nicht betroffen sein (vgl. dazu kritisch auch Mujkanovic (2001), S. 815).

1470 Mujkanovic (2001), S. 815; vgl. auch Wüstemann/Duhr (2003), S. 249; Johnson/Petrone (1998), S. 297.

um nicht überprüft, sondern pauschal als erfüllt angesehen. Angesichts der komplexen *Impairment*-Tests, nach denen ein derivativer *goodwill* nach IAS 36 jährlich auf Werthaltigkeit überprüft werden muss, ist fragwürdig, ob das Bewertbarkeitskriterium gegeben ist – in den BfCs wird eine Diskussion dieses Ansatzkriteriums vielmehr ausgeklammert.[1471]

Schließlich wird vom IASB offen eingestanden, dass im *goodwill* unvermeidbar Sachverhalte enthalten sein können, die nicht zu den Kernkomponenten gehören und daher die Vermögenswerteigenschaften nicht erfüllen; diese jedoch als Aufwand zu erfassen sei nicht *„representationally faithful"*[1472]. Von einem derivativen Geschäftswert kann – nach Auffassung des IASB - vereinfachend unterstellt werden, die Residualgröße sei *„likely to consist primarily of core goodwill at the acquisition date"*[1473].

3.2.3 GuV-orientierte Ansatzvorschriften

Zur Gruppe C gehören jene spezifischen Ansatzvorschriften, die eindeutig einen möglichst periodengerechten Erfolgsausweis i.S.d. GuV-orientierten Sichtweise bezwecken. Dazu zählen verschiedene Möglichkeiten zur Bilanzierung oder Nachbildung von Innenverpflichtungen, die Aktivierung und gleichzeitige Passivierung von künftigen Rückbaukosten als Surrogat für Ansammlungsrückstellungen sowie Vorschriften zur Bilanzierung von nicht werthaltigen Abgrenzungspositionen.

3.2.3.1 Bilanzierung bzw. Nachbildung von Aufwandsrückstellungen

Da nach den bilanzorientierten Ansatzkriterien des IASB Frameworks prinzipiell nur Aussenverpflichtungen passivierungsfähig sind, verneint die h. M. im deutschsprachigen Schrifttum die Zulässigkeit der Bilanzierung von Aufwandsrückstellungen nach IAS /IFRS.[1474] Unter Aufwandsrückstellungen versteht man allgemein passive Abgrenzungsposten für künftige Ausgaben, die wirtschaftlich vergangenen Abrechnungsperioden zugehören und vorrangig zum Zweck einer periodengerechten Erfolgsermittlung (nach der GuV-orientierten Sichtweise)

[1471] Das Bewertbarkeitskriterium wird indes vom FASB überprüft (vgl. dazu Wüstemann/Duhr (2003), S. 249). Nach Krolak (2000), S. 40 soll das Bewertbarkeitskriterium insofern erfüllt sein „als der Geschäfts- oder Firmenwert zumindest als Residualgröße zuverlässig bewertet werden kann".

[1472] IFRS 3, BfC, Rdnr. BC134.

[1473] IFRS 3, BfC, Rdnr. BC135.

[1474] Vgl. Streim/Esser (2003), S. 838; Wagenhofer (2003), S. 256; Wagenhofer (1998), S. 582; Kirsch (2003a), S. 32, 170; Heuser/Theile (2003), Rdnr. 168, 716; Daub (2000), S. 302; Ernsting/v. Keitz (1998), S. 2478; Hayn (1998), S. 1729; v. Keitz/Dörner/Wollmert/Oser (2002), IAS 37, S. 16, Rdnr. 48; Ordelheide (1999), S. 520.

gebildet werden.[1475] Charakteristisches Abgrenzungskriterium zu regulären Verbindlichkeitsrückstellungen ist eine fehlende Leistungsverpflichtung *gegenüber Dritten.*[1476]

Wie in den nächsten beiden Unterabschnitten gezeigt wird, räumen die Rechnungslegungsvorschriften nach IAS/IFRS dennoch Möglichkeiten zur Bildung von reinen Innenverpflichtungen ein – entweder in direkter Erscheinungsform oder in Form von Schuldpositionen, die sich im (wie bereits im Abschn. C2.2.3 skizzierten) unscharfen Grenzbereich zwischen Innen- und Aussenverpflichtungen bewegen. Daneben gibt es auch Möglichkeiten zur wirtschaftlichen Nachbildung von Aufwandsrückstellungen.

3.2.3.1.1 Bilanzierung von faktischen Verpflichtungen im Grenzbereich zwischen Innen- und Aussenverpflichtungen

Sofern ein Unternehmen weder auf vertraglicher noch auf rechtlicher Grundlage zur Durchführung künftiger Restrukturierungsmaßnahmen verpflichtet ist,[1477] können in Übereinstimmung mit den allgemeinen Ansatzkriterien[1478] - u.U. auch faktische *(constructive)* Restrukturierungsverpflichtungen passiviert werden. Nach IAS 37.10 i.V.m. IAS 37.17 (b) besteht eine faktische Verpflichtung, wenn die bisherige Firmenpolitik oder Verlautbarungen bei fremden Dritten die stichhaltige Erwartung entstehen lässt, dass das bilanzierende Unternehmen bestimmte Verantwortungen übernehmen wird. Die Voraussetzung für das Zustandekommen einer faktischen Schuld wird in IAS 37.27 durch ergänzende (kumulativ zu erbringende) Ansatzkriterien speziell für Restrukturierungsmaßnahmen konkretisiert (IAS 37.72-79).[1479] Demnach dürfen künftige Restrukturierungskosten nur passiviert werden, wenn

a) das Management die geplanten Restrukturierungsmaßnahmen praktisch nicht mehr abwenden kann, weil durch einen Beginn der Umsetzung oder durch eine Bekanntgabe der wesentlichen Bestandteile des Restrukturierungsplans bei den Betroffenen eine stichhaltige Erwartung *(„valid expectation")* geweckt wurde, dass die Restrukturierungsmaßnahmen auch tatsächlich durchgeführt werden; und

---

[1475] Vgl. Scheffler (1987), B 233, Rdnr. 248; ADS (1995a) § 249, Rdnr. 188 f.; Daub (2000), S. 64.

[1476] Vgl. Dörner (1991), S. 225; Moxter (2003a), S. 107.

[1477] Für Beispiele vgl. IAS 37.70.

[1478] Vgl. F.60.

[1479] Vgl. Ziesemer (2002), S. 196. Anm.: Nach v. Keitz /Wollmert/Oser (2002), IAS 37, S. 22 Rdnr. 68 wird „in jedem Fall (...) durch diese speziellen Vorschriften für Restrukturierungsrückstellungen die Kasuistik im Regelwerk des IASB gefördert".

b) der Restrukturierungsplan objektiv nachprüfbar dokumentiert und insofern verifizierbar ist.[1480]

Diese ergänzenden Ansatzkriterien sollen sicherstellen, dass nur Restrukturierungsrückstellungen mit Außenverpflichtungscharakter bilanziert werden.[1481] In der Fachliteratur wird allerdings bezweifelt, ob der Außenverpflichtungscharakter vor dem Hintergrund der erheblichen Beurteilungsspielräume, die diese Kriterien einräumen, im Einzelfall immer gegeben ist.[1482] So wird etwa nach Hain (2000) „der Begriff der Außenverpflichtung im speziellen Fall der Restrukturierungsrückstellungen (...) so weit gedehnt, daß auch Verpflichtungen darunter fallen können, die nach klassischen deutschen Bilanzverständnis eigentlich Innenverpflichtungen darstellen“[1483]. Die Grenze zu Aufwandsrückstellungen verläuft hier zweifellos fließend.[1484]

Ähnliches gilt bei Rückstellungen für Entsorgungs- Rekultivierungs- und ähnlichen Verpflichtungen *(„decommissioning, restoration and similar liabilities“[1485])* bzw. „Rückbauverpflichtungen“[1486]: Bei geplanten Rückbaumaßnahmen gibt es auch abseits von gesetzlichen oder vertraglichen Verpflichtungen Möglichkeiten zur Bildung von Rückstellungen, die sich im unscharfen Grenzbereich zwischen Innen- und Aussenverpflichtungen bewegen. Plant bspw. ein Unternehmen künftige Rückbaumaßnahmen, obwohl es dazu gesetzlich oder

---

1480 Vgl. IAS 37.72 (a); v. Keitz/Dörner/Wollmert/Oser (2002), IAS 37; Rdnr. 70.

1481 Vgl. Hain (2000), S. 74; Daub (2000), S. 307: „Die valid expectations der Betroffenen sorgen für einen hinreichenden Außendruck, selbst wenn es sich um eine Innenverpflichtung handelt“.

1482 Vgl. dazu ausführlich: Hain (2000), S. 76 ff.; Schildbach (2002c), S. 792; v. Keitz/Dörner/Wollmert/Oser (2002), IAS 37, Rdnr. 71-73; Ziesemer (2002), S. 204 ff.; Hoffmann, in: Haufe IAS-Kommentar (2003) § 21, Rdnr. 101-106.

1483 Hain (2000), S. 78.

1484 Vgl. Schildbach (2002c), S. 792; Moxter (1999), S. 519 f.; Daub (2000), S. 307; v. Keitz/Dörner/Wollmert/Oser (2002), IAS 37, Rdnr. 72 sowie Lüdenbach (2003a), S. 198: „Die Restrukturierungsrückstellung ist in vielen Fällen tatsächlich eine Aufwandsrückstellung und damit ein Systembruch. IAS 37 versucht diesen Systembruch zu überdecken. Durch die Bekanntgabe eines Restrukturierungsplans an die Betroffenen soll eine Erwartungshaltung entstehen, die zur faktischen Verpflichtung führt. Wie dumm diese Argumentation ist, zeigt sich am Beispiel der Arbeitnehmerentlassung. Die Bekanntgabe der Betriebseinstellungspläne an den Betriebsrat mag zwar (negative) Erwartungen wecken. Wenn die Unternehmensleitung aber kurz darauf neue Aufträge akquiriert und deshalb die Stilllegungspläne einstampft, wird der Betriebsrat kaum darauf bestehen, er habe sich nun auf die Stilllegung eingestellt und deshalb müsse diese auch durchgeführt werden“.

1485 IFRIC Interpretation 1. Dazu zählen z.B. eine „im Anschluß an eine mehrjährige Kiesgrubenausbeutung zu erfüllende Wiederauffüll- bzw. Rekultivierungsverpflichtung, (...) die Verpflichtung eines Pächters zur Ersatzleistung entsprechend dem in der Pachtzeit erlittenen Wertverzehr des Pachtgegenstandes, [oder] (...) Entsorgungsverpflichtungen eines Kernkraftwerks“ (Moxter (2003a), S. 102 f.).

1486 Lüdenbach (2003b), S. 835 ff.

vertraglich nicht verpflichtet ist, so liegt eine reine Innenverpflichtung vor; nach bilanzorientierten Sichtweise besteht ein Passivierungsverbot. Allerdings kann auf einen Betrieb durch Außenstehende ein so stichhaltiger Erwartungsdruck („*valid expectation*“[1487]) zur Durchführung der Maßnahmen lasten, dass dem Anschein nach faktisch eine Aussenverpflichtung vorliegt und insofern nach IAS 37.10 i.V.m. IAS 37.14 (a) und IAS 37.17 (b) eine passivierungsfähige *constructive obligation* vorliegt.[1488] Im Einzelfall dürfte jedoch fragwürdig sein, ob die *valid expectations* den Bilanzierenden tatsächlich so ‚unabwendbar' an geplante Rückbaumaßnahmen binden, wie formalrechtliche Verpflichtungen (Abschn. C2.2.3),[1489] zumal für diesen Fall das Vorliegen von *valid expectation* – im Gegensatz zum Restrukturierungsfall - nicht präzisiert wird.

3.2.3.1.2 Nachbildung von Aufwandsrückstellungen für Großreparaturen

Wie den Beispielen 11A und 11 B des Appendix C zu IAS 37 zu entnehmen ist, erlaubt IAS 37 grundsätzlich keinen Ansatz von Aufwandsrückstellungen für Großreparaturen bzw. Großinspektionen[1490]. Das Ansatzverbot wird damit begründet, dass das Unternehmen die zukünftigen Wartungsarbeiten abwenden kann - bspw. durch den Verkauf regelmäßig zu wartender Flugzeuge. Mithin besteht keine Aussenverpflichtung.[1491] Auch nach dem *matching*-Prinzip wäre eine Aufwandsabgrenzung unzulässig, da Großreparaturen durchgeführt werden, um zukünftig weiterhin Erträge zu generieren.[1492] Konzeptionell sind demnach Aufwandsrückstellungen für zukünftige Großreparaturen weder mit der bilanzorientierten noch mit der GuV-orientierten Betrachtungsweise gerechtfertigt.

Dennoch gelingt es im Rahmen der IAS/IFRS-Bilanzierung, durch geeignete Abschreibungen und einer Aktivierung der Ausgaben für Großreparaturen ein Substitut zu schaffen, durch das ähnliche Ergebnisverläufe und im Totalerfolg

---

[1487] IAS 37.20.

[1488] Vgl. IAS 37, Appendix C, Example 2B: „The conduct of the enterprise has created a valid expectation on the part of those affected by it that the enterprise will clean up contaminations".

[1489] Vgl. Schildbach (2002c), S. 794 f.

[1490] Unter Großreparaturen versteht man allgemein in bestimmten Zeitabständen kontinuierlich anfallende Instandhaltungs- oder Wartungsmaßnahmen, die auch bei nicht auffallenden Schäden anfallen. Rückstellungen für Großreparaturen stellen im Rahmen des deutschen Bilanzrechts den häufigsten Fall von Aufwandsrückstellungen dar (vgl. Clemm/Erle (1999), § 249, Rdnr. 316, 320; Daub (2000), S. 113).

[1491] Vgl. auch Kieso/Weygandt/Warfield (2001), S. 521: „It is difficult to justify the Allowance for repairs account as a liability because one might ask, To whom do you owe a liability?"

[1492] So auch Daub (2000), S. 113; Moxter (2003a), S. 105 f.

sogar ein identisches Ergebnis wie durch Aufwandsrückstellungen erzeugt werden können.[1493] Erreicht wird dies durch folgende Vorgehensweise:

(1) Aufspaltung der Anschaffungs-/Herstellungskosten von Sachanlagen in wesentliche Bestandteile und deren gesonderte Abschreibung

Nach IAS 16.44 ff. sind die AK/HK von Sachanlagen in wesentliche Bestandteile *(significant parts)* aufzuspalten und gesondert abzuschreiben. Damit sollen - angesichts verschiedener Nutzungsdauern und Verschleißanfälligkeiten der einzelnen Komponenten – angemessene Abschreibungsverläufe erreicht werden.[1494] Da - wie im Folgenden beschrieben wird - u.U. die Kosten für Großreparaturen aktiviert werden können, bietet diese Regelung „einen gewissen Ersatz für die nach IFRS unzulässigen Aufwandsrückstellungen“[1495].

(2) Aktivierung der Kosten für bedeutende Großreparaturen als nachträgliche Anschaffungs- bzw. Herstellungskosten

Nach den Regelungen des überarbeiteten IAS 16 (rev. 2003) dürfen Ausgaben prinzipiell nur dann als nachträgliche AK/HK von Sachanlagevermögen aktiviert werden, wenn diese die allgemeinen Ansatzkriterien *(„general recognition principle“[1496])* des IAS 16 erfüllen.[1497] Dies hat zur Konsequenz, dass – im Gegensatz zum bisherigen IAS 16 (rev. 1998) – eine nachträgliche Aktivierungsfähigkeit unabhängig davon besteht, ob die jeweiligen Ausgaben den Zustand eines Vermögenswertes verbessern und daher einen zusätzlichen Nutzenzufluss an das bilanzierende Unternehmen erwarten lassen.[1498] Diese Neuregelung ist systemkonform, da es nach den allgemeinen Ansatzkriterien ausreicht, wenn ein Vermögenswert nur indirekt einen Nutzenbeitrag stiftet. Allerdings ist damit die Aktivierungsfähigkeit von nachträglichen AK/HK anhand so vager Ansatzkriterien zu beurteilen, dass selbst eine Aktivierung von laufenden Instandhaltung- und Reparaturaufwendungen gerechtfertigt erscheint.[1499] Um die Aktivierung

---

[1493] Deutlich wird dies im Beispiel 11A des Appendix C zu IAS 37 eingestanden: „Instead of a provision being recognised, the depreciation of the lining takes account of its consumption, i.e. it is depreciated over five years. The re-lining costs then incurred are capitalised with the consumption of each new lining shown by depreciation over the subsequent years".

[1494] Zum sog. 'component approach' vgl. IAS 16, BfC, Rdnr. BC26; Schildbach (2002c), S. 795.

[1495] Wagenhofer (2003), S. 189.

[1496] IAS 16, BfC, Rdnr. BC6.

[1497] Vgl. IAS 16, BfC, Rdnr. BC6, BC10, BC12.

[1498] Vgl. IAS 16, BfC, Rdnr. BC6. Zu den bisherigen Regelungen vgl. IAS 16 (rev. 1998), Rdnr. 23 ff.; Wagenhofer (2003), S. 188. Zur Konkretisierung wurden in IAS 16 (rev. 1998), Rdnr. 24 Beispiele von Ausgaben aufgezählt, die normalerweise einen zusätzlichen Nutzenzufluss erbringen.

[1499] Vgl. IAS 16, BfC, Rdnr. BC8.

solcher Periodenaufwendungen zu vermeiden, wird in IAS 16.12 explizit darauf hingewiesen, dass die Kosten für laufende Reparatur- und Instandhaltungsmaßnahmen *(„cost of day-to-day servicing")* nur aufwandswirksam erfasst werden dürfen; begründet wird dies damit, dass deren zukünftiger wirtschaftlicher Nutzenbeitrag zu unsicher sei.[1500] Aktivierungsfähig sind hingegen die Kosten für regelmäßig auszuwechselnde Vermögenswertkomponenten (z.B. Stuhlreihen oder Bordküchen von Flugzeugen) sowie die Kosten von Großreparaturen, sofern die allgemeinen Ansatzkriterien erbracht werden (IAS 16.13 und IAS 16.14). In IAS 16.14 wird die Vorgehensweise bei der Aktivierung der Kosten für Großinspektionen *(major inspection)* erörtert: Erfüllen die Inspektionskosten die *general recognition principle*, sind diese als eigenständige AK/HK-Bestandteile des betreffenden Vermögenswertes zu aktivieren, ein ggf. verbleibender Restbuchwert einer vorhergehenden Inspektion ist dabei auszubuchen[1501]. Die Aktivierung erfolgt unabhängig davon, ob das Unternehmen die Kosten der vorangegangen Großinspektionen bereits bei der Inbetriebnahme der Anlage identifiziert hatte. Zur Bestimmung des Aktivierungsumfanges reicht es aus, wenn geschätzte künftige Ausgaben für vergleichbare Inspektionen als Indikator für die Inspektionskostenkomponente des Vermögenswertes im Zugangszeitpunkt *(„cost of the existing inspection component (...) when the item was acquired or constructed"*[1502]*)* herangezogen werden können.[1503] Etwas unklar ist, ob die aktivierten Kosten für Großreparaturen als *significant part* in den Folgeperioden gesondert abzuschreiben sind. Dafür spricht, dass dies nach den Regelungen des bisherigen SIC-23 sowie nach dem Beispiel 11A des Appendix C zu IAS 37 so vorgesehen ist[1504] und keine Regelungen anderweitiges besagen.

Die wirtschaftlichen Konsequenzen dieser Vorgehensweise werden anhand eines Beispiels veranschaulicht:

Beispiel:

Bei einem, gemäß IAS 16 als Sachanlagevermögen bilanzierten Hochofen mit Anschaffungskosten von 124.000 € in t_0 muss im Rahmen von Großinspektionen alle zwei Jahre (jeweils zu Beginn des darauf folgenden Geschäftsjahres) die Befeuerungsanlage ausgetauscht oder runderneuert werden. Die gesamte

---

[1500] Vgl. IAS 16, BfC, Rdnr. BC12.

[1501] Damit soll deutlich gemacht werden, dass die Ausgaben für Großinspektionen von Vermögenswertkomponenten auch dann aktiviert werden können, wenn die betreffende Komponente zuvor nicht abgeschrieben wurde (vgl. IAS 16, BfC, Rdnr. BC11).

[1502] IAS 16.14.

[1503] Das Nutzenpotential der Großreparatur muss also nicht in Form einer gesonderten Rechnung besonders ausgewiesen worden sein.

[1504] Vgl. SIC 23-8.

Nutzungsdauer der Anlage beträgt acht Jahre, das Unternehmen schreibt den Hochofen linear ab. Die Inspektionskosten belaufen sich während dieser Zeit unverändert auf 24.000 €.

a) Höhe der Periodenaufwendungen bei der Bilanzierung einer Ansammlungsrückstellung (HGB/GoB-Variante)

Nach deutschem Bilanzrecht werden die künftigen Ausgaben für Großreparaturen im Regelfall zeitproportional in dem Verhältnis früheren Geschäftsjahren zugeordnet, „in dem diese Geschäftsjahre zu den künftigen Ausgaben beigetragen haben“[1505]. Die planmäßigen Abschreibungsaufwendungen belaufen sich jährlich auf 124.000/8 = 15.500 €. In t_7 und t_8 erfolgt keine Rückstellungsbildung, da die betriebliche Nutzungsdauer des Hochofens nach t_8 endet:

Jahresabschluss zum Zeitpunkt	t_1	t_2	t_3	t_4	t_5	t_6	t_7	t_8	**Saldo**
AfA	15,5	15,5	15,5	15,5	15,5	15,5	15,5	15.500	-124
Zuführung Aufwandsrückstellung	12	12	12	12	12	12	0	0	-72
Periodenaufwand	**27,5**	**27,5**	**27,5**	**27,5**	**27,5**	**27,5**	**15,5**	**15,5**	**196**
Buchwert Aufwandsrückstellung	12	24	12	24	12	24	0	0	
Ausgaben für Großinspektion			- 24		- 24		- 24		-72

(Angaben in Tausend €)

b) Höhe der Periodenaufwendungen bei gesonderter Abschreibung der Befeuerungsanlage und Aktivierung der Inspektionskosten (IAS/IFRS-Variante)

Das Unternehmen identifiziert nun die Befeuerungsanlage gemäß IAS 16.44 als „*significant part*“ des Hochofens und schreibt sie entsprechend gesondert linear ab. Da die Befeuerungsanlage alle zwei Jahre runderneuert wird, beträgt deren planmäßige Nutzungsdauer zwei Jahre. Das Unternehmen schätzt die Inspektionskostenkomponente im Zeitpunkt der Inbetriebnahme des Hochofens anhand vergleichbarer Inspektionskosten richtig auf 24.000 € ein. Die planmäßigen Abschreibungen für den Hochofen ohne Befeuerungsanlage betragen nun 100.000/8=12.500 GE. Die planmäßigen Abschreibungen für die Befeuerungsanlage belaufen sich demgemäß auf 24.000/2 = 12.000 GE. Durch diese Vorgehensweise wird in den ersten sechs Jahren im Vergleich zu der Aufwandsabgrenzung über eine Ansammlungsrückstellung ein niedrigerer Periodenaufwand ausgewiesen. Die Aufwandsunterschiede gleichen sich in der Totalperiode dadurch aus, dass nach der IAS/IFRS-Variante die Befeuerungsanlage auch in den letzten beiden Jahren gesondert abgeschrieben wird:

1505 Clemm/Erle (1999) § 249 Rdnr. 319.

Jahresabschluss zum Zeitpunkt	t_1	t_2	t_3	t_4	t_5	t_6	t_7	t_8	**Saldo**
AfA Hochofen	12,5	12,5	12,5	12,5	12,5	12,5	12,5	12,5	100
AfA Befeuerungsanlage	12	12	12	12	12	12	12	12	96
Periodenaufwand	**24,5**	**24,5**	**24,5**	**24,5**	**24,5**	**24,5**	**24,5**	**24,5**	**196**
Buchwert Befeuerungsanlage	12	0	12	0	12	0	12	0	
Ausgaben für Großinspektion			- 24		- 24		- 24		-72

(Angaben in Tausend €)

Sofern die Kosten der Großinspektion die *general recognition principles* erfüllen, führen beide Varianten im *Totalerfolg* zu identischen Ergebnissen. Die IAS/IFRS-Variante führt jedoch - im Gegensatz zur HGB/GoB-Variante - zu einer noch gleichmäßigeren Aufwandsverteilung. Angesichts der erheblichen Ermessensspielräume, die die gesonderte Abschreibung von *significant parts* und die Aktivierungsmöglichkeit der Kosten von *major inspections* bieten,[1506] dürften bilanzpolitische Maßnahmen jedoch relativ problemlos durchführbar sein.

3.2.3.2 Aktivierung und gleichzeitige Passivierung von Rückbaukosten als wirtschaftliches Surrogat für Ansammlungsrückstellungen

Nach IAS 16.16 (c) i.V.m. IAS 37.14 sind die geschätzten Aufwendungen für Entsorgungs- Abbruch- und Abräummaßnahmen einer Sachanlage sowie für die Wiederherstellung des Standortes in die AK/HK des betreffenden Vermögenswertes einzurechnen. Gleichzeitig ist in entsprechender Höhe erfolgsneutral eine Rückstellung für Rückbauverpflichtungen zu passivieren – Voraussetzung für diese Vorgehensweise ist natürlich – wie im Abschn. E.3.1.1.1 erörtert wurde - die Existenz einer rechtlichen oder faktischen Verpflichtung (der Buchungssatz lautet daher: *‚per Anlagevermögen an Rückbauverpflichtung'*).[1507] Betrachtet man die Wirkungen dieser Vorgehensweise auf den Erfolgs- und Vermögensausweis, so bestehen kaum Unterschiede zur ratierlichen Bildung einer Ansammlungsrückstellung, welche – wie im Abschn. C2.2.3 beschrieben – nach dem *matching*-Prinzip (nicht jedoch nach der bilanzorientierten Sichtweise) passivierungsfähig ist, da „die mit der Passivierung verbundenen Aufwendungen zukünftige Erträge alimentieren und damit wirtschaftlich noch nicht verursacht sind"[1508]. Auch das deutsche Bilanzrecht sieht zumeist eine ratierliche Abgren-

1506 So werden im IAS 16 weder Beispiele noch ergänzende Hinweise angeführt, anhand derer der Bilanzierende genauer einschätzen kann, wann eine Vermögenswertkomponente „significant" ist, wann eine Großinspektion und nicht eine laufende Instandhaltungsmaßnahme vorliegt oder wann die dafür Inspektionskosten die allgemeinen Ansatzgrundsätze erfüllen.

1507 Vgl. Lüdenbach (2003b), S. 835; IAS 37, Appendix C, Example 3.

1508 Lüdenbach (2003b), S. 836; vgl. auch Heuser/Theile (2003), Rdnr. 329.

zung von Aufwendungen für zukünftige Rückbaumaßnahmen vor.[1509] Folgendes Beispiel soll die wirtschaftlich Effekte beider Vorgehensweisen verdeutlichen:

Beispiel:[1510]

Ein Unternehmen ist gesetzlich zur Wiederauffüllung einer Kiesgrube verpflichtet; die dafür geschätzten Aufwendungen betragen in t_0 1.000 GE. Die Anschaffungskosten der Kiesgrube beliefen sich auf 500 GE. Die Laufzeit der Kiesgrubenausbeute beträgt 10 Jahre. Bei unterstelltem gleich bleibendem Umsatzverlauf werden Rekultivierungsaufwendungen in Höhe von 100 GE ratierlich passiviert, um eine „umsatzproportionale Verteilung der künftigen Aufwendungen“[1511] zu erreichen.

a) Bildung und Auflösung einer Ansammlungsrückstellung (HGB/GoB-Variante):

Jahresabschluss Jahr	**1**	**2**	**3**	**4**	**5**	**6**	**7**	**8**	**9**	**10**	**Saldo**
Ausgaben	**- 0,5**									**-1**	-1,5
Buchwert Kies-grubenanlage	0,45	0,4	0,35	0,3	0,25	0,2	0,15	0,1	0,05	0	
Rückstellungshöhe	0,1	0,2	0,3	0,4	0,5	0,6	0,7	0,8	0,9	**0**	
AfA	-0,05	-0,05	-0,0 5	-0,0 5	-0,05	-0,05	-0,05	-0,05	-0,05	- 0,05	**- 0,5**
Zuführung Rück-baurückstellung	- 0,1	- 0,1	- 0,1	- 0,1	- 0,1	- 0,1	- 0,1	- 0,1	- 0,1	- 0,01	**- 1**
Gesamte Aufwen-dungen	- 0,15	- 0,15	- 0,15	- 0,15	-0,15	- 0,15	- 0,15	- 0,15	- 0,15	- 0,15	**Δ 1,5**

(Angabe in Tausend €)

b) Sofortige Passivierung der Rückbauverpflichtung und korrespondierende Erhöhung der Herstellungskosten (IAS/IFRS-Variante):

Nach IAS 37.45 ff. müssen langfristige Verpflichtungen mit einem vorsteuerlichen marktüblichen Zins, der die Markteinschätzung hinsichtlich des Zeitwerts des Geldes reflektiert, abgezinst werden.[1512] Im Beispiel wird vereinfachend ein relevanter Marktzins von 10% unterstellt, so dass in t_0 der Barwert der vollen Rückbauverpflichtung in Höhe von $1.000/1{,}1^{10}$ = 385,54 GE zu passivieren ist. In gleicher Höhe werden die passivierten Entsorgungsverpflichtungen nach IAS 16.16 (c) als Bestandteil der HK aktiviert. Aufgrund der höheren Abschreibungsbasis betragen die jährlichen Abschreibungen 88,55 GE[1513]. Nach IAS

[1509] Vgl. Moxter (1996), S. 122 f.; Lüdenbach (2003b), S. 836 f.

[1510] In Anlehnung an Alexander/Hiner (2001), S. 52.

[1511] Moxter (2003a), S. 103.

[1512] Vgl. Zeimes (2003), S. 2077; v. Keitz/Dörner/Wollmert/Oser (2002), IAS 37, Rdnr. 92.

[1513] 88,56 = (500+385,54)/10.

37.60 i.V.m. IFRIC 1, Rdnr. 9 ist die jährliche Aufzinsung der Rückstellung als Zinsaufwand zu erfassen (siehe Abbildung nächste Seite).[1514]

Vom Gesamtergebnis unterscheiden sich die beiden Rückstellungskonzeptionen nicht: „Die Aufwendungen werden ein Mal über die Erhöhung der Abschreibungsbemessungsgrundlage periodisiert, das andere Mal durch ratierliche Zuführungen zu den Rückstellungen“[1515]. Dass in diesem Beispiel dennoch Abweichungen zwischen den Periodenaufwendungen bestehen, liegt an dem, nach IAS 37.45 ff. vorgeschriebenen Barwertansatz für langfristige Verbindlichkeiten. Auch die Höhe des Nettovermögens unterscheidet sich bei beiden Alternativen lediglich aufgrund des Abzinsungseffekts.[1516] Insofern stellt diese Regelung einen Kompromiss zwischen *matching*-Prinzip und *asset/liability approach* dar - durch die Gegenbuchung im Anlagevermögen wird eine „volle Passivierung der Rückbauverpflichtung bei gleichzeitiger Periodisierung des Aufwands“[1517] erreicht.

Jahresabschluss Jahr	**1**	**2**	**3**	**4**	**5**	**6**	**7**	**8**	**9**	**10**	**Saldo**
Zahlungen	**- 0,5**									- 1	**- 1,5**
Buchwert Kiesgrubenanlage	0,797	0,708	0,620	0,531	0,443	0,354	0,257	0,177	0,890	0	
Rückstellungshöhe	0,424	0,467	0,513	0,564	0,621	0,683	0,751	0,826	0,909	**0**	
AfA	- 0,089	- 0,089	- 0,089	-0,089	- 0,089	-0,089	-0,089	-0,089	-0,089	-0,089	**- 0,886**
Bildung Rückbaurückstellung	-0,039	-0,042	-0,047	-0,051	-0,056	-0,062	-0,068	-0,075	-0,083	-0,091	**-0,614**
Gesamte Aufwendungen	-0,127	-0,131	-0,135	-0,140	-0,145	- 0,151	- 0,157	-0,164	-0,171	-0,180	**1,5**

(Angabe in Tausend €, gerundet)

Vom IASB unbeantwortet bleibt die Frage, ob der aktivierte Ausgleichposten die allgemeinen Ansatzkriterien für Vermögenswerte nach IASB Framework erfüllt, da dieser keinen zukünftigen wirtschaftlichen Nutzen generiert.[1518] Nach Zeimes (2003) ist die „Designierung dieser zukünftigen Kosten (...) nachvoll-

1514 Die nach IAS 12 vorgesehene wahlweise Aktivierung von Fremdkapitalkosten ist in diesem Fall unzulässig (vgl. Zeimes (2003), S. 2078).

1515 Lüdenbach (2003b), S. 839.

1516 Ähnlich: Lüdenbach (2003b), S. 839.

1517 Lüdenbach (2003b), S. 839.

1518 Vgl. SFAS 143, Appendix B, Rdnr. B42: „Capitalized asset retirement costs are not a separate asset because there is no specific and separate future economic benefit that results from those costs“.

ziehbar, wenn davon ausgegangen wird, dass die Erfüllung der Entsorgungsverpflichtung geleistet werden muss, um überhaupt in Zukunft einen Nutzenzufluss aus dem Vermögenswert zu erwirtschaften“[1519]. Dieses Argument erscheint insofern plausibel, als nach IAS 16.6 i.V.m. F.53 Sachverhalte auch als Vermögenswerte qualifiziert werden können, die lediglich indirekt dazu beitragen, den wirtschaftlichen Nutzen aus anderen Vermögenswerten zu erhöhen.[1520] Der aktivierte Ausgleichsposten kann u.U. auch den Charakter von immateriellen Vermögen aufweisen: So könnte die Übernahme einer rechtlichen Entsorgungsverpflichtung als entgeltlich erworbene ‚Genehmigungsrechte' interpretiert werden, die nicht das Identifizierbarkeitskriterium erfüllen, insofern nicht selbständig ansatzfähig sind und daher in den Buchwert des Sachanlagevermögens einfließen.[1521] Gegen die Vermögenswerteigenschaft spricht jedoch die Tatsache, dass der Ausgleichposten umso größer wird, je umfangreicher die geschätzten Rückbauaufwendungen sind. So kann der Bilanzwert einer besonders umweltverseuchenden Mülldeponie im Vergleich zu dem Bilanzwert einer modernen, umweltschonenden Anlage lediglich aufgrund dessen ungleich höherer künftiger Entsorgungskosten erheblich abweichen. Die bilanzielle Vermögenslage steigt sogar um so mehr, je weniger umweltverträglich die Anlage arbeitet – es wird deutlich, dass mit dieser Regelung die tatsächliche Vermögenslage eines Unternehmens erheblich verzerrt werden kann.[1522] Die Vereinbarkeit mit den allgemeinen Ansatzkriterien für Vermögenswerte ist fragwürdig, weil diese – wie gezeigt – konzeptionell auf eine möglichst zutreffende Vermögensdarstellung abzielen.

3.2.3.3 Bilanzierung von nicht werthaltigen Abgrenzungspositionen

Wie im Abschn. C2.2.3 beschrieben, verkörpern, aus Sicht der Befürworter der bilanzorientierten Sichtweise, viele Rechnungsabgrenzungsposten - die zum Zweck einer möglichst periodengerechten Gewinnermittlung bilanziert werden - keine wirtschaftlichen Ressourcen oder Leistungsverpflichtungen (sog. *„what-*

[1519] Zeimes (2003), S. 2077.

[1520] Vgl. insbesondere IAS 16.11: „Such items of property, plant and equipment qualify for recognition as assets because they enable en entity to derive future economic benefits from related assets in excess of what could be derived had those items not been acquired“. So heisst es auch in SFAS 143, Appendix B, Rdnr. BC42 zur Vermögenswerteigenschaft von ‚asset retirement costs': „In other words, the future economic benefit of those costs lies in the productive asset that is used in the entity's operations“.

[1521] Vgl. SFAS 143, Appendix B, Rdnr. B43: „The Board acknowledges that in certain situations an intangible asset, such as the right to operate a long-lived asset, may be acquired when obligations for asset retirement costs are incurred. However, the intangible asset is not separable from long-lived asset, and similar intangible assets, such as building and zoning permits, are generally included in the historical cost of the long-lived asset that is acquired or constructed”.

[1522] So auch Wohlgemuth/Radde (2000), S. 910.

you-may-call-its"). Auch nach IAS/IFRS sind in Einzelfällen Abgrenzungspositionen zu bilanzieren, die eindeutig den allgemeinen Definitionen von Vermögenswerten und Schulden nach IASB Framework widersprechen.[1523] Dies ist umso bemerkenswerter, als nach IAS 1.26 ein Ansatz von nicht werthaltigen Bilanzpositionen ausdrücklich untersagt wird.[1524]

- IAS 20 räumt verschiedene Möglichkeiten ein, für Zuwendungen der öffentlichen Hand („*government grants*") passivische Ertragsabgrenzungen vorzunehmen.[1525] Wie im Abschn. C2.2.3 gezeigt, können Zuwendungen der öffentlichen Hand, die mit keiner Leistungsverpflichtung von Seiten des bilanzierenden Unternehmens verknüpft werden, nach bilanzorientierter Sichtweise, keine *liability* darstellen. IAS 20.3 definiert *government grants* als Zuschüsse öffentlicher Stellen, deren Gewährung an die Erfüllung gegenwärtiger oder vergangener Bedingungen im Zusammenhang mit der operativen Tätigkeit des bilanzierenden Unternehmens geknüpft wird.[1526] SIC-10.3 stellt klar, dass eine spezifische Auflage für die Gewährung der Zuwendung nicht erforderlich ist. Als Bedingung genügt schon das Tätigwerden in bestimmten Regionen oder Branchen.[1527] Die Bilanzierungsvorschriften nach IAS 20 greifen demgemäß auch dann, wenn die Zuwendungen an keine *spezifischen* Leistungsverpflichtungen geknüpft werden. Mögliche Rückzahlungsverpflichtungen bei Nichterbringung der Zuwendungsauflagen nach IAS 20.11 sind - je nach Wahrscheinlichkeit – entsprechend den Regelungen des IAS 37 zu behandeln.[1528] Damit wird deutlich, dass dem passiven Abgrenzungsposten jeglicher Schuldcharakter fehlt.
- Nach IAS 17.59 sind Veräußerungsgewinne im Rahmen von *sale and lease-back*-Transaktionen,[1529] aus denen ein *finance lease*-Verhältnis resultiert,

---

[1523] Vgl. Schildbach (2003a), S. 254; Wagenhofer (2003), S. 130.

[1524] Vgl. auch Wagenhofer (2003), S. 130, 155

[1525] Vgl. IAS 20.24; IAS 20.23; IAS 20.29. Anm.: Gemäß dem matching-Prinzip sollen Zuwendungen der öffentlichen Hand in den Perioden ertragswirksam erfasst werden, in denen die Aufwendungen anfallen, die damit alimentiert werden sollen (Vgl. IAS 20.12). Zu den Regelungen des IAS 20 vgl. ausführlich Hoffmann, in: Haufe IAS-Kommentar (2003) § 12, Rdnr. 1 ff.; Wagenhofer (2003), S. 151-154.

[1526] Dabei ist es unerheblich, in welcher Form die Zuwendungen dem Unternehmen zugute kommen, dies kann etwa durch Barzahlung, durch einen Erlass von Verbindlichkeiten (IAS 20.9), oder in Form von Sachwerten (IAS 20.23) erfolgen.

[1527] Vgl. Wagenhofer (2003), S. 152 sowie SIC-10.3: „even if there is no condition specifically relating to the operating activities of the enterprise other than the requirement to operate in certain regions or industry sections".

[1528] Vgl. Hoffmann, in: Haufe IAS-Kommentar (2003) § 12, Rdnr. 16.

[1529] Bei einer sale and lease back-Transaktion wird ein Leasinggegenstand veräußert und durch den Verkäufer wieder zurückgeleast, der Verkäufer wird insofern der neue Leasingnehmer (vgl. IAS 17.58; Wagenhofer (2003), S. 290).

nicht unmittelbar als Ertrag auszuweisen, sondern mit Hilfe einer passiven Ertragsabgrenzung über die Restlaufzeit des Leasingverhältnisses zu verteilen.[1530] Dieser Vorgehensweise liegt der Gedanke zugrunde, dass wirtschaftlich betrachtet keine Veräußerung stattgefunden hat. Der Mittelzufluss ist daher als Finanzierung des Leasingnehmers zu qualifizieren, wobei der Leasinggegenstand bis zum Ablauf des Leasingvertrages als Sicherheitsinstrument dient (IAS 17.60).[1531] Es wird deutlich, dass dann der Schuldencharakter der positiven Differenz zwischen Veräußerungserlös und Buchwert des Leasinggegenstandes zweifelhaft ist. Nach Sprouse (1966) steckt hinter diesem Abgrenzungsposten eindeutig ein *„what-you-may-call-its"*.[1532]

- Nach IAS 2.18 ist in den Fällen, in denen die üblichen Zahlungsfristen überschritten werden (Fall eines „angebotenen, aber nicht wahrgenommenen Skontoabzugs"[1533]) der Barwert der tatsächlichen Zahlungen anzusetzen, sofern die Zahlungsvereinbarung einen effektiven Zinsanteil enthält. Der Zinsanteil ist dann aktivisch abzugrenzen und über die Laufzeit des Kredites als Zinsaufwand zu erfassen.[1534] Die Werthaltigkeit des aktiven Abgrenzungspostens ist insbesondere bei sehr teueren Lieferantenkrediten fragwürdig, weil dann der Zinsaufwand womöglich nicht von den Erträgen gedeckt ist.[1535]

3.3 Prinzipienbasierung der speziellen Bewertungsvorschriften

3.3.1 Allgemeine Bewertungsgrundlagen nach IASB Framework

Die allgemeinen Ausführungen des IASB Frameworks zur Bewertung von Abschlusspositionen beschränken sich auf Definitionen verschiedener Wertmaßstäbe[1536] und auf eine kurze Beschreibung von wesentlichen Kapitalerhaltungskonzepten[1537]. Im Framework erfolgt weder eine Festlegung auf bestimmte Wertmaßstäbe, noch auf eine bestimmte Kapitalerhaltungskonzeption; verbindliche

---

[1530] Vgl. Wagenhofer (2003), S. 155.

[1531] Vgl, dazu auch Weinstock (1999), S. 174.

[1532] Vgl. dazu ausführlich Sprouse (1966), S. 49-51, insbesondere S. 50: „But any new obligation or debt created by the transaction cannot by any stretch of the imagination be limited to the amount of the gain. If there is a gain, owners equity is necessarily increased. If there is a liability, the amount of the liability is necessarily related to the entire lease obligation, not just a hunk of it".

[1533] Wohlgemuth/Radde (2000), S. 906.

[1534] Vgl. Kümpel (2003), S. 2611.

[1535] Vgl. Moxter (2003a), S. 155.

[1536] Vgl. F.99 - F.101.

[1537] Vgl. F.102 – F.110.

Bewertungsgrundsätze enthalten nur die IAS/IFRS-Einzelfallregelungen.[1538] Im Framework werden die Kapitalerhaltungskonzeptionen der nominalen Kapitalerhaltung *(„concept of financial capital maintenance (...) defined in terms of nominal monetary units“*[1539]*)*, der realen Geldkapitalerhaltung *(„concept of financial capital maintenance (...) defined in term of constant purchasing powers“*[1540]*)* sowie der Substanzerhaltung *(„concept of physical capital maintenance”*[1541]*)* vorgestellt (F.104-110):

- Nach dem Konzept der *nominalen Kapitalerhaltung* gilt allgemein das „Unternehmenspotential als gesichert, wenn das betragsmäßige (nominelle) Geldkapital von Periode zu Periode gleich bleibt“[1542]. Jede, nicht auf Einlagen oder Entnahmen beruhende Reinvermögensveränderung, bedeutet, „daß die Unternehmung einen Gewinn (Steigerung des Eigenkapitals) oder einen Verlust (Verminderung des Eigenkapitals) erzielt hat“[1543]. Geld- und Sachwertschwankungen bleiben grundsätzlich unberücksichtigt.[1544] Bei inflationären Preissteigerungen werden daher das Vermögen zu niedrig und der Gewinn zu hoch ausgewiesen, weil die Vermögenswerte und Aufwendungen auf Basis pagatorischer Anschaffungskosten, Erträge hingegen mit – infolge der Geldentwertung höheren - aktuellen Marktpreisen bewertet werden.[1545] Die ausgewiesenen Periodenerfolge enthalten deshalb in Zeiten steigender Preise Scheingewinne oder Scheinverluste;[1546] die Darstellung der Vermögens-, Finanz- und Ertragslage eines Unternehmens wird verzerrt.[1547]

- Dem Konzept der *realen Geldkapitalerhaltung* liegt der Gedanke zugrunde, dass die Leistungskraft eines Unternehmens nur dann gesichert bleibt, wenn in Zeiten steigender Preise die Kaufkraftveränderungen des Geldes im Rah-

---

1538 Vgl. Lüdenbach/Hoffmann, in: Haufe IAS-Kommentar (2003) § 1, Rdnr. 141; Baetge/Zülch (2001), S. 551.

1539 F.108.

1540 F.108.

1541 F.109.

1542 Heinen (1986), S. 133; vgl. F.104 (a).

1543 Schildbach (1979a), S. 102.

1544 Vgl. Wöhe (1996), S. 1036. Anm.: Geldwertänderungen bringen Veränderungen des allgemeinen Preisniveaus zum Ausdruck, während man unter Sachwertschwankungen spezifische Preisentwicklungen von einzelnen Gütern versteht, die vom allgemeinen Preisniveau auch abweichen können. Eine klare Trennung von Geldwert- und Sachwertveränderungen ist allerdings kaum möglich. Vgl. dazu Schildbach (1979a), S. 15; Kosiol (1973), S. 146-148.

1545 Vgl. Wöhe (1992), S. 517.

1546 Vgl. Wöhe (1992), S. 518 f.; F.108.

1547 Vgl. Wöhe (1992), S. 517.

men der Jahresabschlusserstellung berücksichtigt werden.[1548] Als Gewinn darf nur ein Überschuss des „mittels eines Indexes auf gleiche Kaufkraft umgerechneten Endkapitals über das Anfangskapital“[1549] ausgewiesen werden.

- Erhaltungsmaßstab im Rahmen der *Substanzerhaltungkonzeption* ist nicht das in Geldeinheiten bemessene Eigenkapital, sondern die physischen Unternehmensressourcen.[1550] „Ein Gewinn wird nach dieser Sichtweise nur in dem Umfang erzielt, in dem sich die physischen Ressourcen, die für die Leistungserstellung notwendig sind, während des Geschäftsjahres erhöht haben. Preisänderungen der Vermögenswerte und Schulden sind danach kein (wirtschaftlicher) Gewinn, sondern ein Scheingewinn“[1551].

Da die Ausführungen zu den verschiedenen Kapitalerhaltungskonzeptionen im IASB Framework äußerst knapp ausfallen, bleiben angesichts der zu diesem Themenbereich sehr vielfältigen Fachdiskussion[1552] zahlreiche Einzelaspekte unklar.[1553] Obgleich sich hinter den skizzierten Kapitalerhaltungskonzeptionen sehr unterschiedliche Bilanzauffassungen verbergen können,[1554] stellt das IASB die Wahl einer angemessenen Kapitalerhaltungskonzeption dem einzelnen Bilanzierenden frei.[1555]

Allgemeine - den Einzelfallregelungen übergeordnete Bewertungsprinzipien - sind somit der Rechnungslegung nach IAS/IFRS fremd. Die fehlenden allgemeinen Bewertungskonzepte sprechen gegen eine Prinzipienbasierung der

---

1548 Vgl. Mujkanovic (2002), S. 80.

1549 Wöhe (1996), S. 1233.

1550 Vgl. Wöhe (1996), S. 1234; Wagenhofer (2003), S. 363.

1551 Wagenhofer (2003), S. 363; F.105. Charakteristisch für eine Bilanzierung nach dem Substanzerhaltungskonzept ist, „daß Wertänderungen von Vermögensgegenständen auf der Aktivseite erfasst werden und daß die Aufwandsverrechnung hierauf fußt; die Wertänderungen werden jedoch auf der Passivseite erfolgsneutral kompensiert“ (Siegel (1998), S. 595 f.).

1552 Für einen Überblick vgl. Kosiol (1973), S. 146-176; Schildbach (1979a), S. 101 ff.; Wöhe (1992), S. 513-529; Belkaoui (1993), S. 265-304; Mujkanovic (2002), S. 77-83.

1553 So ist bspw. unklar, ob die Substanzerhaltung absolut oder relativ gemeint ist oder ob Brutto- oder Nettoerhaltungsrechnungen erforderlich sind. Vgl. dazu Mujkanovic (2002), S. 77 f.; Wagenhofer (2003), S. 132.

1554 Vgl. dazu Belkaoui (1993), S. 265: „The income concept remains the subject of different interpretations and schools of thought, each claiming practical or conceptual superiority of others”. Ähnlich: Mujkanovic (2002), S. 83.

1555 Vgl. 110. In F. 100 wird lediglich darauf hingewiesen, dass das bilanzierende Unternehmen ein Kapitalerhaltungskonzept auswählen soll, durch das die Interessen der Jahresabschlussadressaten bestmöglich berücksichtigt werden: „The selection of the appropriate concept of capital by an enterprise should be based on the needs of the users of the financial statements”.

IAS/IFRS.[1556] Wie im Nachfolgenden gezeigt wird, folgen auch die spezifischen Bewertungsvorschriften keinen klaren Grundlinien, sondern verbergen vielmehr eine höchst undurchsichtige Prinzipienvielfalt und Kasuistik.[1557] In den nachfolgenden Unterabschnitten werden – getrennt nach Zugangs- und Folgebewertung – die vielfältigen und verworrenen Bewertungskonzepte der Einzelfallregelungen systematisiert. Ein Anspruch auf Vollständigkeit kann nicht erhoben werden.

3.3.2 Zugangsbewertung

3.3.2.1 Erfolgsneutrale Zugangsbewertung als allgemeines IAS/IFRS-Prinzip?

Nach IASB Framework sind Vermögenswerte und Schulden erstmalig mit ihren Anschaffungs- bzw. Herstellungskosten (AK/HK) zu bilanzieren.[1558] Gemäß F.100 (a) entsprechen die AK/HK:

- Bei *assets* dem „hingegeben Betrag an Zahlungsmitteln respektive Zahlungsmitteläquivalenten oder dem ‚fair value' einer anderen Gegenleistung zum Erwerbszeitpunkt“[1559].
- Bei *liabilities* dem, für das Eingehen der Verpflichtung erhaltenen Verfügungsbetrag oder (bei fehlender Gegenleistung) dem voraussichtlichen Erfüllungsbetrag.

Entsprechend dieser allgemeinen Definition dürfen die erstmaligen Wertansätze von Vermögenswerten und Schulden den Wert der Gegenleistung bzw. den entrichteten Geldbetrag weder über- noch unterschreiten (*„Prinzip der Maßgeblichkeit der Gegenleistung“*[1560]). Das Prinzip der Maßgeblichkeit der Gegenleistung stellt – wie auch ein Blick in das deutsche Bilanzrecht zeigt, ein Objektivierungskriterium zur Sicherung einer *erfolgsneutralen Zugangsbewertung* dar.[1561]

Es ist daher zu untersuchen, ob auch die Einzelfallregelungen diesem Prinzip folgen.

[1556] Ähnlich: Kuhner (2004), S. 270; Ackermann (2001), S. 47.

[1557] Vgl. Schildbach (2003a), S. 254; Kuhner (2004), S. 270.

[1558] Dass AK/HK grundsätzlich als primäre Wertmaßstäbe fungieren sollen, ergibt sich aus der Formulierung in F.100 (a): „Assets are recorded (...). Liabilities are recorded (...)“.

[1559] Kümpel (2002), S. 130. Ähnliche Definitionen enthalten auch IAS 16.6; IAS 40.5 sowie IAS 38.8.

[1560] Kümpel (2002), S. 130; vgl. Wohlgemuth/Radde (2000), S. 906.

[1561] Vgl. Wohlgemuth/Radde (2000), S. 904; Moxter (2003a), S. 171.

Erfolgsneutrale Zugangsbewertung nach HGB/GoB

Nach deutschem Bilanzrecht sollen sich Beschaffungsvorgänge im Idealfall „als bloße Vermögensumschichtung auswirken, also weder Vermögensmehrung noch Vermögensminderung auslösen“[1562]. *Als Objektivierung- und Nachprüfbarkeitskriterium dient das Prinzip der Maßgeblichkeit der Gegenleistung nach BFH-Rechtsprechung „zur formal eindeutigen Abgrenzung“*[1563] *des Anschaffungskostenbegriffes.*[1564] *Doch auch die Interpretation des handelrechtlichen Herstellungskostenbegriffs*[1565] *ist insofern vom Ziel einer erfolgsneutralen Vermögensumschichtung geleitet,*[1566] *als nach BFH-Rechtsprechung bei der Frage der Herstellungskostenumfanges prinzipiell die „Zweckrichtung der Aufwendungen als finales Element“*[1567] *entscheiden soll. Da der finale Zweck der Aufwendungen aufgrund zahlreicher Abgrenzungs- und Zuordnungsschwierigkeiten (etwa im Bereich der unechten Gemeinkosten*[1568] *oder der fixen Aufwendungen bei Unterbeschäftigung) nicht exakt feststellbar ist,*[1569] *hat der Gesetzgeber für die Einzelkosten eine Aktivierungspflicht, für die übrigen Kosten bis zum handelrechtlichen Vollkostenansatz hingegen Aktivierungswahlrechte geschaffen. Daneben bestehen auch explizite Aktivierungsverbote.*[1570] *Durch die gesetzlichen Spielräume hat der Bilanzierende theoretisch die Möglichkeit, angemessene Wertansätze zu wählen und die Fehler einer Vollkostenrechnung zu vermeiden.*[1571] *Während somit die erfolgsneutrale Zugangsbewertung von Anschaffungsvorgängen*

[1562] Moxter (1996), S. 155.

[1563] Wohlgemuth/Radde (2000), S. 904.

[1564] ADS (1995b) § 255, Rdnr. 5.

[1565] Vgl. § 255 Abs. 2 HGB.

[1566] Vgl. Moxter (1996), S. 177; Schildbach (2000a), S. 236.

[1567] BFH-Urteil vom 13. 10.1983 IV R 160/78, S. 102 f.

[1568] Vgl. dazu z.B. Knop/Küting (1995) § 255, Rdnr. 174.

[1569] Vgl. Schildbach (2000a), S. 236 f.; Moxter (2003a), S. 180.

[1570] Vgl. Knop/Küting (1995) § 255, Rdnr. 3; Schildbach (2000a), S. 236 f.; Heinen (1986), S. 208 f.

[1571] Vgl. Heinen (1986), S. 209: „Die Erfassung von Gemeinkosten für einzelne, selbsterstellte Erzeugnisse führt notwendigerweise zu ungenauen und unter Umständen sogar willkürlichen Wertansätzen. (…) Aufgrund der Mängel der Vollkostenrechnung ist jedoch zweifelhaft, ob die Bewertung zu Vollkosten einen besseren Einblick in die Vermögens- und Ertragslage erlaubt als die Bewertung zu Einzelkosten. Vielmehr erscheint der Einwand berechtigt, daß der geforderte sichere Einblick in die Vermögens-, Finanz- und Ertragslage durch die vorhandenen Manipulationsmöglichkeiten bei der Verteilung von Gemeinkosten eher verschlechtert wird. Auch der Ansatz von Einzelkosten kann und soll nicht zum Ausweis ‚richtiger' Wertansätze führen. Es werden jedoch hier die Fehler der Vollkostenrechnung vermieden. Weiterhin wird nicht versucht, dem Bilanzempfänger zu suggerieren, daß die Einbeziehung von Gemeinkosten zu wahreren Werten führt als die Bewertung auf der Basis der direkt zurechenbaren Kosten.“

aufgrund der direkten Zurechenbarkeit der angefallenen Kosten im Regelfall relativ unproblematisch erscheint,[1572] *richtet sich bei Herstellungskosten „der Umfang der Erfolgswirksamkeit (...) nach der Ausübung von relativ weit reichenden, in § 255 Abs. 2 und Abs. 3 HGB festgelegten Wahlrechten"*[1573].

3.3.2.2 Kasuistik der Zugangsbewertungsvorschriften

Bei einer Betrachtung des IAS/IFRS-Regelwerks wird deutlich, dass die Einzelvorschriften nur teilweise auf eine erfolgsneutrale Vermögensumschichtung im Zugangzeitpunkt ausgerichtet sind: Zum einen werden viele Zugangswerte – vor allem nach den Regelungen neuerer Standards - nicht mehr *indirekt* durch den Wert der Gegenleistung festgelegt, sondern *direkt* durch den *fair value* des jeweiligen Bewertungsobjektes.[1574] Zum anderen wird der Umfang der AK/HK für viele Bilanzpositionen kasuistisch geregelt. So müssen allein zur Bestimmung der Zugangswerte von Anlagevermögen und von Vorräten verschiedene Aussagen in IAS 2, IAS 16; IAS 23 sowie IAS 38 ‚zusammengeschustert' werden.[1575] Da die differenzierten Vorschriften selten in den BfCs begründet werden, bleiben die zugrunde liegenden Konzepte undurchsichtig.[1576] Die folgende Übersicht systematisiert wesentliche Zugangsbewertungsvorschriften nach IAS/IFRS – die Fallkasuistik wird so augenscheinlich:

1572 Vgl. Schildbach (2000a), S. 236; Moxter (2003a), S. 82.

1573 Wohlgemuth/Ständer (2003), S. 204.

1574 Dies verdeutlicht auch die veränderte Definition für AK/HK im neu überarbeiteten IAS 38 (rev. 2004), wonach man unter cost auch den Wert des empfangenen Vermögenswertes verstehen kann: „or, when applicable, the amount attributed to that asset when initially recognised in accordance with the specific reqirements of other IFRSs".

1575 Vgl. Mujkanovic (2002), S. 110.

1576 Ähnliches konstatiert Wüstemann (1999), S. 139 bezüglich der Zugangsbewertung nach US-GAAP: „Erfolgt die Zugangsbewertung Deutschland aufgrund des Erfolgneutralitätsprinzips (...) und fordert daher – mit wichtigen Einschränkungen (...) – einen breiten Ansatz der geleisteten Ausgaben, so verbleibt der Zusammenhang zu einem übergeordneten Prinzip, (...), in den USA vage".

(1) Anschaffungswertbilanzierung:

- Die Zugangsbewertung von ***entgeltlich erworbenen Anlagen und Vorräten*** erfolgt im Grundsatz erfolgsneutral (IAS 16.16 ff.; IAS 2.11; IAS 38.27).[1577] Eindeutig unvereinbar mit dem Erfolgsneutralitätsprinzip ist jedoch die Regelung des IAS 23.17, wonach u.U. Fremdkapitalkosten selbst dann aktiviert werden können, wenn das Fremdkapital nicht zweckgebunden zur Herstellung eines qualifizierten Vermögenswertes aufgenommen wurde (IAS 23.17). Nach IAS 8.13 müssen dann sogar alle derartigen Fremdkapitalzinsen unternehmenseinheitlich aktiviert werden.[1578] Generell ist unklar, ob - vor dem Hintergrund der ‚Interdependenz' der Finanzierungsvorgänge in einem Unternehmen[1579]- eine Aktivierung von Fremdkapitalzinsen mit Erfolgsneutralitätsprinzip vereinbar ist.[1580] Im Zusammenhang mit den Finanzierungskosten gilt zudem für Vorräte (sowie für *investment property*[1581]) eine Besonderheit: Nach IAS 2.18 ist in den Fällen, in denen die üblichen Zahlungsfristen überschritten werden (Fall eines „angebotenen, aber nicht wahrgenommenen Skontoabzugs"[1582]), der Barwert der tatsächlichen Zahlungen anzusetzen, sofern die Zahlungsvereinbarung einen effektiven Zinsanteil enthält. Der Zinsanteil ist dann aktivisch abzugrenzen und über die Laufzeit des Kredites als Zinsaufwand zu erfassen.[1583] Im Gegensatz dazu besteht für Anlagevermögen ein Wahlrecht, solche Finanzierungskosten nach den Grundsätzen des IAS 23 in die Anschaffungskosten einzubeziehen – mit der Konsequenz dass der volle Rechnungsbetrag aktiviert wird (IAS 16.23; IAS 38.32). Im Schrifttum ist umstritten, ob nach dem Erfolgsneutralitätsprinzip Finanzierungskosten Bestandteil der AH/HK sein können[1584] - spricht man sich jedoch, wie durch IAS 2.18 erfolgt, gegen eine Einbeziehung der (verhältnismäßig geringen) Finanzierungskosten bei Vorräten aus, so stellt sich freilich die Frage, warum dann

---

1577 Ausführlich zu den Anschaffungskosten für Anlagen und Vorräten vgl. Wagenhofer (2003), S. 157-159; Wohlgemuth/Radde (2000), S. 906-911.

1578 Vgl. dazu Wohlgemuth/Ständer (2003), S. 209.

1579 Aufgrund der ‚Interdependenz' der Finanzierungsvorgänge in einer Unternehmung sei es nicht nachvollziehbar, für was Kreditmittel tatsächlich verwendet werden (vgl. Siegel (1996), S. 1496).

1580 Ähnlich: Vgl. Moxter (2003a), S. 154.

1581 Vgl. IAS 40.24.

1582 Wohlgemuth/Radde (2000), S. 906.

1583 Vgl. Kümpel (2003), S. 2611. Anm.: In den BfCs zu IAS 2 (rev. 2003) fehlt eine Begründung, warum im Rahmen des Comparability-and-Improvement-Projekts der zwingende Barwertansatz vorgeschrieben wurde.

1584 Vgl. dazu Wohlgemuth/Radde (2000), S. 905; Moxter (2003a), S. 154 f.

bei Anlagevermögen eine Aktivierung der (verhältnismäßig ungleich höheren) Finanzierungskosten zulässig ist. Eine Einbeziehung in die AK/HK hat schließlich zur Konsequenz, dass „der bilanzierte Anschaffungswert umso höher ist, je ungünstiger die Kreditbedingungen sind“[1585].

- Durch den bei der Zugangsbewertung von ***selbsterstellten Sachanlagen und Vorräten*** vorgesehenen „produktionsbezogene[n] Vollkostenansatz“[1586] wird tendenziell eine erfolgsneutrale Zugangbewertung erreicht. Als Wahlrecht können allerdings u.U. auch Fremdkapitalkosten aktiviert werden (IAS 23.11).[1587] Für Vorräte gilt zudem die Besonderheit, dass auch nicht-fertigungsbezogene Gemeinkosten *(„non-production overheads“)* aktiviert werden können, sofern diese notwendig sind, um spezifische Designwünsche des Kunden zu erfüllen.

- Die ***Herstellungskosten von immateriellem Anlagevermögen*** dürfen nach den Regelungen des überarbeiteten IAS 38 (rev. 2004) – im Gegensatz zu Sachanlagen und Vorräten - ausschließlich mit direkt zurechenbaren Kosten aktiviert werden (IAS 38.65 ff.).[1588] Damit erfolgt zu Lasten des Vollständigkeits- und Erfolgsneutralitätsprinzips eine „bisher auch nach IAS unbekannte Berücksichtigung der Sicherheit eines Vermögenswerts bei der Bemessung seines ursprünglichen Bewertungsmaßstabs“[1589]. Diese Einzelfallbestimmung verkörpert mithin eine weitere Ausprägung der *imparitätischen* Behandlung von Vermögenswerten und Schulden.

(2) Fair Value Bilanzierung

- Nach den überarbeiten Vorschriften des IAS 16 (rev. 2003), des IAS 38 (rev. 2003) sowie des IAS 40 (rev. 2003) müssen im ***Rahmen von Tauschgeschäften zugegangene Vermögenswerte*** prinzipiell zum *fair value* angesetzt werden.[1590] Bei einem Tauschgeschäft können entsprechende Gewinne ausgewiesen werden, wenn der *fair value* des erhaltenen Guts den Wert der

[1585] Moxter (2003a), S. 154. Anm.: Die Frage stellt sich umso mehr, als für investment property wiederum nur ein Barwertansatz zulässig ist – im Rahmen einer prinzipienbasierten Rechnungslegung wären zumindest Begründungen für diese differenzierte Vorgehensweise in den BfCs erforderlich, damit der Anwender mögliche dahinter stehende Grundüberlegungen nachvollziehen kann.

[1586] Wohlgemuth/Radde (2003), S. 211. Vgl. auch Kümpel (2003), S. 2611.

[1587] Ausführlich zu den Herstellungskosten von Anlagen und Vorräten vgl. Wagenhofer (2003), S. 159 f.; Wohlgemuth/Ständer (2003), S. 207-211.

[1588] Vgl. Wohlgemuth/Ständer (2003), S. 211.

[1589] Wohlgemuth/Ständer (2003), S. 208.

[1590] Vgl. IAS 16.24; IAS 38.45; IAS 40.27

Gegenleistung übersteigt.[1591] Eine erfolgsneutrale Zugangsbewertung von Tauschgütern würde verlangen, dass nicht der Zeitwert des erhaltenen, sondern der Buchwert des hingegebenen Gutes die Anschaffungskosten darstellen würde.[1592]

- Mangels spezifischer Regelungen (mit Ausnahme der Bilanzierung von Zuwendungen der öffentlichen Hand nach IAS 20) ist davon auszugehen, dass ***unentgeltlich erworbene Vermögenswerte*** *erfolgswirksam* zum *fair value* aktiviert werden müssen.[1593] Nach dem Grundsatz der erfolgsneutralen Zugangsbewertung wäre ein „Ansatz von Null" bzw. der Ansatz eines Erinnerungsbetrages geboten.[1594]

- Die Zugangsbewertung von ***landwirtschaftlichem Lebendinventar und Agrarerzeugnissen*** im Erntezeitpunkt haben prinzipiell *erfolgswirksam* zum *fair value* abzüglich geschätzter Verkaufskosten zu erfolgen (IAS 41.12, IAS 41.13, IAS 41.26, IAS 41.28)[1595] – ein deutlicher Verstoß gegen das Erfolgsneutralitätsprinzip bzw. gegen das Prinzip der Maßgeblichkeit der Gegenleistung!

- Nach den Regelungen des überarbeiteten IAS 39 (rev. 2004) sind ***finanzielle Vermögenswerte und finanzielle Schulden*** erstmalig zu ihren *fair value* zuzüglich der Transaktionskosten zu erfassen (IAS 39.43). Dabei können u.U. Gewinne oder Verluste entstehen, die *erfolgswirksam* zu erfassen sind.[1596]

- ***Rückstellungen:*** Nach den Regelungen des IAS 37.36 f. entspricht der zu passivierende Rückstellungswert prinzipiell dem Betrag „den ein potentieller Unternehmenserwerber am Bilanzstichtag als Belastung berücksichtigte"[1597]. Da allerdings bei der Rückstellungsbewertung – wie bereits mehrfach erwähnt - Ansatz- und Bewertungsfragen vermischt und bei der Bewertung explizit auf das *„judgement of the management"*[1598] abgestellt

[1591] Vgl. Lüdenbach, in: Haufe IAS-Kommentar (2003), § 25, Rdnr. 146; Hoffmann, in: Haufe IAS-Kommentar (2003), § 13, Rdnr. 35; Wagenhofer (2003), S. 158.

[1592] Vgl. Knop/Küting (1995) § 255, Rdnr. 119.

[1593] Vgl. Wagenhofer (2003), S. 159.

[1594] Vgl. Ellrott/Schmidt-Wendt (1999) § 255 HGB Rdnr. 100.

[1595] Nur falls (ausnahmsweise) der fair value für landwirtschaftliches Lebendinventar nicht vertrauenswürdig bestimmbar ist, ist eine Anschaffungskostenbewertung erlaubt (vgl. IAS 41.30).

[1596] Vgl. PwC (2004a), S. 10.

[1597] Moxter (1999), S. 523.

[1598] IAS 37.38.

wird, kann der Auffassung von Zeimes (2003), wonach Rückstellungen nach den Regelungen des IAS 37 zum (prinzipiell als objektiven Wert gedachten[1599]) *fair value* bewertet werden sollen nur teilweise zugestimmt werden.[1600] Ungeregelt bleibt in IAS 37, ob neben Einzelkosten auch fixe oder variable Gemeinkosten passivierungsfähig sind. Lediglich den Ausführungen zur Bewertung von Restrukturierungsrückstellungen kann entnommen werden, dass neben den Einzelkosten offenbar auch direkt zurechenbare Gemeinkosten passivierungsfähig sind (IAS 37.80).[1601] Da erst später zu erfüllende Verpflichtungen am Abschlussstichtag eine geringere wirtschaftliche Last bedeuten,[1602] ist nach IAS 37.45 der Barwert der ungewissen Verpflichtung als Rückstellungswert anzusetzen, sofern der Abzinsungseffekt wesentlich ist. Die jährlichen Aufzinsungsbeträge sind dann als *Zinsaufwand* zu erfassen (IAS 37.60).[1603] Damit werden ausreichende künftige Gewinne zur Deckung der zukünftigen Zinsbelastungen unterstellt. Aufgrund der Abzinsung erfolgt bei der Rückstellungspassivierung eine niedrigere korrespondierende Aufwandsbuchung, so dass indirekt unrealisierte Erträge vorweggenommen werden[1604] – ein offensichtlicher Verstoß gegen das Erfolgsneutralitätsprinzip!

Abbildung 8: Zugangsbewertung nach IAS/IFRS

Als Ergebnis bleibt festzuhalten: Während die allgemeine Definition von AK/HK das Prinzip der Maßgeblichkeit der Gegenleistung impliziert, wird das Erfolgsneutralitätsprinzip in den IAS/IFRS-Einzelfallregelungen nur partiell und teilweise auf undurchsichtige Weise umgesetzt. Zunehmend ist im Rahmen der Zugangsbewertung *direkt* auf den Wert der erhaltenen Vermögenswerte abzustellen, wobei sich bei abweichendem Wert der Gegenleistung unmittelbare Erfolgswirkungen ergeben können ***(Konzept der direkten Zugangsbewertung)***. Es ist einleuchtend, dass nur das Konzept der direkten Zugangsbewertung mit der bilanzorientierten Sichtweise vereinbar ist – die in diese Richtung weisenden aktuellen Bemühungen des IASB sind daher - unter dem Aspekt einer Prinzipienbasierung – im Grundsatz begrüßenswert. Dennoch lassen die kasuistischen und

---

[1599] Vgl. Schildbach (2003a), S. 255.

[1600] Vgl. Zeimes (2003), S. 2080.

[1601] Vgl. Moxter (1999), S. 524.

[1602] Vgl. IAS 37.46; Schulze-Osterloh (2003b), S. 354.

[1603] Interessanterweise besteht hingegen bei Pensions-und ähnlichen Verpflichtungen ein Wahlrecht, die Zinseffekte entweder als Personalaufwand oder als Zinsaufwand zu erfassen (vgl. IAS 19.119 sowie Wagenhofer (2003), S. 266, Fn. 82).

[1604] Vgl. Schulze-Osterloh (2003b), S. 354; ähnlich: Moxter (1999), S. 523.

undurchsichtigen Zugangsbewertungsvorschriften keine klaren Grundkonzepte erkennen.

3.3.3 Folgebewertung

Wie im Teil C gezeigt wurde, stehen sich in der angelsächsischen Bilanztheorie zwei konkurrierende Erfolgserfassungskonzeptionen gegenüber. Nach der GuV-orientierten Erfolgserfassungskonzeption des *current operating performance* dient der Periodenerfolg primär als Beurteilungsmaßstab für die Leistungsfähigkeit eines Unternehmens. Dafür wird es sogar hingenommen, bestimmte bilanzielle Reinvermögensveränderungen unter Umgehung der GuV *erfolgsneutral* im Eigenkapital aufzufangen (Abschnitt C.2.2.2.1.5). Dem steht die bilanzorientierte Erfolgserfassungskonzeption des *all-inclusive income* gegenüber, wonach der Periodenerfolg als Maßstab für die Wohlstands- bzw. Vermögensveränderungen eines Unternehmens während einer Berichtsperiode betrachtet wird (Abschnitt C.2.2.2.5).

In den IAS/IFRS-Einzelfallregelungen wird jedoch keine der beiden Erfolgserfassungskonzeptionen konsequent umgesetzt:

- So stellt einerseits nach F.28 die Ermittlung einer nachhaltigen und prognosegeeigneten Erfolgsgröße eine wichtige Aufgabe der Jahresabschlusserstellung dar;[1605]
- andererseits erfordert die vom IASB deutlich favorisierte Erfolgskonzeption des *all-inclusive income* eine unmittelbare erfolgswirksame Erfassung sämtlicher (unrealisierter) bilanzieller Wertänderungen (F.70).

Vor diesem Hintergrund ist nicht verwunderlich, dass auch den speziellen Folgebewertungsvorschriften vielfältige Bewertungskonzepten zugrunde liegen. Häufig wechselnde Wertmaßstäbe, eine breite Spannbreite möglicher Erfolgserfassungszeitpunkte sowie - je nach Bilanzierungssachverhalt - unterschiedliche Zuordnungen von bilanziellen Reinvermögensveränderungen „zur Erfolgsrechnung, zum Eigenkapital (...) oder gar zu nicht in den Jahresabschluss einzubeziehenden Konten“[1606] spiegeln die Buntheit der zugrunde liegenden Bewertungskonzepte wider. Um die den kasuistischen Einzelfallregelungen zugrunde liegenden Konzepte herauszuarbeiten, bietet es sich an, die speziellen Folgebewertungsvorschriften in *konventionelle*, *GuV-orientierte* sowie *bilanzorientierte* Bewertungsvorschriften einzuteilen.

1605 So wird in F.28 auf den „predictive value” der GuV verwiesen (vgl. dazu auch Moxter (2000), S. 2147).

1606 Schildbach (2003a), S. 256.

3.3.3.1 Konventionelle Bewertungsvorschriften

Das Regelwerk der IAS/IFRS enthält zahlreiche – auf dem Nominalkapitalerhaltungskonzept basierende - Bewertungsvorschriften, die auch einem traditionellen, von Vorsicht geprägten Jahresabschluss entstammen könnten und daher im Nachfolgenden als *,konventionelle'* Bewertungsvorschriften bezeichnet werden. Diese Vorschriften folgen tendenziell jenen Prinzipien, die zur Erfüllung der Ausschüttungsbemessungs- und Kompetenzabgrenzungsfunktion eines Jahresabschlusses geeignet erscheinen[1607] und sowohl nach deutschem Handelsrecht als auch im Rahmen der angelsächsischen Rechnungslegungspraxis traditionelle Bedeutung haben.[1608] Hierzu zählen insbesondere die beiden „tragenden Säulen“[1609] *Anschaffungswert-* und *Realisationsprinzip* sowie das *Imparitätsprinzip.*[1610] Da nach dem traditionellem Realisations- und Imparitätsprinzip nur (unrealisierte) negative Wertänderungen, nicht hingegen (unrealisierte) positive Wertänderungen am ruhenden Vermögen erfolgswirksam erfasst werden, implizieren konventionelle Bewertungsvorschriften einen eindeutigen Bruch mit der bilanzorientierten Erfolgserfassungskonzeption.[1611]

Wichtige Beispiele für – entweder verpflichtend oder wahlweise anzuwendende – konventionelle Bewertungsvorschriften und spezifische Besonderheiten werden im Folgenden aufgelistet:

(1) Verbindliche konventionelle Bewertungsvorschriften

- ***Vorräte*** werden (mit Ausnahme von landwirtschaftlichen Produkten nach dem Erntezeitpunkt, von Mineralien bzw. mineralischen Produkten sowie des Vorratsvermögens von Brokerhändlern[1612]) gemäß dem strengen Niederstwertprinzip mit dem niedrigeren Wert aus AK/HK und Nettoveräußerungswert *(net realisable value)* bewertet (IAS 2.9). Nach einem Wegfall der Gründe der Wertminderung ist zwingend zuzuschreiben, höchstens jedoch auf den niedrigeren Wert aus AH/HK und berichtigten Nettoveräußerungswert (IAS 2.33). Über die AK/HK hinausgehende Wertsteigerungen werden erst bei Veräußerung erfasst (IAS 2.34).
- ***Landwirtschaftliches Lebendinventar***, für das in wenigen Ausnahmefällen ein *fair value* im Zugangszeitpunkt nicht vertrauenswürdig bestimmbar ist, ist solange zu fortgeführten Anschaffungskosten abzüglich eventueller Wertminderungen zu bewerten, bis

[1607] Vgl. Schildbach (1974), S. 610.

[1608] Vgl. Haller (1989), S. 60; vgl. auch Abschn. C3.3.1

[1609] Schildbach (1974), S. 610.

[1610] Vgl. Schildbach (1974), S. 610 ff. Zur Beschreibung dieser Prinzipien vgl. Abschn. C2.2.1.1.

[1611] Das Imparitätsprinzip ist auch mit der GuV-orientierten Sichtweise konzeptionell unvereinbar (vgl. Abschn. C2.2.1.4.

[1612] Vgl. IAS 2.3 (a) (b).

eine verlässliche Wertbestimmung möglich ist (IAS 41.30).

- ***Investitionen in Eigenkapitalinstrumente,*** für deren Bewertung keine aktiven Marktpreise zur Verfügung stehen sowie Derivate, die mit solchen Eigenkapitalinstrumenten im Zusammenhang stehen,[1613] sind nach der *Anschaffungskostenmethode* zu bewerten (IAS 39.46 (c)). Bei Wertminderungen sind außerplanmäßige Abschreibungen vorzunehmen. Besonders ‚vorsichtig' erscheint das strikte *Zuschreibungsverbot* nach einem Wegfall der Wertminderungsgründe (IAS 39.66).

- Die ***differenzierten Rückstellungsbewertungsvorschriften*** spiegeln deutlich den Konflikt wider, der aus der theoretischen Inkonsistenz des Vorsichtsprinzips einerseits und dessen traditioneller Bedeutung anderseits resultiert:

  - Ausdruck des *Höchstwertprinzips* ist IAS 37.42, wonach im Wertansatz von Rückstellungen Risiken und Unsicherheiten zu berücksichtigen sind.

  - Eher *unvorsichtig* sind die spezifischen Hinweise zur Folgebewertung von Rückstellungen: Der Wertansatz von Rückstellungen ist zu jedem Bilanzstichtag zu überprüfen und gegebenenfalls an künftige Ereignisse, die einen Einfluss auf den künftigen Erfüllungsbetrag haben, anzupassen (IAS 37.48 i.V.m. IAS 37.59). Insofern können die Wertansätze auch ‚nach unten' korrigiert werden.[1614] Sachverhalte, die zu einer Reduktion des Erfüllungsbetrags führen, dürfen, dem Beispiel in IAS 37.49 nach zu urteilen, erst dann berücksichtigt werden, wenn diese mit *„sufficient objective evidence"* nachweisbar sind. Da nach IAS 37.50 erwartete künftige gesetzliche Änderungen, die häufig eine Korrektur ‚nach oben' erforderlich machen, nur dann berücksichtigt werden dürfen, wenn diese praktisch mit Sicherheit in Kraft treten *(„virtually certain to be enacted")*, führen die Regelungen zu „tendenziell zu weniger vorsichtigen Wertansätzen"[1615].

  - *Vorsichtig* sind hingegen die Bestimmungen, wonach erwartete Veräußerungsgewinne von Vermögenswerten bei der Rückstellungsbewertung nicht berücksichtigt werden dürfen (IAS 37.51 f.). Von dritter Seite erwartete Erstattungen im Zusammenhang mit der ungewissen Verpflichtung dürfen nur dann aktiviert werden, wenn diese praktisch sicher sind. Eine Aktivierung kommt auch nur maximal in Höhe der Rückstellung in Frage (IAS 37.53).[1616]

  - Als *unvorsichtig* erweist sich schließlich wiederum der Hinweis, wonach Drohverlustrückstellungen aus schwebenden Verträgen nur in Höhe der *„unavoidable costs"*, d.h. mit dem geringeren Wert aus dem voraussichtlichen Erfüllungsbetrag und möglichen Kompensationszahlungen bei einer Vertragskündigung bewertet werden dürfen (IAS 37.68).

- ***Herkömmliches Realisationsprinzip bei sachzielbezogenen Absatzhandlungen***: Die

---

[1613] "Derivatives that are linked to and must be settled by delivery of such an unquoted equity instrument" (IAS 39.46 (c)).

[1614] Nach deutschem Bilanzrecht kommt nach dem Höchstwertprinzip für Schulden nur eine ‚Korrektur nach oben' in Frage (vgl. Moxter (2003a), S. 216).

[1615] Wagenhofer (2003), S. 266.

[1616] Allerdings dürfen in der GuV die Aufwendungen zur Rückstellungspassivierung und die Erträge aus der Aktivierung der Rückerstattungsansprüche saldiert werden (IAS 3.54).

konkretisierenden Ansatzkriterien nach IAS 18.14 für die ertragswirksame Erfassung von Umsatzerlösen aus regulären, sachzielbezogenen Absatzhandlungen entsprechen – wie bereits beschrieben - weitgehend dem herkömmlichen Realisationsprinzip nach HGB/GoB.[1617] Maßgeblicher Erfolgerfassungszeitpunkt ist im Regelfall der Zeitpunkt des rechtlichen Eigentumsüberganges[1618] bzw. des Überganges der wesentlichen wirtschaftlichen Chancen und Risiken[1619] (sog. *„point of sale"*[1620]). Auch den im Anhang zu IAS 18 diesbezüglich angeführten Beispiele sind keine signifikanten Unterschiede zu den maßgeblichen Realisationszeitpunkten nach HGB/GoB zu entnehmen: So dürfen beispielsweise bei Verkäufen mit Rückgaberecht Umsätze erst realisiert werden, wenn die Rücksendungsfrist abgelaufen ist.[1621] Mögliche Unterschiede resultieren hauptsächlich aus den unvermeidbaren Ermessensspielräumen, die die allgemeinen Ansatzkriterien für Umsatzerlöse nach IAS 18.14 sowie das kasuistische „ABC der wichtigsten Zweifelsfälle"[1622] im Anhang des IAS verbergen.[1623] Im Übrigen verweist der Anhang zu IAS 18 zur Bestimmung des Gefahrenüberganges auf die jeweilige nationale Gesetzes- bzw. Rechtslage hin.[1624]

(2) Als Wahlrecht zulässige konventionelle Bewertungsvorschriften

- Kategorien von ***Sachanlagen sowie immateriellen Anlagen*** *und* ***investment property***[1625] können nach dem *cost model* wahlweise[1626] unternehmenseinheitlich zu fortgeführten AK/HK bewertet werden (IAS 16.31, IAS 38.74, IAS 40.56). Wertminderungen sind dann *imparitätisch* nach den allgemeinen Impairment-Regelungen des IAS 36 erfolgswirksam zu erfassen (IAS 16.63, IAS 38.111) - sofern Indikatoren für eine Wert-

[1617] Vgl. Abschn. E3.1.2.2.

[1618] Vgl. IAS 18.15.

[1619] Vgl. IAS 18.15.; IAS 18 Appendix, Rdnr. 1f.; v. Keitz/Schmieszek (2004), S. 120; ADS (1995b) § 252, Rdnr. 82: „Verkauf von Vermögensgegenständen: Zeitpunkt, zu dem der Vermögensgegenstand ausgeliefert, der Anspruch auf die Gegenleistung entstanden und die Gefahr (…) auf den Käufer übergegangen ist".

[1620] Kieso/Weygandt/Warfield (2001), S. 1003.

[1621] Vgl. IAS 18, Appendix, Rdnr. 2 (b). Auch nach HGB/GoB dürfen Gewinne erst realisiert werden, wenn „das Rückgaberecht erloschen und die Frist zur Rücksendung verstrichen ist" (ADS (1995b) § 252, Rdnr. 82).

[1622] Lüdenbach, in: Haufe IAS-Kommentar (2003) § 25, Rdnr. 25.

[1623] Vgl. v. Keitz/Schmieszek (2004), S. 127.

[1624] Vgl. IAS 18, Appendix: „The law in different countries may mean the recognition criteria in this Standard are met at different times. In particular, the law determines the point at which the enterprise transfers the significant risks and rewards of ownership".

[1625] Allerdings wird bei investment property die Wahl des cost model im Vergleich zur Wahl des fair value model erschwert, weil dann Angaben zum fair value in den notes gemacht werden müssen (vgl. IAS 40.79 (e)).

[1626] Bei Sachanlagen und immateriellen Anlagen besteht alternativ auch die Möglichkeit, Kategorien von gleichartigen Vermögenswerten unternehmenseinheitlich nach der Neubewertungsmethode zum fair value zu bewerten (vgl. IAS 16.31; IAS 38.75). Investment property kann alternativ unternehmenseinheitlich erfolgswirksam zum fair value bewertet werden (vgl. IAS 40.33).

minderung sprechen (IAS 36.9). Nach einem Wegfall der Gründe einer außerplanmäßigen Abschreibung greift ein zwingendes Wertaufholungsgebot maximal auf die fortgeführten historischen AK/HK (IAS 36.117). Bestimmte immaterielle Vermögenswerte werden insofern noch ‚vorsichtiger' behandelt, als der erzielbare Betrag *(recoverable amount)* - der dem Buchwert zur Feststellung eines Abwertungsbedarfs gegenüberzustellen ist - entgegen den allgemeinen Regelungen des IAS 36 *jährlich* zu ermitteln ist. Dazu zählen nicht abschreibungsfähige immaterielle Vermögenswerte mit unbestimmter Nutzungsdauer (IAS 38.107 f.), immaterielle Vermögenswerte die noch nicht gebrauchsbereit sind sowie *goodwill* (IAS 36.15), der nach den Neuregelungen des IAS 36 nicht mehr planmäßig abgeschrieben werden darf. Hinter der jährlichen Ermittlung des erzielbaren Betrags steckt die Grundüberlegung, dass bei immateriellen Vermögenswerten, die nicht abgeschrieben werden, die Gefahr eines außerplanmäßigen Abschreibungsbedarfs ungleich größer ist als bei planmäßig abzuschreibenden immateriellen Vermögenswerten.[1627]

- Im Rahmen der kasuistischen Bewertungsvorschriften für ***Finanzinstrumente*** ergeben sich je nach Wertpapierkategorisierung und Sachverhalt unterschiedliche Konsequenzen für Bewertung und Erfolgsrealisation. Konventionell sind wahlweise[1628] folgende Finanzinstrumente zu bewerten:
  - o Nicht-derivative ***finanzielle Vermögenswerte der Kategorie „held-to-maturity"***[1629] sind grundsätzlich (nach der Effektivzinsmethode) zu fortgeführten AK zu bewerten (IAS 39.46 (b)). Bei objektiver Nachweisbarkeit einer Wertminderung ist eine außerplanmäßige Abschreibung erfolgswirksam vorzunehmen (IAS 39.63) - bei Wegfall der Wertminderungsgründe ist *maximal auf die fortgeführten historischen Anschaffungskosten zuzuschreiben* (IAS 39.65).
  - o Sofern nicht bestimmte Ausnahmen greifen,[1630] sind ***finanzielle Schulden*** (nach der Effektivzinsmethode) zu fortgeführten AK zu bewerten.

[1627] Vgl. IAS 36, BfC, Rdnr. BC121.

[1628] Ein Wahlrecht ergibt sich insofern, als nach IAS 39.9 jeder finanzieller Vermögenswert und jede finanzielle Schuld auch alternativ der Kategorie financial asset or financial liability at fair value through profit or loss zugeordnet werden kann. Finanzielle Vermögenswerte können zudem alternativ auch der Kategorie available-for-sale zugeordnet werden. Die Zuordnung in die Kategorie fair value through profit or loss ist nur für Investitionen in Eigenkapitalinstrumente unzulässig, für die kein Marktpreis auf einem aktiven Markt feststellbar oder für sonstige Finanzinstrumente, deren fair value nicht vertrauenswürdig bestimmbar ist – diese müssen zwingend nach der Anschaffungskostenmethode bewertet werden. Im Rahmen der aktuellen „Exposure Draft of Proposed Amendments to IAS 39 Financial Instruments: Recognition and Measurement" soll die fair value-Option künftig nur noch für Finanzinstrumente zulässig sein, für die ein verifizierbarer fair value ermittelt werden kann (vgl. PwC (2004b), S. 3; ED (2004a), Rdnr. 48b).

[1629] Es handelt sich hierbei um nicht-derivative finanzielle Vermögenswerte mit festen oder bestimmbaren Zahlungen, bei denen von Seiten des bilanzierenden Unternehmens die Fähigkeit und Absicht besteht, das Wertpapier bis zur Fälligkeit zu halten. Zu dieser Kategorie zählen nur solche Wertpapiere, die nicht der Kategorie fair value through loss bzw. der Kategorie available for sale zugehören und die nicht die Definition für Forderungen und Ausleihungen erfüllen. Die Einordnung in diese Wertpapierkategorie soll auf Ausnahmen beschränkt bleiben, wie die angeführten stringenten Designationsvoraussetzungen deutlich machen (vgl. IAS 39.9 ‚Held-to-maturity investments').

[1630] Vgl. IAS 39.47 (a) (b). Betroffen sind insbesondere finanzielle Schulden, die als „fair value through profit or loss" designiert wurden.

- Auch ***Forderungen und Ausleihungen***[1631] sind (nach der Effektivzinsmethode) zu fortgeführten AK zu bewerten (IAS 39.46 (a). Bei objektiver Nachweisbarkeit einer Wertminderung werden erfolgswirksame außerplanmäßige Abschreibungen erforderlich (IAS 39.63), bei Wegfall der Wertminderungsgründe ist maximal auf die fortgeführten historischen Anschaffungskosten zuzuschreiben (IAS 39.65).

Abbildung 9: Konventionelle Bewertungsvorschriften nach IAS/IFRS

3.3.3.2 GuV-orientierte Bewertungsvorschriften

Neben den konventionellen Bewertungsvorschriften stellen auch die im Abschnitt E.3.2.3 beschriebenen GuV-orientierten Bewertungsvorschriften konzeptionelle ‚Fremdkörper' im Regelwerk der IAS/IFRS dar.

Bemerkenswert sind die in IAS 11 bzw. IAS 18 fixierten Spezialregelungen zur Teilgewinnrealisierung, da diese zum einen wiederum mit dem *Imparitätsprinzip* verknüpft werden und zum anderen teilweise auch Ausdruck der bilanzorientierten Sichtweise sind:

Die nach IAS 11 vorgesehene Teilgewinnrealisierung bei periodenübergreifender Auftragsfertigung nach der *percentage-of-completion*-Methode beruht auf einer weiten Interpretation des *matching*-Prinzips:[1632] Wie beschrieben, rechtfertigt nach Auffassung von Paton/Littleton das *earned*-Kriterium nur ausnahmsweise eine frühzeitige Gewinnrealisierung nach Maßgabe des betrieblichen Leistungsfortschritts (Abschn. C2.2.1.2). Bei einer Umsetzung des (nach IAS 1.88 als Wahlrecht zulässigen) Umsatzkostenverfahrens in der GuV führt das herkömmliche Realisationsprinzip bei langfristiger Auftragsfertigung zu einer irreführenden Darstellung der Ertragslage,[1633] da erst im Jahr der vollständigen Auftragserfüllung Umsatzerlöse und Kosten der verkauften Erzeugnisse („*cost of sales*"[1634]) erfolgswirksam ausgewiesen werden.[1635] In den Perioden bis zur Fer-

---

[1631] Es handelt sich um nicht-derivative finanzielle Vermögenswerte mit festen und bestimmbaren Zahlungen, für deren Bewertung kein aktiver Marktpreis zur Verfügung steht. Nicht zu dieser Wertpapierkategorie zählen u.a. Forderungen und Ausleihungen, die in naher Zukunft veräußert werden sollen und daher zur Kategorie „held-for-trading" gehören oder solche Forderungen oder Ausleihungen, die als fair value through profit or loss designiert wurden. Nicht von dieser Bewertungsmethodik betroffen sind ferner Forderungen und Ausleihungen der Kategorie available-for-sale sowie Forderungen und Ausleihungen, bei denen der Halter nicht „substantially all of ist initial investment" zurückerhält (IAS 39.9 ‚loans and receivables').

[1632] Ähnlich: Haller (1989), S. 257.

[1633] Vgl. Schildbach (2002a), S. 115.

[1634] IAS 1.92.

[1635] Vgl. Kieso/Weygandt/Warfield (2001), S. 1010: „Revenue and gross profit are recognized only at point of sale, that is, when the contract is completed". Für ein Zahlenbeispiel vgl. Kieso/Weygandt/Warfield (2001), S. 1010 f.; Schildbach (2002a), S. 115 ff.

tigstellung bleiben die *„efforts (costs) and accomplishments (revenues)"*[1636] aus der Auftragsabwicklung bilanziell unberücksichtigt - die tatsächliche Ertragslage des bilanzierenden Unternehmens wird so irreführend dargestellt.[1637] Um eine periodengerechten Gewinnermittlung sicherzustellen,[1638] schreibt IAS 11 eine Teilgewinnrealisierung in Höhe des jeweils am Periodenende erreichten *Fertigstellungsgrads*[1639] vor – Voraussetzung ist die vertrauenswürdige[1640] Bestimmung des Auftragergebnisses (IAS 11.22 i.V.m. IAS 11.36).[1641] Da nach dieser Vorgehensweise im Umfang der Umsatzbuchungen ein korrespondierender Vermögenswert (‚sonstige Forderung') entsteht,[1642] ist dieses Verfahren im Grundsatz auch mit der bilanzorientierten Sichtweise vereinbar.[1643]

Ist es jedoch wahrscheinlich, dass die Auftragsabwicklung insgesamt in einen Verlust mündet, so wird der geschätzte Verlust sofort aufwandswirksam erfasst (IAS 11.36). Die anzusetzende Verlusthöhe wird dabei durch den Umfang der maximal anzusetzenden Auftragskosten ‚gedeckelt'.[1644] Die ungleiche Behandlung von erwarteten Auftragsgewinnen und –verlusten stellt einmal mehr eine bemerkenswerte *Verletzung des Paritätsprinzips* dar.[1645]

Können die in IAS 11.22 ff. fixierten Voraussetzungen der Teilgewinnrealisierung nicht erbracht werden, müssen die in einer Periode tatsächlich angefallenen Auftragskosten als Periodenaufwand angesetzt werden, anteilige Umsatzerlöse sind hingegen nur im Höhe der bereits angefallenen Aufwendungen zu erfassen. Damit werden u.U. bis zur Fertigstellung nur Verluste ausgewiesen (IAS 11.32 f.).[1646]

1636 Kieso/Weygandt/Warfield (2001), S. 1005 f.

1637 Vgl. Kieso/Weygandt/Warfield (2001), S. 1010: „Its major disadvantage is that it does not reflect current operating performance".

1638 Vgl. IAS 11, ‚Objective'.

1639 Zur Festlegung des Fertigstellungsgrades räumt IAS 11.30 verschiedene Möglichkeiten ein.

1640 Das Vertrauenswürdigkeitskriterium wird durch verschiedene Kriterien spezifiziert (vgl. IAS 11.23 ff.).

1641 Zur Vorgehensweise vgl. ausführlich Wagenhofer (2003), S. 271 ff.; Heuser/Theile (2003), Rdnr. 485 ff.

1642 Vgl. Wagenhofer (2003), S. 275; Heuser/Theile (2003), Rdnr. 488, 502; IAS 11.42 (a); IAS 11.43.

1643 Nach IAS 11.23 (b) ist u.a. ein Auftragsergebnis nur dann vertrauenswürdig bestimmbar, wenn es wahrscheinlich ist, dass dem Unternehmen aus dem Vertrag ein wirtschaftlicher künftiger Nutzen zukommt – mithin ein asset entsteht (ähnlich: vgl. Heuser/Theile (2003), Rdnr. 494).

1644 Zum Umfang der Auftragskosten vgl. IAS 11.16-.21.

1645 Ähnlich: Vgl. Wagenhofer (2003), S. 156.

1646 Vgl. Wagenhofer (2003), S. 276.

Auf ähnliche Weise sind Gewinne aus der *Erbringung von Dienstleistungen* nicht nach Maßgabe der Fakturierungen, sondern nach Leistungsfortschritt zu erfassen: Sofern die spezifischen Ansatzkriterien erfüllt werden (IAS 18.20),[1647] sind Umsatzerlöse und Aufwendungen aus der Erbringung der Dienstleitungen *nach dem Erfüllungsgrad* in der GuV zu erfassen (IAS 18.21). Dabei kann bei langfristigen Dienstleitungsvereinbarungen vereinfachend ein linearer Umsatzverlauf unterstellt werden (IAS 18.25).[1648] Können die Gewinne aus der Erbringung von Dienstleistungen nicht vertrauenswürdig eingeschätzt werden, dürfen nur Erträge in Höhe der „Einbringbarkeit der bereits angefallenen Kosten realisiert werden“[1649]. Unklar ist, ob bei der Erbringung von Dienstleistungsverträgen absehbare Verluste ebenso sofort aufwandswirksam zu erfassen sind. Der Verweis in IAS 18.21 auf die Regelungen des IAS 18 lässt dies aber vermuten.[1650]

3.3.3.3 Bilanzorientierte Bewertungsvorschriften

Seit einigen Jahren wendet sich das IASB – wie bereits mehrfach erwähnt – zunehmend *zeitwertorientierten* Bewertungsvorschriften zu.[1651] Die aus der Zeitbewertung resultierenden unrealisierten Gewinne und Verluste werden indes sehr unterschiedlich behandelt. Die differenzierten Vorgehensweisen heben hervor, dass die IASB Standardsetzung gleichermaßen von den Gedanken der *current operating performance* und des *all-inclusive income* beeinflusst wird – zwei Erfolgserfassungskonzeptionen, die nicht harmonisieren.[1652]

Die konkurrierende Einflussnahme der beiden Erfolgskonzeptionen hat zur Konsequenz, dass einige Bewertungsvorschriften nach IAS/IFRS auf einen möglichst zutreffenden Vermögensausweis, andere wiederum auf einen möglichst zutreffenden Erfolgsausweis abzielen.[1653] Im Nachfolgenden werden die mannigfaltigen Regeln zum Erfolgsausweis unrealisierter Wertänderungen herausgearbeitet:

[1647] Auch hier ist eines der Ansatzkriterien ein wahrscheinlicher wirtschaftlicher Nutzenzufluss – mit der Ertragserfassung entsteht mithin ein asset.

[1648] Zur Gewinnrealisation nach der percentage-of-completion-Methode vgl. ausführlich Wagenhofer (2003), S. 271 ff., v. Keitz/Schmieszek (2004), S. 121 ff.

[1649] Wagenhofer (2003), S. 148.

[1650] So auch v. Keitz/Schmieszek (2004), S. 122.

[1651] Vgl. Hollmann (2003), S. 9; Haller/Schloßlgangl (2003), S. 317; Wagenhofer (2003), S. 582; Ruhnke/Schmidt (2003), S. 1037.

[1652] Eindeutig klingt dieser Konflikt im Appendix C zu IAS 19, Rdnr. 41 ff. (vgl. auch Schildbach (2003a), S. 256) sowie in IAS 1.79 f. an.

[1653] Vgl. Schildbach (2002b), S. 267.

a) Unmittelbare Erfolgserfassung im Rahmen der Nominalkapitalerhaltung

Für einige Bilanzpositionen sieht das IASB vor, aus Bewertungsvorgängen resultierende unrealisierte Reinvermögensveränderungen unmittelbar in der Periode ihres Auftretens erfolgswirksam zu erfassen. Die bilanzorientierte Erfolgskonzeption wird damit konsequent umgesetzt - positive und negative Wertänderungen werden *paritätisch* erfasst.[1654] Damit gilt grundsätzlich *Nominalkapitalerhaltung*. Die konzeptionelle Konsistenz wird jedoch insofern getrübt, als für einige Positionen auch Bewertungsalternativen offen stehen:

Unmittelbare Erfolgserfassung von unrealisierten Wertänderungen:	**Wahlrecht/ Pflicht**
Umrechnungsdifferenzen *(„exchange differences")* aus der ***Umrechnung von Währungspositionen*** *(„monetary items")* zum Stichtagskurs in die funktionale Währung, sind unmittelbar erfolgswirksam zu erfassen (IAS 21.23 (a); IAS 21.28).	Pflicht
Unmittelbare Erfolgsrealisation aus der *fair value*-Bewertung von aktiven und passiven Finanzinstrumenten der Kategorie ***„fair value through profit or loss"***: Finanzielle Vermögenswerte oder finanzielle Schulden, die entweder die Kriterien für eine Zuordnung in die Kategorie *„held for trading"* erfüllen oder im Zugangszeitpunkt wahlweise als *„financial asset or financial liability at fair value through profit or loss"* designiert werden,[1655] sind in den Folgeperioden grundsätzlich zum *fair value* zu bewerten. (IAS 39.46 i.V.m. IAS 39.47 (a)). Wertveränderung sind *unmittelbar erfolgswirksam* in der GuV zu erfassen (IAS 39.55 (a)).	Wahlrecht[1656]
Unmittelbare Erfolgsrealisation aus der *fair value*-Bewertung von ***investment property***: Nicht sachzielbezogene Immobilien können wahlweise im Rahmen der Folgebewertung nach dem *fair value model* bewertet werden (IAS 40.33); Zeitwertveränderungen sind *unmittelbar* erfolgswirksam zu erfassen (IAS 40.35).	Wahlrecht[1657]
Landwirtschaftliches Lebendinventar ***(biological assets)*** ist prinzipiell zum *fair value* abzüglich erwarteter Veräußerungskosten *(point-of-sale-costs)* zu bewerten, wobei die Wertveränderungen unmittelbar in den Periodenerfolg eingehen (IAS 41.26). Bei landwirtschaftlichen Produkten ***(agricultural produces)*** können Gewinne oder Verluste aus der *fair value*-Bewertung nur zum Zeitpunkt der erstmaligen Erfassung (Erntezeitpunkt) entstehen (IAS 41.29),	Pflicht

[1654] Ähnlich: Lüdenbach/Hoffmann (2003b), S. 10.

[1655] Vgl. IAS 39.9, ‚financial asset or financial liability at fair value through profit or loss'.

[1656] Ein explizites Wahlrecht besteht nur für die Widmung in die Kategorie „financial asset or financial liability at fair value through profit or loss".

[1657] Alternativ steht das cost-model zur Verfügung.

nach dem Erntezeitpunkt endet der Anwendungsbereich des IAS 41.[1658]	
Wertveränderungen am ruhenden Vermögen sind teilweise auch im Rahmen der ***Umwidmung*** in ***investment property*** erfolgswirksam zu erfassen: ▪ Soll selbsterstelltes Immobilienvermögen nach der Fertigstellung als Renditeobjekt genutzt werden, so ist es bis zum Zeitpunkt der Fertigstellung nach den Grundsätzen des IAS 16 zu bewerten (IAS 40.5 i.V.m. IAS 40.57 (c)). Im Fertigstellungszeitpunkt wird das Immobilienvermögen unmittelbar erfolgswirksam zum *fair value* bewertet und als *investment property* eingebucht (IAS 40.65). ▪ Erfolgt eine Umwidmung von Vorräten in *investment property*, sind Wertdifferenzen zwischen dem bisherigen Buchwert des Vorratsvermögens und dem *fair value* zum Umwidmungszeitpunkt unmittelbar erfolgswirksam zu erfassen (IAS 40.63).	Pflicht

Abbildung 10: *Unmittelbare Erfolgserfassung von unrealisierten Wertänderungen*

b) Verzögerte Erfolgserfassung im Rahmen der Nominalkapitalerhaltung

In einigen Fällen werden unrealisierte bilanzielle Wertänderungen (entweder wahlweise oder verpflichtend) *vorübergehend erfolgsneutral* im Eigenkapital „geparkt"[1659] und erst bei einer späteren Ausbuchung der betreffenden Bilanzposition(en) in die Erfolgsrechnung überführt.[1660] Es handelt sich hierbei um die – bereits im Abschnitt E.3.1.2.3 dargelegten - Bilanzierungssachverhalte, die *temporäre Kongruenzverstöße* implizieren. Da spätestens zum Zeitpunkt der Ausbuchung die erfolgsneutral aufgefangenen Bewertungsgewinne und –verluste in die GuV übernommen werden, wird auch hier grundsätzlich das *Nominalkapitalerhaltungskonzept* gewahrt.[1661]

Eine Besonderheit ergibt sich aus den Regelungen zur erfolgsneutralen *fair value*-Bewertung von Finanzinstrumenten der Kategorie *available-for-sale*, da hier (jedoch bedingt) einmal mehr das *Imparitätsprinzip* zum Zuge kommt: Wird auf der Grundlage eines Impairment-Tests ein außerplanmäßiger Abschreibungsbedarf festgestellt, werden die Wertminderungen erfolgsneutral aufgefangen - solange sie nicht zuvor erfolgsneutral im Eigenkapital aufgefangene Wertsteigerungen kompensieren. Nur darüber hinausgehende Wertminderungen werden als Verlust ausgewiesen (IAS 39.67-70)[1662].

[1658] Vgl. IAS 41.13.

[1659] Schildbach (2002b), S. 267.

[1660] Vgl. auch Wagenhofer (2003), S. 464.

[1661] Vgl. Busse von Colbe (2001), S. 30.

[1662] Vgl. Wagenhofer (2003), S. 238.

Eine deutliches Zugeständnis an das *current operating performance*-Konzept gilt es im Zusammenhang mit der Bilanzierung von Pensionsverpflichtungen bei der Erfassung von Aufwendungen und Erträgen aus der Anpassung der versicherungsmathematischen Parameter *(„actuarial gains and losses“*[1663]) nach der „Korridormethode“[1664] zu konstatieren:[1665] Da versicherungsmathematische Annahmen außerordentlich sensitiv sind - insbesondere hinsichtlich aktueller Marktzinsen - würde eine unmittelbare Erfolgserfassung der versicherungsmathematischen Gewinne oder Verluste u.U. hohe Schwankungen der Periodenerfolge und des Barwerts der Pensionsverpflichtung bewirken.[1666] Nach Auffassung des IASB reflektieren solche Volatilitäten in erster Linie unvermeidbare Ungenauigkeiten im Rahmen der periodischen Prognosen und Schätzungen. Eine unmittelbare Erfassung würde nach Auffassung des IASB eine unglaubwürdige Darstellung der Vermögens- und Ertragslage bewirken.[1667] Da hohe Erfolgsschwankungen nicht mit der Erfolgskonzeption des *current operating performance* vereinbar sind,[1668] räumt IAS 19 als Wahlrecht die Anwendung des sog. *„corridor approach“*[1669] ein.[1670] Nach diesem Verfahren bleiben *actuarial gains and losses* „insoweit unberücksichtigt, als ihr aufgelaufener Nettobetrag in einen Wertkorridor fällt“[1671]. Die den Korridor überschreitenden Beträge werden erst „ab der nächsten Periode auf die erwartete durchschnittliche Restlebensarbeitszeit der vom Plan erfassten Arbeitnehmer verteilt und mit diesem Betrag in der nächsten Periode erfolgswirksam“[1672]. Damit wirkt sich ein Teil der Beträge erst verzögert auf den Erfolgs- und Vermögensausweis aus (sog. *„delayed re-*

[1663] Zur Definition vgl. IAS 19.7.

[1664] Wagenhofer (2003), S. 305.

[1665] Vgl. dazu ausführlich Schildbach (1999e), S. 962 ff..

[1666] Vgl. IAS 19 (rev. 2000), Appendix C, Rdnr. 39 (a); Wagenhofer (2003), S. 305.

[1667] Vgl. IAS 19 (rev. 2000), Appendix C, Rdnr. 39 (a). Anm.: Diese Aussage widerspricht unmittelbar Rdnr. 40 (c), wonach ein unmittelbarer Erfolgsausweis den Vorteil einer zutreffenden Darstellung der Vermögenslage hätte „it represents faithfully the enterprise's financial position“.

[1668] Vgl. Epstein/Mirza (2003), S. 633.

[1669] IAS 19 (rev. 2000), Appendix C, Rdnr. 42.

[1670] Anm.: In IAS 19 (rev. 2000), Appendix C, Rdnr. 40 (c) wird jedoch offen eingeräumt, dass dieses Verfahren im konzeptionellem Widerspruch zu den allgemeinen Ansatzgrundsätzen nach IASB Framework steht. Aus der Diskussion im Appendix C wird deutlich, dass dieses Verfahren ein inkonsistentes Zugeständnis an die Rechnungslegungspraxis darstellt (so auch Epstein/Mirza (2003), S. 633: „there are both theoretical arguments opposed to such immediate recognition (...), as well as great opposition by financial statement preparers“).

[1671] Schildbach (2003a), S. 258. Zur genauen Vorgehensweise vgl. IAS 19.92; Wagenhofer (2003), S. 205 f.

[1672] Wagenhofer (2003), S. 306; vgl. IAS 19.93.

cognition"[1673]), die Auswirkungen des in den Korridor fallenden Nettobetrags auf Vermögen und Erfolg können hingegen „verschwiegen"[1674] werden. Wahlweise besteht aber auch die Möglichkeit, mehr als den durch die Korridormethode ermittelten Mindestbetrag erfolgswirksam zu verbuchen; auch eine unmittelbare Erfassung ist (rechentechnisch bedingt jedoch um eine Periode verzögert[1675]) zulässig.[1676] Derzeit plant das IASB, diese Inkonsistenz durch eine unternehmenseinheitliche Option auszuräumen, versicherungsmathematische Gewinne und Verluste auch unmittelbar in einem gesonderten *„statement of recognised income and expense"* auszuweisen - ein Unterkonto der Gewinnrücklagen *(retained earnings)*.[1677] Damit wird ein weiterer Kongruenzverstoß geschaffen.

c) Niemals erfolgswirksame Bewertungsgewinne

Schließlich sieht das IAS/IFRS-Regelwerk vor, bestimmte Wertänderungen am ruhenden Vermögen erfolgsneutral zu erfassen und selbst nach ihrer Realisierung Bewertungsgewinne nicht im Erfolg auszuweisen. Es handelt sich hierbei um die (als Wahlrecht zulässige) Neubewertungsmethode für Anlagevermögen sowie die, nach den Grundsätzen der Neubewertungsmethode zu behandelnde Wertdifferenz zwischen dem Buchwert und dem *fair value* einer Immobilie, die aus dem sachzielbezogenen Anlagevermögen heraus in *investment property* umgewidmet wird. Im Ergebnis werden im Rahmen der Neubewertungsmethode „Wertsteigerungen über die ursprünglichen Anschaffungskosten erfolgsneutral (Substanzerhaltung), Wertsenkungen unter die ursprünglichen Anschaffungskosten erfolgsneutral erfasst (Nominalkapitalerhaltung)"[1678]. Da eine verbleibende Neubewertungsrücklage spätestens bei der Ausbuchung des Vermögenswertes unter Umgehung der GuV direkt gegen Gewinnrücklagen aufzulösen ist,[1679] werden bisher nicht durch Wertminderungen kompensierte Bewertungsgewinne niemals erfolgswirksam.[1680]

Unklar ist, ob bei der Neubewertungsmethode konsequent der Grundgedanke der *Substanzerhaltung* umgesetzt wird: Für den Substanzerhaltungsgedanken spricht, dass in die Neubewertungsmethode den Preisänderungen des Anlage-

[1673] SFAS 87.102.

[1674] Schildbach (1999e), S. 97.

[1675] Vgl. Schildbach (1999e), S. 970.

[1676] Vgl. IAS 19.93; Wagenhofer (2003), S. 306.

[1677] Vgl. PwC (2004b), S. 4; ED (2004b), Rdnr. 93A-93D.

[1678] Schildbach (2003a), S. 257; vgl. dazu auch Wagenhofer (2003), S. 365 f.

[1679] Vgl. IAS 16.41; IAS 38.87.

[1680] Vgl. Wagenhofer (2003), S. 583.

vermögens „dadurch Rechnung getragen [wird, Anm. d. Verf.], dass Gewinne aus Wertsteigerungen erfolgsneutral gebucht werden und in der Gewinn- und Verlustrechnung weder im Geschäftsjahr, noch in Zukunft erfolgswirksam werden"[1681]. Da Wertsteigerungen überhalb der AK/HK erfolgsneutral, Wertminderungen unterhalb der AK/HK hingegen erfolgswirksam erfasst werden, handelt es sich nach Schildbach (2003) sogar speziell „um eine Substanzerhaltungskonzeption im Sinne des doppelten Minimums von *Karl Hax*"[1682]. Ob hinter der Neubewertungsmethode tatsächlich der Substanzerhaltungsgedanke steckt, ist vor dem Hintergrund der folgenden beiden Aspekte nicht ganz klar:

Zum einen ist nach IAS 16 und IAS 38 der *fair value* des neuzubewertenden sächlichen oder immateriellen Anlagevermögens nicht unbedingt auf Basis der individuellen Wiederbeschaffungskosten oder Wiederherstellungskosten zu bewerten, wie es bei einem auf Erhaltung der Produktionskapazität gerichteten Substanzerhaltungskonzept im Grundsatz erforderlich wäre.[1683] So ist zur *fair value*-Bestimmung von Sachanlagevermögen ein Marktpreis heranzuziehen, der üblicherweise von einem Sachverständigen zu taxieren ist (IAS 16.31). Eine Neubewertung von immateriellen Vermögen kommt hingegen nur dann in Betracht, wenn der *fair value* unter Bezugnahme der Preise auf einem aktiven Markt bestimmt werden kann (IAS 38.75).[1684] Weder in IAS 16 noch in IAS 38 wird festgelegt, ob für die *fair value*-Bestimmung die Preisverhältnisse auf dem Beschaffungsmarkt *(„entry price"*[1685]*)* oder auf dem Absatzmarkt *(„exit price"*[1686]*)* maßgeblich sein sollen. Sofern für Sachanlagevermögen eine Marktpreisschätzung (etwa aufgrund der Einmaligkeit des Bewertungsobjektes) nicht möglich ist, ist der *fair value* über ein einkommensorientiertes Rechenverfah-

---

1681 Wagenhofer (2003), S. 363 f.; vgl. auch Schildbach (1998b), S. 585 f.

1682 Schildbach (2003a), S. 257. Anm.: Karl Hax beschreibt die Substanzerhaltungskonzeption des Doppelten Minimums dahingehend, „daß die Gefahren einer auf Kapitalerhaltung ausgerichteten Gewinnkonzeption sich nur bei einer Preissteigerung der Kostengüter zeigen, und zwar in Gestalt eines drohenden Substanzverzehrs. Die Gefahren einer auf Substanzerhaltung ausgerichteten Gewinnkonzeption zeigen sich dagegen bei einem Preisverfall der Kostengüter, weil dann die Erhaltung des Geldkapitals bedroht ist. Wenn man beiden Gefahren begegnen will, ist es erforderlich, die beiden Gewinnkonzeptionen miteinander zu kombinieren und zwar in der Weise, daß bei einer Erhöhung der Beschaffungspreise grundsätzlich die Gewinnkonzeption der Substanzerhaltung gilt und bei einer Preissenkung die Gewinnkonzeption der Geldkapitalerhaltung [Anm. d. Verf.: bzw. der Nominalkapitalerhaltung]" (Hax (1957), S. 26).

1683 Vgl. Mujkanovic (2002), S. 80 f.; Schildbach (1984), S. 217.

1684 IAS 38.78 weist darauf hin, dass es sehr ungewöhnlich ist, dass für immaterielle Vermögenswerte aktive Marktpreise zur Verfügung stehen. Lediglich in Ausnahmefällen (z.B. für Taxi- oder Fischereilizenzen) sei dies möglich.

1685 Barth/Landsman (1995), S. 99.

1686 Barth/Landsman (1995), S. 99.

ren[1687] zu ermitteln oder es sind fortgeführte Wiederbeschaffungskosten anzusetzen (IAS 16.33). Da eine Bewertung zu (fortgeführten) Wiederbeschaffungskosten bei Sachanlagevermögen somit lediglich eine Art ‚zweite Wahl' darstellt und bei immateriellen Anlagevermögen nur auf einen aktiven Marktpreis abgestellt wird, ist unklar, ob hinter der Neubewertungsmethode tatsächlich das „Vorbild einer absoluten, reproduktiven Substanzerhaltung"[1688] steht.[1689]

Zum anderen verstößt die nach einer Neubewertung erforderliche Steuerabgrenzung gegen den Substanzerhaltungsgedanken, nur das als Gewinn auszuweisen, „was nicht zur Substanzerhaltung erforderlich ist"[1690]. Durch die erfolgsneutrale Bildung, aber (annahmegemäß) erfolgswirksame Auflösung der latenten Steuern wird nämlich gerade die volle Erfolgswirksamkeit der Abschreibungen nach Neubewertung verhindert.[1691]

Obgleich die Neubewertungsmethode „aus der Idee der Substanzerhaltung"[1692] entstanden sein mag, werfen deren Umsetzungshinweise in IAS 16 und IAS 38 doch einige Unklarheiten auf.[1693]

[1687] Nach dem einkommensorientierten Ansatz ist der fair value allgemein „durch Anwendung eines risikoangepaßten Kapitalisierungszinssatzes auf die in Zukunft erwarteten Einzahlungsüberschüsse im Rahmen des Barwertkalküls der Wert des betrachteten Vermögenswertes abzuleiten" (Jäger/Himmel (2003), S. 429 f.).

[1688] Schildbach (1998b), S. 590.

[1689] Da bei Sachanlagevermögen eine Neubewertung auf Basis von Wiederbeschaffungskostenbasis nur alternativ in Frage kommt, wird offensichtlich, dass die Marktpreisbestimmung primär auf Grundlage von exit prices erfolgen soll.

[1690] Mujkanovic (2002), S. 151. Da außerdem in die Neubewertungsrücklage nur ein um die passive latente Steuer gekürzter Teil der Wertsteigerung eingestellt wird, wird die Substanzerhaltungsrücklage umso kleiner, je höher der Steuersatz ausfällt (vgl. Schildbach 1998c), S. 943.

[1691] Vgl. Mujkanovic (2002), S. 151.

[1692] Busse von Colbe (2001), S. 34.

[1693] Betrachtet man die korrespondierenden Regelungen zur Neubewertung von Sachanlage nach dem britischen FRS 15 (wobei wohl angenommen werden kann, dass dieser Standard bei der Ausgestaltung des IAS 16 als Vorlage diente), so wird deutlich, dass die Neubewertungsmethode dort sehr viel genauer erläutert und begründet wird. Nach Auskunft des Appendix zu FRS 15 hat die Neubewertungsmethode primär die Aufgaben entscheidungsrelevante Informationen zu vermitteln: Es geht primär um die Darstellung des über die Restnutzungsdauer verbleibenden Leistungspotentials „service potential" der Anlage, daher soll nach FRS 15 der „value of an asset to the business" ermittelt werden, in seiner Höhe entspricht dieser Wert dem kalkulatorischen Verlust, den ein Unternehmen erleidet, wenn es um den Vermögenswert beraubt werden würde: Rechentechnisch ist dies der niedrigere Wert aus Wiederbeschaffungskosten und erzielbarem Betrag (vgl. ASB (20001), FRS 15, Appendix IV, Rdnr. 19 ff.).

3.3.3.4 Schematische Zusammenfassung der vielfältigen Bewertungskonzepte

In der nachfolgenden Übersicht werden die in den Einzelfallregelungen verborgenen vielfältigen Bewertungskonzepte schematisch zusammengefasst:

<table>
<tr><td colspan="4">Nominalkapitalerhaltung</td><td>Substanzerhaltung</td></tr>
<tr><td rowspan="2">Konventionelle Bewertungsvorschriften
(Abschnitt E.3.3.3.1)</td><td>GuV-Orientierung</td><td colspan="2">Bilanzorientierung</td><td rowspan="2">Niemals erfolgswirksame Bewertungsgewinne
(Abschnitt E.3.3.3.3)</td></tr>
<tr><td>Umsetzung des matching-Prinzips
(Abschnitt E.3.3.3.2)</td><td>Verzögerte oder nur teilweise Erfolgserfassung von Wertänderungen
(Abschnitt E.3.3.3.3)</td><td>Unmittelbare Erfolgserfassung von Wertänderungen
(Abschnitt E.3.3.3.3)</td></tr>
<tr><td></td><td colspan="2">(Spezialfall: Percentage-of-Completion-Methode)</td><td></td><td></td></tr>
<tr><td></td><td colspan="2">Current-Operating-Performance</td><td>All-Inclusive Income</td><td></td></tr>
</table>

Abbildung 11: Vielfalt der Erfolgs- und Kapitalerhaltungskonzeptionen

Die in den vorhergehenden Unterabschnitten dargelegten Inkonsistenzen der Bewertungsvorschriften dürfen allerdings nicht überbewertet werden; so ist das IASB nach eigenen Bekundungen bemüht, bestehende Widersprüche zu beseitigen. Derzeit bastelt das IASB im Rahmen des so genannten *„Reporting Comprehensive Income"*-Projekts an einem neuartigem *Performance Statement.* Ziel ist es, alle bilanziellen Reinvermögensveränderungen einer Abrechnungsperiode in Übereinstimmung mit dem *all-inclusive income*-Konzept - differenziert und möglichst transparent - in der GuV erfolgswirksam abzubilden.[1694] Es bleibt abzuwarten, ob damit die beschriebenen Inkonsistenzen verringert werden können.

[1694] Vgl. IASC (2001), ‚Note'; IASB (2003b), S. 1 ff.; Zu den geplanten Änderungen vgl. auch Wagenhofer (2003), S. 463-466; Haller/Schloßgangl (2003), S. 317 ff.; Hollmann (2002), S. 247 ff.. Für eine mögliche Form der künftigen Erfolgsdarstellung vgl. IASB (2003b), S. 6.

3.3.4 Fair Value Accounting als Ausdruck des Dualismus der IAS/IFRS

3.3.4.1 Hintergrund des Fair Value Accounting

Der Wertmaßstab des *fair value* stellt traditionell einen US-amerikanischen Rechtsbegriff dar, der im Rahmen des *case law* bei Wertpapierprozessen (fort-) entwickelt wurde und in den einzelnen Bundesstaaten sowie von Fall zu Fall sehr unterschiedlich ausgelegt wird. Ein einheitliches (Rechts-) Verständnis über den Inhalt und der Umsetzung des *„fair value concept"*[1695] besteht nicht.[1696] Die Ausbreitung der *fair value*-Bewertungsvorschriften im Rahmen der angelsächsischen Standardsetzung lässt sich wohl im Kern auf das *case law*-System zurückführen - die Standardsetzer versuchen, das abstrakte *fair value concept* der Rechtsprechung durch Fachnormen der Rechnungslegung zu konkretisieren.

Die Ausbreitung der Zeitbewertung lässt auch eine verstärkte Bilanzorientierung der IAS/IFRS-Vorschriften erkennen. Damit soll ein möglichst zutreffendes Bild der effektiven Vermögenslage im Sinne des Ertragswerts gezeichnet werden. Die bilanzorientierte Grundkonzeption beruht somit deutlich auf dem Vertrauen einer *Harmonie zwischen zutreffender Vermögens- und Erfolgsmessung*.[1697]

Die unterstellte Zielharmonie ist bemerkenswert. So wurde im Abschnitt B6 gezeigt, dass Effektivvermögensmehrungen auch auf reine Preisveränderungen am Kapitalmarkt zurückgeführt werden können, während zugleich die zukünftigen Zahlungsströme aus einem Bewertungsobjekt gleich bleiben oder sogar sinken. Eine – erfolgswirksame Erfassung von unrealisierten Wertänderungen kann die Fähigkeit des Erfolges beeinträchtigen, „Indikator für künftig zu erwartende Zahlungsströme zu sein"[1698] - der nachhaltige, sachzielbezogene Erfolg droht „zur Nadel im Heuhaufen von Erfolgen aus Kursänderungen"[1699] zu werden. Nach h.M. umfasst daher der ökonomische Gewinnbegriff nur die Zinsen auf den Ertragswert, nicht jedoch reine Kapitalgewinne oder –verluste.[1700]

[1695] Zabihollah (2001), S. 168.

[1696] Vgl. Zabihollah (2001), S. 168: "The concept of fair value has developed by case laws, and, accordingly, states have different interpretations of fair value with almost no consensus about its definition and application. However, in most court cases, the concept of fair value is equated to fair market value and applied primarily in dissenting or oppressed shareholder actions in mergers or sell-outs. In cases when the fair value concept should be used, the appraiser must obtain a definition of fair value by consulting local case law, statutes, and attorneys in the jurisdiction in which the case would be fielded".

[1697] Moxter (1984), S. 57. Zur vermeintlichen Harmonie zwischen Vermögens- und Erfolgsmessung durch Zeitwertbilanzierung vgl. ausführlich mit Zahlenbeispielen IASC (1999), S. 14 f.; Willis (1998), S. 854 ff.; Barth/Landsman (1995), S. 99 ff..

[1698] Schildbach (1999f), S. 185, vgl. Kley (2001), S. 2258.

[1699] Schildbach (2001b), S. 861.

[1700] Vgl. Schildbach (1999f), S. 180; Schneider (1963), S. 463 ff.

Nur in einer Modellwelt vollkommener und vollständiger Kapitalmärkte im Gleichgewicht - in der der *fair value* die von den Standardsetzern beschriebenen gewünschten theoretischen Eigenschaften aufweist - trifft die Harmonie zwischen zutreffender Vermögens- und Erfolgsmessung zu:

3.3.4.2 Gewünschte theoretische Eigenschaften des Fair Value

Den allgemeinen Definitionen und Beschreibungen im Regelwerk der IAS/IFRS[1701] sowie im US-amerikanischen CF[1702] nach zu urteilen, ist der *fair value* ein, „sich aus dem Zusammenspiel von Angebot und Nachfrage einstellende[r] ‚objektivierte[r]' Wert, zu dem *assets* und *liabilities* auf einem funktionierenden Markt den Besitzer wechseln"[1703]. Theoretisch entspricht der *fair value* dem einzigen Marktpreis eines Bewertungsobjektes, der sämtliche bewertungsrelevanten Faktoren reflektiert,[1704] weil in ihm der Konsens aller Marktteilnehmer bezüglich der erwarteten Zielströme zum Ausdruck kommen.[1705] Die nachfolgende Ausführung im US-amerikanischen CF vermittelt die gewünschten theoretischen Eigenschaften des *fair value* deutlich:

„*An observed market price encompasses the consensus view of all marketplace participants about an asset or liability's utility, future cash flows, the uncertainties surrounding those cash flows, and the amount the marketplace participants demand for bearing those uncertainties*"[1706].

Nach Überzeugung der angelsächsischen Standardsetzer ist daher der *fair value* im Grundsatz als vollständigster und glaubwürdigster Wertmaßstab für Vermögenswerte und Schulden zu charakterisieren:

„[F]*air value provides the most complete and representationally faithful measurement of the economic characteristics of an asset or a liability*"[1707]

Es wird deutlich, dass die Standardsetzer davon ausgehen, dass der *fair value* im Prinzip ein entscheidungsrelevanter Wert „für Jedermann"[1708] ist.

1701 Vgl. z.B. die allgemeine Definition in IAS 16.6: „Fair value is the amount for which an asset could be exchanged between knowledgeable, willing parties in an arm's length transaction".

1702 Vgl. SFAC 7, 'Glossary of Terms' sowie SFAC 7.25 ff.

1703 Starbatty (2001), S. 544.

1704 Vgl. Barth/Landsman (1995), S. 99; SFAC 7.24 (a).

1705 Vgl. Hitz/Kuhner (2000), S. 893; Zülch/Lienau (2004), S. 566.

1706 SFAC 7.26. Ähnlich werden die theoretischen Eigenschaften des fair value auch in IAS 36 (1998), BfC, Rdnr. BC22 sowie in IAS 38.33 i.V.m. IAS 38, BfC, Rdnr. BC17 beschrieben.

1707 SFAC 7.34

1708 Schildbach (2003a), S. 255.

Diese skizzierten gewünschten theoretischen Eigenschaften können jedoch nur in einer Welt *vollkommener* und *vollständiger* Märkte im Gleichgewicht nachgewiesen werden. Da in dieser Modellwelt die Preise der gehandelten Zahlungsströme für alle Marktteilnehmer identisch sind,[1709] bestehen keine Unterschiede zwischen beschaffungsmarktorientiertem Wert *(entry value)*, absatzmarktorientiertem Wert *(exit value)* sowie subjektivem Ertragswert *(value in use)* eines Bewertungsobjektes.[1710] Es werden keine werttreibenden Faktoren (z.B. aus unternehmensspezifischen Informationsvorteilen oder Realoptionen[1711]) im originären Geschäftswert versteckt; das Effektivvermögen und mithin der *fair value* eines Unternehmens lässt sich unmittelbar aus dessen Börsenkapitalisierung ableiten (Abschn. B.6).[1712]

Gleichzeitig wird die Erfolgsrechnung redundant zur Vermögensrechnung.[1713] Alle bewertungsrelevanten Informationen werden im *fair value* zum Ausdruck gebracht, so dass in der Bilanz und in der Erfolgsrechnung selbst die (Veränderungen der) Fähigkeiten des Managements (*„intangible value of management's skill in selecting investments"*[1714]) vollständig abgebildet werden.[1715] Da auf einem vollständigen Kapitalmarkt alle Zahlungsströme (beliebig teilbar) zu einheitlichen Preisen gehandelt werden können,[1716] ist die tatsächliche Realisierung von Wertänderungen für den Unternehmenswert irrelevant.[1717] Es wird klar, dass zumindest auf vollständigen und vollkommenen Märkten die unterstellte Harmonie zwischen einer zutreffenden Erfolgs- und Vermögensermittlung zutrifft.

Allerdings wird ein *fair value accounting* in einer Welt perfekter Kapitalmärkte an sich überflüssig: Da in einer solchen Modellwelt die einzigen Marktwerte sämtlicher Positionen kostenlos beobachtbar sind (und sein müssen, damit die theoretische Begründung für die Entscheidungsrelevanz des *fair value* greift), stellt sich die Frage nach der „Existenzberechtigung für besondere Bilanzie-

---

[1709] Vgl. Schmidt/Terberger (1997), S. 91.

[1710] Vgl. Pfitzer/Dutzi (2002), S. 751; Barth/Landsman (1995), S. 99.

[1711] Vgl. Hitz/Kuhner (2000), S. 893.

[1712] Vgl. ausführlich Barth/Landsman (1995), S. 99 f. sowie prägnant S. 105: „In the simple setting economically equivalent to perfect and complete markets, a fair value accounting-based balance sheet reflects all value-relevant information, the income statement is redundant, income realization is not relevant to valuation, and any intangible asset relating to management skill, asset synergies, or options is reflected fully in the balance sheet".

[1713] Vgl. Barth/Landsman (1995), S. 100.

[1714] Barth/Landsman (1995), S. 100.

[1715] Für ein Zahlenbeispiel vgl. Barth/Landsman (1995), S. 99 f.; IASC (1999), S. 14 f.

[1716] Vgl. Schmidt/Terberger (1997), S. 91.

[1717] Vgl. Barth/Landsman (1995), S. 100.

rungs- und Bewertungsregeln"[1718]. Versucht man, die Entscheidungsrelevanz des *fair value accounting* theoretisch zu begründen, wird mithin die Notwendigkeit der *fair value*-Ermittlung wegdefiniert![1719]

3.3.4.3 Fair Value Accounting in der ,realen' Welt

In der Realität bestehen vollkommene und vollständige Märkte – wenn überhaupt - äußerst selten.[1720] Selbst wenn ein *aktiver* (Sekundär-) Marktpreis zu Verfügung steht (der nach den gängigen Leitlinien eine ,erste Wahl' zur *fair value*-Bestimmung darstellt[1721]), stellt sich die Frage, ob dieser Wert in der realen Welt den skizzierten theoretischen Ansprüchen genügt.[1722] In *„more realistic settings"*[1723] werden Zahlungsströme nicht mehr zu identischen Preisen gehandelt, grundsätzlich ist daher zwischen den drei Extremen *entry value*, *exit value* und *value-in-use* zu differenzieren. Diese Werte weichen in ihrem Betrag typischerweise voneinander ab.[1724] Die Erfolgsrechnung ist freilich nicht mehr redundant zur Vermögensrechnung - weder Bilanz noch GuV können die bewertungsrelevanten Faktoren vollständig reflektieren. Da Zahlungsströme nicht beliebig teilbar zu einheitlichen Preisen gehandelt werden können, ist die tatsächliche Realisierung von Bewertungserfolgen für die Unternehmenswertbestimmung nicht mehr irrelevant – so kann bspw. nach Barth/Landsman (1995) nur bei einem gesonderten Ausweis von realisierten und unrealisierten Erfolgen aus dem Verkauf von Vermögenswerten auf die Ertragswertpotentiale von verbleibenden ähnlichen Vermögenswerten geschlossen werden.[1725]

[1718] Hitz/Kuhner (2000), S. 899.

[1719] Vgl. Hitz/Kuhner (2000), S. 899. Ähnlich: Barth/Landsman (1995), S. 100. Nach Schildbach (1995), S. 2639 sind zudem die Wertänderungen auf effizienten Märkten „Ausfluß von ,Glück' und ,Pech', nicht aber von besonderen Fähigkeiten des Managements", da eben das Management keine Informationsvorsprünge haben kann und insofern eine rechtzeitige Veräußerung einer Position vor deren Wertverfall kein Ausdruck besonderer management skills wäre.

[1720] Vgl. Barth/Landsman (1995), S. 100 ff.; Schildbach (2003a), S. 255; Pfitzer/Dutzi (2002), S. 751; SFAC 7.71.

[1721] Vgl. Ruhnke/Schmidt (2003), S. 1037; Wagenhofer (2003), S. 164.

[1722] Vgl. Schildbach (2003a), S. 255. Auf diesen Aspekt geht das IASC in seinen Erläuterungen der Vorzüge des fair value accounting nur mit den folgenden Worten ein: „In an uncertain world, the prediction of future performance is not as simple (...). Nevertheless, fair value accounting provides relevant information for assessing management's performance and for assessing how economic forces affect the enterprise" (IASC (1999), S. 15).

[1723] Barth/Landsman (1995), S. 100.

[1724] Vgl. Barth/Landsman (1999), S. 102; Hitz/Kuhner (2000), S. 899.

[1725] Vgl. Barth/Landsman (1995), S. 102: „Income realization that occur from asset transactions establish entry values for the buyer, exit value for the seller, but not necessarily value-in-use for either party. Accordingly, separate disclosure by the seller of realized and unrealized gains and losses can provide information about values-in-use for those

Nur durch eine strikte Trennung von „Leistungserfolg (Umsatzerfolg), Dispositionserfolg und Scheinerfolg aus Geldwertänderung"[1726] erscheint es möglich, gleichzeitig den Bedürfnissen einer möglichst aussagekräftigen Vermögens- und Erfolgsmessung zu genügen. Unklar ist jedoch, ob die Aufgliederung in einzelne Erfolgskomponenten praktikabel ist[1727] – schließlich lassen sich Zeitwerterfolge regelmäßig auf mehrdimensionalen Abweichungen höherer Ordnung zurückführen.[1728]

Die Realitätsferne der gewünschten theoretischen Eigenschaften des *fair value* unterstreichen auch die zahlreichen Zugeständnisse des IASB an die Erfolgserfassungskonzeption des *current operating performance* in der Form vorübergehender oder dauerhafter Verbannungen der Bewertungserfolge aus der GuV. Da die Rechnungslegungsvorschriften nach IAS/IFRS gleichzeitig den Bedürfnissen einer zutreffenden Erfolgs- und Vermögensrechnung genügen sollen,[1729] handelt es sich - nach den Worten Schmalenbachs (1926) - beim IAS/IFRS-Regelwerk zweifelsfrei um eine ***„dualistische"***[1730] Rechnungslegung. Schmalenbach verurteilte Dualismus als ‚unwissenschaftlich', da der wissenschaftliche Beweis fehle, dass sich „entgegen aller Erwartungen mit einer Bilanz in vollkommener Weise

---

remaining assets that are similar in nature to those sold". Anm.: Nach der HSBC-Analystenanleitung sollen im Rahmen der Jahresabschlussanalyse sämtliche Neubewertungsrücklagen wieder aufgelöst und das Eigenkapital auf Basis historischer Kosten bewertet werden. Begründet wird dies - neben der Subjektivität und Inkonsistenz der bilanzierten Zeitwerte - auch mit der Irrelevanz von Zeitwerten in der realen Welt: „The reason for taking away revaluation reserves is that they are inconsistently and subjectively determined. In an ideal world we are looking to show the capital base at its opportunity cost (ie its realisable value in the best alternative use) as this shows the returns on the decision to hold capital in the business. In practice, however, this is impossible. Thus our picture of returns is based on the employment of historical capital" (HSBC (2001), S. 72).

[1726] Engels (1962), S. 205.

[1727] Mit der Trennung von Betriebseinflüssen und Außeneinflüssen in der Gewinnrechnung beschäftigte sich bereits eingehend Schmalenbach (1926), S. 274 ff.

[1728] So wird bspw. in IAS 41, Appendix A, Example 2 appelliert, die fair value-Veränderungen von landwirtschaftlichen Vermögenswerten in den notes getrennt nach physischen (bzw. leistungswirtschaftlichen) Veränderungen und Preisveränderungen auszuweisen. In IAS 41, BfC, Rdnr. B75 wird aber zugestanden, dass eine Aufspaltung häufig kaum praktikabel sei und daher auf Freiwilligkeit gesetzt wird.

[1729] Vgl. F.12: „The objective of financial statements is to provide information about the financial position, performance and changes in financial position".

[1730] Dazu Schmalenbach (1926), S. 80: „Ein Kennzeichen des Dualismus ist es schon, wenn die Bilanzregeln nicht einheitlich orientiert sind, wenn auch nur an einer Stelle die Konsequenz ins Wanken gerät". Und weiter: „Eine besonders krasse Form des Dualismus liegt vor, wenn eine Bilanz zunächst nach den Regeln der Statik aufgebaut wurde und wenn gleichwohl nachher durch ‚Berichtigungskonten' den Forderungen der Erfolgsermittlung Rechnung getragen werden soll" – eben diesen Zweck haben die beschriebenen vorübergehenden oder dauerhaften Verbannungen der Bewertungserfolge aus der Zeitbewertung nach IAS/IFRS zu erfüllen!

sowohl das Vermögen als auch der Erfolg (...) vermitteln läßt"[1731]. Dem „Harmonievertrauen"[1732] des Dualismus stellt Schmalenbach die – wie die vorhergehenden Ausführungen belegen – überzeugende „Antithese gegenüber, wonach sich mit einer Bilanz nicht zugleich Vermögen und Erfolg zutreffend ermitteln lassen"[1733].

Sofern keine aktiven Marktpreise verfügbar sind, weichen zudem die gängigen *fair value* - Bestimmungsleitlinien nach IAS/IFRS auf Wertermittlungsmethoden aus, die mehr oder weniger große Schätzungen des Bilanzierenden erforderlich machen: Je weiter sich die Wertfindung von aktiven Märkten entfernt, desto mehr wird der *fair value* zum reinen (subjektiven) Schätzwert.[1734] Dies hat zur Konsequenz, dass der *fair value* letztendlich ein „Oberbegriff für eine Bandbreite unterschiedlich gewonnener Wertansätze [ist], deren beide Extreme durch die Begriffe Marktwert' und ‚geschätzter Wert' beschrieben werden können"[1735].

Die Entwirrung der den IAS/IFRS-Einzelfallregelungen zugrunde liegenden spezifischen Bewertungskonzepte wird so erheblich erschwert: Neben den unterschiedlichen Regeln zur Erfolgserfassung von Zeitwertdifferenzen weisen auch die spezifischen Leitlinien zur *fair value*-Ermittlung teilweise erhebliche Unterschiede hinsichtlich des relevanten Marktes, der Berücksichtigung von Transaktionskosten, der Verwendung von Barwertmethoden zur ‚synthetischen' Wertbestimmung sowie der erforderlichen *reliabilty* der zu bilanzierenden Werte auf.[1736] Die in Abschn. E.2.3.3 beschriebenen unterschiedlichen Anforderungen an die Vertrauenswürdigkeit des *fair value* geben einen hinreichenden Eindruck, dass erhebliche Wertdifferenzen aus den kasuistischen Wertermittlungsleitlinien resultieren können. Hinter dem Begriff des *fair value* können sich somit je nach Sachverhalt sehr heterogene Werte verbergen![1737]

[1731] Schmalenbach (1926), S. 80.

[1732] Schildbach (1999f), S. 179.

[1733] Schildbach (1999f), S. 179; vgl. Moxter (1984), S. 6: „Wer den Gewinn richtig ermitteln will, muß das Vermögen falsch ermitteln"; vgl. auch Schmalenbach (1926), S. 80 f.

[1734] Vgl. Hommel (2004), S. 1270.

[1735] Ruhnke/Schmidt (2003), S. 1037.

[1736] Vgl. z.B. hinsichtlich dieser Aspekte die differenzierenden Vorgaben zur fair value-Bestimmung von im Rahmen eines Gesamtunternehmenskaufs erworbenen Vermögenswerte und Schulden (IFRS 3, Appendix B, Rdnr. BC16 (a)-(l) und BC17) im Vergleich zu den kasuistischen fair value-Wertermittlungsleitlinien für die jeweiligen Bilanzpositionen in den einzelnen Standards.

[1737] Vgl. dazu ausführlich Mujkanovic (2002), S. 136-187; Schildbach (2003a), S. 255 f.; Ruhnke/Schmidt (2003), S. 1037 ff.; Hitz/Kuhner (2000), S. 899 ff. Anm.: So hatte auch das FASB den, noch im Standardentwurf zu SFAS 107 verwendeten Begriff des market value, der nach der US-amerikanischen Wertterminologie für einen Sekundärmarktpreis steht, durch den Begriff des fair value ersetzt, um nicht auf einen einheitlichen Wertmaßstab festgelegt zu sein (vgl. SFAS 107.37).

3.3.4.4 Ein anderer Rechtfertigungsansatz für ein partielles Fair Value Accounting

a) Die Empfehlungen des AICPA Abschlussberichts zur Zeitbewertung von non-core assets/liabilities

Nachdem im vorhergehenden Unterabschnitt der inkonsistente ‚Dualismus' des *fair value accounting* nach IAS/IFRS dargelegt wurde, wird nun ein anderer Rechtfertigungsansatz für eine zumindest partielle *fair value-Bewertung* von nicht betriebsnotwendigen Vermögenswerten und Schulden eines Unternehmens erörtert. Dieser Idee, die dem Abschlussbericht des AICPA zu den umfangreichen empirischen Untersuchungen über die Informationsbedürfnisse von Abschlussadressaten aus dem Jahre 1994 entstammt,[1738] wurde bisher im Schrifttum kaum Aufmerksamkeit geschenkt. Als wohl spektakulärstes und umstrittenstes[1739] Untersuchungsergebnis empfiehlt nämlich der Abschlussbericht mit dem Titel *„Improving Business Reporting – A Costumer Focus"*[1740], im Jahresabschluss die Auswirkungen von Kerngeschäftstätigkeiten *(„core activities")* und von nichtsachzielbezogenen Randtätigkeiten *(„non-core activities")* getrennt auszuweisen.[1741] Ziel soll die Bereitstellung bestmöglicher Informationen über die nachhaltige Ertragskraft eines Unternehmens sein – „ohne die störenden Einflüsse einmaliger oder außergewöhnlicher Effekte"[1742]. Der Abschlussbericht kommt zu dem interessanten Ergebnis, dass Vermögenswerte und Schulden im Zusammenhang mit den Kerngeschäftstätigkeiten eines Unternehmens zu historischen AK/HK,[1743] Vermögenswerte und Schulden des Randbereiches hingegen zum *fair value* bewertet werden sollten.[1744] Um ein unnötiges ‚Rauschen' in der Erfolgsrechnung zu vermeiden - das bei der Prognose künftiger Zahlungsströme oder Erfolge hinderlich sei - empfiehlt der Abschlussbericht, Bewertungserfolge

---

[1738] Vgl. ausführlich zum Abschlussbericht des AICPA (der auch unter der Bezeichnung „The Jenkins Report" bekannt ist) Berndlmaier/Klein (1997), S. 1089 ff.; Kleinmanns (2003), S. 1249 ff.; O.V. (1994), S. 41 ff.; Elliott/Jacobson (1995), S. 77 ff.; Kieso/Weygandt/Warfield (2001), S. 44; Mujkanovic (2002), S. 220 ff.

[1739] Vgl. Berndlmaier/Klein (1997), S. 1092; O.V. (1994), S. 41.

[1740] Vgl. AICPA (1994), S. 1. Vgl. ausführlich zu dieser Studie Berndlmaier/Klein (1997), S. 1089 ff.; Kleinmann (2003), S. 1249 ff.; O.V. (1994), S. 41 ff.; Elliot/Jacobson (1995), S. 77 ff.; Mujkanovic (2002), S. 220-222.

[1741] Vgl. AICPA (1994), Chapter 6, S. 15 ff.

[1742] Berndlmaier/Klein (1997), S. 1093; vgl. AICPA (1994), Chapter 6, S. 17: „The goal of distinguishing, on the financial statements, between the effects of core and non-core activities is to present the best possible information with which to discern trends in a company's business. A company's core activities are usual or recurring activities, transactions, and events".

[1743] Vgl. AICPA (1994), Chapter 6, S. 25.

[1744] Vgl. AICPA (1994), Chapter 6, S. 24 f.

aus der Zeitbewertung von *„non-core assets and liabilities“*[1745] erfolgsneutral mit dem Eigenkapital zu verrechnen.[1746] Diese Vorschläge sind insofern bemerkenswert, als die internationalen Standardsetzer langfristig genau das Gegenteil, nämlich eine möglichst weitgehende *erfolgswirksame Zeitbewertung* der Aktiva und Passiva beabsichtigen.[1747] Die *fair value*-Bewertung von Vermögenswerten und Schulden des Randbereiches wird mit einer gängigen Rechenformel aus der Praxis zur SHV-Ermittlung begründet.[1748] Danach werden die Zahlungsströme oder Erfolge aus den Kerngeschäftstätigkeiten eines Unternehmens (bzw. Unternehmenssegments) prognostiziert und mit einem risikoangepassten Zins diskontiert. Der Ertragswert der laufenden Geschäftstätigkeit (*„value of continuing operations“*[1749]) wird um die geschätzten Zeitwerte der nichtbetriebsnotwendigen Vermögenswerte und Schulden erweitert bzw. gekürzt, um so zum Unternehmens- oder Segmentwert zu gelangen:[1750]

Ertragswert der laufenden Geschäftstätigkeit eines Unternehmens oder Segments

+ *fair value* der Vermögenswerte aus nichtsachzielbezogen Randbereichen *(„non-core assets“)*

./. *fair value* der Schulden aus nichtsachzielbezogenen Randbereichen *(„non-core liabilities“)*

= ***Shareholder Value***

Da im Regelfall die SHV-Analyse auf dem Ertragswertverfahren beruht, sind bei der Prognose der künftigen Erfolge eines Unternehmens die Zeitwerte der betriebsnotwendigen Vermögenswerte und Schulden irrelevant.[1751] Im Gegensatz

---

1745 AICPA (1994), Chapter 6, S. 24.

1746 Vgl. AICPA (1994), Chapter 6, S. 25: „Users do not apply a multiple to that income because it is, by definition, random or does not relate to continuing operations. Second, users believe that recognizing the unrealized appreciation or depreciation would introduce noise in the income statement that would not be helpful in predicting future earnings or cash floes from continuing operations or in valuing non-core assets or liabilities“; vgl. auch Berndlmaier/Klein (1997), S. 1093.

1747 Vgl. dazu z.B. Wei (2004), S. M5; IASC (1999), S. 15; IAS 40 (2000), BfC, Rdnr. B65; SFAC 7.33 i.V.m. SFAC 7.36; ASB (2000), Statement of Principles, Rdnr. 6.28 f.). Zur aktuellen Entwicklung vgl. auch Baetge/Zülch (2001), S. 552. Maier-Siegert (2001), S. 32 stellt vor diesem Hintergrund die kritische Frage: „Wer will denn – außer dem FASB – eigentlich ‘fair value’ in den USA? Einige Portfolio-Manager?“ (ähnlich: Vorwold (1999), S. 2326).

1748 Vgl. Berndlmaier/Klein (1997), S. 1092; O.V. (1994), S. 41.

1749 Vgl. AICPA (1994), Chapter 3, S. 2 und Chapter 6, S. 24.

1750 Vgl. AICPA (1994), Chapter 6, S. 24. Nach Rappaport (1999), S. 40 ermittelt sich der SHV aus der Summe des Barwerts der betrieblichen Cash Flows während der Prognoseperiode, dem Residualwert sowie dem Marktwert der handelsfähigen Wertpapiere (vgl. dazu auch Ordelheide (1998c), S. 605 sowie HSBC (2001), S. 47).

1751 Vgl. AICPA (1994), Chapter 6, S. 25: „Predicting earnings (on the basis of historical cost) or cash flows usually does not depend on knowing the fair value of the individual assets

zum betriebsnotwendigen Vermögen liegt der eigentliche Wert der Vermögenswerte des Randbereiches nicht in der betrieblichen Verwendung, sondern letztendlich im Verkauf. Aus diesem Grund soll der *fair value* der Vermögenswerte und Schulden des Randbereiches einen guten Indikator für zukünftig aus dem Verkauf erzielbare Zahlungsströme darstellen.[1752]

Auch nach den deutschen Grundsätzen ordnungsgemäßer Unternehmensbewertung ist es üblich, den Ertragswert der Einnahmen- bzw. Ertragsüberschüsse aus dem betriebsnotwendigen Vermögen und den Barwert der finanziellen Überschüsse des *nicht betriebsnotwendigen Vermögens*[1753] gesondert zu berechnen, um so zum Unternehmensgesamtwert zu gelangen.[1754] Dabei werden die nicht betriebsnotwendigen Werte „unter Berücksichtigung ihrer bestmöglichen Verwertung gesondert bewertet"[1755]. Liegt der Barwert der geschätzten finanziellen Überschüsse des nicht betriebsnotwendigen Vermögens unter dessen geschätztem Liquidationswert, erfolgt ein Ansatz zu Liquidationswerten.[1756] Um den nachhaltigen Erfolg der operativen Geschäftstätigkeit zu ermitteln, werden in einer „Bereinigungsrechnung (...) sämtliche Aufwendungen und Erträge [ausgegliedert, Anm. d. Verf.], die einem nicht betriebsnotwendigen Vermögensgegenstand zuzurechnen sind"[1757].

b) Fair Value des non-core-Bereiches als ‚Grundbaustein' für die individuelle Shareholder Value-Analyse?

Eine partielle *fair value*-Bewertung von nicht betriebsnotwendigen Vermögenswerten und Schulden leistet offenkundig nützliche Vorarbeit für die individuellen SHV-Analysen der Abschlussadressaten. Allerdings kann die Zeitbewertung des *non-core*-Bereiches durch das bilanzierende Unternehmen nicht immer eine eigenständige Bewertung durch den Analysten ersetzen:[1758] Ein pauschaler Ansatz mit Zeitwerten verstößt schließlich – wie gezeigt - gegen übliche Unternehmensbewertungsgrundsätze, wonach die bestmögliche Verwertung des nicht betriebsnotwendigen Vermögens zu hinterfragen ist. So kann durchaus die „pa-

---

or liabilities of the business. Thus, fair value is often down the list of users' needs for information".

[1752] Vgl. AICPA (1994), Chapter 6, S. 25; vgl. Berndlmaier/Klein (1997), S. 1093.

[1753] IDW S1 bezeichnet das nicht betriebsnotwendige Vermögen als Vermögensteile, die „frei veräußert werden [können], ohne dass davon die eigene Unternehmensaufgabe berührt wird" (IDW S1, Abschnitt 4.5, Rdnr. 64).

[1754] Vgl. Mandl/Rabel (1997), S. 31; Bruns (1998), S. 61; IDW S1, Abschnitt 6.1, Rdnr. 92.

[1755] IDW S1, Abschnitt 4.5, Rdnr. 65.

[1756] Vgl. IDW S1, Abschnitt 4.5, Tz. 65 ff.

[1757] Bruns (1998), S. 62.

[1758] Vgl. Ordelheide (1998c), S. 605.

radoxe Situation entstehen“[1759], dass der Analyst eine eigenständige Bewertung durchführt, weil ihm die bereitstehenden Marktwerte unzureichend erscheinen.[1760] Eine partielle *fair value*-Bewertung des *non-core*-Bereiches ist folglich nur dann entscheidungsrelevant, wenn die Abschlussadressaten (unter dem Hintergrund individueller Kosten/Nutzen-Überlegungen) die im Jahresabschluss bereitgestellten Zeitwerte einer eigenständigen Bewertung vorziehen.[1761] So kann z.B. „bei schlechtem Informationsstand oder unzureichenden Fähigkeiten und Erfahrungen des Analysten (...) der Marktwert ein zuverlässigerer Schätzwert sein, als die Bewertung durch den Analysten“[1762]. Auch bei einem geringen Anteil der *non-core* Positionen am gesamten Betriebsvermögen bietet es sich an, auf eine eigene Bewertung des nichtbetriebsnotwendigen Vermögens zu verzichten, „da ein möglicher ‚Fehler' dann im Rahmen der Toleranzgrenzen der übrigen Schätzwerte liegt, die Kosten der Bewertung aber niedriger sein können“[1763].

Über eine erfolgsneutrale *fair value*-Bewertung der Bilanzpositionen des *non-core*-Bereiches würden die Jahresabschlussadressaten gewissermaßen ‚Grundbausteine' für die individuelle SHV-Analysen erhalten - ohne dass die Periodenergebnisse durch unrealisierte Wertveränderungen beeinflusst werden.[1764]

c) Gegenüberstellung des Fair Value Accounting nach IAS/IFRS

Im Rahmen des Regelwerks nach IAS/IFRS ist allerdings - wie die nachfolgenden Beispiele belegen - keine klare Linie erkennbar, ob vorrangig Bilanzpositionen des *non-core*-Bereiches oder des *core*-Bereiches zum *fair value* bewertet werden sollen:

- Für betriebsnotwendige Anlagen ist nach den überarbeiteten Versionen des IAS 16 (rev. 2003) und des IAS 38 (rev. 2003) weiterhin die Anwendung der Neubewertungsmethode als Wahlrecht zulässig.

[1759] Ordelheide (1998c), S. 605.

[1760] Ähnlich: Vgl. Ordelheide (1998c), S. 605.

[1761] Ähnlich: Vgl. Ordelheide (1998c), S. 612.

[1762] Ordelheide (1998c), S. 605.

[1763] Ordelheide (1998c), S. 605.

[1764] Allerdings entstehen freilich Kongruenzverstöße durch die erfolgsneutrale Erfassung der Zeitwertdifferenzen. Problematisch ist auch die Abgrenzung des betriebsnotwendigen vom nicht-betriebsnotwendigen Vermögen. So kann es z.B. bei diversifizierten Konzernen vollkommen unklar sein, welche Tätigkeiten dem betrieblichen Kernbereich bzw. welche Vermögenswerte oder Schulden dem betrieblichem Kernerfolg zuzuordnen sind (vgl. O.V. (1994), S. 43). Zwar können typische Fälle betriebsnotwendiger Vermögens- oder Schuldteile exemplarisch aufgezählt werden, für alle Beispiele sind aber auch Gegenbeispiele möglich (vgl. Bruns (1998), S. 83).

- Nicht sachzielbezogenes Immobilienvermögen (investment property) darf nach IAS 41 wahlweise zum *fair value* bewertet werden, jedoch erfolgswirksam.
- Sachzielbezogenes landwirtschaftliches Lebendinventar und biologische Erzeugnisse müssen grundsätzlich zum *fair value* bewertet werden.
- Finanzinstrumente sind nach IAS 39 weitgehend zum fair value zu bewerten; eine Trennlinie zwischen betriebsnotwendigen und nicht-betriebsnotwendigen Finanzinstrumenten ist wohl besonders schwer zu ziehen.

3.4 Schlussfolgerungen

Nach einer Untersuchung verschiedener Einzelfallregelungen bleibt festzuhalten, dass die speziellen Ansatzvorschriften weitgehend dem bilanzorientierten Ansatzkonzept nach IASB Framework folgen. Allerdings verbergen sich im Detail erhebliche konzeptionelle Inkonsistenzen. Dadurch ergeben sich folgende Konsequenzen für die vermeintliche Prinzipienbasierung der IAS/IFRS:

- Entgegen der Intention des IASB Frameworks werden bestimmte Vermögensteile entweder imparitätisch behandelt (z.B. Eventualforderungen, aktive latente Steuern) oder objektivierungsbedingt nur unvollständig ausgewiesen (z.B. originäres immaterielles Vermögen). Es werden auch Abschlusspositionen ausgewiesen, deren Vermögenswert-, Schuld-, Aufwands- oder Ertragscharakter im Einzelfall zweifelhaft sein kann (z.B. erfolgsneutral gebildete latente Steuern, derivativer Geschäftswert).
- Daneben gestatten die IAS/IFRS-Einzelfallregelungen auch Bilanzpositionen, deren konzeptionelle Vereinbarkeit im Einzelfall eindeutig zu verneinen ist (so etwa Aufwandsrückstellungen im Grenzbereich zwischen Innen- und Aussenverpflichtungen bzw. ‚wirtschaftliche Surrogate' für Aufwandsrückstellungen, nicht-werthaltige Abgrenzungspositionen).

Relativierend muss allerdings angefügt werden, dass das IASB derzeit bemüht ist, im Zuge von weiteren Überarbeitungen der Standards und Interpretationen bestehende Inkonsistenzen im Zusammenhang mit dem Bilanzansatz– deren Existenz bereits in F.52 offen eingestanden wird[1765] - zu verringern.[1766]

Nach der im Anschluss erfolgten Systematisierung der vielfältigen und verworrenen speziellen Bewertungsvorschriften bleiben im Ergebnis folgende Hauptaspekte festzuhalten:

[1765] Vgl. F.52: „Current International Accounting Standards may include items that do not satisfy the definitions of an asset or liability and are shown as part of equity".

[1766] Vgl. Wagenhofer (2003), S. 130 sowie IASCF (2003), S. 1 ff.

- Obgleich bei der Definition der primären Wertmaßstäbe für Vermögenswerte und Schulden nach IASB Framework auf das Prinzip der Maßgeblichkeit der Gegenleistung abgestellt wird, sind die speziellen Zugangsbewertungsvorschriften nur teilweise auf eine erfolgsneutrale Vermögensumschichtung im Zugangszeitpunkt ausgerichtet. Zunehmend wird das *Konzept der direkten Zugangsbewertung* umgesetzt, wodurch sich bereits im Zugangszeitpunkt von Vermögenswerten und Schulden Erfolge ausgewiesen werden können. Unter dem Aspekt der Prinzipienbasierung ist die wachsende Bedeutung des Konzeptes der direkten Zugangsbewertung jedoch begrüßenswert.
- Das IASB favorisiert eindeutig die bilanzorientierte Erfolgserfassungskonzeption des *all-inclusive income*, die im Grundsatz eine unmittelbare und paritätische erfolgswirksame Erfassung sämtlicher bilanzieller Reinvermögensveränderungen einer Abrechnungsperiode erforderlich macht. Bei einer näheren Betrachtung der Einzelfallregelungen wird jedoch deutlich, dass diese Erfolgserfassungskonzeption nur partiell umgesetzt wird. Tatsächlich basieren die spezifischen Folgebewertungsvorschriften auf einer Vielfalt von Bewertungskonzepten, die teilweise verpflichtend, teilweise auch wahlweise umzusetzen sind. Konventionelle, GuV- und bilanzorientierte Bewertungsvorschriften stehen sich widersprüchlich gegenüber. Selbst innerhalb der bilanzorientierten Bewertungsvorschriften werden Kompromisse mit der konkurrierenden GuV-orientierten Erfolgserfassungskonzeption des *current operating performance* eingegangen. Ungereimt ist schließlich, welcher konzeptionelle Hintergedanke mit der Neubewertungsmethode verfolgt wird. Es bleibt abzuwarten, inwieweit sich die festgestellten Inkonsistenzen mit Hilfe des geplanten neuartigen *Performance Statement* beseitigen lassen.
- Im Kern steckt wohl hinter der Ausbreitung des *fair value accounting* das Ziel der angelsächsischen Standardsetzer, einen abstrakten angelsächsischen Rechtsbegriff durch Fachnormen der Rechnungslegung zu konkretisieren. Konzeptionell deutet das *fair value accounting* auch eine zunehmende Bilanzorientierung der IAS/IFRS-Bewertungsvorschriften an. Nach den Bekundungen des US-amerikanischen Standardsetzers und des IASB liegt der *fair value*-Bilanzierung das theoretische Ideal einer bilanziellen Effektivvermögensapproximation zugrunde. Da dieses Wunschbild jedoch nur zu einer modellhaften Welt vollständiger und vollkommener Märkte passt, fungiert der *fair value* in der ‚realen Welt' letztendlich als vager Oberbegriff für ein breites Spektrum unterschiedlichster Werte. Die Realitätsferne des theoretischen Leitgedankens belegen die kasuistischen IAS/IFRS-Regeln zur Erfolgserfassung der Zeitwertdifferenzen eindrucksvoll. IAS/IFRS stellen eine ‚dualistische' Rechnungslegung dar, weil die Einzelfallregelungen abwechselnd die Bedürfnisse der Vermögens- und der Erfolgsdarstellung erfüllen

sollen. Obgleich eine *fair value*-Bilanzierung von nicht betriebsnotwendigen Vermögenswerten und Schulden zur Unterstützung der gängigen SHV-Analysen plausibel erscheinen würde, ist im IAS/IFRS-Regelwerk keine klare Linie erkennbar, ob vorrangig betriebsnotwendige oder nicht betriebsnotwendige Vermögenswerte und Schulden zum Zeitwert bilanziert werden sollen.

4 Systematik und Konkretisierbarkeit der ergänzenden Prinzipien

Unter den ‚ergänzenden Prinzipien' werden im Rahmen dieser Arbeit wesentliche allgemeine IAS/IFRS-Prinzipien subsumiert, die nicht *explizit* im Framework angeführt werden. Diese Prinzipien lassen sich vielmehr *implizit* aus einer Vielzahl einzelner Standards ableiten. Sie sind – wie die allgemeinen Grundprinzipien - im Rahmen der Jahresabschlusserstellung verbindlich zu befolgen, solange keine Einzelfallregelungen anderweitiges vorsehen.

4.1 Objektivierungskriterien zur Ermessensbegrenzung und Grundsatz der Offenlegung von wesentlichen Ermessensspielräumen

a) Objektivierungskriterien zur Ermessensbegrenzung

Die in den Einzelfallregelungen vielfach eingeräumten Bilanzierungsfreiräume werden häufig mit bestimmten Objektivierungskriterien verknüpft.[1767] Dazu zählen u.a. Appelle zu vernünftigen und begründeten (Schätz-) Annahmen *(„reasonable and supportable assumptions")*[1768], zu angemessenen und stetigen *(„reasonable and consistent")*[1769] Rechnungslegungsmethoden sowie Aufforderungen, Schätzungen oder Ermessensentscheidungen vernünftig *(„reasonable")*[1770], plausibel *(„rational")*[1771] und sachgerecht *(„appropriate")*[1772] durchzuführen. Teilweise wird der Bilanzierende zu *„best estimate(s)"*[1773] oder zu vertrauenswürdigsten (*"most reliable")*[1774] Schätzungen aufgefordert. Objektivierungsbedingte Kriterien zur „Verhaltenstypisierung"[1775] werden regelmäßig bei den *fair value*-Bestimmungsregeln angeführt, da dieser Wert grundsätzlich ein objektiver

[1767] Vgl. Schildbach (2003a), S. 249.

[1768] So z.B. IAS 36.33 (a); IAS 38.22.

[1769] So z.B. IAS 36.39 (b); IAS 36.75.

[1770] So z.B. IAS 12.63; 14.16; 20.26; 35.26; 22.39 (d); IAS 40.47; IAS 41.19

[1771] So z.B. IAS 17.3.

[1772] So z.B. IAS 12.63; IAS 34.41; IAS 37.35.

[1773] So z.B. IAS 37.36; IAS 19.73; IAS 22.44; IAS 36.33 (a).

[1774] So z.B. IAS 2.27; IAS 40.47; IAS 41.19.

[1775] Wüstemann (2002a), S. 24.

Marktwert sein soll, der unter *fiktiven* und *typisierten* Vertragspartnern ausgehandelt wird.[1776]

Um den Zweck solcher Objektivierungskriterien zu verstehen, hilft ein Blick in das deutsche Bilanzrecht, das mit dem Gebot zur *„vernünftigen kaufmännischen Beurteilung"* ein zentrales Objektivierungskriterium kennt.[1777] Dabei handelt es sich um einen unbestimmten Rechtsbegriff,[1778] zu dessen Interpretation auf eine „außerrechtliche, (...) wirtschaftswissenschaftliche Rationalität"[1779] verwiesen wird. Das Ermessen des Bilanzierenden soll durch den Verhaltensmaßstab einer allgemeinen „Verkehrsauffassung"[1780] in objektive Schranken zulässiger Überlegungen und Argumente verwiesen werden.[1781] Gleichwohl bestehen über den Inhalt und über die Konsequenzen dieses Objektivierungskriteriums in Schrifttum und Rechtssprechung teilweise erheblich divergierende Auffassungen, wie etwa die unterschiedliche Kommentierung des handelsrechtlichen Abwertungswahlrechts nach vernünftiger kaufmännischer Beurteilung (§ 253 Abs. 4 HGB) zeigt.[1782] Die Problematik von Objektivierungskriterien wird vor diesem Hintergrund deutlich: Es ist unklar, wie Objektivierungskriterien ordnungsgemäß anzuwenden sind, wenn sich bereits Rechtsprechung und Fachkommentierung uneinig sein können.

Der IAS/IFRS-Bilanzierende kann zudem bei der Interpretation der Objektivierungskriterien auf keine Bilanzkommentierung zurückgreifen, die die herrschende Meinung reflektiert und insofern eine gewisse Rechtssicherheit bieten: Einheitliche Kommentierungen durch Institutionen, die von der eigentlichen Normsetzung getrennt sind, sind – wie bereits mehrfach angeführt - mit dem angelsächsischen Prinzip des *professional judgement* unvereinbar (Abschn. B.3.2 sowie C.3).[1783] Es ist daher nicht verwunderlich, dass die Objektivierungskriterien

---

[1776] Vgl. z.B. IAS 41.4: „fair value is the amount for which an asset could be exchanged between knowledgeable, willing parties in an arm's length transaction."

[1777] Vgl. Wüstemann (2002a), S. 24 f.; Westermann (1986), S. 356; § 253 Abs. 1 S. 2, Abs. 3 S. 3, Abs. 4 HGB sowie § 286 Abs. 2, Abs. 3 Nr. 2 HGB.

[1778] Vgl. Westermann (1986), S. 356; Wüstemann (2002a), S. 25.

[1779] Westermann (1986), S. 351 f.

[1780] Moxter (2003a), S. 35.

[1781] Vgl. Westermann (1986), S. 352, 359; Wüstemann (2002a), S. 24 f.

[1782] Vgl. dazu Schildbach (2000a), S. 253f.; Hoyos/Schramm/Ring (1999), § 253 HGB, Rdnr. 656 f.; Döring (1995) § 253 Rdnr. 189-199; Westermann (1986), S. 363; Baetge (1994), S. 271-273; Küting (2000), S. 393.

[1783] Vgl. Schildbach (2002b), S. 270 sowie Lüdenbach, in Haufe IAS-Kommentar (2003) § 2, Rdnr. 42: „Das Vorgehen in diesem Kommentar (…) ist getragen von der Überzeugung, dass der Kommentator sich nicht an die Stelle des Regelgebers setzen sollte. Wenn das IASC (bzw. das IASB) eine 90%-Grenze für die Zurechnung von Leasinggegenständen gewollt hätte, hätte es diese Regel formulieren können: Es hat dies aber (…) nicht getan und dem Anwender damit Ermessensspielräume gelassen. Sie zu rauben würde u.E. dem

der IAS/IFRS in gängigen Lehrbüchern unkommentiert bleiben.[1784] Bei einer näheren Betrachtung kommen sogar erhebliche Zweifel auf, ob die beschriebenen Objektivierungskriterien nach IAS/IFRS bilanzpolitische Missbräuche effektiv begrenzen können:

- Maßgeblicher Zieladressat der Rechnungslegung nach IAS/IFRS ist ein hinreichend sachverständiger typisierter Abschlussadressat (Abschn. E.2.2.2). Die Abschlussinformationen sollen insofern an den Interessen *rationaler* wirtschaftlicher Entscheidungsträger ausgerichtet werden.[1785] Fragwürdig ist, ob der Bilanzierende im Einzelfall beurteilen kann, welche Annahmen und Schätzungen aus Sicht eines hinreichend informierten, sachverständigen Adressaten ‚vernünftig' oder ‚plausibel' erscheinen würden. Durch einen typisierenden Verhaltensmaßstab werden keine feste Bezugsgruppe und Entscheidungsparameter definiert, an die sich die Abschlussinformationen ausrichten sollen; mögliche Interpretationsprobleme werden durch die Maßstabsvorgabe eines typisierten Abschlussadressaten „lediglich auf eine andere Ebene verlagert"[1786].
- Bei den zahlreichen Objektivierungskriterien ist zudem keine Systematik der Zuordnung auf Bilanzierungssachverhalte erkennbar.[1787] So ist bspw. unklar, ob bei der Auslegung der genannten Objektivierungsrestriktionen tatsächlich immer die Sichtweise eines rationalen und typisierten wirtschaftlichen Entscheidungsträgers maßgebend sein soll. Verdeutlichen lässt sich dies am Objektivierungskriterium der *„best estimate"* im Zusammenhang mit der Rückstellungsbewertung: Zwar wird nach IAS 37.37 an eine ‚vernünftige Beurteilung' appelliert,[1788] doch bei der Rückstellungsbewertung muss das Management explizit auch wertbeeinflussende Sachverhalte nach dem Bilanzstichtag berücksichtigen (IAS 37.38). Damit wird deutlich, dass letztlich nur die sub-

---

Kommentator nicht zustehen, da er sich damit in die Rolle des Regelgebers begeben würde".

[1784] Nach Kenntnis des Verfassers sieht lediglich Hoffmann, in: Haufe IAS-Kommentar (2003) § 21, Rdnr. 136 in der in IAS 37.38 angeführten Aufforderung, wonach das Management den Rückstellungsbetrag bestmöglich schätzen soll, eine unbewusste Parallele zur vernünftigen kaufmännischen Beurteilung des HGB.

[1785] So wird im US-amerikanischen SFAC 1.34 explizit darauf hingewiesen, dass Jahresabschlüsse die Adressaten der Rechnungslegung bei „rational investment, credit, and similar decisions" unterstützen sollen. Aufgrund der Anlehnung des IASB Frameworks and das US-amerikanische CF erscheint es berechtigt anzunehmen, dass von rationalen Entscheidungsträgern auszugehen ist.

[1786] Ossadnik (1993), S. 618.

[1787] Ähnlich: Vgl. Schildbach (2003a), S. 260.

[1788] Vgl. IAS 37.37: „The best estimate (...) ist the amount an enterprise would rationally pay to settle the obligation at the balance sheet date".

jektiven Einschätzungen der Geschäftsführung entscheidend sind.[1789] Für eine mangelnde Systematik der Objektivierungskriterien spricht auch die Tatsache, dass in den zahlreichen Einzelfallbestimmungen, in denen das Urteilsvermögen (*judgement*) des Bilanzierenden explizit verlangt wird, regelmäßig keine Objektivierungsbedingungen anzutreffen sind. Selbst der Begriff des *„judgement“* wird an keiner Stelle erläutert und zudem mit verschiedenen Wortspielereien umgeben: Neben dem normalen *„judgement“*[1790], sind auch Aufforderungen zu *„professional judgement“*[1791], *„certain amount of judgement“*[1792] oder *„subjective or complex judgement“*[1793] verstreut im Regelwerk der Rechnungslegung nach IAS/IFRS anzutreffen.[1794] Teilweise wird fachliches Ermessen ausdrücklich nur vom Management gefordert,[1795] manchmal vom bilanzierenden Unternehmen,[1796] an anderer Stelle soll wiederum der Abschlussadressat die Möglichkeit erhalten, ein informiertes Urteil *(„informed judgement“)*[1797] zu bilden.

Die Tatsache, dass insbesondere die ausdrücklich verlangten *judgements* nicht mit „Objektivierungsmechanismen“[1798] verknüpft werden, verdeutlicht, dass das IASB zur Sicherstellung der Vermittlung der „ehrlichen Erwartung“[1799] weniger auf effektive Objektivierungskriterien, als auf den, durch die Prinzipien der *fair presentation* und *professional judgement* induzierten „Selbstbindungsmechanismus“[1800] des Bilanzierenden und Prüfers abstellt.[1801] Unterstützt werden soll der „Selbstbindungsmechanismus“ durch den, im Folgenden beschriebenen Grundsatz der Offenlegung von Ermessensspielräumen.

[1789] Ähnlich: Moxter (1999), S. 523. Dafür spricht auch die Tatsache, dass nach IAS 37.37 die Bestimmung des „best estimate“ auch dann möglich sein soll, wenn die Übertragung der Verpflichtung auf Dritte (objektiv beurteilt) „prohibitively expensive“ ist (vgl. Schildbach (2003a), S. 260).

[1790] So z.B. in IAS 1.47; 1.72.

[1791] So z.B. in F.11; SIC 9-9.

[1792] So z.B. in IAS 14.15.

[1793] So z.B. in IAS 1.118

[1794] Vgl. dazu auch Schildbach (2003a), S. 249.

[1795] So z.B. in IAS 8.10; IAS 21.12; IAS 37.38.

[1796] So z.B. in IAS 19.73.

[1797] IAS 1 (rev. 1997), Rdnr.18.

[1798] Beys (2002), S. 257.

[1799] Beys (2002), S. 259.

[1800] Beys (2002), S. 259.

[1801] Ähnlich: Schildbach (2003a), S. 261.

b) *Grundsatz der Offenlegung von wesentlichen Ermessensspielräumen*

Der neu überarbeitete IAS 1 (rev. 2003) sieht umfassende Offenlegungspflichten von wesentlichen Ermessensspielräumen und Schätzungsparametern vor.[1802] Danach sollen die Schlüssel-Determinanten *(„key sources")* von Bewertungsunsicherheiten offen gelegt werden, soweit im nächsten Geschäftsjahr ein erhebliches Risiko wesentlicher Bewertungsanpassungen von Bilanzpositionen *(„a significant risk of causing a material adjustment to the carrying amount of assets and liabilities")* besteht.[1803] Damit soll erreicht werden, dass die Jahresabschlussadressaten die Schätzungen nachvollziehen (und beurteilen) können.[1804] Offenlegungspflichtig sind lediglich schwierigste, subjektivste oder komplexeste Ermessensentscheidungen des Managements *(„management's most difficult, subjective or complex judgements"),*[1805] so dass nur relativ wenige Bilanzwerte betroffen sind.[1806] Keine Angaben müssen etwa im Zusammenhang mit Vermögenswerten und Schulden gemacht werden, die am Bilanzstichtag zum *fair value* auf Basis aktuell beobachteter Marktpreise *(„fair value based on recently observed market prices")* bewertet werden.[1807] Der Umfang und das Ausmaß der offen zu legenden Schlüssel-Determinanten von unsicheren Schätzungen *(„key assumptions and other key sources of estimation uncertainty"*[1808]*)* hängen von der Natur der Bewertungsprämissen und sonstigen Umständen ab.[1809] Als Beispiele

---

[1802] Vgl. IAS 1.116-124; Hoffmann/Lüdenbach (2003a), S. 1968.

[1803] Vgl. IAS 1.116 „that have a significant risk of causing a material adjustment to the carrying amounts of assets and liabilities within the next financial year".

[1804] Vgl. IAS 1.120: „that helps users of financial statements to understand the judgements management makes about the future and about other key sources of estimation uncertainty".

[1805] Vgl. IAS 1.118.

[1806] Vgl. IAS 1 (rev. 2003), BfC, Rdnr. BC34. In Frage kommen vor allem Unsicherheiten bei zukunftorientierten Bilanzwerten, wie etwa des erzielbaren Betrags von Sachanlagen, Rückstellungen für ausstehende Gerichtsverfahren oder Pensionsverpflichtungen. Unsicherheiten bestehen in diesen Fällen insbesondere bezüglich der verwendeten Risikozuschläge, der verwendeten Diskontierungsfaktoren, der zukünftigen Preisentwicklungen oder der zukünftigen Gehaltsentwicklungen (Vgl. IAS 1.117).

[1807] Vgl. IAS 1.119. Der Grund ist, dass Marktpreise sich zwar innerhalb des nächsten Geschäftsjahres verändern können, die Bewertungsunsicherheiten aber nicht auf den Schätzungen und Annahmen des Bilanzierenden beruhen. Die Formulierung „fair value based on recently observed market prices" ist allerdings sehr missverständlich, weil bei wörtlicher Interpretation auch synthetisch ermittelte fair values, die nicht aus Sekundärmarktpreisen eines aktiven Marktes, sondern mit Hilfe anerkannter (marktwertorientierter) Bewertungsverfahren auf der Basis beobachteter Marktpreise ähnlicher Vermögenswerte oder Schulden ‚angepasste Marktwerte' ermittelt werden, von der Offenlegungspflicht befreit sind. Dabei können aber erhebliche Bewertungsunsicherheiten entstehen (vgl. Ruhnke/Schmidt (2003), S. 1040).

[1808] IAS 1.118.

[1809] Vgl. IAS 1.120: „The nature and extent of the information provided vary according to the nature of the assumptions and other circumstances".

werden u.a. die Offenlegung von geschätzten Wertintervallen,[1810] der Sensitivität der jeweiligen Werte[1811] oder eine verbale Erläuterung von nicht-quantifizierbaren Unsicherheiten angeführt.[1812] Sofern jedoch eine Offenlegung wirtschaftlich nicht vertretbar *(„impracticable")* ist, kann auf die Angaben verzichtet werden. In diesem Fall muss in den *notes* mitgeteilt werden, dass nach den bisherigen Erkenntnissen ein erhebliches Risiko von Bewertungsanpassungen im nächsten Geschäftsjahr bestehen.[1813]

Das beschriebene Offenlegungsgebot von Ermessenspielräumen wirft verschiedene Ungereimtheiten auf: So dürfte eine Auslegung der stark auslegungsbedürftigen Begriffe[1814] schon alleine schwierigste Ermessensentscheidungen hervorrufen. Es wird leicht fallen, das Offenlegungsgebot mit dem Hinweis auf *„impractical"* zu umgehen oder die Nichtexistenz einer *„significant risk of causing a material adjustment"* festzustellen, um so selbst auf die Mitteilung von möglichen Bewertungsanpassungen in den *notes* zu verzichten. Mangels vorhandener Beispiele oder Anwendungsleitlinien bleibt unklar, in welchem Ausmaß Ermessensspielräume und Schätzparameter offen gelegt werden sollen.[1815] Selbst bei nur wenigen kritischen Schätzungsparametern kann eine Offenlegung der Sensivität von Bilanzwerten[1816] zu einem nicht vertretbaren Arbeitsaufwand und unsinnigen Ergebnissen führen.[1817] Schließlich bleibt ungereimt, wie bei Glaubwürdigkeitsfällen über das Risiko von Abweichungen berichtet werden soll, da in solchen Fällen häufig weder Wertintervalle noch zugehörige Wahrscheinlichkeiten bestimmbar sind (Abschn. E.2.3.3.3).

4.2 Grundsätze zur Auswahl und Entwicklung von Bilanzierungs- und Bewertungsmethoden

Nach den neuen Regelungen des IAS 8 (rev. 2003) sind bei der Erstellung eines IAS/IFRS-Jahresabschlusses grundsätzlich alle Standards und Interpretationen unter Berücksichtigung der jeweiligen *Implementation Guidances* anzuwenden

---

[1810] Vgl. IAS 1.120 (c).

[1811] Vgl. IAS 1.120 (b).

[1812] Vgl. IAS 1.120 (d).

[1813] Vgl. IAS 1.122.

[1814] „Key sources"; „significant risk of causing a material adjustment"; „most difficult"; „subjective or complex judgements";„impractical".

[1815] So auch Kirsch (2004), S. 139 ff.

[1816] Vgl. IAS 1.120 (b).

[1817] Vgl. Hoffmann/Lüdenbach (2003a), S. 1968. Für ein anwendungsbezogenes Beispiel vgl. Kirsch (2004), S. 140.

(IAS 8.7).[1818] Sofern für einen Geschäftsvorfall oder Ereignis keine spezifischen (Einzelfall-) Regelungen oder Zweifelsfragen vorliegen (d.h. es liegt eine sog. *„offene Lücke“*[1819] vor), hat das Management nach IAS 8.10 nach eigenem Ermessen Bilanzierungs- und Bewertungsmethoden zu entwickeln; dabei müssen - wie bereits im Abschnitt D.2.2 beschrieben - die Grundsätze der *Entscheidungsrelevanz* und der *Vertrauenswürdigkeit* beachtet werden.[1820] IAS 8 gibt zudem maßgebliche *Auslegungsmethoden* vor, die in fester Reihenfolge anzuwenden sind (siehe Abbildung nächste Seite):[1821]

[1818] Nach IAS 8.9 gehören die Implementation Guidances jedoch nicht zum verbindlichen Regelungsbereich der Rechnungslegung nach IAS/IFRS.

[1819] Ruhnke/Nerlich (2004), S. 390.

[1820] Vgl. IAS 8.10; Ruhnke/Nerlich (2004), S. 392. Anm.: IAS 1.108-115 sieht zudem umfassende Offenlegungspflichten im Zusammenhang mit der Entwicklung und Anwendung von Bilanzierungs- und Bewertungsmethoden in den notes vor.

[1821] Vgl. dazu auch Ruhnke/Nerlich (2004), S. 392; Wagenhofer (2003), S. 137 f.; Schön (2004), S. 766.

1. „Fallanalogie“ [1822]	Zunächst sind die Regelungen and Anwendungsleitlinien von Standards und Interpretationen für ähnliche oder verwandte Bilanzierungssachverhalte heranzuziehen (IAS 8.11 (a)).[1823]
2. „Berufung auf allgemeine Prinzipien“ [1824]	Sofern die bestehenden Regelungen nicht anwendbar sind, muss das Management den betreffenden Sachverhalt auf der Grundlage der Definitionen, Ansatzgrundsätze und Bewertungskonzepte des IASB Frameworks im Jahresabschluss erfassen (IAS 8.11 (b)).

Neben den verbindlichen Referenzquellen können[1825] auch die neuesten Fassungen von Regelungen anderer Standardsetzer herangezogen werden - sofern diese ein ähnliches theoretisches Rahmenkonzept für die Entwicklung von Rechnungslegungsstandards verwenden. Auch allgemein anerkannte Branchenpraktiken sowie relevante Accounting-Literatur können beachtet werden, jedoch unter dem Vorbehalt, dass diese nicht mit dem IAS/IFRS-Regelwerk im Konflikt stehen (IAS 8.12).
(**„Systemanalogie“** [1826])

Prinzipiell müssen die Bilanzierungs- und Bewertungsmethoden entscheidungsrelevant und vertrauenswürdig sein (IAS 8.10)

Abbildung 12: Auswahl und Entwicklung von Rechnungslegungsmethoden nach IAS 8

Im Schrifttum wird die Operationalisierbarkeit der Auslegungsmethoden teilweise bezweifelt,[1827] wobei u.a. folgende Gründe angeführt werden:

- Die allgemeinen Grundprinzipien der IAS/IFRS sind – wie im Rahmen dieser Arbeit gezeigt wurde – zu abstrakt, um als klare Leitlinien bei der Auswahl, Entwicklung und Anwendung von Bilanzierungs- und Bewertungsmethoden fungieren zu können.[1828]

[1822] Lüdenbach, in: Haufe IAS-Kommentar (2003) § 2, Rdnr. 34.

[1823] Für ein Beispiel einer Regelungslücke nach IAS/IFRS und deren mögliche Schließung über Fallanalogie vgl. Ruhnke/Nerlich (2004), S. 394.

[1824] Lüdenbach, in: Haufe IAS-Kommentar (2003) § 2, Rdnr. 34.

[1825] Vgl. IAS 8.12: „management may also (…)“. Vgl. auch IAS 8, BfC, Rdnr. BC16.

[1826] Lüdenbach, in: Haufe IAS-Kommentar (2003) § 2, Rdnr. 34.

[1827] Vgl. dazu Wagenhofer (2003), S. 138; Lüdenbach, in: Haufe IAS-Kommentar (2003) § 2, Rdnr. 31-43; Ruhnke/Nerlich (2004), S. 389 ff.; Freisleben/Leibfried (2004), S. 101 ff.; Schön (2004), S. 766.

[1828] Vgl. Lüdenbach, in: Haufe IAS-Kommentar (2003) § 2, Rdnr. 34; Freisleben/Leibfried (2004), S. 103; Ruhnke/Nerlich (2004), S. 392. Anm.: Besonders irritierend ist der Hinweis in IAS 8.11 (b), wonach die „measurement concepts“ des IASB Frameworks beachtet werden müssen, da sich das IASB Framework – wie im Abschn. E3.3.1 gezeigt wurde

- Die in IAS 8.11 f. genannten Auslegungsmethoden werden nicht präzisiert.[1829] So bleibt bspw. offen, wo die objektiven Grenzen der ‚Fallanalogie' liegen.[1830] Dieses Problem lässt sich an den Regelungen zur Bandbreitenproblematik bei der Rückstellungsbewertung (IAS 37.39 f.) verdeutlichen: Es ist unklar, ob die Regelungen des IAS 37 zur Bandbreitenproblematik auch für Vermögenswerte, für die nur ein Wertintervall verlässlich bestimmbar ist, maßgeblich sein können.[1831] Eine analoge Anwendung ist insofern fragwürdig, als in den Einzelfallregelungen – wie gezeigt – Vermögenswerte und Schulden häufig imparitätisch behandelt werden.[1832] Es ist auch nicht möglich, die Auslegungsmethoden in Anlehnung an gängigen juristischen Methodenlehren zu erklären,[1833] da einheitliche Interpretationen mit dem Prinzip des *professional judgement* nicht vereinbar sind.[1834] Schließlich ist noch ungeklärt, wie das Verhältnis zwischen der Auslegungsbefugnis der deutschen Gerichte bzw. des EuGH „und dem Interpretationsermessen der Geschäftsleitung der bilanzierenden Unternehmen zu definieren ist"[1835]. Nach Schön (2004) ist allerdings absehbar, dass die europäische Rechtsprechung diesen Auslegungsmethoden ein „‚Korsett' [anlegt, Anm. d. Verf.], welches die kontinentaleuropäische Tradition der

---

– auf keine allgemeinen Bewertungskonzepte festlegt, sondern lediglich eine Vielfalt heterogener Wertmaßstäbe und Kapitalerhaltungskonzepte skizziert.

1829 Vgl. Wagenhofer (2002), S. 237.

1830 So Ruhnke/Nerlich (2004), S. 394.

1831 So ist z.B. nach IAS 11.22 bei langfristigen Fertigungsaufträgen die Voraussetzung einer Teilgewinnrealisierung, dass die voraussichtlichen Auftragskosten und Auftragserlöse vertrauenswürdig geschätzt werden können. In IAS 11 fehlen allerdings Hinweise, wie die Kosten und Erlöse zu bemessen sind, wenn nur eine Bandbreite möglicher Werte bestimmbar ist (Vgl. Ruhnke/Nerlich (2004), S. 394).

1832 Vgl. Ruhnke/Nerlich (2004), S. 394.

1833 So vergleichen Ruhnke/Nerlich (2004), S. 391 ff. die Methode der Fallanalogie des IAS 8.11 (a) mit der gängigen juristischen Methodenlehre der Einzel- und Gesamtanalogie. Die beiden Autoren kommen zum Ergebnis, dass die Vorgehensweise des IAS 8.11 auf bemerkenswerte Weise „in weiten Teilen den Methoden zur Schließung von Regelungslücken in der kontinental-europäischen Jurisprudenz" entsprechen (Ruhnke/Nerlich (2004), S. 395). Auch Wagenhofer (2003), S. 138 hinterfragt, nach welchen Kriterien die unbestimmten IAS/IFRS-Regelungen ausgelegt werden sollen. Als mögliche Auslegungskriterien führt der Autor die juristischen Auslegungsmethoden der wörtlichen, teleologischen und historischen Interpretation an (zur Auslegung von Rechtsnormen nach den gängigen Methodenlehren der Rechtswissenschaft vgl. Baetge (1994), S. 47 ff. sowie Larenz (1975), S. 298 ff.).

1834 So auch Lüdenbach, in: Haufe IAS-Kommentar (2003) § 2, Rdnr. 42 f.

1835 Schön (2004), S. 766.

‚Rechtsförmlichkeit' im Bilanzrecht verwirklicht"[1836] – und insofern dem angelsächsischen Prinzip des *professional judgement* widerspricht![1837]

- Die in IAS 8.12 angeführte ‚Systemanalogie' spiegelt unmittelbar die angelsächsische Rechnungslegungsphilosophie wider, wonach der Gehalt des TFV durch aktuelle Fachnormen der Rechnungslegung und *professional judgement* ausgedrückt wird. Fragwürdig ist jedoch, wie „umfassend die Unternehmensleitung recherchieren sollte"[1838], um die Anwendbarkeit systemfremder Regelungen, branchenspezifischer Bilanzierungspraktiken oder Fachmeinungen abzuwägen. Zudem wird durch IAS 8.12 eine Gefahr der „Unterwanderung"[1839] der IAS/IFRS-Prinzipiern mit systemfremden Bilanzierungs- und Bewertungsmethoden befürchtet:[1840] Hinweise aus der Fachliteratur scheinen zu belegen, dass nach IAS/IFRS-bilanzierende Unternehmen zur Lückenfüllung oder bei Zweifelsfragen häufig die Kasuistik der US-GAAP zur Hilfe nehmen.[1841] Die Autoren Schultz/Lopez (2001) kommen nach einer Analyse der Jahresabschlüsse deutscher, französischer und US-amerikanischer Unternehmen zu dem Ergebnis, dass aufgrund der kulturellen Unterschiede dieselben Regelungen sehr häufig nach den nationalen Rechnungslegungsgepflogenheiten ausgelegt werden.[1842]

[1836] Schön (2004), S. 767. So ist der Autor auf S. 766 der Auffassung, dass „nur dann, wenn bei Beachtung dieser sämtlichen materiellen Wertungen und methodischen Anforderungen noch ein Restspielraum für das Management verbleibt, werden die Gerichte sich zurückhalten und die Entscheidung der Preparer für oder gegen eine bestimmte Bilanzierungs- und Bewertungsmethode akzeptiert". Damit wird aber genau das erreicht, was – wie gezeigt - durch das Prinzip des professional judgement vermieden werden soll.

[1837] Nach Schulze-Osterloh (2004b), S. 176 ist bei der künftige Auslegung der IAS/IFRS durch die europäische Rechtsprechung mit *erstaunlichen* Ergebnissen zu rechnen: „Das deutsche Gericht wird versuchen, die Entscheidung über angelsächsisches Recht mit Hilfe der in Deutschland gängigen Auslegungsmethoden zu finden. Der Europäische Gerichtshof wird eher seiner durch das französische Recht geprägten Verfahrensweise folgen".

[1838] Ruhnke/Nerlich (2004), S. 393.

[1839] Ruhnke/Nerlich (2004), S. 393.

[1840] Anderer Ansicht sind Ruhnke/Nerlich (2004), S. 393: Demnach besteht aufgrund der Übereinstimmungsanforderung der systemfremden Quellen mit dem Regelwerk der IAS/IFRS keine Gefahr der 'Unterwanderung' durch IFRS-fremde Methoden.

[1841] Vgl. Freisleben/Leibfried (2004), S. 103 ff.; Zwirner (2002), S. 246 ff.; Lüdenbach, in: Haufe IAS-Kommentar (2003) § 2, Rdnr. 40 f.; Ruhnke/Nerlich (2003), S. 753 ff.

[1842] Vgl. Schultz/Lopez (2001), S. 271 ff.; Wagenhofer (2002), S. 237. Zu einem ähnlichen Ergebnis kommt v. Keitz (2003), S. 1805, wonach „sich die Unternehmen bei der Anwendung der IFRS z.T. (noch) stark vom deutschen Rechnungslegungssystem leiten lassen").

4.3 Wertaufhellungsprinzip

Gemäß dem in IAS 10 fixierten - und durch verschiedene Einzelfallregelungen[1843] bestätigten - Wertaufhellungsprinzip müssen bei der Bilanzerstellung nach dem Abschlussstichtag auftretenden Ereignisse berücksichtigt werden *(„adjusting events after the balance sheet date“*[1844]*)*, sofern diese Rückschlüsse auf Gegebenheiten des abgelaufenen Geschäftsjahres zulassen.[1845] Wertaufhellende Ereignisse begründen entweder Wertungsanpassungen bereits bilanzierter Vermögenswerte und Schulden oder einen Ansatz neuer Bilanzpositionen.[1846] Nach dem Abschlussstichtag auftretende wertbeeinflussende Ereignisse bleiben hingegen bei der Bilanzerstellung unberücksichtigt *(„non-adjusting events after the balance-sheet date“*[1847]*)*. Der Wertaufhellungszeitraum endet an einem unternehmensindividuellen oder gesetzlich festgelegten Autorisierungszeitpunkt des Jahresabschlusses.[1848] Eine explizite Ausnahme vom Wertaufhellungsprinzip gilt für Dividenden, die erst nach dem Bilanzstichtag, doch innerhalb des Wertaufhellungszeitraumes vorgeschlagen oder bestimmt werden: Diese dürfen nicht als Verbindlichkeit ausgewiesen werden, sondern sind in den *notes* anzugeben (IAS 10.12 f.).[1849] Eine weitere Ausnahme betrifft das Unternehmensfortführungspostulat: Ein Jahresabschluss darf nicht unter Annahme der Fortführung der Unternehmenstätigkeit erstellt werden, wenn nach dem Bilanzstichtag gravierende Verschlechterungen der Vermögens- und Ertragslage festgestellt werden, die den Fortgang der Geschäftstätigkeit gefährden (IAS 10.14 f.).[1850]

[1843] So z.B. IFRS 5.12; IAS 38.9; IAS 21.23; IAS 40.38.

[1844] IAS 10.3.

[1845] Vgl. IAS 10.3 i.V.m. IAS 10.8. Zum Wertaufhellungsprinzip nach IAS/IFRS vgl. auch Engel-Ciric, in: Haufe IAS-Kommentar (2003) § 4, Rdnr. 4 ff; Moxter (2003b), S. 2563 f.; Wagenhofer (2003), S. 128; Wollmert/Achleitner (1997), 250 f.

[1846] Vgl. Engel-Ciric, in: Haufe IAS-Kommentar (2003) § 4, Rdnr. 25. Anm.: Die Formulierung des IAS 10.8: „An entity shall adjust the amounts recognised in its financial statements to reflect adjusting events after the balance sheet date“ deutet eher auf Wertanpassung bereits bilanzierter Vermögenswerte und Schulden hin. Das Beispiel in IAS 10.9 (a) zeigt aber, dass das Wertaufhellungsprinzip auch für die Frage des Bestehens von Vermögenswerten und Schulden gilt.

[1847] IAS 10.3 i.V.m. IAS 10.10; Engel-Ciric, in: Haufe IAS-Kommentar (2003) § 4, Rdnr. 5. Anm.: Allerdings muss in den notes über wesentliche wertbeeinflussende Ereignisse, deren Nichtoffenlegung die wirtschaftlichen Entscheidungen der Jahresabschlussadressaten beeinflussen würden, berichtet werden (vgl. IAS 10.21 f.).

[1848] Vgl. IAS 10. 3. Im Fall eines notwendigen Aufsichtrats- oder Hauptversammlungsbeschlusses entspricht dies dem Zeitpunkt, zu dem das Management den Jahresabschluss zur Beschlussfassung weiterleitet (vgl. IAS 10.4-6; Wagenhofer (2003), S. 128 sowie ausführlich mit einem Beispiel Engel-Ciric, in: Haufe IAS-Kommentar (2003) § 4, Rdnr. 45-47).

[1849] Zur Begründung vgl. Engel-Ciric, in: Haufe IAS-Kommentar (2003) § 4, Rdnr. 33 ff.; PwC (1998), Rdnr. 10.15 f.

[1850] Für ein Beispiel vgl. Engel-Ciric, in: Haufe IAS-Kommentar (2003) § 4, Rdnr. 39.

Im Einzelfall kann der Unterschied zwischen Wertbeeinflussung und Wertaufhellung schwer festgemacht werden.[1851] Ein Zweifelsfall liegt bspw. vor, wenn ein Lebensmittelhändler nach dem Bilanzstichtag Frischware ausliefert, die während des Transportes zum Kunden verdirbt. Im Nachhinein lässt sich nur schwer feststellen, ob der Verderb der Ware auf einem kurzen Stromausfall im Kühlhaus des Lebensmittelhändlers vor dem Bilanzstichtag zurückzuführen ist. So kann unklar sein, ob die Mängelrüge des Kunden lediglich bereits bestehende Erwartungen des Lebensmittelhändlers bestätigt oder ein wertbeeinflussendes Ereignis darstellt.[1852]

Angesichts dieser Abgrenzungsproblematik stehen sich in der deutschen Bilanzrechtsprechung und Rechnungslegungsliteratur zwei unterschiedliche Wertaufhellungskonzeptionen gegenüber: Nach der *subjektiven* Aufhellungskonzeption sind nur solche nach dem Abschlussstichtag zugegangenen Informationen wertaufhellend, die das bilanzierende Unternehmen bei angemessener Sorgfalt bereits am Abschlussstichtag hätte wissen können.[1853] Maßgeblich ist dabei der subjektive Informationsstand des bilanzierenden Unternehmens am Abschlussstichtag.[1854] Nach der *objektiven* Aufhellungskonzeption sind hingegen die am Abschlussstichtag objektiv gegebenen Vermögensverhältnisse maßgeblich.[1855] Dabei werden auch die „nach dem Abschlussstichtag erlangten Informationen als aufhellend berücksichtigt, die, wenn nicht von dem betreffenden selbst, so doch wenigstens von einem Dritten bereits am Abschlussstichtag bei angemessener Sorgfalt erkennbar gewesen wären“[1856]. Die objektive Wertaufhellungs-

---

[1851] Vgl. Engel-Ciric, in: Haufe IAS-Kommentar (2003) § 4, Rdnr. 10; PwC (1998), Rdnr. 10.06.

[1852] Ähnlich: Schildbach (2000a), S. 113. Anm.: Zweifelsfälle können auch aus ermessensbehafteten Einzelfallregelungen resultieren. Ein gewisser Graubereich zwischen Wertaufhellung und Wertbeeinflussung ergibt sich z.B. aus den Regelungen in IAS 12.46 und .47, wonach latente Steuern auf Basis der Steuersätze zu bestimmen sind, die am Bilanzstichtag in Kraft sind oder im wesentlichen durch ein Gesetzgebungsverfahren („substantively enacted by the balance sheet date) verabschiedet worden sind. Da nicht genauer determiniert wird, unter welchen Voraussetzungen ein im ‚wesentlichen' abgeschlossenes Gesetzgebungsverfahren vorliegt, entsteht ein gewisser Beurteilungsspielraum (ähnlich: PwC (1998), Rdnr. 10.09; Freisleben/Leibfried (2004), S. 107).

[1853] Vgl. Moxter (2003b), S. 2559; Moxter (2003a), S. 17. So muss z.B. eine bestehende Forderung abgewertet werden, wenn das bilanzierende Unternehmen bis zum Bilanzstichtag durch angemessene Sorgfalt (etwa über geeignete Informationskanäle) hätte erfahren können, dass sich der Schuldner bereits an Abschlussstichtag in Zahlungsschwierigkeiten befindet (Vgl. Moxter (2003b), S. 2560).

[1854] Vgl. Engel-Ciric, in: Haufe IAS-Kommentar (2003) § 4, Rdnr. 2. Nachteil der subjektiven Wertaufhellungskonzeption ist, dass u.U. wesentliche, nach dem Abschlussstichtag eingetretene Reinvermögensbeeinflussungen vernachlässigt bleiben und der subjektive Kenntnisstand sowie die erforderliche Sorgfalt des bilanzierenden Unternehmens kaum nachprüfbar sind (Vgl. Moxter (2003b), S. 2560 ff., 2564).

[1855] Vgl. Moxter (2003a), S. 17.

[1856] Moxter (2003b), S. 2564.

konzeption wird indes von der Rechtsprechung unterschiedlich ausgelegt: Nach der sog. „Wurzelthese“[1857] genügt es, wenn die Ursachen des späteren Ereignisses objektiv nachweisbar bereits vor dem Bilanzstichtag liegen.[1858] Problematisch ist, dass sich angesichts der im Allgemeinen gegebenen Ursachenvielfalt relativ einfach „irgendwelche Ursachen für sich erst künftig realisierende Sachverhalte“[1859] nachweisen lassen.[1860] Nach einer gegenläufigen Auffassung sind daher nur solche Ereignisse zu berücksichtigen, die bereits „nach vernünftiger kaufmännischer Beurteilung“ am Bilanzstichtag objektiv vorhersehbar waren.[1861]

In den knapp gehaltenen Ausführungen des IAS 10 werden mögliche Abgrenzungsschwierigkeiten zwischen Wertaufhellung und Wertbeeinflussung nicht angesprochen;[1862] auch wird nicht zwischen objektiver und subjektiver Wertaufhellung unterschieden.[1863] Der Unterschied zwischen Wertbeeinflussung und Wertaufhellung veranschaulichen kurze Beispiele,[1864] wobei sich bei näherer Betrachtung verschiedene Unklarheiten ergeben:

- Nach IAS 10.9 (b) (ii) können die erzielten Verkaufspreise von Vorräten nach dem Bilanzstichtag einen Nachweis für den Nettoveräußerungswert der Vorräte am Bilanzstichtag erbringen. Offen bleibt jedoch, unter welchen *konkreten* Voraussetzungen die nach dem Bilanzstichtag erzielten Verkaufspreise wertaufhellend sein können.[1865]

[1857] Moxter (2003b), S. 2560.

[1858] Vgl. Moxter (2003b), S. 2560. Ein Beispiel wäre ein nach dem Bilanzstichtag eingetretener Brandschaden, der objektiv auf einen mangelnden Brandschutz zurückzuführen ist.

[1859] Moxter (2003b), S. 2560.

[1860] Nach der Wurzelthese würde es also genügen, wenn sich für den Abschlussstichtag bereits der kurze Stromsausfall als Ursache für den Verderb der Ware nachweisen lässt.

[1861] Vgl. Moxter (1996), S. 245 f.; Moxter (2003b), S. 2560.

[1862] Vgl. Moxter (2003b), S. 2559.

[1863] Vgl. Moxter (2003b), S. 2564.

[1864] Zur Wertaufhellung werden in IAS 10.9 sechs Beispiele angeführt; zur Wertbeeinflussung führt IAS 10.11 lediglich ein Beispiel an. In IAS 10.22 werden noch zehn weitere Beispiele für wesentliche wertbeeinflussende Sachverhalte genannt, die normalerweise in den notes offen gelegt werden müssen.

[1865] So ist z.B. offen, ob dies auch für Vorratsgegenstände gilt, für die am Bilanzstichtag aktuelle Börsen- oder Marktpreise zur Verfügung standen und ob sich die erzielbaren Verkaufspreise bereits am Bilanzstichtag abzeichnen müssen. Das von Engel-Ciric in Haufe IAS-Kommentar (2003) § 4, Rdnr. 17 angeführte Beispiel verdeutlicht nämlich, dass die nach dem Bilanzstichtag erzielten Verkaufspreise von Pullovern z.B. nur dann wertaufhellend sein können, wenn diese nicht auf einen, erst nach dem Bilanzstichtag eingetretenen ‚Modewandel‘ zurückzuführen sind. Die tatsächliche Werthaltigkeit der Ware muss also bereits am Bilanzstichtag bestimmbar sein. Für ein ähnliches Beispiel vgl. Epstein/Mirza (2003), S. 495; vgl. dazu auch Moxter (2003b), S. 2563.

- Nach IAS 10.11 hängt ein nach dem Bilanzstichtag gesunkener Marktwert von Finanzinvestionen in der Regel *(„normally")* nicht mit der Beschaffenheit der Finanzinvestition am Bilanzstichtag zusammen und stellt daher ein wertbeeinflussendes Ereignis dar. Dem liegt offenbar die Überlegung zugrunde, dass Börsen- oder Marktpreise die Erwartungen der Marktteilnehmer über die *zukünftige* Entwicklung der betreffenden Position und insofern wertbeeinflussende Ereignisse der darauf folgenden Periode widerspiegeln.[1866] Dennoch ist unklar, ob ein nach dem Bilanzstichtag erzielter Marktpreis u.U. nicht doch ein wertaufhellend sein kann. So bietet es sich nach Engel-Ciric (2003) an, zur Bewertung von Finanzinvestitionen, die auf wenig liquiden Märkten gehandelt werden, „ausnahmsweise die Kurs- bzw. Preisentwicklung nach dem Bilanzstichtag für die Bewertung zum Stichtag heranzuziehen"[1867]. Schließlich soll auch nach den gängigen Wertermittlungsleitlinien ein *fair value* bei fehlenden aktiven Marktpreisen am Bilanzstichtag auf der Grundlage beobachtbare Marktpreise für gleiche Güter, am oder *nahe* dem Bilanzstichtag bestimmt werden.[1868] So ist wohl möglich, dass auch beobachtbare Marktpreise *nach* dem Bilanzstichtag für eine hinreichend vertrauenswürdige *fair value*-Bestimmung einer Finanzinvestition herangezogen werden können.[1869]
- Nach IAS 37.16 (a) kann eine Rückstellung nur dann bilanziert werden, wenn am Bilanzstichtag die Wahrscheinlichkeit einer bestehenden Verpflichtung *„more likely than not"* ist (Abschn. E.2.2.4.4). Das Unternehmen muss zu dieser Beurteilung alle vorhandenen substantiellen Hinweise prüfen, wozu auch Hinweise nach dem Bilanzstichtag gehören.[1870] Das gleiche gilt für die Bewertung von Rückstellungen: Auch bei der Feststellung des *„best estimate"* der Verpflichtungshöhe müssen Hinweise nach dem Bilanzstichtag berücksichtigt werden (IAS 37.37). Fraglich ist jedoch, ob bspw. auch Managemententscheidungen nach dem Bilanzstichtag wertauf-

---

[1866] Vgl. Engel-Ciric in Haufe IAS-Kommentar (2003) § 4, Rdnr. 20; Moxter (1996), S. 248.

[1867] Engel-Ciric in Haufe IAS-Kommentar (2003) § 4, Rdnr. 21. Anm.: So ist es nach der BFH-Rechtsprechung ausnahmsweise zulässig, für Waren, deren Preise stark schwanken (insbesondere Importwaren), die Preisentwicklung etwa vier bis sechs Wochen vor und nach dem Bilanzstichtag zur Feststellung des Stichtagspreises heranzuziehen. Damit sollen Zufallskurse, die durch außergewöhnliche Umstände hervorgerufen worden sind, ausgeschaltet werden (vgl. Moxter (1996), S. 248).

[1868] Vgl. Wagenhofer (2003), S. 164; IAS 40.46 (b), 41.18 (a); IAS 39.AG72.

[1869] Für ein Beispiel vgl. Lüdenbach, in: Haufe IAS-Kommentar (2003) § 28, Rdnr. 156.

[1870] Vgl. IAS 37.16: „The evidence considered includes any additional evidence provided by events after the balance sheet date".

hellend sein können.[1871] In IAS 10.9 (a) wird angeführt, dass ein nach dem Bilanzstichtag ergehendes, rechtskräftiges Urteil einen substantiellen wertaufhellenden Hinweis über die Existenz oder die Höhe einer am Bilanzstichtag bestehenden Verpflichtung liefern kann.[1872] Da Gerichtsentscheidungen normalerweise nicht vorhersehbar sind, ist in vielen Fällen am Bilanzstichtag weder auf Grundlage des subjektiven Kenntnisstandes des Bilanzierenden noch des Kenntnisstandes von Dritten der Ausgang eines Prozesses und damit die Existenz oder die Höhe einer am Bilanzstichtag bestehenden wahrscheinlichen Verpflichtung nachweisbar erkennbar.[1873] Hinter dem Beispiel in IAS 10.9 (a) steckt offenbar der Grundgedanke, dass „ein Urteil nur feststellt, was rechtens ist, nicht aber selbst Recht schafft“[1874]. Folgt man diesen Gedanken, so steht die gerichtlich festgesetzte Schadenssumme aufgrund des zuvor ergangenen Unrechts bereits am Abschlussstichtag fest, sie konnte lediglich noch nicht richtig eingeschätzt werden. Auf diese Grundüberlegung müsste hingewiesen werden, um Fehlinterpretationen zu vermeiden.[1875]

Es wird deutlich, dass die nur beispielhafte Erläuterung des Wertaufhellungsprinzips zur Klärung von Zweifelsfragen im nebulösen Dunstkreis zwischen Wertaufhellung und Wertbeeeinflussung in vielen Fällen nur wenig beitragen kann.[1876]

[1871] Nach PwC (1998), Rdnr. 10.10 stellt bspw. die Entscheidung des Managements, nach dem Bilanzstichtag, die Garantieleistungen des Unternehmens auszudehnen, ein wertbeeinflussendes Ereignis bei der Bewertung von ungewissen Garantieverpflichtungen dar.

[1872] IAS 10.9 (a) zeigt einmal mehr, dass IAS 37 nicht klar zwischen Ansatz- und Bewertung von Rückstellungen trennt, so dass erhebliche Ermessensspielräume entstehen (vgl. dazu Abschn. E2.3.3.4).

[1873] So könnte z.B. auch der Fall eintreten, dass ein Unternehmen am Bilanzstichtag nach aktueller Kenntnislage keine Rückstellung gem. IAS 37 passivieren würde, weil ein unguter Gerichtsausgang unwahrscheinlich ist und/oder sich das Unternehmen in keinster Weise schuldig fühlt. Das nach dem Bilanzstichtag ergehende Gerichtsurteil fällt dann aber sehr überraschend zum Nachteil des Unternehmens aus. Nach der objektiven und subjektiven Wertaufhellungskonzeption wäre in diesem Fall der Ansatz einer Rückstellung wohl nicht zulässig, da nach der einschlägigen BFH-Rechtsprechung rechtskräftige Urteile, die erst die Existenz oder Höhe von Forderungen oder Schulden konkretisieren, keine wertaufhellenden Ereignisse darstellen können (vgl. Moxter (1996), S. 250; Moxter (2003b), S. 2561).

[1874] Engel-Ciric, in: Haufe IAS-Kommentar (2003) § 4, Rdnr. 14.

[1875] So könnte z.B. irrtümlicherweise der Eindruck erweckt werden, „bei einer ‚best' estimate stünde das Verbot der Berücksichtigung wertbeeinflussender Ereignisse zur Disposition“ (Schildbach (2003a), S. 260). Zu den von IAS 10 eingeräumten Ermessensspielräumen bei der Frage der bilanziellen Behandlung von Forderungen, die sich erst nach dem Bilanzstichtag konkretisieren vgl. Engel-Ciric, in: Haufe IAS-Kommentar (2003) § 4, Rdnr. 30-32.

[1876] Für weitere Zweifelsfälle vgl. Moxter (2003b), S. 2563. Anm.: Die Regelungsunschärfe des Wertaufhellungsprinzips nach IAS 10 kann allein dadurch belegt werden, dass in den IAS/IFRS-Lehrbüchern erst noch weitere Beispiele angeführt werden müssen, anhand

4.4 Sonstige ergänzende Prinzipien

Das Regelwerk der IAS/IFRS enthält noch weitere – im Framework nicht explizit vorgegebene – ergänzende Prinzipien.[1877] Dazu zählen insbesondere der *Grundsatz der Einzelbewertung*,[1878] das *Saldierungsverbot*[1879] sowie die allgemeinen Vorschriften zur *(Ertrags-) Realisation* von sachzielbezogenen Umsätzen und sonstigen Einzelgewinnen aus Kreditvergaben, aus Lizenzen sowie aus Dividendenvereinnahmungen.[1880] Da von den ergänzenden Prinzipien zahlreiche Spezialregelungen Abweichungen verlangen,[1881] soll im Rahmen dieser Arbeit auf eine eigene Untersuchung dieser Prinzipien verzichtet werden.

4.5 Schlussfolgerungen

Nach einer Betrachtung der ergänzenden Prinzipien können folgende Punkte festgehalten werden:

- Objektivierungskriterien haben prinzipiell den Zweck, das Ermessen des Bilanzierenden in objektive Schranken zulässiger Überlegungen und Argumente zu verweisen, um so den bilanzpolitischen Missbrauch von eingeräumten Bilanzierungsfreiheiten zu begrenzen. Inhalt und bilanzielle Konsequenzen der zahlreichen Objektivierungsrestriktionen nach IAS/IFRS bleiben allerdings in gängigen Lehrbüchern unkommentiert. Das bilanzierende Unternehmen steht damit vor der schwierigen Aufgabe, die Objektivierungskriterien im Einzelfall auszulegen. Die nicht erkennbare Systematik bei der Zuordnung der verschiedenen Objektivierungsrestriktionen auf einzelne Bilan-

---

derer die in IAS 10 genannten Beispiele erläutert werden müssen (Vgl. z.B. Engel-Ciric in Haufe IAS-Kommentar (2003) § 4, Rdnr. 4 ff.; Epstein/Mirza (2003), S. 495; PwC (1998), Rdnr. 10.10). Der praktisch sehr relevante Sachverhalt, wonach ein Schuldner, der sich in Zahlungsschwierigkeiten befindet, nach dem Bilanzstichtag Konkurs anmeldet (vgl. dazu Schildbach (2000a), S. 113; PwC (1998), Rdnr. 10.07), wird interessanterweise in den Beispielen des IAS 10 nicht angeführt.

1877 Vgl. dazu Wagenhofer (2003), S. 128 f.; Wollmert/Achleitner (1997), S. 249 ff.; Heuser/Theile (2003), Rdnr. 148 – 150 und S. 175 ff.; Mujkanovic (2002), S. 66 f.

1878 Der Einzelbewertungsgrundsatz lässt sich implizit aus dem IASB Framework sowie aus verschiedenen Einzelregeln (z.B. IAS 2.29; IAS 11.8; IAS 11.9; IAS 16.43; IAS 36.66) ableiten (vgl. Wollmert/Achleitner (1997), S. 249 f.).

1879 Vgl. IAS 1.32 f.; IAS 37.53; Heuser/Theile (2003), Rdnr. 148-149.

1880 Das allgemeine (Ertrags-) Realisationsprinzip wird in einem eigenen Standard, IAS 18, geregelt. Vgl. dazu Lüdenbach, in: Haufe IAS-Kommentar (2003) § 25, Rdnr. 21 ff.; Wagenhofer (2003), S. 144 ff.

1881 Abweichungen vom Einzelbewertungsgrundsatz ergeben sich z.B. aus IAS 2.25; IAS 11.9; IAS 36.66 sowie aus IAS 39.74. Abweichungen vom Saldierungsverbot ergeben sich z.B. aus IAS 1.34; IAS 2.34; IAS 19.54; IAS 19.116 (a) (b); IAS 12.71 (a) (b); IAS 12.74 (a) (b); IAS 20.24; IAS 32.42 (a) (b) sowie aus IAS 37.54. Abweichende Regelungen vom allgemeinen (Ertrags-) Realisationsprinzip nach IAS 18 enthalten z.B. IAS 2.3 (a) (b); IAS 11.11; IAS 16.24 ff.; IAS 17.39 ff.; IAS 17.50 ff.; IAS 20.12; IAS 20.20; IAS 39.55 (a), (b); IAS 40.35; IAS 41.28.

zierungssachverhalte und verschiedene sprachliche Variationen lassen begründeten Zweifel aufkommen, ob bei der Interpretation der einzelnen Objektivierungsanforderungen durchwegs die abstrakte Sichtweise eines typisierten wirtschaftlichen Entscheidungsträgers als Vergleichsmaßstab dienen soll. Offenbar setzt das IASB zur Sicherstellung der Vermittlung der ‚ehrlichen Erwartungen' der Bilanzierenden weniger auf Objektivierungsrestriktionen als auf einen, durch die Prinzipien der *fair presentation* und *professional judgement* induzierten ‚Selbstbindungsmechanismus' der Bilanzierenden und Prüfer. Unterstützt werden soll dieser ‚Selbstbindungsmechanismus' durch das in IAS 1.18 ff. fixierte Offenlegungsgebot von wesentlichen Ermessensspielräumen, das allerdings in der Praxis erhebliche Ungereimtheiten und weitere Ermessenspielräume hervorrufen dürfte.

- Im Zuge der Überarbeitung des IAS 8 wurden feste Leitlinien zur Auswahl und Entwicklung von Bilanzierungs- und Bewertungsmethoden vorgegeben. Obgleich damit die die Auslegung von IAS/IFRS künftig „klarer"[1882] wird, werfen die in IAS 8.10 f. angeführten Auslegungsmethoden der *Fallanalogie*, der *Berufung auf allgemeine Prinzipien* sowie der *Systemanalogie* zahlreiche Umsetzungsprobleme auf. Es ist absehbar, dass die künftige Auslegung der IAS/IFRS durch die europäische Rechtsprechung zu einer gewissen „Re-Institutionalisierung des Bilanzrechts"[1883] führt.
- Zwischen wertaufhellenden und wertbeeinflussenden Ereignissen können sich in der Praxis erhebliche Zweifelsfälle auftun. Vor diesem Hintergrund besteht diesbezüglich im Rahmen des deutschen Bilanzrechts eine intensive höchstrichterliche und wissenschaftliche Diskussion, wobei sich zwei grundsätzliche Aufhellungskonzeptionen gegenüber stehen.[1884] IAS 10 zieht zur Erläuterung der *adjusting events after the balance sheet date* verschiedene Beispiele heran, die allerdings bei einer genaueren Betrachtung Unklarheiten und Widersprüchlichkeiten aufwerfen. Bei der Klärung von Zweifelsfällen kann die beispielhafte Erläuterung des Wertaufhellungsprinzips nur wenig beitragen. Die „Regelungsunschärfe"[1885] des IAS 10 belegt allein die Tatsache, dass in IAS/IFRS-Lehrbüchern weitere Beispiele angeführt werden müssen, um die Beispiele des IAS 10 zu erläutern.

[1882] Wagenhofer (2003), S. 138.

[1883] Schön (2004), S. 767.

[1884] Vgl. Moxter (2003b), S. 2564.

[1885] Moxter (2003b), S. 2564.

5 Zwischenergebnis zum Teil E

Um beurteilen zu können, ob die Rechnungslegung nach IAS/IFRS tatsächlich auf systematischen und konkretisierbaren Prinzipien basiert, wurden im **Teil E** zentrale IAS/IFRS-Prinzipien detailliert auf theoretische Konsistenz und Operationalisierbarkeit überprüft. Die Ausführungen des Teil E belegen insgesamt, dass die IAS/IFRS Anwender zwar mit vielfältigen Prinzipien konfrontiert werden, deren ordnungsgemäße Umsetzung jedoch weitgehend im Dunkeln bleibt. Im Rahmen der speziellen Ansatz-, Bewertungs- und Erfolgserfassungsvorschriften sind keine klaren und systematischen Grundlinien erkennbar, die für eine Umsetzung der in IAS 8.10 f. angeführten Auslegungsmethoden unabdingbar wären.[1886] Vielmehr verschwimmen die den Einzelfallregelungen zugrunde liegenden Konzepte unter einem Schleier von Ungereimtheiten und Verworrenheiten. Gerade die Existenz konkretisierbarer Prinzipien, die bei Regelungslücken oder Ungereimtheiten greifen, werden aber in der aktuellen Diskussion - wie im Teil B beschrieben wurde - als Vorteile der vermeintlich ‚prinzipienbasierten' IAS/IFRS angeführt. Es kristallisiert sich heraus, dass die Rechnungslegung nach IAS/IFRS – zumindest in ihrer derzeitigen Fassung - den in der aktuellen Diskussion nachgesagten Eigenschaften einer *prinzipienbasierten* Rechnungslegung nicht genügt!

[1886] Schildbach (2003a), S. 259 konstatiert auch eine fehlende Prinzipienbasierung der IAS/IFRS-Gliederungsvorschriften.

F Abschließende Beurteilung

Die bisherigen Ausführungen haben gezeigt, dass das IASB Regelwerk den in der aktuellen Diskussion nachgesagten Eigenschaften einer prinzipienbasierten Rechnungslegung nicht erfüllt. Vor diesem Hintergrund stellen sich die abschließenden Fragen, ob

- eine auf Fachnormen beruhende Rechnungslegung überhaupt prinzipienbasiert sein kann; und
- die starke Betonung des *professional judgement* dazu beitragen kann, vor bilanzpolitischen Missbräuchen zu schützen.

Kann eine auf Fachnormen beruhende Rechnungslegung überhaupt prinzipienbasiert sein?

Die im Abschnitt C3.3 beschriebene Entwicklungsgeschichte des britischen TFV macht deutlich: Galten in der Vergangenheit vor allem bewährte Bilanzierungsgepflogenheiten *(best accounting practice)* als *true and fair*, soll es heute Aufgabe eines von berufsständischen Einflussnahmen und von Partikularinteressen befreiten Standardsetzers sein, regelungsbedürftige Bilanzierungssachverhalte selbst zu identifizieren und dafür sachbezogene und aktuelle Fachnormen der Rechnungslegung zu entwickeln. Verschiedene Vorkehrungen zum Schutz der Unabhängigkeit und Neutralität der Standardsetzungsgremien haben hierbei sicherzustellen, dass bei der Standardentwicklung die Informationsziele, nicht jedoch mögliche Konsequenzen der Rechnungslegungsvorschriften auf Einzelinteressen maßgebend sind.[1887] Insgesamt impliziert das Ideal rein sachbezogener und stets aktueller Fachnormen der Rechnungslegung das Vertrauen in eine unabhängige, neutrale und rein pragmatische Standardsetzung, „indem die Mitglieder privater Standard-Setting-Bodies Fachwissen und Erfahrung selbstlos in den Dienst ihrer Aufgabe der Suche nach den informativsten Rechnungsregeln stellen"[1888].

Diese theoretische Wunschvorstellung (sog. *„first-best approach of regulation"*[1889]) wird allerdings in der Fachliteratur als unerreichbar und sogar als *„superficial and perhaps naive"*[1890] kritisiert:

[1887] Vgl. SFAC 2.98: „Neutrality means that either in formulating or implementing standards, the primary concern should be the relevance and reliability of the information that results, not the effect that the new rule may have on particular interest". Zu den Vorkehrungen zur Sicherung der Unabhängigkeit der Mitglieder des FASB vgl. Schildbach (2002a), S. 21 ff.; zu den Mitgliedsvoraussetzungen im IASB vgl. IASC Foundation Constitution, Part B, Board, Rdnr. 23 ff., in: IASB (2003a); Wagenhofer (2003), S. 61 f.

[1888] Schildbach (2004), S. 162.

[1889] Scott (1997), S. 357.

a) *Inkonsistente Regelungen aufgrund der Economic Consequences und Third Party Interventions*

Im Abschn. C1.1.3 wurde gezeigt, dass Rechnungslegungsvorschriften stets divergierende Interessen und Präferenzen tangieren und daher nicht wertungsfrei entwickelt werden können.[1891] Im Rahmen der erforderlichen Abwägungsentscheidungen zwischen den vielfältigen *economic consequences* müssen zwangsläufig Kompromisse eingegangen werden, die u.U. „eher von politischen Machtverhältnissen geprägt [sind] als von theoretischer Konsistenz“[1892]. Vor diesem Hintergrund ist zweifelhaft, ob ein Standardsetzer tatsächlich bestimmten Prinzipien ‚treu' bleiben kann.[1893] Allerdings dürfen die Standardsetzungsgremien nicht den Anschein erwecken, als würden bei der Standardausarbeitung nicht ausschließlich fachliche Fragen und Prinzipien im Vordergrund stehen – andernfalls würden sie sich als Entwickler von ‚Fachnormen' selbst in Frage stellen.[1894] Die Standardsetzer befinden sich – wie bereits erwähnt - in einem Dilemma, das ein *„delicate balancing of accounting and political considerations“*[1895] erzwingt.[1896]

Eine Lösung dieses Dilemmas scheint nach Auffassung der Standardsetzer ein optimierter *„due process“*[1897] zu sein: Charakteristisch für dieses international übliche formelle Verfahren zur Entwicklung und Verabschiedung eines Rechnungslegungsstandards ist eine aktive Einbeziehung eines breiten Kreises von

---

1890 Scott (1997), S. 357.

1891 „Every policy choise represents a trade-off among different individual preferences, and possibly among alternative consequences, regardless of whether the policy-makers see it that way or not. In this sense, accounting policy choices can never be neutral. There is someone who is granted his preference, and someone who is not" (vgl. Report of the Committee on the Social Consequences of Accounting Information, American Accounting Association (Hrsg.), Sarasota, 1978, S. 24, zitiert nach Solomons (1985), S. 41).

1892 Wagenhofer/Ewert (2003), S. 29.

1893 So wendet sich Miller (1985), S. 66 gegen die Auffassung, eine den Prinzipien des Frameworks verpflichtete Standardsetzung könnte dem Druck von Außenstehenden besser standhalten und Inkonsistenzen vermeiden: „If standards were handed down by a higher authority strictly on the basis of their conceptual soundness, a conceptual framework would, of course, lead to consistency. But standards don't descend. Rather, they emerge from a nested set of political processes that create inconsistencies as the search for a consensus continues".

1894 Vgl. Zeff (1985), S. 31: „The FASB would assure the termination of its existence if it were to begin to make decisions primarily on other than accounting grounds". Das Dilemma verdeutlichen auch Kieso/Weygandt/Warfield (2001), S. 16: „The Board must be attentive to the economic consequences of its actions. What the Board should not do is issue pronouncements that are primarily politically motivated“.

1895 Scott (1997), S. 189.

1896 Vgl. dazu Zeff (1985), S. 31.

1897 Kieso/Weygandt/Warfield (2001), S. 9.

interessierten Personen, Jahresabschlussadressaten und Organisationen in den Entwicklungsprozess.[1898] Da die interessierte Öffentlichkeit zur Stellungnahme aufgerufen wird (die im Zuge des *due process* auch öffentlich zugänglich gemacht werden) soll ein transparenter „offizielle[r] Lobbyismus“[1899] erreicht werden, der durch das formelle Verfahren ‚kanalisiert' wird.[1900] Der *due process* soll „laue Kompromisse“[1901] verhindern, stattdessen sollen die betroffenen Interessensgruppen die Möglichkeit erhalten, auf faire Weise bei der Suche nach der besten Konsenslösung[1902] ‚mitzuspielen',[1903] wie Scott (1997) beschreibt:

"If the players of the game are to accept the outcome (that is, the issuance or no issuance of a new standard and, if issued, its specific reporting requirements), they must feel that the process was fair, that is, that their strategy at least had a chance of working. The willingness of players to accept a new standard is enhanced if they feel that their views were heard. This explains the attention to due process as a way of moderating the inherent constituency conflict in standard setting"[1904].

Der Standardsetzer hat somit eine Art ‚Moderatorenrolle' zwischen den divergierenden Einzelinteressen zu übernehmen - wobei es letztendlich darauf ankommt, dass die am Prozess Beteiligten von einer sachlich optimalen Lösung überzeugt werden.[1905] Der Aufruf zu Stellungnahmen und die Anhörungen der Öffentlichkeit sind eher als (werbewirksame?) ‚Anhörung von qualifizierten Beiträgen' zu verstehen: Je mehr sachliche Argumente in den *due process* einfließen, desto qualitativ hochwertiger – so wird es vermittelt – werden letztendlich die endgültigen Lösungen sein.[1906] Die Stellungnahmen zu den Standardentwürfen führen daher nicht wirklich zu Kompromissen: Die BfCs der verab-

---

[1898] Zum due process des IASB vgl. Wagenhofer (2003), S. 66 f. Zum due process des FASB vgl. Schildbach (2002a), S. 22 f.

[1899] Wagenhofer (2003), S. 67.

[1900] Vgl. Kühne (2002), S. 70; Hoffmann (2003), S. I.; Kieso/Weygandt/Warfield (2001), S. 9.

[1901] Tweedie (2003), S. 59.

[1902] Konsens: „Übereinstimmung der Meinungen“ (Duden (1997), S. 438).

[1903] Zum (damals geplanten) US-amerikanischen Standardsetzungsprozess bemerkt auch Solomons (1985), S. 35: „There is something here to please everyone“.

[1904] Scott (1997), S. 364.

[1905] Vgl. Horngreen (1985), S. 53 zum US-amerikanischen Standardsetzer: „The job, then, of the FASB is a twofold one of production and marketing: (1) to develop the best possible accounting standards and (2) to see that such standards are accepted”.

[1906] Nach Auffassung der SEC werden Standards umso qualitativ hochwertiger, je mehr Argumente von den Rechnungslegungsadressaten in den due process eingebracht werden: „The lowering of the hurdle for meaningful participation in the standard setting process (...) should permit the participation of users who might otherwise have been excluded from the process and who may issues that otherwise might have been missed“. Nach Schildbach (2002a), S. 22 soll der due process „durch seinen reinen Fachbezug und das streng demokratische Vorgehen einen Zugang zu dem Schatz der verborgenen Wahrheiten (…) erschließen“. Vgl. auch Haller (2000), S. 21.

schiedeten Standards verdeutlichen, dass der Standardsetzer die eingegangenen Argumente zwar registriert, viele der eingegangenen Argumente jedoch ohne nähere Begründung entweder begrüßt oder verwirft.[1907] Auch der aktuelle *chairman* des IASB, Tweedie, stellt in einer Rede klar, dass der Standardsetzer letztendlich nur die besten Argumente der Öffentlichkeit filtern soll:

„Natürlich müssen Standardisierungsorganisationen (...) zeigen, dass sie bereit sind, zuzuhören und ihre Positionen zu revidieren, wenn die Argumente der Gegenseite überzeugen. (...). Immer stehen zahlreiche Interessen auf dem Spiel, und Änderungsvorschläge sind zwangsläufig unbeliebt"[1908].

Es wird deutlich: Damit Rechnungslegungsstandards allgemeine Akzeptanz finden, müssen die Vorschläge der Standardsetzungsgremien durch gezielte Marketingmaßnahmen in der Öffentlichkeit ‚vermarktet' werden:

„Standards place restrictions on behaviour; therefore, they must be accepted by the affected parties. Acceptance may be forced or voluntary or some of both. In a democratic society, getting acceptance is an exceedingly complicated process that requires skilful marketing in a political arena"[1909].

Ein geeignetes 'Marketinginstrument' scheint – wie dargelegt – der moderne *due process* zu sein.

Doch trotz der Bemühungen, die vielfältigen Interessensgegensätze über einen *due process* zu kanalisieren, ist die Standardsetzung gegen direkte oder indirekte Einflussnahmen durch Interessensverbände und Politik offenkundig nicht gefeit: Diesbezügliche Beispiele und Gründe werden in zahlreichen Fachbeiträgen ausführlich dargelegt.[1910] Auch die Unabhängigkeit und Neutralität der vermeintlich

---

[1907] Betrachtet man genauer die BfCs, so ist auffallend, wie oft die Ausdrücke „the Board found that (...)" oder „However, the Board decided that (...)" vorkommen. Vgl. z.B. BfC zu IFRS 1, Rdnr. BC29: „The Board found these comments persuasive".; BC40: „Some respondents to ED 1 suggested that a formal impairment test should be required only if there is a possibility of double-counting (...). However, the Board decided that a first-time adopter should carry out a formal impairment test of all goodwill recognised (...)".

[1908] Tweedie (2003), S. 59.

[1909] Horngreen (1985), S. 45.

[1910] So Weil (2004), S. M4 über das US-amerikanische FASB: „Ever since, the board has struggled to shrug off the resulting reputation it gained as toothless and willing to compromise core principles to accomodate corporate and political pressure". Für einen Überblick der unterschiedlichen gesellschaftlichen Gruppen, die die US-amerikanische Standardsetzung maßgeblich beeinflussen vgl. Kieso/Weygandt/Warfield (2001), S. 15. Zu den direkten und indirekten Einflussnahmen von Seiten einzelner Interessensgruppen sowie der Politik auf die US-amerikanische Standardsetzung vgl. Schildbach (2004), S. 163; Kieso/Weygandt/Warfield (2001), S. 18; Sunder (2002), S. 147 f.; Sunder (2003), S. 146; Vorwold (2000), S. 602 ff.; Miller (1985), S. 66; Wallman (1995), S. 82 f.; Scott (1997), S. 357; Zeff (2002), S. 48 ff.; Zeff (1985), S. 21 ff. Ein sehr bemerkenswertes und aktuelles Beispiel völlig unverhüllter, direkter politischer Einflussnahme auf die US-amerikanische Standardsetzung sind die Bemühungen US-amerikanischer Kongressabgeordneter, die aufwandswirksame Erfassung von realen Aktienoptionen gesetzlich einzuschränken (vgl. dazu Stock Options Accounting Reform Act (2004)). Beispiele von In-

prinzipienbasierten IASB Standardsetzung scheint *„third-party interventions“*[1911] ausgesetzt zu sein. So schildert Zeff (2002) die ‚Ankündigung' des Schweizer Pharmakonzern NOVARTIS im Jahre 2001, von der Rechnungslegung nach IAS/IFRS auf US-GAAP zu wechseln, falls das IASB nicht die planmäßige Abschreibungen des *goodwill* abschaffen und stattdessen die IAS/IFRS-Vorschriften den US-amerikanischen Regelungen anpassen würde. Mit der Verabschiedung des IFRS 3 Anfang 2004 wurde dieser Wunsch offenkundig Wirklichkeit.[1912]

Das IASB befindet sich zudem in einer prekären Abhängigkeitssituation:

- Ein reibungsloser Ablauf des offiziellen *Endorsement*-Verfahren der EU-Kommission liegt im Interesse des IASB.[1913] Die Überprüfung der Übereinstimmung der IAS/IFRS-Vorschriften mit europäischem Recht und Interessen kann (wie jüngst auch mit IAS 32 und IAS 39 geschehen ist) in eine Ablehnung einzelner Vorschriften durch die EU-Kommission münden.[1914] Da die EU künftig den weltweit größten geschlossenen IAS/IFRS-Anwendungsraum darstellt, müssen bei der Standardsetzung zweifellos die Belange der EU in besonderem Maße berücksichtigt werden.[1915] Die Kontroverse um die vom IASB ursprünglich geplante, umfassende *fair value*-Bewertung von Finanzinstrumenten spiegelt deutlich die divergierenden Rechnungslegungskulturen der kontinentaleuropäischen EU-Mitgliedsstaaten einerseits und der angelsächsischen Länder andererseits wider.[1916] Während das IASB im Rahmen des IAS 39 eine möglichst vollständige *fair value*-Bewertung von Finanzinstrumenten für sachlich geboten hält,[1917] lehnen einige EU-Mitgliedstaaten eine so weitgehende Abkehr von tradierten

terventionen einzelner Interessensgruppen auf die britische und australische Standardsetzung führt Zeff (2002), S. 46-48 an. Nach Herz (2003), S. 249 ist der Versuch, Organisationen oder Personen zu seinen Gunsten zu beeinflussen sogar ein ganz normaler Ausdruck des 'American Way', der freilich vor der Rechnungslegungsregulierung nicht Halt macht: „In our society, lobbying one's elected representatives is viewed as part of the 'American Way', so it is not realistic to expect the subject of accounting to be exempt from such activities". Heintges (1996), S. 128 bezeichnet den due process sogar als „amerikanische Form der Bilanzpolitik."

1911 Zeff (1985), S. 21.

1912 Vgl. Zeff (2002), S. 44. Der Autor führt noch weitere bedeutende Interventionsmöglichkeiten mächtiger Interessensgruppen auf die IASB Standardsetzung an.

1913 Vgl. Zeff (2002), S. 45; Schildbach (2003c), S. 1075.

1914 Vgl. Schildbach (2003c), S. 1075.

1915 Vgl. Reilly (2004), S. M5 sowie Reilly (2003), S. M5.

1916 Vgl. Reilly (2004), S. M1.

1917 Vgl. Reilly (2004), S. M5.

Bilanzierungsgepflogenheiten ab.[1918] Hinter der ablehnenden Haltung stecken wiederum massive Interventionen der europäischen – insbesondere französischen - Banken, die mit einer umfassenden Zeitbewertung von Finanzinstrumenten hohe Ergebnisvolatilitäten befürchten.[1919] Nachdem zwischenzeitlich über eine wachsende Frustration der EU-Kommission aufgrund der unzureichenden Berücksichtigung europäischer Interessen bei der IASB-Standardsetzung sowie über die Ankündigung einer künftig verstärkten direkten Einflussnahme der EU-Kommission im *Endorsement*-Prozess berichtet wurde,[1920] wurde mittlerweile IAS 39 nur unvollständig in EU-Recht überführt.[1921] Es wird deutlich, dass das IASB nicht unabhängig agieren kann, sondern zu politisch, strategisch und/oder wirtschaftlich bedingten (und u.U. inkonsistenten) Kompromisslösungen gezwungen ist.[1922]

- Gleichzeitig ist das IASB – wie im Abschn. D.2.1 gezeigt wurde – an einer weitgehenden Konvergenz mit der US-amerikanischen Rechnungslegung interessiert, wobei sich jedoch „nicht zuletzt aufgrund der faktischen Machtverhältnisse (…) [eine] Dominanz der amerikanischen Vorstellungen abzeichnet“[1923].
- Hinzu kommt – wie in den Abschnitten D.2.1 und E.4.2 beschrieben wurde –, dass die IASB-Standardsetzung künftig die Folgen gerichtlicher Interpretationen durch die europäische Rechtsprechung im Blickwinkel haben muss.

b) *Inkonsistente Regelungen aufgrund der notwendigen Gleichrangigkeit von induktiver und deduktiver Normermittlung?*

Ein weiterer Aspekt deutet darauf hin, dass privat entwickelte Rechnungslegungsstandards nicht ‚prinzipienbasiert' sein können. Im Rahmen einer streng

---

[1918] Vgl. Reilly (2004), S. M5.

[1919] Vgl. v. Reppert-Bismark (2004), S. M4.

[1920] Vgl. Reilly (2003), S. M5. Anm.: Die europäische Kommission lässt die Eignung der I-AS/IFRS für europäische Zwecke zunächst durch ein Expertengremium, der European Financial Reporting Advisory Group (EFRAG) überprüfen (vgl. dazu Schildbach (2003c), S. 1075).

[1921] Vgl. Reilly (2004), S. M5, v. Reppert-Bismark (2004), S. M4. Zu den damit im Zusammenhang stehenden geplanten Änderungen des IAS 39 vgl. ED (2004a). Zur lückenhaften Übernahme des IAS 39 in EU-Recht vgl. EU (2005).

[1922] Vgl. Reilly (2003), S. M5.

[1923] Schildbach (2004), S. 165; ähnlich: Hoffmann (2003), S. I. Anm.: Gleichzeitig machen die USA insofern Druck auf die EU, als nach den Bekundungen der SEC europäische Unternehmen künftig nur dann in den USA ohne Überleitungsrechnung oder einen zweiten US-GAAP-Abschluss börsennotiert sein können, wenn sie alle IAS/IFRS-Vorschriften befolgen (vgl. Reilly (2004), S. M5).

sachlich orientierten Standardsetzung müssten nämlich *induktive*[1924] wie auch *deduktive*[1925] Normermittlungmethoden gleichrangig berücksichtigt werden. Auf der Suche nach den *sachlich* besten Bilanzierungsmethoden dürfen freilich weder theoretisch richtige Lösungen noch vorherrschende Bilanzierungsgepflogenheiten dominieren:

- So hat das Beispiel Großbritannien gezeigt, dass in der Rechnungslegungspraxis selbst unter vergleichbaren Unternehmen und bei identischen Bilanzierungssachverhalten uneinheitliche Bilanzierungsmethoden verwendet werden (Abschn. C.3.3.1).[1926] Vorherrschende Bilanzierungsgepflogenheiten müssen nicht automatisch eine „'gute' Bilanzierungspraxis sein"[1927] - ganz im Gegenteil zeigt die Entwicklungsgeschichte des britischen TFV, dass zur Zeit des *laissez-faire* Bilanzkosmetik durchaus üblich war. Eine rein induktive Normermittlung birgt die Gefahr, dass über einvernehmliche Rechnungslegungspraktiken opportune, aber nicht unbedingt zweckadäquate Methoden entwickelt werden[1928] - „dem Normsetzer könnte lediglich die Funktion eines Normbestätigers und nicht eines Normentwicklers zukommen"[1929]. Induktion scheitert letztendlich am „Problem, ordentliche und ehrenwerte Kaufleute von ihren Kollegen zu trennen, die diese Attribute nicht verdienen"[1930]. Statt an Rechnungslegungsgepflogenheiten muss sich demnach derjenige, der ‚Fachnormen der Rechnungslegung' schaffen möchte, an der „Natur der Sache"[1931] der jeweiligen Bilanzierungssachfragen orientieren:

  „One feels, instinctively, that the standards by which one should judge the accounting methods used in recording data and preparing financial statements should be that what is ‚appropriate' or ‚reasonable' or ‚sound', not what is generally accepted"[1932].

[1924] „Induktive Normermittlung meint bei der Normsetzung die (vorrangige) Orientierung an vorherrschender Kaufmannsübung bzw. an der vorherrschenden Praxis der CPA [der Abschlussprüfer, Anm. d. Verf.]" (Wüstemann (1999), S. 35).

[1925] Unter einer deduktiven Normermittlung versteht man eine theoretische „Ermittlung der Grundsätze aus den Aufgaben der Rechnungen und aus den Interessen der Beteiligten" (Schildbach (2000a), S. 109).

[1926] Vgl. auch Paton/Littleton (1970), S. 4: „Existing accounting practice is in conflict with itself at a hundred points".

[1927] Wüstemann (1999), S. 36. Ähnlich: vgl. SFAC 2.10.

[1928] Vgl. Berberich (2002), S. 62.

[1929] Wüstemann (1999), S. 36.

[1930] Schildbach (2000a), S. 109; vgl. auch Leffson (1987), S. 113 sowie Moxter (2003a), S. 10: „Bloße Mehrheitsübungen wären, soweit überhaupt verlässlich feststellbar, hierzu nicht ausreichend, ist doch zu befürchten, dass eine Mehrheit von rechnungslegungspflichtigen Kaufleuten Gewinn- bzw. Informationsansprüche Dritter tendenziell zurückdrängen würden".

[1931] Moxter (2003a), S. 10.

[1932] Skinner (1961), S. 463.

- Obgleich die theoretische Herleitung von Rechnungslegungsvorschriften aus übergeordneten Postulaten und Konzepten „logisch bestechend“[1933] erscheint, hat die deduktive Ermittlung von Rechnungslegungsnormen erhebliche Schwachpunkte: So existieren in der Betriebswirtschaftslehre unterschiedlichste Vorstellungen über die Aufgaben des Jahresabschlusses und über deren relative Gewichtungen.[1934] Rechnungslegungsnormen können schon allein deshalb nicht ‚eindeutig' aus dem „Sinn und Zweck der Rechnungslegungsvorschriften“[1935] deduziert werden. Eine wertungsneutrale und exakte Deduktion aus übergeordneten theoretischen Zielen und Postulaten ist streng genommen nur in der Mathematik oder in den Naturwissenschaften möglich.[1936] Schließlich besteht die Gefahr, dass von falschen Grundannahmen ausgegangen wird, die sich über eine deduktive Normermittlung fortlaufend durch das gesamte Regelwerk ziehen.[1937]

Vor diesem Hintergrund wird deutlich, dass Fachnormen der Rechnungslegung, die nach der angelsächsischen Rechnungslegungsphilosophie einen Konsens von Expertenmeinungen über den TFV-Gehalt alternativer Abbildungsmethoden widerspiegeln,[1938] von ihrem Wesensgehalt her gar nicht *prinzipienbasiert* sein können. Es ist unerheblich, welche die konzeptionell richtige oder praktisch relevante Bilanzierungsalternative ist – allein die informativste Lösung muss nach diesem Rechnungslegungsverständnis maßgeblich sein:

„Whether at the level of the Board or the individual preparer, the primary criterion between two accounting methods involves asking which method produces better – that is the more useful - information (...). If a satisfactory answer can (...) be given, the choice between the alternative methods is clear"[1939].

Walton (1993) bringt die mangelnde Prinzipienbasierung von Fachnormen der Rechnungslegung auf den Punkt:

„True and fair view (...) is based on the idea that accounting principles do not represent a coherent, rationally consistent set of principles, but rather a set of pragmatic responses to measurement problems. The accounting rules define true and fair"[1940].

[1933] Schildbach (2000a), S. 109.

[1934] Vgl. Schildbach (2000a), S. 110; Baetge (1994), S. 46; Moxter (2000), S. 2148.

[1935] Wüstemann (1999), S. 41.

[1936] Vgl. Hendriksen (1982), S. 8; Leffson (1987), S. 31; Wüstemann (2002a), S. 106.

[1937] Vgl. Hendriksen (1982), S. 9.

[1938] Vgl. Hoffmann/Arden (1983), S. 155.

[1939] SFAC 2.14.

[1940] Walton (1993), S. 50. Ähnlich: Vgl. Paton/Littleton (1970), S. 4: „'Principles' would generally suggest a universality and degree of permanence which cannot exist in a human-

Kann die starke Betonung des professional judgement dazu beitragen, vor bilanzpolitischen Missbräuchen zu schützen?

Die vorliegende Arbeit hat gezeigt, dass das IASB Regelwerk sehr häufig dem „Selbstbindungsmechanismus"[1941] des *professional judgement* vertraut (E4.1). Besonders deutlich wurde dieses Vertrauen in IAS 1 (rev. 1997), Rdnr. 22 betont:[1942]

„*In the absence of a specific International Accounting Standard and an Interpretation of the Standing Interpretation Committee, management uses its judgement in developing an accounting policy that provides the most useful information to users of the enterprise's financial statements*".

Der Glaube, dass die Bilanzierenden im Grundsatz selbst ein Interesse haben, möglichst vertrauenswürdige Informationen preiszugeben,[1943] lässt sich auf die unterstellte disziplinarische Wirkung des im Abschn. C.1.2.1 beschriebenen *lemon*-Effekts zurückführen, wonach Informationsunsicherheiten der Marktteilnehmer zu erheblichen Risikoabschlägen führen können.[1944] Daneben ist die Bedeutung des *professional judgement* wohl auch mit der hohen Reputation und Integrität zu erklären, die der Berufsstand der *accountants* in Großbritannien - dem Mutterland des TFV-Gedankens - traditionell genießt (Abschn. C.3.2).[1945]

Die Ergebnisse dieser Arbeit lassen jedoch fragwürdig erscheinen, ob der hohe Stellenwert des *professional judgement* dazu beitragen kann, vor bilanzpoliti-

---

service institution as accounting". Auf einen weiteren interessanten Grund, warum angelsächsische Rechnungslegungsstandards im Grundsatz gar nicht prinzipienbasiert sein können, verweist indirekt Kuhner (2004), S. 269: „Zudem wird die Existenzberechtigung einer normativ ausgerichteten Bilanztheorie, die konkrete Bilanzierungsprinzipien aus Bilanzzwecken konzeptionell herleitet, vom breiten Strom der US-amerikanischen Rechnungslegungstheorie in Frage gestellt: Die (Informations-) Qualität alternativ in Frage kommender Bilanzierungsstandards ist nach der bei weiten dominierenden Auffassung der akademischen Fachöffentlichkeit allein durch empirische Tests an Kapitalmärkten gegeneinander abzuwägen".

1941 Beys (2002), S. 259.

1942 Ähnlich: SFAC 2.14-.17. Anm.: Im überarbeiteten IAS 1 (rev. 2003) ist dieser Hinweis allerdings nicht mehr enthalten.

1943 Deutlich in SFAC 2.16: „Accounting Choices made by the Board and those made by the individual statement preparers have this in common: they both aim to produce information that satisfies those criteria [d.h. die qualitativen Prinzipien des US-amerikanischen CF, Anm. d. Verf.]".

1944 Vgl. Schildbach (2004), S. 161 sowie SFAC 2.16: „There also is a gain in credibility. The public is naturally sceptical about the reliability of financial reporting if two enterprises account differently for the same economic phenomena".

1945 Wie im Abschnitt C.3.3.1 gezeigt wurde, erkannte der britische Berufsstand das TFV-Prinzip offenkundig auch als eine Art ‚Schutzschild' gegen ausufernde gesetzliche Interventionen – durch die Notwendigkeit, das abstrakte TFV-Prinzip mit professional judgement auszufüllen, erhoffte sich der Berufsstand, seine Reputation und seine Integrität zu sichern.

schen Missbräuchen zu schützen. Dagegen spricht die Tatsache, dass – wie im Abschnitts C3.3 beschrieben – die britische Rechnungslegung zunehmend und als Konsequenz eines offenkundig nicht funktionierenden *professional judgement* reglementiert wurde.[1946] Auch die jüngeren US-amerikanischen Bilanzskandale und verschiedene Fachbeiträge[1947] unterstreichen, dass „das Interesse der Unternehmen an zutreffender Information des Marktes (...) leider mit dem Bestreben [in Konflikt gerät, Anm. d. Verf.], sich möglichst vorteilhaft darzustellen"[1948]. So kommt bspw. eine aktuelle US-amerikanische Studie zu dem bemerkenswerten Ergebnis, dass Manager tendenziell jene operative oder bilanzpolitische Maßnahmen auswählen, durch die *kurzfristige* Analystenerwartungen bestmöglich erfüllt werden können – auch wenn dadurch u.U. das langfristige finanzielle Wohlergehen des Unternehmens bedroht ist.[1949] Nobes (1991) konstatiert bei der britischen Standardsetzung beobachtbare Zyklen, die daraus resultieren, dass nach einem Standardisierungskraftakt (*„upward force"*[1950]) stets eine gegenläufige Tendenz *(„downward force"*[1951]*)* folgt, die durch entsprechende Interventionen seitens der Bilanzierenden ausgelöst wird.[1952] Es erscheint daher unrealistisch, dass bilanzierende Unternehmen von sich aus ein Interesse an *most useful information* im Sinne möglichst entscheidungsrelevanter und vertrauenswürdiger Jahresabschlusszahlen haben - zumal der Inhalt dieser Kriterien, wie gezeigt, unklar ist und daher kaum durch eine *Enforcement*-Institution erzwungen werden kann.[1953]

Zudem ist nicht eindeutig bewiesen, dass stark auf *professional judgement* abstellende Rechnungslegungsvorschriften signifikante Auswirkungen auf das Manager- und Abschlussprüferverhalten haben. Verschiedene angelsächsische

---

1946 So kommt auch Shah (1998), S. 102 resignierend zu der Erkenntnis: „The true and fair view formula, which has been inserted in the Fourth EC Directive at the request of the British, does not seem to be able to cope successfully with the prevention of these creative practices and leaves room for opportunism, even in the country where it was first developed. Paradoxically, it was the UK who 'sponsored and pushed' the true and fair view legislation to the rest of Europe".

1947 Vgl. Mulford/Comiskey (2002); Heintges (1996), S. 198 ff.; Bartov/Givoly/Hayn (2002), S. 173 ff.; Levitt (1998a); Vorwold (1999).

1948 Schildbach (2004), S. 161.

1949 Vgl. Lahart (2004), S. M4: „Given the choice between hitting earnings expectations and missing their long-term financial health, most US- companies would go for the short-term target".

1950 Nobes (1991), S. 265.

1951 Nobes (1991), S. 265.

1952 Vgl. Nobes (1991), S. 266: „It is suggested here that managers wish for maximum flexibility as this allows scope for dealing with changes in the environment or the fluctuations of fortune of their particular company".

1953 Vgl. Schildbach (2002b), S. 269.

(Kapitalmarkt-) Untersuchungen kommen zu keinem eindeutigen Ergebnis, ob das Prüfungsniveau und das Ausmaß bilanzpolitischer Aktionen mit der Präzision und Detailliertheit der relevanten Rechnungslegungsvorschriften korreliert ist.[1954] Nach Nelson (2003) kann man aus solchen Untersuchungen lediglich ableiten, dass die Standardsetzer zwischen nicht zu unbestimmten einerseits und nicht zu detaillierten Standards andererseits abwägen sollten.[1955]

Die Ausführungen in Abschn. D.2.4 belegen, dass die fehlenden objektiven Grenzen legaler Bilanzpolitik sowie die nicht absehbaren Haftungsfolgen bei Aktionärsklagen in den USA eine disziplinierende Wirkung bei der Ausübung von Wahlrechten, Ermessensspielräumen, Sachverhaltsgestaltungen oder bei der Offenlegung von Zusatzinformationen entfalten können. Der Disziplierungseffekt des *professional judgement* hängt somit insbesondere von der Strenge des vorhandenen *Enforcement*-Systems ab:[1956]

[1954] Für einen Überblick der Ergebnisse verschiedener wichtiger US-amerikanischer Studien vgl. Nelson (2003), S. 2 ff.; Maines/Bartov/Fairfield/Hirst (2003), S. 78 f.; Schipper (2003), S. 68 f. Die Ergebnisse der Untersuchungen sind sehr unterschiedlich: So sollen z.B. nach Hronsky/Houghton (2001), S. 135 f. klar definierte, wenig interpretationsbefürftige Formulierungen „'aggressive' accounting" verringern. Nach Cuccia/Hackenbrack/Nelson (1995), S. 22) sind bilanzpolitische Missbräuche allein von den Anreizen abhängig, diese durchzuführen. Das Ausmaß der Präzision von Rechnungslegungsstandards hat hingegen keine signifikanten Auswirkungen. Nach einer Befragung von 253 Abschlussprüfern der Big 5 kommen Nelson/Elliott/Tarpley (2002), S. 176 f. zu dem Ergebnis, dass Unternehmen bei präzisen Standards sehr viel häufiger versuchen, durch Sachverhaltsgestaltungen die Periodengewinne zu erhöhen. Gleichzeitig ist es sehr viel unwahrscheinlicher, dass die Abschlussprüfer gegen solche Versuche einschreiten. Bei unpräzisen Standards sei es jedoch sehr viel wahrscheinlicher, dass ohne Sachverhaltsgestaltungen versucht wird, zunächst niedrigere Periodengewinne auszuweisen, um in späteren Perioden höhere Gewinne ausweisen zu können. Die Autoren Bøhren/Haug/Michalsen (2004) kommen im Rahmen einer empirischen Untersuchung des Bilanzierungsverhaltens norwegischer Unternehmen zu dem Ergebnis, dass den eigentlichen Regelungszwecken der flexiblen und interpretationsbedürftigen norwegischen Rechnungslegungsvorschriften sehr häufig nicht gefolgt wird. Die Autoren resumieren daher: „This evidence suggests that under flexible GAAP, the firms' accounting-method choice may be contrary to the regulators' intent. The regulator may be unable to influence the accounting practice if the standard lacks objective criteria for when an accounting method can be used, if there are no mandatory reporting principles ensuring that the method is used when the criteria are met, or if disciplining mechanism for noncompliers are weak" (S. 2) und weiter (S. 18): „Our findings suggest that flexible accounting standards may create noisy and confusing communication".

[1955] Vgl. Nelson (2003), S. 3: „Standard setters face a trade-off between including too few rules and creating a standard that communicates too vaguely and is interpreted inconsistently vs. including too many rules and creating a standard that becomes so complex that part of it are applied incorrectly or missed entirely".

[1956] Vgl. Schildbach (2002b), S. 269; SEC (2003), S. 43: „It is a common misperception that an objective-oriented regime must operate in an environment of more relaxed enforcement, with correspondingly greater trust placed in those producing the financial information. In fact, just the opposite is the case. (...) its efficacy depends on rigorous enforcement".

„By making it expensive for mal-intentioned management to mislead, honest managements are given the opportunity and incentive to distinguish their companies from the market's 'lemons'"[1957].

Auf europäischer Ebene fehlt jedoch eine wirksame „Durchsetzungs-Infrastruktur"[1958], wie etwa in den USA oder Großbritannien. In den USA und Großbritannien soll die Informationsvermittlung über wirtschaftliche Effektivlagen zunehmend im Zusammenspiel verschiedenster institutioneller und systembedingter Voraussetzungen und Rahmenbedingungen funktionieren: Eine hohe Regelungsdichte, die Möglichkeit zu Sammelklagen, strenge Haftungsbestimmungen, das angelsächsische *case law*-System sowie eine verstärkte Kapitalmarktaufsicht prägen das angelsächsische *corporate governance* - System:

„Board members, senior management, outside auditors, states, regulatory agencies such as the U.S. Securities and Exchange Commission or Britain's Financial Services Authority, criminal prosecutors, legislators and the courts all play a role"[1959].

Die eigentlichen Fachnormen der Rechnungslegung stellen darum nur einen kleinen Teil der gesamten informationellen Kapitalmarktregulierung dar, wie Wüstemann (2002) am Beispiel USA erläutert:

„Die informationelle Kapitalmarktregulierung der U.S.A zeichnet sich durch eine informationell hohe Normendichte und Normenvielfalt aus. Informationssätze unterschiedlicher rechtlicher Wertigkeit prägen die Kapitalmarktinformationen, wobei die generally accepted accounting principles (...) erwiesenermaßen nur eine Teilmenge ausmachen"[1960].

Doch mit dieser Rivalität von Fachnormen und sonstigen Informationssätzen wird – wie die Entwicklungsgeschichte des britischen TFV gezeigt hat – das Prinzip des *professional judgement* untergraben; die Rechnungslegungsnormen werden zunehmend regelbasiert.

Eindeutig ist: Eine zunehmende Abkehr des IASB vom Prinzip des *professional judgement* ist vor dem Hintergrund der beabsichtigten Anerkennung von IAS/IFRS-bilanzierenden Unternehmen für eine Börsennotierung in den USA absehbar. Spätestens bei einer gerichtlichen Sanktionsbedrohung der IAS/IFRS wird eine zunehmende Regelbasierung der Vorschriften eintreten.[1961] Betrachtet man die USA mit den dortigen strengen Haftungsbestimmungen für die an der Rechnungslegung beteiligten Parteien, so wird deutlich, dass auch gerade die großen Wirtschaftsprüfergesellschaften an eindeutigen, und wenig ermessensab-

---

1957 SEC (2003), S. 43.

1958 Schildbach (2002b), S. 268.

1959 Burns (2003), S. R3.

1960 Wüstemann (2002a), S. 169.

1961 Zum künftigen Verhältnis von IAS/IFRS und Strafrecht vgl. Wolf (2003), S. 775 ff.

hängigen Rechnungslegungsvorschriften interessiert sein müssen, da kreative Bilanzierungstricks der Mandanten enorme Risiken bedeuten.[1962]

Vor dem Hintergrund der abschließenden Beurteilung in Teil F lassen sich die zentralen Ergebnisse dieser Arbeit noch einmal veranschaulichen:

[1962] Miller (1985), S. 67: „Where, moreover, has the thrust for publishing more standards come from? It is likely that many auditors want them in order to have more leverage when facing down 'creative' and perhaps stubborn clients who try to push the existing standards to their limits". Vgl. in diesem Sinne auch die Stellungnahme des IDW-Vorsitzenden, Ring, auf dem Wirtschaftsprüfertag über die im Zusammenhang von den jüngeren Bilanzskandalen aufgetretene Kritik an dem Berufsstand der Wirtschaftsprüfer (zitiert nach o.V. (2003), S. 21): „Von vornherein habe bei manchen Bilanzskandalen ‚unverrückbar' der Verdacht im Raum gestanden, fehlerhafte Jahresabschlüsse bedeuteten auch ein Fehlverhalten der jeweiligen Prüfer. Das Vertrauen der Öffentlichkeit in die Kapitalmarktinformationen habe ganz erheblich gelitten. Bei ‚eklatanten Spielräumen' in der internationalen Rechnungslegung stehe der Abschlussprüfer aber oft auf verlorenen Posten". Die Risiken aus stark ermessensbehafteten, flexiblen Rechnungslegungsvorschriften müssen nach den Grundsätzen ordnungsgemäßer Abschlussprüfung auch bei der Durchführung eines risikoorientierten Prüfungsansatzes berücksichtigt werden: Ein bei der Bilanzierung beträchtliches erforderliches Urteilsvermögen zählt zu den Indikatoren eines höher einzuschätzenden inhärenten Risikos (vgl. Wiedmann (1993), S. 22).

Abstrakte und widersprüchliche allgemeine Grundprinzipien sollen dennoch durch *professional judgement* zum Zweck einer möglichst zutreffenden Darstellung der effektiven Vermögens-, Finanz- und Ertragslage ausgefüllt werden.	TFV-Prinzip als dynamisches Konzept, über dessen Gehalt im Laufe der Zeit unterschiedliche Vorstellungen verbunden sind – in Großbritannien und den USA wird das TFV-Konzept zunehmend in ein Netz rivalisierender Rechnungslegungsnormen eingeschnürt – Regelbasierung ist die Folge.	Dualismus der IAS/IFRS: Widersprüchliche und undurchsichtige Ansatz,- Bewertungs- und Erfolgserfassungskonzepte in den Einzelfallregelungen.	*Rein sachbezogene Standardsetzung im Konflikt mit economic consequences* und *third party interventions.*	Politische Abhängigkeit des IASB von der EU-Kommission und von den USA. IAS/IFRS als europäische Rechtsnormen unterliegen zukünftig den Wertungen der europäischen Rechtsprechung.

↓ ↓ ↓ ↓ ↓

IASB - Due Process

↓

Prinzipienbasierung der Rechnungslegung nach IAS/IFRS?

Abbildung 13: Prinzipienbasierung der Rechnungslegung nach IAS/IFRS?

Literaturverzeichnis

Achleitner (1995): Achleitner, Ann-Kristin: Die Normierung der Rechnungslegung; Eine vergleichende Untersuchung unterschiedlicher institutioneller Ausgestaltungen des nationalen und internationalen Standardsetzungsprozesses, Schriftenreihe der Treuhandkammer, Band 132, Zürich 1995.

Ackermann (2001): Ackermann, Ulrich: Marktwertbilanzierung von Finanzinstrumenten nach US-GAAP/IAS; Auswirkungen auf Managemententscheidungen, Frankfurt am Main 2001.

ADS (1995a): Adler/Düring/Schmaltz: Rechnungslegung und Prüfung der Unternehmen; Kommentar zum HGB, AktG, GmbHG, PublG nach den Vorschriften des Bilanzrichtlinien-Gesetzes, 6. Auflage, Teilband 6, neu bearbeitet von K.-H. Forster/R. Goerdeler/ J. Lanfermann/ H.-P. Müller/G. Siepe/K. Stolberg.

ADS (1995b): Adler/Düring/Schmaltz: Rechnungslegung und Prüfung der Unternehmen; Kommentar zum HGB, AktG, GmbHG, PublG nach den Vorschriften des Bilanzrichtlinien-Gesetzes, 6. Auflage, Teilband 1., neu bearbeitet von K.-H. Forster/R. Goerdeler/ J. Lanfermann/ H.-P. Müller/G. Siepe/K. Stolberg.

AICPA (1994): American Institute of Certifies Public Accountants (Hrsg.): Improving Business Reporting – A Costumer Focus (a.K.a. The Jenkins Report); Comprehensive Report of the Special Committee on Financial Reporting, im Internet unter www.aicpa.org/members/div/acctstd/ibr/index.htm (Abruf April 2001).

AICPA (1999a): American Institute of Certified Public Accountants (Hrsg.): AICPA Professional Standards, Band 1, as of June 1999, New York 1999.

AICPA (1999b): American Institute of Certified Public Accountants (Hrsg.): AICPA Professional Standards, Band 2, as of June 1999, New York 1999.

Akerlof (1970): Akerlof, George: The Market for "Lemons": Quality Uncertainty and the Market Mechanism, in: The Quarterly Journal of Economics, Volume LXXXIV, Cambridge/Massachusetts 1970, S. 488-500.

Alexander (1962): Alexander, Sidney: Income Measurement in a Dynamic Economy, in: Baxter/Davidson (Hrsg.): Studies in Accounting Theory, London 1962.

Alexander/Archer (2003): Alexander, David/Archer, Simon: On economic reality, representational faithfulness and the "true and fair override", in: Accounting and Business Research, 1 (2003), S. 3-17.

Alexander/Hiner (2001): Alexander, Eric/Hiner, Ronald: Accounting for Asset Retirement Obligations, in: Journal of Accountancy 12 (2001), S. 49-56.

APB 11: APB Opinion No. 11 Accounting for Income Taxes, in: Financial Accounting Standards Board (Hrsg.): Original Pronouncements 2002/2003 Edition, Volume III Accounting Standards as of June 1, 2002, Norwalk 2002.

ARB 51: Accounting Research Bulletin No. 51, Consolidated Financial Statements, in: Financial Accounting Standards Board (Hrsg.): Original Pronouncements 2002/2003 Edition, Volume III Accounting Standards as of June 1, 2002, Norwalk 2002.

Arden (1992): Arden, Mary: Accounting and the law: A legal viewpoint, in: Bromwich/Hopwood (Hrsg.), Accounting and the Law, Hertfordshire 1992, S. 76-82.

Arden (1994): Arden, Mary: The updated Opinion of English Counsel on true and fair, in: Parker/Nobes (Hrsg.): An International View of True and Fair View Accounting, London 1994, Appendix IV, S. 147-155.

ASB (2000): Accounting Standards Board: Accounting Standards 2000/2001; The full text of all UK Exposure Drafts and Accounting Standards extant at 30 April 2000, London 2000.

Ashton (1986): Ashton, R.K.: The Agryll Food Case. A Legal Analysis, in: Accounting and Business Research, Winter (1986), S. 3-11.

Auer (1997), Auer, Kurt Vinzenz: International harmonisierte Rechnungslegungsstandards aus Sicht der Aktionäre; Vergleich von EG-Richtlinien, US-GAAP und IAS, Wiesbaden 1997.

Auer (1998): Auer, Kurt Vinzenz: Der Einfluss des Wechsels vom Rechnungslegungsstandard auf die Risikoparameter von schweizerischen Aktien: Eine empirische Untersuchung zum Übergang vom schweizerischen Rechnungslegungsstandard auf IAS und EG-Richtlinien, in: ZfbF 2 (1998), S. 129-155.

Auer (1999): Auer, Kurt Vinzenz: Mythos und Realität von US-GAAP und IAS: Vier zu der aktuellen Diskussion symptomatische Thesen, in: ZfB 9 (1999), 979-1002.

Baetge (1970): Baetge, Jörg: Möglichkeiten der Objektivierung des Jahreserfolges, Düsseldorf 1970.

Baetge (1994): Baetge, Jörg: Bilanzen, 3. überarbeitete und aktualisierte Auflage, Düsseldorf 1994.

Baetge/Beermann (1998): Baetge, Jörg/Beermann, Thomas: Die Bilanzierung von Vermögensgegenständen in der Bilanz nach International Accounting Standards und der dynamischen Bilanztheorie Schmalenbachs, in: BFuP 2 (1998), S. 154-168.

Baetge/Beermann (1999): Baetge, Jörg/Beermann, Thomas: Die Neubewertung des Sachanlagevermögens nach International Accounting Standards (IAS), in: StuB 7 (1999), S. 341-348.

Baetge/Kirsch (1995): Baetge, Jörg/Kirsch, Hans-Jürgen: Grundlagen I, in: Küting/Weber (Hrsg.), Handbuch der Rechnungslegung; Kommentar zur Bilanzierung und Prüfung, Band 1a, 4. Auflage, Stuttgart 1995.

Baetge/Noelle (2001): Baetge, Jörg/Noelle, Jennifer: Shareholder-Value-Reporting sowie Prognose- und Performancepublizität, in: KoR 4 (2001), S. 174-180.

Baetge/Roß (2000): Baetge, Jörg/Roß, Heinz-Peter: Was bedeutet „fair presentation"?, in: Ballwieser (Hrsg.): US-amerikanische Rechnungslegung; Grundlagen und Vergleiche mit deutschem Recht, 4., überarbeitete und erweiterte Auflage, Stuttgart 2000.

Baetge/Siefke/Siefke (2002): Baetge, Jörg/Siefke, Kirsten/Siefke, Michael: IAS 22 Unternehmenszusammenschlüsse (Business Combinations), in: Baetge/Dörner u.a. (Hrsg.): Rechnungslegung nach IAS, 2. Auflage/Teil B: Kommentierung der IASB-Standards.

Baetge/Zülch (2001): Baetge, Jörg/Zülch, Henning: Fair Value-Accounting, in: BFuP 6 (2001), S. 543-562.

Ballwieser (1982): Ballwieser, Wolfgang: Zur Begründbarkeit informationsorientierter Jahresabschlussverbesserungen, in: ZfbF 8-9 (1982), S. 772-793.

Ballwieser (1993): Ballwieser, Wolfgang: Die Entwicklung der Theorie der Rechnungslegung in den USA, in: ZfbF Sonderheft 32 (1993), S. 107-138.

Ballwieser (2001): Ballwieser, Wolfgang: Anforderungen des Kapitalmarkts an Bilanzansatz- und Bewertungsregeln, in: KoR 4 (2001), S. 160-164.

Ballwieser (2002): Ballwieser, Wolfgang: Informations-GoB – auch im Lichte von IAS und US-GAAP, in: KoR 3 (2002), S. 115-121.

Ballwieser (2003): Rahmenkonzepte der Rechnungslegung: Funktionen, Vergleich, Bedeutung, in: Der Konzern 5 (2003), S. 337-348.

Ballwieser (2004): Ballwieser, Wolfgang: Rechnungslegung im Umbruch, in: FAZ v. 8.3.2004, S. 22.

Ballwieser/Dobler (2003): Ballwieser, Wolfgang/Dobler, Michael: Bilanzdelikte: Konsequenzen, Ursachen und Maßnahmen zu ihrer Vermeidung, in: Die Unternehmung 6 (2003), S. 449-469.

Ballwieser/Kuhner (1994): Ballwieser, Wolfgang/Kuhner, Christoph: Rechnungslegungsvorschriften und wirtschaftliche Stabilität, Köln 1994.

Barth/Beaver/Landsman (2001): Barth, Mary/Beaver, William/Landsman, Wayne: The relevance of the value relevance literature for financial accounting standard setting: another view, in: Journal of Accounting & Economics, 31 (2001), S. 77-104.

Barth/Landsman (1995): Barth, Mary/Landsman, Wayne: Commentary: Fundamental Issues Related to Using Fair Value Accounting for Financial Reporting, in: Accounting Horizons, Band 9, Nr. 4 December (1995), S. 97-107.

Bartov/Givoly/Hayn (2002): Bartov, Eli/Givoly, Dan/Hayn, Carla: The reward to meeting or beating earnings expectations, in: Journal of Accounting and Economics 33 (2002), S. 173-204.

Baxt (1970): Baxt, R.: True and Fair Accounts – A Legal Anachronism, in: The Australian Law Journal – Band 44, November (1970), S. 541-551.

Baxter (1994), Baxter, William: Accounting Standards – Boon or Curse?, in: Reading and Notes on Financial Accounting: Issues and Controversies, Zeff/Dharan (Hrsg.), 4. Auflage, New York 1994, S. 9-22.

Beaver (1989): Beaver, William: Financial Reporting: A Revolution, 3. Auflage, New Jersey 1989.

Becker (2002): Becker, Gernot: US-GAAP: Der Königsweg?, in: WISU 4 (2002), S. 488-492.

Behr (2002): Behr, Giorgio: Rechtliche oder wirtschaftliche Betrachtungsweise – die Antwort der Rechnungslegung, in: Festschrift für Jean Nicolas Druey zum 65. Geburtstag, Zürich 2002, S. 31-47.

Beine (1995): Beine, Frank: Scheinkonflikte mit dem True and Fair View, in: WPg 14 (1995), S. 467-475.

Beisse (1981): Beisse, Heinrich: Die wirtschaftliche Betrachtungsweise bei der Auslegung der Steuergesetze in der neueren deutschen Rechtsprechung, in: StuW 1 (1981), S. 1-6.

Beisse (1990): Beisse, Heinrich: Rechtsfragen der Gewinnung von GoB, in: BFuP 6 (1990), S. 499-514.

Belkaoui (1993): Belkaoui, Ahmed Riahi: Accounting Theory, 3. Auflage, Fort Worth, 1993.

Benston (1975): Benston, George: Accounting Standards in the United States and the United Kingdom: Their Nature, Causes and Consequences, in: Vanderbildt Law Review, School for Law, Nashville, 8 (1975), S. 225-268.

Benston/Bromwhich/Litan/Wagenhofer (2003): Benston, George/ Bromwhich, Michael/Litan, Robert/Wagenhofer, Alfred: Following the Money; the Enron Failure and the State of Corporate Disclosure, Washington 2003.

Benston/Hartgraves (2002): Benston, George/Hartgraves, Al: Enron: What happened and what we can learn from it, in: Journal of Accounting and Public Policy 21 (2002), S. 105-127.

Berberich (2002): Berberich, Jens: Ein Framework für das DRSC; Modell einer verfassungskonformen gesellschaftsrechtlichen Selbststeuerung im Bilanzrecht, Diss., Berlin 2002.

Bernard (1995): Bernard, Victor: The Feltham-Ohlson Framework: Implications for Empirics, in: Brief/Peasnell (Hrsg.): Clean Surplus; A Link Between Accounting and Finance, London 1996, S. 271-291.

Berndlmaier/Klein (1997): Berndlmaier, Alexander/Klein, Georg: Kundenorientierung in der US-amerikanischen Rechnungslegung: Der Comprehensve Report des Special Committee on Financial Reporting des AICPA, in: DB 22 (1997), S. 1089-1095.

Bevis (1965): Bevis, Herman: Corporate Financial Reporting in a Competitive Economy, New York, 1965.

Beys (2002): Beys, Oliver: Impairment of Assets nach International Accounting Standards, Berlin 2002.

BFH-Urteil v. 1.8.1984 – I R 88/80, in: BStBl. II 1985, S. 44-47.

BFH-Urteil v.13.10.1983 – IV R 160/78, in: BStBl. II 1984, S. 101-105.

BGH-Urteil v. 28.3.1989 - VI ZR 232/88 (Stuttgart), in: NJW 1989, S. 3161-3162.

Biener (1996): Biener, Herbert: Fachnormen statt Rechtsnormen – Ein Beitrag zur Deregulierung der Rechnungslegung, in: Rechnungslegung – warum und wie?, Festschrift für Hermann Clemm zum 70. Geburtstag, Ballwieser (Hrsg.), München 1996.

Blumenwitz (2003): Blumenwitz, Dieter: Einführung in das anglo-amerikanische Recht, JuS-Schriftenreihe, 7., Auflage, München 2003.

Böckem (2000): Böckem, Hanne: Die Durchsetzung von Rechnungslegungsstandards: Eine kapitalmarktorientierte Untersuchung, Frankfurt am Main, 2000.

Böckenförde (2003): Böckenförde, Ernst-Wolfgang: Die Würde des Menschen war unantastbar, in: FAZ v. 03.09.2003, S. 33 und S. 35.

Böcking (1998): Böcking, Hans-Joachim: Zum Verhältnis von Rechnungslegung und Kapitalmarkt: Vom „financial accounting" zum „business reporting", in: ZfbF 40 (1998), S. 17-53.

Böcking (2001): Böcking, Hans-Joachim: Rechnungslegungsstandards, in: Handwörterbuch des Bank- und Finanzwesens, 3., völlig überarbeitete und erweiterte Auflage, Stuttgart 2001, S. 1176-1785.

Bøhren/Haugh, Michalsen (2004): Bøhrem, Øyvind/Haug, Jørgen/Michalsen, Dag: Compliance with flexible accounting standards, in: The International Journal of Accounting 39 (2004), S. 1-19.

Botosan (1997): Botosan, Christine: Disclosure Level and the cost of equity capital, in: Accounting Review 3 (1997), S. 323-349.

Brakensiek/Küting (2002): Brakensiek, Sonja/Küting, Karlheinz: Special purpose Entities in der US-amerikanischen Rechnungslegung, in: StuB 5 (2002), S. 209-215.

Breuer (1997): Breuer, Wolfgang: Die Marktwertmaximierung als finanzwirtschaftliche Entscheidungsregel, in: WiSt 5 (1997), S. 222-226.

Bricker/Previtts/Robinson/Young (1995): Bricker, Robert/Previtts, Gary/Robinson, Thomas/Young, Stephen: Financial Analyst assessment of Company Earnings Quality, in: Journal of Accounting, Auditing and Finance 10 (1995), S. 541-554.

Bruns (1998): Bruns, Carsten: Unternehmensbewertung auf der Basis von HGB- und IAS-Abschlüssen; Rechnungslegungsunterschiede in der Vergangenheitsanalyse, Berlin 1998.

Budde/Geißler (1999), Budde, Dieter/Geißler, Horst, in: Beck'scher Bilanzkommentar, Budde/Clemm/Ellrott/Förschle/Hoyos (Hrsg.), Kommentar zu § 252 HGB, München 1999.

Buchheim/Gröner(Kühne (2004): Buchheim, Regine/Gröner, Susanne/Kühne, Mareike: Übernahme von IAs/IFRS in Europa: Ablauf und Wirkung des Komitologieverfahrens auf die Rechnungslegung, in: BB 33 (2004), S. 1783-1788.

Budde/Karig (1999): Budde, Dieter/Karig, Klaus, in: Beck'scher Bilanzkommentar, Budde/Clemm/Ellrott/Förschle/Hoyos (Hrsg.), Kommentar zu § 264 HGB, München 1999.

Burger/Buchart (2002): Burger/Anton/Buchhart, Anton: Der Residualgewinn als kapitalmarktrelevante Information, in: KoR 2 (2002), S. 82-87.

Burns (2003): Burns, Judith: Everything you wanted to know about corporate governance, in: The Wall Street Journal Europe, November (2003), S. R3, R6.

Burton (1975): Burton, John: Fair Presentation: Another View, by John C. Burton, Chief Accountant U.S. Securities and Exchange Commission, im Internet unter: www.newman.baruch.cuny.edu./digital/saxe/ saxe_1974/burton _75.htm (Abruf Dezember 2002).

Busse von Colbe (1993): Busse von Colbe, Walther: Die Entwicklung des Jahresabschlusses als Informationsinstrument, in: Wagner, Franz (Hrsg.); Ökonomische Analyse des Bilanzrechts – Entwicklungstendenzen und Perspektiven -, Tagung des Ausschusses Unternehmensrechnung im Verein für Socialpolitik am 12. und 13. März 1993 in München.

Busse von Colbe (2001): Busse von Colbe, Walther: Das Prinzip des doppelten Minimums und der Ansatz des fair value im Rechnungswesen, in ZfbF Sonderheft 47 (2001), S. 25-34.

Busse von Colbe (2004): Busse von Colbe, Walther: Internationale Entwicklungstendenzen zur Einheitstheorie für den Konzernabschluss, in: Unternehmensrechnung; Konzeptionen und praktische Umsetzung; Festschrift zum 68. Geburtstag von Gerhard Scherrer, Göbel/Heni (Hrsg.), München 2004, S. 42-63.

Busse von Colbe/Pellens (1998): Busse von Colbe, Walther/Pellens, Bernhard: Bilanzpolitik, in: Busse von Colbe/Pellens (Hrsg.), Lexikon des Rechnungswesens; Handwörterbuch der Bilanzierung und Prüfung der Er lös-, Finanz-, Investitions- und Kostenrechnung, 4., überarbeitete und erweiterte Auflage, München 1998, S. 117-120.

CA 1985: Companies Act 1985, in: British Companies Legislation 2001, 16. Auflage London 2001, S. 1101.

Campbell/Hermanson/McAllister (2002): Campbell, Jane/Hermanson, Heather/McAllister, John: Obstacles to International Accounting Standards Convergence, in: CPA Journal, May (2002), S. 21-24.

Carmichael/Willingham/Schaller (1996): Carmichael, Douglas/Willingham, John/ Schaller, Carol: Auditing Concepts and Methods; A Guide to Current Theory and Practice, 6. Auflage, New York 1996.

Chambers/Wolnitzer (1991): Chambers, R.J./Wolnitzer, P.W.: A true and fair view of position and results: the historical background, in: Readings in True and Fair, Parker/Wolnitzer/Nobes (Hrsg.), London 1996, S.5-20.

Chastney (1975): Chastney, J.G.: True and Fair View: A study of the history and meaning of True and Fair and a consideration of the impact of The Fourth Directive, Report prepared for the Research Committee of the Institute of Chartered Accountants in England and Wales No. 6, Sheffield Polytechnic, March 1975.

Clemm (1989): Clemm, Hermann: Bilanzpolitik und Ehrlichkeits- ("true and fair view"-) Gebot, in: WPg 12 (1989), S. 357-366.

Clemm/Erle (1999): Clemm, Hermann/Erle, Bernd: § 249 Rückstellungen, in: Beck'scher Bilanzkommentar, Budde/Clemm/Ellrott/Förschle/Hoyos (Hrsg.), Kommentar zu § 309 HGB, München 1999.

Coenenberg (1986): Coenenberg, Adolf: Ertragslage, in: Leffson u.a. (Hrsg.): Handwörterbuch unbestimmter Rechtsbegriffe im Bilanzrecht des HGB, Köln 1986, S. 155-163.

Coenenberg (2003): Coenenberg, Adolf (Hrsg.): Jahresabschluss und Jahresabschlussanalyse; betriebswirtschaftliche, handelsrechtliche, steuerrechtliche und internationale Grundlagen – HGB, IAS/IFRS, US-GAAP, DRS- 19., völlig überarbeitete und erweiterte Auflage, Stuttgart 2003.

Cooke/Choudhury/Wallace (2001): United Kingdom Individual Accounts, in: Ordelheide (Hrsg.), Transnational Accounting, New York 2001, S. 2571-2716.

Cotting/Boemle (2000): Cotting, René/Boemle, Max: True and Fair View-Konzept versus Fair Presentation; Analyse auf der Grundlage von IAS, US GAAP und VeRRG, in: Der Schweizer Treuhänder 8 (2000), S. 788-794.

Cuccia/Hackenbrack/Nelson (1995): Cuccia, Andrew/Hackenbrack, Karl/Nelson, Mark: The Ability of Professional Standards to Mitigate Aggressive Accounting, in: The Accounting Review, April (1995), S. 227-248.

Damant (2003): Damant, David: Accounting standards – a new era, in: Balance Sheet (2003), S. 9-20.

Daub (2000): Daub, Sebastian: Rückstellungen nach HGB, US GAAP und IAS, Diss., Konstanz 2000.

Delaney/Epstein (2002): Delaney, Patrick/Epstein, Barry u.a.: Wiley GAAP 2002: Interpretation and Application of Generally Accepted Accounting Principles, New York 2002.

Deller (2002): Deller, Dominic: Auswirkungen von Dirty Surplus auf Investitionspolitik und Unternehmenskennzahlen, Köln 2002.

Demski ((1973): Demski, Joel: The General Impossibility of Normative Accounting Standards, in: Accounting Review 48 (1973), S. 3141-3298.

Demski (1980): Demski, Joel: Information Analysis, 2. Auflage, Reading 1980.

Demski/Patell/Wolfson (1984): Demski, Joel/Patell, James/Wolfson, Mark, in: The Accounting Review, January (1984), S. 16-34.

Dexheimer (2002): Dexheimer, Sigrid: Gewinngliederungsgrundsätze im internationalen Vergleich: HGB, US-GAAP und IAS, in: BB 9 (2002), S. 451-457.

Donald (2003): Donald, David: Die Entwicklung der US-amerikanischen Corporate Governance nach Enron, in: Wertpapiermitteilungen 15 (2003), S. 705-752.

Dorenkamp (2003): Dorenkamp, Axel: Materiality-Entscheidungen: Qualitativer statt quantitativer Prüfungsansatz!, in: BB 21 (2003), S. 1116-1119.

Döring (1995): Döring, Ulrich: § 253 Wertansätze der Vermögensgegenstände und Schulden, in: Küting/Weber (Hrsg.), Handbuch der Rechnungslegung; Kommentar zur Bilanzierung und Prüfung, Bd. 1a, 4. Auflage, Stuttgart 1995.

Dörner (1991): Dörner, Dietrich: Aufwandsrückstellungen – Möglichkeiten und Grenzen der Bilanzpolitik (Teil I), in: WPg 8 (1991), S. 225-271.

DRSC (2005): Deutsches Rechnungslegungs Standards Committee e.V: DRSC Neuigkeiten; EU-Amtsblatt veröffentlicht übernommene IASs, IFRSs und IFRIC1, im Internet unter: www.DRSC.de (Abruf Januar 2005).

Drukarcyk (1976): Drukarcyk, Jochen: Zur Interpretation des § 156 Abs. 4 Aktiengesetz, in: Bilanzfragen, Festschrift zum 65. Geburtstag von Ulrich Leffson, Baetge/Moxter/Schneider (Hrsg.), Düsseldorf 1976, S. 119-136.

Duden (1997): Duden, Fremdwörterbuch: herausgegeben und bearbeitet vom Wissenschaftlichen Rat der Dudenredaktion, 6. überarbeitete und erweiterte Auflage, Mannheim 1997.

Dye/Sunder (2001): Dye, Ronald/Sunder, Shyam: Why not allow FASB and IASB Standards to Compete in the U.S.?, in: Accounting Horizons, September (2001), S. 257-271.

Earle (1975): Earle, Victor: The Fairness Myth, in: Vanderbildt Law Review, School of law Nashville 28 (1975), S. 147-163.

ECOFIN (2002): Vermerk für den informellen ECOFIN-Rat am 12. und 13. April 2002 in Oviedo, S. 1-2, im Internet unter: www.europa.eu.int/comm/internal_market/eu (Abruf März 2003).

ED (2004a): International Accounting Standards Board (Hrsg.): Exposure Draft of Proposed Amendments to IAS 39 Financial Instruments: Recognition and Measurement - The Fair Value Option, London, 2004.

ED (2004b): International Accounting Standards Board (Hrsg.): Exposure Draft of Proposed Amendments to IAS 19 Employee Benefits – Actuarial Gains and Losses, Group Plans and Disclosures, London 2004.

ED 3 (2002): International Accounting Standards Board (Hrsg.): Exposure Draft 3 Business Combinations, London 2002.

Eder (1988): Eder, Dieter: Aufwandsrückstellung nach § 249 Abs. 2 HGB; Bilanzierung, Bewertung und Ausweis in der Handelsbilanz, Diss., Bamberg 1988.

Edwards/Bell (1964): Edward, Edgar/Bell, Philip: The Theory and Measurement of Business Income, Los Angeles 1964.

Egginton (1990): Egginton, Don: Toward some Principles for Intangible Asset Accounting, in: Accounting and Business Research 79 (1990), S. 193-205.

Eibelshäuser (1987): Eibelshäuser, Manfred: Rückstellungsbildung nach neuem Handelsrecht, in: BB 13 (1987), S. 860-866.

Elliott/Jacobson (1995): Elliott, Robert/Jacobson, Peter: The Jenkins Committee Report: What If They're Right?, in: The Journal of Corporate Accounting and Finance, Spring (1995), S. 77-86.

Engel-Ciric (2002): Einschränkung der Aussagekraft des Jahresabschlusses nach IAS durch bilanzpolitische Spielräume, in: DStR 18 (2002), S. 780-784.

Engels (1962): Engels, Wolfram: Betriebswirtschaftliche Bewertungslehre im Licht der Entscheidungstheorie, Köln, 1962.

Epstein/Mirza (2003): Epstein, Barry/Mirza, Abbas u.a.: Wiley IAS 2003; Interpretation and Application of International Accounting Standards, New Jersey 2003.

Ernsting/v. Keitz (1998): Ernsting, Ingo/Keitz, Isabel, von: Bilanzierung von Rückstellungen nach IAS 37 – Eine kritische Analyse des neuen Standards sowie ein Vergleich zu IAS 10 – in: DB 50 (1998), S. 2477-2484.

EU (2003): Europäische Kommission (Hrsg.): Verlautbarung (EG) Nr. 1725/2003 der Kommission betreffend der Übernahme bestimmter internationaler Rechnungslegungsstandards in Übereinstimmung mit der Verordnung (EG) Nr. 1606/2002 des Europäischen Parlamentes und des Rates, in: Amtsblatt der Europäischen Union L261/1 v. 29. September 2003.

EU (2005): Europäische Kommission (Hrsg.): Rechnungslegungsstandards: Kommission übernimmt IAS 39, Schriftzeichen IP/04/1385 vom 19. November 2004, im Internet unter: www.europa.eu/int/comm/internal_market /accounting /ias_de.htm (Abruf Dezember 2004).

Euler (1996): Euler, Roland: Das System der Grundsätze ordnungsmäßiger Bilanzierung, Stuttgart 1996.

Euler (2002): Euler, Roland: Paradigmenwechsel im handelsrechtlichen Einzelabschluss: Von den GoB zu IAS?, in: BB 17 (2002), S. 875.

Ewert (1989): Ewert, Ralf: Bilanzielle Publizität im Lichte der Theorie vom gesellschaftlichen Wert öffentlich verfügbarer Informationen, in: BFuP 3 (1989), S. 245-263.

FASB (1976): Financial Accounting Standards Board: Discussion Memorandum; an analysis of issues related to Conceptual Framework for Financial Accounting and Reporting: Elements of Financial Statements and Their Measurement, Stamford/USA, December 2, 1976.

FASB (1996): Financial Accounting Standards Board (Hrsg.): The IASC-U.S. comparison Project: A Report on the Similarities and Differences between IASC Standards and U.S. GAAP, Norwalk 1996.

FASB (2002a): Financial Accounting Standards Board: Project updates: Codification and Simplification Efforts, March 2002.

FASB (2002b): Proposal for a principles-based approach to U.S: Standard Setting, No. 1125-001, October 21, 2002.

FASB (2002c): Proposal for a New Agenda Project: Issues related to the recognition of revenues and liabilities, March 2002.

FASB (2004): Codification and Retrieval Report; The FASB Embarks on a Historic Change to the Structure of U.S. Accounting Standards, in: FASB Report, September 30, 2004.

Fearnley/Hines (2003): Fearnley, Stella/Hines, Tony: The regulatory framework for financial reporting and auditing in the United Kingdom: the present position and impending changes, in: The International Journal of Accounting 38 (2003), S. 215-233.

FEI (2002): Financial Executives International: Issues Alert- Special Purpose Entities: Understanding the Guidelines, January 2002, S. 1-4. Im Internet unter: www.fei.org (Abruf Januar 2002).

Feldhoff (1992): Feldhoff, Michael: Die Regulierung der Rechnungslegung; Eine systematische Darstellung der Grundlagen mit einer Anwendung auf die Frage der Publizität, Frankfurt am Main 1992.

Feltham/Ohlson (1995): Feltham, Gerald/Ohlson, James: Valuation and Clean Surplus Accounting for Operating and Financial Activities, in: Contemporary Accounting Research, Spring (1995), S. 689-731.

Förschle/Hoffmann (1999): Förschle, Gerhart/Hoffmann, Karl: § 309 Behandlung des Unterschiedsbetrags, in: Beck'scher Bilanzkommentar, Budde/Clemm/Ellrott/Förschle/Hoyos (Hrsg.), München 1999.

Freisleben/Leibfried (2004): Freisleben, Norbert/Leibfried, Peter: Warum IAS/IFRS-Abschlüsse nicht (miteinander) vergleichbar sind – Fehlende Detailregeln, Auswirkungen von US-GAAP und Mangel an Kontrolle – in: KoR 3 (2004), S. 101-109.

Frowein/Lüdenbach (2003): Der Goodwill-Impairment-Test aus Sicht der Bewertungspraxis, in: Finanz-Betrieb 2 (2003), S. 65-72.

Fülbier/Honold/Klar (2000): Fülbier, Rolf Uwe/Honold, Dirk/Klar, Alexandra: Bilanzierung immaterieller Vermögenswerte, in: RIW 11 (2000), S. 833-844.

Gerbaulet (1999): Gerbaulet, Christian: Reporting Comprehensive Income: Die Bestrebungen des FASB, des ASB sowie des IASC, Wiesbaden 1999.

Gingele (1989): Gingele, Rudolf: Der konsolidierte Abschluss in den Vereinigten Staaten von Amerika: Rechtliche, historische und theoretische Grundlagen unter besonderer Berücksichtigung des Konsolidierungskreises und der Kapitalkonsolidierung, Frankfurt am Main 1989.

Goldberg (1965): Goldberg, Louis: An Inquiry into the Nature of Accounting, American Accounting Association (Hrsg.), Menasha, Wisconsin 1965.

Gore (1995): Gore, Pelham: The practical use of Conceptual Frameworks for Financial Reporting, in: Advances in International Accounting 8 (1995), S. 149-176.

Grinyer/Russell/Walker (1990): Grinyer, J.R./Russell, A./Walker, M: The Rationale For Accounting For Goodwill, in: British Accounting Review 22 (1990), S. 223-235.

Gröner/Marten/Schmid (1997): Gröner, Susanne/Marten, Kai-Uwe/Schmid, Sonja: Latente Steuern im internationalen Vergleich; Analyse der Bilanzierungsvorschriften in der BRD, Großbritannien, den USA und nach IAS 12 (revised), in: WPg 14 (1997), S. 479-488.

Hadden/Boyd (1992): Hadden, Tom/Boyd, Denis: The legal control of Accounting Standards: a critical view, in: Bromwich/Hopwood (Hrsg.), Accounting and the Law, Hertfordshire 1992, S. 55-75.

Hain (2000): Hain, Thorsten: Restrukturierungsaufwendungen in der Rechnungslegung nach HGB, IAS und U.S. GAAP – Grundsätze für die Rechnungslegung von geplanten Beendigungen und Einschränkungen von Geschäftstätigkeiten in Deutschland im Vergleich zu den Grundsätzen des IASC und zu den Grundsätzen in den USA-, Diss., Düsseldorf 2000.

Haller (1989): Haller, Axel: Die Grundlagen der externen Rechnungslegung in den USA; Unter besonderer Berücksichtigung der rechtlichen, institutionellen und theoretischen Rahmenbedingungen, Diss., Stuttgart 1989.

Haller (2000): Haller, Axel: Wesentliche Ziele und Merkmale US-amerikanischer Rechnungslegung, in: Ballwieser (Hrsg.): US-amerikanische Rechnungslegung; Grundlagen und Vergleiche mit deutschem Recht, 4., überarbeitete und erweiterte Auflage, Stuttgart 2000, S. 1-47.

Haller/Schloßgangl (2003): Haller, Axel/Schloßgangl, Maria: Notwendigkeit einer Neugestaltung des Performance Reporting nach International Accounting (Financial Reporting) Standards, in: KoR 7-8 (2003), S. 317-327.

Harris/Lang/Möller (1995): Harris, Trevor/Lang, Mark/Möller, Hans Peter: Zur Relevanz der Jahresabschlussgrößen Erfolg und Eigenkapital für die Aktienbewertung in Deutschland und den USA, in: BFuP 11 (1995), S. 996-1028.

Hartgraves/Benston (2002): Hartgraves, Al/Benston, George: The evolving accounting Standards for Special purpose Entities, in: Accounting Horizons, September (2002), S. 245-258.

Hartmann-Wendels (1991): Hartmann-Wendels, Thomas: Rechnungslegung der Unternehmen und Kapitalmarkt aus informationsökonomischer Sicht, Heidelberg 1991.

Haufe IAS-Kommentar (2003): Lüdenbach, Norbert/Hoffmann, Wolf-Dieter (Hrsg.): Haufe IAS-Kommentar, Freiburg 2003.

Hax (1957): Hax, Karl: Die Substanzerhaltung der Betriebe, Köln und Opladen 1957.

Hayn (1996): Hayn, Sven: Bilanzierung immaterieller Vermögenswerte im internationalen Vergleich, Saarbrücken 1996.

Hayn (1998): Hayn, Sven: Die neuen Rückstellungsregeln des IASC im Vergleich zu den korrespondierenden Regeln der US-GAAP (Teil I), in: DStR 44 (1998), S. 1729-1731.

Healey/Wahlen (1999): Healey, Paul/Wahlen, James: A Review of the Earnings Management Literature and its Implications for Standard Setting, in: Accounting Horizons, December (1999), S. 365-383.

Healy/Myers/Howe (2002): Healy, Paul/Myers, Stewart/Howe, Christopher: R&D Accounting and the Tradeoff between Relevance and Objectivity, in: Journal of Accounting Research, June (2002), S. 677-710.

Heinen (1986): Heinen, Edmund: Handelsbilanzen, 12. neu bearbeitete Auflage, Wiesbaden 1986.

Heintges (1996): Heintges, Sebastian: Bilanzkultur und Bilanzpolitik in den USA und in Deutschland: Einflüsse auf die Bilanzpolitik börsennotierter Unternehmen, Berlin 1996.

Hendriksen (1982): Hendriksen, Eldon: Accounting Theory, 4. Auflage, Homewood 1982.

Hengstberger (2003): Hengstberger, Karl: Bilanz auf dem Prüfstand, in: Die Wirtschaft, März 2003, im Internet unter: www.ired.at/partner/connection/ online/page.phg?P=621 (Abruf März 2003).

Herdman (2002): Herdman, Robert: Testimony: Are Current Financial Accounting Standards Protecting Investors?, Rede vor dem 'Subcommittee on Commerce, Trade and Consumer Protection, Committee on Energy and Commerce, U.S. House of representatives, February 14, 2002. Im Internet unter: www.sec.gov/news/testimony/021402tsrkh.htm (Abruf Juni 2004).

Herz (2003): Herz, Robert: A Year of Challenge and Change for the FASB, in: Accounting Horizons, September (2003), S. 247-255.

Heuser/Theile (2003): Heuser, Paul/Theile, Carsten: IAS Handbuch: Einzel- und Konzernabschluss, Bochum 2003.

Heyd (2003): Heyd, Reinhard: Internationale Rechnungslegung, Stuttgart 2003.

Hitz/Kuhner (2000): Hitz, Jörg-Markus/Kuhner, Christoph: Erweiterung des US-amerikanischen conceptual framework um Grundsätze der Barwertermittlung – Inhalt und Bedeutung des Statement of Financial Accounting Concepts No. 7 -, in: WPg 18 (2000), S. 889-901.

Hoffjahn (2003): Hoffjahn, Andreas: Competitor Accounting – Nutzen des Jahresabschlusses in der Konkurrenzanalyse, in: BB 28-29 (2003), S. 1494-1498.

Hoffmann (1988): Hoffmann, Klaus-Jürgen: "True and fair View" aus englischer Sicht: dargestellt am Verhältnis zwischen Bilanzrecht und SSAP, Diss., Frankfurt am Main, 1988.

Hoffmann (2003): Hoffmann, Wolf-Dieter: Gastkommentar: Standardisierungs-Konvergenz à l'américaine?, in: DB (44/2003), S. I.

Hoffmann/Arden (1983): Hoffmann, Leonard/Arden, Mary: Legal Opinion on 'true and fair', in: Accountancy, November (1983), S. 154-156.

Hoffmann/Lüdenbach (2002): Hofmann, Wolf-Dieter/Lüdenbach, Norbert: Internationale Rechnungslegung: kapitalmarkt- oder managerorientiert?, in: StuB 11 (2002), S. 541-548.

Hoffmann/Lüdenbach (2003a): Hoffmann, Wolf-Dieter/Lüdenbach, Norbert: Zur Offenlegung der Ermessensspielräume bei der Erstellung des Jahresabschlusses – Rechnungslegung in euklidschen Räumen?, in: DB 37 (2003), S. 1945-1969.

Hoffmann/Lüdenbach (2003b): Hoffmann, Wolf-Dieter/Lüdenbach, Norbert: Praxisprobleme der Neubewertungskonzeption nach IAS, in: DStR 14 (2003), S. 565-570.

Hofheinz (2002): Hofheinz, Paul: EU wants U.S. to use its accounting code, in: The Wall Street Journal Europe, S. A3.

Holder/Schermann/Whittington (2003): Holder, William/Schermann, Kenneth/Whittington, Ray: Materiality Considerations, in: Journal of Accountancy 11 (2003), S. 61-66.

Hollmann (2003): Hollmann, Sebastian: Reporting Performance – Analyse des Ausweises der Erträge und Aufwendungen in einem Abschluss nach den Rechnungslegungsvorschriften des IASB, Düsseldorf 2003.

Holthausen/Watts (2001): Holthausen, Robert/Watts, Ross: The relevance of the value-relevance literature for financial accounting standard setting, in: Journal of Accounting and Economics 31 (2001), S. 3-75.

Holzer/Ernst (1999): Holzer, Peter/Ernst, Christian: (Other) Comprehensive Income und Non-Ownership Movements in Equity – Erfassung und Ausweis des Jahresergebnisses und des Eigenkapitals nach US-GAAP und IAS, in: WPg 9 (1999), S. 353-370.

Hommel (1997): Hommel, Michael: Internationale Bilanzrechtskonzeptionen und immaterielle Vermögenswerte, in: ZfbF 4 (1997), S. 345-369.

Hommel (2001): Hommel, Michael: Neue Goodwillbilanzierung – das FASB auf dem Weg zur entobjektivierten Bilanz?, in: BB 38 (2001), S. 1943-1949.

Hommel (2004): Hommel, Michael: IFRS 3 Business Combinations: Neue Unwägbarkeiten im Jahresabschluss, in: BB 23 (2004), S. 1267-1273.

Hommelhoff/Schwab (1998): Hommelhoff, Peter/Schwab, Martin: Gesellschaftliche Selbststeuerung im Bilanzrecht – Standard Setting Bodies und staatliche Regulierungsverantwortung nach deutschem Recht, in: BFuP 1 (1998), S. 38-56.

Horngreen (1985): Horngreen, Charles: The Marketing of Accounting Standards, in: Financial Accounting Theory: Issues and Controversies, Zeff/Keller (Hrsg.), 2 Auflage, New York 1985, S. 45-55.

Hoyos/Schramm/Ring (1999): Hoyos, Martin/Schramm, Marianne/Ring, Maximilian, in: Beck'scher Bilanzkommentar, Budde/Clemm/Ellrott/Förschle/Hoyos (Hrsg.), Kommentar zu § 253 HGB, München 1999.

Hronsky/Houghton (2001): Hronsky, Jane/Houghton, Keith: The meaning of a defined accounting concept: regulatory changes and the effect on auditor decision making, in: Accounting, Organization and Society, 26 (2001), S. 123-139.

HSBC (2001): Hongkong&Shanghai Banking Corporation (Hrsg.): Equity Analysis and Valuation; Appraising price, performance and value, London 2001.

IAS 32: IASCF (Hrsg.): International Accounting Standards 32 – Financial Instruments: Disclosure and Presentation (revised), London 2003.

IAS 36: IASCF (Hrsg.): International Accounting Standard 36 – Impairment of Assets (revised), London 2004.

IAS 38: IASCF (Hrsg.): International Accounting Standards 38 – Intangible Assets (revised), London 2004.

IAS 39: IASCF (Hrsg.): International Accounting Standards 39 – Financial Instruments: Recognition and Measurement (revised), London 2003.

IASB (2002): International Accounting Standards Board: Press Release - 20. Juni 2002: International Accounting Standards Board Proposes Improvement Instrument Standards, London 2002

IASB (2003a): International Accounting Standards Board: International Financial Reporting Standards 2003; incorporating International Accounting Standards and Interpretations, London 2003.

IASB (2003b): International Accounting Standards Board (Hrsg.): Project Updates: Reporting Comprehensive Income, London 2003, im Internet unter: www.IASB.org.uk (Abruf Dezember 2003).

IASB (2003c): International Accounting Standards Board (Hrsg.): Press Release, International Accounting Standards Board Issues Wide-Ranging Improvements to Standards, 18 December 2003, London 2003.

IASB (2003d): International Accounting Standards Board (Hrsg.): Improvements to International Accounting Standards, London, December 2003.

IASC (1999): IASC (Hrsg.): Project Update Financial Instruments; the Usefulness of Fair Value Income, in: IASC Insight, December 1999, S. 14-15.

IASC (2001): IASC Steering Committee (Hrsg.): Reporting Performance; Report from the IASC Steering Committee on Reporting Financial Performance, Washington, October 2001.

IASCF (2003): International Accounting Standards Committee Foundation: Project Updates: Revenue Recognition, im Internet unter: www.IASB.org.uk (Abruf Mai 2004).

IDW S1: IDW Standard: Grundsätze zur Durchführung von Unternehmensbewertung (IDW S1), in: WPg 17 (2000), S. 825-842.

IFRIC Interpretation 1: International Financial Reporting Interpretation Committee (Hrsg.): IFRIC Draft Interpretation 1, Changes in Decommissioning, Restoration and other Similar Liabilities, London 2004.

IFRS 1: IASCF (Hrsg.): International Financial Reporting Standard 1 – First-time Adoption of International Reporting Standards, London 2003.

IFRS 2: IASCF (Hrsg.): International Financial Reporting Standard 2 – Share-based Payment, London 2004.

IFRS 3: IASCF (Hrsg.): International Financial Reporting Standard 3 – Business Combinations, London 2004.

IFRS 5: IASCF (Hrsg.): International Financial Reporting Standard 5 – Non-Current Assets Held for Sale and Discontinued Operations, London 2004.

Ijiri (1980): Ijiri, Yuji: An Introduction to Corporate Accounting Standards: A Review, in: The Accounting Review, October (1980), S. 620-628.

Jäger/Himmel (2003): Jäger, Rainer/Himmel, Holger: Die Fair Value-Bewertung immaterieller Vermögenswerte vor dem Hintergrund der Umsetzung internationaler Rechnungslegungsstandards, in: BFuP 4 (2003), S. 417-440.

Jenkins (2002): Jenkins, Holman: Much Ado About Stock Options, in: The Wall Street Journal Europe v. 5-7.4.2002, S. A7.

Johnson/Lennard (1998): Johnson, L. Todd/Lennard, Andrew: Reporting Financial Performance; Current Developments and Future Directions, IASC/FASB u.a. (Hrsg.), Financial Accounting Series No. 181-A, January 1998.

Johnson/Petrone (1998): Johnson, Todd/Petrone, Kimberley: Commentary: Is Goodwill an Asset?, in: Accounting Horizons, September (1998), S. 293-303.

Johnson/Reither/Swieringa (1995): Johnson, Todd/Reither, Cheri/Swieringa, Robert: Commentary: Toward Reporting Comprehensive Income, in: Accounting Horizons, December (1995), S. 128-137.

Johnson/Swieringa (1996): Johnson, Todd/Swieringa, Robert: Commentary: Derivatives, Hedging and Comprehensive Income, in: Accounting Horizons, December (1996), S. 109-112.

Kahle (2002a): Kahle, Holger: Informationsversorgung des Kapitalmarktes über internationale Rechnungslegungsstandards, in: KoR 2 (2002), S. 95-107.

Kahle (2002b): Kahle, Holger: Die neue Goodwill-Bilanzierung nach US-GAAP – Bilanzierung nach Belieben?, in: StuB 18 (2002), S. 900-905.

Kasperzak/Krag/Wiedenhofer (2001): Kasperzak, Rainer/Krag, Joachim, Wiedenhofer, Marco: Konzepte zur bilanziellen Erfassung und Abbildung von Intellectual Capital, in: DStR 35 (2001), S. 1494-1500.

Kessler (1999): Kessler, Harald: Der EuGH und das Gebot des true and fair view, in: StuB 24 (1999), S. 1314-1315.

Kieso/Weygandt/Warfield (2001): Kieso, Donald/Weygandt, Jerry/Warfield, Terry: Intermediate Accounting, 10. Auflage, New York 2001.

Kirk (2001): Kirk, N.E.: "True and Fair View" Versus "Present Fairly in Conformity with Generally Accepted Accounting Principles", Discussion Paper Series 208, School of Accountancy, Massey University New Zealand, August 2001.

Kirsch (2003a): Kirsch, Hanno: Einführung in die internationale Rechnungslegung; Grundzüge der IAS/IFRS, Anwendung im Konzernabschluss, Folgerungen für den Einzelabschluss, Berlin 2003.

Kirsch (2003b): Kirsch, Hanno: Gestaltungspotential durch verdeckte Bilanzierungswahlrechte nach IAS/IFRS, in: BB 21 (2003), S. 1111-1116.

Kirsch (2003c): Kirsch, Hanno: Erfolgsneutrale Abgrenzung latenter Steuern aus temporären Differenzen im Einzelabschluss nach IAS/IFRS, in: Bilanz & Buchhaltung 9 (2003), S. 340-346.

Kirsch (2004): Kirsch, Hanno: Berichterstattung nach IAS 1 (revised 2003) über Ermessensspielräume beim Asset Impairment für operative Vermögenswerte und zahlungsmittelgenerierende Einheiten – Verbesserung der Informationsqualität des IFRS-Jahresabschlusses? – in: KoR 4 (2004), S. 136-141.

Kleekämper/Knorr/Somes/Bischof/Doleczik (2002): Kleekämper, Heinz/Knorr, Liesel/Somes, Karen/Bischof, Stefan/Doleczik, Günter: IAS 1 Darstellung des Abschlusses (Presentation of Financial Statements), in: Baetge/Dörner u.a. (Hrsg.): Rechnungslegung nach IAS, 2. Auflage/Teil B: Kommentierung des IASB Standards.

Kleinmanns (2003): Kleinmanns, Hermann: Externe Rechnungslegung – Von der traditionellen Finanzberichterstattung zum Business Reporting, in: BBK Nr. 3 v. 7.2.2003, Fach 2, S. 1245-1258.

Kley (2001): Kley, Karl-Ludwig: Die Fair Value-Bilanzierung in der Rechnungslegung nach den International Accounting Standards (IAS), in: DB 43 (2001), S. 2257-2262.

Kley (2003): Kley, Karl-Ludwig: Informationsvermittlung durch Value Reporting?, in: DB 16 (2003), S. 840-843.

Knoll (1996): Knoll, Leonhard: Das Lücke-Theorem, in: WISU Kompakt 2 (1996), S. 115-117.

Knop/Küting (1995): Knop, Wolfgang/Küting, Karlheinz: Kommentar zu § 255 Anschaffungs- und Herstellungskosten, in: Küting/Weber (Hrsg.), Handbuch der Rechnungslegung; Kommentar zur Bilanzierung und Prüfung, Bd. 1a, 4. Auflage, Stuttgart 1995.

Koster (2002): Koster, Paul: The Accounting Version of U.S. vs. Europe, in: The Wall Street Journal Europe v. 5. September 2002, S. A8.

KPMG (2003): KPMG Deutsche Treuhandgesellschaft (Hrsg.): Rechnungslegung nach US-amerikanischen Grundsätzen; Grundlagen der US-GAAP und SEC-Vorschriften, 3., überarbeitete und erweiterte Auflage, Düsseldorf 2003.

Krawitz (2001): Krawitz, Norbert: Die Rechnungslegungsvorschriften nach HGB, IAS und US-GAAP im kritischen Vergleich, Teil A: Konzeptionelle Unterschiede, in: StuB 13 (2001), S. 629-633.

Krolak (2000): Krolak, Thomas: Die bilanzielle Behandlung des aus der Kapitalkonsolidierung resultierenden Geschäfts- oder Firmenwerts nach HGB, U.S. GAAP und IAS, Diss., Düsseldorf 2000.

Krönert (2001): Krönert, Björn: Grundsätze informationsorientierter Rechnungslegung; eine Untersuchung über die Erfüllung der Informationsfunktion von Jahresabschlüssen durch die US-GAAP, Diss., Regensburg 2001.

Kruse (1976): Kruse, Heinrich Wilhelm: Grundsätze ordnungsmäßiger Buchführung; Rechtsnatur und Bestimmung, 2., unveränderte Auflage, Köln 1976.

Kuhlewind (1997): Kuhlewind, Andreas-Markus: Grundlagen der Bilanzrechtstheorie in den USA, Frankfurt am Main 1997.

Kuhlewind (2000): Kuhlewind, Andreas-Markus: Die amerikanische Ergebnisrechnung: Ausweis des Unternehmenserfolgs im Abschluss nach US-GAAP, in: Ballwieser (Hrsg.), US-amerikanische Rechnungslegung; Grundlagen und Vergleiche mit deutschem Recht, 4., überarbeitete und erweiterte Auflage, Stuttgart 2000.

Kühne (2002): Kühne, Mareike: Kapitalmarktorientierte Rechnungslegung nach US-GAAP: Weiterentwicklung deutscher Rechnungslegungsregeln vor dem Hintergrund US-amerikanischer Einflüsse, Bielefeld 2002.

Kuhner (1998): Kuhner, Christoph: Verfügungsrechte an Unternehmensinformationen – Die Verrechtlichung des Informationsflusses zwischen Unternehmen und Kapitalmarkt im Blickfeld ökonomischer Analysen, Habil., München 1998.

Kuhner (2004): Kuhner, Auf dem Weg zur Prinzipienbasierung der kapitalmarktorientierten Rechnungslegung? – Einige Anmerkungen zum aktuellen Diskussionsstand, in: WPg 6 (2004), S. 261-271.

Kümpel (2002): Kümpel, Thomas: Die Anschaffungs- und Herstellungskosten als ursprüngliche Bewertungsmaßstäbe für Vermögenswerte nach IAS, in: Bilanz & Buchhaltung 4 (2002), S. 130-134.

Kümpel (2003): Kümpel, Thomas: Bilanzierung und Bewertung des Vorratsvermögens nach IAS 2 (revised 2003), in: DB (49/2003), S. 2609-2615.

Künnemann (2001): Künnemann, Martin: Die Internationalisierung des Konzernabschlusses, in: Kapitalmarktorientierte Unternehmensüberwachung – Chancen und Risiken -: Bericht über die Fachtagung 2000 des Instituts der Wirtschaftsprüfer in Deutschland E.V., Düsseldorf 2000, S. 179-203.

Küpper (1998): Küpper, Hans-Ulrich: Marktwertorientierung – neue und realisierbare Ausrichtung für die interne Unternehmensrechnung?, in: BFuP 5 (1998), S. 517-539.

Küting (2000): Küting, Karlheinz: Stille Reserven (I); Theoretisch umstritten – Praktisch relevant – Zukünftig noch existent?, in: Betrieb und Wirtschaft 10 (2000), S. 389-399,

Küting/Brakensiek (1999): Küting, Karlheinz/Brakensiek, Sonja: IASC, FASB und DRSC – Ein Kurzportrait dreier Standard Setter, in: BB 13 (1999), S. 678-682.

Küting/Dawo (2003): Küting, Karlheinz/Dawo, Sascha: Die Bilanzierung immaterieller Vermögenswerte nach IAS 38 – gegenwärtige Regelungen und geplante Änderungen: Ein Beispiel für die Polarität von Vollständigkeitsprinzip und Objektivierungsprinzip, in: BFuP 4 (2003), S. 397-416.

Küting/Ulrich (2001): Küting, Karlheinz/Ulrich, Andreas: Abbildung und Steuerung immaterieller Vermögensgegenstände (Teil I); Werttreiber im normativen Korsett, in: DStR 23 (2001), S. 953-960.

Küting/Wirth (2003): Küting, Karlheinz/Wirth, Johannes: Latente Steuern und Kapitalkonsolidierung nach IAS/IFRS, in: BB 12 (2003), S. 623-626.

Lacey (1986): Lacey, A.R.: A Dictionary of Philosophy, 2. Auflage, London 1986.

Lahart (2004): Lahart, Justin: Corner Office Thinks Short-Term, in: The Wall Street Journal Europe v. 15.04.2004, S. M4.

Larenz (1975): Larenz, Karl: Methodenlehre der Rechtswissenschaft, 3., völlig neu bearbeitete Auflage, Berlin 1975.

Leffson (1979): Leffson, Ulrich: Zur Bedeutung des § 149 AktG und Art. 2 Abs. 3 der 4. EG-Richtlinie, in: ZfbF 31 (1979), S. 213-216.

Leffson (1986): Leffson, Ulrich: Bild der tatsächlichen Verhältnisse, in: Leffson u.a. (Hrsg.): Handwörterbuch unbestimmter Rechtsbegriffe im Bilanzrecht des HGB, Köln 1986, S. 94-105.

Leffson (1987): Leffson, Ulrich: Die Grundsätze ordnungsmäßiger Buchführung, 7., revidierte und erweiterte Auflage, Düsseldorf 1987.

Leuz/Verrecchia (2000): Leuz, Christian/Verrecchhia, Robert: The Economic Consequences of Increased Disclosure, in: Journal of Accounting Research, Supplement; Studies on Accounting Information and the Economics of the Firm, Vol. 38 (2000), S. 91-124.

Lev (1989): Lev, Baruch: On the Usefulness of Earnings and Earnings Research: Lessons and Directions from Two Decades of Empirical Research, in: Journal of Accounting Research, Supplement 27 (1989), S. 153-192.

Levitt (1998a): Levitt, Arthur: Spielen mit Zahlen – „The Numbers Game", in: DB 51-52 (1998), S. 2544-2547.

Levitt (1998b): Levitt, Arthur: The Importance of High Quality Accounting Standards, in: Accounting Horizons, March (1998), S. 79-82.

Loitz/Rössel (2002): Loitz, Rüdiger/Rössel, Carsten: Die Diskontierung von latenten Steuern, in: DB 13 (2002), S. 645-651.

Lorchheim (1997): Lorchheim, Ulrich: Die Zuverlässigkeit als grundlegende Eigenschaft von Jahresabschlüssen nach den International Accounting Standards; Eine Analyse auf Basis des Frameworks for the Preperation and Presentation of Financial Statements of the IASC, in: RIW 2 (1997), S. 124-133.

Lorig (1964): Lorig, Arthur: Some Basic Concepts of Accounting and Their Implications, in: The Accounting Review, July (1964), S. 563-573.

Lücke (1955): Lücke, Wolfgang: Investitionsrechnungen auf der Grundlage von Ausgaben oder Kosten?, in: ZfbF (1955), S. 310-324.

Lüdenbach (2003a): Lüdenbach, Norbert: International Accounting Standards; der Ratgeber zur erfolgreichen Umstellung von HGB auf IAS, 2. überarbeitete und erweiterte Auflage, Freiburg 2003.

Lüdenbach (2003b): Lüdenbach, Norbert: Rückbauverpflichtungen nach internationaler Rechnungslegung und deutschem Bilanzrecht: Praktische Unterschiede und kritischer Rechtsvergleich, in: BB 16 (2003), S. 835-840.

Lüdenbach/Hoffmann (2002): Lüdenbach, Norbert/Hoffmann Wolf-Dieter: Enron und die Umkehrung der Kausalität bei der Rechnungslegung, in: DB 23 (2002), S. 1169-1175.

Lüdenbach/Hoffmann (2003a): Lüdenbach, Norbert/Hoffmann, Wolf-Dieter: Vom Principle-based zum Objective-oriented Accounting, in: KoR 9 (2003), S. 387-398.

Lüdenbach/Hoffmann (2003b): Lüdenbach, Norbert/Hoffmann, Wolf-Dieter: Imparitätische Wahrscheinlichkeit – Zukunftswerte im IAS-Regelwerk, in: KoR 1 (2003), S. 5 – 14.

Maier-Siegert (2001): Maier, Siegert, Ernst: Schein und Sein der US-GAAP, in: BC 2 (2001), S. 30-33.

Maines/Bartov/Beatty/Botosan (2004): Maines, Laureen/Bartov, Eli/Botosan, Christine u.a.: Evaluation of the IASB's Proposed Accounting and Disclosure Requirements for Share-Based Payment, in: Accounting Horizons, March (2004), S. 65-77 (*Proquest*-Ausdruck: S. 1-11).

Maines/Bartov/Fairfield/Hirst (2003): Maines, Laureen/Bartov, Eli/Fairfield, Patricia/Hirst, Eric u.a.: Evaluating concepts-based vs. rules-based approaches to standard setting, in: Accounting Horizons 3 (2003), S. 73-89.

Maines/Beatty/Botosan (2003): Maines, Laureen/Beatty, Ane/Botosan, Christine u.a.: Comments on the FASB's proposals on consolidation special-purpose entities and related standard-setting issues, in: Accounting Horizons 2 (2003), S. 161-173.

Mandl/Rabel (1997): Mandel, Gerwald/Rabel, Klaus: Unternehmensbewertung; Eine praxisorientierte Einführung, Wien 1997.

Mason (1993): Mason, Alister: Professional judgement and professional standards, in: Mumford/Peasnell (Hrsg.), Philosophical perspectives on accounting; Essays in honour of Edward Stamp, London 1993.

Mason/Gibbins (1991): Mason, Alister/Gibbins, Michael: Judgement and U.S. Accounting Standards, in: Accounting Horizons 6 (1991), S. 14-24.

Maunz-Dürig (2003): Maunz-Dürig Grundgesetz Kommentar, Lieferung 42, Februar 2003, Maunz/Dürig (Hrsg.), München 2003.

McLaughin/Smith (2002): McLaughin, James/Smith, Michael: Securities Disclosure: What does „present fairly“ mean?, in: IASC Insights, June (2002), S. 2-11.

Melcher/Penter (2003): Melcher, Winfried/Penter, Volker: Konsolidierung von Objektgesellschaften und ähnlichen Strukturen nach US-GAAP – von Special-Purpose Entities zu Variable Interest Entities, in: DB 10 (2003), S. 513-518.

Miller (1985): Miller, Paul: The Conceptual Framework: Myths and Realities, in: Journal of Accountancy, March (1985), S. 62-71.

Miller (1990): Miller, Paul: The Conceptual Framework as Reformation and Counterreformation, in: Accounting Horizons, June (1990), S. 23-32.

Miller GAAP Guide (1998): Williams, Jan (Hrsg.): Miller GAAP Guide; Restatement and Analysis of Current Promulgated GAAP, San Diego 1998.

Mittelstraß (1995): Mittelstraß, Jürgen: Enzyklopädie Philosophie und Wissenschaftstheorie, Blasche/Ganslandt/Gatzemeier u.a. (Hrsg.), Band 3, Mannheim 1995.

Möller/Keller (1999): Möller, Hans Peter/Keller, Erich: Financial Reporting and the Stock Market in Germany, in: Bühler, Wolfgang (Hrsg.): Empirical Research on the German Capital Market, Heidelberg 1999, S. 135-148.

Moonitz (1963): Moonitz, Maurice: Why do we need "postulates" and "principles"?, in: The Journal of Accountancy, December (1963), S. 42-46.

Moxter (1962): Moxter, Adolf: Bilanzierung und unsichere Erwartungen, in: ZfbF (1962), S. 607-632.

Moxter (1976): Moxter, Adolf: Fundamentalgrundsätze ordnungsmäßiger Rechenschaft, in: Bilanzfragen, Festschrift zum 65. Geburtstag von Ulrich Leffson, Baetge /Moxter/Schneider (Hrsg.), Düsseldorf 1976, S. 89-100.

Moxter (1979): Moxter, Adolf: Immaterielle Anlagewerte im neuen Bilanzrecht, in: BB 22 (1979), S. 1102-1109.

Moxter (1982): Moxter, Adolf: Betriebswirtschaftliche Gewinnermittlung, Tübingen 1982.

Moxter (1983): Moxter, Adolf: Grundsätze ordnungsmäßiger Unternehmensbewertung, 2., vollständig umgearbeitete Auflage, Frankfurt am Main 1983.

Moxter (1984): Moxter, Adolf: Bilanzlehre; Band I: Einführung in die Bilanztheorie, 3., vollständig überarbeitete Auflage, Wiesbaden 1984.

Moxter (1986): Moxter, Adolf: Vermögenslage gem. § 246, in: Leffson, Ulrich u.a. (Hrsg.): Handwörterbuch unbestimmter Rechtsbegriffe im Bilanzrecht des HGB, Köln 1986, S. 346-351.

Moxter (1995a): Moxter, Adolf: Rückstellungskriterien im Streit, in: ZfbF (4/1995), S. 311-326.

Moxter (1995b): Moxter, Adolf: Zum Verhältnis von handelsrechtlichen Grundsätzen ordnungsmäßiger Bilanzierung und True-and-fair-view-Gebot bei Kapitalgesellschaften, in: Förschle/Kaiser/Moxter (Hrsg.): Rechenschaftslegung im Wandel, Festschrift für Wolfgang Dieter Budde, München 1995, S. 419-428.

Moxter (1996): Moxter, Adolf: Bilanzrechtsprechung, 4., vollständig umgearbeitete Auflage, Tübingen 1996.

Moxter (1997): Moxter, Adolf: Zur Interpretation des True-and-fair-view-Gebots der Jahresabschlussrichtlinie, in: Jahresabschluss und Jahresabschlussprüfung: Probleme, Perspektiven, internationale Einflüsse; Festschrift zum 60. Geburtstag von Jörg Baetge, Fischer/Hömberg (Hrsg.), Düsseldorf 1997, S. 99-116.

Moxter (1998a): Moxter, Adolf: Verletzt das Auskunftsverweigerungsrecht des § 131 Abs. 3 Nr. 3 AktG die Eigentumsgarantie des Grundgesetzes?, in: Meffert, Heribert u.a. (Hrsg.): Unternehmensrechnung- und Besteuerung: Grundfragen und Entwicklungen, Festschrift für Dietrich Börner zum 65. Geburtstag, Wiesbaden 1998, S. 305-321.

Moxter (1998b): Moxter, Adolf: Zum Verhältnis von rechtlichen und betriebswirtschaftlichen Gewinnkonzeptionen, in: Woratscheck, Herbert (Hrsg.), Perspektiven ökonomischen Denkens – Klassische und neue Ansätze des Managements, Festschrift Adolf Gümbel, Frankfurt am Main 1998, S. 217-225.

Moxter (1999): Moxter, Adolf: Rückstellungen nach IAS: Abweichungen vom geltenden deutschen Bilanzrecht, in: BB (10/1999), S. 519-524.

Moxter (2000): Moxter, Adolf: Rechnungslegungsmythen, in: BB 42 (2000), S. 2143-2149.

Moxter (2003a): Moxter, Adolf: Grundsätze ordnungsgemäßer Rechnungslegung, Düsseldorf 2003.

Moxter (2003b): Moxter, Adolf: Unterschiede im Wertaufhellungsverständnis zwischen den handelsrechtlichen GoB und den IAS/IFRS, in: BB 48 (2003), S. 2559-2564.

Mujkanovic (2001): Mujkanovic, Robin: Der Geschäftswert im Abschluss nach International Accounting Standards, in: ZfB 7 (2001), S. 807-826.

Mujkanovic (2002): Mujkanovic, Robin: Fair Value im Financial Statement nach International Accounting Standards, Stuttgart 2002.

Mulford/Comiskey (2002): Mulford, Charles/Comiskey, Eugene: The Financial Numbers Game; Detecting Creative Accounting Practices, New York 2002.

Müller (2003): Müller, Stefan: Probleme bei der Abbildung der betrieblichen Altersversorgung in Rechnungslegungssystemen – Unter besonderer Berücksichtigung der Änderungen zu IAS 19 – in: WPg 4 (2003), S. 163-174.

Münstermann (1966): Münstermann, Hans: Die Bedeutung des ökonomischen Gewinns für den externen Jahresabschluss der Aktiengesellschaft, in: WPg 20-21 (1966), S. 579-584.

Munter/Sacasas/Garcia (1996): Munter, Paul/Sacasas, René/Garcia, Elaine: Accounting and Disclosure of Environmental Contingencies, in: The CPA Journal, January (1996), S. 36-52.

Murray/Decker/Dittmar (1993): Murray, Ronald/Decker, William/Dittmar, Nelson: The Coopers & Lybrand SEC Manual, 6. Auflage, Englewood Cliffs, New Jersey.

Napier/Noke (1992): Napier, Christopher/Noke, Christopher: Accounting and Law: an historical overview of an uneasy relationship, in: Bromwich/Hopwood (Hrsg.), Accounting and the Law, Hertfordshire 1992, S. 30-54.

Naumann (1991): Naumann, Klaus-Peter: Rechtliches Entstehen und wirtschaftliche Verursachung als Voraussetzung der Rückstellungsbilanzierung – Zugleich eine Untersuchung zur Ansammlung von Rückstellungen – in: WPg 18 (1991), S. 529-536.

Nelson (2003): Nelson, Mark: Behavioural evidence on the effects of principles- and rules-based standards, in: Accounting Horizons 3 (2003), S. 91-104 (Proquest-Ausdruck S. 1-9).

Nelson/Elliott/Tarpley (2002): Nelson, Mark/Elliott, John/Tarpley, Robin: Evidence from Auditors about Managers' and Auditors' Earnings Management Decisions, in: The Accounting Review, Band 77 Supplement (2002), S. 175-202.

Nieland/Scott (1997): Nieland, Marius/Scott, Cornelia: Rechnungslegung in Großbritannien – Grundlagen und ausgewählte Aspekte (Teil I), in: DStR 11 (1997), S. 348-350.

Nobes (1991): Nobes, Christopher: Cycles in UK Standard Setting, in: Accounting and Business Research 83 (1991), S. 265-274.

Nöcker (2002): Nöcker, Ralf: Die stille Revolution im Rechnungswesen, in: FAZ v. 14.01.2002, S. 11.

NZZ (2002a): EU-Einigung auf IAS, in: Neue Zürcher Zeitung v. 26.04.2002, S. 11.

NZZ (2002b): Die beste aller Bilanzierungsmethoden? Die Finanzgemeinde im Nebel zwischen US-GAAP und IAS, in: Neue Zürcher Zeitung v. 28.02.2002; im Internet unter: www.nzz.ch (Abruf Februar 2002).

O.V. (1994): Focus On: Recommendations of the Special Committee on Financial Reporting; Reactions of 10 business leaders for the far-reaching reporting model, in: Journal of Accountancy, October (1994), S. 41-46.

O.V. (2002a): Creative accounting can polish companies, in: The Wall Street Journal Europe v. 22.-24.02.2002, S. M1 und M6.

O.V. (2002b): Finanzvorstände fordern IAS-Bilanzierung im Einzelabschluss, in: FAZ v. 17.06.2002, S. 24.

O.V. (2003): Wirtschaftsprüfer auf Vertrauenssuche, in: FAZ v. 20.10.2003, S. 21.

O.V. (2004): Investors aren't too 'sure of shell', in: The Wall Street Journal Europe v. 12.01.2004, S. M8.

Ohlson (1995): Ohlson, James: Earnings, Book Values, and Dividends in Equity Valuation, in: Contemporary Accounting Research Band 11, No. 2, Spring (1995), S. 661-687.

Ordelheide (1988): Ordelheide, Dieter: Kaufmännischer Periodengewinn als ökonomischer Gewinn – Zur Unsicherheitsrepräsentation bei der Konzeption von Erfolgsgrößen - , in: Domsch, Michael u.a. (Hrsg.): Unternehmenserfolg: Planung – Ermittlung – Kontrolle, Festschrift für Walther Busse von Colbe, Wiesbaden 1988, S. 275-302.

Ordelheide (1996): Ordelheide, Dieter: True and fair view: A European and a German perspective II, in: The European Accounting Review 1996, S. 495-506.

Ordelheide (1998a): Ordelheide, Dieter: Bedeutung und Wahrung des Kongruenzprinzips („clean surplus") im internationalem Rechnungswesen, in: Matschke/Schildbach (Hrsg.): Unternehmensberatung und Wirtschaftsprüfung, Festschrift für Günter Sieben zum 65. Geburtstag, Stuttgart 1998, S. 515-530.

Ordelheide (1998b): Ordelheide, Dieter: Rechnungslegung und internationale Aktienanalyse, in: Möller, Hans Peter u.a. (Hrsg.): Rechnungswesen als Instrument für Führungsentscheidungen, Festschrift für Adolf Coenenberg zum 60. Geburtstag, Stuttgart 1998, S. 505-523.

Ordelheide (1998c): Ordelheide, Dieter: Zur Marktbewertung von Finanzinstrumenten in Deutschland, nach US-GAAP und nach IAS, in: BFuP 5 (1998), S. 604-612.

Ordelheide (1999): Ordelheide, Dieter: Wertpotential und Objektivierung der IAS im Vergleich zu den Bilanzierungsvorschriften des dHGB und des öHGB; Konsequenzen für die externe und interne Unternehmenssteuerung, in: Altenburger, Otto (Hrsg.): Fortschritte im Rechnungswesen; Vorschläge für Weiterentwicklungen im Dienste der Unternehmens- und Konzernsteuerung durch Unternehmensorgane und Eigentümer, Festschrift Gerhard Seicht zum 60. Geburtstag, Wiesbaden 1999, S. 507-532.

Ossadnik (1993): Ossadnik (1993): Ossadnik, Wolfgang: Grundsatz und Interpretation der „Materiality" – Eine Untersuchung zur Auslegung ausgewählter Materiality-Bestimmungen durch die Rechnungslegungspraxis, in: WPg 20 (1993), S. 617-629.

Pacter (1983): Pacter, Paul: The Conceptual Framework: Make no Mystique about it, in: Journal of Accountancy, July (1983), S. 76-88.

Pacter (2002): Pacter, Paul: Global GAAPs, in: Accountancy, November (2002), S. 97-100.

Parker (2000): Parker, Robert: Financial Reporting in United Kingdom, in: Nobes/Parker (Hrsg.): Comparative International Accounting, 6. Auflage, Edinburgh Gate 2000, S. 105-129.

Parker/Nobes (1994): Parker, R.H./Nobes, C.W.: An International View of True and Fair View Accounting, London 1994.

Patient (1992): Patient, Matthew: The relationship between accounting and the law from the professional accountant's perspective, in: Bromwich/Hopwood (Hrsg.), Accounting and the Law, Hertfordshire 1992, S. 15-29.

Paton/Littleton (1970): Paton, W.A./Littleton, A.C.: An Introduction to corporate Accounting Standards, AAA (Hrsg.), 14. Auflage, 1970.

Pellens/Fülbier (2000a): Pellens, Bernhard/Fülbier, Rolf Uwe: Immaterielle Vermögensgegenstände in der internen und externen Unternehmensrechnung, in: Küting/Weber (Hrsg.): Wertorientierte Konzernführung; Kapitalmarktorientierte Rechnungslegung und integrierte Unternehmenssteuerung, Stuttgart 2000, S. 119-155.

Pellens/Fülbier (2000b): Pellens, Bernhard/Fülbier, Uwe: Differenzierung der Rechnungslegungsregulierung nach Börsenzulassung, in: ZGR 4-5 (2000), S. 573-593.

Pereira/Paterson/Wilson (1994): Pereira, Vivian/Paterson, Ron/Wilson, Allister (1994): UK/US GAAP Comparison, Ernst & Young (Hrsg.), London 1994.

Perino (2002): Perino, Michael: Enron's Legislative Aftermath: Some Reflections on the Deterrence Aspects of the Sarbanes-Oxley Act of 2002, Columbia Law School Working Paper No. 212, October 2002. Im Internet unter: http:///ssrn.com/abstract_id =350540 (Abruf März 2003).

Perridon/Steiner (1999): Perridon, Louis/Steiner, Manfred: Finanzwirtschaft der Unternehmung, 10., überarbeitete Auflage, München 1999.

Petree (1993): Petree, Thomas: Shifting to the Balance Sheet – FASB's Conceptual Framework, in: Business Credit, November/December (1993), S. 28-30.

Pfitzer/Dutzi (2002): Pfitzer, Norbert/Dutzi, Andreas: Fair Value, in: Handwörterbuch der Rechnungslegung und Prüfung, Ballwieser u.a. (Hrsg.), 3. Auflage, Stuttgart 2002, S. 749-764.

Pohle (2003): Pohle, Klaus: Spotlight: IFRS und US-GAAP im Vergleich, in: Vision + Money 11 (2003), S. 20.

Preißler (2002): Preißler, Gerald: "Prinzipienbasierung" der IAS?, in: DB 46 (2002), S. 2389-2395.

PwC (1998): PriceWaterhouseCoopers (Hrsg.): Understanding IAS; Analysis and Interpretation of International Accounting Standards, 2. Auflage, London 1998.

PwC (2001): PricewaterhouseCoopers (Hrsg.): Manual of Accounting: The Definite Guide to UK Accounting Law and Practice, London 2001.

PwC (2003): PricewaterhouseCoopers (Hrsg.): Internationale Rechnungslegung: IAS und HGB – Geplante Änderungen des IASB und Anhang-Checkliste, 6., völlig neu bearbeitete Auflage, Frankfurt am Main 2003.

PwC (2004a): PricewaterhouseCoopers (Hrsg.): Financial Instruments under IFRS; Revised IAS 32 and IAS 39, London, January 2004.

PwC (2004b): PricewaterhouseCoopers (Hrsg.): International Accounting Newsletter, Edition 05/may 2004, Frankfurt am Main 2004.

Rammert (1998): Rammert, Stefan: Die Bilanzierung von Aktienoptionen für Manager – Überlegungen zur Anwendung von US-GAAP im handelsrechtlichen Jahresabschluß, in: WPg 17 (1998), S. 766-777.

Ranker/Wohlgemuth/Zwirner (2001): Ranker, Daniel/Wohlgemuth, Frank/Zwirner, Christian: Die Bedeutung immaterieller Vermögenswerte bei Unternehmen des Neuen Marktes und daraus resultierende Implikationen für eine kapitalmarktorientierte Rechnungslegung, in: KoR 6 (2001), S. 269-279.

Rappaport (1999): Rappaport, Alfred: Shareholder Value; Ein Handbuch für Manager und Investoren, 2., vollständig überarbeitete Auflage, Stuttgart 1999.

Reilly (2003): Reilly, David: EU Wants Say in Accounting Rules, in: The Wall Street Journal Europe v. 5.12.2003, S. M5.

Reilly (2004): Reilly, David: EU, Accounting Body Stay at Odds on Rules; Lack of Common Ground On International Standards Reflect Cultural Differences, in: The Wall Street Journal Europe v. 17. März 2004, S. M1 und M5.

Ricchiute (1979): Ricchiute, David: Standard Setting and the entity-proprietary debate, in: Accounting, Organization and Society 4 (1979), S. 67-76.

Rolf (2001): Rolf, Bernhard: Währungsumrechnung und Kongruenz, Berlin 2001.

Ronen (2001): Ronen, Joshua: Comment: On R&D capitalization and value relevance: a commentary, in: Journal of Accounting and Public Policy 20 (2001), S. 241-254.

Rosenfield (2000): Rosenfield, Paul: What Drives Earnings Management?, in: Journal of Accountancy, October (2000), S. 106-110.

Rückle (1986a): Rückle, Dieter: Finanzlage, in: Leffson/Rückle/Großfeld (Hrsg.); Handwörterbuch unbestimmter Rechtbegriffe im Bilanzrecht, Köln 1986, S. 168-184.

Rückle (1986b): Rückle, Dieter: Vorsicht, in: Leffson/Rückle/Großfeld (Hrsg.); Handwörterbuch unbestimmter Rechtbegriffe im Bilanzrecht, Köln 1986, S. 403-416.

Ruhnke (2003): Ruhnke, Klaus: Gastkommentar: Glaubwürdige Unternehmens-informationen: Quo Vadis?, in: DB 13 (2003), S. I.

Ruhnke/Nerlich (2003): Ruhne, Klaus/Nerlich, Christoph: Abbildung von Filmrechten in einem IAS/IFRS-Jahresabschluss, in: WPg 14 (2003), S. 753-763.

Ruhnke/Nerlich (2004): Ruhnke, Klaus/Nerlich, Christoph: Behandlung von Regelungslücken innerhalb der IFRS, in: DB (8/2004), S. 389-395.

Ruhnke/Schmidt (2003): Ruhnke, Klaus/Schmidt, Martin: Überlegungen zur Prüfung von beizulegenden Zeitwerten, in: WPg 19 (2003), S. 1037-1051.

SA of 1933: Securities Act of 1933, im Internet unter: www.law.uc.edu/CCL/33Act/sec11.html (Abruf Juli 2002).

Samuelson (1998): Samuelson, Richard: The concepts of assets in accounting theory, in: Schroeder/Clark (Hrsg.): Accounting Theory; Text and Readings, 6. Auflage, New York 1998.

Sandkühler (1990): Sandkühler, Hans Jörg: Europäische Enzyklopädie zu Philosophie und Wissenschaften, Sandkühler u.a. (Hrsg.), Band 3, Hamburg 1990.

Scheffler (1987): Scheffler, Eberhard: Aufwandsrückstellungen, in: Beck'sches Handbuch der Rechnungslegung, Einlage 3 Juni 1989, B 233, Rdnr. 245-294.

Schildbach (1974): Schildbach, Thomas: Ist der traditionelle Jahresabschluß überholt?, in: WPg 22 (1974), S. 606-611.

Schildbach (1975): Schildbach, Thomas: Analyse des betrieblichen Rechnungswesens aus der Sicht der Unternehmensbeteiligten dargestellt am Beispiel der Aktiengesellschaft, Wiesbaden 1975.

Schildbach (1978): Schildbach, Thomas: Zum Verhältnis von Paragraph 149 Abs. 1 Satz 2 Aktiengesetz zu den Paragraphen 153 bis 156 Aktiengesetz, in: WPg 22 (1978), S. 617 – 624.

Schildbach (1979a): Schildbach, Thomas: Geldentwertung und Bilanz; Kritische Analyse der Eignung verschiedener Erhaltungs- und Bewertungskonzeptionen in Zeiten steigender Preise auf der Grundlage der Aufgaben von Erfolgsbilanzen sowie auf der Basis des Konsumstrebens als Ziel der Wirtschaftsubjekte, Düsseldorf 1979.

Schildbach (1979b): Schildbach, Thomas: Die Auswirkungen der Generalklausel des Artikel 2 der 4. EG-Richtlinie auf die Rechnungslegung der Aktiengesellschaften – eine Analyse vor dem Hintergrund der Einzelvorschriften der 4. EG-Richtlinie – in: WPg 11 (1979), S. 277-286.

Schildbach (1984): Schildbach, Thomas: Inflation Accounting – Verfahren, Beurteilung und aktuelle Situation (II), in: WISU 5 (1984), S. 215-220.

Schildbach (1986): Schildbach, Thomas: Jahresabschluss und Markt, Berlin 1986.

Schildbach (1987): Schildbach, Thomas: Die neue Generalklausel für den Jahresabschluss von Kapitalgesellschaften – zur Interpretation des Paragraphen 264 Abs. 2 HGB, in: BFuP 1 (1987), S. 1-15.

Schildbach (1995): Schildbach, Thomas: Rechnungslegungsideale, Bilanzkulturen, Harmonisierung und internationaler Wettbewerb, in: BB 51-52 (1995), S. 2635-2644.

Schildbach (1998a): Schildbach, Thomas: Rechnungslegung nach US-GAAP – ein Fortschritt für Deutschland?, in: ZfbF, Sonderheft 40 (1998), S. 55-81.

Schildbach (1998b): Schildbach, Thomas: Zeitbewertung in USA und nach IAS, in: BFuP 5 (1998), S. 580-592.

Schildbach (1998c): Schildbach, Thomas: Latente Steuern auf permanente Differenzen und andere Kuriositäten – Ein Blick in das gelobte Land jenseits der Maßgeblichkeit, in: WPg 21 (1998), S. 939-947.

Schildbach (1999a): Schildbach, Thomas: Das private Rechnungslegungsgremium gemäß § 342 HGB und die Zukunft der Rechnungslegung in Deutschland, in: DB 13 (1999), S. 645-652.

Schildbach (1999b): Schildbach, Thomas: Rechnungslegung nach US-GAAP: Hoffnung und Wirklichkeit (Teil I), in: BB 7 (1999), S. 359-365.

Schildbach (1999c): Schildbach, Thomas: Rechnungslegung nach US-GAAP: Hoffnung und Wirklichkeit (Teil II), in: BB 8 (1999), S. 411-415.

Schildbach (1999d): Schildbach, Thomas: Externe Rechnungslegung und Kongruenz – Ursache für die Unterlegenheit deutscher verglichen mit angelsächsischer Bilanzierung?, in: DB 36 (1999), S. 1813-1820.

Schildbach (1999e): Schildbach, Thomas: Pensionsverpflichtungen nach US-GAAP/IAS versus HGB/GoB und die Informationsfunktion des Jahresabschlusses, in: ZfB 9 (1999), S. 957-977.

Schildbach (1999f): Schildbach, Thomas: Zeitbewertung, Gewinnkonzeptionen und Informationsgehalt – Stellungnahme zu „Financial Assets and Liabilities – Fair Value or Historical Cost?“, in: WPg 5 (1999), S. 177-185.

Schildbach (2000a): Schildbach, Thomas: Der handelsrechtliche Jahresabschluss, 6. Auflage, Berlin 2000.

Schildbach (2000b): Schildbach, Thomas: Reichweite, Eigenschaften und Legitimation der US-GAAP: Vor überzogenen Erwartungen wird gewarnt!, in: StuB 4 (2000), S: 192-201.

Schildbach (2001a): Schildbach, Thomas (Hrsg.): Der Konzernabschluss nach HGB, IAS und US-GAAP, 6., überarbeitete und erweiterte Auflage, München 2001.

Schildbach (2001b): Schildbach, Thomas: Die Zukunft der deutschen Rechnungslegung, in: StuB 17 (2001), S. 857-862.

Schildbach (2002a): Schildbach, Thomas: US-GAAP; Amerikanische Rechnungslegung und ihre Grundlagen, 2., überarbeitete und aktualisierte Auflage, München 2002.

Schildbach (2002b): Schildbach, Thomas: IAS als Rechnungslegungsstandards für alle, in: BFuP 3 (2002), S. 263-278.

Schildbach (2002c): Schildbach, Thomas: Aufwandsrückstellungen in der internationalen Rechnungslegung, in: StuB 16 (2002), S. 791-797.

Schildbach (2002d): Schildbach, Thomas: Wahlrechte bei Ansatz und Bewertung, in: Handwörterbuch der Rechnungslegung und Prüfung, Ballwieser/Coenenberg/Wysocki (Hrsg.), 3., überarbeitete. und erweiterte Auflage, Stuttgart 2002 S. 2607-2625.

Schildbach (2003a): Schildbach, Thomas, Prinzipienorientierung – wirksamer Schutz gegen Enronitis, in: BFuP 3 (2003), S. 247-266.

Schildbach (2003b): Schildbach, Thomas: Personalaufwand aus Managerentlohnung mittels realer Aktienoptionen – Reform der IAS im Interesse besserer Informationen?, in: DB 17 (2003), S. 893-898.

Schildbach (2003c): Schildbach, Thomas: Die Zukunft des Jahresabschlusses nach HGB angesichts neuer Trends bei der Regulierung der Rechnungslegung und der IAS-Strategie der EU, in: StuB 23 (2003), S. 1071-1078.

Schildbach (2004): Schildbach, Thomas: Rechnungslegung im Spannungsfeld zweier Kulturen der Regulierung, in: Der Schweizer Treuhänder 3 (2004), S. 159-172.

Schildbach/Straßer (2003): Schildbach, Thomas/Straßer, Rainer: Das britische Financial Reporting Review Panel als Vorbild für eine Enforcement-Institution in Deutschland?, in: DStR 40 (2003), S. 1720-1724.

Schipper (2003): Schipper, Katherine: Principles-based accounting standards, in: Accounting Horizons 3 (2003), S. 61-72.

Schmalenbach (1926): Schmalenbach, Eugen: Dynamische Bilanz, 4. Auflage, Leipzig 1926.

Schmalenbach-Gesellschaft (2001): Arbeitskreis „Immaterielle Werte im Rechnungswesen" der Schmalenbach-Gesellschaft für Betriebswirtschaft e.V.: Kategorisierung und bilanzielle Erfassung immaterieller Werte, in: DB 19 (2001), S. 989-995.

Schmidt (1982): Schmidt, Heinrich (Hrsg.): Philosophisches Wörterbuch, 21. Auflage, neu bearbeitet von Georgi Schischkoff, Stuttgart 1982.

Schmidt/Terberger (1997): Schmidt, Reinhard/Terberger, Eva: Grundzüge der Investitions- und Finanzierungstheorie, 4., aktualisierte Auflage, Wiesbaden 1997.

Schneider (1963): Schneider, Dieter: Besprechungsaufsatz: Bilanzgewinn und ökonomische Theorie, in: Zeitschrift für handelswirtschaftliche Forschung (1963), S. 457-474.

Schneider (1998): Schneider, Dieter: Marktwertorientierte Unternehmensrechnung: Pegasus mit Klumpfuss, in: DB 30 (1998), S. 1473-1478.

Schön (2004): Schön, Wolfgang: Kompetenzen der Gerichte zur Auslegung von IAS/IFRS, in: BB 14 (2004), S. 763-768.

Schreiber (2002): Schreiber, Susanne: Der Ansatz von Intangible Assets nach US-GAAP, Diss., Mainz 2002.

Schroeder/Clark (1998): Schroeder, Richard/Clark, Myrtle: Accounting Theory; Text and Readings, 6. Auflage, New York 1998.

Schuetze (1994): Schuetze, Walter: Keep it simple, in: Readings and Notes on Financial Accounting: Issues and Controversies, Zeff/Dhahran (Hrsg.), New York 1994.

Schuetze (2001): Schuetze, Walter: What are Assets and Liabilities? Where is the North Accounting That my Sister Would Understand), in: ABACUS 1 (2001), S. 1-25.

Schultz/Lopez (2001): Schultz, Joseph/Lopez, Thomas: The impact of national influence on accounting estimates: Implications for international accounting standard-setters, in: The International Journal of Accounting 36 (2001), S. 271-290.

Schulze-Osterloh (2001): Schulze-Osterloh, Joachim: Das deutsche Gesellschaftsrecht im Banne der Globalisierung, in ZIP 8 (2001), S. 1433-1440.

Schulze-Osterloh (2003a): Schulze-Osterloh, Joachim: Internationale Rechnungslegung für den Einzelabschluß und für Unternehmen die den öffentlichen Kapitalmarkt nicht in Anspruch nehmen, in: ZIP 3 (2003), S. 93-101.

Schulze-Osterloh (2003b): Schulze-Osterloh, Joachim: Rückzahlungsbetrag und Abzinsung von Rückstellungen und Verbindlichkeiten – Überlegungen zur Reform des HGB-Bilanzrechts, in: BB 7 (2003), S. 251-355.

Schulze-Osterloh (2004a): Schulze-Osterloh, Joachim: Die Beziehungen zwischen Gesellschaftsrecht und Betriebswirtschaftslehre, diskutiert an bilanzrechtlichen Problemen, in: BFuP 1 (2004), S. 81-99.

Schulze-Osterloh (2004b): Schulze-Osterloh, Joachim: Internationalisierung der Rechnungslegung und ihre Auswirkungen auf die Grundprinzipien des deutschen Rechts, in: Der Konzern 3 (2004), S. 173-177.

Scott (1997): Scott, William: Financial Accounting Theory, New Jersey 1997.

SEA of 1934: Securities and Exchange Act of 1934, im Internet unter: www.law.uc.edu/CCL/34Act/sec9.htm (Abruf Juli 2002).

SEC (2000): SEC Concept Release: International Accounting Standards, Release Nos. 33-7801, 34-42430, International Series No. 1215, 2000. Im Internet unter: www.sec.gov/rules/concept/34-42430.htm (Abruf September 2002).

SEC (2003): Study Pursuant to Section 108 (d) of the Sarbanes-Oxley Act of 2002 on the Adoption by the United States Financial Reporting System of a Principles-Based Accounting System, im Internet unter: www.sec.gov/new/studies/principlesbasedstandard.htm (Abruf Juli 2003).

SEC Release No. 33-8124: U.S. Securities and Exchange Commission: Final Rule: Certification of Disclosure in Companies' Quarterly and Annual Reports, Releases Nos. 33-8124, 34-46427, IC-25722; File No. S7-21-02 , August 29, 2002, im Internet unter: www.sec.gov/rules/final/33-8124.htm (Abruf März 2003).

Selchert (1993): Selchert, Friedrich: Zur Generalnorm für offenlegungspflichtige Unternehmen; eine Analyse von § 264 Abs. 2 Satz 1 HGB, in: BB 11 (1993), S. 753-759.

Sellhorn (2000): Sellhorn, Thorsten: Ansätze zur bilanziellen Behandlung des Goodwill im Rahmen einer kapitalmarktorientierten Rechnungslegung, in: DB 18 (2000), S. 885-892.

SFAC 1: Statement of Financial Accounting Concept No. 1: Objectives of Financial Reporting by Business Enterprises, in: Financial Accounting Standards Board (Hrsg.): Original Pronouncements, 2002/2003 Edition, Accounting Standards as of June 1 2002, Vol. III, Norwalk 2002.

SFAC 2: Statement of Financial Accounting Concepts No. 2: Qualitative Characteristics of Accounting Information, in: Financial Accounting Standards Board (Hrsg.): Original Pronouncements, 2002/2003 Edition, Accounting Standards as of June 1 2002, Vol. III, Norwalk 2002.

SFAC 5: Statement of Financial Accounting Concepts No. 5: Recognition and Measurement in Financial Statements of Business Enterprises, in: Financial Accounting Standards Board (Hrsg.): Original Pronouncements, 2002/2003 Edition, Accounting Standards as of June 1 2002, Vol. III, Norwalk 2002.

SFAC 6: Statement of Financial Accounting Concepts No. 6: Elements of Financial Statements; a replacement of FASB Concept Statement No. 3 (incorporating an amendment of FASB Concept Statement No. 2), in: Financial Accounting Standards Board (Hrsg.): Original Pronouncements, 2002/2003 Edition, Accounting Standards as of June 1 2002, Vol. III, Norwalk 2002.

SFAC 7: Statement of Financial Accounting Concepts No. 7: Using Cash Flow Information and Present Value in Accounting Measurements, in: Financial Accounting Standards Board (Hrsg.): Original Pronouncements, 2002/2003 Edition, Accounting Standards as of June 1 2002, Vol. III, Norwalk 2002.

SFAS 107: Statement of Financial Accounting Standards No. 107: Disclosure about Fair Value of Financial Instruments, in: Financial Accounting Standards Board (Hrsg.): Original Pronouncements, 2002/2003 Edition, Accounting Standards as of June 1 2002, Vol. II, Norwalk 2002.

SFAS 109: Statement of Financial Accounting Standards No. 109: Accounting for Income Taxes, in: Financial Accounting Standards Board (Hrsg.): Original Pronouncements, 2002/2003 Edition, Accounting Standards as of June 1 2002, Vol. II, Norwalk 2002.

SFAS 133: Statement of Financial Accounting Standards No. 133: Accounting for Derivative Instruments and Hedging Activities, in: Financial Accounting Standards Board (Hrsg.): Original Pronouncements, 2002/2003 Edition, Accounting Standards as of June 1 2002, Vol. II, Norwalk 2002.

SFAS 140: Statement of Financial Accounting Standards No. 140: Accounting for Transfers and Servicing of Financial Assets and Extinguishment of Liabilities, in: Original Pronouncements, 2002/2003 Edition, Accounting Standards as of June 1 2002, Vol. II, Norwalk 2002.

SFAS 142: Statement of Financial Accounting Standards No. 142: Goodwill and Other Intangibles, in: Financial Accounting Standards Board (Hrsg.): Original Pronouncements, 2002/2003 Edition, Accounting Standards as of June 1 2002, Vol. II, Norwalk 2002.

SFAS 143: FASB (Hrsg.): Statement of Financial Accounting Standard No. 143: Accounting for Asset Retirement Obligations, June 2001.

SFAS 87: Statement of Financial Accounting Standards No. 143: Accounting for Asset Retirement Obligations, in: Financial Accounting Standards Board (Hrsg.): Original Pronouncements, 2002/2003 Edition, Accounting Standards as of June 1 2002, Vol. II, Norwalk 2002.

Shah (1998): Shah, Atul: Exploring the influences and constraints on creative accounting in United Kingdom, in: The European Accounting Review 7 (1998), S. 83-104.

Shears/Stephenson (1996): Shears, Peter/Stephenson, Graham: James' Introduction to English Law, 13. Auflage; London 1996.

Sieben/Barion/Maltry (1993): Sieben, Günter/Barion, Heinz-Jürgen/Maltry, Helmut: Bilanzpolitik, in: Chmielewicz/Schweitzer (Hrsg.): Handwörterbuch des Rechnungswesens, 3., völlig neu gestaltete und ergänzte Auflage, Stuttgart 1993, Spalte 229-239.

Sieben/Haase (1971): Sieben, Günter/Haase, Klaus Dittmar: Die Jahresabschlußrechnung als Informations- und Entscheidungsrechnung, in: WPg 3 (1971), S. 53-57.

Sieben/Schildbach (1994): Sieben, Günter/Schildbach, Thomas: Betriebswirtschaftliche Entscheidungstheorie, 4., durchgesehene Auflage, Düsseldorf 1994.

Siegel (1986): Siegel, Theodor: Wahlrechte, in: Handwörterbuch unbestimmter Rechtsbegriffe im Bilanzrecht des HGB, Leffson/Rückle/Großfeld (Hrsg.), Köln 1986, S. 417-427.

Siegel (1998): Siegel, Theodor: Zeitwertbilanzierung für das deutsche Bilanzrecht?, in: BFuP 5 (1998), S. 593-603.

Siegel, S. (1996): Siegel, Stanley: Harmonization and Change in Accounting Principles: A Comment on Some Important Changes in United States Accounting, in: Schruff (Hrsg.), Bilanzrecht unter dem Einfluss internationaler Reformzwänge, Düsseldorf 1996, S. 97-119.

Siegel, T. (1996): Siegel, Theodor: Ökonomische Analyse und steuerrechtliche Prüfung von Zwei- und Mehrkontenmodellen, in: DStR 38 (1996), S. 1496-1502.

Singleton-Green (2002): Singleton-Green, Brian: Enron –how the fraud worked, in: Accountancy, March (2002), S. 20-21.

Skinner (1961): Skinner, Ross: Accounting Research: „Generally Accepted Accounting Principles", in: The Canadian Chartered Accountant, May (1961), S. 463-468.

SOA (2002): Sarbanes-Oxley Act of 2002, Washington 2002, im Internet unter: www.findlaw.com (Abruf Oktober 2003).

Solomons (1985): Solomons, David: The Politicization of Accounting, in: Financial Accounting Theory: Issues and Controversies, Zeff/Keller (Hrsg.), 2. Auflage, New York 1985, S. 34-44.

Solomons (1986a): Solomons, Davis: Making Accounting Policy; The Quest for Credibility in Financial Reporting, New York 1986.

Solomons (1986b): Solomons, David: The FASB's Conceptual Framework: An Evaluation; The board's dilemma: radical change or fine-tuning?, in: Journal of Accountancy, June (1986), S. 114-124.

Solomons (1994): Solomons, David: The FASB's Conceptual Framework: An Evaluation, in: Reading and Notes on Financial Accounting: Issues and Controversies, Zeff/Dharan (Hrsg.), 4. Auflage, New York 1994, S. 120-130.

SOP 96-1: Statement of Position 96-1, Environmental Remediation Liabilities, American Institute of Certified Public Accountants (Hrsg.), October (1996).

Spanheimer (2002): Spanheimer, Jürgen: Internationale Rechnungslegung: Hintergründe, Entwicklungstendenzen, Folgewirkungen – eine Bestandsaufnahme -, Düsseldorf 2002.

Sprouse (1966): Sprouse, Robert: Accounting for What-You-May-Call-Its, in: The Journal of Accountancy, October (1966), S. 45-53.

Sprouse/Moonitz (1962): Sprouse, Robert/Moonitz, Maurice: A Tentative Set of broad Accounting principles for Business Enterprises, Accounting Research Study No. 3, AICPA (Hrsg.), New York 1962.

Starbatty (2001): Starbatty, Nikolaus: Fair Value Accounting gemäß Statement of Financial Accounting Concept No. 7, in: WPg 10 (2001), S. 543-558.

Stein (1993): Stein, Heinz-Gerd: Ziele und Maßnahmen der Konzernbilanzpolitik, in: ZfbF 11 (1993), S. 973-993.

Stiglitz (1984): Stiglitz, Joseph: Information, Screening, and Welfare, in: Boyer/Kihlstrom (Hrsg.): Bayesian Models in Economic Theory, Amsterdam 1984, S. 209-239.

Stock Options Accounting Reform Act (2004): Subcommittee On Capital Markets, Insurance, And Government Sponsored Enterprises, Committee Print, Washington May 2004, im Internet unter: www.SAC.com (Abruf November 2004).

Storey (1999): Storey, Reed: The Framework of Financial Accounting Concepts and Standards, in: Carmichael/Lilien/Mellman (Hrsg.): Accountants' Handbook; Volume One: Financial Accounting and General Topics, 9. Auflage, New York 1999, S. 1- 114.

Streim (1994): Streim, Hannes: Die Generalnorm des § 264 Abs. 2 HGB – Eine kritische Analyse, in: Ballwieser Wolfgang u.a. (Hrsg.): Bilanzrecht und Kapitalmarkt, Festschrift zum 65. Geburtstag von Adolf Moxter, Düsseldorf 1994, S. 393-406.

Streim (2000): Streim, Hannes: Die Vermittlung von entscheidungsnützlichen Informationen durch Bilanz und GuV – Ein nicht einlösbares Versprechen der internationalen Standardsetter, in: BFuP 2 (2000), S. 111-131.

Streim (2002): Streim, Hannes: Meinungsspiegel: IAS - Kristallisationspunkt der internationalen Harmonisierung der Rechnungslegung, in: BFuP 3 (2002), S. 279-291.

Streim/Bieker/Leippe (2001): Streim, Hannes/Bieker, Marcus/Leippe, Britta: Anmerkungen zur theoretischen Fundierung der Rechnungslegung nach International Accounting Standards, in: Schmidt/Ketzel/Prigge (Hrsg.): Moderne Konzepte für Finanzmärkte, Beschäftigung und Wirtschaftsverfassung, Tübingen 2001, S. 177-206.

Streim/Esser (2003): Streim, Hannes/Esser, Maik: Rechnungslegung nach IAS/IFRS – Ein geeignetes Instrument zur Informationsvermittlung?, in: StuB 18 (2003), S. 836-840.

Sunder (2002): Sunder, Shyam: Regulatory competition for low cost-of-capital-accounting-rules, in: Journal of Accounting and Public Policy 21 (2002), S. 147-149.

Sunder (2003): Sunder, Shyam: Politisch-ökonomische Betrachtungen zum Zusammenbruch der Rechnungslegung in den USA, in: WPg 4 (2003), S. 141-146.

Theile (2003): Theile, Carsten: Wahlrechte und Ermessensspielräume nach I-AS/IFRS, in: StuB 21 (2003), S. 957-964.

Tichy (1996): Tichy, Geiserich: Der Geschäftswert (Goodwill) als Teil des Ertragswertes – Fiktion und Realität, in: Kofler (Hrsg.): Betriebswirtschaftliches Prüfungswesen in Österreich: Festschrift für Karl Vodrazka zum 65. Geburtstag, Wien 1996.

Tipke (1986): Tipke, Klaus: Auslegung unbestimmter Rechtsbegriffe, in: Handwörterbuch unbestimmter Rechtsbegriffe im Bilanzrecht des HGB, Leffson/Rückle/Großfeld (Hrsg.), Köln 1986, S. 1-11.

Tschakert (2004): Tschakert, Norbert: Stille Lasten im Jahresabschluss nach I-AS/IFRS, Diss., Berlin 2004.

Tweedie (1988): Tweedie, David: True and Fair versus Rule Book: Which is the Answer to creative Accounting?, in: Pacific Accounting Review, December (1988), S. 1-21.

Tweedie (1996): Tweedie, David: Regulating Change – The Role of Conceptual Statement on Standard-Setting, in: Accounting and Performance Measurement: Issues on Private and Public Sectors, Lapsley/Mitchell (Hrsg.), London 1996.

Tweedie (2003): Tweedie, David: Mehr Transparenz für die Finanzberichterstattung, in: Deutsche Börse AG (Hrsg.), Whitepaper: Kapitalmarkt Deutschland, Erfolge und Herausforderungen, S. 57-63, im Internet unter: www.deutsche-boerse.com (Abruf Dezember 2003).

v. Keitz (2003): Keitz, Isabel, von: Praxis der IASB-Rechnungslegung: Derzeit (noch) uneinheitlich und HGB-orientiert, in: DB 34 (2003), S. 1801-1806.

v. Keitz/Schmieszek (2004): Keitz, Isabel, von/Schmieszek, Oliver: Ertragserfassung – Anforderungen nach den Vorschriften des IASB und deren praktische Umsetzung, in: KoR 4 (2004), S. 118-127.

v. Reppert-Bismark (2004): Reppert-Bismark, Juliane, von: Four EU Nations Veto Accounting-Rule Bid, in: The Wall Street Journal Europe v. 15. Juni 2004, S. M4.

Van Hulle (2001): Van Hulle, Karel: UK & International GAAP: Generally Accepted Accounting Practices in the United Kingdom and under International Accounting Standards, Ernst & Young (Hrsg.), London 2001.

Van Hulle (2003): Hulle, Karel, van: Von Bilanzrichtlinien zu International Accounting Standards, in: WPg 18 (2003), S. 968-981.

Vorwold (1999): Vorwold, Gerhard: Gewinn-Management in den USA – Beobachtungen aus deutscher Sicht - , in: DB 46 (1999), S. 2321-2328.

Vorwold (2000): Vorwold, Gerhard: Das Modell „FASB“ in den USA – ein Fehlschlag, in: DStR 19 (2000), S. 599-607.

Wagenhofer (1998): Wagenhofer, Alfred: Bilanzierung und Bewertung von Rückstellungen nach IAS 37, in: SWI (1998), S. 581-585.

Wagenhofer (2002): Wagenhofer, Alfred: Die Rolle der Standards des IASB in der Internationalisierung der Rechnungslegung, in: BFuP 3 (2002), S. 230-245.

Wagenhofer (2003): Wagenhofer, Alfred: Internationale Rechnungslegungsstandards – IAS/IFRS: Grundkonzepte, Bilanzierung, Bewertung, Angaben, Umstellung und Analyse; 4., überarbeitete und erweiterte Auflage, Wien/Frankfurt 2003.

Wagenhofer/Ewert (2003): Wagenhofer, Alfred/Ewert, Ralf: Externe Unternehmensrechnung, Berlin 2003.

Wallman (1995): Wallman, Steven: Commentary: The Future of Accounting and Disclosure in an Evolving World: The Need for Dramatic Changes, in: Accounting Horizons, September (1995), S. 81-91.

Walton (1993): Walton, Peter: Introduction: The true and fair view in British accounting, in: European Accounting Review 1 (1993), S. 49-58.

Walton (1998): Accounting in the United Kingdom, in: International Accounting, Walton/Haller/Raffournier (Hrsg.), London/Boston 1998, S. 130-148.

Watts/Zimmerman (1978): Watt, Ross/Zimmerman, Jerold: Towards a Positive Theory of the Determination of Accounting Standards, in: The Accounting Review, April (1978), S. 112-134.

Wei (2004): Wei, Lingling: Fair-Market Measure Proposed, in: The Wall Street Journal Europe v. 25.06.2004, S. M5.

Weinstock (1999): Weinstock, Marc: Die Bilanzierung von Leasingverträgen nach IASC, Diss., Frankfurt am Main 1999.

Westermann (1986): Westermann, Harm Peter: Vernünftige kaufmännische Beurteilung, in: Handwörterbuch unbestimmter Rechtsbegriffe im Bilanzrecht des HGB, Leffson/Rückle/Großfeld (Hrsg.), Köln 1986, S. 351-365.

Wiedmann (1993): Wiedmann, Harald: Der risikoorientierte Prüfungsansatz, in: WPg 1-2 (1993), S. 13-25.

Wienken (2003): Wienken, Robert: Latente Steuern in Unternehmenszusammenschlüssen nach US-GAAP, Frankfurt am Main 2003.

Willis (1998): Willis, Diana: Financial Assets and Liabilities – Fair Value or Historical Cost?, in: WPg 19 (1998), S. 854-860.

Wittmann (1959): Wittmann, Waldemar: Unternehmung und unvollkommene Information; Unternehmerische Voraussicht – Ungewissheit und Planung, Köln und Opladen 1959.

Wöhe (1992), Wöhe, Günter: Zehn Thesen zur Behandlung von Scheingewinnen im Jahresabschluss, in: Bewertung, Prüfung und Beratung in Theorie und Praxis, Festschrift für Carl Helbling, Zürich 1992, S. 513-529.

Wöhe (1996): Wöhe, Günter unter Mitarbeit von Ulrich Döring: Einführung in die Allgemeine Betriebswirtschaftslehre, 19., überarbeitete Auflage, München 1996.

Wohlgemuth/Radde (2000): Wohlgemuth, Michael/Radde, Jens: Der Bewertungsmaßstab „Anschaffungskosten" nach HGB und IAS – Darstellung der Besonderheiten und kritische Gegenüberstellung – in: WPg 18 (2000), S. 903-911.

Wohlgemuth/Ständer (2003): Wohlgemuth, Michael/Ständer, Ute: Der Bewertungsmaßstab „Herstellungskosten" nach HGB und IAS – Darstellung der Besonderheiten und kritische Gegenüberstellung, in: WPg 5 (2003), S. 203-211.

Wolf (2003): Wolf, Thomas: IAS/IFRS und Strafrecht: Konvergenz oder Differenz?, in: StuB 17 (2003), S. 775-780.

Wolk/Francis/Tearney (1989): Wolk, Harry/Francis, Jere/Tearney, Michael: Accounting Theory: A Conceptual and Institutional Approach, 2. Auflage, Boston 1989.

Wollmert/Achleitner (1997): Wollmert, Peter/Achleitner, Ann-Kristin: Konzeptionelle Grundlagen der IAS-Rechnungslegung (Teil II), in: WPg 8 (1997), S. 245-256.

Wüstemann (1995): Wüstemann, Jens: Funktionale Interpretation des Imparitätsprinzips, in: Zfbf 11 (1995), S. 1029-1043.

Wüstemann (1999): Wüstemann, Jens: Generally Accepted Accounting Principles: Zur Bedeutung und Systembildung der Rechnungslegungsregeln in den USA, Berlin 1999.

Wüstemann (2002a): Wüstemann, Jens: Institutionenökonomik und internationale Rechnungslegungsordnungen, Tübingen 2002.

Wüstemann (2002b): Wüstemann, Jens: Normdurchsetzung in der deutschen Rechnungslegung – Enforcement nach dem Vorbild der USA, in: BB 14 (2002), S. 718-725.

Wüstemann/Duhr (2003): Wüstemann, Jens/Duhr, Andreas: Geschäftswertbilanzierung nach dem Exposure Draft ED 3 des IASB – Entobjektivierung auf den Spuren des FASB?, in: BB 5 (2003), S. 247-253.

Wyatt (1991): Wyatt, Arthur: Commentary - The SEC Says: Mark to Market!, in: Accounting Horizons, March (1991), S. 80-84.

Zabihollah (2001): Zabihollah, Razaee: Financial Institutions, Valuations, Mergers, and Acquisition: The Fair Value Approach, 2. Auflage, New York 2001.

Zeff (1978): Zeff, Stephen: The Rise of "Economic Consequences", in: The Journal of Accountancy, December (1978), S. 56-63.

Zeff (1985): Zeff, Stephen: The Rise of "Economic Consequences", in: The Politization of Accounting, in: Financial Accounting Theory: Issues and Controversies, Zeff/Keller (Hrsg.), 3. Auflage, New York 1985, S. 19-33.

Zeff (1995): Zeff, Stephen A.: Commentary: A Perspective on the U.S. public/Private-Sector Approach to the Regulation of Financial Reporting, in: Accounting Horizons, March (1995), S. 52-70.

Zeff (2002): Zeff, Stephen: Commentary: Political Lobbying on proposed Standards: A challenge to the IASB, in: Accounting Horizons, March (2002), S. 43-54.

Zeimes (2003): Zeimes, Markus: Fair Value-Bewertung von Rückstellungen nach IFRS – IFRIC Interpretationsentwurf D2 zur bilanziellen Behandlung von Entsorgungs-, Rekultivierungs- und ähnlichen Verpflichtungen, in: DB 39 (2003), S. 2077-2080.

Ziesemer (2002): Ziesemer, Stefan: Rechnungslegungspolitik in IAS-Abschlüssen und Möglichkeiten ihrer Neutralisierung, Düsseldorf 2002.

Zimmermann (2002a): Zimmermann, Jochen: Zur Qualität der US-GAAP – Ein genauer Blick auf die Enron-Konzernbilanz, in: StuB 12 (2002), S. 573-582.

Zimmermann (2002b): Zimmermann, Jochen: Ordnungspolitische Fragen zur Unternehmenspublizität nach der Enron-Insolvenz, in: Wirtschaftsdienst 5 (2002), S. 303-312.

Zimmermann/Prokop (2003): Zimmermann, Jochen/Prokop, Jörg: Rechnungswesenorientierte Unternehmensbewertung und Clean Surplus Accounting, in: KoR 3 (2003), S. 134-142.

Zülch/Lienau (2004): Zülch, Henning/Lienau, Achim: Die Bedeutung des Steuerabgrenzung für die fair-value-Bilanzierung nicht-finanzieller Vermögenswerte nach den Rechnungslegungsvorschriften des IASB, in: WPg 11 (2004), S. 565-576.

Zülch/Willms (2004a): Zülch, Henning/Willms, Jesco: Jahresabschlussänderungen und ihre bilanzielle Behandlung nach IAS 8 (revised 2003), in: KoR 4 (2004), S. 128-135.

Zülch/Willms (2004b): Zülch, Henning/Willms, Jesco: Änderungen eines IAS/IFRS-Abschlusses, in: StuB 1 (2004), S. 11-16.

Zwirner (2002): Zwirner, Christian: Transparenz des Zelluloids? – Branchenspezifische Ansätze einer rechnungslegungsbasierten Berichterstattung und Unternehmensanalyse bei Film- und Medienunternehmen, in: KoR 5 (2002), S. 245-259.